让 我 们 一 起 追 寻

FERDINAND MOUNT　〔英〕斐迪南·芒特　著

陆大鹏 刘晓晖　译

MUTINY, MONEY AND MARRIAGE IN INDIA 1805-1905

王公之泪　THE TEARS OF THE RAJAS

印度的兵变、金钱与婚姻 1805—1905

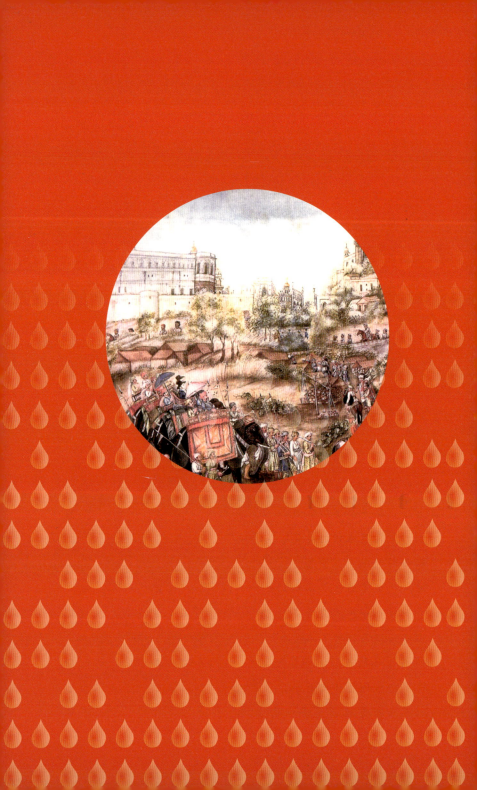

本书获誉

芒特精彩地描绘了身为饱读诗书、教养良好的东印度公司公务员家庭成员是种怎样的体验。这样的英国家庭的财富来自丰厚的薪水和明目张胆的抢劫。洛将军于1858年返回苏格兰，以德高望重的军人之身份退休，但他记忆中的那些怪异之事不是他这样一个本性温和的人所愿意回忆的。芒特将这些记忆编织成了一部震撼人心、令人着迷的史书。

——米兰达·西摩，《每日电讯报》

这是一部汪洋恣肆、结构松散美妙而令人欣慰的老派风格著作，从一个英国家庭（作者的祖先，法夫郡克拉托的洛家族）的角度来讲述英属印度的故事。芒特以温文尔雅的风趣、轻松的笔触、孩童般的热情洋溢和栩栩如生地描绘人物的天才，讲述了这个了不起的故事。这是一个精彩的故事，相当于对英属印度的史诗式全景描绘。尽管芒特在序言中谦虚地说本书的目标是写成一部"印度故事的选集，使之成为人类的《丛林之书》"，但实际上本书分量很足。本书写的是1947年英印帝国解体之时英国丧失了什么，以及英国为建立和维持英属印度犯下了多少丧心病狂的暴行和战争罪行，其程度令人惊愕。在这个话题上,我读过不少书,本书是其中的佳作。

——威廉·达尔林普尔,《旁观者》

芒特的苏格兰祖先与印度纠缠了一个世纪之久,他对这段历史的探索完全可以写成对英国殖民统治的辩解;或者可以沉迷于对英属印度的怀旧,英国人对这种怀旧似乎欲壑难填。但在这部史诗和伟大的家族史中,芒特并不讳言他祖先犯下的杀人罪行……芒特作品的价值比这大得多。它为民族主义的偏见思维解毒,并帮助读者更好地理解,英帝国主义给今日世界最麻烦重重的地区之一留下了怎样的影响。

——塔昆·霍尔,《星期日泰晤士报》

一部恢宏而洋洋洒洒的 19 世纪英属印度历史……虽然《王公之泪》充满了令人血脉偾张的冒险故事,但这是一部深刻的人道之书。芒特始终心系印度人民。英国人尝试现代化的错误举措把印度人民的生活搞得鸡飞狗跳。但约翰·洛这样一位典型的帝国主义者是一个悲剧人物。他处于英国殖民政权的中心,但饱受疑虑的折磨(他对"这庞大的、令人不知所措的次大陆"的帝国主义使命感到疑虑),也对英属印度当局的奸诈感到羞耻。芒特写道,约翰·洛的本能是"帮助古老的印度尽可能人道地、不受骚扰地存续",并让印度统治者治理他们自己的人民。具有讽刺意味的是,洛在推翻好几位印度统治者的过程中发挥了主要作用(尽管他自己不情愿):"约翰·洛的职业生涯浸透了土著王公的眼泪,而这些王公以为他是他们最好的朋友。"每个人都会杀死自己爱的东西:斐迪南·芒特对这种帝国主义逻辑做了精彩的分析。

——本·威尔逊，《泰晤士报》

芒特通过追踪19世纪印度一个大家族的命运沉浮，创作了一部扣人心弦而颇有微妙之处的英帝国主义史书。在我看来，这样的叙述独一无二。他用结构精巧的散文带我们回到那个非同一般的时代，那时区区5万英国人统治着超过1亿印度人。这从来不是互惠互利的关系，也不可能是。芒特提及了"光之山"钻石，揭示了英帝国对印度的统治是多么具有剥削性。他写道，"英国王冠上最明亮的宝石"仍然在英国人手里的部分，就只剩下王冠上的这块钻石，并且印度人想把它要回去。

——索尔·戴维，《旗帜晚报》

动人心魄而时常令人不安……芒特向他祖先的家族致敬，也向英国人在印度取得的成就致敬。他是一位卓越的历史学家，但他拒绝粉饰自己家族和祖国的不光彩过去。他坚称："我们不能省略那些恐怖的事情，尽管它们发生在我的亲人身上。或许恰恰因为它们发生在我的亲人身上，我才不能省略。"

——托尼·伦代尔，《每日邮报》

极其详尽、有趣、睿智而冷静客观的一部帝国主义百年史……芒特文笔优雅而热情洋溢，敏锐地把握了人的个性，风趣而富有同情心。他追溯帝国的辉煌，但始终不曾忘记这辉煌有黑暗的一面。他思考道："有时，在古老文明的遗迹当中漫步，我们会不经意地想，生活在一种文明的末期会是什么感觉。现在我们自己身临其境了。"

——艾伦·马西，《苏格兰人》

献给玛丽和潘卡吉

我们用剑赢得了印度，也必须用剑维持它。

——约翰·凯爵士①，《印度兵变史》，

第 1 卷，第 146 页

　　所谓对土地的征服，在大多数情况下，意味着从与我们肤色不同，或鼻子比我们稍塌一些的那些人手里抢夺过来。如果你仔细研究一下，这种行径并不是一件多么光彩的事情。唯一能够弥补的办法就是意念。在征服背后的一种意念，一种没有任何矫饰的意念，以及对这种意念的无私信仰——这是一种能够加以梳理，对它顶礼膜拜，并为它做出牺牲的东西……

——约瑟夫·康拉德，《黑暗的心》，第一章

---

① 约翰·凯爵士（1814~1876），英国军事历史学家、东印度公司公务员和军官。（本书所有脚注均为译者注。）

倒不是说他们当中有人很喜欢我们。

——约翰·洛给约翰·罗素·科尔文①的信，

1838 年 7 月 23 日

我为夜莺忧心，

因为春天到了；

猎人已经扎营，

就在花园之外。

——赫瓦贾·海德尔·阿里·阿提什②（1777~1847）

---

① 约翰·罗素·科尔文（1807~1857），英国在印度的公务员，著名的科尔文家族成员。1857 年印度发生兵变时，科尔文担任英属印度西北诸省的副总督，并在叛乱期间去世。

② 赫瓦贾·海德尔·阿里·阿提什，勒克瑙（今印度北方邦首府）的乌尔都语诗人，也是乌尔都语文学巨匠之一。

目　录

人物简介

一、英属印度总督/副王[①]

沃伦·黑斯廷斯（1732～1818），1773～1785年任总督。第一次英国－马拉塔战争（1775～1782），马拉塔邦联获胜。第二次迈索尔战争（1780～1784），与海德尔·阿里打成平局。1787年在英国下议院受到贪腐等罪名的指控并因此被弹劾，1795年被无罪开释。黑斯廷斯对印度的影响颇有争议，他的确落实了一些有益的改革，并且他对印度文化兴趣浓厚，支持学者威廉·琼斯爵士等人建立孟加拉亚洲学会，研究印度的语言、文化等，对西方认识东方文化颇有贡献。

查尔斯·康沃利斯，第一代**康沃利斯侯爵**（1738～1805），1786～1793年任总督。第三次迈索尔战争（1790～1792），打败蒂普苏丹，迫使其割地。

约翰·肖尔爵士（1751～1834），1793～1798年任总督。开始实施不干预政策。

理查德·韦尔斯利，第一代**韦尔斯利侯爵**（1760～1842），1798～1805年任总督。第四次迈索尔战争（1798～

---

① 印度总督（Governor-General of India）和印度副王（Viceroy of India）其实是同一个职位，都是英国在印度殖民地的最高长官。大兵变爆发之后的1858年，英国重组殖民地政府，最高长官改称副王。

1799），打败蒂普苏丹，攻克塞林伽巴丹。第二次英国－马拉塔战争（1803～1805）。1801 年建立马德拉斯管辖区。

查尔斯·康沃利斯，第一代**康沃利斯侯爵**（1738～1805），1805 年任总督。

乔治·巴洛爵士（1762～1847），1805～1807 年代理总督。1806 年 7 月 10 日，韦洛尔兵变。威廉·本廷克勋爵在他手下担任马德拉斯管辖区总督。

明托勋爵（1751～1814），1807～1813 年任总督。1809 年白人兵变，发生在乔治·巴洛爵士（时任马德拉斯管辖区总督）的辖区。1811 年征服爪哇。

黑斯廷斯侯爵（1754～1826），曾用头衔莫伊拉伯爵，1813～1823 年任总督。结束不干预政策。第三次英国－马拉塔战争（1816～1818）。

阿默斯特勋爵（1773～1857），1823～1828 年任总督。第一次英国－缅甸战争（1824～1826）。

威廉·巴特沃思·贝利，1828 年代理总督。

威廉·本廷克勋爵（1774～1839），1828～1835 年担任第一任正式的印度总督。

查尔斯·梅特卡夫，从男爵（1785～1846），1835～1836 年代理总督。

奥克兰勋爵（1784～1849），1836～1842 年任总督。第一次英国－阿富汗战争，英国惨败。

埃伦伯勒勋爵（1790～1871），1842～1844 年任总督，希望尽快从阿富汗泥潭脱身，引起很多军官的反对。把赝品文物索姆纳特神庙大门当作真品，成为笑柄。派遣查尔斯·内皮尔于 1843 年征服信德。同年，发动瓜廖尔战争，在马哈拉杰普尔战役打败辛迪亚王朝。得罪了议会和董事会，被召回国。

亨利·哈丁，第一代哈丁子爵（1785～1856），1844～1848年任总督。第一次英国－锡克战争（1845～1846），第二次英国－锡克战争（1848～1849）。

达尔豪西勋爵（1812～1860），1848～1856年任总督，在约翰·洛帮助下逼迫海德拉巴割让优质的棉花田。逼迫奥德国王瓦季德·阿里·沙退位。镇压原始部落桑塔人。印度的第一条铁路线，第一条电报线。第二次英国－缅甸战争（1852）。

坎宁勋爵（1812～1862），1856～1862年任印度第一任副王。

詹姆斯·布鲁斯，第八代**额尔金伯爵**与第十二代金卡丁伯爵（1811～1863），印度副王（1862～1863）。

罗伯特·内皮尔，第一代玛格达拉的**内皮尔男爵**（1810～1890），1863年代理印度副王。

约翰·劳伦斯，第一代劳伦斯男爵（1811～1879），1864～1869年任印度副王。

理查德·伯克，第六代**梅奥伯爵**（1822～1872），1869～1872年任印度副王，在视察流放犯聚集地时被一个犯人刺死。

里彭侯爵（1827～1909），1880～1884年任印度副王。

达弗林勋爵（1826～1902），1884～1888年任印度副王。同情印度国民大会的自治主张。

兰斯多恩侯爵，1888～1894年任印度副王。

寇松勋爵（1859～1925），1899～1905年任印度副王。

吉尔伯特·约翰·艾略特－默里－基宁蒙德，第四代**明托伯爵**（1845～1914），英国贵族和政治家，曾任加拿大总督和印度副王。参加过第二次英国－阿富汗战争，险些丧命。在印度期间，与约翰·莫利联合推行改革。

切尔姆斯福德勋爵，1916～1921年任印度副王。

雷丁勋爵，1921～1926年任印度副王。

欧文勋爵，1926～1931年任印度副王。

二、土著君主

1. 迈索尔，首都为塞林伽巴丹

海德尔·阿里（约1720～1782）原为迈索尔的印度教徒统治者手下的将领，后实际控制朝政。在位时开始创新性地使用火箭炮。与法国人结盟，反抗英国的殖民势力，与英国人打了两次战争（1767～1769年的第一次迈索尔战争，海德尔·阿里获胜；1780～1784年的第二次迈索尔战争，平局，恢复战前状态）。去世时为儿子蒂普苏丹留下了一个大国。

蒂普苏丹（1750～1799），海德尔·阿里之子，绰号"迈索尔之虎"，印度迈索尔王国统治者，励精图治，发展和运用火箭炮技术，与法国人结盟，多次击败英国军队，并与其他印度邦国交战。1799年，英军和一些印度邦国的军队攻破他的都城塞林伽巴丹，蒂普苏丹身亡。在印度，他既被视为反抗英国殖民主义的世俗统治者，也被认为是镇压印度教的暴君。

2. 巨港（苏门答腊）

巴达尔丁（1767～1852），巨港的第八代苏丹，今天被视为印度尼西亚的民族英雄。

他的兄弟阿迪帕蒂。

3. 马打蓝（爪哇岛，首都为日惹）

苏丹。

苏丹的同父异母兄弟之一阿里亚·帕努拉，诗人。

苏丹的儿子之一芒库底宁格拉特（有名穆罕默德·阿布巴卡尔）。

苏丹的另一个兄弟帕库阿拉姆。

王储，被英国人扶植为新苏丹。

4. 梭罗（爪哇岛）

苏苏胡南，为苏拉加达和印度尼西亚历史上其他一些地区的统治者的头衔。

5. 马拉塔帝国

创始人希瓦吉·蓬斯尔（1627？～1680），杰出的军事家和行政管理者，印度教徒的民族英雄。

6. 佩什瓦，马拉塔邦联的名义最高宗主，首都为浦那

巴吉·拉奥一世（1700～1740），优秀的领导者，征服了马拉塔腹地的绝大部分。

巴拉吉·巴吉·拉奥（1720～1761），也叫那那大人，巴吉·拉奥一世之子，优秀的领导者，巩固了父亲的征服，把浦那建设成一座伟大都市。

马达夫拉奥二世（1774～1795），摔死（可能被他的叔父、巴吉·拉奥二世的父亲谋杀）。

巴吉·拉奥二世（1775～1851），**末代佩什瓦**，昏君。与哈尔卡尔王朝交战，在1802年10月25日的浦那战役中，被哈尔卡尔王朝打败。为获取英国人保护，签订《巴塞因条约》，沦为英国人的傀儡。1817年率军反叛英国人，在基尔凯埃战役被打败，随后逃亡七个月。向英国人投降后被废黜，被流放到比托奥尔。

纳纳·法德纳维斯，奸臣。

那那大人，巴吉·拉奥二世的养子，在 1857 年大兵变中反对英国人，在坎普尔屠杀英国人，后被击败，失踪。

塔特亚·托普，那那大人的发小和将领。

7. 印多尔的哈尔卡尔王朝，马拉塔邦联成员国

亚什万特·拉奥，与巴吉·拉奥二世为敌。

图尔茜·白，太后和摄政者，被手下将领杀害。

穆尔哈尔·拉奥，图尔茜·白的儿子，在马希德普尔战役被约翰·马尔科姆打败，被迫签署不平等条约。

8. 瓜廖尔的辛迪亚王朝，马拉塔邦联成员国

马哈吉·辛迪亚（1730～1794），军事奇才，第一次英国－马拉塔战争中打败英国。为他立传的英国人说他是 18 世纪南亚第一伟人。在他领导下，瓜廖尔不仅成为马拉塔帝国的首要邦国，还是印度一流的军事强国之一。马哈吉在一系列决定性战役中打败了与他竞争的其他诸侯，如海德拉巴的尼查姆，并帮助可怜的被戳瞎双目的沙·阿拉姆二世在德里复辟。

道拉特·拉奥·辛迪亚（1779～1827），马哈吉的侄孙。

奸臣沙扎拉奥·加特格，道拉特·拉奥·辛迪亚的岳父。

白扎·白，道拉特·拉奥·辛迪亚的遗孀，摄政者，精明强干。

詹科吉·辛迪亚，幼主，道拉特·拉奥·辛迪亚的远亲，与养母白扎·白互相怨恨，在英国人帮助下夺权，流放了白扎·白。

吉雅基·拉奥，幼主，1843 年在马哈拉杰普尔战役被埃伦伯勒勋爵打败，被迫签订不平等条约。

玛玛大人，吉雅基·拉奥的舅舅，亲英。

达达·哈斯基瓦拉大人，反英，在白扎·白被流放之后成为首相，后被放逐。

拉姆·拉奥·法尔克，首相。

9. 那格浦尔的蓬斯尔王朝，马拉塔邦联成员国

拉格霍吉·蓬斯尔，突然死亡，没有继承人。善良，爱享乐，不问朝政。

班卡·白，某位前王公的遗孀，国家被达尔豪西勋爵吞并后派人去伦敦申冤，未果。

亚什万特·拉奥，拉格霍吉·蓬斯尔的近亲和继承人。

10. 海德拉巴，统治者的头衔是尼查姆

玛·拉卡·白·昌达，诗人和舞女。

琼杜-拉尔，首相。

纳西尔·道拉，被达尔豪西勋爵和约翰·洛强迫割地，签署《贝拉尔条约》。约翰·洛因为这份功劳被晋升为少将，并获得最高议事会军事顾问的职位。

西拉杰·穆尔克，首相。

阿萨夫·贾赫四世，1829～1857年在位。

11. 奥德王国，首都为勒克瑙，统治者的头衔为纳瓦布，后改称国王

阿萨夫·道拉（1748～1797），1775～1797年在位，建造了勒克瑙的英国常驻代表府。酗酒，放纵，但大兴土木，将勒克瑙建设为一座美丽的城市。雇用4万人修建什叶派大会堂，以缓解1783年的可怕饥荒。

瓦齐尔·阿里（1780～1817），阿萨夫·道拉的养子，1797～1798年在位，被理查德·韦尔斯利勋爵废黜。

萨阿达特·阿里·汗，瓦齐尔·阿里的叔父，1798～1814
年在位。

加齐·丁·海德尔，萨阿达特·阿里·汗之子，1814～
1827 年在位，1819 年在英国人支持下自封为第一代奥德国王。

塔里赫·巴德沙，加齐·丁·海德尔之妻，脾气暴躁，抚
养纳西尔·丁长大，遭到他的仇恨。在纳西尔·丁死后发动政
变，企图扶植蒙纳·詹登基，被约翰·洛挫败。最后被流放。

纳西尔·丁，加齐·丁·海德尔之子（母亲为塔里赫·
巴德沙的女仆，被塔里赫·巴德沙杀害），1827～1837 年在
位，第二代奥德国王。荒唐昏庸。1832 年 4 月，在约翰·洛
帮助下镇压了兵变。与太后塔里赫·巴德沙长时间冲突。约
翰·洛帮助解决了他们的冲突。最后可能被塔里赫·巴德沙太
后毒死。

阿夫扎尔·玛哈尔，纳西尔·丁的妃子，宫女出身，生了
儿子蒙纳·詹（可能不是国王的骨肉）。最后这对母子被英国
人流放。

多拉丽，纳西尔·丁的妃子，"时代之王后"，原为蒙
纳·詹的奶妈，生了儿子凯万·贾赫（不知道父亲是谁）。

埃玛·沃尔特斯，纳西尔·丁的妃子，英国人。

泰姬玛胡尔，纳西尔·丁的妃子，美人。

库德西娅，纳西尔·丁的妃子，原为多拉丽的宫女，服毒
自杀。

哈基姆·迈赫迪，首相。

达尔尚·辛格，税官，警察总长，残暴、高效。

加利卜·詹格，警察总长，因失言遭到国王严惩。

乔治·德鲁塞特，理发师，宠臣，最后卷款逃亡。

爱德华·克罗普利先生，英国人，图书馆员。

约翰·罗斯·布兰登，园艺师。

劳珊·道拉，接替哈基姆·迈赫迪担任首相。

穆罕默德·阿里·沙（1777~1842），纳西尔·丁的叔父，第三代奥德国王，在约翰·洛帮助下继位。奥克兰勋爵企图强迫他签订新条约，失败。统治得相当好，伟大的营造者，建造了侯赛因什叶派会堂。

阿姆贾德·阿里·沙，穆罕默德·阿里·沙的儿子，第四代奥德国王。

瓦季德·阿里·沙（1822~1887），阿姆贾德·阿里·沙的儿子，第五代奥德国王，诗人、作家，爱好艺术，豢养"仙女"。著有《激情编年史》。被英国人推翻，流亡到加尔各答附近的马提亚布尔吉，在那里继续过奢华生活。

阿里·纳吉·汗，首相。

哈兹拉特·玛哈尔，瓦季德·阿里·沙的第一任妻子，生了儿子比尔吉斯·卡迪尔。她于1857年在勒克瑙领导叛军。

哈斯·玛哈尔，宠妃。

12. 阿富汗

沙·舒贾（1785~1842），亲英，英国人帮助他复辟，引发第一次英国-阿富汗战争。将"光之山"钻石赠给兰吉特·辛格，以换取他支持自己复辟。被自己的教子谋杀。

多斯特·穆罕默德（1793~1863），打败沙·舒贾和英国人，成为阿富汗统治者。

阿克巴·汗，多斯特·穆罕默德的儿子。

穆罕默德·沙·汗，阿克巴·汗的岳父。

13. 锡克帝国

兰吉特·辛格（1780～1839），锡克帝国的伟大统治者，在第一次英国–阿富汗战争中与英国人合作。

杜里普·辛格（1838～1893），锡克帝国的最后一位大君，兰吉特·辛格最小的儿子。他的四位前任大君均被刺杀，他五岁登基，由母亲摄政。在第一次英国–锡克战争期间，他的母亲被英国人囚禁，母子十几年没有相见。杜里普·辛格十五岁时被送到英国，维多利亚女王很喜欢他，对他很友善。他对印度只有两次短暂的访问，最后在巴黎去世。

14. 卡劳利

纳辛·帕尔，未成年便去世。

马丹·帕尔·辛格，在英国人支持下成为新大君，在1857年兵变期间坚定地支持英国。

15. 莫卧儿帝国/德里国王

阿克巴二世（1760～1837），莫卧儿帝国的倒数第二位皇帝。

米尔扎·法赫鲁，阿克巴二世的长子，被废，得到英国人支持和承认。

巴哈杜尔·沙二世（扎法尔，1775～1862），末代皇帝，1837～1857年在位。他只是名义上的皇帝，因为此时莫卧儿帝国已经只剩德里一座城市。他还是优秀的乌尔都语诗人。东印度公司给他一笔年金，他则允许公司在德里收税和驻军。他对治国没有丝毫兴趣。1857年兵变爆发后，一些印度君主和叛军推举他为印度皇帝。兵变被镇压后，巴哈杜尔·沙二世的多个儿子和男性亲属被杀。他本人在红堡受到英国人审判，次年被英国殖民当局流放至缅甸仰光，1862 年在仰光大金寺去世。

米尔扎·莫卧儿（1817 ~ 1857），巴哈杜尔·沙二世最强悍的儿子，被英国军官威廉·霍德森杀死。

米尔扎·赫兹尔·苏丹（1834 ~ 1857），巴哈杜尔·沙二世的儿子，被英国军官霍德森杀死。

阿布·伯克尔（1837 ~ 1857），巴哈杜尔·沙二世的儿子，被英国军官霍德森杀死。

巴克德·汗，将领，被尼科尔森打败。

16. 詹西

刚哈达尔·拉奥，1838 ~ 1853 年在位，颇得民心，统治得不错，喜欢男扮女装，没有继承人。

阿南·拉奥，幼主，被刚哈达尔·拉奥收养。

拉克希米·白（1828 ~ 1858），刚哈达尔·拉奥的遗孀，末代佩什瓦流亡宫廷一位官员的女儿，**詹西女王**。在 1857 年大兵变中反抗英国人，战死。印度的民族英雄。

17. 贾杰贾尔

纳瓦布，在 1857 年出卖了西奥·梅特卡夫，后被梅特卡夫逮捕，遭英国当局绞死。

18. 桑塔人部落

希德胡，叛乱领导者四兄弟之一。

昌多·曼吉黑，巫师兼催眠师。

序曲：厄茜姨婆和大象

　　我奶奶给我留下的遗物只有两尊大象木雕。它们用乌木雕成，虽然不到两英尺高，每个却足有五岁儿童那么重。两头大象的长牙早就脱落了，要么是从基座掉落，要么是被卸下，因为它们可能是真象牙制成的。想想看，这也很奇怪：用真象牙当木雕大象的牙。这两头大象一定曾有小小的象牙做成的脚趾，但现在小小的凹槽已经空荡荡了。大象耳朵也脱落了，这很遗憾，因为如果能跟象夫一样掐捏和爱抚大象耳朵，一定很惬意。在它们的后背，时光已经让乌木块崩裂了一点，所以能看得出来不同木块是如何拼接起来的。只有珠子般的小眼睛还完好无损，与它们的身躯相比真是小得可笑。它们的眼睛似乎湿漉漉的，带着猜疑凝视着什么。

我小时候曾骑在这些大象的背上，那时它们还在我奶奶家里。我父亲说，他还是个孩子时在他外祖父家里骑过这些大象。就是我这位曾外祖父，马尔科姆·洛，1874 年因病离开印度公务员系统时，从印度把这些大象带回家。我自己的孩子也曾尝试骑大象，但他们都不肯在象背上待多久。我的孙辈也是如此。我们家的四代人骑过这两头大象，它们翻倒、擦伤我们的脚趾时，我们会疼得叫唤起来。问题在于，大象不像马那样有鞍具，所以骑真大象时需要象轿，除非你像在印度的白人老爷和印度当地人那样，骑在非常靠前的位置，就在大象耳朵后面。但即便是这样，骑在我们家大象背上的人还是会滑向它们硬邦邦的前额，因为它们其实不够大，不足以让小孩子骑着玩耍。

我记得自己从象背滑落时有多么失望，因为当时我刚刚读到，或者听别人读到"大象们的图梅"的故事，出自《丛林故事》①。那本书里有一幅插图，画的是小图梅趴在卡拉·纳格背上，所以他俩大踏步穿过丛林的时候，婆娑摇曳的树枝不会把图梅从象背上扫落。他们要去一个秘密地点，大象聚在那里跳美妙的舞蹈，很少有人类能有机会看到。

这个故事和其他伟大的儿童故事一样，是一个孩子独自在成年人不可能理解的世界里的冒险。但它也是一个关于解放的寓言。因为卡拉·纳格和丛林里其他一些跳舞并长啸的大象一样，其实是逃脱奴役的役畜。在过去通常会有一根铁链将它的

---

① 《丛林故事》是英国作家罗德亚德·吉卜林（1865～1936）的儿童故事集。"大象们的图梅"是其中一篇，讲的是赶象人的孩子图梅与大象卡拉·纳格（意思是"黑蛇"）一起去参加象群在夜间的跳舞聚会。

腿拴在木桩上。它还记得，在 1842 年阿富汗战争之前，它的脑门上贴了一大块皮革垫子，然后它用脑门推动一门陷入泥潭的大炮。在前往北印度的行军途中，它曾背负 12 英担①重的帐篷。它曾被一台蒸汽起重机吊起，运上开往非洲的船，在阿比西尼亚战争②中运输一门迫击炮。它还曾被带到缅甸，在毛淡棉的木材厂拖运笨重的大根柚木。大象是帝国的重型搬运工。

早在吉卜林时代之前，在印度的英国人非常敬慕大象。在这个永远显得陌生而具有潜在危险性的国家，大象有时似乎是英国人唯一可靠的盟友。[1]或许，英国人无意识地将自己与大象联系起来，这些庞然大物无论在和平还是战争时期对英国人都至关重要，因为英国人和大象一样，力大无穷，颇为笨拙，发怒时也会乱踢乱打。[2]

我的童年里来自印度的元素不只是那两头乌木大象，还有厄茜姨婆，她是我奶奶的姐姐。她俩年龄只差一岁，但我奶奶是在马尔科姆回国之后出生于南肯辛顿的，而艾达·玛丽·厄休拉·洛在马尔科姆还担任讷巴达③地区专员的时候出生于帕奇马尔希。帕奇马尔希当时是，现在仍然是一个宜人的山区小镇，号称"萨特布拉山区的女王"。帕奇马尔希是袖珍版本的西姆拉④，中央省的官员在炎热季节来这里休养生息，撰写长

---

① 英国度量衡体系的 1 英担约合 50 公斤。

② 此处指的是第一次意大利 – 埃塞俄比亚战争（1894～1896），意大利入侵埃塞俄比亚，企图将其变为自己的殖民地。埃塞俄比亚打败了意大利入侵者，保全了自己的独立。俄国支持埃塞俄比亚，提供了军火和顾问等。英国和法国在外交层面上支持埃塞俄比亚，因为它们不愿意看到意大利在非洲成为殖民大国，与英法竞争。

③ 今称讷尔默达，在今天印度西部的古吉拉特邦。

④ 西姆拉位于印度北部喜马拉雅山区，是英属印度当局的夏都，为著名的避暑胜地。

篇报告，欣赏小溪和瀑布，为古老的岩画惊叹，偶尔还能猎杀一头老虎。厄茜姨婆还是个小宝宝时，就结识了这个风光旖旎的天堂。她和乌木大象一起来到英格兰的时候，她还只有它们一半那么大。

遗憾的是，厄茜姨婆自己身上没有什么旖旎的地方。她是个典型的老处女长辈。在 E. M. 福斯特的书页里或许能找到她这样的人，要么在窥视某个印度洞窟，要么在萨里郡的牧师公馆斟茶。她长得有点像琼·希克森扮演的玛普尔小姐①，喜欢穿深浅程度不一的燕麦色和米色花呢大衣。她为人处世不机灵，要么因为她天性如此，要么因为她长年独居所以对其他人的感受不敏感，或许二者兼有。她心地善良，但她拜访三个外甥没多久之后，就让所有人都神经紧绷。她喜欢刨根问底地询问一些敏感问题，那都是他们不愿意谈论的话题，比如离婚或者德国重整军备。她的甥孙们管她叫"大姨婆"。

起初她住在南肯辛顿韦瑟比花园的一套公寓里，离她父母住的地方很近。她和她父亲特别亲近，陪他去调查族谱，尤其是试图确定他母亲奥古斯塔·莎士比亚是不是大诗人莎士比亚的后代。调查结果是，她不是大诗人的后代。后来，厄茜住在同一地区的某公寓旅馆。据我父亲说，她倾向于选择那些前不久发生过恐怖谋杀案所以租金低廉的旅馆。她的最后一个住处叫弥尔顿廷旅馆。我曾去她那里喝茶，待在宁静而气闷的起居室里，脑子里却在想，等我吃完了分配给我的黄瓜和马麦酱三明治之后，要等多久才能离开。

---

① 玛普尔小姐是阿加莎·克里斯蒂笔下的女侦探，终生未婚，是一个典型的乡下老姑娘。

　　和其他许多独居的人一样，她有着五花八门的宗教和哲学追求。她去听神智学①和通灵术的讲座，听完了还做笔记。可能就是因为她的这些爱好，也可能是因为一种更为务实的恐惧，她在遗嘱里就如何处置她的遗体留下了不寻常的指示。（她于1963年去世，享年八十八岁，一辈子健康状况都不太好。）她希望自己被送到帕特尼谷火葬场火化（她的父母就长眠在那里），并"将我的骨灰撒向四面八方"。她还细心地补充道："如果我死的地方距离火葬场很远，不方便火化，就把我的遗体埋葬在我的死亡地点。"其实这样可能反而更不方便。厄茜姨婆一辈子就是这样，虽然经常说自己不愿意麻烦别人，但她做的安排往往还是麻烦了别人。但引起我注意的是她遗嘱的下一条补充条款："无论如何，我希望请一位医生仔细地、彻底地确认我已死亡。"我完全不明白她为什么要添加这条严正声明。难道南肯辛顿有很多人被活埋吗？

　　她写了一部小说，不过没有出版。这部小说写的是上流社会的爱情与婚姻。据我所知，我们家没有一个人读过她这本小说，因为"大姨婆"怎么会懂爱情呢？但她还写了一本书，1936年由著名的约翰·默里出版社出版。这本书名为《在约翰公司的五十年：法夫郡克拉托的陆军上将约翰·洛爵士书信集，1822～1858》。该书有436页和12幅黑白插图，定价16先令，得到了《泰晤士报》和其他报刊相当不错的评价。我们家里挖苦地把这本书称为"洛公司"，我父亲和他两个兄弟的书架上摆着这本书，不过我估计他们从来没有翻开读过。就

---

　　①　神智学是一种神秘主义的宗教/哲学/通灵思想。神智学会于1875年在纽约由海伦娜·布拉瓦茨基等人设立。

算《战争与和平》是厄茜姨婆写的，我们还是不会读。

但我们家的人不读这本书，不仅是因为"大姨婆"。真相是，对我父母那一辈人，以及我自己这一代人来说，"大英帝国在印度"这个话题是提都不能提的。对它的记忆非常让人尴尬，是我们岛国的历史上一个我们希望略去不谈的章节。我们用关于猎野猪和在印度的白人太太的笑话来避开和绕过这个话题。我一直很讨厌"我们当时就是不想知道"这句话，但这句话的确能够概括我们对这个话题的感情。即便在 1947 年米字旗在印度降下之前，我们在对话中就基本上把印度抹去了。我们继续对仍然属于大英帝国的地方的时事兴趣盎然，但我们对印度的事情漠不关心，不管是在印度独立之前还是之后。

我们英国人非常积极地撰写其他民族的恶行或不幸，对自己的黑历史却噤声不语。在印度获得独立但同时分裂并发生令人震惊的大屠杀①之后的岁月里，英国人在很大程度上不愿意去思考或书写英属印度的整个经历。如果有人提起这个话题，我们就自我安慰说这整件事对我们的影响微乎其微，对我们的灵魂几乎没有任何影响。

直到 1966 年，保罗·斯科特发表了他的"统治四部曲"的第一部《皇冠上的宝石》（后来四部曲被英国独立电视台改编为著名电视剧，用的就是这个标题），英国统治印度的差不多两个世纪才成为值得书写和阅读的主题。而即便

---

① 1947 年 8 月 15 日，英属印度被分割，分别成立巴基斯坦和印度两个国家。在此之前，旁遮普发生暴乱和种族屠杀，有 20 万至 50 万人丧生。估计有 1400 万印度教徒、锡克教徒和穆斯林背井离乡，这是人类历史上最大规模的迁徙。

是斯科特，也将注意力集中于英属印度的末年，从 1942 年写起，只有少量到 20 世纪初的闪回。他没有探索更早期、更狂野的岁月，即"英属印度"这个名字还没有流行起来的时代。恐怖的 1857 年印度兵变对英国这个国家来说是整个 19 世纪最痛苦的事件，但在 1973 年 J. G. 法雷尔发表《克里希纳普尔之围》之前，它一直没有受到现代严肃作家的关注。克里希纳普尔是一座虚构城市，但书中描述的围城战基于的是坎普尔和勒克瑙的恐怖事件，并且参考了这些事件发生不久之后很多幸存者毫不粉饰的露骨记述。维多利亚时代的人们愿意直面恐怖的细节，而我们，在不久以前还有精神洁癖。

厄茜姨婆去世差不多半个世纪之后，我开始计划我们夫妻的第一次印度之旅，此时我还没有想要读她的书。我们的女儿玛丽及其丈夫、印度作家潘卡吉·米什拉，都热切主张我们去印度旅行。他们主动提出可以给我们当导游。他俩带着无限的好意安排了行程，订了机票和酒店，并送给我们一些书，如约翰·凯伊的《走进印度》、萨姆·米勒的《德里》、奥克塔维奥·帕斯的《印度札记》，一本很精彩的甘地传记（可惜我忘了作者的名字），以及 R. K. 纳拉扬、阿米特·乔杜里、卡米拉·沙姆西的长篇小说和短篇小说。但我还是没有读厄茜姨婆的书。

随后，在我们预定飞往德里的几周前，我翻开了《星期日泰晤士报》，读到了"**震惊！首相家人为帝国而死**"的大标题。新闻的眉题为这个粗鄙而耸人听闻的大标题做了一些注解：新近发现的书信表明，戴维·卡梅伦的祖先曾凶残嗜血地参与镇压印度兵变。这篇文章的由头是，戴维·卡梅伦于前一周友好访问印度（这是他就任首相以来第一次出访），希望与正在崛起的经济强国印度建立新的贸易关系，并促使两国摒弃前嫌。《星期日泰晤士报》告诉我们："他没有提起自己的家族在那段历史中扮演的角色。原来，他的外高祖父威廉·洛是一名英国骑兵，曾冷酷无情地参与镇压印度兵变。威廉·洛留下一些记述，讲他在战斗中用军刀杀死土著，自己也险些失去一只手和一只耳朵。他还参加了一场大规模绞死平民的行动，按照今天的标准，可能算是战争罪。"（《星期日泰晤士报》，2010 年 8 月 1 日）

这篇报道继续列举了威廉与他的弟弟罗伯特犯下的其他罪行。他俩是陆军上将约翰·洛爵士的儿子，这位将军和爵士就是厄茜姨婆著作的主人公。"威廉"其实就是威廉·马尔科姆，大家一般叫他马尔科姆。他并不是骑兵，而是文官，在印度兵变爆发之后拿起了军刀。（从这里看得出，报纸的报道如果是读者碰巧有一定了解的话题，那么读者几乎一定能发现其中的纰漏。这是条铁律。）马尔科姆是厄茜姨婆的父亲，是我的曾外祖父。他还是戴维·卡梅伦的祖先，因为卡梅伦的母亲玛丽是我的堂姐。

《星期日泰晤士报》指出，如果上述故事在卡梅伦访问德里之前公开，就会造成尴尬。后来，这个故事被印度的几家报纸转载，但并没有出现公众义愤填膺的浪潮。对绝大多数印度人来说，类似的暴行故事并不新鲜，而且印度人早已经搁下了那些古老的、令人不快的事件。

但我忘不了。这篇报道令我震惊而茫然。它扰乱了我早就建立的成熟世界观，扰乱了我对自己祖母之家族的看法。在这之前，我对那一家的印象是略显沉闷无趣、过分虔诚；在苏格

兰低地①，他们是自己所在阶层与时代的典型代表。我记得
祖母是个有些令人生畏的白发老妪，但她在我面前就会变得
和蔼可亲（不过对我的堂姐妹还是非常严厉），还教我在铺
路石的接缝里寻找野生草莓。我父亲对他外祖父马尔科姆的
印象是一个可爱可亲的老绅士，妻管严，害怕他那出身高贵
的妻子。我怎么也想不到他们当中的任何人可能是大屠杀凶
手。在《名人录》里，马尔科姆·洛骄傲地自称："凭借印
度兵变期间在战场的服务得到了女王陛下的嘉奖信。"他没
有具体讲他究竟提供了什么服务，我估计女王陛下也没有具
体过问。

　　我不禁思索，报纸上的这个故事是从哪里来的？记者在故
事讲到一半的时候非常乐于助人地揭示了他们的资料来源：一
位名叫尼克·巴勒特的谱系学家，他曾参与 BBC 非常成功的
节目"你以为你是谁？"。

　　但巴勒特先生又是从哪里挖到这些材料的呢？记者对此也
给出了解答。原来资料来源是"上周在大英图书馆的一本书
里发现的威廉写的信"。大英图书馆的一本书？好吧，大英图
书馆里什么书都找得到。所以才是大英图书馆嘛。所以不能算
是"新近发现的"，也不能说是"揭示"的。这些故事就在书
里，等着有人来读。但这是本什么书？难道是……

　　还真是。我匆匆跑到自己的书架前，找到了《在约翰公
司的五十年》，它还在四十年前我放它的地方，从来没有被翻
开过。我当即发现，这本书的诸多优点之一，是末尾有一流的

---

① 苏格兰低地是苏格兰的一个历史和文化区域，并非正式的行政区划，也
　不是正式的地理区域，所以苏格兰高地与低地的界线有很多种说法。苏
　格兰低地范围内也有不少地方的海拔相当高。

索引。我很快就找到了《星期日泰晤士报》那篇报道里的每一条引文、每一个事实。厄茜姨婆是整个故事的唯一资料来源。

这个一辈子大部分时间都被无视、得不到爱的女人，在死后竟然上了两大洲的头条新闻（哪怕只是一瞬间），这多么奇妙！可以说，她并没有被"彻底埋葬"，不过不是她害怕的那种原因。

这只是我的第一个念头。我立即决定阅读她那已经被遗忘的著作的每一行字，以弥补这么多年来我对她的忽视；我还要全身心投入我们国家和我们家族历史的这个篇章，以弥补这么多年来漫不经心的忽略。

我没想到，阅读这本书竟然是非常愉快的体验。令我意外的是，厄休拉·洛（现在我必须将她从"姨婆"的身份解放出来）的文笔轻松优美。她对印度和苏格兰两边的历史背景都很熟悉；她对英国政府和东印度公司的政策都了如指掌，并且她认识事件的部分参与者。偶尔她也会流露出讽刺的语调，或做一番温和的忧伤思考。她没有描摹所有的恐怖细节，不是因为她是个害怕这些东西的胆怯老处女，而是因为她紧紧把握了她的使命：详述一个法夫郡家庭在印度的命运浮沉。她没有过度强调家族的事迹，也没有夸大其词地为家族索取更多功劳，但她以优雅的笔触成功地让人体会到整整一个文明的崛起、鼎盛和衰落。我用"文明"表达的是中性的意思，指一个复杂的人类社会。因为它的行为举止既有文明的，也有不文明的；有时贪婪而残暴，有时正派而富有献身精神（并且是以一种低调的方式）。然而，她没有注意到他们绝大多数人是多么的满腹疑虑，也许因为她自己没有受到疑虑的折磨。在读这本书之前，我没有料想到在印度的英国人是那么的残暴，也没有料想到他们有那么多疑虑。

我说的疑虑，不是日常生活中大家都会有的疑虑，比如关于健康、金钱、升职、结婚、儿女养育的疑虑。洛家族在大多数时候都在为这些事情而疑虑和烦恼，厄休拉为我们讲述了所有这些方面的疑虑。我说的疑虑，是在上述比较凡俗的疑虑之外，英国人内心受到的折磨。他们不知自己在印度做的事情对不对，他们来到这个庞大的、令人不知所措的次大陆是不是一个正确抉择，他们在印度应当待多久，这个远离英国本土的凌乱帝国说到底究竟是为了什么而存在，以及帝国能够延续多久，它应不应当延续下去。

英国真的有必要在印度维持超过 15 万人的常备军吗？这在当时是世界上最庞大的欧式军队之一。英国商品渗透了地球的每一个角落，苏格兰人在拉丁美洲、俄国和亚洲其他地区修铁路、建立庞大的贸易站，而无须正式建立一个帝国。只要看看印度帝国账目上持续出现的令人警觉的赤字，我们就可以原谅诸位总督和内阁大臣的疑虑：对英国来讲，印度或许是个负担，而不是富矿。那些不得不维持账目收支平衡的东印度公司官员，也会得出同样悲观的结论。

那些疑虑被他们揣在内心深处，并不总是能浮到表面。他们当中只有那些头脑最清醒的人才明白，要想不发疯，就必须表达出那些疑虑，在公开和私密的讲话和书信中表达，免得那些疑虑潜伏于自己大脑的偏僻角落，演化成一种不可言说、令人丧失理智的恐惧。他们当中头脑最清醒的人就是约翰·洛。

他积极参与了废黜三位印度土著国王的行动，其中每一位国王统治的领土和人口都相当于欧洲的中等国家。至于第四位王公①（可能是四位当中最强大的一位），约翰·洛剥夺了他的王国的很大一部分。印度三次惊天动地的叛乱都没有撼动约翰·洛。但他从来不会让人觉得，驱动他的是开辟帝国霸业的使命感。他想要的是竭尽全力地履行自己的义务，仅此而已。但他的义务究竟是什么？这也笼罩在疑虑中，让他深陷于忧愁而不能自拔。

对参与其中的人来说，这一切是多么的怪异，但在绝大多数时候又是多么的自然而然。从 1771 年罗伯特·洛从利斯②出发去马德拉斯③军团就职的那一天起，到 1909 年他的孙子罗伯特·坎利夫·洛将军载誉归来（他成功救援了奇特拉尔）并出任他的最后一个职务（伦敦塔的王室珠宝管理官），我们的大家族（洛家族、莎士比亚家族和萨克雷家族，通过婚姻、军职和荫庇关系联系到一起）在印度的成员从来没有少于过二十人，有时多达四十人。

在印度全境，他们忙忙碌碌，没有一个人懒散懈怠过。洛家族毕竟来自苏格兰低地。他们打仗，征税，主持司法，训斥印度大君④，结婚生子，死亡。从马德拉斯和南印度的德干高原⑤，

---

① 印度的王公（Raja）一词源自梵文，大致即国王、君主之意。伊斯兰教传入印度之后，印度教君主称 Raja，以区别于伊斯兰教君主的"苏丹"等称号。Raja 也常被译为"土邦主""拉惹"等。

② 利斯为苏格兰港口城镇，在爱丁堡以北。

③ 马德拉斯今称金奈，为印度东南部的大城市，由英国殖民者于 17 世纪建立，逐渐发展成为相应区域的中心城市和海军基地。

④ 大君（Maharaja）的字面意思为"伟大的 Raja"，在印度地位高于一般王公（Raja）。

⑤ 德干高原位于印度中部和南部，包括今天马哈拉施特拉邦、安得拉邦、卡纳塔克邦和泰米尔纳德邦的一部分，是有名的熔岩高原。海拔平均为500～600 米，地质主要是白垩纪的玄武岩。德干高原东边与东高止山脉相连，西边与西高止山脉相接。德干高原西北部是印度棉花的主要产区。"德干"这个名称来自梵文，意思是南边、右边。

到喜马拉雅山麓和兴都库什山脉，从拉贾斯坦的沙漠到东孟加拉的沼泽，他们的身影无处不在。

他们分布得十分零散，就像他们为之效力的帝国一样。在有的地区，一连100英里都见不到一个英国士兵。约翰·洛担任斋浦尔常驻代表时给母亲写信道："这里除了我之外唯一的欧洲人是个医生，他属于这里的英国基地，和我同住。他是苏格兰人，姓辛普森，人很好，对病人特别友善和关心。靠我们最近的有欧洲人居住的地方是纳希拉巴德，离我们大约90英里。"[3]约翰·洛过了五年这样的孤独生活，除了他的大提琴和长笛之外没有别的伙伴。

这些孤独的人写了很多文字：书信、日记、关于他们经历并参与塑造的重大事件的回忆录，以及给他们在加尔各答的上级写的备忘录。在这些备忘录里，他们对自己收到的指示发牢骚，抱怨薪水低微、生活条件艰苦，或者解释当地的情况是什么样的。这些写给政府的信被保存在英国政府印度事务部的档案馆，而私人信件被写信的人珍藏（他们常常会复制这些书信），或者被收信人保管，因为只有这些信能让他们想起多年不曾见到，也许永远见不到的父母或儿女。这些信有一种神奇的轻松和亲密之感。读着这些信，你会觉得写信人仿佛只不过是渡过海湾去爱丁堡待几个星期而已。

他们一连三四代人遵循了这种人生的仪式，毫无怨言，毫无恨意，仿佛完全想象不到别的生活方式：他们至迟到十六岁就离开农场或牧师公馆（伟大的约翰·马尔科姆爵士十五岁就指挥土著军队了），经历漫长旅途绕过好望角，抵达马德拉斯或加尔各答，推荐信，舞会和赛马会，然后是在军营或兵站的孤独岁月，酷热季节在山区避暑地的打情骂俏，寒冷季节里莽撞而凶残的野战军事行动，在驻地教堂举行的婚礼，孩子们在平房①草坪上躺卧嬉戏，没过多久就被送回"家"（有时两三岁就被送走，至迟六七岁）去上学，绝大多数情况下直到十六七岁才能与父母再次团圆，到那时孩子们也要开始重复上面的流程。这些规模宏大的来回奔波，在我们看来就像鲑鱼或燕子迁徙一样不可思议、无法忍受。他们如何能忍受如此漫长的分离？分离的结局往往不是团圆，而是死于疟疾、霍乱、肾病或肝病，或在来去印度的途中死于海难。他们的职业生涯常常受阻，无法晋升，而落伍和不称职的官员拒绝为新人腾出位置。就算他们能活得足够久，得以回国并长眠于诺伍德或切尔滕纳姆②，还要忍受同胞的冷漠凝视和漫不经心的嘲弄。并且这种生活也特别危险，不仅他们的生命会受到威胁，他们非常关心的不朽灵魂亦会遇到危险。

我写作本书时没有怀揣油嘴滑舌的念头，我希望给予他们每个人应得的尊重，但我们不能省略那些恐怖的事情，尽管它们发生在我的亲人身上。或许恰恰因为它们发生在我的亲人身上，我才不能省略。

我觉得这是我应当做的事情：不是尝试为他们撰写常规意义上的传记，而是努力重现他们生活的时代，用文字（他们自己的文字和其他人的文字），用目击者记述，用公共档案和史书，以及用图像（如果你想了解印度却闭着眼睛的话，你一定是疯了），来展示他们经历了什么。所以本书不是传记，

---

① 印度语境里的"平房"（bungalow）原指孟加拉地区的一种单独一层、有游廊的房屋，bungalow 这个词的本意即为"孟加拉"。
② 切尔滕纳姆为英格兰南部格洛斯特郡的自治市镇，以温泉疗养地和赛马会而闻名。

甚至不是群传，而是一部印度故事集，一部人类的《丛林故事》。在本书叙述的某些时间点，约翰·洛及其亲人会暂时退下舞台，他们甚至不是那些改变了他们生活的事件的直接见证者。在其他大多数时间点，他们都处于舞台中央。但在所有时间点，他们都会感受到那种震动，因为印度的空气中充满喧嚣。尽管他们可能要花一个月时间才能听到来自爪哇或喜马拉雅山脉的消息，尽管他们分散在如此广袤的土地上，但说到底，在印度的英国人都是肩并肩屹立，或者一同倒下的。

关于拼写的说明：每一位撰写关于 19 世纪印度的书籍的作者都会发现，要在拼写上做到前后一致是不可能的。只能希望不影响读者的理解。和我之前的大多数作家一样，对于著名的地名，我用的是旧式拼写，如 Bombay、Calcutta、Oudh、Poona，而不是 Mumbai、Kolkata、Avadh、Pune。对于知名度较低的地名，我一般倾向于使用现代拼法，而不是维多利亚时代人们所用的 ow、ee 和 ah 等，比如我用 Kerauli 而不是 Kerowlee，Peshwa 而不是 Peishwah。但在这些方面也有例外，我会采用比较常见的拼法，比如用 suttee 而不是 sati。所以，有时我的拼写会和引用的书信与公文相矛盾，但我觉得我的办法比较易读。至少我比当时的英国人更注重前后一致。约翰·洛有时会在同一封信里把 Maratha 拼成三种不同写法。

注释

[1] 约翰·布莱基斯顿中尉曾在阿瑟·韦尔斯利麾下服役，参加了韦尔

斯利的若干十分激烈的战役。布莱基斯顿在他的 *Twelve Years Military Adventure in Three Quarters of the Globe*（1829）一书中描述了对大象的一些较温和的使用："我曾亲眼看见一名象夫的妻子（随军人员常常把妻小带到军营）将婴儿交给一头大象看管，她自己去忙别的事情。我看到这笨拙保姆的睿智与关怀，感到很好笑。"（Chapter vi.）

[2] 和往常一样，吉卜林选择大象头的图像作为他的作品集的封面装饰，这触动了很多人的神经。他在大象旁边放了一个象征好运的古老梵文符号卐，这对他的后世声誉造成了负面影响。1933 年，吉卜林请求他的出版社从他书籍的封面上删去这个符号，因为它如今"被玷污到了无法救赎的地步"（Jan Montefiore, letter to *Times Literary Supplement*, January 31, 2014）。

[3] Low, *Fifty Years with John Company: from the letters of General Sir John Low of Clatto*, Fife, 1822 – 1858, p. 37.

1 洛的天地

从克拉托山之巅可以远眺"法夫双乳",这是两座圆形山峰,居高临下地俯瞰这片风景。这两座山峰曾是火山,名字很文雅,叫东洛蒙德山和西洛蒙德山,但我更喜欢法夫双乳的说法。我奶奶的家乡就在法夫双乳的另一边。在北面,伊登河流过静谧的山谷,在圣安德鲁斯镇经过老球场①(对玩高尔夫球的人来说,这里就是伊甸园),然后注入北海。在更北方,可以望得见泰湾的辽阔海面;南面是福斯湾,福斯湾的另一侧就是爱丁堡。我第一次瞥见法夫双乳是在穿过爱丁堡新城区走向夏洛特广场之时,我举目向右眺望,将动人心魄的盛景尽收眼底。这是一片宁静祥和的乡村,苏格兰英语的 douce② 这个词可能就是为了描摹它而发明的。8月,田野呈淡淡的金色,但即便在这个时节,小麦地也有一丝浅绿,虽然此时英格兰中部地区的小麦早已收割完毕,只剩一片褐色的根茬。这片风景或许很宜人,但气候并不温和。

今天,你可以走进爱丁堡的威弗莱车站③,只要二十分钟就能渡海到达法夫,也可以从较新的公路桥开车过去。但我描述的那个时代还没有铁路,福斯河上也没有大桥(要一直到

---

① 圣安德鲁斯镇的老球场是世界上最古老的高尔夫球场之一,1552年建立。

② 意思是庄重、严肃或温和、宜人。

③ 得名自苏格兰历史小说家沃尔特·司各特爵士的"威弗莱"系列小说。

福斯河在斯特灵变窄的地方才有桥），珀斯以南的泰河上也没有桥。法夫郡是一个三面环海的半岛，第四面则被难以逾越的天险奥克尔山阻断。法夫郡简直是一个独立王国，而克拉托的洛家族是地地道道生于斯长于斯的一个家族。

在他们眼里，苏格兰的其余部分，更不要说英格兰了，都是一片模糊，他们对其知之甚少，也很少亲身到访。他们和邻居闲聊、跳舞，通常也只和邻居结婚。这些邻居包括布莱博的贝休恩家族、凯尔尼的弗里斯家族、希尔顿的迪斯家族和费蒂斯家族（创办学校的那个威廉·费蒂斯①是约翰·洛的姨夫），他们的有些小庄园距离洛家族的宅邸很近，走路就能到，其他邻居的家也只需要乘马车就能很快抵达。洛家族有时会在爱丁堡的上流社会俱乐部找到一两个伴侣，但总的来讲，法夫郡貌似一个封闭的社会，人们自得其乐，不需要冒险离开自己的天地。但其实并非如此。

在一个多世纪里，洛家族的谋划、憧憬和失望，都发生在家乡之外的地方。这个北海之滨的半岛仿佛一个庞大的机场，所有航班都飞向同一个目的地。洛家族的生活似乎没有别的可能性。这并不是说法夫郡没有别的事情发生，不是说法夫郡按照苏格兰的标准特别贫困，也不是说当地没有就业的机会。险峻山谷的小河畔有亚麻纺织厂和黄麻纺织厂，邓弗姆林（洛家族最初的故乡）镇上还有亚麻织物工厂。法夫郡西部有煤矿区。不久之后，查理·奈恩②将开启他的漆布工厂的宏伟事业，柯科

---

① 威廉·费蒂斯爵士（第一代费蒂斯从男爵，1750~1836）为苏格兰富商和慈善家，他留下一大笔遗产，创办了费蒂斯公学（1870年建立），为贫民子弟和孤儿提供教育。

② 即迈克尔·奈恩，他于1847年建立了漆布工厂，这是柯科迪镇的支柱产业。

迪镇将因此成为世界漆布之都。多才多艺的年轻人可以骑马去昆斯费里，然后渡海去爱丁堡，成为诉状律师、教会牧师或外科医生兼药剂师。但洛家族对这些职业都没兴趣。在他们的梦里，来自寒冷大海的东风只对他们呢喃着一个词：印度。

罗伯特·洛第一个听到并响应了这个号召。他本在爱丁堡的律师座席上虚度光阴，直至 1771 年听到了招募的消息，于是主动报名加入马德拉斯军团。仅仅十一年后，他以上尉军衔退役回国，带回了一笔足以舒适生活的财富。他的投资回报率很高而且回报来得很快，这会对他的儿女和孙辈带来颇具误导性的鼓舞。他积攒了足够的钱，买下了克拉托庄园，在库珀以东几英里处。他拆除了原有的旧房子，用法夫郡砂岩建造了他自己的雄伟而四四方方的宅邸。用一句俗语说，他"摇晃宝塔树"，收获了丰盛的果实。这句俗语里说的"宝塔"，是罗伯特在南印度发财时当地通行的金银币。

他是怎么发财的呢？肯定不是靠省吃俭用、积攒薪水。威廉·亨特爵士在他的小书《萨克雷家族在印度》中写道，东印度公司公务员的名义工资"几乎不够生活开销。在他们眼里，这微薄的薪水只不过是聘金，而不是报酬。他们通过私人生意和从土著那里收受馈赠得到的回报有时是薪水的一百倍"。[1] 威廉·梅克皮斯·萨克雷，也就是那位同名小说家的祖父，发财的途径是：为东印度公司的军队提供阉牛和大象（每头大象的价格为 1600 卢比），为当地村民和王公猎杀老虎，从支付给达卡①的

---

① 达卡为今孟加拉国的首都，1608 年由莫卧儿帝国建立，19 世纪英国殖民时期成为孟加拉地区仅次于加尔各答的第二大城市。

地租（以宝贝①贝壳的形式支付）中提成，以及为东印度公司
供应石灰和木材以及公司需要的几乎一切物资并从中获取佣
金。[2] 对罗伯特·洛这样的东印度公司军官来说，捞油水的机
会很多。军队需要阉牛和大象，士兵需要帐篷和制服，马匹需
要草料，部队需要饮食。在所有这些方面，有雄心壮志的军官
都可以从供应合同里大发横财，收入会比他的实际军饷高得
多。老萨克雷利用他收到的堆积成山的宝贝贝壳，为自己建造
了一座舒适的古典风味的豪宅，它的山墙和柱廊为紫红色和乳
白色。这座豪宅至今仍然屹立在加尔各答郊区阿里普尔的一片
香蕉林内。宅邸内有一块铜牌，写明小说家威廉·梅克皮斯·
萨克雷出生于此地。罗伯特·洛上尉退役后回到了法夫。这两
个家族的下一代会通婚，在整个 19 世纪，他们的孩子会在从
锡兰到喜马拉雅山脉的不同印度城镇和兵站任职。

　　我们永远不要忘记，萨克雷家族和洛家族都是在"约翰
公司"（这是东印度公司的拟人化称呼，模仿了荷兰人的说
法，他们也把自己的东印度公司戏称为"约翰公司"）的早期
发财致富的，那时公司并不关心它的雇员如何捞油水，只要贸
易持续流动，利润足以让股东和利德贺街的董事会满意就行。
《皮特印度法案》② 颁布和沃伦·黑斯廷斯被弹劾之后，英国
上校和税务官就再也不能靠敲诈勒索土著来中饱私囊了。如今

---

① 宝贝（Cowry）是多种海洋软体动物的统称，有些种类的贝壳在印度洋等
　地区被当作货币使用。
② 即《1784 东印度公司法》，得名自当时的首相小威廉·皮特（1759～
　1806），旨在将东印度公司置于英国政府的控制下。该法案任命了一个控
　制理事会，并促成公司与王室共同管理英属印度，最终权威由政府掌握。
　该法案的目的之一是解决公司内部的贪腐和裙带关系问题。

是政府霸占全部油水。康沃利斯勋爵①在担任印度总督期间（1786～1793），一直努力根除东印度公司雇员和土著商人之间利润丰厚的私人生意。公司雇员与土著之间的交易其实就是腐败。[3]过去英国人和土著之间的关系比较轻松随意，现在这种私交却被视为有害。1793年，混血儿被禁止担任公职。商业层面的分隔之后，是社会意义上的种族隔离。东印度公司官员再也不能和他们的印度情妇同居，再也不能和部下一起去看斗鸡赛和印度舞女表演。历史学家C. A. 贝利②指出，"私自做生意的'腐败'公司官员的消失，或许并非如维多利亚时代早期人们相信的那样是一种胜利"。[4]印度经济似乎部分地丧失了它那种神秘的活力与灵活性。毫无疑问，新政策使得公司的英国雇员，不管是文官还是军人，丧失了他们习以为常的捞外快的机会。除了霍乱、痢疾和战死之外，公司官员开始受到一个新幽灵，也就是债务的骚扰。

尽管时代变了、捞油水的机会没了，但罗伯特·洛的三个儿子（约翰是长子）毫不畏惧（或许是还不知道政策变化造成的影响），全都去了印度，并在那里度过了他们成年生活的大部分时光。罗伯特的三个女儿都嫁给了法夫郡的邻居，她们的丈夫后来都成为驻印英军的校官或将军。在下一

---

① 第一代康沃利斯侯爵，查尔斯·康沃利斯（1738～1805），英国军人、殖民地官员和政治家，于美国独立战争期间出任1778～1781年北美英军副总司令，任内于1781年10月约克镇围城战役大败后率军投降。战后他于1786～1794年出任印度总督，1798～1801年任爱尔兰总督，1805年再任印度总督，但同年因病客死当地。

② 克里斯托弗·艾伦·贝利爵士（1945～2015），英国历史学家，专攻大英帝国、印度和全球史。1992～2013年，他是剑桥大学的帝国史与海军史教授。

代人当中，约翰·洛的四个儿子都在孟加拉骑兵部队或印度公务员系统服役。他的长女嫁给了德里首席行政长官、英国在莫卧儿宫廷常驻代表的儿子。只有终身未嫁的女儿才留在法夫。

就连罗伯特·洛最小的也是唯一未出阁的女儿乔治娜，也在帝国的事业当中发挥了作用。因为她哥哥约翰的儿女刚刚蹒跚学步，就从他们的出生地勒克瑙被送回国，以便在"家"里受教育。在孩子们的整个童年，乔治娜就是他们的母亲。约翰和妻子只有在19世纪40年代回到克拉托度假的四年中，才与儿女有短暂的团圆。[5]

可怜的乔治娜，青春年少时的她是多么俊俏活泼（1822年乔治四世滑稽但隆重地进入爱丁堡城时，她是多么快活！），中年却过着拘谨而了无生趣的生活。尤其是第一次癌症发作之后，她就遁入宗教仪式寻求慰藉。乔治娜当家的时候，克拉托的星期日对洛家族的年轻一代来说是非常严峻而令人难忘的：至少两次礼拜仪式，除了《圣经》之外不能读任何书，不准玩游戏，不准演奏音乐，不准玩玩具，最糟糕的是面包上不能涂果酱。曾经酷爱拉家常和跳舞的乔治娜，如今把全部热情用于监督安息日的宗教仪式，并确保洛家的孩子学会法语不规则动词。

那些年里，苏格兰爆发了一些神学争端，乔治娜站在要求最严格的派系那边。那些神学争端让许多家庭发生分裂，就像我们时代的苏伊士运河问题和伊拉克战争问题让家人之间产生分歧一样。不过，那些布道者和听布道者不一定全是严酷沉闷和笃信宗教的人。在某些方面，不列颠北方（那些较为英格兰化的苏格兰人喜欢这样讲）比南方更为自由和无拘束。学者发现，在苏格兰农村，非婚生子的现象很少受到谴责，而"婚前性行为并非与第三者结婚的严重障碍"。班夫郡的一位牧师报告称："尽管我们努力布道和教导，人们对这种罪孽还是认识不足。事实上大家很少想到这事情，几乎从来不会觉得这是一种罪孽，而只把它看作错误，如果孩子的父亲不把孩子带走抚养的话，会让人恼火。但仅此而已。"[6] 在洛家族成员（除了乔治娜）留存至今的书信中，他们坦然直面生活中正常的酸甜苦辣（喝酒太多、婚姻失败），大家的态度是坦诚和一种带着懊悔的幽默。

法夫郡的某些贵人甚至更进一步。戴维·洛（洛家族的近邻，也可能是近亲）在皮滕威姆（位于法夫郡美丽的东南海岸，所谓的"新角"）担任苏格兰圣公会牧师。他名义上还是罗斯、马里、阿盖尔和若干小岛的主教，不过很少有资料表明他拜访过这些相距遥远的地方。他更感兴趣的是"乞丐的祝福"，这是一家色情餐饮俱乐部，就在附近的渔港安斯特拉瑟的市中心。这家俱乐部的奇怪名字源自一个传说：苏格兰国王詹姆斯五世要去安斯特拉瑟的德利尔城堡，被一个丰满健壮的乞丐姑娘背过一条小溪，她蹚水的时候卷起了自己的裙子。国王赏了她一个沙弗林金币。作为回报，她给了他这样的祝福：

> 祝你的钱包鼓鼓囊囊。
> 祝你的宝贝雄风不倒。

"乞丐的祝福"的会员每年聚会两次，分别在圣安德鲁斯瞻礼日和圣烛节①，大家比较各自的勃起阳具，然后集体自慰，他们周围遍布做成阴茎或阴户形状的色情餐具，有时会雇一个当地姑娘裸着身子来刺激大家。这种淫亵的活动持续了一个多世纪，直到被维多利亚时代的道德观压制下去，并最终被彻底消灭。最后洛主教不得不要求"乞丐的祝福"将他的名字从档案中删去，但卑鄙的俱乐部秘书（也是安斯特拉瑟市政府的文书）非要把他的要求记录下来并发给其他所有成员，于是进一步公开宣传了主教大人是俱乐部长期会员的事实。

"乞丐的祝福"有一个出人意料的会员是罗伯特·洛的最好朋友和邻居休·克莱格霍恩，此人是圣安德鲁斯大学的历史教授，也是苏格兰启蒙运动的最重要人物之一。克莱格霍恩年轻时曾作为年幼的霍姆伯爵的教师，陪伯爵周游欧洲。在瑞士的时候，克莱格霍恩结交了默龙伯爵，此人是个诡计多端的家伙，拥有一个雇佣步兵团。荷兰人雇了他的部队去守卫科伦坡和锡兰的其他荷兰要塞。战争爆发后，克莱格霍恩成为英国政府的间谍，就像第二次世界大战期间也有一些英国大学教授被军情六处招募一样。他向苏格兰首席大臣亨利·邓达斯②建议，如果他们能"争取"默龙伯爵和他的步兵团，英国就能

---

① 圣烛节也叫献主节，为每年2月2日，基督教文化里这一天纪念的是圣母玛利亚在耶稣降生后四十日将其带入圣殿行洁净礼并将婴儿耶稣献给上帝。在有的国家，人们在这一天拆除圣诞节装饰，并带蜡烛去教堂接受祝福。

② 亨利·邓达斯，第一代梅尔维尔子爵（1742~1811），苏格兰托利党政治家，1794年出任英国历史上第一任陆军大臣。他也是英国历史上最后一个遭弹劾的政治家（不过后来被确定无罪）。邓达斯大力推动苏格兰启蒙运动、对法作战，反对废奴，主张扩大英国在印度的势力范围，一时间对东印度公司产生很大影响。他长期主宰苏格兰政治，被讥讽为"亨利九世""苏格兰大经理人""苏格兰大暴君""苏格兰无冕之王"等。

赢得锡兰，并且（用克莱格霍恩的话说）"不会流很多血"。

历史上类似的走捷径的个案很多，但与大多数个案不同的是，这一次大获成功。默龙伯爵已经对他的荷兰雇主心怀不满，满口答应改换阵营。英国不费一枪一弹就控制了全岛。克莱格霍恩和默龙伯爵胜利进入科伦坡。这是大英帝国历史上一个不寻常的章节，也激励了洛家族的年轻一代，让他们相信，只要他们去东方，一定能建功立业。几乎同样让人惊讶的是，克莱格霍恩这位大学的栋梁之材，居然在离开法夫之前接受了"乞丐的祝福"的会员资格（他的"会员证书"仍然保存在圣安德鲁斯大学的"克莱格霍恩文件"当中）。

克莱格霍恩回到法夫之后，吃惊地发现自己的儿子彼得和约翰"在我不知情的情况下"申请了"乞丐的祝福"的会员资格。于是他立刻出了6几尼①的会员费，将会员证书寄给两个儿子（都已经到了印度），并告诫他们"不要让女人看见这些证书"。彼得和约翰是洛家族年轻一代的好友，在苏格兰的时候与他们形影不离。罗伯特·洛于1825年去世后，休·克莱格霍恩写信给彼得：

> 我昨天穿过圣安德鲁斯去参加洛先生葬礼时收到了你的感人信件。我失去了一位朋友，这半个世纪以来我和他相处融洽，互相信任亲近，没有一瞬间的冷淡或保留。他脾气极好，没有一丝一毫的自私。他待朋友热情，待敌人也没有一丝恶毒。[7]

---

① 几尼是1663～1814年英国发行的一种金币，1几尼相当于21先令。

　　或许克莱格霍恩与洛两家人在喝了一两杯酒之后谈论过"乞丐的祝福"的怪异一面。[8] 很难相信罗伯特·洛最小的儿子亨利会抵制"乞丐的祝福"的诱惑。亨利比约翰小十岁，此时二十岁出头，是爱丁堡的一名诉状律师，或者至少理论上是。实际上他大部分时间都在喝酒、打高尔夫球或者豪赌。洛家族的成员确凿无疑地加入过的一家俱乐部是"皇家古老高尔夫俱乐部"，这是世界上此类俱乐部当中最有名的一家。罗伯特·洛上尉于1784年担任该俱乐部的球队队长，但亨利是俱乐部的大明星。他三次赢得俱乐部的金质奖章，分别在1821年、1823年和1824年，并于1826~1827年成为爱丁堡绅士高尔夫俱乐部的球队队长，此时他还不到三十岁。他不满足于占据高尔夫项目中最著名的一个职位，还于次年当上了爱丁堡绅士高尔夫俱乐部的秘书。

　　亨利赌博时总是下很大的赌注，5英镑是他的标准赌注。但让他垮台的不是赌球，而是他在法夫银行的合伙人身份。该银行于1825年破产，对整个洛家族都造成惨重打击，但最惨的是亨利。他被宣布破产，于1830年春逃往澳大利亚。他在那里经营一个庄园，但又一次破产。1833年，他来到印度，为加尔各答一家律师事务所工作。他写信给母亲称："我不愿意躺倒认输，不愿意放弃挽救自己的希望。"在此期间，他的兄长约翰在军界不动声色地攀升，约翰在这个时期的信中这样提及自己的弟弟："他过得很安分，看上去没有奢侈靡费的迹象。"如果亨利能坚持住，"他选择的职业是不可能让他损失金钱的"。亨利来到勒克瑙，与约翰一家同住。约翰在给母亲的信中写道："亨利在我们家住了好几天了。我坚信不疑，他已经下定决心要勤奋工作、勤俭节约。在节约方面，他的自律很了不起；之前把他害得很惨的那种过分乐观的感觉，如今他似乎一点都没有了。"[9]

约翰力劝马德拉斯总督威廉·本廷克勋爵任命"我可怜的弟弟"为彩票委员会的助理秘书："他受过极好的教育，后来在多种生意里都很有经验。"[10]遗憾的是，本廷克担心亨利的经验都是不良的那种，而亨利在博彩业方面的专长也未能帮助他赢得这个收入一般的闲职。

亨利又开始投机，并且运气与以前相比并没有改善，于是他第三次破产。皇家古老高尔夫俱乐部的史书评论道："我们可以放心地说，他是圣安德鲁斯社团唯一一个在三个不同大洲破产的金质奖章三次获得者。"[11]约翰的内兄威廉·迪克在加尔各答偶然遇见了亨利，后来告诉约翰："他长得很像你。他风度温文尔雅，很绅士，比较忧郁，不过他讲起话来之后就不那么低沉了。"[12]

亨利就像康拉德小说里注定倒霉的人物，一头冲向更东方，更加深入丛林。他的最后一个藏身之地是缅甸，当时缅甸还没有被英国吞并。克拉托遗留的大量文件当中，有一份1855年9月17日的《孟加拉信使报》。这份报纸为什么被保存下来？它第一栏的标题是"来自勃固①的一些事实"，报道了费尔少校②及其随行队伍越过了英国控制区的边境，前往阿瓦③。在玛伦，也就是越过边境之后的第一个大城镇，"在那

---

① 勃固为缅甸南部城市。
② 阿瑟·费尔爵士（1812～1885），英印军队的军官，最终军衔中将，英属缅甸第一任高级专员（1862～1867），毛里求斯总督（1874～1878）。他撰写了第一部西方科学标准的缅甸历史。他还是博物学家（多种动物以他的名字命名）和钱币学家。
③ 阿瓦在今缅甸中部，古时为阿瓦王朝（1364～1555）的首都。

里受到当地总督的接待，他是个苏格兰人，凭借那个民族的才干，在缅甸朝廷平步青云"。亨利终于时来运转了吗？如果是这样，他的好运气也没能维持多长时间，因为关于他的另外的唯一记载是家族文件中的一个简单条目："亨利·马尔科姆·洛，4月5日卒于曼迪勃固，未婚。"[13]我喜欢想象亨利带着他那忧郁的礼貌，可能穿着缅甸服装，接待了费尔少校及那疲惫的一行人，一边帮他们从象轿上下来，一边询问他们，是否知道谁赢了去年夏季的圣安德鲁斯高尔夫球金质奖章。

亨利去圣安德鲁斯是为了打高尔夫、喝酒和赌博，而约翰去那里是为了读书。他骑着矮种马进城注册为一年级新生的时候，还不到十四岁。他来这里是为了提高自己的数学、拉丁文、法文和历史，打算随后从军。他只穿了一年那著名的鲜红色大学生长袍[14]，也就是说他动身去印度时只有十五岁。他父亲在马德拉斯为他搞到了一个军官学员的身份，依靠的是国会议员约翰·哈德尔斯顿先生的提名，此人是东印度公司的董事。在这之后，约翰的生活一日千里。人生苦短，他不愿虚度光阴。

不过，这么小的年纪就离开圣安德鲁斯和克拉托，一定是件伤心事，即便约翰是个天性刚毅的汉子。家乡的生活很美好。洛家族虽然是长老会教徒，但性喜闲聊，轻松随意。他们在山区打猎，在潺潺溪水中捕鱼，在老球场（当时就只有这么一个球场）上欣赏小鸟球，并且有很多志趣相投的邻居可以拜访。罗伯特·洛在德干高原压榨土著时用来自我安慰的那些美梦，在家乡其实差不多已经成为现实。如今轮到约翰了。

他在离开法夫、登船前往马德拉斯之前，请人给自己画了像。邻村（皮特莱西）牧师的儿子非常有才，比约翰大三岁，十四岁就离开法夫，到爱丁堡艺术学院学习。五年后，这个雄心勃勃的年轻人戴维·维尔基回家了，靠给当地士绅画像挣钱来准备自己下一步的攀升：去伦敦闯荡。在克拉托，他为洛家族的三位成员画像，每幅画收 5 英镑，相当于亨利赌球的一次赌注。画得最好看的一幅是凯瑟琳的，她是洛家的长女①，也是家族里的美人。画中她穿着白色的帝国风格②长裙，披着红色天鹅绒披肩，背景是克拉托风光。2007 年，佳士得拍卖行在纽约拍卖这幅画，最后中标价为 32200 英镑。当时凯瑟琳与希尔顿的威廉·迪斯上校订了婚，他的年龄是她的两倍，在维尔基画的肖像里看上去也的确衰老，是一位身穿马德拉斯陆军制服（这套制服看上去也比较沧桑）的饱经风霜、面色红润的绅士。

在苏格兰和印度，这种情况屡见不鲜：中年军官与十八九岁的少女结婚，婚前的恋爱过程非常短暂。无论在印度的山区避暑地还是苏格兰的上流社会俱乐部，大家都奇缺时间。如果错过一次机会，两人就可能永远没有机会再见。所以，英印军队里英国军人的婚姻就像印度人的包办婚姻一样，夫妻在婚前没见过几次。约翰·洛自己要到二十多年后才以这种草率的方式结婚。

凯瑟琳活泼好动，一辈子都受到家人的宠溺（家里的美人往往会得到溺爱），随着年纪渐长，她从轻浮、爱卖弄风情的姑娘变成疑病症患者。她和威廉在约翰动身前往印度不久前，在克拉托的客厅举行婚礼。她穿着一件鲜红色骑装，与丈

---

① 罗伯特·洛上尉的长女应为夏洛特，生于 1784 年。凯瑟琳生于 1786 年。
② 帝国风格的"帝国"，指的是拿破仑的法兰西第一帝国。

夫一起骑马去利文湖度蜜月。比较奇怪的是，约翰和新婚夫妇
一起去了，可能是因为她也许将再也见不到弟弟的缘故吧。新
婚夫妇躲起来亲热的时候，约翰不慎掉进湖里，险些溺死，差
一点就见不到姐姐了。

在约翰自己的肖像里，他穿着蓝色上衣和有褶边的衬衫，
暗黄色背心上挂着一串印章。画的背景是一串枪火，宣示了他
未来的职业。他的表情令人难忘：警觉、有点不安，也有点亨
利那种忧郁。和凯瑟琳以及洛家族的大多数人一样，他的上唇
很长，嘴角向下弯，略微震颤，让他看上去仿佛马上就要哭
泣。这是个错误的印象。约翰绝不是麻木不仁的人，但他坚忍
不拔。或许在维尔基先生面前，他在努力让自己显得成熟一
些。[15] 在随后三十八年里，他的母亲就只能依靠这幅画像和他
的家信来思念他。约翰再也没有见过父亲，而在他于 1843 年
返回克拉托的时候，他母亲已经命不久矣。

去印度的旅程需要四个月加减一周。在随后三十多年里，
去印度的旅程始终需要这么久。约翰抵达马德拉斯的时候，东
印度公司已经决定将军官学员的训练程序加以现代化。新来的
军官学员被称为"狮鹫"，会遭到无情的逗弄取笑，并成为无
穷无尽恶作剧的受害者。根据新制度，新人不会像过去那样直
接被分配到兵站（在那里，他们可能还没站稳脚跟就会死于
酗酒或绝望或痢疾），而是被送去"历练"，在军校里接受正
规的军事教育。这家军校于前不久搬迁到特立帕苏尔要塞，在
马德拉斯郊外约 15 英里处。根据圣乔治堡①总司令制定的规

---

① 圣乔治堡是英国人在印度建造的第一座要塞，1644 年竣工。马德拉斯城
可以说就是围绕圣乔治堡发展起来的。

则，在军校里，"绅士军官学员"将受到严格但符合健康标准的训练。他们要穿上紧身的鲜红色上衣（配有黄色袖口、黄色衣领和三排白色金属纽扣），戴上配帽徽和红色羽毛的黑色圆顶帽，穿白色亚麻背心和白色亚麻裤子、低筒靴，配备枪械和刺刀。[16]他们黎明起床，早上七点或八点（根据季节）用早餐，下午两点用午餐，晚上八点用晚餐，吃完晚饭立刻就寝，晚上九点熄灯并锁门。要塞内不准饮用烈性酒、葡萄酒或啤酒。除了操练、军事机动和枪械使用之外，学员还要学印度斯坦语。约翰·洛那样特别勤奋的学员还要掌握波斯语，即各个土著宫廷的语言。在特立帕苏尔没什么乐趣可言。"除了偶尔参加一些充满男性气概的体育运动，如板球、壁手球或其他项目，学员在宿舍之外的时候必须穿全套规定的制服。明确禁止穿着白背心从一片宿舍闲荡到另一片。"[17]

这一切听起来都整洁利索，哪怕有点严苛，但特立帕苏尔的现实并非如此。事实是，这地方简直是人间地狱。总司令约翰·克拉多克爵士①曾提及"特立帕苏尔非常不健康的环境"。"我偶尔观察到从特立帕苏尔来的人个个形销骨立、憔悴不堪，这让人十分担忧。"[18]特立帕苏尔的主管军官此时身患重病，他的助手也因为健康问题而被迫辞职。克拉多克指派一名医生领导一个调查委员会去特立帕苏尔查看当地环境，但就连这位医生也称病推辞。

调查委员会向克拉多克报告称，特立帕苏尔要塞建在一片无树平原上，夏季酷热难当，受季风影响极大。学员居住的兵

---

① 约翰·克拉多克，第一代豪顿男爵（1759～1839），英国军人和政治家，最终军衔陆军上将。曾任印度的马德拉斯军团总司令，曾在西印度群岛、爱尔兰、埃及、伊比利亚半岛等地作战。

营地势低于周围的稻田和给稻田提供灌溉的大水塘。所以,刮东北风的时候,学员宿舍会潮湿而寒冷,在热天又热得无法忍受,因为"稻田里的水都被烤干之后,赤裸的稻田地面被烤得像石头一样硬邦邦"。在旱季,学员更愿意睡在户外,因此很容易被凌晨时分从山里刮来的冷风吹伤。调查委员会试图挖掘排水沟让营地干燥些,但因为营地地势太低,排水沟只是让稻田的水流向营地,而不是将营地的积水排出。好几名学员死于肝病或痢疾,还有一两人的病情"因为他们自己的鲁莽"而加重,也就是说他们违反纪律,喝了亚力酒①或棕榈酒。唯一对策是放弃特立帕苏尔,寻找新的地点另建军校。[19] 但到那时,约翰·洛,从法夫来的坚忍不拔的苏格兰人,已经结束了培训,于 1805 年 7 月 17 日获得中尉军衔,被分配到第 1 马德拉斯土著步兵团。他从特立帕苏尔的折磨中幸存下来。他什么都扛得住。他开始了自己的征程。

那么,特立帕苏尔后来又怎么样了呢?这座要塞在迈索尔战争期间发挥了那么突出的作用,但在军校学员们的惨痛经历之后,它似乎从历史记载中销声匿迹了。后来,我在詹姆斯·威廉·马西牧师的《大陆速写》中找到了答案。马西是新教传教士,坚决反对奴隶贸易和《谷物法》②。据他记载,特立帕苏尔要塞最后被拆毁,残余部分被改为 130 名英国退伍老兵的宿舍,他们大多娶印度女人为妻。当地驻军的财务官每个月

---

① 亚力酒为南亚和东南亚产的一种蒸馏烈酒,用椰子汁、糖蜜、米或枣子等制成。

② 《谷物法》是 1815 年至 1846 年英国为保护本国地主的利益而出台的一系列关税和贸易壁垒政策,旨在维持国产粮食的高价,同时阻止外国粮食进入英国市场。保守党的首相罗伯特·皮尔爵士废止了《谷物法》,让英国从重商主义经济转向自由贸易。

来看他们一次，向他们发放退休金。这些人拿到钱之后就会狂欢一场。"一连两三夜，这群酒鬼无比放纵地酗酒、胡闹、斗殴，真是太可怕了。他们如今依赖英国军队的退休金生活，而他们曾经的雇主似乎希望他们早死早好，而不是过舒适的退休生活。"据马西说，这群人每个月都要大闹一次，很多老兵因此丧命，最后竟没有足够多的清醒的人去安葬死者。老兵们为了争夺金钱和女人而大打出手，这让久经沙场的掌旗军士也心惊胆战。正是这位掌旗军士把上述情况告诉了马西。马西在当地发放赞美诗小册子并开办主日学校。我们只能希望，马西的这些工作能稍稍缓解那些被阔步前进的大英帝国抛弃的老兵及其印度妻子在这个荒凉之地不得不忍受的折磨。[20]

注释

[1] Hunter, *Thackerays in India*, p. 71.

[2] 根据 Hunter 的计算，第一位威廉·梅克皮斯·萨克雷在孟加拉东北部偏僻的锡尔赫特工作的十多年里，他的薪水和津贴加起来仅有16230 卢比，比 Hunter 时代最低级的孟加拉税吏一年的薪水还低。（Hunter, ibid., p. 99.）

[3] Bayly, *Indian Society*, pp. 59 – 60 and 69 – 71.

[4] Bayly, *Rulers, Townsmen*, p. 262.

[5] 像乔治娜姑妈这样令人生畏、统治了殖民地官员子女的童年的姑妈姨妈有很多。P. G. 伍德豪斯（他父亲是香港的一名法官）、萨基（他父亲查尔斯·奥古斯塔斯·门罗是缅甸的警察总长）、罗德亚德·吉卜林（他父亲是拉合尔的艺术家和博物馆馆长）、威廉·梅克皮斯·萨克雷（他父亲是加尔各答的法官和税官）都拥有类似的姑妈姨妈。对吉卜林和萨克雷来说，姑妈姨妈为他们提供了一个温暖的避风港，帮助他们逃离严酷的学校和寄宿公寓。对萨基和伍德

豪斯来说，姑妈姨妈比学校更糟糕。乔治娜恐怕属于比较让孩子讨厌的那一类姑妈。

［6］Quoted Ferdinand Mount, *The Subversive Family*, p. 254.

［7］Low, p. 42.

［8］圣安德鲁斯大学的戴维·史蒂文森教授在他关于"乞丐的祝福"的精彩著作中指出，"能确认新会员身份的绝大部分证据可能一般不会向当地会员公布，也就是每年在安斯特拉瑟集会的那些人"。俱乐部会向名人发放会员证书，接纳其为荣誉会员，但这些人可能永远不会真正到会。所以任何一个当地的时髦男子都可能在"幸福天地"（会员这样称呼他们的活动场所）嬉戏，而不会有文献证据表明他属于该俱乐部（Stevenson, *Beggars Benison*, pp. 152 – 3）。

［9］Low, pp. 148 – 51.

［10］Bentinck Papers, Low to Bentinck, December 16, 1833.

［11］Behrend, p. 88.

［12］Low, p. 150.

［13］Low, pp. 343 – 4.

［14］据说大学生在城里活动时被强迫穿鲜红色长袍，是为了让当局在酒馆里更方便地辨认出他们。不过谁能阻止大学生在抵达酒吧之后就脱掉长袍呢？

［15］Low, pp. XVI – XVII 这三幅肖像的复制品见 *Burlington Magazine*, April 1938, pp. 189 – 91, 'Three Early Portraits by Wilkie'。

［16］Wilson, *Madras Army*, iii, p. 79.

［17］Wilson, iii, pp. 80 – 82.

［18］IOR/F/4/226/4957.

［19］Letter from Fort St George to the East India Company, February 12, 1806.

［20］Massie, pp. 17 – 22.

2　壁手球场上的屠杀

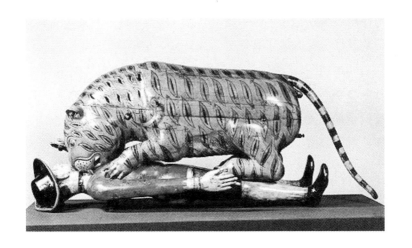

我们决心造反，杀掉我们的军官。必将血流成河、尸骨如山。

——鲁斯塔姆·阿里·沙，《马德拉斯秘密庭审记录》，

第 25 卷，f 4312，胡佛，第 101 页

约翰有理由为自己分配到的团感到骄傲。第 1 马德拉斯土著步兵团第 1 营是东印度公司旗下最古老的一个营。在印度，没有一个土著步兵营的威望比它高。该营第一次建功立业是在 18 世纪 60 年代对抗迈索尔统治者海德尔·

阿里的战争中，后来在 1780 年贝利中校①的灾难性失败中险些被全歼，不过浴火重生，在 18 世纪 90 年代的新一次迈索尔战争中战果辉煌。此次战争中，英军攻克了塞林伽巴丹。海德尔·阿里的儿子蒂普苏丹，绰号"迈索尔之虎"，手执军刀、身先士卒地保卫自己的要塞和人民，在这次激战中阵亡。第 1 马德拉斯土著步兵团在塞林伽巴丹的英雄事迹，为它赢得了和蒂普苏丹一样的猛虎威名。

18 世纪末，英国在印度的直接控制领地大体上局限于三座城镇——加尔各答、孟买和马德拉斯及其腹地。这就是所谓的三个管辖区。在英国人的三块领地之外和它们周围，星罗棋布着一百多个邦国，有的是拥有庞大军队的大王国，有的是只有十几名火枪兵的小酋长国。这些邦国经常因为种族、宗教和世仇而互相厮杀。很多邦国已经被英国人控制，出钱让英国人指挥的军队保护它们，不过理论上这些邦国还是独立国家。南亚次大陆的商业活动通过这些邦国的边境渗透出去，为东印度公司的商人带来了崭新的机会，也为公司的军队带来了挑战，毕竟公司军队的首要使命是保护贸易。

罗伯特·克莱武②在阿尔果德和帕拉西的决定性胜利

---

① 威廉·贝利中校（卒于 1782），1780 年在第二次迈索尔战争中表现极其英勇但寡不敌众，负伤被俘，死于迈索尔首都塞林伽巴丹的狱中。

② 罗伯特·克莱武，第一代克莱武男爵（1725～1774），绰号"印度的克莱武"，为英属印度总司令，他是助东印度公司在孟加拉获得军事和政治主宰地位的头号功臣。他帮助英国王室获得了今天孟加拉国、印度和巴基斯坦的大片土地，在这过程中自己也发了大财。他和前文讲到的沃伦·黑斯廷斯一起，是英属印度建立早期的主要领导者。他是颇有争议的人物，曾在议会受审。现代历史学家常批评他的残暴、苛捐杂税等恶行。

（分别在 1751 年和 1757 年）确立了英国对卡纳蒂克（马德拉斯周围的狭长沿海地带）和孟加拉的主宰，这些地区是正在成形的帝国的核心地带。塞林伽巴丹大捷让英国人控制了印度中南部的邦国迈索尔。贪婪成性的小个子总督理查德·韦尔斯利①开始梦想将英国的统治扩张到西海岸，以便让地图上的三大块粉红色最终能聚合成一个覆盖整个次大陆的光荣帝国，并让觊觎印度的法国人彻底死心。在下一次大规模攻势中，第 1 马德拉斯土著步兵团第 1 营可以期望担当先锋。

然而在约翰·洛加入该营的一年之内，全营三分之二的人却发动了血腥的叛乱。他们的欧洲军官在睡梦中被杀害。成百上千的印度土著兵，不管有没有参与兵变，都被英国人击毙。在一场仪式中，该营的军旗被拿到操练场上焚毁，剩余士兵带着羞辱被解散。这是到此时为止英国人在印度受到的最大一次冲击。并且，奇怪的是，这场血腥风波的起源，竟是英国人消灭蒂普苏丹的胜利。

蒂普苏丹首先是一位军事家。他从父亲聘请的法国雇佣军人那里学习战术。他父亲从普通士兵崛起成为迈索尔陆军总司令，后成为迈索尔的实际统治者。蒂普苏丹身材矮胖，眼睛很大。他曾将贝利中校打得落花流水，还迫使凶悍的赫克托

---

① 理查德·韦尔斯利，第一代韦尔斯利侯爵（1760~1842），英国政治家和殖民地管理者，曾任英国外交大臣和爱尔兰总督。他在担任印度总督期间，彻底消灭了法国在印度的势力，将英国在印度的殖民地扩张为一个帝国。他的弟弟阿瑟·韦尔斯利就是著名的在滑铁卢战役打败拿破仑的第一代威灵顿公爵。

耳·门罗爵士^①兵败撤退。蒂普苏丹沿着喀拉拉^②海岸建造要塞，在内河修建堤坝。他还制造了世界上第一种用于军事用途的火箭。他会写诗，会说乌尔都语、波斯语和阿拉伯语。他是虔诚的穆斯林，统治的是一个印度教王国，但他思想开明，为在迈索尔的法国人建造了一座基督教堂。不过后来他也拆毁了十几座其他教堂，还有人说（但有争议）他曾强迫数千名印度天主教徒皈依伊斯兰教。同时他与其他印度邦国频繁开战，犯下累累暴行，臭名昭著。

不过，他最不共戴天的仇人是东印度公司。他与公司军队厮杀了二十年，直到他自己战死。蒂普苏丹的老虎是一件由令人惊叹的真老虎大小的雕刻涂画而成的木制玩具，后存放于维多利亚和阿尔伯特博物馆，给许多代英国人带来欢乐。这头木雕老虎踩在一个身穿东印度公司制服、瘫倒在地的欧洲人身上。对英国人来说，蒂普苏丹是个可怕的对手。英军在他的宫殿废墟中发现他的尸体时（木雕老虎也是在那里找到的），阿瑟·韦尔斯利上校为了以防万一，特意去摸了他的脉搏，以确认他真的死了。这个阿瑟·韦尔斯利是印度总督的弟弟，不久之后将赢得世界性声誉。

蒂普苏丹的儿子们没有一个能与他相提并论的，毕竟虎父生犬子的事情司空见惯。即便如此，对英国人来说，这些王子仍然是个麻烦。在随后一个世纪里，英国人会越来越多地遇到这种麻烦：废黜了土著国王之后，如何处置他们的妻儿老小？

---

① 陆军将领赫克托耳·门罗爵士（1726～1805）是英国在印度的第九任总司令（1764～1765）。他是苏格兰人。在威廉·贝利中校被俘的那场战役中，门罗未能及时而有力地支援贝利，是贝利战败的原因之一。

② 喀拉拉为印度西南部的一个地区，濒临阿拉伯海，今天称为喀拉拉邦。

唯一既仁慈又安全的解决办法，就是把他们都囚禁在最近的要塞里，并且用慷慨的退休金和大量的奴仆来缓解他们心中的怨恨。

于是，蒂普苏丹的十二个儿子和八个女儿被软禁在南印度最固若金汤也最美丽的要塞之一——韦洛尔要塞。它距离马德拉斯约 90 英里，距离阿尔果德 16 英里。阿尔果德是克莱武取得最辉煌胜利的地点，到 1800 年已经成为英国骑兵的一个兵站。这是英国人征服印度的历史上第一次将整个王族囚禁在要塞中。[1]韦洛尔要塞的驻军为第 69 团和约翰·洛所在的第 1 马德拉斯土著步兵团第 1 营。和英属印度的其他地方一样，这里的英军兵力也远远少于土著军队。在韦洛尔，英军仅有 383 人，土著军队有 1500 人，并且还有迈索尔诸王子的数千追随者定居在要塞及其周边的城镇。[2]

蒂普苏丹的家眷被关押在要塞内的宫殿，要塞内还有一座雄伟的印度教神庙，即贾拉坎德斯瓦拉神庙。这座神庙拥有一些印度最精美的石刻，因此闻名遐迩，但神庙本身早已被废弃，此时被当作弹药库和其他物资的仓库。英国人将这座神庙称为"大宝塔"。要塞内还有一座清真寺，为主要由穆斯林组成的驻军服务，此外还有 2000 个印度兵①住宿的兵营。住宿的地方必须宽敞，因为有大量蒂普苏丹的廷臣和追随者蜂拥来到要塞，给被流放的王子们帮闲，煽动他们对英国的怨恨，并撺掇他们酝酿卷土重来的梦想。负责王子们安全与福祉的英国军官托马斯·马里奥特中校对王子们的评价很低。马里奥特

---

① 印度兵（Sepoy）是英国招募的印度土著士兵。现今印度、巴基斯坦、孟加拉国和尼泊尔陆军都保留了 Sepoy 这个词，作为对列兵的称呼。Sepoy 源自波斯语 sepahi，意为陆军。

说，王子们终日互相争吵、鸡奸、乱伦（常常与他们的岳母），恣意挥霍英国人慷慨给予他们的生活费（每位王子每年2.5万卢比）。马里奥特在宫里安插了一些间谍，但这些间谍似乎白白浪费了英国政府的经费。

从英国人的角度看，这种安排虽然代价高昂，但还可以忍受。不过，英国当局不能忍受守卫王子们的土著兵的吊儿郎当和乱七八糟的服装。刚从欧洲来的指挥官看到马德拉斯军团随处可见的邋遢窝囊，简直要发疯。英国军官觉得，制服理应整齐划一才对。前文讲到，约翰·克拉多克爵士注意到从瘟疫蔓延的特立帕苏尔返回的军官面孔苍白、身形憔悴，于是采取措施，将军官学员从特立帕苏尔调走。现在，他那严格敏锐的眼睛聚焦到了自己麾下士兵的形象上。他颁布了新的规章制度，其中第11条第10款写道：

> 本制度规定，土著兵不可以涂抹面部以表示自己的种姓，穿军服时不可以戴耳环。在检阅和执勤的所有时间，本营所有士兵的下巴不准留胡须。上唇胡须的数量与形状应尽可能保持统一。[3]

与此同时，要向土著兵发放新头巾。令他们惊恐的是，这些新头巾很像欧洲士兵和东印度鼓手（令人鄙视的家伙）戴的圆顶军帽，着实是亵渎神明。新头巾上有一根羽毛和一个帽徽，它要么是猪皮做的（穆斯林不能接受），要么是牛皮的（印度教徒坚决拒绝）。1806年4月、5月和6月，这些新头巾被发放下去，同时新的规章制度也宣布了。在印度人看来，这些新头巾看上去根本不像头巾，而是英国异教徒戴的木髓遮阳头盔。这些头巾还在制作的时候，印度兵就已经遭到王子追随者的无情嘲笑，说他们要变成外国佬了，还说如果戴这些帽子，他们就会丧失自己的种姓。

韦洛尔的卫戍司令圣约翰·范考特上校向马德拉斯汇报了土著兵对新头巾的强烈抗议。克拉多克将军不认为新的规章制度和新头巾有任何问题，他的副官和参谋也看不出毛病。这不奇怪，因为就是他们在克拉多克抵达印度之前制定了这些规章制度和设计了新头巾。克拉多克是都柏林大主教的儿子。他军事生涯早期的大部分时间都在镇压土著，起初在爱尔兰，后来在西印度群岛和埃及。他可能对印度知之甚少，但他懂得纪律和权威的重要性。他指示范考特上校："总司令认为自己的职责是以最果断的行动来遏制抗命不遵的行为。"[4]他将派遣第19龙骑兵团的一个分队去韦洛尔逮捕寻衅滋事者，将其押解至马德拉斯审判。范考特上校请求暂缓执行此命令。克拉多克将军阁下认为没有理由撤销自己业已发布的命令。在他眼里，命令就是命令，必须执行，就像军服必须整齐划一那样。于是，21名列兵，一半是穆斯林，一半是印度教徒，在圣乔治堡（马德拉斯的驻军司令部和政府所在地）受审。1806年6月29日，他们每人被判处鞭笞500下。而其中两人被判处鞭笞900下并被开除，因为"他们犯上作乱，不配当英国臣民"。

印度兵不为所动，继续抗议。经验丰富的军官詹姆斯·布伦顿中校当时是总审计官，他恳求上级收回成命，因为印度兵几乎个个反对新头巾。印度兵们普遍害怕新头巾只是个序幕，英国人要强迫他们集体皈依基督教。布伦顿警示道，在印度，"很多严重的大事，起因都是鸡毛蒜皮的小事"。[5]

韦洛尔后来发生的事件，乃至整个19世纪印度其他地方发生的许多事件，根源都在于印度人的这种恐惧（害怕被强迫皈依基督教）。对东印度公司及其军官来说，这种恐惧毫无根据，甚至荒唐。他们并不打算迫使印度人皈依，也从来没有过这种想法。他们允许葡萄牙和丹麦传教士在他们的领地内活动，仅此而已。

约翰·克拉多克爵士表示，"英国人要强迫印度兵皈依基督教"这种谣言让他感到困惑。次大陆并没有英国传教士活动，并且"内陆几乎完全不存在宗教机构，何况英国军人普遍没有宗教热情，所以非常悲哀的是，英国军官很少做礼拜，以至于印度兵直到前不久才知道英国人的宗教是什么情况"。[6] 东印度公司董事会的若干成员属于正在兴起的致力于传教的一派，他们确实希望土著皈依，所以他们哀叹道："韦洛尔及其附近连一个牧师或传教士也没有。"[7]

其实，在这个时期，在印度的英国人一点都不虔诚。约翰·布莱基斯顿中尉在 19 世纪 20 年代回忆道："我刚到印度时，那里的欧洲人普遍对宗教很淡漠。"很少有欧洲人去做礼拜。"年纪较大的英国人理应成为榜样，但他们当中的很多人在礼拜日聚在朋友家中，利用这个清闲的时间打台球或打牌赌博，转手的金钱数额不小。"[8] 在印度很少看到教堂（布莱基斯顿和东印度公司雇用的其他工程师一样，后来自己建造了几座教堂），东印度公司的牧师"一般来讲都没能耐把迷途羔羊带回家，反而会把它们吓走"。牧师们脏话连篇，酗酒，嗜赌。一位牧师受邀去用午餐并打一轮惠斯特牌，他推辞的理由是"他要去主持一名操蛋的士兵的葬礼"。[9]

不过，在马德拉斯管辖区可以看到很多黑皮肤的基督徒（在北印度可能看不到）。他们往往是混血儿，接受了他们的白人父亲的宗教；或者他们是帝国的下层仆人，如信使、杂役和洗衣工。高种姓印度兵最害怕的事情之一就是堕落到与这些人为伍。南印度的基督教历史悠久。据说，使徒多马，也就是"怀疑的多马"①，就是在马德拉斯城外的山上殉难的。有一些确凿无疑的基督教建筑的废墟可以追溯到公元 2 世纪和 3 世纪。基督教在印度的历史虽然悠久，但在较高的社会阶层始终没有取得很大进展。它取得突破的唯一希望，就是欧洲人借助其军事力量将信仰强加给土著。这种事情在印度历史上当然是有先例的。蒂普苏丹肯定不是第一个强迫臣民（包括很多天主教徒）改宗的穆斯林统治者。欧洲人为什么不会以牙还牙呢？

所以，印度人对此有恐惧心理，属于情理之中。大多数欧洲人始终没有理解这种恐惧的力量。19 世纪时，双方在认识上的鸿沟将越来越难以逾越，往往导致悲剧性后果。印度教徒和穆斯林的宗教都是他们日常生活的内在部分，所以他们很自然地相信，新的超级大国会将自己的宗教与世俗价值观强加于被征服者。更糟糕的是，支持这种恐惧的证据在不断积累，因为有新一代致力于传教的英国人前来统治印度，他们抱有隐秘（有时也比较公开）的希望：有朝一日，印度人能够看清耶稣基督的真理。不过，英国人仍然相信，用武力强迫改宗是错误的。东印度公司董事会里也有支持传教的人，所以从长远来

① 圣多马是耶稣的十二使徒之一，据说在罗马帝国范围之外传福音，于公元 52 年抵达印度，在那里建立了教会组织。根据《新约·约翰福音》20：24 ~ 29，耶稣复活，出现在十一位使徒面前，其他十人都相信，只有多马表示怀疑，说"我非看见他手上的钉痕，用指头探入那钉痕，又用手探入他的肋旁"，才相信他是耶稣。

看，印度人的恐惧并非没有根据。

到此时，克拉多克已经不会考虑这些事情了。他的当务之急是自保。他的唯一办法是征询马德拉斯总督的意见。如果威廉·本廷克勋爵认为有必要退让，那么克拉多克就可以借坡下驴。他很清楚，现在只有威廉勋爵能把他从这个陷阱里救出来。

如果威廉勋爵是一位睿智而经验丰富的专业人士（我们当然希望看到，占据这种尊贵职位的是这样的人），那么他无疑会选择让步。然而，本廷克不是那种人。首先，他只有三十一岁，并且到印度是为了敛财。他是波特兰公爵①的次子，但他家债台高筑，所以他必须自己想办法谋生。他父亲要尽花招才给他搞到了马德拉斯管辖区总督的位置，所以他的目标是在这个职位上待满十年任期，积攒 10 万英镑，然后被提拔到油水更丰厚的孟加拉总督职位上去。后来有人为他辩护，把他描述为一个未雨绸缪的理想主义者，只是运气不好，受到了不公正的待遇。这话有一定道理。但同时他也经验不足，缺乏安全感，性情急躁，执迷于胡乱炮制的改革计划。他手下出乱子只是时间问题。

首先，他懒得去读新的规章制度，因为那"不是我的领域"。抗议的土著兵受到军法审判的事情，没有事先征询他的意见；也没有人告诉他印度兵有多怨恨新头巾。把新的规章制

① 威廉·亨利·卡文迪许－本廷克，第三代波特兰公爵（1738～1809），英国政治家，先属于辉格党，后加入托利党。1783 年 4 月至 12 月及 1807 年 3 月至 1809 年 10 月两度出任首相，但两次都没有掌握任何实权。还曾担任牛津大学校监。他拥有英国贵族的每一等级爵位：公爵、侯爵、伯爵、子爵、男爵。他还是伊丽莎白一世女王的后代。

度呈送给他的时候，秘书没有按照一般习惯将重点部分用红色标出[10]，"所以布伦顿中校提出的警示被置之不理。勋爵大人还说布伦顿长期患病，精神颓废，深陷于抑郁"。[11]但既然已经走到了这一步，就"只能执行军法，不能让步"。

这种推卸责任、抹黑反对派的话都是后来说的。本廷克在7月4日做的事情，是发布了一道命令，大致意思是整件事情被夸大其词了。毕竟5月14日在韦洛尔已经做过调查，调查者是驻扎在那里的四位校官中的三位：第1团第1营营长福布斯（约翰·洛的长官）、第23团第2营营长麦凯勒斯和第5团第1营营长马里奥特。其中，马里奥特的部下负责守卫迈索尔诸王子，且马里奥特自己住在宫殿内。这三位军官询问了土著军官们，后者中没有一个人反对新头巾，也没有人说新头巾侵犯了他们的宗教原则。

土著军官不大可能提出反对意见，因为仅仅一周前，马德拉斯方面下了命令，将反对新头巾的几名列兵送上军事法庭并加以严惩。土著军官若是敢提出反对，不就是顶风作案、飞蛾扑火吗？

但威廉勋爵没有想到这一层，他对其他人的思维几乎完全不懂。于是他宣布，在当前情况下，"若有可能，不能屈从于土著的'叫嚣'，因为它源自一种没有根据的偏见"。[12]

三位校官和威廉勋爵都想不到的是，此时土著军官的证词已经不值得信赖了。土著军官们已经召开了多次秘密会议，誓死抵制丑恶的新规定，然后制订了一个详细计划，打算制服并杀死要塞内的所有欧洲军官和士兵。到6月中旬，约翰·洛所在的营（驻扎在韦洛尔）的大部分土著军官都已经参与了密谋，并且他们每天都与蒂普苏丹诸子的亲信保持联系。而王子们就住在咫尺之外的宫殿内，终日无所事事，梦想恢复自己昔日的荣耀。

后来呈送给政府的情报材料显示，某些土著军官不仅与当地其他驻军单位的土著军官有联系，还与遥远的德干高原诸酋长、北方和西方的马拉塔诸王公、海德拉巴①的被废黜统治者，甚至还与本地治里②的法国人（他们在印度只剩下这一个立足点）暗通消息。很难判断土著军官这些串联活动的深度和广度，但他们这么做的目的很清楚。土著军官将在韦洛尔掀起兵变，这将是一个信号，随后印度全境将先后发动叛乱，席卷全国，最终将英国人驱逐出去。一些法基尔③神秘地出现在韦洛尔的大街小巷，他们的歌谣和木偶剧预言了这样的结局。如果韦洛尔叛军能坚持一周，那么整个次大陆都会掀起反叛浪潮，英国人将疲于奔命、无力应付。

6月17日，第1团第1营的列兵穆斯塔法·贝格去找他的长官福布斯中校，向他详细报告了阴谋反叛的军官的意图。福布斯没有迅速开展进一步调查，而是再次传唤他手下的土著军官。他们都坚称自己清白无辜，不知道这样的阴谋，并发誓

---

① 海德拉巴是英国殖民统治时期印度数百个邦国中最大也最富庶的。统治阶级为穆斯林，民众以印度教徒为主。1947年印巴分治时期，英国允许印度的566个邦国要么加入印度或巴基斯坦，要么独立。海德拉巴选择独立，但于1948年被印度吞并。

② 本地治里为印度东南部城市，其名于泰米尔语中意为"新村"。法国东印度公司于1673年在本地治里建立商贸点，成为法国在南亚次大陆的主要根据地。其后荷兰和英国皆曾为争夺该地而与法国发生战争。19世纪50年代后，英国取得了几乎整个南亚次大陆的控制权，但允许法国继续保留在本地治里等地的治权。1954年，本地治里加入印度。

③ 法基尔是中东和南亚一些守贫和虔诚禁欲的苏菲派修士。莫卧儿帝国时期的南亚次大陆常错误地用这个词指代印度教和佛教的苦修者。

赌咒，说他们非常乐意戴新头巾。他们说，穆斯塔法·贝格是个有名的疯子，曾因酗酒被囚禁。他们敦促中校对穆斯塔法·贝格处以炮决。中校不愿处死穆斯塔法·贝格，但还是将他拘押起来。[13]

这还不算是最后的警报。两三周后，[14]一个欧亚混血的女人来找要塞卫戍司令，也就是第34团的范考特上校，告诉他，穆斯塔法·贝格说的都是真的。她的名字是伯克太太，（按照她的说法）她此行的主要目的是领取她已故丈夫应得的奖金。范考特上校当即做出判断，认定她是个品行不端的女子（她因为爱惹是生非而闻名），与许多士官有染。他让她离开，并对她的警示不以为然，觉得这只是士官食堂里的流言蜚语，谣言的源头则是集市。[15]

现在，韦洛尔的四名校官中有两人得到了关于叛乱阴谋的清楚而详细的情报，更不要说布伦顿中校在差不多同一时间（6月底）发出的警示被直接呈送到总司令面前。但所有的警示都出于私人原因被置之不理：布伦顿被说成是精神崩溃的病人，穆斯塔法·贝格被认为是疯子，伯克太太被视为荡妇。没有人愿意考虑一种恐怖的可能性：这些警示可能是真的。[16]

驻扎在韦洛尔的欧洲军队没有得到增援。要塞内没有采取额外的预防措施。7月9日，星期三，蒂普苏丹的一个女儿要出嫁了。一大群兴高采烈的三教九流从吊桥拥入要塞，通过主门的四扇宏伟大门，穿过操练场，进入宫殿。宾客似乎十分激动和吵闹，但观察这一切的英国军官的理解是，这些人生性活泼，再加上即将见到被囚禁的王族亲戚和恩主，就更激动了。似乎没有人意识到，这些婚礼宾客可能是叛军的增援部队。

这一夜，要塞内人口大增，除了婚礼的因素之外，还因为次日是"野战操练日"，即每一个月或两个月举行一次的实弹射击演练。为了节约时间，所有参加演练的印度兵都获准在要塞内过夜（平常应当是在要塞外的土著城镇住宿），并且每人领到了六发子弹。也就是说，在7月9日夜间，要塞内的印度兵数量是欧洲官兵的三倍，并且拥有武装。[17]

助理军医约翰·迪恩这一晚与他的长官麦凯勒斯中校一同用餐，"走过操练场去我的房子时，看到宫里热闹非凡。张灯结彩，鼓乐喧天，一派快乐气氛。我当时怎么想得到，我刚刚还友好地握过的那只温暖的手，短短几个钟头之后就会变得冰冷，并且就是在我当时站的地方"。[18]

当夜的值班军官是第23土著步兵团第1营的米勒上尉。他不愿意凌晨起床，于是自称"身体不适"，让他的军士长①（土著军官的军衔，比英国的尉官低）去执勤。而这位军士长也不愿意熬夜，于是和他的长官一样"身体不适"，命令他的下属第1团第1营的军士卡西姆·汗代他执勤。偏偏卡西姆就是整个阴谋的领导人之一。因此他在恰当的时候（午夜刚刚不久）报告称"一切正常"，就不足为奇了。

范考特上校的夫人阿梅莉亚·范考特讲述了随后发生的故事。她的叙述被记录在两张发黄的纸上，保存在大英图书馆曾

---

① 这里的"军士长"是 Subedar，为印度兵的一个军衔。在骑兵部队里，印度兵能够获得的军官衔级从低到高为：军士（Jemadar）、军士长（Risaldar）和高级军士长（Risaldar-major）。在步兵部队，从低到高为：军士（Jemadar）、军士长（Subedar）和高级军士长（Subedar-major）。这些印度军官被称为"副王的军官"（VCO），享有英国军官的差不多所有权利，但级别低于任何英国军官。这些印度军官通常需要会讲流利的英语，担任英国军官的助手，负责在英国军官与印度士兵之间联络。

为"印度事务部图书馆"那个部分收藏的沃伦·黑斯廷斯书信中。对于1806年7月10日黑暗的凌晨发生的恐怖和流血事件,没有比这更精彩的记述了。[19]

阿梅莉亚和丈夫圣约翰与他们的两个孩子,两岁的查尔斯和一个女婴,一同住在卫戍司令寓所,就在主门左侧,俯瞰操练场。这里就像个庞大的竞技场。范考特夫妇寓所的几码之外就是主警卫室,它是整个要塞的安全中心。操练场的另一端是庞大而杂乱无章的宫殿,蒂普苏丹的儿子们正在那里庆祝他们姐妹的婚礼。宫殿的右侧是欧洲兵的兵营,欧洲兵兵营后面是印度兵兵营,那里住着六个连,即约翰·洛所在营的大部分。宫殿左侧是旗杆和弹药库,它的右侧是印度教神庙,现在被当作驻军的军火库。这些建筑的外围是雄伟、陈旧的紫褐色高墙,上面每隔一段距离就有"骑士塔"① 伸出来。高墙之外是宽阔而平静的护城河,里面有很多鳄鱼。阿梅莉亚这样讲述了她的故事:

> 范考特上校和我晚上十点就寝。星期四凌晨两点前后,我们同时被一声响亮的枪响惊醒了。我们下了床,范考特上校走到书房窗前,打开窗户,多次高声呼喊,询问骚乱的原因。没有人回答他。主警卫室那里聚集着无数印度兵,在快速射击……我看了看丈夫。我看到他面如土色。我说:"老天! 出什么事了,圣约翰?"他答道:"你回自己的房间去,阿梅莉亚。"我照做了,因为我看到他

---

① "骑士塔"是防御工事的一种,一般在更大的工事的内部,比其余部分更高。"骑士塔"往往是要塞或堡垒内部的较高平台,能够越过外层城墙射击,而不会影响外层城墙上的火力。

非常烦恼，觉得在这个时刻再追问他不太好。两分钟后，我听见他离开了书房，走出屋子。

这是他人生中最糟糕的时刻。他一听到枪声，就知道全完了。他犯了错误，不堪忍受地错了，愚蠢固执地错了，悲剧性地错了。穆斯塔法·贝格告诉福布斯的，是百分之百的、恐怖的真相。要是他相信伯克太太，而不是对她那甜腻腻的印度和爱尔兰土腔与不修边幅的外表感到厌恶的话，该多好！那些该死的头巾！唉，至少他曾请求暂缓执行军法审判的命令，然而那个自命不凡、严格执行纪律的大老爷克拉多克不肯让步。即便在昨天，还可以轻松地从阿尔果德调骑兵过来。只要英国骑兵风驰电掣地跑过吊桥，阴谋就破产了。现在全完了。他的部下在主警卫室惨遭屠杀。很快就要轮到他了，然后是阿梅莉亚和孩子们。叛军开始动手之后，就一定会把要塞内的白人斩尽杀绝才肯罢手。

凌晨两点到三点之间，月亮升起，印度兵也开始发难。凌晨两点半，主警卫室的哨兵向皮尔西下士呼喊，说第69团宿舍附近有人开枪。皮尔西根本来不及回答。几秒钟后，站岗的印度兵向英国兵扑去，杀死了大部分英国人，只有皮尔西下士和少数几人幸存。皮尔西躺倒在地装死。他眯着眼透过主警卫室的门缝观察，看见印度兵匆匆跑过操练场，冲向第69团兵营。[20]

我丈夫出屋之后，我相信他回来过一次，但我估计他应当马上又走了。我可以确定曾听到，主警卫室的枪响之后，也是他离开我之后，有人试图打开他书房的门。我闩好了门，如果是他的话，他也进不来。我听到有人试图开门，便问道："是你吗，圣约翰？"没有人回答我，但如果真的是他的话，他当即又出屋了。

企图开门的人不是圣约翰。他穿着睡衣，径直跑到了前门。"长官，不要出去，你会没命的，"哨兵喊道。"没事。"范考特答道，然后走到操练场上喊道："整队！"他就在距离自己家门几码远的地方被枪杀。[21]他穿着睡衣躺在地上，挣扎了很久才咽气。第1团的印度兵向欧洲人的兵营发出一轮轮齐射。第69团的很多英国人赤身露体地躺在自己铺位上被打死。也有人挣扎起身，在穿马裤的时候丧命。医院里的病人被带到操练场上，在宫门前被一排排地屠杀。

现在，王子们的侍从开始溜出宫殿，与印度兵会合。蒂普苏丹的第三子穆伊兹①赏赐槟榔子给叛兵，以象征和巩固他们之间的联盟，并承诺，等到伟大的王朝复辟，将会重赏他们。他嘱咐印度兵不要杀死白种女人，等到消灭英国官兵之后，最勇敢的叛兵可以把白种女人霸占为妻（这是所有体面的英国女人的噩梦）。[22]

这时，穆伊兹的一名仆人取出了著名的迈索尔虎纹旗，在城墙上升旗。旗帜的图案是旧式的，红底，上有绿色虎纹，中央有太阳，据说七年前英国人在洗劫蒂普苏丹的宫殿之后兜售战利品时，有人买下了这面旗帜。[23]

现在英国警卫已经被杀，王子们的追随者可以自由来去。原本负责守卫王子们的马里奥特中校被困在他位于宫内的住

---

① 也有资料表明，穆伊兹是蒂普苏丹的第四子。

所，还有几名尉官也躲在那里。印度兵向他的窗户射击，马里奥特等人从一个房间撤到另一个，最后匆匆从后门楼梯躲进了地下室，没有被叛军察觉。他们就躲在那里等待。天知道他们在等什么，但他们不肯在骚乱平息下来之前冒险出屋。[24] 他们躲在地下室里战栗的时候，听见隔壁屋外有印度兵喊叫："出来吧，纳瓦布①，出来吧，纳瓦布，不用怕。"住在隔壁的是四个迈索尔王子当中最年长的法塔赫·海德尔·阿里，也就是迈索尔王位的推定继承人。

法塔赫·海德尔·阿里与祖父同名，但他没有父亲和祖父那样的勇气，所以不敢露面，而马里奥特中校也不敢出去。蒂普苏丹的儿子们或许喜欢幻想复辟，但他们更害怕血淋淋的现实。没有任何证据表明王子们在战斗中发挥过一丝一毫的作用。他们躲在屋里，只求保命。阿梅莉亚·范考特此时也只希望能活下去。

　　我把自己房间所有的门都闩上。我把孩子们也带了进来。我双膝跪下，热忱地祈祷 F 上校平定驻军叛乱的努力能够成功，上帝能够保住他的性命！我穿上衣服，小心翼翼地打开厅门，摸索着走到较低的一端，看向他们打枪最凶的地方……我站在门厅较低的一端，那里直通露台，这时一个人向我走来。天很黑，我借助兵营的枪火只能看见他的红色军服。我吓坏了，以为自己马上就要被杀了。

---

① 纳瓦布（Nawab）是莫卧儿皇帝授予南亚一些半自治的穆斯林统治者的荣誉头衔，他们名义上是皇帝的行省总督，实际上往往是独立君主。也可以这样理解：印度教的君主称王公（Raja），穆斯林的君主往往称纳瓦布。一些王室成员和势力强大的权贵有时也被称为纳瓦布。

我的孩子还留在卧室里！我鼓起勇气，问来者何人。对方答道："夫人，我是个军官。"我又问："但你是谁？"这位绅士答道："我是主警卫室的军官。"我问他出了什么事，他说发生了兵变，执行警戒的所有欧洲人都被杀了，只剩他一个，我们所有人都会丧命。我没有回答，走到我的孩子们和印度女仆所在的房间。这名军官从门厅的另一扇门（也就是我们刚才说话的地方）走出去，但永远不能走下楼了，因为他在 F 上校的起居室里惨遭杀害。后来我得知，他是第 1 团的奥赖利中尉。

与这个鬼魂般的红衣军官的邂逅，是阿梅莉亚在这番磨难中唯一一次与同胞交谈。奥赖利是第 1 团当夜执勤的所有官兵的指挥官，他手下有 4 名土著军官、9 名土著士官和 251 个土著兵。不仅在韦洛尔，在印度各地，土著步兵团里的欧洲军官都是这么稀少。眼下奥赖利死了。第 23 团第 2 营的营长麦凯勒斯中校也死在了操练场中央。几码之外，范考特上校正在痛苦万分地垂死挣扎。第 1 团的米勒上尉，就是那个不肯熬夜执勤的人，现在长眠不醒了。第 69 团的几乎所有英国军官和一半英国士兵命丧黄泉。当夜的第一轮屠杀差不多只用了一个小时。

马里奥特中校还躲在地下室，听着印度兵对蒂普苏丹儿子们的徒劳呼唤。韦洛尔的第四名校官福布斯中校在哪里呢？他是约翰·洛的长官，他麾下的第 1 营在韦洛尔大肆屠杀英国人，变得臭名昭著。他是四名校官中唯一住在要塞外的。枪响之后，他多次试图冲入要塞，但都失败了。随后他与自己的副官尤因中尉会合。威尔逊的《马德拉斯军团史》比较委婉地讲了这个情节：尤因"集合了几名掉队的欧洲人，冲出要塞，与福布斯会合。这两名军官与第1营的一些无武装人员随后占据了山地堡垒，在那里待到叛兵散去"。换句话说，他们逃之夭夭，躲起来了。[25]

如果说马里奥特中校的表现不够英勇，我们该如何评价福布斯中校呢？他被自己麾下的土著军官欺骗了不是一次，而是两次。第一次，他们说，印度兵根本不反对新式头巾，他信了。第二次，他们告诉他，穆斯塔法·贝格是疯子，他也信了。现在天下大乱，福布斯中校一溜烟逃到了城镇另一端的山地堡垒，他在那里听得见消灭自己残余部下的枪声。并且，他似乎没有努力向阿尔果德或其他地方求援。[26]

这时候，我觉得自己死定了。我打开梳妆台抽屉，取出了丈夫的细密画像，将它藏在自己衬衫下。我下定决心，除非我死了，否则绝不丢掉它。我之前为了看时间，已经拿了他的表。我刚刚收好这宝贵的纪念物，就听见我卧室旁的门厅里一阵喧闹。我轻轻走到门前，透过钥匙孔看见两个印度兵把一个橱柜打得粉碎。我心惊胆寒，知道他们马上就要进我的房间。我的孩子们和女仆此时躺在门前的床垫上，门通向黑洞洞的露台。兵变开始的时候，露台似乎还是最安全的地方。后来有人向窗户开枪，我们不得不尽可能远离窗户。

我低声告诉女仆有印度兵进了门厅，然后让她离门远点。她把孩子们藏在我的床底下，然后恳求我也躲进去。我还没来得及回答，我们刚刚离开的房门一下子就被撞开了。我躲到床底下，这时有人向房间里开了几枪，不过虽然门开着，却没人进来。孩子们听到枪响吓得尖叫起来，我估计我们的末日到了。为了尽一切努力挽救孩子们，我从床底下爬出来。我从后屋楼梯跑到隔壁的小房间，打开窗户，只看见两个管家。我立刻跑回自己卧室，让女仆把小婴儿抱在怀里，我自己牵着查尔斯·圣约翰的手，然后打开了后屋楼梯处的门，飞也似的下了楼梯。

我们跑到楼梯底端，看到好几名印度兵在屋后守卫。我让他们看我的孩子，并让女仆告诉他们，只要他们饶我们性命，他们拿什么都可以。其中一人让我们到马厩坐下，和马待在一起。另一人看上去凶神恶煞的，但没有阻挠我们去马厩。我们站在马厩里。我告诉女仆我丈夫的表还在我手里，请她帮我藏起来。她用手指挖了一个小坑，把表藏了进去，然后用两三个小陶罐盖住坑。

我们刚坐下五分钟，就有第三个印度兵对我们发号施令。他让我们去家禽房待着，但这房子的正面是竹篱笆，所以我们暴露在了外界的视线中。后来这个印度兵给了我们一张旧床垫，我们用它遮住门，遮挡自己。后来这个印度兵还给我的小男孩带来一片面包，让他充饥。我估计我们在这里坐了三个钟头，心如刀绞。我努力安抚亲爱的查尔斯，但很难让他安静下来，因为他被持续的枪声吓坏了，好几次哀哭着要出去。我从躲藏的地方看见许多印度兵背着大量属于我们的财物，都用桌布或床单捆着。[27]

此刻，只有八个幸存的英国人还在积极抵抗，他们此前在第1团副官尤因中尉的屋子里偶然凑到一起。但和尤因不同的是，这八人后来没有选择溜出去与福布斯中校会合。这群人起初包括尤因和两名军医，琼斯先生和他的助手迪恩先生，还有另外四名下级军官以及令人敬畏的第69团布雷迪中士。[28]从凌晨三点半到清晨七点，他们蹲伏在尤因的房子（在宫门右侧不远处）里，躲了差不多四个钟头，然后猛冲出去，来到了欧洲人兵营，发现那里死伤枕藉，"其余人万分沮丧"。军官们鼓舞大家。他们敲碎了兵营后部的窗户，在猛烈的枪火之下跑到了城墙顶端。他们随后控制了一个堡垒，沿着城墙推进，最后来到了主门。一名印度兵向迪恩开枪，打落了他的帽子。迪恩认出对方属于自己的营，并且迪恩曾在医院多次为他治疗。"我脱口喊道：'怎么是你！亚当·汗！'我的帽子已经被打落，他立刻认出了我，喊道：'医生先生，医生先生，原谅我，原谅我！'"[29]

到此时，这群幸存者当中的军官都已经阵亡，他们的子弹也打光了。他们经过了财务官的房子，看见办公室被撬开，遭到了洗劫，城墙脚下到处是成袋的卢比。迪恩建议用较小的卢比硬币做子弹。没过多久，一名中士用钱币做的子弹打死一个叛军士兵并喊道："麻烦给我找钱！"当夜只有这么一句俏皮话被记录在案。

现在只有勇敢的军医琼斯和迪恩以及布雷迪中士还有能力领导袭击军火库的行动，但叛军早已闯入并洗劫了军火库。[30]那里只剩下一些零散的火药。结束了这次无果的突袭，在他们返回途中，第69团的两名英国兵顶着猛烈火力，扯下了要塞内的迈索尔旗帜，还扯下了土著城镇的迈索尔旗帜。土著城镇在要塞的护城河之外，从壁垒向南那一面的旗杆位置可以轻松地向城镇开枪。此时迪恩一群人把沙砾当作子弹射击，因为卢比硬币太长，无法填入枪膛。

可怜的残余英国驻军仍然坚守着主门上方的城墙。他们在那里等待。他们一发子弹也没有了，武器只剩下刺刀。两位勇猛的军医杀伤了很多敌人，后来又不得不为这些人治伤。城墙下，鳄鱼在虎视眈眈，等待吞噬落单的人。

下面发生的一件事只出现在迪恩的记述中。一些士官跑来找他，说他们现在没有军官，他们人数已经大减，弹尽粮绝，并且印度兵还占领了山地堡垒（他们指向天际线上的红色军服）。他们觉得自己身陷绝境，看不到被救援的希望。要挽救剩余人的生命，只能和叛军谈条件投降。

这完全可能变成一个关键的转折点。如果欧洲人投降，那么要塞内的抵抗就会结束，消息会很快传遍整个南印度。一座又一座要塞，一支又一支印度部队会发动叛乱、反抗英国人。迪恩拒绝投降。他告诉绝望的士官们：要塞外有好几名军官，他们会向阿尔果德的兵站通风报信；他们还控制着主门。再说，他们要向什么人投降呢？他掀开了遮盖自己朋友威利森尸体的床垫，问士官们：对于能够犯下如此可怕暴行的人，从他们那里能期待什么？还不是落得同样的下场？他勉强说服了他们不投降，并告诫他们："我们必须坚持到底。"[31]

阿梅莉亚、查尔斯和小女婴蹲伏在满地鸡粪的家禽房中，听着枪声、竹篱笆的窸窣声和母鸡发疯似的咯咯叫。这时，太阳爬上了东方的城墙，死尸上的血开始被晒干。

我希望第 19 龙骑兵团能从阿尔果德赶来。F 上校之前在书房里写的几行字，很可能是要加紧送给吉莱斯皮上校的，按计划他这天上午要来我们这里，和我们一起待几天。但我完全不知道 F 上校有没有办法把急信送出去。

不过，我仍然觉得，消息一定能通过某种途径传到吉莱斯皮上校那里。听到大门处的激烈枪声，我的希望又多了几分：第 19 龙骑兵团到了。

她说的对，范考特上校在出屋之前写的几行字的确是紧急求援信，请吉莱斯皮上校尽快从阿尔果德派遣第 19 龙骑兵团来援救。阿尔果德的大型骑兵兵营距离韦洛尔只有 16 英里。在相当广袤的地域内，就只有这一个全部由欧洲人组成的团。她的担忧也很对，她丈夫确实没有办法把求援信送出去。圣约翰躺在操练场上神志不清的时候，信还捏在他手里。

她唯一的慰藉是，吉莱斯皮上校原本就打算这天上午来韦洛尔，与他们共度几日。他原计划在前一夜与范考特夫妇共进晚餐，但后来送来消息，说有一批邮件刚送到阿尔果德，他必须处理公务，所以改为次日与范考特夫妇共进早餐。在他来的路上一定会有人把可怕的噩耗告诉他吧。

罗洛·吉莱斯皮和圣约翰·范考特是至交。他们第一次相见是十年前在西印度群岛作战的时候。吉莱斯皮后来与一个不愿意在偏远地方服役的上校交换了职位，来到第 19 轻龙骑兵团，于是与范考特再度相逢，这让两人都很高兴。吉莱斯皮不但不讨厌在偏远之地服役，而且颇有理由偏偏要这么做。

研究英国陆军的伟大历史学家约翰·福蒂斯丘爵士在他描写卓越将领的小书《英勇的群体》中这样描写吉莱斯皮："我再次审视他的职业生涯，仍然坚信他是史上曾穿过英王军服的第一勇士。"但吉莱斯皮这个人，岂是"勇士"一个词能够形容的。罗伯特·罗洛·吉莱斯皮是历史上最冲动鲁莽、暴躁易怒、焦躁、无情而不可阻挡的军人。威灵顿公爵有句名言，伟大的将领在战场上最需要的是冲劲儿。这句话简直就是为了专门描述吉莱斯皮而说的。吉莱斯皮身材矮小，但精力充沛，脾气火暴，只需最轻微的刺激就会瞬间发作。他的红头发蕴含着无尽的能量。他做事一贯风风火火。他的生命与其说是一段军事生涯，倒不如说是一连串无法抑制的爆炸。

和英国很多活跃而好斗的指挥官一样，他也是阿尔斯特①的苏格兰人出身。他于 1766 年生于唐郡的小镇康伯，在一所公学接受教育，后来跟随纽马基特的一位教区牧师读书。他原计划上剑桥大学，但对自己的性情有正确的定位，于是当了龙骑兵少尉，并且几乎漫不经心地、匆忙地（他做什么事情都是风驰电掣的）与一个名叫安娜贝尔的姑娘秘密订婚。而他三周前在克洛赫②的总铎区③才第一次见到她。

然而，他几乎当即遭到了谋杀罪审判。在一位名叫麦肯齐的军官与威廉·巴林顿（名律师乔纳·巴林顿爵士的兄弟）的决斗中，吉莱斯皮担当副手。决斗在巴林顿庄园进行，地点在卡洛郡的巴罗河畔。麦肯齐和巴林顿各开两枪，都没有打中。乔纳爵士建议双方和解。吉莱斯皮因为遭到威廉一连串辱骂，正在气头上，于是怒气冲冲地反对和解。他从口袋里掏出手绢，向威廉发出了决斗挑战。两人摆开阵势，吉莱斯皮一枪打穿了威廉·巴林顿的心脏，而巴林顿的子弹仅仅打瘪了吉莱斯皮上衣的一颗纽扣。[32]我们应当都会赞同乔纳爵士愤怒的咆

---

① 阿尔斯特在爱尔兰岛东北部，是爱尔兰历史上的四个省之一。岛上六个郡组成了北爱尔兰，是英国的一部分，其余三郡属于爱尔兰共和国。17世纪起，有大量苏格兰新教徒移民到阿尔斯特。

② 克洛赫是北爱尔兰蒂龙郡的一个村庄。

③ 才此处的总铎区是英国圣公会的一个教会行政层级。

哮："在文明的国家，决斗双方都已经要收手了，其中一人却被副手打死，这样的事情说出去谁信？"[33]

吉莱斯皮于1788年在马里伯勒①的春季巡回法庭上受审。陪审团中有多达十人是军官。他被无罪开释，随后火速乘船前往西印度群岛，加入他的龙骑兵战友团队，去镇压海地叛乱②。他奉命去勒令太子港投降，于是他手里拿着停战白旗，嘴里叼着剑，游泳上岸，同时敌人的子弹不断嗖嗖射入他身边的海水之中。

随后他返回爱尔兰休假。在科克等船返回西印度群岛时，他去了一趟戏院。演奏国歌的时候，他注意到自己旁边的观众，一个大鼻子壮汉拒绝起立并脱帽，于是他狠揍此人的鼻子，将其打断。壮汉的未婚妻得知此次打斗，毁了婚约。壮汉

① 马里伯勒为爱尔兰中部城镇，今天的名字是莱伊什港。
② 1791年，法国殖民地圣多明各（今天的海地）的黑奴发动起义。为了稳定和控制海地，法兰西共和国政府宣布解放海地黑奴，但很多白人殖民者（倾向于保王党）反对共和国政府，动武镇压黑奴，并寻求与英国合作，于是宣布英国对海地拥有主权。英国决定出兵镇压海地黑奴的理由是：1. 假如海地黑奴起义成功，那么英属加勒比海诸岛的黑奴可能会效仿，也起来造反；2. 控制海地（法国最富饶的一个殖民地）能给英国带来大量财富。3. 到英法战争结束之时，英国控制海地能让英国处于更有利的谈判地位。于是英国决定出兵帮助海地的法国白人殖民者，并与法兰西共和国政府作战，所到之处都恢复奴隶制，英国人因此受到海地黑人仇恨。1793～1798年，英军在海地作战，因为黄热病和战事而损失惨重，最终不得不撤军。英国在海地损失了约400万英镑和10万人，没有取得任何成绩。后来拿破仑政府试图在海地恢复奴隶制，镇压黑奴，战争极其残酷。1803年，英法之间再次燃起战火，英国海军在加勒比海与法军作战，封锁海地的法军据点，并为自己曾经镇压过的黑人起义军提供援助、军火、药品等。起义军在杜桑·卢维杜尔和让-雅克·德萨林等人领导下，最终打败法军，于1804年宣布独立。海地是拉美第一个独立国家、第一个由黑人领导推翻殖民统治的国家，也是唯一一个由起义奴隶建立的国家。

连遭两次羞辱，以暴力人身侵犯的罪名起诉吉莱斯皮。他躲了起来。为了顺利登船而不至于被捕，他假扮女人，戴上女帽，披着披肩，还从一个乐于助人的同船旅客那里借了一个婴儿抱在怀里。[34]他身材苗条，扮女人也混得过去。这个故事可以体现出他的好几个典型特征：随时发作、无法抑制的暴脾气，对王室的赤胆忠心，深藏不露的力大无穷，以及随机应变的机敏头脑。

回到圣多明各后，他穷追不舍地镇压叛军，以至于共和党人①派遣八名刺客登门拜访。在弹雨中，他仅仅用剑就消灭了其中六人。不过一发子弹打穿了他的红褐色头发，切断了他太阳穴处的动脉。人们发现他躺在床上昏死过去，太阳穴处血如泉涌，刺客的死尸横七竖八地躺在楼梯上。

此项功业令吉莱斯皮在西印度群岛和更广阔的世界威名大振。多年后，在王宫的一次集体觐见会期间，有人向乔治三世引见吉莱斯皮。国王大呼小叫："什么，什么，怎么会这样，杀掉好多土匪的就是这副小身板？"[35]罗洛刚回英格兰，就又惹上了麻烦。龙骑兵部队的战友艾伦·卡梅伦少校（一个恶棍，曾因哗变和煽动罪被起诉）声称，吉莱斯皮在他的团冒领军饷，也就是以根本不存在的人的名义去领军饷。这可以说是史上最古老的骗局之一了。没办法，只能将吉莱斯皮送上军事法庭。庭审中，显赫的证人纷纷赶来，为吉莱斯皮的英勇、慷慨和优异品质担保。如果他确实曾偶尔为部下冒领军饷，这仅仅是因为（按照军需官的话说）"吉莱斯皮中校对自己麾下士兵有如慈父"。[36]他再次被无罪开释，而可悲的卡梅伦被开除出陆军。

———————————

① 指在海地的效忠于法兰西共和国的势力。

即便如此，罗洛年纪不大，已经多次受审，罪名包括谋杀、人身侵犯和贪腐，更不要说他还抛弃了安娜贝尔。他下一次出事，可能就逃不脱了。所以他急需换个环境。和很多血气方刚的机会主义者一样，他寄希望于在印度从头来过。

1806 年 7 月 10 日清晨，他从阿尔果德骑马前往韦洛尔，觉得心旷神怡。慢悠悠地骑马走上 16 英里，待会儿和朋友一起吃早餐时胃口会更好。在旱季的清晨骑马再舒坦不过了。牛车在路边吱呀吱呀地行进，树叶上还有厚厚的露珠，棕榈树丛间有绿鹦鹉在嘎嘎叫，烂泥浅滩里有水牛在打滚，天色碧蓝，一整天都会是这个色泽，但空气还很清爽。

这真是宜人而静谧的景象。路上的人们都以优雅闲适的速度前进，正是这种慢节奏让印度乡村如此安闲。所以，当他看到一名骑兵纵马狂奔迎面而来时，不禁大吃一惊。

第 69 团的科茨少校住在要塞外。他负责外围警戒，他的警戒队伍包括一名中士、两名下士和十二名列兵。对如此庞大的要塞（周长 1 英里）来说，这支队伍实在太小了，何况任何一个时间点都只有三名列兵在站岗。[37] 前一夜枪击开始之后，科茨少校和第 23 团的一些士兵试图冲进要塞。[38] 但具有讽刺意味的是，安全措施太严密了，他们进不去。主门有四扇令人生畏的坚固大门。叛军在兴奋之下忘了升起吊桥，并且最外面的两扇门敞开着。但里层的两扇门同样坚固，都是庞大、沉重的木门，配有硕大的铁门闩和铁锁。只能用炸药将门炸开。于是科茨转过身，派之前尝试过进入要塞的军官之一，第 23 团的史蒂文森上尉，火速向阿尔果德的吉莱斯皮上校求援。

那是一个半小时之前的事情。现在，史蒂文森上尉风尘仆仆地纵马疾驰而来，到他向吉莱斯皮报告消息时，已是早晨七点。[39]几分钟后，吉莱斯皮就骑马跑回阿尔果德，调集他自己的第19龙骑兵团的一个连，以及第71骑兵团的一个排，并命令其余骑兵和奔炮①跟进，只留一小队人马留守兵营。

吉莱斯皮很快就跑到了自己部队的前头。早上八点半，他已经来到韦洛尔要塞城下。布雷迪中士站在主门之上的城墙顶端，看见有人从阿尔果德的方向一个劲儿地赶过来，于是喊道："如果吉莱斯皮还活着，那一定是他！上帝把他从西印度群岛送到东印度，就是为了救我们的命！"[40]救援骑兵赶到了，吉莱斯皮一马当先。

还有两道坚固的大门需要突破，但吉莱斯皮和他的前锋部队手里只有滑膛枪和手枪。吉莱斯皮很快发现，两道外层大门得到了内层大门的遮蔽，那里不怕叛军的火力，于是他向城墙上的一小群人喊叫，告诉他们这个情况。城墙上的那群人一发子弹也没有了，只能用刺刀打退印度兵。但他们手里有一根绳子，于是布雷迪中士用绳索放下了几个人，他们迅速从内部打开了内层大门。

吉莱斯皮同样神速地攀爬绳子，来到城墙顶端，鼓舞两名军医和剩余的少数几名勇士。现在要塞内只有这几个欧洲人还在抵抗，但吉莱斯皮目前能做的也只有鼓舞大家并用手枪向操练场上的叛军射击。然后，他看见邻近炮塔内的叛军不多，可以来一次刺刀冲锋将其拿下。于是他率领士兵在城墙顶端冲锋，制服了那一群印度兵，控制了他们手里的三门炮，但炮塔内没有弹药，所以光有炮没用。[41]

与此同时，数百名叛军在宫殿前方集结，准备彻底控制要

---

① 奔炮是18世纪英国殖民地使用的一种轻型火炮，使用1.5磅、2磅等的轻型弹药。炮和炮车总重约600磅，由一匹马拖曳，与快速运动的部队（包括骑兵）一同行动。奔炮是最早的具有一定机动性的火炮种类之一。

塞。英国人的抵抗差不多已经崩溃了。

终于，奔炮和更多龙骑兵从阿尔果德赶来了。约翰·布莱基斯顿中尉就在其中，他对当天上午鏖战的最后时刻做了生动的记述。布莱基斯顿此前奉命从马德拉斯赶来，负责监督马德拉斯军团三个中央兵营的建筑工程。他优哉游哉地从一个兵站去往下一个，修复城墙，设计新的法院办公楼，因为在印度的英国工兵什么活儿都要干。阿尔果德的英国骑兵军官当中有不少人是他的老战友，他们热情欢迎他到他们的食堂。他一两天前去了韦洛尔，但被召回阿尔果德去监督一些工程，这才躲过了在睡梦中被谋杀的噩运。

布莱基斯顿是在吉莱斯皮已经率军动身前往韦洛尔之后得知兵变消息的，但他渴望参加作战，于是赶上了正在疾驰的第19团主力，和该团的大炮同时抵达了韦洛尔的大门。

吉莱斯皮在城墙顶端向下呼喊，命令炮兵中士轰开大门，但布莱基斯顿"看到炮兵中士似乎手足无措，于是我冒昧地去提意见。吉莱斯皮上校立刻命令我来指挥火炮。我指示中士不要装实心弹①，而是把炮口抵住大门射击，把大炮当作破门炸药箱来使，但发现实心弹已经装好了，于是我命令他对准门闩的大致位置［门闩在门内，所以布莱基斯顿看不见］射击。

---

① 实心弹（roundshot）是当时最常见的一种弹药，其实就是一个实心铁球。当时火炮的型号也由其决定，比如12磅火炮就意味着能发射一个重约12磅的铁球。在战场上，实心弹适于射击各类目标，不仅可以杀伤人员和马匹，而且可以破坏野战工事。因为其弹道低伸，造成的毁伤呈线形，密集的步兵纵队和步兵方阵是实心弹比较有价值的射击目标。另外，炮弹落地后，若遇到坚硬地面，经常还能弹起继续杀伤人员。所以，那时的炮兵喜欢平整开阔、地面较硬的地形，而制造出更多的跳弹也是炮术高超的体现。

炮响了，大门被炸开了"。

吉莱斯皮顺着绳子滑下来，在操练场上集合了少数忠实的幸存者。迪恩说，估计"有能力行动的人不超过五六十个"。吉莱斯皮命令"前进！"，然后带着迪恩和布雷迪冲向宫殿，手里只端着刺刀，去驱散印度兵。（迪恩说："我相信，当时我们手里的枪没有一支有子弹。"）几分钟的时间里，印度兵从宝塔和宫殿廊台处射出猛烈的弹雨。这"聪明而准确的齐射"打死打伤了很多人，但随后吉莱斯皮命令步兵躲到右侧，为骑兵冲锋腾出空间。很快印度兵就撤退了，成群结队地从城墙上的小门逃走。[42]

绝大多数印度兵都无路可逃。在要塞外光秃秃的山坡上（用军事术语叫缓坡），他们被第19团的另一队骑兵砍倒，这队骑兵是专门来拦截他们的。有的印度兵匍匐逃跑，滑进了护城河，而河中的鳄鱼在虎视眈眈。

在骑兵冲锋的混乱中，吉莱斯皮被一名龙骑兵的战马撞倒并踩踏，手腕断了，但他立刻站起身来。骑兵继续冲锋。他们首先看到的，是麦凯勒斯中校的尸体躺在操练场中央。然后，他们经过了惨遭屠杀的欧洲病员的僵死尸体，死者还穿着医院的病号服，成排成排躺在宫门前。布莱基斯顿还看见了范考特上校，他已经奄奄一息。范考特在那里躺了四五个小时。

约翰·布莱基斯顿还将建立另外几项勇敢而精彩的功绩，但他理应作为炸毁了韦洛尔大门的功臣而得到铭记。不过，他还有别的事迹值得记住。

要塞内外杀声震天，英国人冷酷无情地复仇。军事历史学家就是用这样的言辞来描述肉搏战中不可言说的恐怖暴行的。例如，约翰·凯爵士在他的卓越著作《印度兵变史》中写道：

"复仇很恐怖，但公道而正义。"[43]威尔逊的《马德拉斯军团史》直白地告诉我们："约350个印度兵被杀。"[44]布莱基斯顿说："超过800具尸体被抬出了要塞，这还不算那些从小门逃出去之后被杀的。"[45]

官方报告没有告诉我们这数百名印度兵的死法，但布莱基斯顿告诉了我们：

> 至于我自己，我得说，这一天里我心中没有一丝一毫怜悯。100多名印度兵躲在宫殿里，被押出来。吉莱斯皮命令将他们在墙下排好队，然后用大炮发射霰弹①轰击他们，直到他们全部死亡。[46]即便这样令人毛骨悚然的恐怖景象，我当时也可以平静地目睹。这是简单的司法处决，从各方面讲都是正当的。然而隔了这么多年后[47]，我觉得很难赞同这样的处决，也很难解释我当年观看时的感觉。

这100多名印度兵是战俘。按照我们今天的标准，布莱基斯顿目睹的炮轰战俘的行为是一桩战争罪行。并且布莱基斯顿不仅是旁观者，还是屠杀战俘的参与者。马里奥特中校的兄弟

---

① 霰弹（Canister）是拿破仑时代陆军拥有的效力最强的杀伤人员武器。它简单而凶险，仅仅是一个锡罐，里面装满弹丸。霰弹有两种，重型和轻型，区别是罐内装填的弹丸的重量。霰弹被发射出去之后，锡罐会在炮口炸裂，弹丸会四散射出，于是大炮就变成了一支巨大的霰弹枪。炮手往往会同时发射一发霰弹和一发实心弹。霰弹是近距武器，超过600码就没有效力了，而英军一般会在距离敌人仅350码时射击。在这样的距离，四散的弹丸构成的扇面可以达到100英尺宽。当然，有的弹丸在空中或地面浪费掉了，但在这么近的距离，面对队形密集的敌人，霰弹是一种恐怖的武器。

查尔斯·马里奥特上尉（住在中校家里）目睹了布莱基斯顿冲进神庙，搜寻躲在那里的印度兵，并用剑戳死他们。

记述此次屠杀战俘行动的目击者不止布莱基斯顿一个人。第 19 龙骑兵团的基思利中尉近距离地观察了自己长官的手段：

> 吉莱斯皮上校果断地采取了坚决措施。他控制了王子们，将其隔离羁押，安排了龙骑兵去看管他们。每个王子的屋里有两名龙骑兵，门外还有四人。当时俘获的印度兵大约有 40 人；他下令将这些人捆成一串，驱赶到壁手球场上。第 19 团士兵在大约 30 码距离外用葡萄弹①向其射击。随后又被抓获的 20 多人遭遇了同样的命运。[48]

这表明吉莱斯皮上校是有预谋的。现在受害者较少，英国兵用葡萄弹而不是霰弹射击他们，并且是将他们围拢起来，捆在一起并驱赶到另一个单独的刑场：壁手球场。

我以前不知道韦洛尔居然还有壁手球场这样非常有英国风味的场所。但现在我更仔细地看要塞的平面图，就发现果然有一个壁手球场，就在右下角，呈小小的条形，附在庞大的神庙建筑之外。其实，韦洛尔有壁手球场也不足为奇，因为当时是壁手球运动的鼎盛期。当时每一所体面的公学——伊顿、哈罗、温切斯特、拉格比——都有自己的壁手球场，让运动员戴着手套对着墙玩球。约翰·洛在特立帕苏尔当军官学员的时候

---

① 葡萄弹（grapeshot）是一种炮弹，通常是大量铁制弹丸紧紧地装在帆布袋内，形似一串葡萄因而得名，陆战和海战均可使用。发射之后弹丸向四周飞散，在近距离对密集人员的杀伤力极强。葡萄弹与霰弹类似，但霰弹一般是装在锡罐内。

就学会了玩壁手球。在那里，为了缓解不卫生的空气造成的影响，官兵经常玩板球和壁手球。后来他驻在韦洛尔的时候也经常玩壁手球，对其兴致勃勃。二十年后，他从斋浦尔郁闷地写信给妹妹苏珊："你在韦洛尔的时候，我身体特别强健，能玩板球和壁手球，现在那种健康一去不复返了！至少在被命运惩罚、必须住在印度斯坦①期间，我的身体是不会好了。"[49] 要塞里他最熟悉的地方就是壁手球场。

直到 1870 年，壁手球场屠杀的细节才大白于天下。W. F. 巴特勒在他的《第 69 团亲历历史事件叙述》中写道：

> 大宝塔和东面城墙之间有一个大型长方形球场，英国兵习惯在阳光不是那么厉害的时候在那里玩壁手球。
>
> 300 个叛军士兵被押进了这个球场。几面墙之间的空间几乎全部被他们占据，这黑压压的一群人一直挤到三面高墙脚下，而第四面墙不是那么高耸，却更难逾越，因为那是一堵钢铁之墙，奔炮的炮口就从那里伸出。
>
> 下了马的骑兵站在这些火炮周围，他们接到的命令显然很容易执行。他们的任务是向这群叛军开火，直到他们全部死掉。浸透鲜血的壁手球场石板地面上，黑皮肤的死尸横七竖八地躺着，据说半个小时之后死尸堆里还有胳膊在动弹，还有几个垂死之人在挣扎。[50]

这个令人震惊的片段出现在一本歌颂第 69 团光荣业绩的

---

① 印度斯坦（Hindustan）是波斯语对印度次大陆的称呼。印巴分治之后，这个词也被用来指印度共和国。狭义的印度斯坦指的是北印度的印度河－恒河平原。

著作里。巴特勒不是一个完全可靠的作者。他说的人数肯定是夸大其词。壁手球场不可能容纳 300 人，即便他们挤作一团。为了给吉莱斯皮的复仇辩护，他还说，"要塞和兵站内的几乎所有女士和妇孺都惨遭叛军冷酷杀害"，事实并非如此。[51] 但总的来讲，巴特勒的报道有说服力。

另一名目击者的记述也支持巴特勒的说法，但这段记述没有得到过引用。它是英勇的助理军医约翰·迪恩三十五年后写下的文章，载于《联合军队杂志》1841 年 1 月号。[52] 迪恩在城墙上奋勇拼杀之后回到自己的房子，查看印度兵造成了多大程度的破坏。他洗漱一番，换了衣服，然后骑马去操练场。

> 我看到，俘虏已经从宫殿被转移走，拘押在壁手球场四圈的墙下。士兵们在准备处决俘虏。

这时，迪恩被叫去医治一位叫阿姆斯特朗的少校，他躺在半英里之外的地方。迪恩抵达的时候，阿姆斯特朗已经死了。迪恩随后骑马返回要塞：

> 行刑的准备已经做好了。奔炮被带进了要塞，安放在距离叛变印度兵几步远的地方，他们即将因自己不久前犯下的弥天大罪受到惩罚。

吉莱斯皮指派同僚军官肯尼迪中校监督行刑。救援要塞的龙骑兵主力就是由肯尼迪中校率领的。（从吉莱斯皮发给克拉多克的报告的日期来看，因为吉莱斯皮当时手腕断了，命令是被口述给威尔逊上尉的。）被驱赶进壁手球场的一些土著军官

看到了迪恩，于是向他呼喊，说他们属于第 1 团，不是第 23
团。当时英国人认为叛变和杀戮的罪魁祸首是第 23 团。迪恩确
认了这些人的确不是第 23 团的，肯尼迪下令把这些人带出来。

　　大炮开始发射葡萄弹的时候，炮口前肯定有 60 人。
几轮射击之后，他们似乎全都已经倒毙。之前有一队印度
兵在早晨离开了要塞去占领山地堡垒，现在他们被抓了回
来，驱赶到死尸之上，同样遭到轰击。

　　这队印度兵在走到山地堡垒的时候，恼火地发现福布斯中
校那一群英国人已经控制了堡垒。于是这群印度兵立刻假装自
己是无辜的逃亡者，但他们的滑膛枪还在冒烟，于是他们被俘
虏并带到壁手球场处决，此时距离兵变平息已经过去了好几个
钟头。

　　迪恩的记述一丝不苟，证实了基思利的估计，即第一批被
处死的俘虏有约 60 人，后来还有第二批。迪恩的记述也证实
了英国人屠杀俘虏的目的性很强，是有意为之。迪恩骑马跑了
半英里路去查看阿姆斯特朗少校的伤情，回来的时候，炮击还
没有开始。他的说法与巴特勒那更为骇人听闻的说法类似，只
不过更为实事求是：密密匝匝的印度兵被押到壁手球场，之前
轰开要塞主门的两门奔炮在近距离向密集的人群开火。

　　迪恩的说法也表明，英国人并没有认真去甄别有罪和无罪
的人。他承认，英国人很快就发现，"第 23 团并非不幸事件
的始作俑者，罪魁是第 1 团"。兵变之后，变节者卡西姆向福
布斯中校和库姆斯中尉也是这么报告的。[53] 逃脱了壁手球场处
决的土著军官，以及两个团的其他很多印度人，后来遭到军法

审判，被处死或监禁。但也有很多无辜的印度兵在壁手球场被
轰得粉身碎骨："吉莱斯皮上校让我去找那个与我们一起〔勇
敢地并肩作战〕的土著厨房小厮。我搜索了所有牢房，徒劳
无功。战斗没有要他的命，但在混乱中，他和其他很多无辜的
人一起被处死了，因为只消喊一声'这里有个印度兵！'，就
足够要他们的命了。"宫殿内，姬妾、舞女和一些可能与阴谋
没有任何关系的仆人也一起被砍死。

迪恩还告诉我们，吉莱斯皮攀爬绳子上了城墙之后，他们
在"骑士塔"遇见了巴罗上尉，他的妻子和三个年幼的孩子
也躲在那里。巴罗已经奄奄一息，动弹不得。吉莱斯皮离开他
时说："以神圣的上帝起誓！我一定为你报仇！"他果然为巴
罗报了仇。

吉莱斯皮的复仇令整个南印度为之战栗。一年后，驻扎在
海德拉巴的 11 名土著军官呈交了一份请愿书，称"四分之三
的土著官兵对兵变阴谋不知情，且忠于职守"，并警示，"由
于吉莱斯皮上校不分青红皂白地报复，假如军队再次发生兵
变，那么全体印度兵的心意和行动会整齐划一"。[54]

约翰·凯爵士在《印度兵变史》[55]里说，吉莱斯皮"不
肯用残酷的报复来玷污他的胜利"。很少有优秀的历史学家如
此大错特错。

不过，情势完全可能更恶劣。英国龙骑兵已经杀红了眼。
他们已经杀了那么多人，所以非常热切地希望冲进宫去，一不
做二不休，把王子们及其侍从斩杀殆尽，一劳永逸地解决蒂普
苏丹的崽子们对英国人构成的威胁。不是有人升起了虎纹旗
吗？任何人都会明白，这是印度人根深蒂固的阴谋，目的是推
翻英国在印度的统治，而王子们肯定卷入其中，罪不容诛。

兵变之后，英国当局花费了九牛二虎之力去调查王子们是否参与了阴谋。在三次相互独立的正式调查中，当局讯问了王子们和穆斯塔法·贝格，但这个问题始终得不到清楚的答案，着实令人恼火。调查顶多能证明，叛军将阴谋通知给王子们并邀请他们支持兵变，但他们不大可能发挥了积极作用。他们不愿意冒险丢掉自己舒适的奢侈生活，而愿意静观其变。

1806年兵变之后，历史学家（起初是英国历史学家，近期也有印度学者）努力为韦洛尔兵变寻找单一的主导原因。是王子们的阴谋诡计吗？还是头巾和种姓的装饰物，所谓的joys（来自葡萄牙语joia，意思是珠宝）？又或者是英国人传教造成的威胁？又或者是印度兵的服役条件极其恶劣（军饷很低，常常拖欠数月，土著兵与欧洲士兵之间不平等，以及欧洲军官漫不经心地羞辱土著兵），让他们不堪重负？但我们真的需要去寻找单一原因吗？与人类生活中的许多猛烈大爆发一样，这次也是诸多因素与情感聚集在一起沸腾并激发，以至于双方都"为自己缺乏克制而大吃一惊"。难道这样说还不够吗？这话是印度的克莱武说的，当然用在这里不合适。

大约上午十点半，在俘房惨遭屠杀的恐怖事件的最后阶段，马里奥特中校眯着眼睛从地下室出来，做了自己的抵抗。这是整个风波期间他唯一一次抵抗，但很关键。[56]

吉莱斯皮主张斩尽杀绝，把王子们也除掉。他是一条道走到黑的人，这么形容他还是太低估他的倔劲了。马里奥特毫不畏惧吉莱斯皮，亮出了自己的立场。他的任务是守护王子们，这也是他在整个战斗期间留在宫中的理由。如果他任凭王子们，更不要说他们的女眷和孩子以及数百名仆役，在手无寸铁的情况下被砍死，他就严重渎职了。这样的暴行一旦发生，会被人们铭记很久，会败坏英国的名誉。不如把他们全部俘虏，然后送到远离迈索尔的地方，让他们无法成为叛乱的聚焦点。马里奥特自己心里高度怀疑王子们参与了叛乱阴谋（后来在调查期间，他表达了自己的怀疑，引起了轰动），但在当时以及后来，他都坚决反对杀掉王子们。他劝服了吉莱斯皮，让他罢手。

　　起初本廷克勋爵拒绝将王子们转移到别处。但他后来屈服了，这主要是为了保护自己的名誉。因为他用来为自己辩护的新说法是，此次叛乱的主因不是头巾的事情（如果是的话，他就罪责难逃了），而是有人企图复辟迈索尔王朝（这就不是他的错了）。王子们及其亲信乘坐十三顶轿子被运走，宫内女眷号啕大哭、尖声惨叫，但此后就没有王子们的音讯了。他们从我们的故事中退场了。

　　到大约上午十一点，屠杀结束。第23团的王旗①再次飘扬，大家开始将尸体清理出去。操练场上死尸堆积如山，兵营内尸体多得放不下，城墙顶端也有死人趴着。整个叛乱和镇压一共只持续了八小时多一点。恐怖叛乱和迅猛而残酷的镇压的消息几天之内就传遍了南印度，乃至更远的地方。英国的势力因此大增。镇压行动的残酷让人印象深刻。常有人说，恰恰是英国人在韦洛尔的残暴，确保了随后几十年里马德拉斯管辖区没有发生土著部队哗变的严重事件，并且在1857年兵变期间，南印度相对来说也比较安宁。这种说法有一定的可信度。

　　1857年兵变让人们几乎淡忘了韦洛尔叛乱，但此事仍然

---

　　①　英军每个步兵团一般有两面军旗，一面是王旗，一面是团旗。

启发了亨利·纽博尔特爵士[①]的灵感，促使他写下歌谣《吉莱斯皮》。它首次发表于 1898 年，刊载于纽博尔特的歌谣集《岛民》。这首歌或许不像《今夜板球场上大家屏住呼吸》[②]或《德雷克的鼓》[③] 那样令人血脉偾张，但仍然算得上激动人心。我禁不住诱惑，在这里引用部分诗节：

> 黎明出发，单人独骑，
> 吉莱斯皮离开了城镇；
> 踏上西去的大路之前，
> 迎面来了一个骑兵，风尘仆仆。

> "在奸诈的韦洛尔，魔鬼在肆虐，
> 魔鬼趁着夜色害人，"他说，
> "女人和孩子，军官和士兵，
> 有的死了，有的奄奄一息。"

事实上，除了两个有案可查的案例，并没有妇孺死亡或奄

---

① 亨利·纽博尔特爵士（1862～1938），英国诗人、小说家和历史学家，也是非常有影响力的政府顾问，尤其在爱尔兰问题和英语教育等方面。他最有名的作品是《生命之火炬》和《德雷克的鼓》。后来人们发现，纽博尔特表面上严肃而严守当时的道德，实际上过着一种隐秘生活：他的妻子是同性恋者，他就和两个女人一起生活，相处融洽。

② 《今夜板球场上大家屏住呼吸》是亨利·纽博尔特爵士的名诗，写于1892年，讲布里斯托尔克里夫顿学院的学生（未来的军人）在板球比赛中学会忠于职守。这首诗也称为《生命之火炬》。

③ 《德雷克的鼓》也是亨利·纽博尔特爵士的名诗，写于1897年，讲的是一个传说，即16世纪英国著名的海盗、探险家和海军将领弗朗西斯·德雷克爵士的战鼓会在英国陷入危机时敲响，德雷克的灵魂会回来为国效力。

奄一息。波特太太的孩子的膝盖被流弹击穿。伊利中尉的女儿和他一起被杀，但他们是被误杀的，凶手想要报私仇，但在黑暗中认错了人。[57]并且，据我所知，在此次叛乱，以及印度的其他任何一次叛乱中，都没有白人女性遭到性侵，这与每一次暴力冲突爆发之后英国国内的宣传截然相反。白人女性遭性侵的噩梦深入人心，当局不得不花很大力气来证明没有发生这样的暴行。[58]

> "号手，奏响轻龙骑兵的集结号，
> 让他们准备鞍具和马刺，"他说。
> "整装待发的人立刻跟我出动，
> 谁做好了准备，就先行出发。"

> 凶猛而急切，急切而凶猛，
> 骑兵们冷峻地跟着他疾驰。
> 轻龙骑兵纵马狂奔，
> 但没有一个人赶得上他。

> 他来到了奸诈的韦洛尔，
> 城墙戒备森严，大门紧闭；
> 他孤身一人，在弹雨中行进，
> 向守城门的中士呼喊。

> "门上的中士，中士啊，
> 你们的军官都在哪里？"他说道。
> 中士沉痛的声音传来：

"两人活着，四十人牺牲。"

"给我根绳子，来根绳子，"吉莱斯皮喊道。
他们把自己的腰带连接在一起，满足他的需求。
城墙后的所有叛军，
都举枪瞄准，紧盯准星。

他们当中每一个叛军，
都扣动扳机，咒骂自己的目标。
因为吉莱斯皮身轻如燕，
纵身攀上了城门。

他整好队伍，身先士卒地冲锋，
他们横扫城墙，就像滔滔洪水，
在咆哮之上，他们听见更响的轰鸣，
那是奔炮轰开了城门。

除了"把自己的腰带连接在一起"是神话之外，纽博尔特的歌谣基本上准确地描绘了当天的事件。他的版本当然隐去了英军的丑行，并夸大了英国军官的伤亡数字。要塞内总共也没有 40 名英国军官。真实数字是 15 名欧洲军官死亡，115 名欧洲士官和士兵死亡。大批死亡的是印度兵。[59]从阿尔果德来的救援部队损失极其轻微，仅有 1 名骑兵死亡、3 人受伤，并且都是因为吉莱斯皮过于莽撞地急冲猛打。纽博尔特绘声绘色地表现出了这种闯劲。身手敏捷的吉莱斯皮轻松攀爬绳子上了城墙的景象令人难忘。吉莱斯皮生来就注定要成为歌谣的主人公。

这首歌谣没有写到死尸被装在大车上运出要塞，随后印度兵尸体被投入 1.5 英里外的深坑，集体火化，而欧洲死者被分别安葬在吊桥外的墓地。即便死了，印度兵和欧洲人还是泾渭分明；恰恰是死后的待遇表明了他们的地位有多悬殊。纽博尔特也只字不提壁手球场上的屠杀，尽管他自己喜爱充满男性气概的体育运动。在大多数方面，这天清晨韦洛尔的情形和纽博尔特在他最有名的诗《生命之火炬》里的描述差不多：

> 沙漠的黄沙变成了湿漉漉的红色，
> 它被崩溃的方阵的鲜血染红。
> 加特林机枪卡壳了，上校阵亡，
> 全团官兵满身尘土与硝烟，陷入茫然。①

我觉得，杀戮手无寸铁、被捆作一团的俘虏不符合这首诗最后一句的告诫：

> "努力吧，努力，打得光明磊落！"

英国人清算的结果非常可怕，不仅因为流血很多，还因为不忠印度兵的比例极高。当夜驻扎在韦洛尔的 1700 名土著官兵中，879 人死亡或失踪，378 人因叛乱被监禁，516 人被认定牵涉其中但没有被收押。[60] 第 1 马德拉斯土著步兵团第 1 营

---

① 这一段讲的是 1885 年 1 月英军在苏丹援救查尔斯·戈登的著名战役，诗歌中阵亡的上校指的是著名冒险家、英军上校弗雷德里克·伯纳比。不过史实中卡壳的是加德纳机枪，不是加特林机枪。

只有一名士兵被认定清白无辜。那就是穆斯塔法·贝格，他送来的情报遭到了福布斯中校的鄙夷，但如今他得到了 2000 宝塔币的赏金和军士长的退休金。[61]

叛乱领导人受到的最终惩罚有多种恐怖的形式。和中世纪欧洲一样，在印度，人们很看重处决的形式。在叛变各营最恶劣的罪犯当中，8 人被判处绞刑，这是最卑贱的死法；5 人被枪决，刽子手是从他们自己营里抽签选出的；地位最高的 6 人被判处"炮决"。[62]在马德拉斯军团的历史上，还从来没有如此之多的印度兵因为军事法庭的正式审判而被处决。[63]

对"炮决"我们要做一点解释。有人说英国人从莫卧儿帝国统治者那里学到了这种处决手段，也有人说这是英国人自己发明的。到 1800 年，炮决已经成了标准化的刑罚。程序是这样的：全团在操练场上列队，死囚被带上前，缚在炮口上；长官一声令下，大炮轰鸣，将死囚炸得粉身碎骨。有史可查的最臭名昭著的一次炮决，是赫克托耳·门罗爵士 1764 年在孟加拉平定一次兵变时执行的。那一次他炮决了多达 24 名犯上作乱的印度兵。在他的土著营的其他士兵骚动起来似乎也要造反时，他命令他们放下武器，威胁要把他们全部枪毙。[64]炮决是镇压反叛的一种受欢迎而且有效的手段。就连死囚也宁愿被炮决，而不肯被当成野狗一般绞死。前文讲到，土著军官敦促福布斯中校把变节的穆斯塔法·贝格炮决。菲利普·梅森①说，孟买总督芒斯图尔特·埃尔芬斯通是治理印度的英国人当中最仁慈善良而高瞻远瞩的一位。而埃尔芬斯通曾说，炮决

---

① 菲利普·梅森（1906～1999）是英国公务员和作家，著有研究英属印度的两卷本《统治印度的人们》和研究英国驻印军队的《事关荣誉》。

"作为死刑手段，有两大好处：死囚没有痛苦，且对观看者震慑极大"。[65]炮决能吸引到人山人海的观众，这还没算被传唤来见证死刑的军人。死者的头颅常被火药烧焦，飞得很高，坠落到人群中。炮手的军服和木髓遮阳盔上会沾满黏糊糊的碎肉。

但那些欧洲指挥官的结局如何呢？正是他们的愚行激发了韦洛尔丑恶的连锁反应。他们的顽固、失职和蠢笨难道不应当受到惩罚吗？直到1807年2月，关于这起叛乱的正式报告才被送到伦敦。叛乱结束差不多一年后的1807年4月，伦敦的公司董事会才得出结论，并且是非常严厉的结论。约翰·克拉多克爵士被撤职，他怒气冲冲地回国了。更糟的是，公司拒绝报销他回国的旅费，导致他为自己、家人和仆人一共花费了3500英镑。[66]

威廉·本廷克勋爵表现出很多与克拉多克相同的弱点。董事会肯定是这样想的。本廷克勋爵被送回国。当他抗议自己受到的待遇时，董事会重申了对他的批判，并且非常直率："很遗憾，[本廷克勋爵]没有仔细而谨慎地研究印度兵的真情实感与喜好，就悍然采取了严酷的惩戒措施去执行关于新头巾的命令。"[67]

福布斯中校之前对穆斯塔法·贝格的警示不当回事，但仅仅受到一次训斥。"福布斯中校此次的行为同样是松懈大意的。我们有理由相信，在不幸的灾难爆发之前，这种松懈大意在韦洛尔早就是常态了。"范考特上校若是还活着，也会受到训斥，因为他出于"极其轻率的原因"拒不理会伯克太太的报告。[68]

那么约翰·洛呢？在这些恐怖事件期间，他在哪里？我们为什么没有听到关于他的一点消息？我们选择他为主人公，然而他在整个故事里一声不吭，这的确奇怪。如果他根本不在韦洛尔，那么我们为什么要如此详尽地追踪整个血腥事件，并且要一个小时一个小时地观察，有时甚至精确到分钟？

答案是，约翰·洛当夜并不在韦洛尔。他在数英里之外，在第1马德拉斯土著步兵团第1营调配出去的两个小队之一中。第1团第1营当夜有401人被调配出去，这些人都被证明无罪。因为他们与韦洛尔的土著副官被分隔开了，而就是土著副官将新头巾和新制度的事情通知下去，所以这401人对新头巾和新制度一无所知。约翰要么在距离韦洛尔约40英里的钱德拉吉里，要么在距离韦洛尔不到20英里的奇图尔。在兵变的那个可怕早晨，他不会接到从这两个兵站之一前往韦洛尔的命令，因为头脑正常的人都不会派遣更多土著部队到韦洛尔，后者只会投奔叛军。阿尔果德的欧洲骑兵部队是唯一的希望。所以在奇图尔和钱德拉吉里，7月10日的清晨和旱季的其他早晨一样，天空蔚蓝，空气清新，安宁静谧。鸡鸣犬吠，牛儿在烂泥浅滩里打滚，鸢在人们头顶下降又翱翔。当天无事。[69]

因为约翰·洛不在韦洛尔，所以他活了下来。

仅仅一周后，东印度公司陆军总司令就风卷残云般地撤销了所有关于头巾、胡须和装饰的扯淡命令（新制度于7月17日被废止）。但总司令花了较长时间才决定该如何处置第1营残部，它已经不能作为一个单独的军事单位维持下去了。直到1807年1月14日，上级才命令将整个第1团和第23团"撤销番号"。这两个团幸存的欧洲军官和没有参加叛乱的印度兵（他们之所以没有反叛，也许仅仅是因为当夜他们不在韦洛尔）被纳入了第24马德拉斯土著步兵团。

约翰·洛此时还只有十八岁，当中尉才仅仅十八个月。他还没有在实战中开过一枪，也没面对过敌人的火力。然而，他所在的营已经有一半以上官兵死亡或者蒙羞被开除。中校营长和副官在战斗期间临阵脱逃。他所在的营蒙受奇耻大辱，被彻底解散。《国家人物传记大辞典》① 中关于约翰·洛的条目写道，"忠诚的官兵，包括洛"被纳入新的团，但这种说法很误导人。欧洲官兵没有一个人会想要造反。而对土著官兵来说，问题并不是一部分人受到良心折磨、继续忠于给他们提供衣食的东印度公司，另一部分人则投奔蒂普苏丹的儿子们。土著官兵有没有反叛，单纯取决于他们当夜是正巧在韦洛尔并被卷入兵变，还是驻扎在安宁无事的奇图尔或钱德拉吉里。

这才是可怕之处。约翰·洛心知肚明，如果他的连队当夜在韦洛尔，他们会同样凶残地起来造反，并同样冷酷无情地割断他的喉管。他的部下若是听说了新规定，一定会同样愤怒；如果他们也被强迫戴新头巾，一定会同样激烈地反抗；他们同样害怕自己迟早会被迫皈依白人的宗教；他们同样对军饷满腹怨言。印度兵的军饷是每个月 7 卢比，仅相当于英国正规军步兵团里一个列兵军饷的一半多一点，并且也比蒂普苏丹给的军饷少。此外，印度兵的军饷经常被拖欠好几个月，而东印度公司特别注意给英国官兵按时支付军饷。[70]关于金钱与地位的焦虑，与对宗教亵渎的恐惧和复辟蒂普苏丹王朝的渴望同样强烈。

有一种神话，说英国在印度的统治是一条安宁地向前流动的大河，只有单独一起偏离常规的风波，那就是 1857 年兵变。

---

① 《国家人物传记大辞典》是 1885 年开始出版的系列工具书，记载英国的名人生平。2004 年新版改称《牛津国家人物传记大辞典》，收录了五万多位英国历史名人的传记。

C. A. 贝利告诉我们:"在印度殖民早期,各地都有武装叛乱,十分普遍。"[71]拉纳吉特·古哈①在《印度殖民时期农民起义的基本方面》中告诉我们,只消简单清点一下就会发现,1783~1900 年,大致也就是洛家族在印度的时期,印度发生了 110 次起义。除了不断重演的兵变之外,城市里连续发生抵制新房产税的暴乱,这些暴乱往往会蔓延到乡村。不过这些反叛也未必全都是徒劳。恰恰相反,它们往往促使英国当局调整服役条件或税收评估。只有在 1857 年,整个大英帝国似乎到了倾覆的边缘。但东印度公司成千上万土著兵满肚子的怨气,一直都是潜在的危险。[72]

我们不能忽略,印度人很清楚地认识到自己相对于白人来讲地位卑下。这种对立越来越严重,因为越来越多乳臭未干的年轻欧洲军官学员来到土著步兵团当官,夺走了原本属于土著军官的职能和好处。随着英国的统治在南印度逐渐扩展,土著军官在印度本土王公那里找到工作的机会越来越少。为东印度公司效力或许是养家糊口和获得养老保障的一条不算最差的出路,但要说土著军官对公司有什么"忠诚",那就太荒唐了。我们能观察到的,是畏惧、审慎和随波逐流。

约翰不可能一直对那一夜的恐怖细节一无所知。他很可能在 9 月 23 日奉命回到韦洛尔,在宫殿后方要塞西侧的缓坡观看叛乱主谋被执行炮决。他麾下一些"忠诚"的印度兵执行了炮决。[73]如果炮决要取得芒斯图尔特·埃尔芬斯通所说的教育效果,就需要大量观众。值得宽慰的是,按照第 12 团乔

---

① 拉纳吉特·古哈(1923~)为英国籍印度历史学家,他的《印度殖民时期农民起义的基本方面》是一部经典名著。

治·哈考特上校的说法，"当天，令人痛苦的任务执行得很顺利，没有发生任何差错或事故"。[74]

约翰应当不会轻易淡忘这次事件。五年后，在占领荷属东印度的远征中，他在吉莱斯皮和布莱基斯顿麾下作战，这两位都是那一次平叛的英雄。后来，约翰自己也曾驻扎在韦洛尔。每天他通过堤道进出要塞的时候，都要经过英国人墓地，他的同袍就被安葬在那里，在高耸的平叛纪念碑附近。在傍晚凉爽的时候，夕阳从球场的后墙上方落下，好奇的鸢在空中翱翔，这时他会去打一局壁手球。[75]

同样的怨恨一次又一次沸腾，酝酿出凶残的阴谋。而面对同样残酷的教训，人们要一次又一次地学习。约翰·洛在印度待了五十多年，从他的言行里我们可以知道，他十八岁时就已经接受了那些教训，对其烂熟于心。

对任何一位在印度的英国指挥官来说，第一个教训是，永远不能忽视关于人民不满的警报。你的处境永远没有你想的那样安全。安全的唯一保障是高水准的情报工作。

第二个教训是，一旦发现一星半点的要出乱子的迹象，就必须尽快向现场调拨足够数量的欧洲部队。

第三个教训是，为了避免麻烦，绝不能表现出自己企图干涉土著的风俗习惯和宗教信仰。

第四个教训是，已被废黜或灭亡的统治王朝仍然拥有一些人的忠诚，这种忠诚没有消亡，而仅仅是在休眠。只消头巾落地的一瞬间，这种忠诚就可以死灰复燃，造成弥天大祸。

最后，还有吉莱斯皮得来的教训，威灵顿公爵也得到过这样的教训：需要行动的时候，务必坚决果断、冷酷无情，最重要的是要迅速。

如果吉莱斯皮晚半个小时到韦洛尔，或者晚五分钟强攻要塞，那么要塞就会被叛军牢牢控制，马德拉斯管辖区的其他每一座要塞都会跟着造反。即便有了吉莱斯皮迅猛而残暴的镇压，随后几周里，韦洛尔周边方圆50多英里内的若干城镇和要塞还是零星发生了一些叛乱。吉莱斯皮挽救了韦洛尔，或许还挽救了整个马德拉斯管辖区。

约翰始终非常清楚，大英帝国在印度的整个霸业其实弱不禁风。还有几个人也意识到了这种脆弱，如埃尔芬斯通、亨利·劳伦斯爵士、托马斯·门罗爵士①。但有这种觉悟的人不多。约翰知道，作为军官，他在部下和土著面前必须表现得镇定自若、充满尊严，流露出无比的自信和坦然。但是，永远不能欺骗自己。

董事会对罗洛·吉莱斯皮感激涕零，颁发给他7000宝塔币，还赏给布雷迪中士800宝塔币。阿梅莉亚·范考特得到100英镑的年金，条件是她不改嫁（她当了一辈子寡妇），她的两个孩子每年得到25英镑的年金，直到成年。我们就用她自己的话来结束这个忧伤的故事吧：

> 我终于听见吊桥上传来第19团的马蹄声，以及不断响起的骑兵呐喊。这时我心里充满了希望，很快听到他们进了要塞。一名军官骑马冲进来，喊我的名字，但我无力

---

① 托马斯·门罗爵士（1761~1827），第一代从男爵，陆军少将，为苏格兰军人和殖民地官员。在与迈索尔统治者海德尔·阿里的激烈战争中，托马斯·门罗在自己的亲戚赫克托耳·门罗爵士指挥下作战。他后来负责管理海德拉巴的尼查姆割让的"北方地区"。1819年起他担任马德拉斯管辖区总督。后文提到的"利奥特瓦利"税务制度据说就是他发明的。

回应，也动弹不得。我又听见他喊我的名字。我看见一名
红衣军官，觉得很像我丈夫。我跳起来迎接他。原来是麦
克莱恩先生。我寻找丈夫。麦克莱恩告诉我，他还活着。
随后吉莱斯皮上校和麦克莱恩先生来到我们身边，都向我
们保证范考特上校还活着。他们搀扶我上楼，让我坐在椅
子上，给我葡萄酒和水喝。我脑子冷静下来之后，他们告
诉我，范考特上校身负重伤，不过没有生命危险，但必须
保持安静。大约一个钟头之后，第69团的军医（勇敢的
琼斯先生，完成了救死扶伤而不是用刺刀捅人的任务，回
来了）告诉我：我丈夫有生命危险，但最严重的伤已经
得到了处理；都是皮肉伤，子弹没有留在体内。我仍然希
望他能痊愈。我甚至没有请求见他，因为我觉得让他看见
我会让他过于激动，从而影响康复。哀哉！我后来才知
道，他从一开始就没有存活的希望；他在这天凌晨4点左
右就去世了。感谢上帝，他走得很快，他的死是幸福的。
他在世的时候笃信宗教，死的时候是为了忠诚地履行职责
而牺牲，这让我感到欣慰。

　　阿梅莉亚于1852年1月7日去世，享年七十五岁。切尔
滕纳姆的基督教堂有一座缅怀圣约翰和她的纪念碑，上面引用
了以上阿梅莉亚叙述的最后一句话。

注释

[1] Hoover, *Men Without Hats*, p. 73.

[2] 1806 年马德拉斯军团的总兵力为 7900 名英国官兵、55050 名印度兵（Cameron, p. 2）。

[3] Wilson, iii, pp. 169 – 70.

[4] Wilson, iii, p. 171. 本廷克勋爵已经抱怨过范考特"没脾气，缺乏判断力"，尤其是他没能与马里奥特紧密合作。本廷克勋爵问，是否可以将范考特调到其他地方。具有讽刺意味的是，克拉多克说未经军法审判就调动范考特很不公平，而他们没有足够的证据来审判范考特。所以 7 月 9 日夜间，在韦洛尔，范考特仍然掌握着指挥权（Cameron pp. 163 – 4）。

[5] Cameron, p. 59.

[6] Cameron, p. 201.

[7] Cameron, p. 258.

[8] Chapter XVI.

[9] 土著很少看到他们的新主子从事宗教活动。一名英国绅士早晨在露台上踱步锻炼身体，一个土著问他，这是不是他祈祷的时间。

[10] Cameron, p. 80.

[11] Wilson, iii, p. 175.

[12] Wilson, iii, p. 174.

[13] Cameron, p. 84.

[14] 也可能迟至 7 月 8 日。日期不确定。

[15] Wakeham, *Bravest Soldier*, pp. 98 – 99；Wilson, iii, pp. 175 – 6.

[16] 公平地讲，这种警报不是闻所未闻的。此次兵变之后会有很多类似的警报，在整个南印度引发了恐慌，而其中大部分警报只不过是因为吸食印度大麻或喝亚力酒而飘飘欲仙的法基尔在胡言乱语罢了。

[17] Hoover, p. 104.

[18] Dean, *United Service Magazine*, January 1841, p. 24.

[19] Add MS 29181, f233. 原本还有第三张纸，如今只能在一本默默无闻的重印旧文章的选集里看到，见 *The Plain Englishman*, edited by C. Knight and E. H. Locker, 1820 – 3, vol ii, chap xx, p. 437。

[20] Wilson, iii, p. 178.

[21] Kaye, *Mutiny*, i, p. 166.

[22] Kaye, pp. 166 – 7.

[23] Wilson, iii, p. 182.

[24] Wilson, iii, pp. 183 – 4.

[25] Wilson, iii, pp. 184 – 5. 尤因和他的掉队士兵是如何冲出要塞的呢？威尔逊说，他们一定是从要塞南侧的出击小门或安布尔门出去的，那里仍然有团长自己的人马在把守。但布莱基斯顿中尉毫不掩饰自己的鄙夷说，尤因等人看到城墙上挂着绳子，那是叛军之前在攀爬上来的时候用过的，于是他们顺着绳子降了下去。

[26] Cameron, p. 20.

[27] 印度兵光顾着掳掠，忘了自己最主要的任务，即控制要塞：升起吊桥、封锁两座外层大门，并消灭要塞内部约 150 名幸存的第 69 团士兵。叛兵打开了财务官的钱箱，抢走了 2.9 万宝塔币，并从仓库里抢走了大量亚力酒。此时，印度兵和欧洲官兵一样，弹药已经告罄（Cameron, p. 19）。按照一般的规矩，之前每个印度兵只领到 6 发子弹（Wilson, iii, pp. 180 – 1）。在早有预谋的对主警卫室人员的大屠杀中，这些子弹已经基本耗尽。旗杆（迈索尔的旗帜正在清晨的阳光下招展）旁的城墙脚下有一个小军火库，叛变者洗劫了这里，得以继续维持火力。要塞内还有两门 6 磅炮，印度兵将其对准欧洲人的兵营。这两门大炮打死打伤了十几个正在酣睡的第 69 团官兵。

[28] Wilson, iii, pp. 179 – 81.

[29] Dean, p. 33.

[30] Wilson, iii, p. 182.

[31] Dean, pp. 34 – 5.

[32] Thorn, Gillespie, p. 16.

[33] Wakeham, p. 18.

[34] Wakeham, p. 49.

[35] 按照吉莱斯皮的第一位传记作者索恩少校的说法，国王的话没有这么好玩："什么，在圣多明各建功立业的就是这个小个子吗？"但我更喜欢另一个版本。（Wakeham p. 59；Thorn, pp. 40 – 1.）

[36] Thorn, pp. 64 – 66.

[37] Wilson, iii, p. 177. 我们已经注意到，叛军从城墙外的小屋用绳子爬进城。尤因和他的朋友如果没有从出击小门出城的话，可能就是用同一根绳子爬出了城。没有证据表明哨兵注意到有人这样进

出要塞。

[38] Wilson, iii, p. 185.

[39] Wakeham, p. 106, 遵循布莱基斯顿的说法。不过 Wilson, iii, p. 185 说是早晨六点。但如 Wakeham 所说,布莱基斯顿在现场。

[40] Thorn, p. 102, Wakeham, p. 106. 或者,据说布雷迪中士是这么喊的。布雷迪已经精疲力竭,还要从城堞探出脑袋来,并且脑袋随时可能被炸飞,他竟然还能喊出这么长的话来,这令人难以置信。不过,爱尔兰人一旦滔滔不绝起来就不怕任何危险。

[41] 吉莱斯皮的战友索恩少校为他的老友所写传记的说法更为有趣:城墙顶端的抵抗者将他们的刺刀和子弹带连接在一起,放下一些士兵去打开了大门。见 Thorn, p102, Wakeham, p. 106. 但吉莱斯皮在次日给克拉多克将军的报告里明确地说,他是被绳子拉上去的。这份报告的原件保存在印度事务部图书馆中,就在范考特夫人的叙述旁边。见 Add MS, 29181, f235. 这份报告不是吉莱斯皮亲笔写的,因为他向克拉多克道歉,说他的手腕断了,疼痛难忍,自己没法写字,所以让一名抄写员帮忙。

[42] 吉莱斯皮说印度兵的火力"非常猛烈"且"十分准确"。Cameron 对此表示怀疑,说如果真是这样的话,叛军不可能像吉莱斯皮说的那样,仅仅坚持了十分钟或一刻钟就被轻松镇压 (Cameron, pp. 26 – 9)。但布莱基斯顿证实,"我们进入操练场之后,叛军在短时间内向我们倾泻猛烈火力;但当我们的一个连在操练场上摆开阵势之后,印度兵迅速向四面八方溃散,大多数逃向了出击小门"。这与吉莱斯皮向克拉多克报告的情形差不多。

[43] Kaye, *Mutiny*, i, p. 168.

[44] Wilson, iii, p. 186.

[45] 查尔斯·马里奥特上尉(马里奥特中校的兄弟,与中校同住)估计要塞内外共有近 700 个印度兵被杀,这与布莱基斯顿的估计差不多。布莱基斯顿的数字可能包括欧洲人中的死者。现代研究者最仔细的计算结果是 650 个印度兵丧生,正好是死亡的欧洲官兵人数(130 人)的五倍 (Cameron, pp. 27 – 30)。

[46] 霰弹是将实心弹填入铁皮罐子,其后有发射药,点燃之后会迸射出杀伤力极强的圆锥体弹片;葡萄弹是一个帆布袋,里面也装满铁的实心弹,发射之后也会呈面杀伤效果,但杀伤力较小。

［47］ 这段文字是他二十年后写的。

［48］ Cameron, p. 30.

［49］ Low, p. 45. 杰克·卡瓦纳是壁手球运动当中的罗杰·费德勒，黑兹利特有篇著名的文章赞扬过卡瓦纳。全印度寂寞无聊的英国军官都热情洋溢地玩壁手球。加尔各答、马德拉斯、勒克瑙、布拉赫马普尔（1857 年兵变最初的骚动就发生在这里）和韦洛尔等地都兴建了壁手球场，通常是通过公共筹款的方式。马德拉斯的伟大总督托马斯·门罗爵士酷爱壁手球，常说"只要他能在有壁手球场的地方驻扎，他宁愿领半饷；在没有壁手球场的地方，即便能领全饷他也不干"。以为沃伦·黑斯廷斯组织斗鸡和其他娱乐活动而闻名的莫当特上校，曾在一次有争议的壁手球比赛之后与人决斗。

［50］ Butler, pp. 44 – 5.

［51］ Butler, p. 35. 1857 年兵变期间确实发生了这样的事情，巴特勒对 1857 年兵变的回忆显然影响了他的记述，但韦洛尔并没有发生这样的事情。不过，他对壁手球场的记述是准确的。现存于大英图书馆的那幅美丽的 1816 年（也就是韦洛尔兵变的十年后）水彩画，表现的是附属于贾拉坎德斯瓦拉神庙（此时为军火库）的壁手球场。球场前方是看台，可以看到里面有红衣的英国人在看球赛。我们不知道韦洛尔兵变时球场有没有看台；如果有的话，不知道 7 月 10 日有没有人爬上去观看屠杀。

［52］ Part II, pp. 24 – 44；比他在 Inquiry, Home Misc vol. 508, pp. 156 – 8, 258 – 9 的记述详细得多。时隔多年他写下这份记述，是因为董事会向所有参加镇压韦洛尔兵变的人表示感谢时，"琼斯先生和我的名字都被忽略了"，尽管他俩是仅有的从一开始到最后都在抵抗叛兵的两名军官。布莱基斯顿中尉也说这样的忽略令人遗憾。后来，迪恩和高级军医向伦敦发送了一份抗议书，但始终没有得到答复。"我经常想，我的抗议书被送上了一艘后来在大约这个时期沉没的船。"

［53］ Hoover, p. 100.

［54］ Hoover, pp. 27, 40.

［55］ Kaye, i, p. 168.

［56］ Ibid. ; Thorn, pp. 103 – 4.

[57] Cameron, pp. 36 – 7.

[58] Mukherjee, *Spectre of Violence*, pp. 127 – 8, 156 – 9; IOR Home Misc 725, "遵照总省指示对大兵变期间欧洲女性遭强暴传闻之调查结果的备忘录"。

[59] Wilson, iii, pp. 186 – 7.

[60] Wilson, iii, p. 186.

[61] Wilson, iii, p. 188. 土著军官对这样的奖赏感到愤恨(Kaye, *Mutiny*, i, p. 165)。穆斯塔法·贝格绝不是英国王室的忠实仆人。他先是加入叛乱阴谋,背叛了英国人;又背叛了穆斯林教友,向英国中校告状。在土著军官眼里,英国人似乎推崇和鼓励这样的两面三刀。

[62] Wilson, iii, pp. 188 – 9.

[63] Hoover, p. 185.

[64] Kaye, *Mutiny*, i, pp. 150 – 1; Mason, pp. 106 – 110. 赫克托耳·门罗在战斗中和罗洛·吉莱斯皮一样凶悍。他的同名后代赫克托耳·门罗就是我们熟知的作家萨基。虽然萨基非常风趣而渊博,但也有一种令人不解的残暴性格,只能从遗传的角度解释。老赫克托耳·门罗的大屠杀可能引起了一些英国人的顾虑,但几个月后他打赢了决定性的布克萨尔战役,英国在孟加拉(印度最富庶的地区)的势力得以巩固,于是这些顾虑烟消云散。

[65] 埃尔芬斯通麾下令人生畏的间谍网告诉他,有人企图在浦那杀死所有欧洲人,于是埃尔芬斯通用炮决处死了该阴谋的领导人,尽管当时阴谋还没有实施(Mason, 107 – 8; Choksey, *Elphinstone*, p. 136)。约翰·洛在孟买待了四个月,当埃尔芬斯通的座上宾。洛在给母亲的家信中写道:"只要有机会,我就仔细观察他,既观察他在公事中的表现,也观察他作为绅士的举止。我坚信,他的品格比我见过的任何人都更接近完美无瑕。"(Low, pp. 27 – 8.)迟至19世纪50年代,炮决仍然很流行。弗朗西斯·康沃利斯·毛德(在1857年赢得了一枚刚设立的维多利亚十字勋章)记载了炮决的全过程:

　　"哈夫洛克问我,'你会不会炮决?'"毛德说他会,"虽然我们在伍利奇军校的课程中没有这一项"。当晚,一名被视为奸细的印度兵被押送到他那里。"我命令点燃炮门,下令'放!'大炮猛地往后退，一团浓烟笼罩了我们。硝烟散去之后，我们看见大炮前方有两条人腿；但除此之外，片刻之前的那个勇敢的男人就没了任何踪迹。这时，大约是爆炸的六到八秒之后，死者的脑袋掉落到我们当中。它略微焦黑，但总的来讲没有变化。（后来第二次炮决时发生了相同的事情。）它一定是径直飞上了天，可能飞了200英尺高。之前绷紧神经的观众发出一声惊呼"啊!"，然后很多观众跨过壕沟来查看死者的双腿。整个可怕的行刑就结束了。"

又执行了一次炮决之后，"我注意到，自己身体的正面从头到脚都覆盖了漆黑的人肉微粒，有的粘在耳朵和头发上。我的白色丝绸上衣、缠绕在遮阳盔顶端的三角巾、腰带等，都沾满了这种令人作呕的肉粒。我在向哈夫洛克宣布行刑完毕时，请他注意我的外观。他从帐篷门里走出来，摆出夸张的惊恐神色，然后用舞台表演的嗓音改编起莎士比亚作品来：

'正是这样一个人，这样垂头丧气，
在沉寂的深宵揭开普里阿摩斯的帐子，
想要告诉他，死了一个人!'
老将军总是这样机智风趣!"（Maude, I, pp. 274 – 8.）

哈夫洛克改编的是《亨利四世》第二部，第一幕第一场，第124 ~ 127行。在哈夫洛克于援救勒克瑙的战役中死亡不久前，毛德在其推荐下获得了维多利亚十字勋章。

[66] Wilson, iii, p. 199. 后来他在爱尔兰和葡萄牙获得了其他指挥职位，但用威灵顿公爵的话说，克拉多克"因为受到不公而愤恨"，虽然后来被任命为开普殖民地总督并获得世袭贵族的身份，仍然没有平息怒气。他被册封为贵族后将姓氏改为更浪漫的 Caradoc，自称是北威尔士的古代王公的后裔。但不管他叫什么，他都是个吹毛求疵、喜好秩序的人，既固执又优柔寡断。

[67] Wilson, iii, p. 200. 总司令乃至总督被这样灰溜溜地送回国，并不算稀罕事。或许因为送达命令需要很长时间，董事会在罢免自己的封疆大吏时往往很残酷（Hoover, p. 254）。本廷克勋爵在韦洛尔兵变之前就因为其他原因失宠了（Hoover, p. 52）。但东印度公司很难找到合适的、愿意远渡重洋担任殖民地总督的贵族，所以1819年本廷克勋爵又获得了马德拉斯总督的职位。时隔二十年，他重返印度，这一次是当整个英属印度的总督（1828 ~ 1835年），

对这个职位他已经觊觎多年了。威灵顿公爵此时是首相，他说："本廷克勋爵做所有事情都是出于良好用心，但他是个顽固的人。如果他犯了错误，就会一条道走到黑。"（Ellenborough, p.256.）

[68] 福布斯中校临阵脱逃，躲入土著堡垒，后来又没有采取积极措施向阿尔果德求援。但没有人对他提出公开批评（Home Misc Series Vol. 510, f 844, para 39）。不过吉莱斯皮在给克拉多克的第二份报告里明确表达了自己的看法：福布斯中校"非常理智地集合了尽可能多的人，并占据了最大的一座山地堡垒。他的部下在城镇里睡觉，没有携带武器。约 30 名欧洲人从要塞逃出来加入福布斯，于是他决心在那里坚守到底。若不是我们的攻击得手，他的决策理应具有重大意义。10 日晚间，福布斯中校得到解救，此后凭借他对当地情况的熟悉，为我提供了很多帮助"（Home Misc 510, f417et ff.）。从这段话里或许可以推断，吉莱斯皮自己若是处在福布斯的位置上，不会采取这样"理智"的决策。他如果听到城镇另一端的枪炮声，绝不会在土著堡垒里闲坐一整天。

但吉莱斯皮对自己在事件中扮演的角色进行了仔细的润色。他给克拉多克的两份报告（7 月 10 日和 11 日）都只字不提壁手球场上发生的事情。在正式调查的报告里，没有一个字提到约 100 个手无寸铁的俘虏在壁手球场惨遭屠杀。但对于壁手球场屠杀，我们拥有三份目击者记述，而且它们的说法大致吻合。我们估计还有第四个目击者，W. F. 巴特勒的差异较大的记述就来自这第四个目击者。

[69] Dean, p. 44; Hoover, p. 276; Home Misc Series, Vol. 508, pp. 103 – 21.

[70] Cameron, p. 48.

[71] Bayly, *Indian Society*, pp. 169 – 70; Townsmen, pp. 319 – 30.

[72] 海德拉巴土著军官的请愿书雄辩地阐述了他们的生活困苦：

"欧洲军官可以随意豢养漂亮女人，给她们三十或四十宝塔币的报酬。如果土著军官得到公正的薪水，他们也能享受自己渴望的乐趣。在目前的条件下，土著军官很难获取一个漂亮的女奴；我们在美女面前甚至抬不起头来。一切都取决于金钱。我还需要继续写下去吗？对聪明人来说，暗示就足够了。

"马匹、轿子、马车、豪宅、充足的帐篷、沙发、娱乐和享受、愉悦与满足，凡是能让人开心的东西，都属于欧洲军官；风雨、冷热、疲惫与艰难、麻烦与痛苦、为了公司牺牲自己的生命，这就是印度兵的生活。"（Cameron, pp. 155 – 6.）

注意，此处 Cameron 指出了宗教信仰受到的威胁。

[73] Hoover, p. 205.

[74] Wilson, iii, p. 189.

[75] 在韦洛尔，他会经常见到自己的妹妹苏珊。在印度的最初二十年里，他唯一能经常见到的亲人就是苏珊。她二十岁的时候嫁给了四十五岁的戴维·弗里斯上校，他是阿尔果德的骑兵兵营的指挥官。1822 年，也就是韦洛尔兵变的十六年后，弗里斯将一起煽动印度兵反叛并杀死所有欧洲军官的传单宣传阴谋扼杀在萌芽状态。他集合了麾下的所有指挥官并告诉他们好好劝土著军官保持理智，并向其他受威胁的兵站的指挥官发了警报（Kaye, *Mutiny*, i, pp. 192 – 3）。

3　白人兵变

　　约翰·洛军事生涯的开端并不光彩。他抵达印度以后，他所在的营第一次真枪实弹地杀人，是瞄准自己的叛变战友。为他洗礼的不是战火，而是行刑的枪火。

　　随后发生的事情甚至更加可耻，更加怪诞，并且几乎同样血腥。人们读到对此事的描述时简直难以相信，仿佛在消息传播的过程中真相被颠倒了。韦洛尔兵变三年后，再次发动叛乱的居然不是印度兵，而是他们的欧洲指挥官，并且几乎所有欧洲军官都叛变了。

　　马德拉斯管辖区负责指挥土著部队的1300名英国军官中，有90%拒不服从上级的命令。只有150人，大部分是中校衔及以上，签署了总督乔治·巴洛爵士要求的效忠宣言。其他英国军官则囚禁了自己的团长，闯入最近的金库，掳走成千上万的宝塔币以支付给土著官兵，然后率领土著官兵开拔，前往他们自己想去的地方。从1809年7月初到9月中旬，整个南印度处于漫无法纪的混乱中，这是歇斯底里、激动人心、令人胆寒的无政府状态。约翰·马尔科姆中校奉命去默苏利珀德姆（位于马德拉斯管辖区东南海岸）镇压最严重的一起暴乱，他于7月5日向巴洛报告，他发现"从科摩林角①到甘贾姆②，

---

① 科摩林角是印度半岛的最南端。
② 甘贾姆为印度东部沿海城镇，今天属于奥里萨邦。

东印度公司军队没有一个单位不在反抗政府，没有一个指挥官能真正掌控自己的团或营"。[1] 约翰·洛所在的那个蒙受耻辱的营（如今的番号是第 24 团第 1 营）的军官和其他团营的军官一样，都摩拳擦掌，准备造反。

英国军队还从来没发生过这么大规模的兵变，即便在 18 世纪 90 年代的斯比特海德或诺尔①也没有。[2] 在此之前和之后，都没有如此之多的英国军官掀起席卷全军的叛乱浪潮。1809 年马德拉斯军官的哗变是一个独一无二的孤立事件。

然而，在关于大英帝国和驻印军队的大多数史书里，此事竟被奇怪地遮掩起来，被粉饰，或者被避而不谈。菲利普·梅森的英国驻印军队简史《事关荣誉》全长 570 页，对此事只用了区区 9 行字描述。[3] 约翰·凯爵士在他关于 1857 年兵变的六卷本著作中只用了一页讲述此事，并漫不经心地评论："马德拉斯军团士兵的叛变②如何引发了军官的叛变，要讲清楚这一点并不难；但包括马德拉斯军团士兵叛变的印度历史篇章，在这里就无须重述了。"[4]

为什么无须重述？这两起叛乱与 1857 年兵变有很多相似

---

① 斯比特海德与诺尔兵变是英国皇家海军水兵的两次兵变，发生在 1797 年，当时英国正与革命中的法国交战。斯比特海德为英国朴次茅斯附近的海军锚地，诺尔是泰晤士河入海口附近的锚地。斯比特海德兵变主要是经济性质的，类似罢工，水兵要求提高军饷和改善生活条件，最后政府妥协并赦免了哗变水兵。诺尔兵变更为激进，带有政治色彩，叛兵甚至提出要英王解散议会、与法国议和，并以武力封锁伦敦。政府顶多愿意给诺尔叛兵与斯比特海德叛兵同样的条件，拒绝做更多让步。最后诺尔兵变失败，主谋被处死。英国政府担心诺尔兵变受到了法国大革命左倾思想的影响。斯比特海德与诺尔兵变之后，英国和其他国家的海军与商船队的哗变与反叛事件大大增多。

② 指的就是前文讲的韦洛尔兵变。

之处，也为后者发出了宝贵的警示。当时，伦敦的统治集团显然并不认为这两起叛乱是无关紧要、最好一笔带过或彻底遗忘的小冲突。一年后，下议院发布的厚厚的档案[5]集合了对解释这一系列令人惶惑的灾难性事件有助益的每一份文件、书信和备忘录。[6]

那么，为什么会发生白人叛乱？印度新的"主宰种族"的精兵强将，为什么要奋起反抗自己的指挥官，让印度南半部分陷入乱七八糟的内乱？究竟发生了什么？为什么会发生？

原来，在印度有两支英国军队，而不是一支。第一支军队是英王的军队，即属于英王陛下的各团，他们被调遣到印度，时间可能是几个月，也可能长达二十年。但他们迟早要被调往其他地区，比如西印度群岛，罗洛·吉莱斯皮、布雷迪中士和圣约翰·范考特都有过这样的调动经历；也可能被调往欧洲战场，此时阿瑟·韦尔斯利爵士（刚刚在南印度取得一系列辉煌胜利）正在西班牙和葡萄牙鏖战；或者被调往英国和爱尔兰驻防，约翰·克拉多克爵士就是在那里获得勋位的。这些人都是从属于英王的军官。第二支军队就是东印度公司的军队，它是在印度招募组建的，在印度受训，在印度作战，没有机会被调动到其他地方。[7]

在英国统治的全部三个管辖区，即马德拉斯、孟买和孟加拉，东印度公司（总部设在加尔各答，那里是英属印度无可争议的首府）的军队不仅很快在兵力上超过了英王的军队，并且东印度公司军队的大部分人员都是印度人。东印度公司认识到自己永远没有办法吸引到足够多的英国军人在不断扩张的印度领地维持秩序，何况也没有能力支付那么多英国军人的军饷，于是招募了成千上万的印度兵。

英国人的统治依赖于印度兵的忠诚，并且只有这么一个支柱。要想赢得并维持印度兵的忠诚，负责指挥土著部队的英国军官必须称职。[8] 土著军官的不满是韦洛尔兵变的主要原因之一，甚至可能是最主要的原因。韦洛尔阴谋的罪魁祸首，谢赫①亚当和名字很有意思的谢赫纳特尔②这样的人，往往曾为蒂普苏丹的军队效力，或者曾在他的宫廷服务。他们转而为英国人效力，是因为蒂普苏丹兵败之后他们就没有别的地方可去了。但他们坚信，为英国人做事之后自己变得更加不幸了。

而在欧洲人当中，越来越多的年轻英国军官在土著步兵和骑兵部队里服役，这些英国军官也觉得幻想破灭。他们在印度扎下根来之后，就开始睁大眼睛观察周围。他们对自己看到的景象并不满意。无可否认，大家普遍认为，公司军官在社会出身、资历、前景和薪水等方面都不如英王军队里的军官。公司军官中的大多数人来印度时身无分文，很快就债台高筑。下级军官刚到印度时就需要 1500～1800 卢比来置办装备和军服。他需要借这笔钱，然后拿自己的生命做担保。即便他没有酗酒或赌博的恶习，等到他被晋升为上尉的时候，他的债务也很可能翻了一番，甚至高达 6000～7000 卢比，相当于今天的 35000～40000 英镑。除非他被晋升为少校，也只有到他成为少校的时候，他才有可能偿清债务。而他可能要等很多年才能成为少

① 谢赫（Sheikh）是阿拉伯语中常见的尊称，指"部落长老""伊斯兰教教长""智慧的男子"等，通常是超过四十岁且博学的人。在阿拉伯半岛，谢赫是部落首领的头衔之一。南亚的伊斯兰世界也用谢赫这个尊称。
② 纳特尔（Nutter）在英语中有疯子的意思。

校，因为晋升非常缓慢。[9]乔治·奥托·特里维廉爵士①回顾1857年兵变时说："在那些昔日岁月，有不少上了年纪、地位很高的公职人员还在为自己到印度的最初十八个月里欠下的债而苦恼。对某些风流倜傥的人物来说，欠下10000英镑一般来说是件要庆贺的事情。"[10]约翰·洛做不到对金钱那样漫不经心，他在印度的时间有一半以上在为债务烦恼。[11]

更残酷的是，18世纪末加入东印度公司军队的军官没有多少希望再见到英格兰或与家人团聚。孟加拉军团的年度回国档案显示，1796～1820年，只有201名军官活到退役、拿着退休金回欧洲，而有1243名军官在服役期间阵亡或由于其他原因死亡。[12]相比之下，英王军队里的军官只要健康允许，一般都能回到英国。在早期的那些日子里，在东印度公司军队里，英国军官的命运一般是埋骨印度，或在归途中葬身大海，这种情况的比例高得惊人。[13]

马德拉斯军团的军官还有另一桩值得哀怨的缘由。在全社会的眼里，他们的地位不仅低于英王军官，甚至也比孟买军团和孟加拉军团的公司军官低。在社会地位上，马德拉斯军团的"穆尔穆尔"（军官的这个绰号得名自东印度公司出售的一种平纹细布）的地位低于孟买军团的"鸭子"和孟加拉军团的"基海"（这个绰号得名自召唤仆人的话 Koi hai，意思是"有人在吗"）。据说孟加拉的印度兵身材更魁梧，并且一般出身于较高的种姓。南方的皮肤黝黑的小个子据说更为吃苦耐劳，

---

① 乔治·奥托·特里维廉爵士（1838～1928），旧译屈维廉，英国政治家和作家，两次担任苏格兰事务大臣，著有他舅舅麦考莱勋爵的传记。特里维廉曾在印度当公务员，著有关于1857年印度兵变的书。他的第三子乔治·麦考莱·特里维廉（1876～1962）是著名的历史学家。

但那个时候和今天一样，身材很重要。[14]

另外还存在经济上的鸿沟。孟买和孟加拉的军官领取的军饷和津贴比马德拉斯军官更高。一般来讲，印度南部相对贫困。德干高原的荒原在经济产出上无法与奥德①肥沃的黑土相提并论。在军官叛乱的一年前，马德拉斯政府秘书长乔治·巴肯听说军官们打算上呈请愿书，要求得到与孟加拉军官相同的津贴。巴肯向马尔科姆揭示了残酷的现实：

> 这是不可能办到的，因为这会给政府造成无法承受的财政负担。还不如把这个地区拱手让给其他国家，谁要就给谁好了。[15]

董事会的态度非常坚决。孟加拉是英国人最早定居的印度殖民地，加尔各答是整个英属印度的首府和政府所在地，并且孟加拉比较富裕。为东印度公司效力的人"起初就非常清楚这些不平等之处，所以没有资格期望这些不平等会消失"。就东印度公司目前的财政状况来说，要同工同酬是完全不可能的。董事们不知羞耻地说，"劣等的管辖区"只能继续保持劣等。[16]

大英帝国在印度的殖民地是商人缔造的，它本质上仍然是一家企业，必须以营利为目的，并随着市场的沉浮兴衰而做出

---

① 奥德王国为印度的邦国之一，地理位置在今天印度的北方邦和尼泊尔的一小片地区。"奥德"这个名字源于古城阿约提亚。根据印度教神话，阿约提亚是大神罗摩的诞生地。奥德王国的统治者为穆斯林，绝大部分臣民为印度教徒。其首都起初为法扎巴德，后改为勒克瑙。本书会详细讲奥德王国如何被英国一步步吞并。

调整。在漂亮肩章和马具的悦耳叮咚背后，在政府大楼①的招待会和舞会背后，是伦敦金融城冷酷无情的算计。所以要说某一位总督或总司令比其他人更吝啬，实在是一种错觉。在康沃利斯勋爵时期，东印度公司就在削减开支；后来在巴洛临时担任印度总督期间（1805～1807）公司继续奉行紧缩政策；如今正式就任总督的明托勋爵同样大力紧缩开支。巴洛自己在马德拉斯也是这样干的。他没有正式得到印度总督的职位，但得到了一个安慰奖：他接替本廷克勋爵，成为马德拉斯管辖区总督。[17]

公司的紧缩政策不是短期的勒紧裤腰带，而是长期性的对帝国财政的约束。有没有可能在公平对待帝国的文武公职人员和/或印度农民的前提下平衡收支，同时还让股东获得不错的利润呢？帝国精英阶层的一些高瞻远瞩的成员，比如查尔斯·梅特卡夫和芒斯图尔特·埃尔芬斯通早在19世纪的最初十年就看到了现代历史学家所说的"帝国过度扩张"病症的一些症状。

从1807年年初（若不是更早的话）起，不满情绪开始在马德拉斯军官当中酝酿。[18]这些人必须忍受旱季的酷暑和夜间的警报，就像在韦洛尔时一样。他们能看到什么样的未来呢？

---

① 加尔各答的政府大楼（Raj Bhavan）于1803年在当时的印度总督理查德·韦尔斯利侯爵主持下建成。此前的印度总督官邸是从土著王公那里租借的，韦尔斯利侯爵认为应当建造自己的豪华官邸，以彰显帝国的权威。19世纪初的加尔各答被称为东方的圣彼得堡，是印度最富裕和优雅的殖民城市。1858年东印度公司解散、英属印度建立之后，加尔各答的政府大楼是印度副王的官邸。1911年印度首都迁往德里之后，这里又变成西孟加拉邦总督的官邸。加尔各答的政府大楼当初在设计的时候参考了寇松家族宅邸的风格，巧合的是，后来有一位寇松家族成员成为印度副王，就居住在这里。

越积越多的债务，遭受英王军官的蔑视，越来越渺茫的晋升希望，更不要说英年早逝、客死他乡的可能性了。此外，欲壑难填的伦敦还要采取更为严酷的财政紧缩措施。

在这种情况下，要想阻止灾祸发生，就需要卓越的领导。军官们需要的是一位睿智而循循善诱的总督和一位经验丰富、耐心十足的总司令，可这两样他们都没有。比乔治·巴洛爵士和海·麦克道尔中将更不适合互相合作，比他们更不适合管理麾下 1300 名军官的领导人，怕是找不到了。

马德拉斯军团的很多军官起初很喜欢巴洛。首先，他已经在印度干了一辈子。和很多军官一样，他十五岁就来到印度，担任文员，从卑微的出身（他父亲曾是科文特花园①的布商）节节攀升。他学会了多种土著语言，熟练掌握了复杂的税务系统，尤其是新近时髦起来的"利奥特瓦利"制度，即直接向农民征税，而不通过贪得无厌且腐败的中间人。他对奥德和比哈尔②了如指掌。他似乎正是大家需要的那种领导人。约翰·马尔科姆得知巴洛被任命到马德拉斯之后写道："他如同光明天使，降落到马德拉斯的英雄好汉当中。"[19]

但约翰·马尔科姆距离马德拉斯太远，不知道乔治爵士在加尔各答短暂担任印度总督期间变得有多么不得人心。威尔逊

---

① 科文特花园是英国伦敦西区的一个地区，位于圣马丁巷与德鲁里巷之间。区内的皇家歌剧院与小商店是科文特花园的一大特色。而位于东侧的河岸街保存着众多 17 至 18 世纪的建筑物。对很多音乐人而言，皇家歌剧院几乎是科文特花园的同义词。科文特花园本来是威斯敏斯特教堂修道院的所在地，在 16 世纪宗教改革时修道院领地被王室没收。后来该地成为果菜市场，往后三百年，科文特花园一直是伦敦居民买卖鲜果的地方。随着西区都市化，该地成了集合菜市场与购物商场的商业中心，这里的露天摊贩是一大特色。

② 比哈尔地区在印度东北部，今天是一个邦，传说是佛教的起源地。

少校在《马德拉斯军团史》中评价别人的时候一般都比较客气，但说到巴洛，就控制不住自己了：

> 乔治·巴洛爵士在代行总督职务期间不仅没有得到与自己的地位相称的景仰和尊重，还让大家都对他厌恶至极，因为他在办公的时候专横跋扈，在私生活中冷酷而令人憎恨。[20]

换句话说，他既让人瞧不起，又是个喜欢执行严酷纪律的人。当时的大多数观察者认为，正是巴洛把马德拉斯变得"在私事方面，前所未有地凄凉；在公事方面，无与伦比地岌岌可危"。

海·麦克道尔担任马德拉斯军团的总司令，他和乔治爵士一样是个糟糕人选，但糟糕的路数不一样：麦克道尔莽撞暴躁，而巴洛冰冷生硬；麦克道尔虚荣易怒，而巴洛是丧失人性的机器人一般的官僚；麦克道尔咄咄逼人，生性好斗，就像热刺①，而巴洛像威德默普尔②。要想了解麦克道尔是什么样的人，只需看看雷伯恩③为他创作的全身肖像。[21] 再没有比这更

---

① 热刺即亨利·珀西爵士（1364～1403），第一代诺森伯兰伯爵亨利·珀西的长子，当时的英格兰名将，在与苏格兰的战争中屡建奇功，脾气火暴急躁。珀西家族支持博林布罗克的亨利篡位，帮助他登基成为亨利四世国王。但后来他们又起兵反叛亨利四世，亨利·珀西爵士阵亡。他是莎士比亚名剧《亨利四世》的主要人物之一。
② 肯尼斯·威德默普尔是英国小说家安东尼·鲍威尔（1905～2000）的十二卷长篇小说《时光音乐之舞》中的人物，出身中产阶级，勤奋、野心勃勃而坚持不懈地钻营，打入了统治阶级内部。
③ 亨利·雷伯恩爵士（1756～1823）是苏格兰的著名肖像画家，曾为英王乔治四世画像。他生命的大部分时间都在苏格兰度过。

精彩的恢宏风格的大型肖像了。

军官们原本就满肚子牢骚，又偏偏遇上火上浇油的改革。第一场改革是所谓的集市税被废除。据说，自古以来（其实也就是从一二十年前开始），在印度全境，指挥各地区和兵站的军官就有权从兵站周边的集市（大家都在那里购物）出售的货物里抽成。这是弥补低微的薪水的好办法。

董事会现在宣布，军官的这种抽成违反了军规，"并显然容易让士兵对军官产生不满情绪，觉得他们被抽走的金钱都流入了军官的腰包"。更糟糕的是，"从军队集市里获得的抽成的多少，主要取决于向士兵兜售的酒的数量"。[22]也就是说，军官不仅剥削可怜的印度兵及其家属，还鼓励他们喝酒。这让董事会特别震惊和愤怒，因为强势的传教倾向正在董事会中扎根。

这道清教徒式禁令的始作俑者并非乔治·巴洛爵士本人。是伦敦向全部三个管辖区发了命令，同时适用于英王军官和东印度公司军官。1807年7月，集市税被废除了。

致力于收紧开支的改革家要整顿的下一个骗局，是所谓的"帐篷契约"。这是约翰·克拉多克爵士留下的烂摊子，他看到军中任何现有的习惯，都想要加以改革。在原有制度（施行了仅仅五年，从1802年开始）下，一个团的团长负责掌握全团作战需要的所有装备和资源：帐篷、大车、牛、赶牛人和劳工等。[23]

团长从上级领到的经费是固定的。无论在和平时期还是战时，一共就这么多钱。在和平无事的时期，团长有可能侵吞经费中的相当大一部分。而在任何时期，团长都会受到诱惑，去精简官兵的福利，将剩余的钱塞进自己的腰包。

军需官门罗上校在 1807 年 6 月给克拉多克的报告中建议废除"帐篷契约"制度。克拉多克同意废除。马德拉斯政府和加尔各答的中央政府也主张废除。于是,差不多一年之后(这种事情总是进展很慢)的 1808 年 5 月,"帐篷契约"制度也被废除了。[24]克拉多克在前一年 9 月已被调走,所以不能在现场观看自己计划的落实了。

现在海·麦克道尔已经到任,他暴跳如雷。点燃他怒火的不是军官福利的问题,而是他自己的薪水和额外收入的问题。他为了这些事情发火,也符合他的性格特点。前任总司令凭借自己的职位在总督的议事会①上占有一席之地,并因此拥有一笔丰厚的津贴。但之前本廷克勋爵被克拉多克的残暴手段和奸诈行为搞得十分恼火,因为正是克拉多克造成了韦洛尔的兵变,害得本廷克自己也被连累。本廷克相信总司令作为武官,应当更明确地服从于文官的权力(在英格兰就是这样),于是请求董事会削减军人在印度的过度权力。结果是,公司取消了总司令自动获得总督议事会席位的权利。[25]

麦克道尔在接任总司令的时候,并不知道自己是第一个没有总督议事会席位,也没有相应津贴的总司令。他得知此事之后,气得简直要中风。他起初说,如果不给他这个席位和津

---

① 从 1773 年开始,东印度公司董事会选举四人组成一个议事会,辅佐总督,称为"孟加拉最高议事会",总督为第五名成员。该议事会的决议对总督有约束力,曾弹劾第一任总督沃伦·黑斯廷斯。后来议事会的权力变小,总督的权力变大。1833 年,该议事会改称"印度议事会",在印度事务方面的权力仅次于公司董事会和英国王室。1858 年,统治印度的权力从东印度公司转移到英国政府,于是在伦敦成立了新的政府机构"印度事务部",由级别相当于内阁大臣的印度事务大臣负责,而辅佐他的议事会被称为"印度总督议事会",也叫"印度议事会"。

贴，他就辞职；然后，他说要回英国亲自申诉；最后，他写了一封信。一般要花六个月时间信才能送到董事会。董事会认定这样对待麦克道尔不妥，于是在 1808 年 11 月写信给明托勋爵，指示他恢复麦克道尔将军的席位。

但董事会的指示还没有送到马德拉斯的时候，海·麦克道尔就已经在怒气冲冲地横冲直撞了。在整个马德拉斯军团，他很快吸引到了一大群暴跳如雷、大吵大嚷的支持者，一起反对他所谓的"这些令人作呕的新政"。[26] 1808 年圣诞前夜，他在默苏利珀德姆检阅了马德拉斯欧洲团。他告诉军官们，他们在偏远的兵站吃苦，遭到上峰的忽视和冷遇；他们被丢在荒野里发霉发烂，这都是政府的错。[27] 1809 年 1 月，他向董事会转发了军官们的请愿书，其中抱怨"军队不可剥夺的权利"遭到了侵犯。令人难以置信的是，他还赞扬董事会"深思熟虑的克制"。1 月 15 日，他又给董事会写了辞去总司令职务的辞呈，宣称自己"不能驯顺地眼睁睁看着这崇高的位置在我这里遭到羞辱。这样不寻常的错误剥夺了总司令在议事会的席位，如果我不反抗这样的错误，就不能对军队负责了"。

随后他乘船前往英格兰，打算向四面八方发出训斥和抗议。巴洛试图让麦克道尔乘坐的"简·邓达斯夫人"号返回，以便撤他的职。此时"简·邓达斯夫人"号所在的船队还在视线之内，没有离开海湾。要塞鸣炮，但船上的人要么没听见，要么没理解。巴洛更加恼怒，宣布尽管海·麦克道尔已经起航，但还没有正式辞职，而自己要开除麦克道尔。

对巴洛最后这一轮愤怒的炮击，海·麦克道尔注定不会有机会回复了。因为"简·邓达斯夫人"号和另外三艘属于东印度公司的舰船于七周后在桌湾①的一场风暴中失事沉没，无人生还。海·麦克道尔的怒火终于熄灭了。他的肖像被悬挂在开普敦画廊，距离他遭遇海难、埋骨深渊的地方不远。这是个奇怪的巧合。

乔治爵士没有停下来去考虑自己的不共戴天之敌已经消失，所以他现在或许可以着手修复与军方的关系，反而气哼哼地想寻找别的替罪羊来处罚。托马斯·伯尔斯少校是人事副主管。麦克道尔启程的文书上有他的签名，但这只是走流程，因为所有类似的文书都必须经过人事主管。伯尔斯的上级卡珀上校已经去欧洲了。他也乘坐"简·邓达斯夫人"号，葬身大海。巴洛勒令伯尔斯与卡珀暂时停职。这实在太不公平了。大家的印象是，巴洛在和整个马德拉斯军团作对，他的这个决定实在是弥天大错。[28]

伯尔斯少校抗议说自己并没有犯任何错误，并拒绝道歉，这也不足为奇。没过多久，一份新的请愿书就在各兵站流传，这一次是发给加尔各答的总督的，要求将巴洛撤职。

这份请愿书是敲诈。这不只是抗议，还是最后通牒。但巴洛还有最后一个机会来避免暴风骤雨。这份请愿书实际上传播并不广泛，他完全可以假装自己从来没有读到过。但他被深深地激怒了，必须要找人来给下马威。1809 年 5 月 1 日，他将六七名上校和另外六七名少校与上尉暂时停职，或干脆撤职。[29]

巴洛原本可以选择抚慰或无视马德拉斯军团的军官们，却偏偏更进一步地挑衅和刺激他们，于是军官们发动了公开

---

① 桌湾是今天南非开普敦附近面向大西洋的一个海湾，得名自附近的桌山，距离好望角不远。

反叛。他们不是在一夜之间突然发难的。三年来，他们的请愿书被压制，他们的冤情被否认、被激化，敢于抗议的军官被撤职，最后他们的总司令还被激怒得愤然出走，最后葬身海底。

在马德拉斯军团各土著团驻扎的几乎所有驻军地点和兵站，叛乱如星火燎原：从东北方的默苏利珀德姆、撒穆尔考塔和埃卢鲁，扩散到南方的坦贾武尔、奎隆和科钦，再到东海岸的马德拉斯和西海岸的果阿；从中部的塞林伽巴丹和齐特尔德鲁格，扩散到马德拉斯管辖区边境之外的海德拉巴。在海德拉巴境内，东印度公司在贾尔纳和海德拉巴城驻扎了所谓的"辅助"军队，名义上是为尼查姆①效力。英王军队没有参与叛乱，不过很多军官对叛军表示同情。但是，东印度公司的欧洲人组成的各团加入了叛乱。

叛乱从马德拉斯第1师的一个欧洲团内部爆发，该团驻扎在默苏利珀德姆。海·麦克道尔圣诞前夜慷慨激昂的演讲就是对这些人发表的。他告诉他们，政府把他们丢弃在这个穷乡僻壤里发烂。[30]麦克道尔的话显然产生了很大影响。当地的新任指挥官收到了警报，要他提防出乱子。众所周知，该团团长詹姆斯·英尼斯上校颇为愚笨，他吹毛求疵地要"在每一个词语、每一个姿态里捕捉叛乱的迹象"。[31]他于到任的第一晚（5月7日）应邀去军官食堂用餐，有好几个陌生人在场。饭后大家照例祝酒。一个名叫福布斯的中尉提议向"军队之友"

---

① 尼查姆为海德拉巴王国君主的头衔。历代尼查姆从1724年开始统治这个王国。尼查姆及统治阶级为穆斯林，民众以印度教徒为主。尼查姆大力赞助文学、艺术、建筑和文化。1948年，海德拉巴被印度吞并，尼查姆被废黜。

祝酒，军需官梅特兰中尉附和他。英尼斯嗅到了反叛的气息。"军队之友"是否指的是"政府之敌"，尤其是"乔治·巴洛爵士之敌"？他反对这样的祝酒词。大家可不可以改为向"马德拉斯军团"祝酒呢？大家拒绝了。上校怒气冲冲地走出了食堂。他关上门之后，听见室内充满了挑衅意味的"军队之友"祝酒声，随后是响亮而长时间的欢呼。很自然地，他觉得这是军官们在刻意向他本人示威。[32] 英尼斯后来发现，这种犯上作乱的祝酒在当夜居然有九轮，说明大家都已经醉醺醺了。[33]

次日，局势恶化。英尼斯唤来那两名中尉，命令他们为自己的行为道歉。他俩都拒绝了。上校将此事上报。上级于5月17日发布了命令，但5月22日命令才送达（可见默苏利珀德姆是多么的偏远）：免去梅特兰的军需官职位，将福布斯送往因瘟疫肆虐而臭名昭著的康达皮里，它距离默苏利珀德姆54英里，没有一个欧洲人；如果这两人再有不合规矩的行为，就将被送上军事法庭。[34]

这还不算完。偏偏在这时候，马德拉斯的海军指挥官德鲁里将军的海岸部队缺少欧洲官兵。根据最新的规定，除非发生紧急情况，不然不得抽调英王的陆军士兵去填补海军的空缺，而此时显然不是紧急情况。于是政府要求第1马德拉斯欧洲团提供德鲁里需要的人员：100名士兵、3名军官。默苏利珀德姆的官兵都不愿意去，因为在海上服役比在陆地上更危险，也更不卫生。

海军的巡航舰已经出现在海岸，来接走需要的人员。6月2日，上峰发布了新的命令，指示倒霉的梅特兰登船，担任这些心不甘情不愿的海军新兵的指挥官；另外，还指示福布斯准备好被调往海峡殖民地①的槟榔屿，那里的条件比康达皮里更恶劣，也更偏僻。[35]这是对梅特兰与福布斯两人的公报私仇，也是对默苏利珀德姆军官的集体打压。在一些较为偏执的军官看来，这个阴森森的序曲暗示上峰很可能要解散他们的团。

不管出于什么动机，军官们团结了起来。收到上述可憎命令的第二天，他们就组成了一个委员会，用武力阻止被调入海军的人员登船。这时又传来新的命令，要求提供更多的海军步兵（从中可以看出，在英国殖民印度的历史上，英国长期缺乏欧洲人员，这种绝望的情势将一次又一次重演）。默苏利珀德姆军官料想的最坏情况似乎得到了证实。

6月24日，令人畏惧的海军舰船到了，是一艘巡航舰和一艘单桅纵帆船。一群军官去见英尼斯，哀求他暂缓让官兵登船，等待他们将抗议书呈送到司令部。英尼斯一口回绝。他还告诉他们，他打算请巡航舰的舰长派兵上岸，帮他将士兵押送上船。他还打算动用炮兵和驻扎在默苏利珀德姆的属于英王的第59步兵团来强迫他们登船；如果他们不肯主动上船，就用刺刀逼他们上去。

次日下午1点，他命令副官警告不肯离去的海军步兵，他们必须在下午6点登船。兵营内乱作一团。下午3点，第19土著步兵团第1营的约瑟夫·斯托里少校（衔级仅次于英尼斯上校）率领一群军官来到英尼斯的住处，要求他撤销命令。英尼斯再次拒绝。

---

① 海峡殖民地是1826年英国在东南亚建立的一系列殖民地，起初由东印度公司控制，后来由英国王室直接控制。其范围包括马六甲、槟城、新加坡、曼绒等地。1946年解散。

"除非您让步，长官，"斯托里说，"否则我将不得不逮捕您，这是为了驻军的安全考虑。"

"你要逮捕我？"英尼斯吼道，"我可以把你，把驻军全体军官都逮捕！"

他当然做不到。大家都支持斯托里。英尼斯被武装警卫监禁在他自己的房子中。登船命令被撤销。斯托里少校写信给马德拉斯，解释自己的行动。他还给其他驻军地的心怀不满的军官们发了急信，恳求他们支持。约瑟夫·斯托里是第一个白人反叛者。

默苏利珀德姆的军官组建了一个委员会。马德拉斯军团大多数兵站的军官如法炮制。这些委员会现在开始宣誓互相支援，支持同袍兄弟到最后一滴血。在塞康德拉巴德、贾尔纳和埃卢鲁，军官们迅速拟定计划，率军去支援默苏利珀德姆军官，以防他们遭到政府军攻击。[36]

这些军官委员会是新鲜事物，令当局大为惊恐。这些委员会是兄弟会，大家互相平等，而不是通常的垂直性的自上而下发号施令的军事链条。有的委员会里大家轮流担任领导人，以防止出现任何等级制。忧心忡忡的政府人士察觉到，这些委员会与18世纪90年代斯比特海德和诺尔兵变期间水兵组建的委员会很类似。[37]在迈索尔指挥忠于政府的部队的亨利·戴维斯上校将这些委员会比作法国大革命期间的公共安全委员会①。[38]据说这些军官委员会还效仿了英国国内的颠

---

① 公共安全委员会是1793~1794年法国革命党"恐怖统治"期间事实上的法国政府执行机构。1794年7月，雅各宾党领导人、恐怖统治的主要实施者罗伯斯庇尔被处决，这就是所谓的热月政变，公共安全委员会的权力随之减弱，1795年被解散。

覆组织"伦敦通讯社"①，后者的一些成员已经被捕并以叛国罪受审。[39]

这种令人畏惧的组织高声疾呼要索取"我们作为军人与生俱来的权利"，颠覆了一切纪律。他们只会互相怂恿，发动更极端的叛乱。6月15日，约翰·马尔科姆写信给司令部称："很难向镇静而理性的人解释军队的当前状况。军中所有体面的人物似乎都在容忍一群疯疯癫癫的小子兴风作浪。"[40]显然，必须派遣一位有地位的高级军官去默苏利珀德姆处置有关事务。约翰·马尔科姆上校是一位勇敢而和蔼可亲的军人，对所有人都温和客气，经验极其丰富，因为他十四岁就从苏格兰来到印度，十五岁时就开始指挥土著军队。他早就发出警示说公司的军官处境很艰难，并且日子越来越难过。他与各级别的军官都有广泛通信。如果说有人清楚究竟发生了什么事，那一定是约翰·马尔科姆，并且他碰巧就在马德拉斯。

7月1日，也就是英尼斯被囚禁的令人不安的消息抵达司令部的当天，乔治·巴洛爵士将马尔科姆传唤到他位于马德拉斯风景宜人的郊区的花园洋房。两人达成一致，马尔科姆将于次日起航。[41]7月4日，他在默苏利珀德姆上岸，发现当地驻军"处于大胆而公开的叛乱状态"。他尝试与他们说理。他们翻来覆去地说的是一样的话：除非冤情得到昭雪，不然他们不

---

① 伦敦通讯社是以伦敦为基地的一个激进政治组织，1792年由鞋匠托马斯·哈代（注意不是小说家哈代）建立，成员主要是手工艺人、商贩和商店主。宗旨为通过非暴力手段改革英国政治体制，实现全民普选和每年定期召开议会。该组织在巅峰时期的正式会员有3000人。当时的英国政府害怕伦敦通讯社是受到法国大革命影响的激进组织，因此坚决镇压它，并审判其主要成员，指控他们企图暗杀国王。不过由于证据不足，被告都被无罪释放。1799年，英国议会正式禁止了伦敦通讯社。

会恢复对公司的忠诚。四个小时之后，马尔科姆还在哀求他们不要就这样自毁。他们唯一肯做的让步是，出于对他的尊敬，他们会延迟向海德拉巴的进军，因为"在印度的所有高级军官当中，只有他一人是他们愿意放入驻军基地的"。

当夜马尔科姆另外取得的成绩只有一项，即命令解散可怜的英尼斯屋外的哨兵，也就是说将英尼斯释放出来。[42]

随后，在军官食堂用餐对马尔科姆来说是一场磨难。又是一场大聚会，有好几个陌生人在场。饭后又是祝酒，包括向"军队之友"的祝酒，一共祝了九轮。马尔科姆和以往一样致力于和解，说他相信祝酒的对象一定包括在印度和英格兰的绝大多数人，所以他很高兴一饮而尽。

但他还没有脱离险境。桌边的一些军官开始唱一首水手歌谣，没有人说得清具体是哪首歌，但歌词里不断提到"共同的事业"。因为饮酒而满面红光的年轻军官们听到这个短语，坚持要求所有人起立，为"共同的事业"祝酒。马尔科姆一时间有些困惑。所有人都听得出来这个短语的叛乱意味。但在几乎无法察觉的停顿之后，他站起身来，斟满酒，用响亮的男低音给祝酒词做了补充："我们祖国的共同事业。"所有人都热情洋溢地饮尽这一杯，马尔科姆准备就寝，大家热情地为他的健康喝了九杯酒。他在当夜的日记中写道："我一生中最焦虑的一天就这样结束了。"[43]

次日，他向斯托里少校和其他军官苦苦哀求：

> 等政府不得不宣布你们是叛贼的时候，你们的战友都会背弃你们。看看吧，你们的资源是多么的匮乏，你们的计划是多么的凌乱。即便你们的兵力再翻一番，你们已经

打碎了纪律的链条，你们被委员会指挥，每个人都相信自
己有权质疑上级的权威，在这种情况下，你们还有办法对
抗有组织的军队吗？

他除了用理性劝导他们，还诉诸他们的情感："我从十二
岁起就在这支军队服役，我对同袍军官非常尊重。我愿意献出
自己的生命，促使你们不幸的争端得到妥善解决。但不管出于
什么原因，你们如果要起来反叛自己的国王和祖国，那么我一
定会站在你们的对立面。至于你们的最后通牒，"他最后拍了
拍桌上的纸（是从海德拉巴发来的），说道，"我向上帝宣布，
如果政府会屈从于如此可耻的要求，那么我不肯为这样的政府
效力哪怕一个钟头。"[44]

这是一场精彩绝伦的表演。在印度的英国军官当中，激动
起来的约翰·马尔科姆是第一雄辩家。但是，军官们不为所
动。他们表示，如果他不能给他们任何担保（他的确给不
了），那么他们就不再承认他的权威。他顶多只能算争取到了
一点时间。他写信给乔治爵士，敦促后者与叛军和解、恢复其
地位并实施大赦。

不过，巴洛现在改了主意。或者说他一直固执己见，但之
前与马尔科姆的两次谈话中他都没有透露自己的想法，而如今
明确表达出来了。他于 7 月 12 日回信给马尔科姆，说自己不
相信宽恕与和解会有用。他一直觉得马尔科姆对叛军如此宽厚
是错误的。

这要么是莫大的误会，要么是巴洛故意欺骗马尔科姆。宅
心仁厚、过于轻信的马尔科姆简直不敢相信巴洛的话。他觉
得，如果自己能再次与巴洛面谈，告诉他默苏利珀德姆的局势

有多危险，其他兵站的朋友也写信来解释那里的局势有多严重，那么巴洛一定能恢复理智。于是，马尔科姆在 7 月 22 日再次登上轿子，前往马德拉斯，并于四天后抵达。他立刻发觉自己受到了冷遇。在印度没有比乔治·巴洛爵士更冷若冰霜的人了，他不再理睬马尔科姆上校。

在马尔科姆返回马德拉斯的同一天，巴洛展示出了他将如何处置局势。他坚信，让军队恢复理智的唯一办法就是让所有欧洲军官签署效忠宣言书。以下是他于 7 月 26 日发布的效忠宣言书的文本。

> 我们，本文件之签署人，东印度公司的军官，以我们身为英国军官的荣誉，庄严声明如下：我们将服从圣乔治堡议事会总督之命令，支持他的权威，因为我们的军官委任状来自该政府。[45]

这种忠诚度测试起初是一次丢人现眼的失败。1300 名军官中只有 150 人同意签字，从这可以看出叛乱的规模之大。但忠诚度测试的惩罚还在后头。每一名拒绝签字的军官都将被调到一个他自己选择的海岸兵站，在那里生活，直到政府愿意重新雇用他。巴洛的论断是，只要将军官与士兵分隔开，叛乱之火就会自然而然地熄灭。随便军官们怎样高谈阔论，真正提供战斗力的是印度兵，而印度兵对这场斗争没兴趣。

从这时起，各个兵站的情况大不相同。在有的兵站里，反叛军官温顺地同意离开自己的部下并转移到海岸，有的是被英王的士兵武装押解去的，有的则是自己乖乖去的。马德拉斯城就发生了这样的事情。集合在赛马场上的几乎所有土著步兵团与骑兵团的军官都拒绝签字，但同意去海岸。[46]

在其他兵站，比如海德拉巴，反叛者不是乖乖离去的。马尔科姆第一次动身前往默苏利珀德姆的两天后，巴洛命令驻扎在海德拉巴的一个营转移到果阿。他的目的是将印度兵分开从而削弱反叛者。[47]这道命令引发了公开的反抗。7月21日，海德拉巴的反叛委员会向当地指挥官芒特雷索上校发送了最后通牒，要求恢复所有被停职或开除的军官的职位，审判英尼斯上校，开除巴洛幕僚中所有影响他决策的军官，并实施全面大赦。[48]

结果他们得到的却是忠诚度测试。并且，为了劝服他们签字，政府还派来了巴里·克洛斯。如果有第二名作战军官像约翰·马尔科姆一样受爱戴，那么此人就是巴里·克洛斯。但是，尽管他威望极高，他在海德拉巴取得的成绩却不比马尔科姆在默苏利珀德姆更多。他的运气甚至更糟，因为当他来到塞康德拉巴德（就在海德拉巴城外，今天这两座城市是毗邻的）大兵站的操练场上，准备劝说第16土著步兵团签署忠诚宣言时，发现士兵们一听他开始宣讲，就着手装填子弹、准备射击。他赶紧离开操练场，径直去了芒特雷索上校的房子，放弃了指挥权。次日，反叛军官的委员会给克洛斯发去一封信，居然指控他的行为"破坏了他们急于维持的纪律"，并指示他"在今天之内离开本地，免得我们采取不愉快的措施"。此前从来没有这样一位勇敢的军官如此狼狈地撤退。巴洛麾下的间谍截获的书信表明，若不是克洛斯匆匆逃跑，第16团的官兵完全可能逮捕他，可能还会向他开枪。[49]

比较坚定的叛军在囚禁自己的团长并将其逐出兵站之后，采取的下一步行动就是开拔，与其他的反叛驻军会合。为了维持印度兵的忠诚，他们需要为其提供金钱和口粮。于是，在许多兵站，反叛军官开始了武装抢劫。他们奔向最近的金库，制服警卫，砸碎钱箱，将里面的钱抢走。帕特森上尉率领他的士兵离开撒穆尔考塔，洗劫了10英里之外卡基纳达的金库，从一名浑身筛糠的出纳员那里抢走342539卢比。另外，他们在与默苏利珀德姆叛军会合的途中经过拉贾赫穆恩德尔伊，帕特森占领了当地邮局，抢走了邮件。在奇卡科尔①，第25团第1营（就是先前在韦洛尔反叛的那个营的残部）抢劫了自己指挥部的金库，另一支部队则到维沙卡帕特南抢走了那里的55万卢比。[50]

埃卢鲁是一个相当大的兵站，位于默苏利珀德姆以北。上峰对埃卢鲁驻军的忠诚度存疑已经有一段时间了。第24土著步兵团第1营就驻扎在这里。这就是约翰·洛所在的团，它在韦洛尔叛乱之后蒙羞并被解散，后来换了番号重建。罗伯特·弗莱彻中校接管该营之后的首要任务是，确定他属下的军官是否像报告里说的那样心怀不满。他们的确满腹怨气，每个人都是。只要给他们一点机会，他们就会率军离开兵营，投奔默苏利珀德姆的叛乱中心。弗莱彻开始按上峰建议的程序办事。如果英国军官拒绝签署忠诚宣言书（他们全都拒绝），他就打算将他们全部免职，然后借助土著军官来管理部队。他相信土著军官非常忠诚。

他的困难（其他地方的指挥官也有这样的困难）是如何将自己的计划告知土著军官，而不惊动欧洲军官。弗莱彻在这

---

① 奇卡科尔在印度独立之后的名字是斯里卡库拉姆，在印度东南沿海的安得拉邦。

方面的努力失败了。他传令需要经过土著副官，而此人当即将弗莱彻的计划告诉了欧洲副官。一瞬间，形势发生逆转。弗莱彻中校被逮捕并遭监禁。8月5日，詹姆斯·萨德勒上尉控制了弗莱彻，然后执掌了全团的指挥权。当夜，萨德勒给北方师的师长佩特将军发去一封信：

> 由于土著副官告诉了欧洲副官，弗莱彻中校的打算是，如果本营军官不服从他的命令，他就逮捕所有军官（少尉除外）并将他们押往默苏利珀德姆，于是我在诸位同袍的请求下，认为有必要将弗莱彻中校逮捕，以免发生不愉快。[51]

这些叛乱军官的言辞是多么的高调和傲慢啊。毕竟从弗莱彻中校和乔治·巴洛爵士的角度看，叛乱者才是"不愉快的情况"。

约翰·洛为东印度公司效力五十年，他就这样第一次，也是最后一次参加了造反。这是一个极不寻常、出乎意料的逾矩行为，除此之外他的军旅生涯"一尘不染"。他后来从来没有谈过此事。他的同袍对此也只字不提。关于1857年兵变留下了上百份私人记述，从下级军官到将军都有自己的故事要讲，就连他们的女眷也有自己的故事。时至今日，这些故事还不断发表，标题激动人心，比如《致命火力》和《勒克瑙的女士》。然而关于1809年白人兵变，却没有一份第一手记述。约翰·洛肯定没有留下只言片语。

这一切都已经令人如坐针毡了，但贾尔纳发生的事情最怪异、最令人精神紧张。贾尔纳在海德拉巴的老地盘内，位于马德拉斯管辖区最北端。在其他地方，要么是叛乱军官囚禁了忠于政府的团长，要么忠于政府的团长将叛乱军官孤立起来并将其送到海岸。只有在贾尔纳出现了第三种局面：团长亲自带领叛军向马德拉斯进发。

第8土著步兵团的约翰·多夫顿中校在向敌人冲锋的时候可谓勇冠三军，但与同袍军官打交道时，他常常犹豫不决，显得稀里糊涂。7月5日，他麾下的军官派了一个代表团从贝拉尔来见他，并带来了给总督的信，警告明托勋爵不要对默苏利珀德姆的反叛军官不利，否则后果将不堪设想。[52] 多夫顿该怎么办？他不敢尝试逮捕自己属下的全部军官，但他也不能乖乖辞职，任凭他们胡作非为。他选择了第三条道路，而他的选择似乎比前两个更怪异，对他本人也更危险。他打不赢他们，于是他加入了他们。他将亲自率领部队南下。他还更进一步：在操练场上，他亲自用土著语言向土著军官讲话，诚挚地敦促他们跟随欧洲军官造反。

8月14日，他们全都出动了，多夫顿亲自带队。他们行进了大约30英里，这时传来消息：塞康德拉巴德的叛军，也就是威胁巴里·克洛斯生命的那群人，已经投降并签署了忠诚宣言。或许克洛斯对他们的恳求终于奏效了。多夫顿踌躇了一夜，他最后的结论是，继续造反无异于自取灭亡，他们必须返回贾尔纳。大家服从了，并且为塞康德拉巴德的军官辜负了自己而满腔愤怒。多夫顿中校领导了叛军的行动，如今又率领了可耻的撤退，由此可以说他是个前怕狼后怕虎的人。

但多夫顿至少可以说，他指挥下没有发生流血冲突。而最后一个叛乱中心，也是最激情满怀且执拗顽固的叛乱中心，塞林伽巴丹，发生了流血事件。塞林伽巴丹要塞的指挥官、马德拉斯炮兵部队的约翰·贝尔中校无法为自己的行动做与多夫顿类似的辩护。贝尔和多夫顿一样左右为难。他是马德拉斯军团的人，深知同僚军官的苦楚，他想要避免流血，也想保住自己，但他的这两个希望哪个更优先就不好说了。

为了削弱塞林伽巴丹驻军，总司令下令将要塞下属的两支部队，炮兵和第 19 团第 2 营，调往班加罗尔①，那里有两个英王步兵团可以监视他们。塞林伽巴丹的"军官理事会"（他们这样自称）拒绝执行此命令，并发出了相反的命令：任何人不得离开要塞。这等于是造反。[53]

三天后，亨利·戴维斯前来让大家签署忠诚宣言，仿佛一名地区医官前来为大家分发救命的疫苗。他邀请军官们次日中午与他见面。结果没人来。两小时后，几名军官来到他的住处，问他是否奉命将他们与士兵分隔。他回答说没有，并恳求他们签字。他们一言不发，然后问可否将宣言书带走研究一下。之后又过了好长时间。这天下午酷热难当。戴维斯开始起草给马德拉斯的报告："我对自己当前（下午 2 点）的处境还不清楚，不知道自己算不算俘虏。"3 点 15 分，他接到了贝尔的命令，即不可以离开要塞；就是上轿子也没用，因为不会有人允许他出大门。戴维斯陷入僵局，丧失了行动自由。

下午 6 点 30 分，"公共安全委员会的一个代表团来找我，向我保证说，我被扣押完全是个错误，我房间门口的警卫只不过是荣誉警卫而已，如此云云"。[54] 从这话里我们简直可以听见戴维斯在啐唾沫，因为塞林伽巴丹的"军官理事会"的行

---

① 班加罗尔是今天印度南部德干高原上卡纳塔克邦的首府，为全国第三大城市。

为肯定更像罗伯斯庇尔，而不是东印度公司董事会。

整整一天，要塞的吊桥被升起，驻军荷枪实弹。贝尔发布了明确命令，若发现有成群武装人员出现在从班加罗尔和迈索尔来的路上或者企图过桥，就立刻开火。[55]为了除掉要塞内部潜在的反对派，贝尔将驻扎在要塞内的一小队英王部队送往班加罗尔。这与巴洛的意图，即削弱要塞内的土著部队，截然相反。贝尔还向指挥班加罗尔驻军的亚当森中尉发出了令人毛骨悚然的威胁，勒令他不要企图接近邻近的城镇迈索尔，因为"迈索尔几天之内将化为灰烬"。

简而言之，贝尔及其"军官理事会"实际上是单方面宣布独立了。他们公开地、不以为耻地叛变了。但贝尔已经签署了忠诚宣言，并且他是塞林伽巴丹军官当中唯一签字的。戴维斯上校问，那么你为什么不抛弃叛军，自己到迈索尔去？贝尔答道，只要在要塞内还有贡献可做，他就要留下。贝尔的下一个"贡献"是邀请齐特尔德鲁格的各叛乱土著团，共约1120名官兵，到塞林伽巴丹要塞与他会合。齐特尔德鲁格的部队热情洋溢地离开了兵营，开往塞林伽巴丹。

此时，英王第59团的塞缪尔·吉布斯中校登场了。如果印度有一位一线军官能和罗洛·吉莱斯皮媲美，那就是塞缪尔·吉布斯。他此时还不到四十岁，已经在加拿大、科西嘉岛、低地国家、西印度群岛和南非扬名立威，从这也可以看出英国当时卷入的是一场全球冲突。现在他奉巴洛之命去包围塞林伽巴丹。他拥有大量龙骑兵、普通骑兵、步兵和炮兵，而他的第一个目标是拦截齐特尔德鲁格的叛军。一旦这些人抵达塞林伽巴丹要塞，叛军的实力就会发生质的变化，那时就很难将叛军从要塞驱赶出去了。他派遣一队迈索尔骑兵在土著军官拉马·罗的指挥下去拦截齐特尔德鲁格的叛军。拉马·罗在距离迈索尔约30英里的地方赶上了齐特尔德鲁格叛军。双方进行了谈判，但没有结果。次日上午10点左右，迈索尔骑兵发动进攻，被轻松打退。但吉布斯听见了枪炮声，在11点派出了更强大的部队：一个连的龙骑兵和他自己的第59团的轻步兵。这些部队费了不少功夫去寻找敌人，经常跌跌撞撞地落入当地很常见的深沟。第59团的一名军官奉命举着白旗前进。叛军要么是没看见白旗，要么是没理解它的意思。这名军官遭到射击，负了轻伤。吉布斯随后命令龙骑兵攻击从齐特尔德鲁格来的印度兵，这些印度兵吃了一惊，因为他们以为这些欧洲部队是友军。他们发现自己犯了错误之后，拔腿就跑，逃向要塞。龙骑兵追击上去，以他们一贯的凶残和高效砍杀印度兵。

官方的统计数字是9人死亡，281人失踪，但估计失踪者大部分都死了。比较实际的估计是有约300人死亡。英军伤亡甚微。

贝尔中校努力干预，帮助从齐特尔德鲁格过来的倒霉叛军，但徒劳无功。不过他站在哪一边是没有疑问的。贝尔手下的门罗中尉率领一支力量薄弱的队伍从要塞出击，攻击英军，但门罗及其部下刚刚遭到射击就逃回要塞了。贝尔还下令从城墙上猛烈炮击英军。但这只是迫使吉布斯将他的营地后撤到安全距离之外。吉布斯损失了四匹马，以及一个倒霉的割草工人。

随后双方进行了更多谈判，打出了更多的停战白旗，但和贾尔纳的情况一样，决定性因素是：消息传来，塞康德拉巴德叛军已经投降并签署了效忠宣言书，他们还建议塞林伽巴丹驻军也这么做。8月22日，贝尔向戴维斯寄去了要塞内全部54名东印度公司军官的签名效忠宣言书。他恳求不要解除印度兵的武装，因为这对军人来讲是奇耻大辱。但戴维斯无疑还因此前遭到的虐待而恼火，坚持要求印度兵缴械并无条件投降。

白人兵变就这样走到了可耻的结局。塞林伽巴丹的壕沟内躺着数百名印度兵的尸体，他们是被英军龙骑兵杀死的，尽管龙骑兵原本应当是他们的战友。在此次叛乱中，印度兵与东印度公司并没有任何争吵。他们的行军仅仅是在服从心怀不满的英国军官的命令。

印度兵完全有理由义愤填膺。在这场荒唐的闹剧中，印度兵是无形无声的大众。史料中基本没有他们的声音。只有一个例外。第24团第1营的詹姆斯·黑兹尔伍德少校奉命去埃卢鲁"安定他指挥下的部队的心灵，恢复他们的纪律"。他于8月20日报告称，所有在现场的和被派出的军官都签署了忠诚宣言。[56]但他还补充道，土著军官告诉他："他们不知道自己犯了什么错误；他们没有办法判断谁是真正合法的指挥官；按照服役的惯例，他们服从了那些由欧洲副官传达给他们的命令。"

让他们特别生气的是，弗莱彻中校在被捕的时候"提到了韦洛尔的不幸灾难，以此指责本营"。我们可以猜测，弗莱彻说的话大概是"你们这些混账土著军官狗改不了吃屎，曾经当过反贼，就一辈子是反贼"这样的意思。

黑兹尔伍德少校带着一丝洋洋自得地补充道："为了给弗莱彻中校辩护，我必须指出，上述指责是他在刚刚被捕、看到自己被部下背弃而情绪激动的情况下做出的。"[57]换句话说，就是他们推推搡搡地把他押进平房，并派警卫看守他的时候。[58]

不管怎么说，如果黑兹尔伍德少校的话值得信赖，那么约翰·洛也一定和其他下级军官一道签署了效忠宣言书，因为黑兹尔伍德明明白白地表示，他得到了"第 24 团第 1 营全体在场的军官和外派军官的签名"。全体。他还给出了名字："W. 斯通中尉、J. 麦金托什中尉、G. M. 斯图尔特中尉、G. 奥格尔维中尉、R. 詹金斯中尉和 E. 伯吉斯中尉。"[59]

并没有约翰·洛的名字。他没有和自己的部队一起在埃卢鲁，也不在该地区的任何地点。白人兵变爆发之初那些冲动莽撞、在军官食堂里互相煽动的年轻下级军官当中没有他，叛乱结束的时候他也不在现场。

他又一次避开了灾难。如果当初他在韦洛尔，他可能会惨遭谋杀。如果他在埃卢鲁，他很可能会遭到军法审判或开除。被开除是一种非常不愉快的命运：被革除军籍，在操练场上被撕掉肩章，佩剑被折断，失去为了自己的军职而抵押的所有金钱，最重要的是，还会失去自己的职业，为东印度公司辛勤工作的多年努力都付之东流。这是可怕的命运。

那么他究竟在哪里？他所在的团是不久前重建的。他服役时间很短，不可能获准回苏格兰休假。也许他生病了。几乎所有年轻的下级军官在印度服役期间，尤其是在印度南方，都至少会生一次病。看样子患病是可能性最大的解释。

我在翻阅约翰·洛差不多十年后写的书信时，偶然发现了一份文件。它实际上是求职信，附有个人简历。该信的时间是 1817 年 6 月 19 日，发信地点是班加罗尔，收信人是他未来的恩主——不是别人，正是约翰·马尔科姆，当时马尔科姆已经是准将。约翰·洛写道："自 1809 年年初起，我得到了克洛斯上校的推荐，去浦那①当土地测量员……"[60]

---

① 浦那城在今天的印度西部，按人口算为全国第九大城市。

原来如此。白人兵变发生的时候，约翰·洛在数百英里之外，忙着操作测链①和简易经纬仪，在为德干高原的道路、河流和山川绘图。英国人认为地图绘制工作非常关键，计划把庞大、难以管束的次大陆转化为可靠的地图。约翰·洛就是此项工作的一名学徒。并且，对他来说关键的是，浦那就在孟买以东几英里处。它位于马德拉斯管辖区之外，在那里或附近工作的人不会被要求签署效忠宣言书。在孟买军团的军官食堂里，大家对马德拉斯的叛乱军官抱有一定程度的同情。团长不在食堂用餐的晚上，大家也许会心领神会地为叛军祝一杯酒。但孟买军团的人没有参加反叛。

该如何处置那些参与叛乱的人呢？他们还在等待自己的命运裁决，还在海岸兵站里闲荡，还在满腹怨气，还在狂饮亚力酒，等待总督的决定。

直到9月11日，明托勋爵才在马德拉斯登陆。他早在7月就打算从加尔各答动身，但巴洛向他保证，骚乱在迅速平息。这表明乔治爵士对东印度公司军官的心态有多么无知。直到8月5日，明托勋爵对默苏利珀德姆兵变的消息大感惊恐，才乘船出海。在孟加拉湾，他乘的船遭遇恶劣天气，被风浪吹回，不远的路程花了一个多月才走完。[61]

我们不禁要假设，如果他早点到达现场，那么他那温和而讨人喜欢的脾气也许能抚慰马德拉斯军官。或许，如果不是那么匆忙，如果巴洛的立场不是那么咄咄逼人，叛乱最激烈的几个中心的局势就不会发展到那般田地。但当明托勋爵抵达的时

---

① 测链是1620年英国牧师和数学家埃德蒙·宫特发明的一种土地测量工具。

候，叛乱已经结束了，所以他能够扮演命运如此细心地为他安排的角色：解围之神。在希腊戏剧的末尾，解围之神就会从云端降落，轻而易举地解决凡人的错综复杂的争端。

他只能宣布大赦。这是无疑的。1300 名东印度公司军官起初有 1150 人拒绝签署效忠宣言书，所以当局只能选择遗忘。但为那些令整个南印度瘫痪的罪状和疯狂行为，必须有人付出代价，必须以儆效尤。

在不到两周之后，9 月 25 日，明托发布了命令，要求对三名军官，即约翰·多夫顿中校、约瑟夫·斯托里少校和约翰·贝尔中校施以军法审判；另外十八人则可以在军法审判和就地开除之间选择。马德拉斯军团的其他 1300 名军官，不管是忠诚的还是参加了叛乱的，都得到宽恕，恢复了原先的衔级和薪水。

单独挑出二十一名中校、少校和上尉来处罚是不公平的。在所有兵站，情况都是冲动鲁莽的年轻中尉和少尉们积极鼓动，怂恿不情愿的长官犯下叛乱罪行。例如，约翰·马尔科姆当即得出了观点，认为斯托里性格软弱，完全受到"脑子疯疯癫癫的青年们"的影响。不过，身为领导者，就是要领导部下，如果做不到的话，就必须为此负责。

在这整个不寻常的事件里，最不寻常的就是三场军法审判的判决结果。在三场审判中，总司令都要求判处死刑。这不足为奇。只要翻阅一下威廉·霍夫编纂的 1801～1821 年印度军事法庭的档案，就会发现，在叛乱罪和暴力侵犯军官罪的审判中，法庭常常要求死刑，并且也常常最终执行了死刑。[62]

但马德拉斯的反叛军官没有受到如此极端的刑罚。多夫顿被"完全地、光荣地无罪开释"，所有针对他的指控都被撤销。斯托里被判有罪，处罚是开除军籍，但董事会给总司令发了一封信，建议从宽处理。贝尔也被判有罪，处罚是开除军籍，并被宣布永远不适合在东印度公司担任军职。[63]

这些军法审判的陪审团包括九名属于土著步兵团的军官和九名属于英王军队的军官。他们明白无误地拒绝将自己的同袍判处死刑，对多夫顿干脆无罪开释。陪审团对黑皮肤叛乱者（如在韦洛尔）和白人兵变者所得待遇的如此天差地别似乎熟视无睹。

就连性情温和的明托勋爵也被激怒了。他给远在英格兰的妻子写信称，法庭的判决"过于宽大"。就算要宽大为怀，也得总督本人来宽大为怀呀。总司令高迪将军则为法庭的判决暴跳如雷。他要求陪审团重新考虑他们的"错误"判决。陪审团重新考虑了。他们觉得没有理由改变判决。叛乱平息了，但反叛的精神还在。

至于另外十八名罪犯或者说替罪羊，其中十四人选择不上法庭而被开除（其中六人起初选择上法庭，但后来改了主意）。只有三人，全都来自塞林伽巴丹，选择走法律程序。其中一名军官，即约翰·特纳上尉从塞林伽巴丹金库抢走 1.1 万宝塔币，还没来得及受审就于 10 月去世了。[64]

白人兵变还有一个出人意料的地方。的确，约翰·贝尔此后再也没有在东印度公司工作过。爱斯基尔上尉和麦金托什上尉（他们是从齐特尔德鲁格来的倒霉的土著部队的指挥官）也是这样。他们手上沾满了血。詹姆斯·帕特森上尉从卡基纳达的金库抢走了数万宝塔币，并在乡村肆虐、散播恐怖，他也再没有在东印度公司工作过。[65] 然而，另外十七名军官后来都恢复了在公司的职务，有的人恢复得较早，有的人等了一段时间。他们当中的大多数后来得到晋升，有的还攀升到高位。其中十三人获得中校衔及以上，这些人中有多达七人成为将军。詹姆斯·勒欣顿上尉曾与多夫顿中校一起从贾尔纳骑马去威吓马德拉斯，他之后不仅成为中将，还被任命为东印度公司董事。他后来更成为詹姆斯·勒欣顿爵士，三次担任公司董事长，更不要说以托利党议员的身份代表三个不同选区了。三十年后，约翰·洛以老友的身份写信给他，哀叹入侵阿富汗是个疯狂决策。[66]多夫顿后来也获得爵士勋位，凭借的是他在第三次也是最后一次讨伐马拉塔人的战争中充满英雄气概的指挥。[67]曾经犯上作乱的人后来获得这样的殊荣，实属罕见。"赏金"号舰长布莱上校后来成为新南威尔士总督，但他是兵变针对的对象。

约翰·洛的长官詹姆斯·萨德勒上尉曾傲慢地逮捕和监禁自己的团长，后来他也恢复了军职。他在针对马拉塔人的最后一战中阵亡。他若是活下去，说不定也能成为将军。

这些被剥夺军职的人在仅仅一两年后又恢复了旧职位并步步高升，这个令人惊叹的事实能帮助我们理解东印度公司及其军队后来发生的变化。军官们的一个主要抱怨是，最高级职位专属于英王军官，他们的晋升比公司军官快得多。董事会已经认可，这种怨言是有道理的。早在1807年6月12日的信里，董事会就已经强调了英王军官相较于公司军官得到优待和偏向是不公正的，"尤其是在某些情况下，公司军官更熟悉当地条件，更了解土著的风俗习惯和偏见，所以公司军官最适合"。[68]

这种批评不仅仅旨在两支军队之间确立公平。从这样的分析中可以看出，治理印度最明智的办法是借助东印度公司的军队的军官。这支军队不仅占到在印度的英军的绝大多数，而且英国人也是通过这些土著部队里的欧洲军官，与土著发生最亲近和最连续的接触。不能把公司军官视为完全受制于董事会和总督之心血来潮的帮工。必须让公司军官参与治理，让他们完全成为统治集团的一部分。于是，董事会驳回了"取消总司令自动获得议事会席位的权利"的指示。海·麦克道尔若是耐心一点，就能守得云开见月明。

在三年时间里，马德拉斯管辖区总督两次拒绝聆听军方的意见，首先是为了头巾和规章制度，现在是为了薪水和晋升。这导致1000名属于公司的官兵死在韦洛尔的操练场和塞林伽巴丹的壕沟里。就连利德贺街的商人也能琢磨出这是怎么回事。不能像乔治·巴洛爵士那样治理马德拉斯或印度的任何一个部分。经过漫长的争执和无休止的投票，乔治爵士被免职。先是本廷克和克拉多克，现在是麦克道尔和巴洛。公司在知人善任方面没有精彩的记录。

所以当董事会开始认真思考的时候，就发现马德拉斯军官的怨言并非不可理喻，也不是雅各宾党在造反。董事会起初是模糊地瞥见，后来是清楚地认识到，在印度的大英帝国就像之前的罗马帝国和奥斯曼帝国一样，说到底是个军事帝国，它的生存依赖于由帝国军官集团指挥的土著部队。明智的办法就是让这个军官集团参与治理，并向军官传授人道的、自由主义的原则。[69] 必须有专门的学校来培养帝国的公务员，于是公司建立了黑利伯里学校①

---

① 黑利伯里学校指的是1806年在英格兰赫特福德郡黑利伯里建立的东印度公司学院，专门为东印度公司培训文官。学生年龄为十六至十八岁，是将要在东印度公司框架内赴海外担任公务员的年轻绅士。课程包括政治经济学、历史、数学、自然哲学、古典学、法律、人文、外语（如阿拉伯语、乌尔都语、孟加拉语、梵语等）。1857年印度兵变之后，东印度公司被解散，黑利伯里学校也被关闭。1862年，该学校改为公学，1942年与帝国公务员学院合并。

和阿迪斯库姆学校①。

在随后四十多年里，印度出现了新气象：头发斑白的公司上校们逐渐获得政治权力。将整个青春奉献给野外宿营或者和印度兵一起驻守兵站的英国人，在土著宫廷担任军官和常驻代表并因此熟悉王公与纳瓦布们的魅力与弱点的英国人，将成为印度的新一代治理者，比如约翰·马尔科姆、巴里·克洛斯、托马斯·门罗、劳伦斯三兄弟（亨利、约翰和乔治）②、威

① 阿迪斯库姆学校指的是 1809 年在英格兰萨里郡阿迪斯库姆开办的一所军校，专门为东印度公司培养军官，与黑利伯里学校是姊妹学校。1858 年阿迪斯库姆学校被政府接管，改称皇家印度军事学院，1861 年解散。
② 劳伦斯三兄弟中，本书后文介绍亨利较多，这里对三兄弟都做个简介。他们的父亲为威灵顿公爵麾下军官，参加了 1799 年攻克迈索尔王国都城塞林伽巴丹的战役。
　　乔治·劳伦斯爵士（1804~1884），陆军中将。他参加过 1839 年的第一次英国-阿富汗战争，曾负责看押投降的军阀多斯特·穆罕默德。后来英军惨败，他保护英国妇孺撤退，一度成为阿富汗人的人质，因信守诺言得到阿富汗军阀的赏识，从而保住了性命。1848 年他在第二次英国-锡克战争中表现突出。1857 年 3 月，他接替弟弟亨利，成为拉杰普塔纳的常驻代表。1857 年兵变爆发后，他作为拉杰普塔纳的英军指挥官牢牢控制住了该地区，使得它没有加入兵变。他撰有回忆录《在印度四十三年》。
　　亨利·劳伦斯爵士（1806~1857），陆军准将和政治家。他参加了 1839 年远征阿富汗的"印度河军团"，1842 年随波洛克将军远征喀布尔。他作为总督哈丁勋爵的助手参加了第一次英国-锡克战争，亲身参加了著名的索布拉昂战役。第二次英国-锡克战争结束后，英国吞并旁遮普，亨利·劳伦斯成为旁遮普地区的实际统治者。他后来担任拉杰普塔纳的常驻代表和奥德常驻代表。在 1857 年兵变期间，他领导勒克瑙地区的英国人抵抗，自己负伤而死。
　　约翰·劳伦斯，第一代劳伦斯男爵（1811~1879），英国政治家，1864~1869 年担任印度副王。他主要是行政管理者和改革家，对旁遮普的发展有很大贡献。他阻止了 1857 年兵变向旁遮普蔓延。在担任总督期间，他奉行谨慎的政策，避免卷入阿富汗和波斯湾事务，并改善了印度人民受教育的条件。

廉·斯利曼、詹姆斯·乌特勒姆，以及约翰·洛。

看看版画和最早一批照片里他们鼎盛时期的形象吧。他们仪容邋遢，狂野，须发蓬乱。他们曾在野外宿营一千个夜晚，他们的面容被痢疾、疟疾和形形色色的昆虫传播疾病永久性地改变了。毫无疑问，他们曾多次与死亡擦肩而过。与 18 世纪那些建立帝国霸业的风流倜傥的贵族相比，与 20 世纪初那些治理帝国的油光水滑的官僚相比，他们是多么迥异。他们不仅仅治理印度，他们更是以生命体验了印度。

这些人不是浪漫主义者（尽管他们的业绩有的非常恢宏）。他们拥有不动声色的务实精神，对帝国霸业的局限性有清醒认识，并对自己的这种觉悟感到自豪。

他们通常出身中产阶级，是阿尔斯特或苏格兰低地农场主、牧师或商人的子弟。他们从十几岁就开始为东印度公司效力，获得晋升，成为营长，然后继续指挥部队；或者被调入政治部门，成为浦那、迈索尔、海德拉巴或勒克瑙土著宫廷的常驻代表，甚至能崛起成为孟买总督或旁遮普总督。其中，约翰·劳伦斯爵士最后成为印度副王。

主要是这些人，镇压了祸害农民的平达里马贼①、图基教徒②和武装土匪；是他们终结了寡妇自焚的习俗；是他们引进

① 平达里马贼是 18 世纪在印度中部兴起的土匪与雇佣兵武装，一度得到辛迪亚王朝、哈尔卡尔王朝等马拉塔王公政权的庇护和默许。1817～1818 年的第三次英国-马拉塔战争中，英军击溃了平达里马贼的势力。
② 图基教徒（Thuggee）是近代以前印度的一个职业强盗与谋杀犯的有组织帮派，前后活跃了数百年。图基教徒有穆斯林也有印度教徒，他们是一个秘密教派，崇拜时母（印度教中的时间女神、母亲女神等，形象可怖，伸长舌头，既能制造祸害也能造福），常欺骗、抢劫和勒死旅行者。该教派最终在英国殖民政府的打击下消亡。英文 thug（恶棍、暴徒）一词即源于此。

新品种农作物和新的农耕技术，努力（尽管往往以失败告终）让税赋变得更为公平和可承受。但除了这些改革之外，他们最主要的美德在于他们懂得凡事皆有界限，他们不愿意走极端。他们的努力一再被中断和受到骚扰，不是被印度人中断和骚扰，而是遭到从英国来统治印度人的无知而缺乏耐心的贵族的阻挠。这就是约翰·洛和他那一类人的故事。

他们治理的，仍然是一个白人统治黑皮肤人群的帝国。这个帝国依赖严酷、迅捷但极少恣意妄为的惩罚手段来维持太平。我们至少可以说，在随后的五十年里，对印度的治理不再像之前那样恶劣。从今天的角度回顾，这五十年中虽然还有很多小规模战争要打，还有很多小规模叛乱要镇压，但这个时代配得上"黄金太平年代"的称号。

后来这种平静被打破，是因为两鬓斑白的上校们已经得不到倾听，他们花了几十年才学到的教训已经被遗忘。

注释

[1] Wilson, iii, p. 264. 1766 年，孟加拉有 200 名军官反叛，原因是军官的双份津贴被取消。但罗伯特·克莱武以他一贯的坚定镇压了此次兵变。此次兵变虽然范围较广，但没有发生流血冲突（Mason, pp. 113 – 116）。1796 年孟加拉发生了另一次萌芽状态的兵变，但军官们三思之后放弃了。

[2] Mason, p. 190.

[3] Mason, ibid.

[4] Kaye, *Mutiny*, i, p. 184.

[5] East India Affairs（Madras Army）, 25 May 1810, hereafter HC – 1810.

[6] 关于这个主题，只有一部长篇专论：*The White Mutiny*, by Sir

Alexander Cardew（1929）。Cardew 是印度公务员体系的退休成员，曾任马德拉斯总督行政委员会成员。简而言之，他是政府的人，并且退休之后写了这本书仅仅是因为巴洛的后人西拉洛·巴洛爵士企图为他的祖先巴洛洗脱罪名。Cardew 这本书的叙述很有价值，但尽量避免深入研究反叛者的心态。读了这本书之后，读者仍然搞不清楚为什么那么多年轻人会突然选择走上造反的危险路途，毕竟造反很可能会让他们像韦洛尔兵变的领导人一样被枪决。

我注意到，近些年里只有美国的一些女性学者对马德拉斯军官兵变做了认真的研究（see Hathaway and Welsch）。似乎直到今天，也只有不受民族和性别影响的学者才能真正研究这个犯罪现场。

[7] 英国东印度公司的军队从 18 世纪 60 年代开始创建。法国人更早招募印度人为其服兵役，早在 1674 年就开始了。到 1739 年时，令人敬畏的杜布雷总督就按照欧洲方式训练了四五千个穆斯林士兵（Mason，p. 29）。与之相比，英国东印度公司在印度最早的部队是英王的官兵，他们受到邀请脱离英军，然后成为公司的军人。这种传统延续了将近一个世纪，直到 1857 年之后东印度公司被废除，这些军人又回到英王麾下（Mason，p. 31）。

[8] 印度兵开始为公司服役的时候，要庄严宣誓："我宣誓，只要我还领取公司的薪水和食用公司的盐，就忠诚地为公司服务，反对公司的一切敌人。"（Mason，p. 66.）

在他们的日常生活中，这些印度兵食用了公司的盐之后，就形成了一支在大多数情况下与他们的英国指挥官分隔开来的力量。他们有自己的土著军官和士官：军士（Jemadar）、军士长（Subedar）、中士（havildar）和下士（naigue）。他们用餐和住宿都与英国官兵分开，有自己的土著军事法庭。新命令和新规定由土著副官从欧洲副官那里接收，这是英国官兵和印度兵的一个关键接触点。起初，每个土著营只有几名欧洲军官，但随着越来越多年轻的少尉从英格兰来到印度并成为傲慢的中尉，土著军官开始感到自己的重要性在下降，他们的薪水和生活条件也越来越差。

[9] Mason，p. 190.

[10] Trevelyan，*Competition Wallah*，p. 12.

[11] 起初，英王军官的地位优先于所有同衔级的公司军官。一名刚刚得到晋升并新近抵达印度的英王军队上尉的地位高于公司军队的

上尉，即便后者当上尉已经十年了，并且在印度参加小规模战争的经验已经有二十五年。年轻而经验不足的英王军官很可能会带领比他经验丰富得多的公司官兵闯入敌人的埋伏圈，而久经沙场的公司官兵早就看穿了敌人的诡计（Mason pp. 188 – 9.）。

[12] Mason, p. 174.

[13] 就连伦敦的董事会也承认这种体制不公平，但马德拉斯政府没有努力去改革体制。董事会向本廷克勋爵指出，海德拉巴、浦那、迈索尔、马拉巴尔的那些比较好的职位都被英王军官占据，阿尔果德和韦洛尔这样的长期驻军地的指挥岗位也被英王军官占有。

[14] Mason, pp. 187 – 8.

[15] June 5, 1808. Kaye, Malcolm, i, p. 460.

[16] September 15, 1809. Wilson, iii, pp. 238 – 9.

[17] 梅特卡夫和马尔科姆这样的老印度通或许会抱怨"本届政府中显而易见的缩减开支的精神"（Cardew, p. 28）。但这些命令来自伦敦。巴肯直言不讳地告诉马尔科姆："你知道 G. 巴洛爵士的宏大目标就是减少开支；但国内给他的命令让他只能如此，别无他法。上峰明白无误地告诉他，必须采取措施；如果他不做，那么董事会就亲自来大裁大减。"（May 1, 1808, Kaye, Malcolm, i, p. 459.）

[18] Wilson, iii, p. 237.

[19] Kaye, *Malcolm*, i, pp. 394 – 5.

[20] Wilson, iii, p. 235.

[21] 该肖像有两个版本留存至今，其中一幅保存在南非开普敦的国家美术馆，另一幅在纽约州罗切斯特的纪念艺术馆。

[22] Wilson, iii, pp. 242 – 3.

[23] Cardew, pp. 43 – 4；Kaye, *Malcolm*, i, pp. 457 – 8；Wilson, iii, pp. 243 – 4.

[24] Wilson, iii, p. 244.

[25] Cameron, p. 253.

[26] 心怀不满的军官们的请愿书和抗议书开始传播。第一份抗议书在1806 年传播开，甚至送到了利德贺街。一年后出现了第二份抗议书，它被压制下去，但 1808 年 4 月又传播起来，内容大致没有变化。这份抗议书被送到巴洛手里，他将它发给麦克道尔。麦克道尔说，不管巴洛打算如何处置，他都会同意。但麦克道尔接着发

出了非同一般的警告。他说，很多人会觉得这份抗议书"徒劳而幼稚，不值一提"；但他相信，"不满的种子传播极广，军中几乎每个人都多多少少有些不满"。他列举了不满的原因：集市税和帐篷契约被废除，"从总司令到最年轻的少尉，所有军官的品格遭到践踏"（Cardew, pp. 40 - 1）。

麦克道尔在 5 月根据巴洛的命令压制了这份抗议书，但他向巴洛和他到访的每一个团、与他一同吃过饭的每一位军官都明确表示，他完全同情军官们。如约翰·马尔科姆所说，麦克道尔是在火药库里挥舞火把。

[27] Wilson, iii, p. 252; Cardew, p. 51.

[28] Cardew, pp. 63 - 4.

[29] Wilson, iii, p. 255.

[30] 这样描写默苏利珀德姆很不公平，因为它是英国在孟加拉的第一个贸易定居点。自英国人于 1759 年从法国人手中夺得默苏利珀德姆之后，它就一直是重要的港口和军事基地。

[31] Kaye, *Malcolm*, i, p. 464.

[32] Ibid. , pp. 463 - 5; Cardew, pp. 81 - 3; Wilson, iii, pp. 261 - 3.

[33] Innes to Adjutant - General, Fort St George, May 24 109, HC - 1810, IIC.

[34] Wilson, iii, p. 262.

[35] Cardew, pp. 82 - 3.

[36] Cardew, p. 85.

[37] Welsch, pp. 20 - 1.

[38] Davis to Falconar, July 30, 1809, HC - ! 810, IID, f7.

[39] Barclay, Secretary - General to Col Barry Close, July 26, 1809, HC - 1810, IIC, f43.

[40] John Malcolm, *Observations on the Disturbances in the Madras Army in 1809*.

[41] 马尔科姆相信自己理解了巴洛对他的期待。但就在起航之前，马尔科姆与巴洛的几名参谋军官大吵特吵起来，后者指责他对叛军过于仁慈，打算与叛军和解。这些参谋军官主张派遣一支英王军队去攻击和震慑叛军。马尔科姆冷静下来之后，觉得自己最好搞清楚乔治爵士对他的真正期望是什么。于是他回到巴洛的花园洋

房。据马尔科姆说,乔治爵士"在第二次与我会面时给了我明确的保证,让我放下心来"。乔治爵士让马尔科姆不要听那些参谋军官的话,并且乔治爵士"很满意,因为他看到他的政府的荣誉被托付给了我"(Kaye, Malcolm, i, p. 472)。乔治爵士对马尔科姆百般信任,甚至请他起草给海德拉巴 158 名军官的委员会的答复。该委员会刚刚给乔治爵士发了一份放肆的最后通牒,要求他撤销对所有哗变军官的处罚决定。马尔科姆写了一份备忘录,表现出对这些自欺欺人的军官的克制与和解姿态。后来面对默苏利珀德姆的哗变军官时,他表现出了同样的态度。乔治爵士批准了这份备忘录草稿,于是约翰·马尔科姆对自己的使命有了把握,乘船去执行任务。

[42] Kaye, Malcolm, i, p. 474.

[43] Ibid. , p. 475.

[44] HC - 1810, IIC, pp. 4 - 5.

[45] Wilson, iii, p. 258.

[46] 韦洛尔发生了同样的事情,没有一个人签字,但也没人抵制被送往海岸地带。南方的一些地方,如坦贾武尔和帕拉亚穆克泰,也是这样。在这些地方,令人敬畏的威尔金森上校派兵把较为凶暴和出言不逊的叛兵押走。北方所谓的"割让地区"(尼查姆割让给英国以换取保护的若干地区)的情形类似。

[47] 后来发现,巴洛并没有将约翰·马尔科姆起草的和解姿态的答复发出去(或许他一直就没打算发,也可能他在那些主张武力镇压的参谋军官影响下改了主意)。

[48] Wilson, iii, pp. 257 - 80.

[49] Cardew, pp. 233 - 6.

[50] Wilson, iii, pp. 268 - 70. 有的叛兵变成了拦路抢劫的强盗。塞林伽巴丹的哗变军官在手头缺钱的时候,就派一支队伍从要塞出去,拦截从"割让地区"来的运送 14 万卢比的队伍。与此同时,在要塞内,代理法官和行政长官詹姆斯·卡萨梅杰先生准备将政府公款送往迈索尔,那里比较安全。而要塞司令约翰·贝尔中校不准把钱送走。次日上午,第 15 土著步兵团的特纳上尉来到办公室,抢走了约 1.1 万宝塔币,并拒绝签发收据。这就是光天化日之下的抢劫。

[51] HC－1810，Ⅱ－E，p. 23. 不过，他们允许他于当晚（8月5日）离开兵站并前往马德拉斯。但他没有这么做，或者说没有立刻这么做。他非要在临走之前再制造一些麻烦，于是骑马在当地的各个前哨周围跑来跑去，带走了第24团第1营尽可能多的哨兵，共157人。叛兵厚着脸皮抱怨道："因为他发出假警报，全连面临很大危险，这也导致周边村民全都惊恐地逃离。"后来事实证明，罗伯特·弗莱彻在其他比较可疑的方面倒是颇有头脑。几年后，他还到了"北方地区"（Northern Ciruars），即马德拉斯管辖区最北端的一个地区，孟加拉湾就从那里开始延伸。他奉命去镇压当地的一些柴明达尔，后者负责为英国人收税，但经常惹是生非。

在边疆地带被遗忘的群山（遍地是密不透风的竹林，气候酷热，欧洲人在半个小时之内就能死于中暑）中，柴明达尔们成为大范围土地的统治者，享有相当高程度的独立性。他们实际上成了王公，也自称王公。

弗莱彻中校奉命率领马德拉斯军团的一支小部队从布拉赫马普尔出发，将可憎的古穆苏尔的柴明达尔押解到甘贾姆。英国行政长官查尔斯·伍德科克将审讯古穆苏尔的柴明达尔，此人的罪行包括谋杀自己的母亲，并毒刑拷打自己的姬妾。虽然总的来说英国人放任柴明达尔们恣意作恶，但前提条件是他们必须向英国人缴纳赋税并接受英国法庭的裁决。

弗莱彻的任务似乎很简单。但伍德科克开始收到弗莱彻的一些莫名其妙的信息。原来那个柴明达尔的母亲并没有死，因为弗莱彻手下一名中士向他指出了这个妇人，她穿着红裙子，站在女眷内室的屏风后。弗莱彻说，原来柴明达尔是无辜的。伍德科克大怒。他认为，弗莱彻的任务不是对柴明达尔是否有罪做出裁决，而是将他押解回来。人人都知道这个柴明达尔是恶魔。弗莱彻必须再次出发，将柴明达尔带到甘贾姆。

然后，我们听到弗莱彻中校提出一连串蹩脚的借口：集市里买不到肉给他的部下；他没有运输用的牛；他担心他的兵力太少，不足以攻打柴明达尔在科莱达的阴森要塞。

行政长官反驳道，命令就是命令。弗莱彻不情愿地向竹林进发了。不过，柴明达尔设法溜走了。"他仓皇出逃，抛下拖鞋，丢掉了他刚刚抓住的一支长枪，还丢了头巾。"

这景象真是生动：柴明达尔赤足狼狈逃窜，头巾滑落，夹着自己最后的粗糙兵器。弗莱彻中校总该把他缉拿归案了吧。然而并没有。尽管恶人已经走投无路，弗莱彻还是没抓住他。究竟是怎么回事呢？弗莱彻说他的部下行军 19 个小时，又渴又累，精疲力竭。从两座相对的山上，农民开始向他们开枪。弗莱彻担心自己的士兵会被打散并消灭，于是"下令吹号，把他们都召回"。柴明达尔趁机溜之大吉。

即便行政长官没有被弗莱彻中校的敷衍搪塞气疯，也能察觉到此事大有蹊跷。几周后柴明达尔终于自首了，他讲的故事大不相同："弗莱彻中校从布拉赫马普尔写信给我，说如果我趁他还没到就带着女眷藏到科莱达要塞，他就会仅仅看一眼要塞然后返回，说我不在那儿。为了得到他的帮助，我贿赂了他 7000 卢比。"

据这位柴明达尔说，罗伯特·弗莱彻的奸计还不止这些，因为随后弗莱彻又背叛了自己的盟友。柴明达尔逃到山里之后，弗莱彻立刻冲过去攫取柴明达尔的不义之财：现金、珠宝、丝绸和饰物，总价值高达 25 万卢比。然后他将这笔钱偷偷分给部下，自己吞了 2 万卢比。弗莱彻中校被免去指挥职务，1819 年被开除。随后弗莱彻先生被送上返回欧洲的第一班船。（Hamilton II, pp. 69 - 71, Wilson, iii, p. 359, IOR/F/4/524/ f125 et ff, IOR/E/4/922/ ff 361 - 3, 438 - 9, 474, 813, 858, 878.）

描述罗伯特·弗莱彻在埃卢鲁行为的正式书信里说他是"热情而精神抖擞的军官"（HC – 1810, IIB, pp. 101 – 2）。现在看来，他是贼，也是骗子。诡计和贪污不是柴明达尔的专利。在古穆苏尔的竹林里，弗莱彻一定觉得自己的任何罪行都能瞒天过海。毕竟，若干年前，土著统治者和东印度公司官员之间的行贿受贿是见怪不怪的事情，很多英国人就靠这个发家致富。埃卢鲁的下级军官有资格说，随后的事件表明弗莱彻中校是个多么奸诈的家伙，他们把他锁起来是多么正确。

[52] 多夫顿手忙脚乱起来。他将信交给接替麦克道尔担任总司令的弗朗西斯·高迪将军，并将信的一份副本送给海德拉巴的常驻代表托马斯·西德纳姆上尉。次日，多夫顿又给西德纳姆写了一封私人信件，这算得上史上任何一位骑兵校官写过的最歇斯底里的信："恐怖啊恐怖！我亲爱的西德纳姆，我今天给你发了快信之后，我

又得知了一些新情况，简直让我毛骨悚然……我要么逮捕我麾下的所有军官，要么被他们推翻。如果是前一种情况，我立刻就想到所有英国军官被土著兵屠杀的惨景；如果是后一种情况，也好不了多少。在这可怕的绝境里，该如何是好?"（Cardew, p. 106.）

[53] Cardew, p. 121.

[54] Davis to Falconar, July 30, 1809, HC – 1810 IID, p. 7.

[55] Cardew, p. 123.

[56] HC – 1810, IIF, p. 23.

[57] HC – 1810, IIF, p. 24.

[58] 黑兹尔伍德自己没资格这么讲。在反巴洛抗议的初期，他是被总督于5月1日免职的人之一，罪名是"未能努力维持纪律"以及传播那份臭名昭著的抗议书（Wilson, iii, pp. 254 – 5）。黑兹尔伍德给上级惹是生非已经多年了。他有一种执念，即韦洛尔兵变仅仅是庞大的反英阴谋的序曲。"我没有任何疑问，"他宣称，"形形色色的、各阶层的土著当中存在普遍的阴谋，企图将我们从印度内陆驱逐出去，将我们局限于贸易据点，并将我们变成原先的状态，即卑微的商人。"（Cameron, pp. 307 – 15.）

约翰·克拉多克爵士对他唉声叹气："我觉得黑兹尔伍德少校的信是我读过的最怪诞的一封信。我会努力让他停止搬弄是非，不过我相信若不采取更强硬的措施，恐怕会拿他没有办法。"（Cameron, p. 312.）

然而，政府偏偏派遣这个紧张兮兮的惹事鬼去埃卢鲁劝说约翰·洛所在的营恢复理智。这清楚地表明，东印度公司缺少值得信赖的高级军官已经缺到了什么程度。

[59] HC – 1810, IIF, p. 26.

[60] Mss Eur D1082.

[61] Wilson, iii, pp. 282 – 3.

[62] 例如，多夫顿事件没过多久之后，孟加拉轻步兵部队的军士长之一道胡尔·辛格，以及另外15名土著军官和士兵，于1816年被莫伊拉勋爵判处死刑，罪名是"参与了一次或多次哗变集会，并非法宣誓，企图谋杀他们的欧洲军官，颠覆国家的合法机构"。

[63] Cardew, pp. 135 – 41.

[64] 兵变期间，特纳曾写信给自己在本地治里的兄弟亚历山大（这是

巴洛的间谍截获的很多叛兵信件之一）："我们绝不首先开枪，但如果遭到攻击，我们会保卫这个地方，坚持到底。"　（Cardew, pp. 231 – 2.）但夺去他生命的不是"暴君"（他这样称呼巴洛）的军队，而是一种更为常见的极端情况：霍乱或伤寒。

[65] Wilson, iii, p. 268.

[66] Low, p. 211.

[67] Cardew, pp. 143 – 4.

[68] Wilson, iii, p. 242.

[69] See Christina Welsch for a fuller discussion.

4　明托勋爵的远征

"我最近从孟加拉听说，明托勋爵个性圆滑谨慎，而不是大胆且好进取。他只要保住我们现有的东西就很满足了。"[1]

这是约翰·马尔科姆给他的朋友巴里·克洛斯（当时在浦那）的信里的一句话，写信时间是 1807 年 11 月 1 日，也就是明托勋爵驾临加尔各答担任印度总督不久之后。

容易轻信的马尔科姆此次大错特错。在他写下这些令人安心的句子的当天，明托勋爵就写信给伦敦的控制理事会主席（明托在几个月前也担任过这个职务），吹嘘自己在遥远的爪哇海岸俘虏荷兰海军舰船的远征。在明托担任总督的六年里，他写的每一行字、说的每一句话都洋溢着一种孩子气的对新征服的热情。他到印度的时候已经五十多岁了，但还在为开疆拓土、扬名立威的梦想而沉醉。

吉尔伯特·艾略特爵士，后来的第一代明托伯爵，是个非常怪异的人物：始终魅力十足，奸诈阴险到无可救药的程度，有时精明而淘气，仪态和风度古怪得几乎过火。他一辈子都有三个显著特点：持高尚的自由主义原则、风度翩翩和经常手头拮据。在哲学家大卫·休谟的建议下，他父亲想方设法凑够了钱，让他在巴黎受教育。在那里，他结识了满脸麻子、魅力令人无法抗拒的米拉波伯爵①，米拉波可以说是法国大革命的施洗者约翰。吉尔伯特和米拉波成了挚友。对一个苏格兰小地主来说，人生路的这个开端可谓不同寻常。年轻的吉尔伯特初登政坛，就是以前卫自由主义者的身份。他三十岁时当议员，与诺斯勋爵②的政府决裂，支持美国独立。他通过这次一百八十度大转变，成了埃德蒙·伯克③和查尔斯·詹姆斯·福克斯④的朋友。伯克吹捧和鼓舞他称："你不能这么谦虚。你必须发挥自己最大的潜能。你想成为什么样的人物就一定能。"[2]

吉尔伯特经常魅力十足地自嘲自贬，但实际上他自视极高。英法开战之后，他毫不犹豫地接受了敦刻尔克民政专员的显赫职位，当然能不能当上得看1793年9月英军攻打这座港

---

① 奥诺雷·加布里埃尔·里克蒂，米拉波伯爵（1749~1791），法国革命家、作家、政治记者和外交官，共济会会员。他是法国大革命早期著名的政治家和演说家。在法国大革命初期统治国家的国民议会中，他是温和派最重要的人物之一，主张建立类似英国的君主立宪制。
② 弗雷德里克·诺斯，第二代吉尔福德伯爵（1732~1792），于1770~1782年出任英国首相，是美国独立战争时期的英方重要人物。
③ 埃德蒙·伯克（1729~1797），出身爱尔兰的政治家、作家、演说家、政治理论家和哲学家，他曾在英国下议院担任数年辉格党议员。他最为后人所知的事迹包括：反对英王乔治三世和英国政府，支持北美殖民地（后来的美国）独立，以及批判法国大革命。对法国大革命的反思使他成为辉格党里的保守主义主要人物。他常被视为英美保守主义的奠基者。
④ 查尔斯·詹姆斯·福克斯（1749~1806），英国辉格党政治家，是小威廉·皮特的主要对手。查尔斯的父亲亨利曾是老威廉·皮特的主要对手。福克斯坚决反对乔治三世，认为他是暴君；他支持美国爱国者，甚至赞扬乔治·华盛顿。他反对奴隶制，支持法国大革命，主张宗教宽容和个人自由。他曾担任外交大臣。

口的战役能否得胜①。攻城失败了，但几周后，英军进攻土伦港的行动似乎就要得手。艾略特已经蓄势待发，于是改任土伦民政专员，并乘船去观看胡德将军②完成对法国舰队的封锁，以支持路易十七（已被处死的法国国王的八岁儿子）。

不幸的是，一个名叫拿破仑·波拿巴的粗野的年轻炮兵上尉通过了法军营地，从阿维尼翁把一批补给物资护送到了尼斯。他开始从土伦港背后的高地炮击英军舰队，于是胡德舰队不得不撤退，丢下了数百名法国保王党，他们后来都掉了脑袋。这是拿破仑的第一次胜利，也是吉尔伯特第一次受辱，不过好在吉尔伯特此时知名度较低。

第二次受辱就在不久之后。正如当初把吉尔伯特从敦刻尔克调往土伦的决定看似理所当然一样，现在英国政府决定调他去参加地中海的下一次大行动：协助科西嘉反叛者抵抗法国革命军。趾高气扬的年轻海军上校霍雷肖·纳尔逊于1794年5月21日占领了巴斯蒂亚③，而就是在此次行动中纳尔逊失去了一只眼睛。吉尔伯特被任命为科西嘉总督。[3]

这对吉尔伯特是个荣耀的时刻，可惜只是理论上如此。他上任之后，局势迅速恶化。科西嘉人不喜欢英国人，而英国人鄙视科西嘉人。吉尔伯特的妻子安娜·玛丽亚·艾略特唯一一

---

① 1793年秋季的敦刻尔克攻防战是第一次反法同盟战争的一部分。英国、奥地利、汉诺威、黑森－卡塞尔四国联军在约克公爵（英王乔治三世的次子）指挥下攻打法国革命军控制的港口城市敦刻尔克。最后，联军因为缺乏攻城器械和海军支持而被迫放弃攻城。

② 指塞缪尔·胡德，第一代胡德子爵（1724~1816），英国海军将领，在美国独立战争和法国革命战争中表现出色。他是纳尔逊的前辈导师。胡德家族有很多人在英国海军服役，不少成为高级军官。

③ 巴斯蒂亚为科西嘉岛东北部港口城市。

次陪丈夫待在海外，就是在科西嘉。她对科西嘉的描述颇能代表英国人的普遍看法："大自然给这座岛的一切都很美。而人类给这座岛的，都很龌龊。"与土伦的公民一样，科西嘉人开始意识到，英国人感兴趣的是占据科西嘉以将其当作海军基地，而不是赋予科西嘉人民主权。

呜呼哀哉，吉尔伯特在重压之下没办法表现得优雅。他变得焦躁易怒而猜疑心重。他解散了科西嘉议会，将保利①放逐到英格兰。如同太阳必然会在密不透风的科西嘉丛林（maquis）上空升起，岛上不可避免地爆发了反英游击战。科西嘉的游击队员有资格自称为历史上最早的 maquis②，或者叫 macchia。"进入丛林"（darsi alla macchia）的意思就是成为逃亡者，逃进山里。在里窝那③的波拿巴军队准备进攻了。总督还没有意识到自己放纵行为的后果有多么严重。而在伦敦，皮特④和邓达斯⑤都已认识到了。吉尔伯特第二次被命令收拾行装，准备跑路。在惊险的返程中，他和纳尔逊遭到西班牙海军一支小舰队的追击。随后，为了安慰吉尔伯特爵士，政府给了

① 帕斯夸莱·保利（1725~1807），科西嘉独立运动领导人，领导科西嘉人反抗热那亚的统治。科西嘉被热那亚卖给法国之后，保利又领导了抵抗法国的运动，并于失败之后流亡英国，在那里终老。拿破仑年轻时崇拜过保利。

② Maquis 这个词在第二次世界大战中指法国的地下抵抗运动及其成员。

③ 里窝那是意大利西部托斯卡纳地区一港口城市，位于利古里亚海之滨。

④ 即小威廉·皮特（1759~1806），英国托利党政治家，1783年年仅二十四岁的他成为英国历史上最年轻的首相。他的父亲老威廉·皮特也曾担任首相。小皮特担任首相期间正赶上法国大革命与拿破仑战争，他是反法战争的重要领导人。在英国最困难的时期，他领导国家渡过了难关。其个人品质也很优秀，被认为是英国最伟大的首相之一。

⑤ 威廉·邓达斯（1762~1845），苏格兰政治家，1804~1806年担任英国陆军大臣。

他一个世袭爵位。

事实证明，尽管明托勋爵当科西嘉总督的时候头脑很冲动，但他实际上是一个精明强干的实干家。皮特觉得明托在上议院很有用。但在明托勋爵温文尔雅的外表之下燃烧着怨恨。一连三次，他做好了建立丰功伟业的心理准备。敦刻尔克的事情没有任何结果。那不是他的错。在土伦，他没有表现出大家或许会期望的那种外交手腕。在科西嘉岛，他干得一塌糊涂：他缺乏宽容，惊惶不安，而且是个偏执狂。

读者或许会觉得，他的履历不甚光彩，所以不大可能有出头之日了。然后，十年后，他卷土重来，获得了最显赫、最光彩夺目的总督职位——孟加拉总督①。英国统治集团从来不会忌惮奖赏有过败绩的人。这么多年来，吉尔伯特保持低调，已经成了一个能攻善守的多面手。皮特和格伦维尔②给了他控制理事会（东印度公司在政治上的宗主）主席的职位。从那时开始，去孟加拉上任就不是难事了。董事会投票否决了第一个被提议的人选之后，吉尔伯特当选为孟加拉总督。

他们不知道的是，明托勋爵有一个秘密：他决心为了自己

---

① 也就是整个英属印度的总督。

② 威廉·格伦维尔，第一代格伦维尔男爵（1759～1834），英国辉格党政治家。1806～1807年，也就是在小威廉·皮特逝世后，他继任英国首相。当时正值拿破仑战争，格伦维尔勋爵为组织一个强有力的政府，邀请了几乎所有党派的领导人入阁，即所谓"贤能内阁"。在众多阁臣之中，以查尔斯·詹姆士·福克斯获邀入阁最受外界关注，因为福克斯曾与英王乔治三世有不少过节。不过国难当头，乔治三世不计前嫌，除不反对福克斯入阁外，还鼓励不少人士加入或支持政府。但是，"贤能内阁"最后因为内部出现意见分歧而倒台，所以格伦维尔男爵担任首相不足一年半时间。他在执政期间未能成功结束对法战争，也未能成功为天主教徒争取权利，不过，他成功废除了奴隶贸易。

受过的耻辱复仇，并且计划把印度洋变成英国的海。他维持着温和的表面文章："我一直很幸运，我的雄心壮志始终有节制，永远不会干扰我的公共职责，也不会扰乱我私人的宁静与舒适。"[4]

但这话只是作秀而已。他一心渴求荣耀和黄金。他承认自己"当然懂得权力的诱惑和公职带来的私人便利"。据日记作者约瑟夫·法灵顿①记载，明托勋爵在担任孟加拉总督期间搜刮了24.5万英镑，这是一笔惊人的巨款，尽管数字可能有些夸张了。至于他的家人，他将妻子和女儿们留在英国，但送他去印度的巡航舰"谦逊"号的舰长是他的儿子乔治，且他到了印度之后，他的另一个儿子约翰担任他的私人秘书。

他刚刚抵达印度，就有莫大的诱惑被送到他鼻子底下。征服爪哇、果阿和澳门的计划被呈送到他面前。他不得不暂时搁置这些计划。正如他对始终热衷于军事征服的海军将领珀柳②所说，公司董事会已经明确表示："为了永久性恢复我们的财政稳健性，以及让我们当前的财政避免压力或受窘，务必厉行节约。"

对在东方进行的冒险，还有另一个同样关键、同样令人泄

---

① 约瑟夫·法灵顿（1747～1821），英国风景画家和日记作者，从1793年开始写日记一直到去世，很少中断。他的日记是非常重要的史料，涉及伦敦的艺术界、东印度公司和废奴运动等。
② 爱德华·珀柳，第一代埃克斯茅斯子爵（1757～1833），英国海军将领，参加了美国独立战争（曾在萨拉托加战役中被美军俘虏）、法国大革命战争和拿破仑战争（因战功获得从男爵的身份）。1804年，他在东印度任职，后来担任过北海舰队司令和地中海舰队司令。1816年，他讨伐北非的巴巴利海盗，炮轰阿尔及尔，解救了1200名基督徒奴隶，因此被封为子爵。澳大利亚、阿拉斯加等地有若干地点被命名为珀柳。

气的告诫:"卡斯尔雷勋爵①(目前是陆军大臣)在担任殖民事务部和陆军部国务秘书以及控制理事会主席期间,向英印政府发出了明确的禁令,禁止向爪哇和印度以东的其他地区发起远征。"

卡斯尔雷勋爵言出必行,令行禁止。他是英国政府中最重要的推动力量,可能还是英国历史上最伟大的陆军大臣(当然绝不是最讨人喜欢的)。印度总督在没有接到具体指示的时候可以自行斟酌,便宜行事;在紧急情况下,总督可以先斩后奏,因为伦敦来的批准可能要花一年甚至更久才能送达。但他们不可以违背明确的指示。

不过,虽然卡斯尔雷勋爵禁止在东方采取行动,但没有说在西方或北方要怎么样。明托勋爵的前任约翰·肖尔爵士和乔治·巴洛爵士并不担心阿富汗和波斯的威胁。这两个羸弱而分裂的王国可以幻想入侵印度斯坦的肥沃平原,但它们没有强大的意志力,也没有开展军事行动所需的资源。但从英格兰刚到印度的新人就没有那么淡定了。约翰·凯这样描述明托勋爵:"经验不足的英国政治家突然来到新的环境,常常草木皆兵,从最寻常的政治现象里看出怪异而令人警觉的征兆。"[5]

明托勋爵在抵达印度不到一年内,就往这些方向派遣了一连串雄心勃勃的使团。他派约翰·马尔科姆去德黑兰。这是马尔科姆第二次去那里,此行的任务是劝说波斯停止亲近拿破仑

---

① 罗伯特·斯图尔特,第二代伦敦德里侯爵(1769~1822),常被称为卡斯尔雷勋爵,英国著名政治家,1812年起担任外交大臣,是领导和维护反拿破仑同盟的主要人物,也是英国在维也纳会议的主要代表,比较成功地建立了一个稳定的欧洲战后秩序。他从荷兰那里购买了开普殖民地和斯里兰卡。他大力推动废止国际奴隶贸易。但在国内,他对自由派和改革的敌视态度招致憎恨。后来他因精神失常而自杀。

（这是个令人不安的新现象），恢复与英国的联盟（也就是五年前马尔科姆第一次出使波斯时谈下来的盟约），这样也可以借助波斯防备俄国潜在的威胁。明托勋爵向拉合尔①派遣了查尔斯·梅特卡夫，去劝诱旁遮普统治者兰吉特·辛格与英国保持友好关系，这也是为了防备俄国。梅特卡夫此时只有二十三岁，是在加尔各答出生和长大的精英阶层成员，后来还会成为印度总督。明托勋爵向喀布尔派去了渊博而精明的芒斯图尔特·埃尔芬斯通，此人和马尔科姆一样精通多种东方语言。

明托勋爵的这些试探产生了怎样的长期影响，是没办法从它们产生的微不足道又短命的条约里看出来的。明托一贯假装谦逊，实际上却走出了"大博弈"②的第一步。在随后两个世

---

① 拉合尔今天是巴基斯坦的第二大城市（仅次于卡拉奇），旁遮普省的省会，人口约为1000万，位于印度河上游平原。城中保留了大量莫卧儿王朝时代留下来的建筑，包括拉合尔古堡以及巴基斯坦境内最大的清真寺巴德夏希清真寺等。拉合尔约建于1世纪末至2世纪初。7世纪初，玄奘法师曾到访该市。拉合尔亦是12世纪伽色尼王朝及16~17世纪莫卧儿帝国的都城。拉合尔距离印度非常近，仅32公里外就是印度的西部边境城市阿姆利则，这使得拉合尔的战略地位非常重要。

② "大博弈"指19世纪大部分时间里英国与俄国为了阿富汗及其周边的中亚与南亚领土而发生的政治与外交对抗。俄国害怕英国侵入中亚，而英国害怕俄国威胁印度。双方互不信任，不时以战争相威胁。一般认为，"大博弈"的开始是1830年1月，印度总督威廉·本廷克勋爵开始建立从印度通往布哈拉埃米尔国的贸易路线。另外，英国企图控制阿富汗，将其变成自己的附庸，并将土耳其、波斯、希瓦汗国和布哈拉埃米尔国作为英俄之间的缓冲，这样就能保护印度和英国的关键海上路线，并阻止俄国在波斯湾或印度洋获得港口。随后爆发了1838年的第一次英国-阿富汗战争、1845年的第一次英国-锡克战争、1848年的第二次英国-锡克战争和1878年的第二次英国-阿富汗战争。俄国则吞并了希瓦、布哈拉和浩罕汗国。"大博弈"的结束是1895年9月，俄国与阿富汗的边界得到确定。英国作家鲁德亚德·吉卜林的小说《基姆》让"大博弈"这个词闻名于世。

纪里，这种致命的、无休止的偏执将会让许多英国人埋骨于中亚的沙漠与山区隘道。明托勋爵的后继者抵制不了这场博弈的诱惑。

明托勋爵将英国的影响力向西北拓展之后，又转向南方，去关注广袤的印度洋及其中的分散岛屿，正是这些岛屿让其主人得以掌控印度洋。1809 年，他派遣一支特别任务部队去偏远的马斯克林群岛，其中最有名的岛屿是毛里求斯和留尼汪，不过它们当时的名字分别是法兰西岛和波旁岛。此次远征有一个正当的军事理由。自战争爆发以来，以这些岛屿为基地的法国军舰和武装私掠船不断攻击东印度公司的贸易航运，英国人只有付出很大代价派遣舰船才能威慑法国人。[6]

即便英国政府高层的吝啬鬼也认可，财政在改善，于是邓达斯批准了此次行动。明托收到伦敦的批准时，整个马斯克林群岛已经被英国人控制了。前一年，他也是这样先斩后奏，派遣一系列小规模远征队去袭击摩鹿加群岛（也就是著名的香料群岛）①的荷兰殖民地。当时摩鹿加群岛是肉豆蔻与肉豆蔻干皮的唯一产地，也是有名的丁香、胡椒和天堂鸟产地。英国人没花多长时间就解决了散布于这些岛屿上的小小荷兰要塞。[7]明托勋爵向董事会辩称，他这些远征都是严格出于防御目的。只要拿破仑还在全球游弋，明托勋爵就必须掩护好所有的侧翼。在矮个子科西嘉人被囚禁在圣赫勒拿岛（在印度和英国之间来往的英国人都要去"参观"他）很久之后，明托还在用这个理由为自己的扩张辩护。如约翰·凯爵士所说：

---

① 摩鹿加群岛位于今天印度尼西亚的苏拉威西岛东面、新几内亚西面以及帝汶岛北面，是马来群岛的组成部分。

"出于我们澎湃的爱国主义，我们鼓励这种观念的传播：大不列颠纯粹出于防御目的才征服了整个印度斯坦。"[8]

明托欣喜若狂。他消除了东印度公司的财政赤字，并将法国人逐出印度洋，而且这都是他自行决断的结果，没有傻呵呵地苦等利德贺街批准。土伦和科西嘉的耻辱被抹去了。五十九岁时，他已大获成功。

卡斯尔雷勋爵仍然禁止对爪哇采取行动。爪哇是比马斯克林群岛和摩鹿加群岛令人生畏得多的目标，有 500 万人口。但这时，伦敦发生了一件荒唐而完全出人意料的事情，改变了局势。陆军大臣卡斯尔雷勋爵和外交大臣坎宁①之间发生了私人争吵。这种口角在其他所有人看来都是鸡毛蒜皮、不可理解的，但在多年用明枪暗箭来争斗的政治家当中却是司空见惯。坎宁主张调动更多部队去葡萄牙；卡斯尔雷勋爵要求派兵到低地国家。坎宁威胁，除非罢免卡斯尔雷勋爵，否则他就辞职。疾病缠身的首相波特兰公爵同意了，但没有告诉卡斯尔雷勋爵马上要撤掉他。卡斯尔雷勋爵发现了坎宁与波特兰公爵的秘密约定，于是向坎宁发出决斗挑战。

1809 年 9 月 21 日，破晓之后不久，阳光明媚，两人在帕特尼原野②相会。坎宁之前没有打过手枪，这次打偏了好几码。卡斯尔雷勋爵开枪打伤了坎宁的大腿。公众为这两位高官的幼稚行为发出愤怒的抗议。两人都觉得荣誉要求他们必须

---

① 乔治·坎宁 (1770 ~ 1827)，英国托利党政治家，曾任外交大臣、东印度公司控制理事会主席和英国首相。下文讲到的在 1857 年兵变期间担任印度总督的坎宁勋爵（查尔斯·坎宁，第一代坎宁伯爵）是他的儿子。

② 帕特尼原野是伦敦西南部温布尔登的一块绿地，保留了伦敦极为珍稀的较原始的生态景观，也是伦敦市民重要的出游地。

辞职。

如此一来，卡斯尔雷勋爵对远征爪哇的禁令失效了。于是出现了一个有利的窗口，明托不等得到批准，就赶紧把握机遇。英国人之所以武装征服荷属东印度，原来是因为两位脾气火暴的大臣之间莽撞的决斗。也正是出于这个原因，约翰·洛初次接受战斗考验，这可是比帕特尼原野的决斗厉害得多的真实战火洗礼。

明托勋爵垂涎爪哇已经很多年了。在他的舰船起航去占领毛里求斯之前，他就告诉妻子安娜·玛丽亚："如果当前的事业取得成功，那么我还有一个目标。它将达成我的全部军事目的，还将消灭东半球所有敌视英国或与我们竞争的欧洲势力。"[9]一年后，明托大人告知安娜·玛丽亚更准确、更令人惊恐的消息："我们正在为远征爪哇做准备；我要附耳小声告诉你，我会亲自去那里，不是为了指挥军队，而是为了确保所有政治工作都按照我的心意进行。'谦逊'号将成为我的驿马车。"[10]

这艘船的名字是"谦逊"号，但他此行乘坐它的目的一点都不谦逊。总督大人亲自随军出征是非常稀罕的事情。他讲了很多理由，好让妻子放心。首先，这将是一次家庭聚会。他的儿子乔治将担任"谦逊"号舰长。他的第三子约翰（在加尔各答当文员）将担任他的私人秘书。他们的亲戚威廉·泰勒上尉将担任他的军务秘书。他亲自出征的政治理由是，总督必须亲临现场，这样的话军事指挥官就不必花几个月时间等待命令，而是可以直接裁定荷属东印度的未来。

真正的原因是，明托勋爵对此次行动心醉神迷。在东方只有一个人比他更狂热地渴望冒险：年轻的托马斯·莱佛士，时年二十八岁。莱佛士是利德贺街的卑微文员，想尽办法来到了东方。到了东方之后，他结交人脉，勤奋工作，攀升到槟榔屿总督秘书的职位。莱佛士渴望帝国的东部边疆继续拓展，超越目前马来半岛西海岸的零星定居点。

1810 年夏季，他给明托勋爵送来一份备忘录。莱佛士声称，拿下爪哇易如反掌。荷兰人是残暴的奴隶主，同时也怠惰和堕落。爪哇的土著酋长已经成了半独立的势力，英国人可以轻松地与他们达成谅解。爪哇是东方的米仓，并且出产胡椒、棉花、烟草和靛青。爪哇同时还是荷兰殖民帝国的王冠宝石，除此之外还有其他同样宝贵的殖民地，比如苏门答腊岛及其外海的小岛邦加与勿里洞。

莱佛士大胆建议将这些地区一口吞下。在这阶段，明托勋爵还比较谨慎，只说要占领爪哇首府巴达维亚①。他在公共场合表现得谨慎，是非常明智的。1811 年 1 月 15 日，他终于收到了伦敦的指示，此时他远征爪哇的准备工作已经万事俱备只欠东风。此外，伦敦的指示非常明确。

董事会秘密委员会全心全意地赞成将敌人逐出其在爪哇和东方大海上其他地方的定居点。但是（这是一个很重要的"但是"）：

我们和英王陛下政府都绝不希望由英国人永久性地占领这些岛屿，将其转化为殖民地。这不仅是因为巴达维亚的环境不卫生，也是因为扩展我们的军事基地会带来诸多不便。我们仅希望将敌人从这些海域的定居点驱逐出去，

---

① 即今天的印度尼西亚首都雅加达。

摧毁他们的全部要塞和防御工事……我们希望将这些定居点留给土著。[11]

董事会的命令就是：把法国人驱逐出去，然后你自己也出去。明明白白。不过，明托勋爵同样明确地打算违抗这些命令。他于 1 月 22 日发出回信。他抗议道，自己只不过是在揣测公司委员会和英王陛下政府的意愿，但是（这也是一个很严重的"但是"）他坚持自己的原计划，即"在岛上建立能够为英国政府带来全部经济利益的基地"。这话的意思只能是效仿荷兰人，垄断爪哇盛产的各种商品，包括柚木、咖啡、靛青、蔗糖、大米、鸦片和锡。这样高程度的控制必然需要相当大的官僚机构和军力来保护生意。（莱佛士给明托勋爵送去了在爪哇的全体荷兰文武官员的名单，长达十几页。）

明托勋爵对东印度公司约束他的行动还有另一条反对意见，他说这条意见"即便不是决定性的，也足够强有力"。如果英国人完全放弃爪哇岛，那么这个欧洲殖民地就会"落入马来王公手里，他们非常有理由怨恨荷兰人，所以必然会凶暴地睚眦必报"。岛上的文明居民很可能被"彻底地、突然地灭绝"，这将是一场灾难。东印度公司如果坐视不管，就要承担责任。

就这样，明托勋爵表示，他计划施行殖民者的两大主要职能：经济剥削和保护居民。他只能冒昧地希望，随着境况发生变化，秘密委员会能够回心转意，同意他的立场。他这是厚颜无耻、抗命不遵，但和通常一样，当这封信被送到利德贺街时，入侵爪哇岛的行动已经过去好几个月了。利德贺街的反驳发到他手里的时候，战斗应当已经结束了。

　　最显赫的两位马来酋长，内陆的梭罗（也叫苏拉加达）的苏苏胡南和南海岸日惹的美丽宫殿里的苏丹，和荷兰定居者做邻居已经两个世纪了，双方虽然偶尔发生摩擦和冲突，但都没有受到很大损失。而明托勋爵未经上级批准吞并爪哇岛的行动的道德理由，竟然是让马来土著和荷兰殖民者这两股力量分开。英国历史上很难找到比这更无耻的理论了。唯一可以与之相提并论的，可能要数安东尼·艾登爵士①宣布，他占领苏伊士运河是为了将以色列和埃及这两个交战国分隔开。这两个国家之所以发生战争，部分原因就是他的撺掇。

　　明托勋爵喜滋滋地把自己给董事会的回信内容告诉莱佛士，并通知他："我已经表达了我考虑修改他们所有命令的理由。"[12]莱佛士和明托真是心心相印。在他俩的第一次会面后，莱佛士在给自己兄弟的信中写道：

　　　　谈到爪哇，勋爵大人向我投来了审视、期待和善意的目光，这让我永生难忘。
　　　　"是啊，"他说，"爪哇是个有意思的岛。关于这个岛，你若是有什么信息与我分享，我会很高兴。"[13]

　　莱佛士是在与明托会面一段时间之后才做出上述记载的。他的一些批评者说，莱佛士声称明托勋爵征服爪哇的想法其实

---

　　①　罗伯特·安东尼·艾登，第一代亚芬伯爵（1897~1977），英国保守党政治家，三次出任外交大臣，1955~1957年担任首相。他给丘吉尔当了十几年副手，后来接替他成为首相。1956年，他出兵干预苏伊士运河危机失败（标志着大英帝国的正式衰落，脱离超级大国行列），随后辞职。英国人一般认为他是历史上最差的首相之一。

是由自己启发的。但上面这段回忆的意思不是这样。明托勋爵意识到莱佛士可以为他所用，是自己伟大计划的潜在执行者，于是拉他入伙。[14]

他们开始大张旗鼓地行动。1811 年 4 月 18 日，远征军从马德拉斯起航，由塞缪尔·奥克缪蒂爵士指挥，他是出身法夫郡（当然啰）的北美保王党人，曾在印度和埃及服役多年。远征军有将近 1.2 万人，包括历史上远征海外的最大数量的印度土著部队。明托的最精锐部队刚从毛里求斯返回，为了补足兵力，他不得不从孟买和锡兰抽调一些团。和平素一样，军官数量不足。于是他从当地的各个马德拉斯土著步兵团抽调了一些上尉和中尉到英王军队充数。这些额外的军官都是志愿者，这些年轻人得到机会去作战和追逐荣耀，都兴高采烈。他们没有机会参加反对拿破仑的半岛战争①，但他们终于得到机会把波拿巴逐出印度洋②，并参与历史的谱写，而不是在兵站中日复一日地过无聊生活。

二十二岁的约翰·洛中尉就是这些年轻军官中的一员。两年来，他为巴里·克洛斯上校效力，在浦那勘测道路、清点帐

---

① 半岛战争（1807～1814）是拿破仑的法兰西帝国与英国、西班牙和葡萄牙三国联盟争夺伊比利亚半岛的战争。起初法国与西班牙联合入侵葡萄牙，但 1808 年法国开始攻击旧盟友西班牙。西班牙人虽然屡战屡败，但以游击战牵制住大量法军，同时威灵顿公爵指挥下的英国和葡萄牙联军逐渐取得胜利。1812 年拿破仑远征俄国惨败后，在西班牙的法军无法得到更多支援，于 1813～1814 年冬季撤回法国。

② 当时的荷兰是拿破仑的附庸国。1795 年，老荷兰共和国灭亡，统治者奥兰治家族被人民（得到革命法国的支持）推翻。随后所谓的巴达维亚共和国建立，它是法国的傀儡，不过也给国家带来了许多民主进步。拿破仑称帝之后安排自己的弟弟路易于 1806 年 6 月成为荷兰国王。拿破仑倒台之后，奥兰治家族复辟，建立新的荷兰王国。

篷和牛，并撰写关于本地平达里马贼的报告。换句话说，他什么都干过，单单没有真正打过仗。1811 年 2 月，他被调回第 24 土著步兵团第 1 营（曾蒙羞并换过番号），但一个月后他就加入了在马德拉斯集结的远征军。

在那里，他被调到第 59 团，该团的团长不是别人，正是塞缪尔·吉布斯上校。另一个突击旅的旅长是罗洛·吉莱斯皮。被选来执行最艰巨任务的这两名军官，是全印度最凶悍勇猛的战将。[15] 当时的人们无疑没有注意到，这两人分别镇压了一次令人遗憾的兵变，一共造成 1000 名己方士兵死亡。

从马德拉斯起航的是一支相当威武雄壮的大舰队：4 艘战列舰，由海军准将布劳顿指挥，他的旗舰是"光辉"号（时任海军总司令斯托普福德少将①将乘坐"西庇阿"号，在巴达维亚与他们会合）；14 艘巡航舰，包括"谦逊"号，它载着最宝贵的货物，即总督大人及其随行人员；7 艘单桅纵帆船；8 艘巡洋舰；57 艘运输船和一些艘炮艇。远征队共有 100 艘舰船。[16] 他们抵达马六甲的集结点时，已经有 1200 人患病；当他们在巴达维亚登陆的时候，病号又多了 1500 人。[17] 在热带远征行动中，这种悲剧性的损耗是很典型的。

明托勋爵坐在"谦逊"号舒适的舱室内，两个儿子和泰勒上尉在身旁侍奉，他的心情一直很阳光。他对安娜·玛丽亚承认道："我参加此次冒险不是出于自己的兴趣或选择，而是为了履行职责。但我承认，既然此事是公道正义的，我还从来

① 罗伯特·斯托普福德爵士（1768~1847），英国海军上将，从军六十多年，参加过法国大革命战争、拿破仑战争和 1839~1841 年的埃及 - 奥斯曼战争（英国、奥斯曼帝国、奥地利、普鲁士、俄国为一方，法国、西班牙、穆罕默德·阿里统治下的埃及为另一方）。

没有做过比这更有乐趣、更愉快的事情。"[18]

"谦逊"号上还有明托勋爵的宠儿：他的同乡，诗人兼军医约翰·莱登。莱登的出生地距离明托位于蒂维厄特河畔的庄园只有几英里远，此人幼年曾在父母的农场上放羊。虽然出身农家（他浓郁的蒂维厄特河谷口音经常遭到嘲笑），他却取得了惊人的进步，自学了六七种语言，并在爱丁堡学习医学和哲学。他是个语言天才，谈话聊天的本领也非常厉害。很快他就和所有文人墨客成了好友，包括沃尔特·司各特爵士。莱登还写了好几首诗献给沃尔特·司各特，发表在《边境游吟诗人诗集》① 上。

后来，他也无法抵御殖民冒险的诱惑。威廉·邓达斯给他搞到了马德拉斯管辖区助理军医的职位，尽管他受过的医学教育比他的诗歌强不了多少，而他的诗歌可以算是非常蹩脚。一两个月后，莱登乘船来到槟榔屿，写了一本对印度支那各民族语言与文学的概述，并与莱佛士和明托勋爵结交。莱登还在空闲时间将《福音书》翻译成多种亚洲语言。

最重要的是，莱登是人类历史上最滔滔不绝的健谈大师。明托勋爵带他一起远征，部分目的是为远征找一位诗人，以便给肮脏的商业斗争涂抹上诗歌的色彩，同时也是因为他喜爱与莱登做伴。但出海两个月后，明托勋爵开始思索：

> 我以前没想到这样博览群书的人也会如此健谈……他谈话的一个特点是他尖利刺耳同时扰乱人神经的噪音。巡

---

① 《边境游吟诗人诗集》是沃尔特·司各特爵士收集整理的苏格兰民歌集，1802 ~ 1803 年出版，分三卷。

航舰远远不够大，让人没法找到合适的距离听他讲话。如
果他曾在巴别塔，他一定能学会所有语言，但最后它们一
定都会融合成蒂维厄特谷地方言的鼻音，因为除了他自己
之外，没有一个人逮得住机会讲话。[19]

在马六甲，这群快活的伙伴（更像夏洛特广场①的沙龙，
而不是一个军事指挥部和控制中心）受到莱佛士和马六甲兵
站指挥官威廉·法夸尔②的欢迎。此时，莱佛士是正式的总督
秘书，法夸尔则是一个资历很深的殖民地官员。莱佛士花了很
多时间排挤法夸尔，部分原因是法夸尔娶了一个土著女人，令
莱佛士为他尴尬。莱佛士的年轻译员阿卜杜拉·本·阿卜杜
勒·卡迪尔③多年后记载了这次会面。总督平易近人的外表令
阿卜杜拉震惊："他已经过了中年。身材瘦削，风度温雅，面
容和蔼。他看上去弱不禁风，我估计他连二十五磅重的东西都
搬不动。我注意到，他穿着黑布上衣、黑裤子，没有值得一说

---

① 夏洛特广场是苏格兰爱丁堡的一个花园广场，位于爱丁堡新城，花园中
  心是维多利亚女王的丈夫阿尔伯特亲王的骑马雕像，1876 年由女王本人
  揭幕。今天夏洛特广场是联合国教科文组织世界遗产地。
② 威廉·法夸尔陆军少将（1774～1839），东印度公司官员，新加坡殖民地
  的第一任常驻代表和指挥官。曾任马六甲常驻代表和指挥官。他的妻子
  是马六甲土著和法国混血儿。他和莱佛士一起建立了新加坡殖民地，但
  后来与莱佛士发生冲突，被免职。他聘请了中国画师创作了数百幅水彩画，
  描绘马六甲和新加坡的动植物等。加拿大总理贾斯汀·特鲁多是他的
  后代。
③ 阿卜杜拉·本·阿卜杜勒·卡迪尔（1796～1854），出身印度的马来作
  家，是马六甲的著名孟希（外语教师）。他被赞誉为史上知识最渊博的马
  来作家、马来文学的伟大革新者之一和现代马来文学之父。他在马六甲
  向英美等国家的人教授马来语，在海峡殖民地任职，还将《圣经》翻译
  成马来语。

的华贵打扮。"[20]这些印象很误导人。当礼炮轰鸣，战马腾跃，乐队奏乐欢迎英王陛下在亚洲的代表时，明托勋爵喜不自禁、如入云霄。

他摒弃了政府大楼（太憋闷了），和儿子乔治一起住进山上的一间平房，那里有面向大海的敞开式露台："我和乔治就在这露台上，给我们远在故乡的妻子写下温情脉脉的信。我们吸入清新的海风。此地的气候十分宜人。"他们眼前就是港口的道路，整个舰队停泊在港内，港湾内还有一连串小岛。更远方是遥远的群山，其中屹立着奥斐山，那里有金矿。[21]即便在最浪漫的奇想中，明托勋爵也绝不会忘记经济方面的前景。

用过早餐之后，明托勋爵接受了当地王公的馈赠：坤甸王公送来一只猩猩幼崽，巴厘岛的一位王公送来五个奴隶男童和两个女童。明托立刻宣布给他们自由。他开玩笑地说："这些男孩也许能成长为优秀的仆人。我不知道拿这些女孩怎么办。我想也许可以把她们做成馅饼，送给王后当生日礼物。"[22]他对猩猩的处置没有被记载下来。

6月4日很快到了，这是年迈的疯王乔治三世的生日。为了庆祝国王的生日，明托勋爵举办了"晨间招待会，摆开盛宴接待男士，晚上举办舞会接待女士"。他在第一支舞期间就逃之夭夭，躲到平房里，"逃避提琴手的乐声"。马六甲的此次战役前夜舞会在规模上无法与滑铁卢战役前夜里士满公爵夫人的舞会媲美，不过吉尔伯特告诉安娜·玛丽亚，马来和荷兰混血少女的"服饰、舞姿和打情骂俏本领与受过良好教育的欧洲年轻女子完全一样，她们还有一个优势，那就是拥有非常美丽的褐色皮肤。与最美丽的巴达维亚－马来女性相比，你真是白皙如百合。你看，我对你的忠诚受到了挑战"。[23]但伦敦爱传播流言蜚语的人很怀疑明托勋爵对妻子的忠诚。《加尔各答公报》1811 年 8 月 8 日那一期报道了此次舞会，暗示男士们为了争夺这些混血美人而争风吃醋，因为舞会共有 150 人，却只有 20 位女士。

明托勋爵把握一切机会，展示此次远征的自由主义原则。招待会之后，他解放了属于马六甲政府的所有奴隶，给每人发放了一份自由证书和四个银圆，帮助他们开始新生活。（不过，他们的新生活极可能还是在旧行当。）更妙的是，他发现政府大楼里还有一些拷问的刑具。他命人在行政长官的窗前焚烧了木制刑具（拉肢刑架和打碎犯人肢体的十字架）。至于那些铁制刑具（手指夹、手铐、脚镣），他命令刽子手将其收集齐，然后划船出海，将其全部投入海底深渊。[24] 明托勋爵自己承认，这些刑具已经很久没有派上用场了，但最重要的是有这种念头。

炮轰韦洛尔城门、得到吉莱斯皮好评的约翰·布莱基斯顿也参加了此次远征。吉莱斯皮挑选布莱基斯顿陪同远征军的工兵主官科林·麦肯齐中校乘坐"凤凰"号去侦察，以便在爪哇选择一个合适的登陆地点。

麦肯齐和约翰·莱登一样，是个了不起的、从社会下层攀升上来的苏格兰人，不过他比莱登更务实和淳朴。麦肯齐出生于刘易斯岛的斯托诺韦，是个说盖尔语的邮局局长的儿子，于 18 世纪 80 年代来到印度。这位清瘦、清心寡欲的赫布里底人现年五十八岁，已经勘测了印度的大部分地区。在塞林伽巴丹攻城战中，他的聪明才智和勇气得到了阿瑟·韦尔斯利的赏识。入侵爪哇的各色人物当中，麦肯齐中校是最严肃、最靠谱的人。

　　麦肯齐和布莱基斯顿在巴达维亚（今天雅加达的核心）以东约 12 英里处的芝灵津海岸登陆。为了防止打草惊蛇，他俩决定穿普通水手的衣服。不过麦肯齐身高 6 英尺 2 英寸，穿的水手裤只能到膝盖，所以矮小的岛民在很远之外就能瞧见他。他俩若无其事地走到村庄，穿过棕榈树丛，走过觅食的鸡群。事实证明他们过于若无其事了，因为他们在跌跌撞撞地穿过一片沼泽时遇上了一大群法国或荷兰士兵。他们说不清对方是法国人还是荷兰人，毕竟岛上有两国军队，因为法国人是在一年前才接管爪哇岛的。布莱基斯顿和麦肯齐拔腿就跑，背后射来一排枪弹。麦肯齐"一步至少有三码远"，把追击者甩在后面，令布莱基斯顿肃然起敬。他俩跑到海岸的时候，子弹还在他们周围呼啸。他们发现己方的水兵已经将小艇划到了敌人射程之外，于是他们不得不在浅滩蹚水前进。麦肯齐的充沛体力和耐力令人敬佩："接近小艇的时候，中校的魁梧身材又一次对他帮助很大，因为我被迫游了一段距离，而他在海水中大踏步往前走，就像格列佛在小人国舰队当中一样。"[25]

　　尽管有这次遇险，他们在试探了其他海滩之后仍然决定，芝灵津是最佳登陆地点。从这里有一条很好的道路通往巴达维亚，另有一条路通往科内利斯要塞，整个远征的命运很可能就取决于这座要塞。此外，芝灵津实际上是个小岛。村庄的一侧是一条运河，另一侧是一条河。在有近 1 万人的大军登陆的过程中，这两条河可以掩护他们。

　　第一个登上这片平坦而沼泽丛生的海岸的人不是士兵，也不是水手，而是勇往直前的约翰·莱登。他打扮成海盗，穿的衣服是从船上周六夜晚剧场的道具箱里搞来的。他头戴饰有流苏的菲斯帽①，一手挥舞着大砍刀，另一手拿着手枪，在遍地沼泽的海岸蹦跶。泰勒上尉在日记里冷淡地写道："他［莱登］承受了敌人的主要攻击。敌人就是一大群从谷仓大门里跑出来的家禽，领头的是一只咄咄逼人的大公鸡。"[26] 借用一首老歌的歌词，芝灵津的海滩上"一个人都没有，只有我们这些小鸡"。

爪哇岛上将会爆发激战，会有很多人丧生。但第一次登陆的荒唐可以说在整次远征中都有代表性。尽管征服爪哇的行动中有很多英雄壮举，但它始终没有像诺曼底登陆或者硫黄岛战役那样闻名遐迩。说征服爪哇的故事属于约翰·莱登的歪诗似乎更恰当。

达官贵人登陆之后，滑稽剧继续上演。布莱基斯顿注意到，总督乘坐的小艇靠岸之后，明托勋爵跳出船，"急于抢先上岸"，结果一头扎进齐腰深的海水中。乘坐旁边另一艘小艇的奥克缪蒂将军让一名士兵背着明托勋爵上岸。有句话在布莱基斯顿脑子里转悠着，但没有说出口："这就是一位老军人和一个老傻瓜的区别。"[27]

8月4日酷热难当的下午，他们跌跌撞撞地上岸，找到了一个破败的村庄。华人村民拿来椰子、洋葱、白菜以及瘦了吧唧的鸭子和母鸡，向入侵者兜售。路边小摊为英军提供了热气腾腾的咖啡。华人很乐意为任何人服务。这就仿佛是在奥马哈海滩②遇见了一个北伦敦农民集市。

明托勋爵对这景象兴致勃勃。他和奥克缪蒂将军一起骑马

---

① 菲斯帽是一种直身圆筒形（也有削去尖顶的圆锥形）、通常有吊穗作为装饰的毡帽，常见于土耳其和北非等前奥斯曼帝国统治下的穆斯林地区。在20世纪初奥斯曼帝国解体之前，土耳其毡帽一直被西方人视为东方穆斯林的象征。

② 奥马哈海滩是第二次世界大战中盟军1944年6月6日在诺曼底登陆的五个海滩之一的代号。美军在此蒙受了惨重损失。

行进，宣布"这个地区就像贴在墙上的中国画"。他们见证的唯一一场战斗发生在荷兰出纳官员农庄的两只公鸡之间。[28]

敌人已经撤退了，这对英国人来说再好不过，因为芝灵津的优势同时也是它的最大劣势。要抵达巴达维亚，他们必须渡海，而敌人摧毁了唯一的桥梁。不可或缺的人才布莱基斯顿奉命登上"丽达"号，天黑之后在河口登陆，查看可否涉水过河。结果是不行。布莱基斯顿一行人受困于乌黑的烂泥，不得不攀附在捕鱼用的木桩上，以免被沼泽淤泥吞噬。艰难地返回"丽达"号时，他们从头到脚都是黑泥。洗浴一番并把衣服送到厨房烘干后，布莱基斯顿和其他侦察兵赤身露体地躺在船长舱室的地板上，身上裹着旗帜。将他们从这别有风味的休息当中惊醒的，是河流上游城里的漫天火光。

他们身上裹着旗帜，站在甲板上眺望大火，鼻孔里充盈着甜美的香喷喷的烟。敌人为了阻止主要的香料仓库落入英国人手中，将其炸毁了。布莱基斯顿一边嗅着这扑鼻的香气，一边恼火地想，这大量的胡椒、蔗糖、丁香和肉豆蔻原本可以让他们发大财，如今都化为灰烬了。

次日早晨，他们小心翼翼地进入巴达维亚城，发现城里没有敌军，几乎空无一人。

法国人原本可以趁入侵者跌跌撞撞穿过沼泽时对其发起沉重打击，但新任法军指挥官扬森斯①将军已经率领他那庞大但

---

① 扬·威廉·扬森斯（1762～1838），荷兰贵族、军人和政治家，曾任开普殖民地总督和荷属东印度总督。1806年1月，在开普敦附近的布劳乌堡战役中，他输给了英军，南非从此被英国统治。随后在路易·波拿巴（拿破仑皇帝的弟弟）统治的荷兰王国（为拿破仑的附庸），扬森斯连续出任要职。1810年，扬森斯接替丹德尔斯，成为荷属东印度总督，在爪哇率军抵抗英国入侵，最后兵败投降。回到荷兰之后，他继续为拿破仑效力和作战。

成分混杂的军队（约 1.7 万人）撤往雄伟的科内利斯要塞（得名自多年前住在那里的一位老教师）。扬森斯接替了之前的更令人生畏的丹德尔斯将军①。他们都是为拿破仑效力的荷兰人。在巴达维亚市中心，只有少数当地人从熊熊燃烧的香料仓库中拖走爆裂、冒烟的麻袋。威廉·泰勒上尉写道："大街上满是咖啡和胡椒，跟砂砾混在一起，有的地方满地是糖。我这么说可不是夸张。"[29] 入侵者在前进途中践踏着东方的财富，这真讽刺。

奥克缪蒂将军的副官找来了巴达维亚市长希勒布林克先生，后者不情愿地与英国军官共进晚餐。希勒布林克市长在吃饭时如坐针毡，听到外面有枪声就想逃跑。他显然已经得到消息，一队法国人正在偷偷潜回市中心。得到警报之后，吉莱斯皮从餐桌前跳起来，率军从城市西门冲出去，从侧翼偷袭这队法军，轻松地将其打退。但这仍然是个诡异的、不平静的夜晚。在巴达维亚的大广场周围遍布庄严的荷兰殖民地风格的豪宅里面，如今挤满了难以入眠的英国士兵，他们身旁放着自己的滑膛枪。在这个 8 月的夜晚，空气黏糊糊的，带着烧焦的胡椒和咖啡的气味。在士兵们身下，糖粒像积雪一样厚，沾满他们的白色马裤和红色上衣。

8 月 10 日凌晨 4 点，吉莱斯皮从他借宿的法国指挥官寓所

---

① 赫尔曼·威廉·丹德尔斯（1762～1818），荷兰政治家，1808～1810 年担任荷属东印度总督。在老荷兰共和国末期的革命中，他站在反对奥兰治家族的革命者（亲法）一边。路易·波拿巴当上荷兰国王之后，任命丹德尔斯为荷属东印度总督。丹德尔斯在爪哇兴修医院、公路等基础设施，强征土著作为劳工，导致大量土著死亡。他对土著统治者的强硬态度也使得后者更愿意与英国人合作。1810 年荷兰王国被并入法兰西帝国，丹德尔斯回国，在法军担任少将师长，参加了对俄战争。拿破仑倒台后，奥兰治家族建立新的荷兰王国，担心颇有威望的丹德尔斯成为反对派核心，于是将他外放到荷属黄金海岸（今天加纳的一部分）当殖民地总督。他就在那里去世。

出发了。他和他的参谋军官在上马之前喝了法国指挥官的仆人端来的浓郁的黑色爪哇咖啡。这咖啡被下了毒，吉莱斯皮和他所有的幕僚都立刻腹痛难忍、猛烈呕吐。他们步履蹒跚，干呕不止。那个仆人之所以保住了性命，仅仅是因为英国人此刻一心想着即将开始的战斗。他受到的惩罚是喝自己准备的咖啡。[30]

英军在黎明前的凉爽时分出发，经过了"非常恢宏美丽"的荷兰豪宅，它们全都空无一人，因为巴达维亚的绅士都已逃之夭夭。天亮时，他们抵达了风景宜人的维尔特福雷登（荷兰语中的意思是"人缘甚广"）胡椒种植园和别墅群。这是一座模范新城镇，气候比地势低洼的巴达维亚更有利于健康。赫尔曼·威廉·丹德尔斯总督建造了维尔特福雷登城镇，他是不知疲倦的暴君式现代化推动者之一。他还建造了贯穿爪哇全岛的驿道，这条公路对英国人很有帮助。在维尔特福雷登，英国远征军第一次遇到了坚决的抵抗。

接近敌人兵站时，英国人看见了蓝色的闪光和呼啸而起的火箭，但发现木屋和操练场都空荡荡的。法军已经在城镇之外的胡椒种植园占据了坚固的阵地。有 3000 ~ 4000 名法军官兵，包括大多数较优秀的欧洲官兵，都隐藏在长长的路障之后。这些路障由伐倒的树木构成，军事术语叫鹿砦。英国人的左翼纵队进入法军射程之后，法军的四门骑炮就猛烈开火。英军的火炮，包括一门 12 磅炮和两门 6 磅炮，也迅猛还击。但这场战役就像印度的很多战役一样，要靠可怜的步兵发动血腥的冲锋才能打赢。英国步兵爬过灌木丛，跳过壕沟，钻进钻出胡椒藤，绕到了敌军战线的侧翼。在右翼，约翰·洛中尉第一次尝到实战的滋味。这种战斗不像骑兵冲锋或者攀登城墙的攻城战那样充满魅力和激情。这是让人一身臭汗的艰苦工作。[31]

吉莱斯皮热切希望继续推进，于是一口气追击法军到科内利斯要塞。经过两个钟头的鏖战之后，奥克缪蒂将军觉得官兵需要喘口气，所以更愿意实施侦察，于是命令闯劲十足的吉莱斯皮让部下停止前进。敌军损失了数百精兵。他们的指挥官阿尔贝蒂将军（参加过西班牙的三次战役，与扬森斯一起来到印度）身负重伤，和朱梅尔将军一起逃跑，险些没能逃回科内利斯。

即便如此，法军也有 1.3 万人在要塞内，而且要塞外围每隔 200 码就有一座坚固的石质堡垒，所以法军应当很安全。但法军指挥官对麾下的士兵不是很有信心，因为这些士兵是大杂烩，有法国人、荷兰人、爪哇人、摩鹿加岛民和西里伯斯岛民①。语言不通的问题非常普遍。新到不久的法国军官对部队的制服也不熟悉。阿尔贝蒂冲进英军的一条战线，误以为这些穿绿衣的英军②是荷兰人，向他们喊"跟我上！"，结果被打了一枪。[32]朱梅尔的上级扬森斯将军曾担任开普殖民地③总督，在布劳乌堡战役④中被俘。在他回到法国之后，拿破仑对他说："记住，先生，法国的将军不会允许自己两次被俘。"现在明托勋爵要求扬森斯出来谈判，他拒绝了。这位和蔼可亲但

---

① 西里伯斯岛今天的名字是苏拉威西岛，是印度尼西亚东部的一个大岛屿。

② 当时英军步兵大多穿红衣，也有一些轻步兵（包括来复枪兵）穿绿衣。

③ 开普殖民地（Cape Colony）得名自好望角（Cape of Good Hope），最早由荷兰东印度公司于 1652 年在今天的南非和纳米比亚建立，1795 年荷兰人在战争中把开普殖民地输给了英国，1802 年根据《亚眠条约》收回，1806 年布劳乌堡战役之后又输给了英国。从此开普殖民地成为大英帝国的一部分，直到 1931 年南非独立。

④ 布劳乌堡战役发生在 1806 年 1 月，地点在开普敦附近。当时开普殖民地属于巴达维亚共和国（拿破仑的附庸），而绕过好望角的航路对英国非常重要，于是英国出兵攻打开普殖民地，打败了当地的荷兰总督扬·威廉·扬森斯。此战规模不大，但意义非凡，确立了英国对南非的统治。

水平有限的法军指挥官的准备工作严重不足，他应当没有自信不会第二次被俘。毕竟他连法国人都不是。

英国人并不知道这些。他们的侦察兵透过胡椒藤只能看得见科内利斯的城墙。这座要塞令人生畏：它的平面呈平行四边形，长约 1.5 英里，最宽处约 0.5 英里，位于大巴达维亚河与斯洛坎运河之间，要塞两端有壕沟将两条河连接起来。进攻要塞的正面或背面都等同于自杀。在西侧，河岸陡峭而滑溜难行。顶着火力渡河是没有希望的。唯一的机会是从东面进攻，那里有一座堡垒（3 号堡垒），在运河靠近要塞的那一侧，它在地势缓缓升起的区域占据了制高点。如果能抢在敌军摧毁运河上的竹子小桥之前占领这座孤立的堡垒，就有一线希望（虽然希望不大）能冲进敌军战线的这个缺口。谨慎的奥克缪蒂认为必须先对敌人炮轰一阵子再说。在随后的一周里，英军匍匐前进，穿过胡椒地，建立了炮兵阵地。起初是一阵怪异的平静，似乎法军没有发现汗流浃背的英军工兵在把大炮往前运输，并在距离法军要塞不超过 200 码的地方挖掘掩护堑壕。

然后，敌人似乎如梦初醒。第一个迹象是午夜突然响起潺潺流水声，法军企图往英军堑壕里灌水。白天，英军可以看见法军炮兵在加固自己堡垒的城堞，并将火炮安放在平台上，以便从城堞上俯射。8 月 22 日黎明前不久，敌军发动了一次奇袭，携带了成袋的铁钉，准备钉死已经就位的英军大炮的点火孔①。

---

① 点火孔是前膛炮尾部的一个小孔，是作为推进剂的火药点燃和爆炸的地方。带刺的钢钉一旦被塞到点火孔里就很难拔出来，这使得大炮无法点火发射。如果大炮有被敌方夺走的危险，己方就会钉塞点火孔，以免敌方用它来炮击己方。如果己方不能运走掳获的大炮，也会钉塞点火孔，以免敌方夺回后用来炮击己方。如果没有特制的钢钉可用，也可以将刺刀插到点火孔中，再将其打断，使刀尖嵌入点火孔。

约翰·洛所在的第 59 团的工作小组与敌人展开了激烈的白刃战，将敌人逐出炮兵阵地。科内利斯围城战的开始竟然是法军攻打英军阵地，这可不是英国人所预想的。英军这天损失了100 人。在血腥的混战中，麦克劳德中尉被自己人开枪打死，因为对方没有认出他的制服。英军也发生了混乱，犯了一些错误。

现在两军开始互相炮击，炮声轰鸣不止。英军无法判明自己的炮击对要塞内的法军造成了多大损伤，但他们自己每天都在因为葡萄弹和爪哇 8 月恐怖的酷热而损失人员。更糟糕的是，敌军的炮火扫清了胡椒藤的枝杈，臼炮轰倒了支撑胡椒藤的树木和长杆，于是英军失去了躲避炮火和毒日头的掩蔽物。英军刚到时，这个美丽的槟榔种植园看上去就像肯特郡的啤酒花田。如今种植园被炮火打成了烂泥地。时间在不断流逝，一辈子都缺乏耐心的吉莱斯皮急于前进。[33]

8 月 26 日午夜刚过，吉莱斯皮率军在一个荷兰逃兵的指引下出发，绕了很远的路，穿过山涧和槟榔林。吉莱斯皮身边带着威廉·索恩上尉，此人后来撰写了此次远征的故事，还为吉莱斯皮写了传记；还有必不可少的布莱基斯顿与渴望下一次战斗的威廉·泰勒。他们后面是第二纵队，由塞缪尔·吉布斯指挥，约翰·洛就在他的一个掷弹兵连①里。

他们在黑暗中跌跌撞撞地前进，来到一个十字路口，荷兰逃兵结结巴巴，说不准走哪条路。吉莱斯皮对他大发脾气，但马德拉斯骑兵部队的迪克森上尉记得正确的路线，于是他们继续艰难跋涉，直到走出胡椒地，看得见夜色笼罩下科内利斯诸

---

① "掷弹兵"这个名号非常古旧，实际上此时他们已经不再携带手榴弹，但根据传统，掷弹兵是重步兵，承担突击任务。英军的一个营下辖一个轻步兵连，就是散兵；还有一个掷弹兵连，负责激烈的近距离厮杀。

多堡垒的黑色轮廓。此时天色刚刚开始发亮。

这时，一名副官向吉莱斯皮耳语道，吉布斯的纵队没有跟上来。虽然派了侦察兵原路返回搜索，但完全找不到吉布斯纵队的踪影，也听不见他们的响动。"真是糟糕的时刻！停顿令人心急如焚，这种时刻更容易想象，却难以描摹；只有参与一项大业的人才有可能感受到这种可怕的焦虑。成千上万人的生命、全军的荣誉与声望都取决于这项事业的成功。"[34]

威廉·索恩此言不虚。罗洛·吉莱斯皮站在满是露水的胡椒地里，闻得见火炮硝烟的气味；而在他背后，太阳在明白无误地爬上山。吉莱斯皮面对的是艰难的抉择，这种抉择在他人生里不是只有一两次，而是每次他投入战斗时都要面对。如果他等待十分钟，敌人就能看到他们，于是奇袭的效果就会丧失，城墙上的敌人可以易如反掌地将他们逐个消灭。但吉布斯和第59团、第14团、第78团的掷弹兵还没到，吉莱斯皮冲入3号堡垒和主要塞的胜算能有多大呢？

吉莱斯皮按照自己的作风，一瞬间就做了决定：立刻进攻。他相信吉布斯的部队会听见枪声，很快就能从丛林中赶过来。

吉莱斯皮的人马已经汗流浃背、累得要死。布莱基斯顿连续好几夜没有睡觉，忙着修复炮兵阵地。此时只要行军队伍停下来，他就倒在地上，随时可以睡着。若不是一名骑兵在黑暗中踩到了他，他可能就被丢下了。此后他安排了一名士兵在自己身旁，让他在再度开始静默行军的时候就把自己戳醒。他们静悄悄地往前摸，在抵达第一个敌军哨兵岗位时没有被敌人察觉。哨兵询问吉莱斯皮纵队的前锋：来者何人？一名英国军官用他最说得过去的法国口音答道："巡逻队。"然后吉莱斯皮喊着"前进！"，约 60 人的法军警戒队只来得及开几枪，就被英军的刺刀制服。法军中没有一个人来得及装填子弹。

黯淡的曙光中闪耀着蓝色的炮口焰，3 号和 4 号堡垒的火炮开始射击，但葡萄弹从英军头顶上掠过了。他们风驰电掣地冲过脆弱的小桥（还没有被摧毁），端着刺刀与敌人拼杀并冲向堡垒。被刺死的敌人发出沉闷的喊声。现在大群英军冲到了黑漆漆的运河两岸。

最后也最关键的堡垒是 2 号堡垒，它距离 3 号只有 200 码。拿下 2 号堡垒之后，英军就能控制要塞的整个东南部，能够沿着这段战线蜂拥而入。但 2 号堡垒是一座小型军火库，里面有大量敌军、野战炮和弹药。这就是整场战役的焦点。

在这十万火急的决定性时刻，吉布斯上校的纵队如潮水般涌过了竹桥，开始攀爬削尖木桩构成的栅栏障碍。对英军来说幸运的是，科内利斯的削尖木桩栅栏对守军没有什么用，因为木桩间距太大，英军能从缝隙间挤进去。

堡垒内的肉搏战非常激烈和凶残。在 2 号堡垒约 80 码见方的狭窄空间内，两军有数百人互相投掷手榴弹，用刺刀戳向最近的目标。这是史上最激烈的战斗之一，但也是持续时间最短的战斗之一。在不到十分钟内（顶多二十分钟），吉布斯和吉莱斯皮就占领了 2 号堡垒。谁是胜利者，毋庸置疑。英军开始围拢俘虏。然后他们稍事休息，互相握手，用疲惫的嗓音三次欢呼胜利。

就在这时，弹药库爆炸了，或者说被引爆了。两名法军上尉，分别叫米勒和奥斯曼，被英军的欢呼激怒，点燃了弹药库。他们自己也被炸得粉身碎骨，他们知道自己必死无疑。双方还有数十名士兵死亡，大多数幸存者都身负重伤。布莱基斯顿就在现场：

> 爆炸的冲击波将我掀到空中好几英尺高，然后把我面朝下狠狠摔到地上。我几乎丧失了知觉，喘不过气来。我恢复意识之后的第一个念头就是我已经死了，正在为自己的罪孽在地狱受罚。过了一会儿，尘土和硝烟略微消散，这时我才意识到，我还是地球的居民；而暴风雨般垂直落下的碎石、尘土和木料让我觉得，即便我现在还活着，也命不久矣。眼前稍微清楚了一点，我们能够四下打量，我看到勇敢的战友粉身碎骨，其残肢飞溅到四面八方，好不凄惨。[35]

约翰·洛也被炸飞了，他的白色马裤上溅满堡垒的尘土，鼻孔里满是硫黄，耳朵被爆炸震得一时间完全失聪。

许多英里之外，在海上停泊的英国舰船上的人都听见了爆炸声，但索恩和布莱基斯顿都不记得听见过。明托勋爵躺在维尔特福雷登的征用来的别墅床上辗转反侧，也听见了爆炸，为战斗的结果忧心忡忡。他的整个未受批准的远征就取决于此次战斗。[36]

布莱基斯顿说，他和吉布斯上校是堡垒内仅有的两个没有被炸死或负重伤的人。掷弹兵连的全部三位上尉都牺牲了，包括约翰·洛的长官奥尔福特上尉。

约翰的运气没有吉布斯和布莱基斯顿那样好。他的名字在伤员名单中。被炸上天的时候，他仅仅参加了不超过一刻钟战斗。但这十五分钟至关重要，就是这个时间段决定了这是光荣而有决定性的胜利，还是漫长而折磨人的鏖战。英军夜间穿越丛林的跋涉已经让他们精疲力竭，再加上酷暑、热病、痢疾和敌军炮火，他们的实力已经减损不少。他们顶多只有 8000 人去对抗扬森斯的 17000 人，并且后者据守着东方大海上最固若金汤的要塞。

第 59 团那些还能站立的士兵跟随营长亚历山大·麦克劳德（来自斯凯岛①）出了堡垒。约翰·洛被震得暂时失去听力、肋骨折断，但还能行走。他跟着战友继续进攻扬森斯将军的炮兵阵地。法军在炮兵阵地右侧部署了骑兵来保护炮兵。这些骑兵原本打算冲锋，但在遭到第 59 团的射击之后就改了主意，调头在小径上一溜小跑，离开了要塞。朱梅尔将军还非常体贴地为他们指出这些小径。

麦克劳德在 2 号堡垒作战时负了伤，此时他率领部下沿着堡垒一线推进，经过 4 号堡垒，抵达要塞中心的小型砖砌堡垒科内利斯。斗志涣散的守军在那里的兵营做了最后的抵抗。英军将缴获的火炮推来射击，一轮葡萄弹就让守军瓦解了。

然后守军都一溜烟从紧急出口逃出了所谓的坚不可摧的要塞，有法国人、荷兰人、爪哇人、摩鹿加人和西里伯斯岛民，七拼八凑而成的整支军队作鸟兽散。他们刚刚逃出要塞，就遭到守株待兔的英军骑兵袭击。数百人被砍倒，数千人被俘。此次行动中英军共俘虏 5000 人，包括 3 名将军、34 名校官、70 名上尉和 150 名中尉。至于死亡数字，奥克缪蒂报告称，发现有约 1000 人的尸体被埋在要塞内，"还有很多敌人在撤退过程中被砍倒，河里满是死尸，木屋和树林里到处是伤员，他们后来都咽气了"。[37]吉莱斯皮在战斗开始之前就因为疲劳和热病

---

① 斯凯岛是苏格兰内赫布里底群岛中最大也是位置最靠北的岛屿。

发作而晕眩。现在，他倒在对他极为敬慕的索恩上尉怀里。但没过多久，赤褐色头发乱蓬蓬的吉莱斯皮又站起身来，亲自俘虏了一名旅长和好几名校官。

到目前为止，英军的进攻都是徒步进行的，因为穿过丛林的小径太窄，骑兵无法通行，并且马具的叮当作响会暴露他们的位置。现在必须趁敌人还来不及重整旗鼓时，赶紧上马追击。吉莱斯皮从敌人一辆炮车上解下一匹马，翻身上马，并向助理军需总监汉森中尉喊道："把'咆哮'带过来！"吉莱斯皮还没有出要塞，汉森就一声呼哨唤来了上校的战马。汉森此后一直记得，自己如何帮助激情四射、满头红发的小个子上校骑上"咆哮"，并观看吉莱斯皮纵马从南面道路冲下去，奔向扬森斯在山坡的别墅"布依滕措格"。这个名字在荷兰文中的意思是"无忧"，可能借鉴自弗里德里希大王在波茨坦的无忧宫。但荷兰人如今再也做不到无忧，也不能志得意满了。数千名为法国效力的荷兰人抱头鼠窜，争相逃命。

吉布斯和第 59 团引领着疯狂的追击战，他们的目标是扬森斯将军。他被迫泅水渡过斯洛坎运河才最终逃走。英军追踪他好几周，跑遍了全岛，不时发生小规模战斗，遇到负隅顽抗，最后扬森斯终于投降当了俘虏。他获得假释，被送回法国。让他颇感意外的是，拿破仑原谅了他第二次当俘虏。

次日早晨，明托勋爵去了科内利斯，去"瞅一眼"战场。"战斗次日，我冷静地观察了战场，"他告诉妻子，"真是可怕的景象。"除了道路和广阔原野上散布的"物品"之外，还有"拥挤的、死尸成堆的屠戮与毁灭的惨景，就在我军从敌人手中夺取的每一座堡垒的狭小空间内。在其中一座堡垒［即 2 号堡垒］内有残缺不全、惨不忍睹的死尸，是胜利者的。他们是英军两个团的掷弹兵，当然是最精锐的士兵"。[38]明托勋爵虽然愿意仔细查看这些惨景，却并不为此良心有愧。

恰恰相反。一周后，他兴高采烈地写信给公司的秘密委员会，宣布自己已经以东印度公司的名义占领了爪哇："乍看起来，我似乎偏离了公司委员会的指示，因为我占据了该岛，而不是拆除其防御工事并撤离。"爪哇太富饶，而"一旦我们撤销该殖民地，让土著获得武装，必将导致毁灭性的屠杀和破坏"，这代价太昂贵、太令人震惊，所以不能考虑撤军。[39]

一个月后，他写信给控制理事会主席罗伯特·邓达斯，这次说得更直白："我认为，应当尽快将爪哇变成英国殖民地，引进英国殖民者、英国资本和英国利益。"[40]

他选来执行此项伟大使命的爪哇副总督不是别人，正是汤姆·莱佛士。此君很快将如蝴蝶脱茧而出一般崛起并展翅高飞，名字换成了斯坦福·莱佛士，因为斯坦福是他的中间名，听起来更气派。

但明托勋爵不会自欺欺人地相信自己已经说服了董事会。他在离开爪哇之前告诉巴达维亚的一位商人："趁还在这儿，我们尽量多做好事吧。"他心知肚明，英国是否会将爪哇收为殖民地还没有定论。[41]

他担心与拿破仑的战争结束之后爪哇会重新回到荷兰人手里，于是产生了一种不光彩的想法，并毫无忌惮地向邓达斯表达了这种想法："我最怕的就是普遍和平。"[42]波拿巴坚持认为战斗越久，在爪哇巩固英国统治的机会就越大，英国对爪哇的征服也就变得越不可逆。莱佛士也有这种不成体统的思想。拿破仑从厄尔巴岛逃走之后，莱佛士写道："波拿巴卷土重来固然可怕，但的确给神圣的岛屿投射了一线抚慰之光；爪哇还有希望成为英国的永久领地。"[43]殖民征服的胃口让原本很理性的人也变得思维扭曲，产生了近乎叛逆的想法。

明托勋爵目前最担心的是此次征服未必能让他得到赞扬，毕竟将法国人逐出印度洋主要是他的功劳。"因此，说到功劳，占领爪哇和占领那些法属岛屿一样，都是我的功劳。因为制订计划、做出决策、准备作战以及后续的贡献，凭借的都是我的判断，也是由我一个人承担风险。"[44]但他还是开始担忧，"我忍不住怀疑，某些大臣已经在企图篡夺我的荣誉"。[45]然而，从伦敦传来的只有沉默，漠然、不祥的沉默。

不过，在爪哇，明托勋爵的名字得到大肆宣扬。莱佛士懂得如何报答恩主。在明托勋爵乘船返回加尔各答的前一天，新任爪哇副总督莱佛士为他举办了一场盛大宴会，还施放了烟花。穿过政府大楼花园的林荫大道上张灯结彩，大道尽头有一座神庙，张挂着"明托"字样。[46]

莱佛士精力无限，野心勃勃，并且擅长操纵媒体。他创办了《爪哇政府公报》，宣传新政权的慷慨与慈善。科内利斯战役一年之后，《爪哇政府公报》不吝溢美之词地报道了庆祝科内利斯战役与英国人开始统治爪哇一周年的宴会。吉莱斯皮（此时是少将）主持了宴会。"吉莱斯皮将军祝酒的速度和他在战场上的行动一样迅捷。"一共有十四轮祝酒，高潮是向明托勋爵、远方友人、吉莱斯皮将军、科内利斯战役的英雄，当然还有向爪哇副总督大人的九轮祝酒。莱佛士和吉莱斯皮这两个红头发矮个子以后很少有机会如此和睦地坐在一起了。《爪哇政府公报》报道称："战斗之激烈被一首专门为此创作的歌曲传神地记载下来。"这首歌的作者是第14马德拉斯土著步兵团的汉森中尉（此时已晋升为上尉），也就是帮助头晕目眩的吉莱斯皮爬上他心爱的"咆哮"马背的那位军官。

当夜，人们用流行歌曲《调皮的阿瑞图萨》的曲调演唱了《科内利斯陷落之歌》。《调皮的阿瑞图萨》是一首喧嚣欢乐的小曲①，被亨利·伍德爵士②选入了"英国海洋歌谣幻想曲"，直到前不久，人们在英国学校舞会的最后一夜还会高唱这首歌。汉森的歌曲有14节，这还不算合唱部分，比纽博尔特为吉莱斯皮在韦洛尔的英雄事迹写的歌还长。我们还得承认，助理军需总监汉森的诗歌造诣不如纽博尔特。不过，很少有战斗亲历者用诗歌详细记载战斗的经过。其中两节写的是约翰·洛在当夜参加的行动：

> 勇敢的吉布斯出现在视线里，
>
> 带领弟兄们做好了战斗准备，
>
> 他们快速行进，
>
> 很快来到了科内利斯。
>
> 吉莱斯皮欢呼，他们开始冲锋，
>
> 吉布斯冲向2号堡垒，

---

① 《调皮的阿瑞图萨》是18世纪末的一首水手歌谣，讲的是英国海军巡航舰"阿瑞图萨"号与法军作战的故事。阿瑞图萨是希腊神话中美丽迷人的山林仙女，是海神俄刻阿诺斯的女儿，也是月神与狩猎女神阿尔忒弥斯的侍女之一。每逢阿尔忒弥斯狩猎，阿瑞图萨则负责携带弓箭。她对自己的职责专心致志，从不考虑别人对自己的夸赞，也从不顾及自己的爱情。通常阿瑞图萨的形象是一位身边围绕着鱼群的年轻女子。

② 亨利·伍德爵士（1869～1944），英国音乐指挥家，是"逍遥音乐会"的重要人物，为其指挥了将近五十年。"逍遥音乐会"是每年一度的在英国伦敦举行的古典音乐节，票价低廉、气氛轻松，以吸引更多人听古典音乐。

勇猛的麦克劳德身先士卒，

冲向大炮的雷鸣。

合唱：在大炮的雷鸣中，

在骄傲的科内利斯要塞。

现在我们看到的景象是多么可怕！

2号堡垒有地雷爆炸，

残缺不全的肢体被炸飞，

在骄傲的科内利斯要塞。

呜呼！多么震撼人心的恐怖，

我们勇敢的弟兄躺在地上，

未来的人们将长久讲述，

多少勇敢的士兵在此牺牲。

合唱：多少勇敢的士兵在此牺牲

在骄傲的科内利斯要塞。[47]

扬森斯于1811年9月17日无奈地签署投降书后不久，奥克缪蒂将军便返回印度了。他还带去了讲述他伟大胜利的报告，而赢得此次胜利的大部分部队也随他回去了，包括约翰·洛和其他专门为了此次行动而被抽调到英王军队的公司军官。洛中尉有几根肋骨骨折，耳鼓受损，但携带着麦克劳德中校签署的嘉奖状副本。麦克劳德"表示对我［约翰·洛］在他指挥的团作战期间的表现十分满意"。[48]

吉莱斯皮则带领少量部队留在岛上（他们认为这样的兵力足以守住爪哇岛），包括亚历山大·麦克劳德和第59团，约翰在该团领导下曾奋勇拼搏，尽管他们在攻打要塞的战斗初

期落后了。第59团及其后继各团时至今日的荣誉清单上仍然
有爪哇的字样，尽管他们或许早就忘记了他们在何时赢得了此
项荣誉，又是为了什么。

注释

［1］Kaye, Malcolm, i, p. 391.

［2］Minto, i, p. 114.

［3］Fregosi, p. 76.

［4］Minto, iii, p. 329.

［5］Kaye, *History of the War in Afghanistan*, i, p. 52. 令局面更加复杂的
是，与此同时，伦敦政府向德黑兰派遣了自己的大使，好斗的哈
福德·琼斯爵士。他与马尔科姆互相看不顺眼。这一次，马尔科
姆没有取得任何进展，而琼斯带着一份条约凯旋。梅特卡夫和埃
尔芬斯通顺利签订了条约，不过只有和旁遮普的条约维持了较长
时间。

［6］Wilson, iii, p. 299.

［7］英军在战斗中损失甚微：一名水兵、一名海军陆战队员和两名陆军
列兵阵亡。但在历史上屡见不鲜的是，留下把守要塞的部队将会遭
受严重得多的损失。这些岛屿在五年后被归还给荷兰人，而在这五
年里，英军有六七名军官和数量不详的士兵死于水土不服。

［8］Kaye, *Afghanistan*, i, p. 298.

［9］Minto, iii, p. 249.

［10］Ibid.

［11］August 31, 1810, Mss Eur F148/1.

［12］Hannigan, p. 67.

［13］Glendinning, pp. 62 - 3.

［14］Hannigan, p. 62.

［15］Wilson, III, pp. 323 - 4.

［16］Thorn, *Java*, p. 16.

［17］ Thorn, ibid. , p. 18.

［18］ Minto, iii, pp. 251－2. 他的藏书也占据了舱室相当大的空间。"最近我在读'莪相'和克雷布的《自治市镇》等书。我身边还带着《湖中妖女》和司各特的六卷本著作……"（Minto, iii, p. 252.）我们不禁要想，明托夫人会不会觉得自己被丈夫抛在脑后了。更让她烦恼的一定是长期的传闻，说吉尔伯特还有另一个家庭，藏在不知什么地方。虽然他们夫妇定期通信，信中充满温情，但他与夫人长期分开，似乎并不难过，反而很开心。

　　另一个经常写信的人是威廉·泰勒，他常写信给明托勋爵的长女，她也叫安娜·玛丽亚，与母亲同名。泰勒在远征期间还写日记，其中的精炼旁白相当精彩。他还复制了自己的日记，将副本送给小安娜·玛丽亚（Glendinning, pp. 78－9）。复制的工具是"碳式复写纸"和美国总统杰斐逊喜欢的那种复写机，这种设备将两支笔连在一起。如果这种复写机能投入广泛使用，就能节约千百万个工时。帝国的文书人员要再等半个世纪才能用上打字机。

［19］ Minto, iii, p. 255.

［20］ Glendinning, p. 80.

［21］ Minto, iii, p. 262.

［22］ Ibid. , p. 268.

［23］ Ibid. , p. 264.

［24］ Ibid. , p. 265. 明托勋爵颇有戏剧天分，这在公共生活中助益甚大。他自诩为戏剧批评家，特别喜欢每周六晚上"谦逊"号上表演的戏剧："这是我最欣赏的业余戏剧表演。这些粗犷、未受过专业训练、没有接受专业指导的水兵，居然能把喜剧里形形色色的角色都表演得如此自然而妥当，观之令人惊叹。"（Minto, iii, p. 280.）业余演员们偶然说错词，如把"精妙"说成"精爆"，把"礼节"说成"礼鞋"，但这些错误对表演没有损害。这种船上的戏剧表演并不新鲜。两个世纪以前，《哈姆雷特》和《理查二世》的一些有史可查的最早的表演就是在非洲西海岸的一艘贩奴船上进行的。

［25］ Blakiston, ch. xxv.

［26］ Glendinning, p. 87；Hannigan, p. 25.

[27] Blakiston, ch. xxvii.

[28] Minto, iii, pp. 285 – 6.

[29] Glendinning, pp. 87 – 88.

[30] Thorn, p. 30.

[31] 这也是威廉·泰勒上尉第一次参战。吉莱斯皮在报告中感谢泰勒"在整个战斗期间不知疲倦地协助我，并且自我军登岛以来始终热情洋溢地努力工作"（Thorn, p. 37）。明托勋爵对自己的军务秘书接受战火洗礼非常高兴，写信给两个安娜·玛丽亚说："泰勒在吉莱斯皮身边，初次参战就表现十分出色，展现了活跃、勇气、冷静和判断力。"（Minto, iii, p. 289.）

[32] Fregosi, pp. 319 – 20. 索恩少校对吉莱斯皮崇拜得五体投地，担任过吉莱斯皮的参谋长，后来还为他立了传。索恩在维尔特福雷登负伤，但他得意扬扬地记载了朱梅尔将军在 8 月 10 日战斗之后发布的命令。朱梅尔告诉他的作战军官们，科内利斯要塞"固若金汤，完全可以死守到底"，敌人不可能成功从正面进攻，也不可能一口气将要塞拿下；但是，敌人可能利用奸计或在夜间偷袭，"让他们自己进入要塞"（这个说法真是别扭）。"为了防止意外，"朱梅尔继续写道，"我们留了四个撤退的出口。"然后，就像空姐介绍安全措施一样，他指出了这四个紧急出口。虽然他赶紧补充说，应当命令部队死守到最后一兵一卒，但他这份命令的语调并不能激发信心（Thorn, pp. 41 – 3）。

[33] Thorn, pp. 51 – 2.

[34] Thorn, p. 56.

[35] Blakiston, ch. xxix.

[36] Minto, iii, p. 292.

[37] Thorn, p. 86.

[38] Minto, iii, p. 293.

[39] September 3, 1811, ibid., pp. 307 – 09.

[40] October 6, 1811, ibid., pp. 313 – 14.

[41] Ibid., p. 316.

[42] Ibid., p. 313.

[43] Glendinning, p. 144.

[44] Minto, iii, p. 299.

［45］ Ibid. , p. 297.

［46］ Glendinning, p. 94.

［47］ Java Government Gazette, *August* 29, 1812.

［48］ *Low to Malcolm*, *June* 23, 1817, *Mss Eur D*1082.

5　锡兵

　　人们说，在科内利斯战役期间，"吉莱斯皮无所不在"。而在随后几个月里，他在全岛无所不在。莱佛士无情地多次运用麦克劳德和第59团作为自己的战争猛犬。有很多传记作家对莱佛士很客气，歪曲了史实，暗示莱佛士只不过是在回应土著王公对他的威胁和挑战。事实上，他的行动更像是他有意识地主动寻衅滋事，以便对爪哇和整个东方大海强行施加英国的统治。他的最终目标是建立一个和荷兰殖民帝国一样伟大的帝国，要覆盖差不多今日印度尼西亚的领土。驱动他的还有对荣耀的渴望和对经济利益的贪婪。他还有一个既自私也无私的心愿，那就是歌颂、记载和窃取爪哇及其周边地区的丰富文化资源。莱佛士希望成为自己能够研究的所有地区的主宰，而他什么都想研究。

　　在随后一年里，莱佛士发动了三次行动，这三次行动加起来就让他的目的昭然若揭了。而他挚爱的那位恩主对他的所有目标都百分之百赞成。事实上就是在明托勋爵的敦促下，莱佛士给该地区的土著王公写了一连串阿谀奉承的信，向他们保证英国人对他们的善意，支持他们反对荷兰人，并用某种形式的永久联盟来诱惑他们。

　　他给苏门答腊岛东北部巨港①的苏丹写了好几封信。但对

① 巨港在苏门答腊岛上，是印度尼西亚最古老的城市，在7~14世纪是三佛齐王国（中国古籍中又称室利佛逝）的首都，当时的三佛齐国境横跨今日的印度尼西亚与马来西亚。

其中两封信，分别写于 1810 年 12 月 10 日和 15 日，他后来一定追悔莫及，希望自己从来没有写过它们；他也万般悔恨，希望自己没有将这两封信的副本放进给明托勋爵的邮件包裹里，并于 1811 年 1 月 31 日将其发出。[1]这两封信后来被保存在旧印度事务部的图书馆中，记录下了一切，尤其是英国人肆无忌惮的背信弃义。

在第一封信里，莱佛士以霸道的口吻告诉苏丹："我要赶紧将此信发给陛下，提醒陛下提防荷兰人的歹毒企图。荷兰人阴谋窃取陛下的财产，从中渔利。他们和东方的每一位君主打交道时都是这样。"莱佛士告诉苏丹，只有一条路可走："我建议陛下立即将荷兰人从您的领土上驱逐，但如果陛下有理由不这么做，并且希望得到英国人的友谊与帮助，那么请陛下告诉我……因为我拥有很多舰船，如果我觉得合适，就可以帮助陛下驱逐荷兰人，哪怕他们有 1 万人之多。"[2]

为什么偏偏是巨港？莱佛士的威胁与承诺的背后究竟是什么？苏丹巴达尔丁自称是先知穆罕默德的后代，也是爪哇曾经的印度教诸王的后代。他统治着广袤而散乱的地带，包括大片沼泽和丛林，很大一部分无人居住。尽管他的领地包括柚木林和大米、胡椒与靛青种植园，但仅仅这些还不足以吸引莱佛士如此孜孜不倦地热切关注。不过，苏丹的领地还包括穆西河河口的两个相当大的岛屿：邦加岛和勿里洞岛。

莱佛士在给明托勋爵的信中写道："邦加岛可以算是一个巨大的锡矿。"[3]他这话不是夸张。锡石，即锡的原生矿，在苏门答腊岛东部的漫长花岗岩山脊露出地表。这是世界上锡石蕴藏量最丰富的单一地点。勿里洞岛与邦加岛毗邻，略小一点，拥有丰富的铁矿石和锡石资源。一个多世纪以来，当地人就在这两个岛的泥泞小溪里淘矿石，近期得到了中国商人的有组织领导。勿里洞岛是中国最大的铁矿石来源地。东方大海上这些风光旖旎、有着海风吹拂的棕榈树和雪白沙滩的小岛，同南威尔士和北英格兰的那些河谷一样，是工业革命的基地。从一开始，莱佛士就下定决心要占领这些岛屿。明托勋爵也是这么想的。他于1811年10月离开爪哇之前，写报告（题为"杂项"）给孟加拉秘密委员会称："应尽快占领巨港……关于邦加岛和锡矿，莱佛士副总督懂得我的心意。"[4]

起初巨港苏丹对莱佛士暗含威胁的提议没有任何回应。苏丹陛下似乎对自己长期依附于荷兰人的地位很满意。这时传来了巴达维亚被英国人占领的消息。苏丹立刻感到这是一个绝好的机会，可以将荷兰人赶出自己的地盘并收复主权。他愿意听从莱佛士的建议，但并不愿意从被荷兰人控制改为受英国人节制。他派兵扫荡了可怜的荷兰人聚居区（与他的宫殿隔着穆西河），将二十多名荷兰男子和一名荷兰女子以及他们的六十多名土著仆人送上一艘敞篷船，让他们顺流而下。当这艘船抵达出海口时，船上已经只剩下八十六具尸体。[5]

这场屠杀的消息在三个月之后，也就是1812年1月传到了巴达维亚。莱佛士在官方渠道表示憎恶此种丑恶行径，但私下里他很高兴。此次屠杀是英国人入侵巨港并除掉苏丹的绝妙借口。他在给明托勋爵的信中写道："我想，我们显然必须与他决裂，用三四艘巡洋舰封锁他的河流，并占领邦加岛。"[6]他在给恩主的信中不以为耻地给写下了这样麻木不仁的句子："我倾向于认为，当前的事情［八十六名荷兰人被屠杀］对我们在该地区的最终安全是件好事。"[7]

换句话说，苏丹做的事情，消灭荷兰人，恰恰就是莱佛士请他做的，而现在英国人要为了这事惩罚苏丹。莱佛士没有得到伦敦的批准，就悍然入侵苏门答腊岛（面积相当于英格兰），派吉莱斯皮和麦克劳德率领数百士兵和十一艘舰船去废黜巴达尔丁，以他比较听话的兄弟取而代之。但最重要的是，要"占领邦加岛"，不管是通过条约获得，"还是直截了当在那里定居"。[8]

在一场猛烈风暴之后，吉莱斯皮的士兵趁夜色进行了一次诡异的航行，在闷热的河上划船前进。此次行动没有遇到任何抵抗。巨港苏丹已经逃离他那染满鲜血的宫殿。英国人扶植他的兄弟阿迪帕蒂到宝座上。阿迪帕蒂对英国人感恩戴德，很乐意"将邦加岛与勿里洞岛的完整、不受限制的主权割让给大不列颠国王陛下和东印度公司"。当然，他根本没得选择。

邦加岛被更名为约克公爵岛，以纪念吉莱斯皮的最高上司①。而约克公爵岛的小小首府文岛镇，除了改名为明托，还能叫什么呢？

新苏丹当然得有一场像模像样的加冕礼。5 月 14 日是新月升起的黄道吉日，这天上午九点半，阿迪帕蒂王子来到宫殿台阶前，受到麦克劳德中校的欢迎，被护送进大殿。吉莱斯皮迎接阿迪帕蒂，安排他在一张深红色天鹅绒沙发上坐下。随后阿迪帕蒂被引领到宝座前，宝座上方罩着黄色丝绸的华盖。阿

---

① 英王乔治三世的次子，约克和奥尔巴尼公爵弗雷德里克（1763～1827），曾担任陆军总司令。他在法国革命和拿破仑战争中的唯一一次重要作战是 1794 年的佛兰德战役，遭惨败。

迪帕蒂聆听了用马来语宣读的他兄弟的累累罪状。索恩上尉觉得阿迪帕蒂受到了很大震动，因为他"在聆听期间多次抹眼泪"。[9]他之所以哭泣，或许另有原因。

随后，吉莱斯皮上校不客气地将可怜的阿迪帕蒂推到宝座上，然后士兵鸣枪致敬。在索恩上尉所谓的"空位期"，宫殿上方飘扬的是英国国旗。此时，英国国旗降下，换成了苏丹的旗帜。这再清楚不过了：以后新苏丹只能依赖英国人的支持来统治。前任苏丹在逃亡期间将他的财宝埋藏在隐秘地点，并处死了挖坑的工人，以保守秘密。仿佛占有了邦加岛还不够，条约另有一个条款规定，等将来找到了这笔财宝，要把其中一半交给英国人。

索恩上尉陪同吉莱斯皮在河中逆流而上。在索恩这样头脑简单的人看来，新苏丹的登基典礼"隆重威严，令人肃然起敬"，"精彩地展现了英国人的慷慨气度，这种气度在整个东方世界得到歌颂传扬"。我们则会觉得，整个事件展现的是英国人的冷酷无情和玩世不恭的精明算计。莱佛士假装是苏丹的真诚朋友、荷兰人的死敌，现在却推翻了苏丹，自称荷兰殖民者的朋友和复仇者。可谁会管那么多？毕竟他已经得到了邦加岛和勿里洞岛。

莱佛士得到了锡矿，在苏门答腊岛上也有了一个重要的立足点。他现在是爪哇副总督和香料群岛统治者。眼下只剩下其中最大的一个岛还没有处于他的控制之下，那是一片庞大而多山的荒原，上面到处是海盗和猎头部落，据说拥有取之不尽、尚未开采的铁矿、铜矿、金矿和钻石矿。那就是婆罗洲。

莱佛士在马六甲有个朋友，名叫亚历山大·黑尔。这个放荡的漫游者简直像是康拉德小说里的角色。他是个吉姆老爷①，但没有吉姆老爷的善心。据说《吉姆老爷》这部小说的地理背景就是邦加岛及其沿海地区。黑尔刚出道的时候在里斯本的码头工作，后来漂泊到加尔各答，在那里娶了一个十四岁的舞女，名叫迪西塔。莱佛士在马六甲结识黑尔的时候，后者已经豢养了一个后宫，有一大群各个种族的未成年少女。他还经营着去南婆罗洲首府马辰的商船。他自称与马辰的苏丹是铁哥们儿。

1809年，丹德尔斯将军把婆罗洲的所有荷兰官员都撤走了。[10]亚历山大·黑尔是抢占这个真空、担任婆罗洲的英国常驻代表的不二人选。黑尔满口答应，接受了莱佛士的提议。马辰苏丹还将自己沼泽丛生的领地中的1400平方英里土地赠送给黑尔。东印度公司严格禁止官员接受此类私人封地，但莱佛士很开心。[11]然而不幸的是，并没有现金与这片封地搭配。黑尔开始狮子大张口，向巴达维亚的财政机关索要金钱，好给自己建造府邸。他坚持要求在高高的支柱上建造府邸，并且要比丛林里最高的树更高。土著大多已经逃亡，于是黑尔安排囚犯来造房子。莱佛士给他送来一些犯人，其中很多是因为轻微的

①　约瑟夫·康拉德（1857~1924），英国最伟大的小说家之一，《吉姆老爷》是康拉德最重要的代表作之一。小说的主人公吉姆是水手，因一时怯懦在发生海难时抛弃乘客、弃船逃生，由此背负起渎职和背信弃义的耻辱。尽管事后他勇敢地承担责任，一个人去面对法庭的审判，可自此以后他始终无法走出这种耻辱的阴影。马洛船长欣赏吉姆的为人，理解他道德的困境，最终安排他躲进与文明隔绝的土著人居住区。吉姆以自己的勇敢和正直赢得土著的忠心爱戴，被尊称为"吉姆老爷"。可惜好景不长，他因一念之仁给了一伙亡命海盗一条生路，可这伙海盗离去时背信弃义，杀死了土著头人的儿子、吉姆的挚友。吉姆满腔悲愤，从容赴死，以一死洗尽自己的耻辱。

扰乱公共秩序罪而被逮捕的。黑尔又要女人，以便养育更多殖民者。他说，他更喜欢"品行放荡的女人"。莱佛士给他送来一批品行放荡的女人，也是从巴达维亚大街上抓来的，一般都是因为小偷小摸或流浪罪。这些女人的首要职责是满足常驻代表黑尔那极强烈的性欲。莱佛士实际上在为一桩私人奴隶贸易供货，并且生意的规模很大。

与此同时，他在发布关于废除奴隶制、改革土地税以减轻农民受到的压迫的高尚宣言。他似乎并不觉得，这些高尚的情感和他帮忙建立的南婆罗洲沼泽的性与奴隶制的噩梦之间有什么矛盾。黑尔最终被卷土重来的荷兰人赶走，他们强迫他清点他那些可怜奴隶的人数。统计结果是 907 个男人、462 个女人和 123 个儿童，都生活在他那些肮脏的棚屋里。这些数字还不包括那些已经死亡或逃入丛林的奴隶。黑尔的罪行之所以没有康拉德笔下的库尔茨①先生那样邪恶，仅仅是因为他在那里待的时间还不够长。黑尔在婆罗洲的丑恶统治被荷兰历史学家称为"马辰骇人听闻的暴行"（De Bandjermasinsche Afschuwelijkheid）。英国历史学家倾向于完全忽略这个可耻的章节，莱佛士在两卷本《爪哇史》里也只字不提马辰。

何况，此时他的注意力完全集中于在爪哇岛建立彻底的主宰权。他需要制服马打蓝的苏丹，并征服后者的要塞日惹，这是爪哇岛最辉煌也是最美丽的城市。风情万种的水宫就在日惹壮丽的宫殿区，那里有波光粼粼的池塘和滴水的巨蛇石雕。要攻击这个戒备森严而充满魔力的宫殿区，莱佛士需要一个借

① 库尔茨是约瑟夫·康拉德小说《黑暗的心脏》的主人公，是在非洲（刚果）活动的欧洲象牙商人和殖民者。他运用西方技术优势，在土著当中把自己打造成半神的形象，并极端残暴地对待土著。

口。他于1811年10月找到了借口。他截获了马打蓝苏丹与邻近地区权贵梭罗的苏苏胡南之间漫不经心的书信。这两位颓废的王公在信中讨论了联手反抗，将英国人逐出爪哇岛的可能性，尽管这种可能性非常渺茫。[12]

吉莱斯皮再次奉命出征，这一次率领的是第59团的一支疲惫的分队。约翰·洛此时已经回到马德拉斯休养。莱佛士也来了（效仿明托勋爵），在宫殿对面的小型荷兰要塞驻扎下来。新任英国常驻代表，严峻而充满学究气的苏格兰人约翰·克劳弗德就生活在这里。经过一些徒劳无益的谈判，英国人开始从荷兰要塞射击，宫殿也开火还击。用索恩的话说，就这样"出现了奇怪而独特的景观：两座毗邻的要塞，分别属于位居地球最遥远两端的民族，却在互相炮击"。[13]

麦克劳德和第59团第二次在作战中迟到。他们又一次与吉莱斯皮的纵队断了联系。麦克劳德派去与吉莱斯皮取得联系的信使一去不复返，其中一人在途中被杀。和科内利斯的情况一样，第59团在终于赶到战场后，很快就弥补了丧失的时间。他们很快就攀爬上竹子做的云梯，潮水般涌过宫殿的护城河。云梯太短，不足以攀登高高的宫墙。于是一些印度兵靠着墙叠罗汉，最后从城墙顶端的大炮射击孔里挤上去。随后英国掷弹兵炸毁了大门，印度兵从内侧放下吊桥，麦克劳德的其他官兵电闪雷鸣般冲进了王储的宫殿。爪哇人永远不会忘记英国步兵像冲锋的公牛一样低头前进的模样。他们闯进一扇又一扇门。三小时后，战斗结束，数千具爪哇人的尸体横七竖八地躺着，壁垒上、碉堡内到处都是，每一座大门下的死尸都堆成小山。英军有23人阵亡。索恩少校（他又得到了晋升）记载道：

> 我们的部队人数不多，但很勇敢，不到 1000 名步兵打败了超过 1.7 万名敌人，并且敌人装备精良，顽强防守宫殿到最后一刻。我军的壮举和严明纪律让此次作战在军事史上流芳千古。大家的口号是"死亡或胜利！"……这种高尚精神产生了极好效果，各级官兵都受到感染，没有一个人企图离开队伍，没有一个人去掳掠财物。[14]

事实并非如此。我们清楚地知道这一点，因为这次我们有对方的目击者叙述。苏丹的同父异母兄弟之一阿里亚·帕努拉用诗歌体写了一份详细的记述，描写宫殿的防御战和陷落。这位老于世故、带着苦涩幽默并且相当勇敢的观察者害怕英国人，但也敬佩他们的赫赫武功。整个血腥事件结束后，他似乎将自己叙述的一个抄本（写在树皮制成的纸上）送给了自己特别喜欢的英国常驻代表约翰·克劳弗德。这份手稿后来和其他一堆掳掠来的爪哇手稿与财宝一起，从克劳弗德手里转入大英博物馆。[15]

从帕努拉的记述看，苏丹显然没有料想到英军会直接进攻宫殿，所以没有机会认真考虑调遣军队抵抗英军。丹德尔斯将军几年前也只不过是炮轰了宫殿区，这就足以说明谁是真正的老板。吉莱斯皮的全面进攻令爪哇人惊慌失措、呆若木鸡。他们的炮兵缺乏训练，也没有得到足够的军饷。宫殿城堞上的狙击手一看到葡萄弹射来，就大多抱头鼠窜。帕努拉匆匆赶到内层的王室套房，发现苏丹在呻吟和哭泣，周围簇拥着身披战袍的女保镖。这些女战士是日惹宫廷的一个有趣特色，但苏丹似乎并没有打算派遣这些女兵或其他部队去增援正遭受猛攻的王储府邸。这样懦弱无能的大本营怎么可能设计出有效的反击呢，更不要说将英国人逐出全岛了。莱佛士和吉莱斯皮一定也是这么想的，否则他们不敢用区区1000人攻击1.7万名守军。

苏丹室内最显眼的人物是苏丹的儿子之一芒库底宁格拉特，他已经决定成为虔诚的伊斯兰教信徒（那时和当今的大多数爪哇穆斯林对宗教信仰都不是很严格，宫廷一般也是这样）。他改名为穆罕默德·阿布巴卡尔，一直吵吵嚷嚷说要去麦加朝觐，但从来没有真正动身过。阿布巴卡尔听到荷兰要塞传来炮声之后，宣布这是圣战的开始，于是穿上朝觐者的白袍，戴上白头巾。其他所有人都穿着棕色的蜡防印花衣服，所以他出现在城堞之后就成了隔着广场的英军狙击手的绝好目标。几分钟后，他跑进苏丹寓所，子弹已经打穿了他的头巾。有人建议他换上不那么显眼的衣服，为他拿来一整套战袍。阿布巴卡尔戴上帽子，穿上军服上衣，但拒绝当着苏丹和女保镖的面换上短马裤。

与此同时，女战士们坐着吟唱"万物非主，唯有安拉"。苏丹不停问其他王子该如何是好，但拿不定主意，没有采纳他们任何一个人的建议。开始有炮弹落在内宫屋顶上。王储的宫殿被敌人占领了。王储逃进了宫殿内层，却发现大门紧锁。其他王子逃出了宫殿，溜进乡村，他们确信在那里能受到欢迎，因为政府虽然稀里糊涂，但颇得民心。

英军到处搜寻王储。他是他们准备用来取代现任苏丹的头号人选。不过，英国人已经有了一个备用的傀儡，即苏丹的另一个兄弟帕库阿拉姆，他此时就在荷兰要塞内，穿着英军骑兵的制服。王储向吉莱斯皮投降。吉莱斯皮返回去镇压最后的抵抗。在王宫清真寺外的小规模交锋中，吉莱斯皮左臂负伤，因疼痛而大怒，又发起了一次疯狂的报复，命令他的步兵屠杀了一群已经缴械的守军。

王储被带进荷兰要塞。帕努拉做了精彩纷呈的描述：傀儡帕库阿拉姆和王储坐在大厅内，而莱佛士和克劳弗德在另一个房间内，争论应当扶植他们当中的哪一个登上日惹的宝座。两个王位觊觎者坐在一起，之间隔着莱佛士和克劳弗德刚才坐的椅子："［帕库阿拉姆和王储］两人都一言不发，但都傲慢地无视对方，直勾勾地目视前方，就像两个被丈夫抛弃的主妇，丈夫丢下她们去娶小妾了。"[16]

帕努拉随后重述了莱佛士和克劳弗德之间的争论，当然也可能是克劳弗德后来把这段争论告诉了帕努拉。莱佛士主张让帕库阿拉姆当苏丹，他显然可靠且驯顺。克劳弗德则说，如果要让这个国家服服帖帖，就必须选王储，因为他是合法继承人，他在仅仅十八个月前（1810 年 12 月 31 日）被丹德尔斯宣布为摄政王，人民想要的就是他，人民会承认他为君主。莱佛士认可了这种论点的逻辑。[17]

随后是一场怪异可怕的典礼。英军和爪哇人被传唤来见证新苏丹登基。莱佛士拥抱新苏丹，稀里糊涂的较年长的王子们向他宣誓效忠，照例亲吻他们侄子的膝盖。当克劳弗德强按他们的脖子，勒令他们一个个去亲吻莱佛士的膝盖时，他们就更纳闷了。在荷兰人统治的两百年里，这样的事情从来没有发生过。爪哇人对礼节规矩和典礼的细微层级有着微妙的理解，对他们来说尤其糟糕的是，莱佛士只不过是副总督而已，他在他们眼里仅仅是伟大的明托勋爵宫廷的一条走狗。苏格兰人克劳弗德胖乎乎的手强压着他们的脖子，这仿佛是烙铁烫一般的羞辱。[18]

与此同时，英国人大肆抢劫。公主和姬妾的手链、脚镯和项链被抢走。不过英国人没有夺走她们的贞洁，因为对英国人来说，抢劫比性更重要。在搜寻财宝的疯狂中，红衣军踢翻房门，砸碎箱子和橱柜，爬下水井，挖掘地面。高级军官并没有阻止抢劫，而是派遣专人代自己掳掠，就像今天的富人有专门的购物助理一样。吉莱斯皮掳掠的那一份钱币、黄金与首饰的价值估计为 1.5 万英镑，相当于今天的 50 万英镑。索恩少校声称"没有一个人企图离开队伍，没有一个人去掳掠财物"，很少有正派人能撒得出这么大的谎了。但他这话也只是鹦鹉学舌地照抄上级的报告，吉莱斯皮在报告中称："宫内财产没有受到任何掳掠或破坏。"[19]

莱佛士于 6 月 25 日，也就是胜利的五天后写信给明托勋爵："任何一个国家的编年史上都不曾有傲慢的日惹宫廷灭亡这样的辉煌事件，爪哇在未来很长一段时间内都会有理由对 6 月 20 日的事件感恩戴德。"[20]

但关于掳掠来的财物，出现了一些困难。起初莱佛士宣称，"宫殿被攻破之后，要政府承担作战的开销是不现实的，因此所有战利品都属于军队"，并且"这些战利品落入军队手中再好不过了，官兵完全有资格获得战利品"。战斗结束之后的抢劫不是可耻的事情，而是合理合法的回报（18 世纪和之前的观念就是这样）。但莱佛士后来又觉得："他们在分配战利品的时候，拿走的分量超过了合理的范围。"[21]这不是因为抢劫是非正义之事，而是因为政府也有资格抽成，并且急需得到自己应得的份额。毕竟爪哇殖民地政府囊中羞涩，莱佛士对每一分钱都不能放过，不管它的来路多么不正。

根据他之前提的预算，英国在占领爪哇的最初一年会盈余 75 万西班牙银圆。实际结果却是令人窘迫的亏损。英国和美国此时正在交战①，所以美国船只没有前来巴达维亚购买咖啡，爪哇人吸食的鸦片也不够多，就连邦加岛的锡矿也没有产出预期的利润（锡这种金属在整个19世纪都有极好的经济前景，所以大约就在这个时期，"锡"成了俚语，意思就是现金）。明托勋爵曾宣称，"爪哇的资源至少能够维持它自身的开销"。[22] 莱佛士也是这么说的。董事会没有相信他们。即便征服了巴达维亚之后，董事会的态度仍然是不相信："我们深感扩张会在印度的殖民地造成诸多不便，所以我们非常不愿意偏离不扩张的原则。"[23] 董事会确实没有偏离自己的原则。他们心痒痒地只想撤换总督和副总督。

没过多久撤换他们的借口就找到了。吉莱斯皮一直因为自己没有当上爪哇副总督，而这个职位被莱佛士抢去而心怀怨恨。所有的仗都是吉莱斯皮打的，莱佛士仅仅在一旁观战。在宫殿攻城战中，莱佛士坐在荷兰要塞里观战。莱佛士还对吉莱斯皮获得的战利品份额提出了质疑。从这一刻起，这两个红头发矮个子就注定要撕破脸皮了。吉莱斯皮返回印度后单枪匹马地开始了对莱佛士的弹劾，主要理由是莱佛士在布依滕措格别墅附近做可疑的土地投机买卖。莱佛士就住在丹德尔斯的旧别墅里。

如果他的东方帝国有利润的话，这样的小过失是可以原谅

---

① 1812年英美战争（1812~1815）常被认为是拿破仑战争的一部分。英国在海上封锁中立国与法国之间的航运，损害了美国利益，美国人认为英国的封锁是非法的；同时英国支持的印第安人部族不断袭击美国，阻碍美国扩张。于是麦迪逊总统领导下的美国对英宣战。在此次战争期间，1814年8月24日，英军占领美国首都华盛顿，烧毁了部分政府建筑，包括白宫和国会大厦。美国企图进攻英国控制下的加拿大，但失败。英军对美国沿海的封锁使得美国财政几乎破产。拿破仑倒台后，英美议和，没有领土更选。

的，但爪哇殖民地的财政赤字越来越严重。莱佛士的恩主明托勋爵提前六个月被召回国。明托勋爵的继任者，一个性格暴烈的阿尔斯特人，名叫莫伊拉勋爵，似乎对东方的浪漫情怀免疫。莫伊拉勋爵在印度的主要目标是偿清东印度公司的债务，以及还清自己的私人债务。东印度公司的董事之一托马斯·梅特卡夫爵士在给儿子查尔斯的信中写道："你会发现，莫伊拉勋爵品位高雅，喜听谄媚之词，并且对金钱事务漫不经心。他在国内已经债台高筑，我相信他在加尔各答的生活方式不会让他积攒多少薪水。"

但莫伊拉勋爵已经下定决心，除了他自己之外，任何人都不能挥霍东印度公司的钱。他立刻将爪哇视为"无底洞"。[24]

雪上加霜的是，莱佛士正在幻想将英国的势力范围拓展到菲律宾，甚至日本。他还对巴达维亚文学与科学协会说，日本人是一个神经质的、有活力的民族，"和我们一样"。槟榔屿总督威廉·皮特里是个有着丰富的印度经验的老将，对莱佛士的这些想法持怀疑态度，称其为"海市蜃楼，不切实际"。莫伊拉勋爵的意见也是这样。[25]莱佛士显然有点疯疯癫癫了。

东印度公司忍无可忍了。1815 年 5 月 5 日，董事会向莫伊拉勋爵抱怨，说他没有足够果断地阻止爪哇殖民地继续吸走英国政府的财政资源。针对莱佛士先生的调查正在进行，但不管调查结果如何，"我们认为不能让他继续在爪哇政府任职"。莫伊拉勋爵不需要更多鼓励。印度没有人比他更高兴看到莱佛士从爪哇滚蛋。[26]

何况，莱佛士在东方的整个帝国已经烟消云散。前一年 8月，卡斯尔雷勋爵再度掌权，签署了一项协定，要将爪哇及其附属领地归还荷兰。该协定的副本于 1815 年 11 月 3 日送到莱佛士手中。送信的同一艘船还带来了拿破仑兵败滑铁卢的消息。皇帝从厄尔巴岛出逃时，莱佛士那不成体统的希望终于破灭了。[27]

莱佛士的私人生活也遭遇了不幸。他的妻子奥利维娅于前一年去世（1814年11月26日）。明托勋爵于1814年6月去世，但之前他也蒙受了不幸，其子威廉在明托勋爵返回印度不久之后在马德拉斯死于肺结核。

莱佛士和明托勋爵这对搭档在地图上标出的星星点点被迅速抹去。约克公爵岛的名字被改回邦加岛，明托镇恢复了"文岛"的名字。在荷兰人控制下，锡矿兴旺发达，生意越做越大。勿里洞岛矿业公司于1860年在海牙正式成立，多次转手，最终于2001年被澳大利亚矿业巨头布罗肯希尔控股公司并购，组建必和必拓公司（BHP Billiton），即今天世界上最大的采矿集团。

时至今日，在邦加岛和勿里洞岛，还有当地劳工在棕榈树下青绿色的池塘里淘废矿，他们用的方法和莱佛士与吉莱斯皮时代差不多。他们四处搜寻，挖掘，在寻找锡石的黑斑点时蒙受巨大风险，可能溺死，也可能被活埋。据计算，每年邦加岛有100~150名矿工死于工业事故。[28]一个多世纪里，邦加岛的锡矿石变成了我们日常生活中使用的锡罐。今天，大部分锡被制成手机生产需要的焊料，健谈的斯坦福·莱佛士也许会喜欢手机。

莱佛士在回国途中照例在圣赫勒拿岛停留。对流亡中的拿破仑来说，这个岛简直就是世界尽头；但对在印度工作的英国人来说，这是一个清风宜人的歇脚点，可以在这里恢复健康与活力。莱佛士遇见拿破仑在长木庄园①的草坪上散步。据他描

---

① 长木庄园是拿破仑流亡圣赫勒拿岛期间的住所，于1858年被赠给法国政府，今天是博物馆。

述，皇帝"肥胖、看上去笨拙，走姿难看，活像星期日下午在伦敦茶园闲逛的市民"。[29] 如同所有强势人物和曾经的强势人物一样，拿破仑连珠炮一般询问了关于爪哇和莱佛士在征服爪哇行动中的角色的问题。后来，莱佛士写信给亚历山大·黑尔道："相信我，黑尔，拿破仑这人是个怪物。真正的人有的情感，他都没有。"[30] 这话也可以用来描述黑尔，不过莱佛士看不到这一点。而莱佛士也有像拿破仑的一面，尽管他的格局比拿破仑小得多：同样的对征服的渴望，同样的公共宣传的才华，同样大肆鼓吹自己扫荡了自己所征服国家的旧弊端，同样对人道代价视若无睹。后来莱佛士被贬黜到苏门答腊岛偏远一端的卫生条件恶劣的明古连，他也喜欢将自己的困境与被流放的波拿巴相提并论。尽管莱佛士处于"我见过的最可怜兮兮的地方"，但他宣称："他们说我这样的人绝不会容许东方平静下去。我所在的这第二个厄尔巴岛不够牢固，约束不了我。"[31]

他与拿破仑的另一个共同点是厚颜无耻地以文化的名义大肆掳掠。大英博物馆和大英图书馆收藏的爪哇艺术品中有很多是莱佛士、克劳弗德和不知疲倦的科林·麦肯齐抢来的。在全岛各地，麦肯齐在烂泥、树藤和榕树枝杈中匍匐，爬上植被丛生的山坡，穿过危险的湍流，去挖掘古代爪哇的印度教与佛教纪念建筑。他勘测了普兰巴南①和婆罗浮屠的寺庙。婆罗浮屠是世界上最大的佛教纪念建筑，如今是联合国教科文组织世界遗产地。他和莱佛士都没有真正发现过什么。土著早就知道纪念建筑在那儿，荷兰工程师已经探索过其中的不少。不过，是

---

① 普兰巴南是印度尼西亚爪哇岛上一处重要的印度教神庙建筑群，建于 9 世纪。其中三座主要神庙分别供奉印度教的三位主神：湿婆（毁灭之神）、毗湿奴（秩序之神）和梵天（创造之神）。

爪哇岛的新主人（尽管他们称王称霸的时间不久）将这些美轮美奂的雕塑展现给全世界。他们为其绘图并编制目录，将其收藏在巴达维亚和伦敦的博物馆内。莱佛士两卷本《爪哇史》中的很多内容借鉴了其他学者的成果。他和克劳弗德还无耻地"借用"了大量雕刻与手稿。

分享战利品的时候，他也没有忘记明托勋爵。莱佛士向加尔各答运送了一块高6英尺、重3~4吨、源自10世纪的石碑。明托勋爵在感谢信中承诺："将这块爪哇巨石摆放在我们明托的悬崖之上，在我们百年之后，这块巨石还能讲述我们在东方的故事。"[32] 两百多年来，这块"明托爪哇"巨石在蒂维厄特河畔长满了青苔。

有些荷兰殖民者对莱佛士及其同伙不知疲倦的奔波劳作感到好笑。他们完全可以坐在海边欣赏海景，抽烟斗或喝朗姆酒，却要这样辛辛苦苦地寻觅古代石刻、劈砍纠缠不清的藤蔓，何苦呢？但莱佛士有志于青史留名："荷兰殖民者指责我们愚蠢；我能给他们的唯一回答是，我希望将来得到比塔拉的称号。"比塔拉（或巴塔拉）是16世纪以前统治爪哇的满者伯夷①皇帝的头衔。莱佛士在重新挖掘爪哇岛在伊斯兰教以前的传统，他的雄心极其远大。[33]

---

① 满者伯夷（Majapahit）是1293年至约1500年间爪哇的一个印度教王国，航海业发达，曾统治爪哇、马来半岛南部、婆罗洲、苏门答腊和巴厘岛。满者伯夷的势力于公元1350年至1389年之间，国王哈亚·乌鲁克和首相加查·马达在位时期达于巅峰，其领土范围甚至远至泰国南部、菲律宾、东帝汶。《元史》称其为麻喏巴歇，《明史》称为满者伯夷。郑和曾到过满者伯夷，他的翻译官马欢在《瀛涯胜览》一书中描述了满者伯夷的文化、风俗、经济等方面。莱佛士在担任爪哇副总督期间发现了满者伯夷的一个重要考古地点。

即便被免去副总督职位、在明古连度过许多凄惨年头（他的四个儿女有三个在那里去世）之后，最后他也如他自己预言的那样东山再起，与威廉·法夸尔合作建立了新加坡，并且他将法夸尔排挤到一边，风头一时无两。莱佛士于1825年去世，后来他的第二任妻子索菲娅为他写了一部涂脂抹粉的传记，并不懈地四处游说，终于消除了他早年那些败绩的大部分痕迹。今天，他的大理石雕像屹立于新加坡滨海码头和威斯敏斯特教堂，供人凭吊仰慕。他被誉为英国历史上最伟大的人造英雄，就像利文斯通医生①和阿拉伯的劳伦斯。对这几位的成就，我们最好还是隔着一段距离来审视。今天新加坡的莱佛士酒店仍然是全国最好的酒店，据说拥有全世界最长的吧台。

吉莱斯皮返回印度之后被晋升为少将，并被派去指挥德里以北的关键兵站密拉特。没过多久，他又奉命继续北上，去打退进犯的廓尔喀人。尼泊尔王公利用明托勋爵忙着处置东方大海的时机，攻入了主权有争议的地区。英军调集了一支大军（4个师，3万人），将廓尔喀人打退回尼泊尔境内。尼泊尔王公手里的兵力只有1万多一点。[34]吉莱斯皮的师奉命推进到山麓地带的台拉登，他们发现这个魅力十足的山区小镇无人防守。廓尔喀军队已经撤到了台拉登上方600英尺的卡隆加要塞，周围都是丛林。这座石质要塞里的廓尔喀人不超过600人，但这是个易守难攻的地方。英军的第一次进攻遭遇惨败。

---

① 戴维·利文斯通医生（1813～1873），苏格兰探险家、传教士，维多利亚瀑布和马拉维湖的发现者，非洲探险的最伟大人物之一。利文斯通一生致力向非洲土著传播基督教，并深入非洲大陆各处设立布道会，收效甚微。他接受贩卖奴隶的军阀的保护，穿梭于非洲内陆各个部落间，虽无力拯救被掳获的奴隶，但坚定了他的信念：必须引入"基督教、通商、文明"到非洲内陆才可能禁绝奴隶贸易。

在山谷脚下、亚穆纳河上游（在这一段是奔腾的激流）两岸的营地，吉莱斯皮用典型的属于他的戏剧性言辞概括了当前局势：

> 我就在这里。敌人的阵地是我见过最固若金汤的，守军都是在为自己的家园（pro aris et focis）而战，他们下定决心死战到底。敌人的要塞雄踞于一座几乎无法攀登的高山的峰顶，山上遍地是密不透风的丛林。唯一通往峰顶的道路被敌军严密封锁和把守。要拿下这座要塞非常困难。但我估计到下个月，凭着上帝的恩典（sub auspice deo），我们应当能攻克它![35]

从这份言辞浮夸、多处引用拉丁文的宣言里，我们不要以为吉莱斯皮会顽固地迎头猛攻卡隆加。他仔细做了筹划，坚持要求官兵保持绝对静默，只用耳语传递命令，不停下来装填子弹而是运用刺刀，并在最后总攻之前稍事休息。"伏击时保持冷静"竟然就是他的最后一道作战命令。

他的计划是，在预定信号（五分钟静默，然后五声枪响）发出两个小时之后，以四个纵队同时从两翼进攻。1814年10月31日早晨七点，大家听到了五声枪响。上午九点，吉莱斯皮的纵队准备进攻卡隆加主门，但看不到其他纵队的踪迹。他发出消息去寻找，没有得到答复。消息没有成功送达。其他几个纵队被困在丛林里，迷失了方向。就像在韦洛尔和科内利斯一样，吉莱斯皮必须在一瞬间做出决定：是等待其他部队，还是单独进攻？

他当然选择了单独进攻。他们距离要塞的石墙还有25码远。他转向年轻的查尔斯·普拉特·肯尼迪中尉（骑炮兵，也是来自唐郡的阿尔斯特人），说："查尔斯，为了唐郡的荣誉，努力吧！"

但这一次他的部下拒绝跟随他前进。他向他们大呼小叫，咒骂他们，向他们挥舞指挥刀，但徒劳无益。吉莱斯皮的部下曾跟随他上刀山下火海，冲过海地的惊涛骇浪，翻越韦洛尔的大门，冲进科内利斯的堡垒，在巨港晦暗的大河逆流而上，杀进日惹的城门，但现在他们不肯上前。正面进攻等于自杀。攻击纵队的 150 人中只有 4 人愿意跟随他。其他人乱了阵脚，跑下山了。

矮小的吉莱斯皮跌跌撞撞地上山，此时他比当年最早执行此类自杀式攻击时胖了一些，赤褐色头发也稀薄了一些。一瞬间，群山和蓝天映衬着他的身形。然后他在要塞门前心脏中弹，倒下了。查尔斯·肯尼迪将他的尸体拖下山，搬回城镇。

后来，从总督往下的所有人都指责吉莱斯皮过于鲁莽冲动，甚至说他抗命不遵。大家说他应当等待友军，应当按照莫伊拉勋爵的命令先炮轰卡隆加。但如果士兵们跟着他冲上去，他也许能成功，也就不会有这些斥责了。没有人会替失败者说话。查尔斯·肯尼迪活了下来，后来建立了西姆拉，闻名遐迩，并成为英国派驻山区各邦国①的政治代表。在将近半个世纪之后，他仍然主管着西姆拉度假胜地，就像美男子纳什②踌

---

① "山区各邦国"指的是英印帝国北部边境地带的若干土著邦国，它们后来成为英属印度的一部分。

② 美男子纳什（1674~1761），原名理查德·纳什，是 18 世纪英格兰有名的花花公子和时尚潮流引领者。他在度假胜地巴斯担任司仪，主持娱乐活动。巴斯成为时髦的度假胜地，有他很大的功劳。

踔满志地统治着巴斯的绅士俱乐部一样。

卡隆加山脚下的谷地至今仍然屹立着两座方尖碑，分别纪念英国和廓尔喀死者，因为这是廓尔喀人的一次辉煌胜利。单单这一次战役就稳固地确立了他们作为英勇无畏战士的声望。吉莱斯皮的遗体被泡在朗姆酒桶里（这是当时保存遗体的标准手段）运回密拉特，在那里他被安葬在另一座纪念碑脚下。莫伊拉勋爵虽然对吉莱斯皮有很多批评，但仍然在加尔各答为他建造了衣冠冢。不过，吉莱斯皮最壮观的纪念碑位于他的家乡唐郡的康伯：一座巍峨的石柱，就像都柏林和伦敦纪念纳尔逊的石柱一样。石柱上镌刻着吉莱斯皮历次胜利与最后一次致命失败的地名：太子港、韦洛尔、巴达维亚、科内利斯、巨港、日惹和卡隆加。下方是他的遗言，但略有修改："为了唐郡的荣誉，再来一枪。"

塞缪尔·吉布斯被派往另一个方向，横渡大西洋去与美国人作战。在那里，他是爱德华·帕克南爵士的副将，帕克南的姐姐嫁给了威灵顿公爵。铁公爵很喜欢自己的妻弟，对他有过准确的评价："帕克南或许不是最聪明的天才，但我说他是我们中最优秀的人之一，并非是因为喜爱他而偏心。"[36]

英军于1815年1月8日进攻新奥尔良，不幸惨败。帕克南和吉布斯都被安德鲁·杰克逊上校①指挥的美军从临时壁垒里射出的葡萄弹打死。就像廓尔喀人的胜利一样，美国人的此

---

① 安德鲁·杰克逊（1767～1845），美国军人和政治家，1829～1837年担任美国总统。1812年英美战争期间的新奥尔良战役使他成为美国的国民英雄。他是民主党创建者之一，也是美国早年的民粹主义倡导者，"杰克逊民主"因他而得名。他是首位成功通过民粹主义而非依靠政治精英取得权力的总统。

次胜利成为一个爱国主义传奇，将"石墙杰克逊"① 推到了美国总统的位置上。这一次，英军的失败也被归咎于准备仓促，尤其是埃塞克斯步兵团的团长没有携带足够的梯子和柴捆，所以无法通过新奥尔良三角洲地区的沼泽与壕沟。

帕克南和吉布斯的遗体也被泡在朗姆酒桶里运回英国。理查德·韦斯特马科特②在圣保罗大教堂为他俩创作了雕像。在雕像中，两人肩并肩站着，脸上半带微笑，吉布斯的手轻轻放在帕克南的肩膀上，两人的表情都给人他们仿佛并没有遭遇任何噩运的感觉。

巧合的是，就在进入圣保罗大教堂南耳堂的大门另一侧，还有罗洛·吉莱斯皮的一尊雕像（这是他的第五尊），雕刻者是弗朗西斯·钱特里③，此人是颂扬帝国英雄的另一位伟大雕塑家。吉莱斯皮的这座雕像举目眺望，凝视远方不见行迹的要塞，手里拿着作战计划。他看上去相当宁静，没有受到岁月的烦扰。

我们的民族并非不懂感恩。如果战士在战斗中牺牲，我们就会缅怀他们。吉莱斯皮和吉布斯都在 1815 年的新年授勋名录中被册封为爵士，此时吉莱斯皮已经战死两个月，吉布斯则会在一周后阵亡。他俩在圣保罗大教堂重逢了。只有一扇门将他俩隔开。他俩如此接近，就像当初在科内利斯要塞 2 号堡垒

---

① 原文有误。"石墙杰克逊"是指美国南北战争时期的南军名将托马斯·杰克逊（1824~1863），而不是美国总统安德鲁·杰克逊。
② 理查德·韦斯特马科特爵士（1775~1856），英国雕塑家，曾师从意大利新古典风格雕塑家安东尼奥·卡诺瓦，作品有纳尔逊勋爵、威灵顿公爵等人的雕像。
③ 弗朗西斯·钱特里爵士（1781~1841），英国摄政时代最著名的肖像雕塑家，曾为乔治三世、乔治·华盛顿等人制作雕像。

上左：厄休拉·洛，20世纪30年代。

上右：罗伯特·洛上尉，
在印度发财后返回英国的富豪，克拉托庄园的建设者。

下左：乔治娜·洛，"星期日不能吃果酱"。
她手里的书可能是祈祷书。

下右：约翰·洛，十五岁时，
画家是当时十八岁的David Wilkie，1804年。

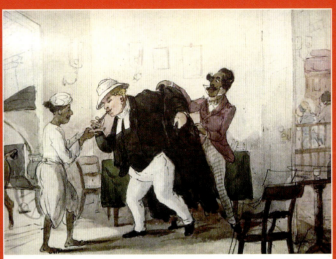

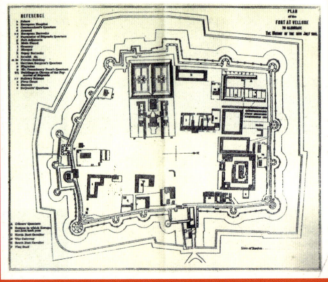

上图：《我们的牧师》，画家为 George Francklin Atkinson，出自《咖喱与米饭》，1859年。注意内室的牌桌。

下图：兵变发生时韦洛尔要塞的平面图。右下角神庙下方附加的小空间就是壁手球场。范考特夫妇的住所就在下方主门的后面。

上图：韦洛尔的贾拉坎德斯瓦拉神庙，1806年。它的右侧附有壁手球场。
廊台上有好几个英国军人在观看球赛。（达志供图）

下图：炮决现场。观看者有平民也有军人，一般比图中更多。（达志供图）

上左：乔治·巴洛爵士，画家佚名。终极的官僚。（达志供图）

上右：约翰·马尔科姆爵士（达志供图）

下左：罗洛·吉莱斯皮，George Chinnery作。

下右：明托勋爵（达志供图）

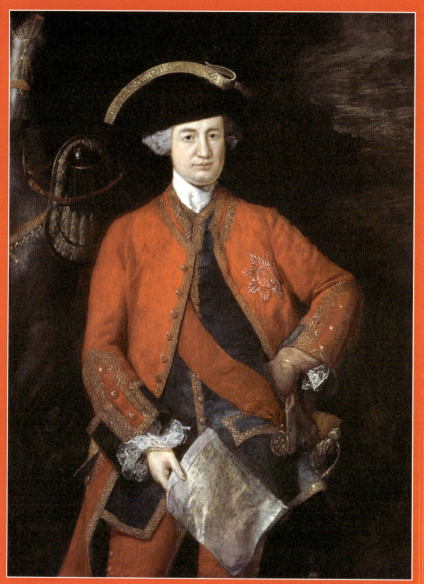

罗伯特·克莱武

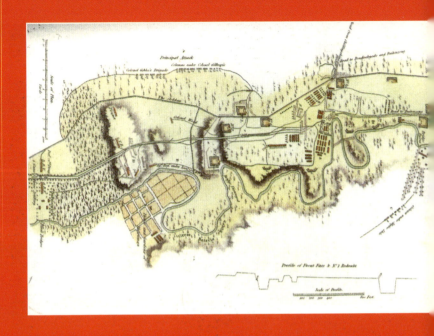

科内利斯要塞的平面图，出自Thorne的 *Conquest of Java*。

上左：威风凛凛的斯坦福·莱佛士爵士，
G. F. Joseph作，约1817年。（达志供图）

上右：科林·麦肯齐中校，勘测印度途中与他的
土著助手在一起，Thomas Hickey作。（达志供图）

下左：芒斯图尔特·埃尔芬斯通（达志供图）

下右：佩什瓦准备签署《巴塞因条约》，
作者为东印度公司画派的不知名画家。

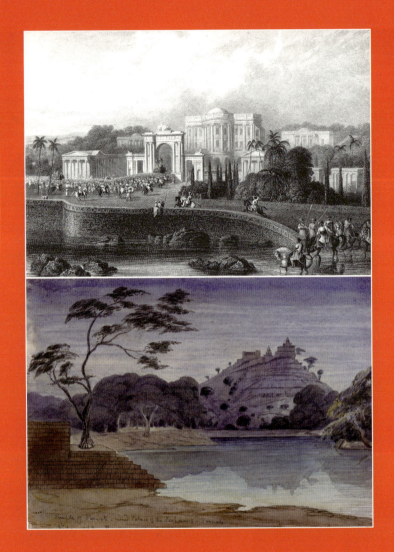

上图：海德拉巴的常驻代表府，1817年，也就是约翰·洛初次到访的时期。

下图：佩什瓦的宫殿与帕尔瓦蒂山，佩什瓦在那里用望远镜观看基尔凯埃战役，并看了浦那最后一眼。水彩画，画家为G. Rowley。（达志供图）

上图：加齐·丁·海德尔宴请莫伊拉勋爵夫妇和约翰·塔尔伯特·莎士比亚夫妇。勒克瑙，1814年。（达志供图）

下图：勒克瑙石桥附近的一次游猎，1820年。

上图：约翰·塔尔伯特·莎士比亚与妻子阿梅莉亚（埃米莉，娘家姓萨克雷）的墓地，南公园街公墓，加尔各答。

下图：加尔各答阿里普尔的萨克雷府邸，小说家萨克雷就出生于此。

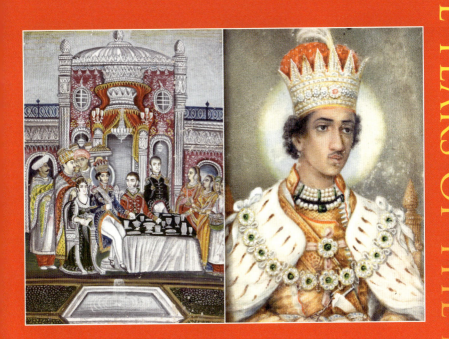

左图：纳西尔·丁与一位英国官员及其夫人用膳。东印度公司画派风格，19世纪30年代初。过去有人说这幅画表现的是本廷克勋爵与夫人1831年访问勒克瑙，但那时本廷克勋爵已经年迈。从年龄和发型风格看，更有可能是约翰和奥古斯塔·洛，场景可能是国王一年一度的加冕礼宴会。（达志供图）

右图：纳西尔·丁·海德尔

上图：纳西尔·丁猎野鸭。出自惊世骇俗的《一位东方国王的私生活》的一个插图本。

下图：斗山鹑，出处同上。纳西尔·丁穿着西式服装，周围簇拥着他的欧洲人哥们儿，包括勒克瑙的理发师乔治·德鲁塞特和国王的园艺师约翰·罗斯·布兰登。

上左：约斯·塞德利，
乔治·特兰特·莎士比亚的文学形象。《名利场》，插图由萨克雷本人绘制。

上右：奥古斯特·莎士比亚（达志供图）

下图：勒克瑙的常驻代表府，约翰·洛抵达之时的样子。

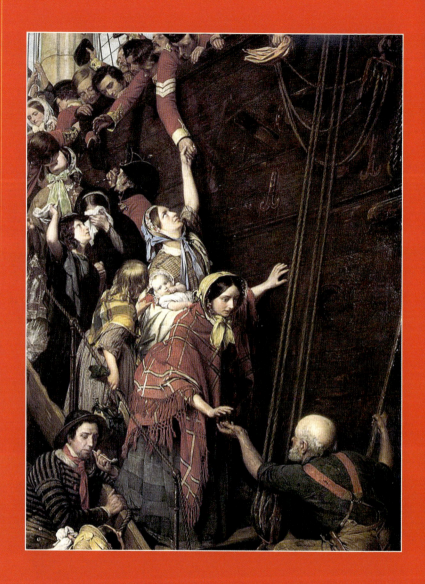

乘船前往印度的英军士兵和爱人告别，Henry Nelson O'Neil作。

上左：夏洛特·洛，"亲爱的小宝贝夏洛特"，
弗雷德里克·克鲁克香克的细密肖像作品，1836年。
约翰·洛的母亲把这幅画和旁边那幅送给正在勒克瑙的约翰和奥古斯塔。

上右：苏珊·伊丽莎白·洛，弗雷德里克·克鲁克香克作，1836年。

下图：里士满·莎士比亚，根据A.萨尔蒂科夫公爵的画制作的雕版画。

上图：《请起立，里士满爵士！》，洛家族某成员的墨水画，表现的是1841年8月31日里士满被维多利亚女王封为爵士时跌倒的场景。当时他二十九岁。

下图：勒克瑙的侯赛因什叶派会堂，穆罕默德·阿里·沙建造了它，他也长眠于此。（达志供图）

内的鲜血、硝烟和恶臭当中时一样。

这出虚无缥缈的大戏就这样彻底结束了，消逝了。[37]从1811年起，英国人统治了爪哇五年，1816年将其归还荷兰。这五年在民众的记忆中被抹去，如同在明托勋爵与莱佛士发动的战争中死去的约1万爪哇人那样。近期英国人在谈判，打算将蒂维厄特河畔的明托巨石归还雅加达，放到两百年前莱佛士创办的国家博物馆里。也许很快就会没人记得，这块巨石除了"普拉萨斯提桑古拉"之外还有别的名字。镌刻在这块巨石上的古代爪哇帝王的名字，将比明托勋爵的帝国野心得到更好的铭记。

一切恢复原样，约翰·洛重返军旅生涯。

注释

[1] Raffles to Minto, Mss Eur F148/4.
[2] 仿佛为了强调自己的建议的紧迫性，他五天后又写了一封信："说到荷兰人，陛下为什么还与他们沆瀣一气，为什么还允许他们居住在巨港？他们是一个奸诈的民族，企图对陛下和陛下的国家不利。"
[3] Glendinning, p. 72.
[4] Hannigan, pp. 152 - 3.
[5] Ibid., p. 145.
[6] Ibid., pp. 154 - 5.
[7] Ibid., p. 155.
[8] Ibid., p. 156.
[9] Thorn, p. 153.
[10] Hannigan, p. 295.
[11] Ibid., pp. 294 - 7.
[12] Ibid., p. 176. 索恩上尉和其他忠诚的英国人深信不疑的官方口径

是，这会对英国统治构成致命威胁。"因此，迫在眉睫的危险十分严峻，要求我们立刻采取行动，绝不能耽搁一分钟。"（Thorn，p. 177.）但真相是，此事没有什么"因此"。莱佛士已经安抚了苏苏胡南，可以轻易地让这位苏丹回到怠惰的状态。

[13] Thorn, p. 180.

[14] Ibid., pp. 189 – 90.

[15] 该叙述的一个概括性的译本，见 Carey, *The British in Java*。

[16] Canto VI.

[17] Canto VI.

[18] Canto XVIII.

[19] Thorn, p. 193.

[20] Hannigan, p. 217.

[21] Ibid., pp. 248 – 9.

[22] Ibid., p. 133.

[23] Ibid., p. 134.

[24] 莫伊拉勋爵在他的日记（1814 年 2 月）中写道："征服爪哇的行动如此重要，原以为能产生大笔财政收入，然而国库不出钱、孟加拉不出兵的话，爪哇就维持不住。目前，在十万火急的情况下，我们收到了副总督的信，说除非我们在现已给他的巨额资金之外再给他每个月 5 万西班牙银圆，不然他就无法维持土著部队的军饷。"Glendinning, p. 131.

[25] Ibid., p. 146.

[26] Ibid., p. 146.

[27] Ibid., p. 147.

[28] *Guardian*, November 24, 2012.

[29] Glendinning, p. 151.

[30] Ibid.

[31] Keay, *Honourable Company*, p. 447.

[32] Glendinning, p. 126.

[33] Hannigan, pp. 108, 241

[34] Wakeham, p. 249.

[35] Ibid., pp. 253 – 4.

[36] *Dispatches*, 6. 434.

[37] 今天就连爪哇人对这也完全遗忘了。英国记者 Tim Hannigan 居住在印度尼西亚，写过一本关于莱佛士在爪哇的书（*Raffles and the British Invasion of Java*, 2012），对他的描述非常负面。Hannigan 记载道，印度尼西亚人向他抱怨自己国家的状况时常说："要是我们被英国人而不是荷兰人殖民就好了。"（Hannigan, p. 15.）

6　羊肉与从男爵

约翰于1811年底返回自己的团。此时，除了因为从战火中幸存而长舒一口气，并且肋骨偶尔疼痛以外，就没有什么能让他回想起科内利斯要塞的了。回到常规的军营生活，一定让他感到有落差和扫兴，毕竟他参加了一场著名的胜仗，而第24土著步兵团第1营的其余官兵都没有这种经历。第24团第1营给别人的印象还是，该营的军官和印度兵都不可救药地喜欢犯上作乱。不过，上峰还是相信该营足够可靠，将其编入了威廉·道斯中校的野战军。该部队奉命去讨伐马拉塔南部地区。那是一个狂野、多山的地区，大致相当于德干高原较低矮的西半部分，有几条河向东流进平原，注入印度洋。

道斯野战军的组建是件大事。到1812年8月时，有约6000名官兵集结在贝拉里，这里是海德拉巴的尼查姆割让给英国王室的地区的中心。从贝拉里乘坐有趣的柳条船渡过通姆布德拉河（今天的栋格珀德拉河），没走多远就踏上了马拉塔土地，这里是一群凶悍的小个子武士之领土的腹地，他们在数年前还统治着印度的大部分。

英军进入的这个地区以荒凉和漫无法纪而臭名远扬，它之所以这么荒凉，就是因为漫无法纪。财产权在这里很脆弱。种庄稼的收益还抵不上种子钱。庄稼刚刚收割好，当地的游牧群体，即所谓的平达里马贼，就会冲来抢走粮食。一年又一年爆发饥荒，当地酋长以互相抢夺土地为乐。酋长们名义上的宗主是佩什瓦，即马拉塔人的最高统治者，他住在位于浦那的要塞。但大多数酋长早就对佩什瓦毫无尊重，也不向他纳税，更不要说为他服兵役了。当地的封建制度已经衰落到了如同绝症晚期。

约翰·布莱基斯顿中尉曾随同阿瑟·韦尔斯利于1803年骑马经过该地区，他对当地的情况做了令人心惊肉跳的描述：

> 我们离开浦那之后，就完全看不到农业种植的迹象了。村庄大多荒弃，残存的居民饱受饥荒之苦。这些凄惨的可怜人，体力枯竭的程度不一，在他们荒废的房屋周围如鬼魂般游荡。其中有些人或许执拗地固守自己的出生地而不肯迁走，也有人逗留下来，直到没有挪步的力气。[1]

一天夜里，布莱基斯顿返回营地时迷了路，在其中一个荒村停下问路：

> 月亮刚刚升起，借助月光我看见一群饿殍，他们坐在村庄墙下，周围到处是死人。那些人比较幸福，在死亡的痛苦中比乡亲们先走一步。我走近的时候，一群胡狼一听见我的马蹄声就嗥叫起来。它们甚至大大咧咧地当着无助的幸存者的面，去吞噬骨瘦如柴的死人……秃鹫从它们血腥的盛宴里不情愿地抬起头，恼火地拍拍翅膀，发出尖厉的鸣叫，加入狂野的合唱。[2]

这个荒废地区的名义宗主是萨塔拉的王公，但他早就把实

际控制权让给了佩什瓦，自己带着尊严隐遁起来。佩什瓦常被
描述为世袭的首相，但这种说法比实际情况显得更有秩序和符
合宪政。更恰当的比方是，佩什瓦就像现代阿拉伯世界那些铁
腕人物的家族，比如叙利亚的阿萨德家族。但问题在于，大多
数佩什瓦都不够强大。佩什瓦巴吉·拉奥二世（1775~1851）
的才干不能与他的祖父巴吉·拉奥一世相提并论。巴吉·拉奥
二世二十五岁时就被迫逃离浦那，到孟买寻求英国人的庇护。
根据 1802 年的《巴塞因条约》①，英国人同意帮助他复辟，条
件是拉奥二世允许英国人在他的领土上驻军，并接受英国常驻
代表的严格监督。这位代表不是别人，正是令人生畏的巴里·
克洛斯，他谈判签订了《巴塞因条约》，也是他给了约翰·洛
第一份正儿八经的工作，即土地测量员。

　　佩什瓦现在是英国人的傀儡，所以不得不忍受他的竞争对
手和下属地主的轻蔑和无视。一年后，哈尔卡尔王朝和辛迪亚
王朝攻击佩什瓦，年轻的阿瑟·韦尔斯利指挥的英军横冲直
撞，在血腥的阿萨耶战役②中打败了他们。英国人很明白，只
有他们自己的军队有能力在佩什瓦的南方山区领地恢复秩序和
繁荣。到 1812 年，英国人对这一点看得更清楚了，于是英军

----

① 巴塞因今天的名字是瓦赛，在印度马哈拉施特拉邦西部沿海地区，距离
　孟买不远。

② 阿萨耶战役是第二次英国－马拉塔战争（1803~1805）中的一场主要战
　役，开始时间为 1803 年 9 月 23 日，地点在印度西部的阿萨耶。阿瑟·
　韦尔斯利将军（后来的威灵顿公爵）指挥的东印度公司军队（约 1 万
　人）以少胜多，打败了辛迪亚王朝和蓬斯尔王朝（都属于马拉塔邦联）
　的联军（5 万~7 万人，指挥官是曾为英国效力的德意志雇佣军人安东尼
　·波尔曼）。这是威灵顿公爵的第一次重要军事胜利，后来他说这是自己
　在战场上的最辉煌胜利。阿萨耶的胜利再加上英军其他将领（如莱克勋
　爵）的胜利，使得英国成为印度腹地的主宰力量。

出动了道斯和他的野战军。

约翰·洛此时还只是个中尉，年仅二十三岁，但他加入野战军之后立刻脱颖而出，被任命为道斯中校的旅参谋长（Brigade-Major）。这可能是因为约翰·洛得到了巴里·克洛斯的举荐，克洛斯曾在浦那的军需部门见证约翰的优异工作。旅参谋长这个官衔在当时和今天同样让人迷惑，实际上它相当于一个旅的参谋长。旅参谋长的军衔一般比作战营的营长低，后者一般是中校衔。旅参谋长还直接负责全旅的情报工作。约翰是个有正式资格的波斯语译员，并且在浦那的时候就已经撰写了一些关于当地酋长的报告。但对约翰来说关系命运的是，旅参谋长还有一项常规职责，那就是对行政和军需部门加以监督。官兵的抱怨通过他向上呈送，上级的建议和指示通过他往下传达，它们涉及的主题五花八门，包括官兵吃到的食物的质量。食物是个特别重要的问题。

如果说约翰很高兴再次参战，那么从男爵①查尔斯·伯德特少校可以说是欣喜若狂了。查尔斯在印度已经服役二十年，此时第一次担任部队指挥官。他领导的英王第 56 西埃塞克斯步兵团第 1 营的绰号是"蓬巴杜"，因为该团制服的镶边是粉紫色的，这是蓬巴杜夫人②最喜爱的颜色。[3]该营将病号留在贝拉里，离开营地出征。他骄傲地看着"1100 ~ 1200 名健壮有力、身体健康的士兵"。在他注视下乘坐柳条小舟渡过通姆

---

① 从男爵是英国的一种世袭身份，低于男爵，高于骑士，不算贵族（在上议院没有议席），和骑士一样以"爵士"敬称。2015 年时英国有约 1200个从男爵。

② 蓬巴杜侯爵夫人（1721～1764），法国国王路易十五的正式情妇之一，在法国宫廷颇有影响力。她大力赞助建筑和装饰艺术，尤其是瓷器；也庇护和赞助启蒙时代思想家，如伏尔泰。

布德拉河的，是在印度的最优秀的英王部队之一。

　　遗憾的是，该团的昂扬斗志没有维持多长时间。查尔斯爵士的精气神也很快萎靡了。仅仅过了一两个月，他的兴高采烈就变成了阴森森的郁闷。他们的任务（迫使当地酋长重新服从佩什瓦并履行对其的职责）易如反掌。战斗很少，与平达里马贼交战造成的伤亡更少。

　　令"蓬巴杜"团萎靡不振并且大大削弱他们的体力与人数的，是疾病。从他们在 9 月 28 日抵达拥有清真寺和神庙的古都克（今天的加达格），到这年底和第二年初，该团军医院的病号名单以令人惊恐的速度越拉越长。到 12 月时，1147 名有效人员中已有多达 471 人住进了医院，仅在这个月就有 13 人死亡。1813 年上半年，病号人数一直在 500 上下，每个月都有更多人死亡：1 月有 11 人死亡，2 月 7 人，3 月 15 人，4 月 13 人，5 月 26 人，6 月 25 人。于是，该团的有效兵力锐减至 951 人。团部军医法洛菲尔德先生在 1813 年 1 月 12 日的报告中对近期入院病员的疾病进行了分类：138 人患有性病，108 人患痢疾，10 人患热病，6 人患肝病，14 人患溃疡，8 人因受鞭刑而伤重。

　　当时所有军队都很容易受性病侵扰。德干高原上的英国士兵尤其脆弱，因为他们只能到集市娼妓那里寻乐。并非只有普通士兵染上性病。优雅的芒斯图尔特·埃尔芬斯通在二十一岁时穿过德干高原，除了长期受肠胃病和马拉巴尔痒病（一种简直能让人发疯的皮肤疹）折磨之外，还患有淋病。他用水银和硫黄给自己治疗时，引用了荷马的诗句来描述自己承受的痛苦：duo moira tanelegeos thanatoio（我忍受了漫长的、无休止的死亡痛苦）。但他在日记里写道："考虑到病情，我的勃起还算正常。"（他后来重读这一段，把"勃起"划掉，改成了"生活"。）一个月后，在海德拉巴，他懊恼地写道："我原打算包养的一个娼妇本来要过来让我看看，结果她没来。"海德拉巴的英国办事机构的年轻职员都得过性病。亨利·罗素①写信给自己的兄弟查尔斯（正在海滨，从一轮严重的性病中康复）说："贝利证明了自己，把那种时髦的病传给了他的妞儿。"一周后，亨利自己也得了性病。[4]

但"蓬巴杜"团的状况可不是开玩笑的。如果按照这样的发病率和死亡率发展下去，他们很快就不能算是一支作战部队了。脾气急躁的从男爵陷入抓狂的绝望。他到处寻找替罪羊。2月17日，他找到了目标。军需官将准备发放给士兵的部分羊肉拿到了他的营帐。军需官觉得这肉已经腐败了，"腰子上几乎没有一点脂肪"。他问查尔斯爵士意见如何。查尔斯爵士也觉得这肉坏了，非常糟糕，比住院病号（人数越来越多）吃到的肉差很多。他命令将肉送回物资部门，并派他的副官马利特先生去向物资专员乔赛亚·斯图尔特上尉抱怨，但斯图尔特上尉恰好不在。

伯德特的怒火越烧越烈。三天后，再次发放羊肉之后，他告诉约翰·洛，他已经下令将全部羊肉（共 300 扇）退回。羊肉目前在提基蒂营地，准备送往果阿。我们必须记住，在整个风波期间全团在行军，穿越的是荒芜而不宜居住的地区，能搞到任何肉都很不容易。道斯中校这样一支野战军来到偏僻地区，对当地人来说是福也是祸。一方面，英军能给这些荒凉之

---

① 可能指的是亨利·罗素爵士，第二代从男爵（1783～1852），英国在海德拉巴的常驻代表。

地带来值得欢迎的金钱。集市里的贸易活跃起来。欧洲军人吃肉很多，为了满足这些外国佬的巨大胃口并运载他们的海量辎重，当地商人要搜刮所有荒山，尽可能去寻找每一头可怜的牲口。另一方面，在大军离去之前，粮食和油的价格可能飙升到令人无法容忍的地步。[5]

斯图尔特上尉说这批羊肉已经足够好了，他只能找到这样的；但为了抚慰查尔斯爵士，他准备改为给大家供应牛肉。

查尔斯爵士并未息怒。他组建了一个团部委员会去检查羊肉，由格兰特少校负责。委员会将这批羊肉与准备提供给医院的价格相同的羊肉做比较。他们恭顺地得出了结论："我们收到的羊肉无论在质量还是数量上都远远不及医院的肉，实在是太瘦、太寡淡，量不够，无法为士兵提供足够的营养。不过羊肉应当没有受到污染，也没有其他不卫生的情况。"

约翰在当天反驳道："这批肉已经被拿到营地的不同区域，隔了好久，受风吹日晒，所以现在无法公正地判断其质量。"他说，将来如果要投诉，必须在从物资部门领走肉之前投诉。大家可不愿意看到这些沾满苍蝇的肉被送到各个帐篷，而士兵们（其中很多人即将因患上痢疾而瘫倒）奉命把鼻子贴到那些长丝状的关节上嗅。局势注定会更恶劣。斯图尔特于次日向洛指出，"因为天气越来越热，羊会越来越瘦"，而查尔斯爵士会继续发牢骚并将肉退回。

查尔斯果然这么做了。十天后，他再次退回了发给他的团的羊肉。3 月 4 日，道斯中校亲自查看了羊肉，认为退回的理由不充分。但他组建了自己的委员会，由达尔林普尔中校负责，去执行一次更细致的检查。

达尔林普尔委员会对道斯服服帖帖，就像格兰特委员会听命于伯德特一样。达尔林普尔报告称，据他们看来，当天屠宰所得的羊肉"质量与一般发放给作战的欧洲官兵的羊肉齐平，甚至更好"。

约翰得到了这个有利的裁决，于是发动反击。他于3月14日写道，查尔斯爵士"不加区分地退回整批肉，认为其全部不合格，这是不审慎的行为"。查尔斯爵士这么做很自然地会让营地内的其他欧洲官兵对自己领到的肉也不满意。查尔斯爵士还对"公职人员的行为发出了没有必要的指责"。

伯德特火冒三丈地于当天回信道："我不认为自己的行为过于匆忙或缺乏审慎。"他还要求读达尔林普尔报告。约翰在3月22日带着霸气十足的官僚作风还击道："查尔斯爵士这样的军官如果去阅读报告，会有失身份。"此时野战军终于抵达了果阿，但军队的主要人物对这个充满魅力的葡萄牙飞地视若无睹，大家把全副精力都集中在羊肉问题上。

3月30日，查尔斯爵士做了一件出格的事情。在给约翰的信中，他发出了令人无法原谅的指控："第56团很多官兵的死亡和患病都是因为肉的质量问题。"这话他说了两次。他等于是在指控斯图尔特上尉、物资部门、道斯中校和约翰·洛蓄意杀人。

当天晚些时候，道斯指示约翰逮捕伯德特，并对伯德特发出了正式的严正申诉：

> 道斯中校命令逮捕英王第56团少校营长查尔斯·伯德特爵士，罪名为：不成体统的行为，目无长官，抗命不遵。查尔斯爵士于1813年3月30日写信给本部队的旅参谋长，对某位上级军官的行为发出无端指责……以极不妥

的言辞非难司令官表示认可委员会调查结果的公开命令，并虚假地将英王第 56 团发生的许多死亡和患病情况归咎于发放给官兵的肉质量不佳，还对军营内物资部门的行为发出了无端的、毫无根据的指控。查尔斯爵士的所有行为极易引发不满情绪，危害了良好秩序与军事纪律……

查尔斯爵士的剑被没收，在第 56 团的营长职位被撤销，更不要说他担任波奥纳马莱埃（马德拉斯郊外的一个兵站）指挥官的丰厚额外津贴了。他坐在自己帐篷里等待即将开始的军法审判时，心里的怨气越来越重。[6]

他不得不等待很长时间。野战军在德干高原的酷暑中艰难前进，一直走到冬天。但在这些偏僻地区的营地里，举行军法审判是不切实际的，因为很难凑齐法律要求人数的高级军官来审判他。到 10 月时，就连道斯中校也觉得心里有愧，觉得也许可以劝诱伯德特妥协并认错，这样大家都好收场。但是，伯德特拒绝认错。他拒绝道歉，也不肯收回 3 月 30 日那封臭名昭著的信。[7]他要的是公正，而不是原谅。

随后，1814 年初，野战军被解散了，因为它已经完成了任务。不久之后，道斯中校自己也患上重病，于 1814 年 6 月 27 日在果阿病逝，得到大家普遍的哀悼。即便从南印度的标准来看，此次远征的死亡率也非常惊人，而道斯自己就是最终的牺牲品。[8]

这些事情进一步耽搁了查尔斯爵士的案件上庭。直到 1814 年 7 月 19 日上午 10 点 30 分，即查尔斯爵士被捕十六个月之后，也是第一批羊肉被退还物资部门的一年半以后，军法审判才在圣乔治堡开始。主持庭审的是黑尔少将，法官当中有著名的荷兰籍军官图伊尔男爵，约翰·洛后来成为图伊尔所在物资部门的主管。[9]

整个庭审一塌糊涂，毕竟为了一堆死羊闹这么大也只能说是一塌糊涂了。主要的指控者威廉·道斯已经去世，而控方的绝大部分证人都驻扎在远方，无法出庭。即便经历了令人无法容忍的拖延，军法官也不得不在开庭时承认："我直到昨夜很晚才接到指示，今天要开庭，所以我还没有机会对案情做令人满意的深思熟虑。"换句话说，他没有读卷宗。军法官不得不请求董事会允许约翰·洛留在法庭，帮助讯问证人。

所以，约翰实际上既是准备案子卷宗的律师，又是助理起诉人，同时还是主要证人。他一点打赢官司的机会也没有。对方是一位睚眦必报、精力充沛的从男爵，在被监禁的十六个月中有充足的时间准备自己的辩护词，并且从蓬巴杜找来了一大群支持者。此次军法审判的记录用了233张纸，其中大部分是伯德特的辩护词，有的地方简直就像埃德蒙·伯克弹劾沃伦·黑斯廷斯的诉讼词那样生动形象、辞藻浮夸。但造成这一切的，都是烂羊肉。

查尔斯爵士先是从第56团拉来一大群证人，他们个个都愿意发誓赌咒，那羊肉根本不能吃。比如，迈克尔·坎宁安中士作证道："我经常看到士兵行军一天之后把羊肉丢掉，因为实在太烂，无法下口。我听见好几个士兵说，吃了这肉，人也会烂掉。"米勒中士和军士长理查德·史密斯说，他们在白人兵变期间曾被困在塞林伽巴丹，那时他们吃的肉都比这要好得多。曾当过屠夫的约翰·贝特曼说："世界上没有一个基督徒能吃那种肉。"两名列兵回忆说，有一天，食堂的所有吃食都被扔进了峡谷，因为它们实在令人作呕。在这些证词里，我们听到了一些普通士兵的声音。历史上很少有执行命令而不是发布命令的人的话被记载下来。这么多证词加起来，一定对黑尔将军及其同僚产生了影响。

随后伯德特向斯图尔特上尉开火了："物资部门接到道斯中校的命令，让承包商提供他们能搞得到的质量最好的肉。斯图尔特违背了这命令。我们能够证明，在集市上能从零售的屠夫那里买到质量好得多的肉，并且价格比政府允许的标准便宜得多。"

伯德特说，斯图尔特上尉严重渎职，"极少亲自监督物资分发，而是把这个使命托付给承包商，而承包商与军需官间一定有某种秘密的共识"。所以，斯图尔特不仅渎职，很可能还腐败。此外，他的懒惰给形形色色的舞弊留出了空间："肉的品种很少换，等到换的时候，士兵得到的肉极少，质量也没有改善。他们接收的肉里，有很大一部分是那种臭烘烘的瘦骨嶙峋的老山羊，不管什么时候只要三四个安纳①就能买到一头。"如果连山羊和绵羊都分不清，可想而知他们的处境是多么的糟糕。

伯德特还说，达尔林普尔委员会只检查了堆在最上面的两三扇羊肉，怎么有资格对"精挑细选、由物资部门的仆役打包堆起来的300扇羊肉"做评判呢？那种肉大部分是皮包骨头；并且即便不被宰杀，那些羊在几天甚至几个钟头内也会自然死亡。那种肉怎么可以算卫生呢？

查尔斯爵士表示，他的唯一希望是："在我被监禁的十六个月里，物资专员斯图尔特先生和认可他意见的人除了物资部

---

① 印度的货币单位，1 安纳等于 1/16 卢比。

门提供的羊肉之外，什么也吃不到。到今天他们或许能学会对同袍有一点人性和关怀。"他这里暗含的意思是，军官和士兵吃的不是一样的肉。不过，他可能不是故意这样影射的。伯德特可以指出，野战军没有一名军官在远征期间死亡，这说明饮食的相对质量到底还是与死亡率有关系。

查尔斯爵士这番慷慨陈词很了不得，只缺拿出烂羊肉来当证物。但他用绘声绘色、耸人听闻的描述弥补了这个缺陷："肉上面没有一丝一毫的脂肪存在的迹象；肉简直是透明的，只有一片死皮把羊腰子连接在上面；完全没有肉，没有实在的东西，所以非常柔软松垮，只要捏着腿和肩，就能拎住整个骨架。"

查尔斯爵士这番描述让整个法庭几乎要呕吐了，随后他提高嗓门："先生们，在欧洲作战二十年的英勇士兵就应当吃这样的食物吗？"他作为指挥官，如果不想尽办法保护士兵的健康并确保他们的营养，如何能原谅自己？[10]

黑尔少将及其同僚只花了几个钟头就给出裁决。1814 年 8 月 3 日，星期三，犯人被宣判无罪，并且得到"彻底的、体面的"释放。星期五，他就正式重获自由，之前被没收的剑也被归还。

现在轮到乔赛亚·斯图尔特上尉愤愤不平了。他被指控腐败、渎职和杀人。军事法庭宣判查尔斯爵士无罪，等于默认他对斯图尔特的指控是正确。雪上加霜的是，斯图尔特到马德拉斯时已经晚了，没有来得及向法庭讲话。他仅仅得到通知，法庭已经结案，并且还受到黑尔少将的严厉斥责，说他没有及时来参加庭审。这是令人发指的不公，不仅对斯图尔特自己不公，对整个物资部门和已故的道斯中校也是莫大的冤枉。

必须做第二次调查，这一次不仅要挽救物资部门的声誉，还要捍卫整个军队的荣誉。于是在两个月后的 1814 年 10 月 4 日，针对羊肉是否腐败变质的问题开始了第二次调查，这一次主持调查的是级别更高的军官，曾帮助收拾白人兵变残局的佩特将军。这已经是第四个调查委员会了，工作一直持续到 11 月，事情闹得更大，卷宗长达 633 页。[11]但这一次证据对斯图尔特等人有利。

首先，约翰·洛这一次做了充分准备。在佩特的调查中，洛成功地将问题焦点从羊肉转移到第 56 团官兵患病与死亡的可证实原因上。

他指出："一个重大原因是，在该团离开贝拉里之前，性病传染就很严重了。很多病人若是留在基地，就很可能痊愈，但行军的最初六周让他们暴露在潮湿环境里，尤其是睡在湿漉漉的地面上，因此其体质进一步下降。"

所以，死因不是烂羊肉，而是病人自身。

并且，"在我们离开贝拉里那天，有约 150 名年轻新兵加入队伍，他们还没有适应环境，尤其是夜间的大量露水"。最糟糕的因素是，"营地周边村庄里大量酿制亚力酒，虽然长官竭力阻止，士兵们还是购买了很多亚力酒"。换句话说，疾病和死亡的原因是军营内肆虐的性病、潮湿的环境和年轻士兵不谨慎的生活习惯，就像特立帕苏尔那些缺乏经验的军官学员一样。

约翰·洛曾亲自安排哨兵把守从营地出去的道路，并派人监视卖酒的店铺，以控制烈性椰子花酒的销售。士兵必须拿到有军官签字的条子，才可以去买酒。但除了正规的亚力酒之外，还有一些劣质亚力酒从果阿运来。英军会尽可能地拦截和销毁这些"贱民亚力酒"（相当于我们说的私酒），并惩罚喝私酒的人。在道斯野战军远征期间，有很多士兵因酗酒遭鞭笞，共有74次相关的军法审判。但还是不断有私酒被送进军营，士兵们仍不断溜出去喝酒。约翰记得有好几次，割草工人在喂牲口的干草捆里隐藏亚力酒，偷偷带进军营。很多普通士兵会溜到附近的村庄，喝得烂醉如泥，在路边水沟里睡一夜。没有办法阻止他们。就连查尔斯爵士也承认："如果我努力阻拦所有'贱民亚力酒'进入军营，那么军事法庭就会忙个不停，除了鞭笞之外没有别的事情可做。"

所以，1812年8月从贝拉里出征的查尔斯爵士麾下的"1100～1200名健壮有力、身体健康的士兵"的真实情况是这种样子的：很多人已经感染了性病，大多数人在抵达高原险象环生的沼泽地之前就已经因狂饮烈酒而半盲，到了沼泽地带之后，又因为赶牛运输辎重的承包商没有跟进，部队缺乏帐篷和床具，很多人不得不睡在潮湿的地上。

佩特委员会不难得出应有的结论。斯图尔特上尉和物资部门受到的所有指控均被撤销，他们的工作效率和忠于职守得到表扬。至于羊肉问题，佩特的态度很明确："在远征期间，提供给欧洲官兵的肉食质量很好，不可能是英王第56团出现大量疾病与死亡事件的原因。"原因是亚力酒、性病和缺乏床具，再加上很多病人最初染病之后没有及时报告。

就像格兰特委员会和达尔林普尔委员会一样，军事法庭和佩特委员会得出了截然相反的结论，让当事双方都可以自认为得到了官方认可。

整件事情已经花费了印度事务部的1000张优质办公用纸，但这个怪异故事还不算完。查尔斯·伯德特爵士仍然觉得蒙受了极大冤情。他在被羁押的十六个月里没有领到津贴，他现在要求得到赔偿。这笔钱总计 1801 宝塔币，折合 720 英镑 15 先令 10 便士，大致相当于今天的 4 万英镑。[12]

他的申诉于次年送到了圣乔治堡。总督阁下的意见是，查尔斯爵士的要求是"没有先例"的，因为这笔津贴已经于他在押期间被代他执行公务的其他军官依法领取了。查尔斯爵士的要求会立下一个令人不安的先例。如果任何在军事法庭被开释的人将来都尝试索赔，那么民政机关就会迫于压力去审视军事法庭的每一个独立决议。于是总督回避做出决定[13]，将此事提交利德贺街的董事会。差不多三年后，董事会给出了冷冰冰的拒绝："我们认真斟酌了此事，找不到任何理由为查尔斯·伯德特爵士提供赔偿金。"[14]伯德特再次上诉，这一次找到了陆军总司令约克公爵殿下。公爵颇受震动，请董事会考虑此案具体的困难情况。董事会不为所动。事实上，他们"还必须补充指出，道斯中校逮捕查尔斯·伯德特爵士的行为是完全正当的"。换句话说，董事会认为根本不应当将伯德特无罪开释。

连这也阻挡不了怒气冲冲的从男爵。档案中还有最后一句带着疲惫厌倦口气的记载："自 1820 年 9 月以来，查尔斯·伯德特爵士多次提出申诉。此案的最后一次正式调查时间为 1834 年 3 月 12 日。"但上级的答复始终如一：不给赔偿金。伯德特于 1821 年退役，但此后很长时间（长达二十年）里他一直坚持说自己蒙冤、被剥夺了应得的赔偿。他于 1839 年在科伦坡去世，终身未婚。

他说的究竟有没有道理？极瘦的、多筋的肉缺乏营养，是否极大地削弱了病人的抵抗力，导致他们死亡？但第 1 营不是"蓬巴杜"团唯一蒙受灾难性打击的部队。一年后，第 2 营在行军期间有 329 名士官和士兵病死。[15]不管肉的质量如何，在印度的欧洲官兵都特别脆弱。从两个世纪之后的角度来看，我们能看见的只是一长串全身湿透、战栗不止的士兵，其中一半患有淋病，大多人因狂饮亚力酒而呆滞，在季风季节跌跌撞撞地走向德干高原的干旱峡谷。如果我们想知道马德拉斯军团的军人生活最恶劣的情况是什么样的，只需要看看从男爵与羊肉的传奇就可以了。

注释

[1] Blakiston, ch. ix.

[2] Ibid.

[3] Cannon, p. 10.

[4] Elphinstone, Journal, Mss Eur F88/368, October 26 and September 6, 1801. Dalrymple, *White Mughals*, p. 119.

[5] Bayly, *Rulers*, Townsmen, pp. 213 – 6.

[6] 关于此事的报告可见于 IOR/F/4/528 and /529.

[7] Weatherall to Abercromby, November 26, 1813.

[8] Wilson, iii, pp. 351 – 2.

[9] IOR/F/4/528/12689.

[10] 不过，他自己略微损害了这高尚的演讲。他提醒法庭，他和已故道斯中校都还是上尉的时候，道斯的资历比他浅；而且道斯只不过是土著部队的军官，"对指挥欧洲士兵不可能有多少经验"。这是两个层面的挖苦，暗示道斯的社会地位比他低，并且道斯愿意让自己麾下的印度兵吃任何垃圾。

[11] IOR/F/4/529.

[12] 此种宣称可在 IOR/MIL/405 coll. 227, pp. 127 – 59.

[13] March 10, 1815.

[14] February 4, 1818.

[15] Cannon, p. 43.

7 佩什瓦的最后叹息

约翰·洛困守原地，前方无路。他不喜欢自己的处境，但不知道应当去哪里碰运气。在印度服役十二年后，他还是班加罗尔物资部门的一名小小中尉，负责与供应公牛的承包商讨价还价，清点帐篷和军服，检查瘦骨嶙峋的羊肉以防伯德特事件重演。在他这个年纪，阿瑟·韦尔斯利已经成为调兵遣将的上校。东印度公司军队里的晋升慢如龟爬。除非有强大的靠山和人脉，否则就只能循规蹈矩，一点一点地往上爬。而约翰认识的熟人现在都帮不上忙了。[1]

无奈之下，约翰写信给一个自己并不熟识但热心肠、让人觉得一见如故的人。约翰·马尔科姆爵士刚从英格兰返回印度。在英格兰，他凭借自己在波斯的勇敢行动被册封为爵士，受到社会各界的赞颂追捧。他还把土豆引进波斯，所以当地有时会把土豆称为"马尔科姆李子"。[2]

约翰向马尔科姆承认，自他去浦那以来，"我就非常渴望获得某种与普通兵役不同的工作机会"。他指的是政治方面的工作，即担任派驻某位土著王公宫廷的常驻代表，这种工作会有很多好处。他痛苦地认识到，自己并没有什么卓越成绩能吸引上级的注意并得到推荐。"我到印度已经十二年了，却从未有过重要的贡献。"他的老熟人一个个远去，"我认识到，在自己最渴望从事的行当里，我的前程已经彻底终结"。于是他在物资部门安顿下来,从事机械的工作,"以为这里的晋升会比较快,谁知并非如此"。

在整个南印度一定都有心情郁闷的下级军官在 6 月酷暑里一边扇扇子,一边写下这种放手一搏的求助信。其中绝大多数人恐怕永远不会得到回复,但这封信得到了回复。仅仅九天后,马尔科姆从马德拉斯写来回信,用他粗大而潦草的手迹(他的笔迹颇能反映他自信而冲动的个性)写道:"亲爱的先生,我没有忘记你,也没有忽视你。我对你过去的进步感到喜悦,并会尽我所能帮助你晋升。"更妙的是,"我打算去班加罗尔一趟,11 日抵达。到时候我们再静悄悄地详谈,如果可能的话,就做一些安排"。这封回信的日期为 6 月 2 日,所以几天之后约翰爵士就会来到洛身边。洛是多么幸运,选择的时机又是多么凑巧啊!

约翰·马尔科姆享受了多么辉煌的一生啊!"享受"这个词很贴切,因为他的一举一动都带着喧腾的玩耍成分。他长久以来都被称为"孩子马尔科姆",十五岁时就以少尉军衔指挥印度兵,护送蒂普苏丹根据 1784 年条约①释放的英国俘虏。后来他三次出使波斯,写下一本《波斯史》,该书在好几代人的时间里都是波斯历史的标准著作。在无忧无虑的青年时代,"孩子马尔科姆"赌输了自己的全部薪水,花了很多年偿清债务。他镇压过两次叛乱,一次是在海德拉巴发生的他麾下印度

---

① 即 1784 年的蒂普苏丹与东印度公司签订的《门格洛尔条约》(也作《曼加洛尔条约》),该条约结束了第二次迈索尔战争(1780～1784)。此次战争中双方基本上打成平手,但英国人需要到蒂普苏丹占领的门格洛尔签署条约,所以认为自己受辱,下定决心要消灭迈索尔。门格洛尔是今天印度西南部卡纳塔克邦南部海港城市,曾为葡萄牙殖民地。

兵的反叛，还有一次就是白人兵变。不过他和乔治·巴洛爵士争吵了很长时间，争论是谁的策略最终促使马德拉斯的反叛军官恢复理智。他用魅力攻势和讨价还价的本领与南印度的每一位土著王公打交道；尼查姆和佩什瓦都视他为挚友，每一个印度兵、间谍和商贩都喜欢他。更重要的是，每一任新官上任的总督都立刻会觉得自己非仰仗他不可。一旦出了什么麻烦事，大家的呼声都是"派马尔科姆去！"

新任总督也不例外。德干高原有麻烦在酝酿，约翰·马尔科姆刚在马德拉斯下船，还没来得及换衣服赴宴（他忘了戴肩章）[3]，莫伊拉勋爵就任命他为在德干高原的全权代表和正在那里集结的部队的旅长。所以，马尔科姆给约翰回信的时候，正打算从马德拉斯去班加罗尔，此地在当时和今天都是迈索尔的主要城镇。

马尔科姆对这个地区了如指掌。十年前他曾担任驻迈索尔的常驻代表。他沿着河岸骑马去阿尔果德时，写信给妻子（此时他已经有五个儿女，可见他做什么事情都特别投入、成果丰富）道：

> 这地方让我思绪万千，它带来诸多回忆。十三年前我和威灵顿公爵一同骑马在这地方奔驰，这令我自豪；而十年前，我和你一同在这里旅行，这是比自豪更美妙、更令人愉快的感觉。[4]

在他穿过边界，进入迈索尔地区的时候，"欢迎我的有号角、手鼓、舞女、税吏、农民和集市商贩；简而言之，无论高低贵贱，都来迎接我。人们用五花八门的语言叫我'马尔科

姆老爷',这让我洋洋得意"。在"粉丝团"的簇拥下,他乘
轿子来到班加罗尔,以闪电般的速度带走了约翰·洛,就像阿
富汗骑手纵马从长杆上抢走首级一样。

一周后,他们来到海德拉巴,"孩子马尔科姆"的外交生
涯就是从这里开始的。时年四十八岁的马尔科姆已经不再孩子
气,而是发福且庄严。他在常驻代表的恢宏豪宅住下。这座豪
宅有点发霉和缺乏照料,但仍然是印度最美丽的英国常驻代表
宅邸,拥有辉煌的柱廊和一直延伸到穆西河的东方风情花园。
这座豪宅是尼查姆出资修建的,配有莫卧儿风格的亭台楼阁与
古典式装饰建筑。芒斯图尔特·埃尔芬斯通嘲讽地称其为
"布局风格一半像伊斯灵顿①,一半像印度斯坦"。这是东西方
文化的水乳交融之作,象征了翻修它的英国常驻代表詹姆斯·
柯克帕特里克与他那倾城倾国的印度情人(最终成为他的妻
子)海尔·妮萨之间虽隐秘短暂却幸福的婚姻。

但政治局势就没那么幸福了。尼查姆在英国人容忍之下统
治,深陷于一连串丧权辱国的交易,逐渐丧失了政治权力,但
可以自由地享受纸醉金迷的生活。这种关系带来的道德变化在
马尔科姆给妻子的一封信里描绘得淋漓尽致。在这封信里,马
尔科姆记述了自己与老朋友玛·拉卡·白·昌达②的重逢,后
者是著名的舞女和诗人,与他上次相会时将自己的诗集奉献给
了他:

---

① 伊斯灵顿是伦敦的一个区。
② 玛·拉卡·白(1768~1824),原名昌达·比比,是海德拉巴的乌尔都语
女诗人、交际花和慈善家。她是第一位出版诗集的印度女诗人。她在海
德拉巴的宫廷享有崇高地位。她曾穿男装陪同海德拉巴的尼查姆打仗,
并且以擅长弓箭和投掷标枪而闻名。"玛·拉卡"的意思是"月亮的面
孔",是尼查姆赐给她的称号。

我从这位女士手里收到好几盘水果。她还把自己的画像送给我，说这是为了让我有愉快的回忆。海德拉巴宫廷已经大变样了，再也没有终日载歌载舞的景象。闷闷不乐的君主、遭贬斥的垂头丧气的贵族，还有衰败宫廷的贫穷仆役，已经不能为昌达的天才提供发挥的空间；不过，毕竟过了十八年，她也变了很多。但她仍然有相当强的影响力，为了娱乐而挥霍的东西大部分属于她……她统领着主要的几组舞女，而她自己红颜已逝（她年近花甲），在都城的美色市场上是头号垄断商人。她载歌载舞，表演了一个多小时，但我说不准为什么，她吟唱印度斯坦语和波斯语颂歌时那些美妙的音调、精彩的表演、佯作晕厥又恢复元气、忧郁和陶醉，都不像过去那样让我沉迷了。毕竟，十八载岁月对男人和女人的外表与情感都会有影响。[5]

三十年后，约翰·洛成了这座豪宅的主人，他自己也不得不见证（并制造）一些痛苦的场景。但在当时，初次目睹伟大王公宫廷的倾颓，对他还是新鲜的体验。更令人难忘的是尼查姆宫殿的颓废奢靡与他所在国度的水深火热之间的强烈反差。马尔科姆头脑清醒，没有任何幻想："这里的人民是一个被打垮、被压迫的民族。我倾向于相信，没有比这治理得更差的国家了。不出所料，君主（尼查姆）是个抑郁的疯子，而首相（琼杜－拉尔）是个卑微的印度教徒，他之所以能掌权，全靠英国政府的支持。并且他为了保住自己的位置，不得不对我们的常驻代表卑躬屈膝。有权力却没有傲骨，就没有动机去妥善治理。"[6]

但这么多年来，在印度的许多邦国，马尔科姆自己恰恰就在帮助巩固这种组合：抑郁而荒淫堕落的君主、奴颜婢膝（通常腐败）的大臣、凄惨的承受苛捐杂税的农民，以及用一丝不苟的礼节掩盖自己掌权之实的英国常驻代表。后来约翰·洛也出色地操作了这种体制，但对其提出了质疑，并最终破坏了它。[7]

他们继续骑马前往浦那，此行的真正使命在那里。尼查姆宫廷里懒洋洋的规程一下子换成了强度极大、令人难以置信的长途旅行。马尔科姆和他的副官们有时骑马，有时乘轿，三天就走了 364 英里，每天只停几分钟以吃一片面包、喝一杯牛奶。四名轿夫除了满脚水泡之外，肩膀也一定疼痛难忍。在旅程的最后阶段，他们骑着细瘦结实的马拉塔马（有人把马匹送到佩什瓦国度的边境等待他们），在八小时内狂奔了 64 英里。

为什么如此匆忙？既然佩什瓦和尼查姆一样，只不过是没有实权的傀儡，那何必要如此焦虑？在海德拉巴这样安全的地方，为什么有一支大军在托马斯·希斯洛普爵士指挥下集结？约翰·马尔科姆为什么要从一个王公的宫廷飞奔到另一个王公的宫廷？

要想理解马拉塔帝国①灭亡的漫长而令人困惑的故事，我

_____

① 马拉塔帝国（或称马拉塔邦联）是印度次大陆上的一个近代帝国，也是印度历史上最后一个真正的印度教帝国。马拉塔人是来自德干高原西部（今天的马哈拉施特拉邦）的武士族群。他们在希瓦吉·蓬斯尔领导下反抗穆斯林统治而建立的帝国起始于 1674 年，终结于 1818 年，其鼎盛时期的疆域覆盖了整个印度北部。莫卧儿帝国的灭亡在很大程度上是因为与马拉塔帝国的军事对抗。莫卧儿皇帝奥朗则布于 1707 年去世后，马拉塔帝国大幅扩张疆域，但在 1761 年的第三次帕尼帕特战役中败给了阿富汗的杜兰尼王朝，不得不停止向阿富汗方向的扩张。随后，马拉塔帝国改制为一个松散的邦联，由若干自治政权组成，包括：浦那的佩什瓦、瓜廖尔的辛迪亚王朝、印多尔的哈尔卡尔王朝、那格浦尔的蓬斯尔（转下页注）

们就必须摈弃西方人相对于印度人拥有军事优势的观念。一些傲慢的年轻英国军官肯定有这种想法。早在1803年，约翰·马尔科姆本人曾写信给他的总司令，令人敬畏的莱克勋爵①，声称："马拉塔帝国各个羸弱而不和的分支即便联合起来，英国武力也可易如反掌地将其击败。只需一场短暂的军事行动，英国国内掌管印度事务的政治家对马拉塔民族之力量的恐惧便可彻底打消。"[8]我们不知道，在马拉塔南部血腥的阿萨耶战役和阿迦翁战役，以及莱克勋爵本人参加过的马拉塔北部（延伸至印度斯坦）的德里、阿格拉和拉斯瓦利等激战之后，莱克勋爵有没有再次问过马尔科姆对"一场短暂的军事行动"这样的吹嘘的看法。阿瑟·韦尔斯利本人也曾错误地以为，对付马拉塔人轻而易举。[9]但韦尔斯利能够坦然认错，他在阿萨耶战役后写信给约翰·马尔科姆，承认："他们的步兵是我在印度见过的最强的，当然除了我们自己的步兵之外……我向你保证，他们的火力极其猛烈，我有一次不禁严重怀疑自己有没

（接上页注①）王朝、巴罗达的盖克瓦王朝等。

    佩什瓦（Peshwa）原为帝国的世袭首相，辅佐国王，后来佩什瓦成为帝国的实际统治者，领导帝国成为次大陆的霸主。再往后，佩什瓦自己也丧失了权威，成为马拉塔诸侯的傀儡君主。

    1775年，东印度公司干预佩什瓦的继承，引发第一次英国－马拉塔战争，马拉塔邦联获胜。包括威灵顿公爵在内的敌手都高度评价马拉塔军队的战斗力。第二次英国－马拉塔战争（1803~1805）和第三次英国－马拉塔战争（1805~1818）都是英国获胜，最后马拉塔邦联灭亡，本书后文会详细讲述。

① 杰拉德·莱克，第一代莱克子爵（1744~1808），英国陆军将领。他参加过美国独立战争。爱尔兰起义期间的1798年，他是镇压起义的英军指挥官。后来他担任英属印度的陆军总司令。第二次英国－马拉塔战争中，他接连打败辛迪亚和哈尔卡尔王朝军队，与阿瑟·韦尔斯利一起打赢了这场战争。莱克勋爵嗜赌成性，家产几乎败光，子女生活困难。首相波特兰公爵请英王乔治三世资助莱克勋爵的孩子。

有办法让我们的部队前进。大家都同意，这是在印度打过的最激烈的战斗。"[10]即便在滑铁卢战役之后，韦尔斯利仍然坚持认为，阿萨耶战役是他打过的最激烈的一场。

至于阿迦翁战役，整整三个营的印度兵在马拉塔军队面前抱头鼠窜，为了阻止他们逃跑，阿瑟·韦尔斯利唯一的办法是命令他们卧倒。这花招不是他发明的，但非常有效，因为这样做能缩小士兵的目标，同时让他们较难继续逃跑。他对此役的评价是："我坚信不疑，若不是我在现场，我军必败无疑。"后来他对滑铁卢战役做了同样的评价，这成了名言。[11]

那么，马拉塔步兵和炮兵为什么比英国人的预期强得多呢?[12]英国人的一般说法是，马拉塔人之所以是厉害的对手，仅仅是因为领导他们的军官是法国、苏格兰和德意志的雇佣军人。比如伯努瓦·德·布瓦涅①将军指挥了马哈吉·辛迪亚②

---

① 伯努瓦·德·布瓦涅伯爵（1751～1830），来自萨伏依公国的军事冒险家。他出身皮毛商人家庭，自幼对东方充满好奇，成为法国的职业军人。后来他为俄军效力，参加了第五次俄土战争（1768～1774），不幸被俘，成为土耳其人的奴隶，后被英国人赎回。在英国人的帮助下，他到印度冒险，帮助瓜廖尔的辛迪亚王朝（当时是马拉塔帝国的霸主）统治者马哈吉·辛迪亚用欧洲技术训练和指挥新式军队。他指挥的近10万辛迪亚新式军队使得马拉塔帝国得以称霸印度北部，并成为印度最后一个有实力抵抗大英帝国的土著国家。布瓦涅深得马哈吉·辛迪亚的信任，成为权贵和大地主。经历了风云激荡的一生之后，布瓦涅去了英国，后来返回家乡萨伏依（当时属于皮埃蒙特 – 撒丁王国）。

② 马哈吉·辛迪亚（1730～1794），瓜廖尔的辛迪亚王朝的统治者。1761年的第三次帕尼帕特战役中马拉塔帝国败给阿富汗之后，帝国大大衰败，而马哈吉·辛迪亚是帮助帝国中兴的主要人物之一。他成为佩什瓦的心腹，并领导辛迪亚王朝成为马拉塔帝国的首要势力和军事强国。他还帮助莫卧儿皇帝复辟，使其成为马拉塔帝国的附庸。第一次英国 – 马拉塔战争中，马哈吉·辛迪亚是打败英国的主要军事家。为他立传的英国人说他是18世纪南亚第一伟人。

的军队，德·布瓦涅的继任者佩龙将军①、休·萨瑟兰上校、波尔曼上校②还有其他十几人都是欧洲人。

但是，把马拉塔军队的强大战斗力归功于欧洲军官的教导，是个错误。在欧洲军官开始进入马拉塔军队并占据从列兵到大军指挥官等各级位置的很久以前，马拉塔军队就在操练和执行复杂的机动招式，其战术机动和任何欧洲步兵团一样熟练。马拉塔军队从来不是平达里马贼和其他游牧部族组成的乌合之众，那些人唯一的本领是非正规的游击战。马拉塔大军阀希瓦吉·蓬斯尔③（1627~1680）曾成功运用大规模步兵和有组织的炮兵弹幕射击，他的骑马像如今耸立在孟买的印度之门④，以欢迎新来者，而孟买的火车站和机场用的也都是他的名字。对现代的印度教民族主义者来说，希瓦吉是比甘地更激动人心的偶像。[13]

18世纪的马拉塔步兵同时使用火绳枪和燧发枪，但他们拥有的一项技术优势，不在于他们火枪的点火系统，而在于他

---

① 皮埃尔·屈耶－佩龙将军（1753?~1834），出身法国的军事冒险家，曾在印度为伯努瓦·德·布瓦涅麾下服役，帮助马拉塔军队对抗海德拉巴。布瓦涅退休后，佩龙接替他成为辛迪亚王朝军队的总司令。后来他背叛了辛迪亚王朝，投奔英军。他训练的辛迪亚新式军队后来被英军将领莱克勋爵消灭殆尽。佩龙将军在印度发了大财，后返回法国。

② 安东尼·波尔曼为出身汉诺威的雇佣军人，起初为东印度公司效力，后投奔辛迪亚王朝，在伯努瓦·德·布瓦涅麾下服役，在阿萨耶战役中与阿瑟·韦尔斯利对抗。后来他又回到东印度公司麾下。

③ 希瓦吉·蓬斯尔（1627?~1680），马拉塔帝国的创建者。在他年轻的时候，印度主要由穆斯林政权统治，他决定要为印度教徒争取自由。他是杰出的军事家和行政管理者，复兴了古老的印度教政治传统，并鼓励使用马拉塔语和梵语为宫廷和行政语言，而不是波斯语。他还有"印度海军之父"的美誉。印度独立运动兴起之后，他被视为印度教徒的民族英雄。

④ 印度之门是孟买港口的一座纪念碑，1924年建成。

们的火绳枪射程更远，初速更大。这种火绳枪的口径较小，枪管较厚，能够使用较多的发射药；所以，他们手工打造的杰撒伊长管火枪的枪口初速更大，射程更远，精度可能也有提高。[14]柯南·道尔告诉我们，华生医生就是在迈万德战役①中被杰撒伊火枪打伤的。而吉卜林告诉我们，杰撒伊火枪的杀伤力超群：

> 在边境兵站的一场混战，
> 在山间狭道缓步骑行，
> 价值两千英镑的教育，
> 毁于十卢比的杰撒伊火枪。

在马拉塔战争结束几十年之后，在开伯尔②的山谷和阿富汗的平原上，杰撒伊火枪仍然常常能战胜英国火枪。

马拉塔炮兵也有理由自认为比英国炮兵优越。在18世纪最初的二十五年里，马拉塔炮兵用的是预先装填好的火药包，比欧洲人的办法（发射之前临时舀火药）快得多，也更安全。[15]马拉塔人几个世纪以来积累了丰富的铸造神庙装饰物的经验，这种经验被运用到大炮制造上。马拉塔的野战炮是在当地铸造厂生产的，最重要的铸造厂在阿格拉附近的马图拉。他们的不少火炮比欧洲火炮更轻便也更耐久，因为铜制炮管内还

---

① 迈万德战役（1880年7月27日）是第二次英国－阿富汗战争中的一场主要战役，阿富汗人（2.5万人）打败了规模小得多的英印军队（2500人），但阿富汗人损失惨重。

② 开伯尔地区在今天的巴基斯坦境内，开伯尔－普赫图赫瓦省原名西北边境省，是巴基斯坦最小的省，它是普什图族和其他若干民族的家乡，与阿富汗接壤。

有六边形的铁管用于加固。此外，他们常常预先铸造火炮部件，到了战场再组装起来，这样更利于运输，尤其在翻山越岭和渡过因季风而水量暴涨的河流时。早在1586年，马拉塔军队就正式使用了这种"预制"火炮。一名威尼斯旅行者目睹了此种火炮的使用："这些大炮虽然是分段制造的，但实战效果极好。"[16]

马拉塔人拥有诸多优势：远远多于英军的人力资源，高水准的军事训练和纪律，以及在火枪和大炮方面的领先技术。[17]那么，他们为什么会战败呢？1803年的事件是这样的：辛迪亚王朝和英国人之间的战争一触即发，大量欧洲军官（不仅仅是英国人）从辛迪亚军队流失。辛迪亚王朝的总司令佩龙将军在1803年8月前后解雇了所有欧洲军官，但非常客气地给他们提供了表现良好的证明，说他们被解雇是出于"政治原因"。这些军官纷纷投奔英军，包括：著名的詹姆斯·斯金纳上尉①，他是斯金纳骑兵团的传奇创立者，还在德里建造了斯金纳教堂②；斯图尔特上尉；小乔治·卡内基，他在给母亲的信中写道，"我在可怜的道拉特·拉奥［道拉特·拉奥·辛

---

① 詹姆斯·斯金纳上校（1778～1841），英国－印度混血的军事冒险家，他最有名的事迹是为英国组建了两个骑兵团，它们至今仍然是印度军队的一部分。他的父亲是东印度公司的英国军官，母亲是一位拉杰普特公主。因为是混血儿，他不能为东印度公司服务，于是加入马拉塔军队，得到伯努瓦·德·布瓦涅、皮埃尔·屈耶－佩龙等欧洲军官的提携。第二次英国－马拉塔战争爆发之后，斯金纳离开了马拉塔军队，加入东印度公司的孟加拉军团。斯金纳熟悉印度土著邦国，历任英印总督都高度重视他的意见。他还精通波斯语，用波斯语写过几本书，包括若干土著统治家族的历史。

② 也叫圣雅各教堂，1836年竣工的英国圣公会教堂，是德里最古老的教堂之一。

迪亚] 最需要我的服务时离开他, 是为了向自己的祖国尽
忠…… (即便在这场正义而必需的战争中!!!) 我也不认为自
己可以亲手帮助摧毁一支由我的熟人和朋友组成的军队"。[18]
对英国人来说, 爱国主义和种族团结压倒了对自己雇主的忠
诚。8 月的第二周, 辛迪亚军队的指挥链条开始土崩瓦解。仅
在卡内基的旅, 就有 8 个营的营长是英国人或英国人与土著的
儿子, 他说这些人都急于离开。火上浇油的是, 印度总督理查
德·韦尔斯利 (阿瑟的兄长) 在 8 月底慷慨地宣布, 所有在
辛迪亚王朝或比哈尔王公军中效力的英国公民应当立即停止服
务, 到英国兵站报到; 他们将得到东印度公司的接纳, 并且待
遇将与他们在土著王公那里得到的一样优厚。同时用马拉塔语
发布的另一份宣言, 也向土著士官和印度兵提出了同样的
条件。[19]

就这样, 还没有开战, 辛迪亚军队就遭到了沉重打击。
恰恰因为英国军官只能在最后关头离开, 他们的 "变节"
(用这个现代词语来描述当时的情况并不恰当) 更显得后果
严重。要在一个月内训练出一批新的作战指挥官是不可能的
(韦尔斯利的宣言发布于 1803 年 8 月 29 日, 阿萨耶战役发
生在 9 月 23 日)。

对那个时代的步兵作战来说, 损失这么多欧洲军官的后
果是灾难性的, 因为当时的指挥官, 包括莱克勋爵和阿瑟·
韦尔斯利这样的将领, 都要亲自带队上阵。只有亲眼看到长
官身先士卒, 步兵才有可能稳步走向敌人的炮火。辛迪亚王
朝的骑兵和炮兵在即将到来的历次战役中表现上佳, 要塞驻
防部队也很优秀, 但步兵却无法鼓足勇气, 以那种几乎令人
难以置信的稳健顶着敌人的火力缓步前进, 同时目睹战友在

自己身边陆续倒下。

韦尔斯利能够提出这样诱人的条件（实际上是买断终身的贿赂），是因为他背后是东印度公司的雄厚财力。东印度公司的股票是全球通行的储备货币，土著王公往往也购买了大量东印度公司股票。佩龙将军就拥有估计多达 28 万英镑的东印度公司股票。[20] 只要财政状况良好，东印度公司能够轻而易举地在全球货币市场获取海量现金。

东印度公司的董事们始终忧心忡忡，害怕失去 AAA 的股票评级，所以总是敦促总督厉行节约。控制理事会的政治家同样焦虑，担心东印度公司丧失最高的信用等级从而损失金钱。但如果有紧急情况，东印度公司始终有办法筹集资金。

相比之下，印度王公们虽然统治着广袤的土地，并拥有丰富的自然资源和用之不竭的人力资源，却常常奇缺现金。财政状况最差的王公的信用等级就像今天的希腊一样。在竞拍的时候，东印度公司总是出得起更高的价码，而土著王公常常因为企图与东印度公司竞争而损失惨重。

只有在东印度公司丧失了最高信用等级的时候，比如奥克兰勋爵灾难性的阿富汗战争期间，印度王公才有可能迫使英国议和。因为即便强大如东印度公司，也不是无懈可击的。它毕竟不是有权发行货币的主权国家政府，而且英国政府拒绝为东印度公司兜底，在极端危急的情况下更愿意接管公司并将其废止，就像 1857 年兵变之后那样。撰写印度历史的时候太容易只记得条约和刺刀，但我们永远不能忘记，在大多数时候，许多个人和政府都在挖空心思地算经济账。

如果马拉塔邦联的统治者们要抵抗英国人残酷无情的侵犯，就必须妥善经营自己的国内财政，他们必须团结一心，成为可信赖的、忠诚的盟友。然而，他们绝大多数人一样都做不到。这也不奇怪，因为他们没有这样的传统。

如果浦那的佩什瓦、瓜廖尔的辛迪亚王朝、印多尔的哈尔卡尔王朝或那格浦尔的蓬斯尔王朝回顾自己父辈与祖辈的历史，他们能看到的是什么？除了背叛、谋杀（尤其是兄弟相残）、纸醉金迷和荒淫作乐（偶尔夸张地笃信宗教）之外，就没什么了。阅读这些土著王朝的记载时，我们很容易像英国常驻代表们一样，带着拘谨和忧郁的语调批判它们。当英国常驻代表坐在雅致的宅邸（通常是王公出资为他们建造的），收到安插在宫里的诸多间谍发回的更多耸人听闻的情报时，难免扼腕叹息。[21]

到 18 世纪末时，马拉塔王公们仍然统治着印度中部和南部的广袤领地，但空气中弥漫着一种不可否认的一个时代行将就木的气氛。辛迪亚王朝的继承人，马哈吉的侄孙道拉特·拉奥（1779 ~ 1827）在 1794 年马哈吉驾崩时只有十四岁。他很快就被一个可怕的角色牢牢攥在手心。那就是沙扎拉奥·加特格，此人最初是佩什瓦的大臣、蛇蝎心肠的纳纳·法德纳维斯派到辛迪亚朝廷的奸细。

加特格安排少年道拉特·拉奥娶了他的美丽女儿，并引诱他过着酒池肉林的生活，即便一贯奢靡的马拉塔宫廷也对其不忍直视。加特格大多数时间都烂醉如泥，已经被荒淫的生活掏空了身子，不得不借助炖山羊肉和母白蚁等"壮阳药"来恢复自己萎靡的性能力。他和道拉特·拉奥大君分享最喜爱的几个舞女，并以随意处死失宠的高官和富人为乐，有时还把他们捆在用小树干做成的火箭上发射出去。[22]

对王国来说更糟糕的是，道拉特·拉奥在财政方面完全无能。[23]而浦那的统治者佩什瓦巴吉·拉奥二世年纪比他大一点，与他同一年登基，当时二十一岁。巴吉·拉奥二世的背景甚至不如道拉特·拉奥。他的前任马达夫拉奥二世的死因是从高处的栏杆内坠入下方的大理石水池。没有人知道，他究竟是不小心失去平衡，还是在头脑眩晕的时候跌落，抑或是被人推下去的。[24]毕竟，马达夫拉奥二世的父亲，即前任佩什瓦，就是被他的叔父（巴吉·拉奥二世的父亲）收买的宫廷卫兵谋杀的。而这位谋杀指使者随后被囚禁，最后被王国的实际掌权人物，死尸一般苍白瘦削的维齐尔①纳纳·法德纳维斯下令处死。纳纳·法德纳维斯比他们这些人狡猾一倍，并且富可敌国，比他名义上的主公更富有。

巴吉·拉奥二世身边这群阴森可怖的角色不大可能改善他的品格。这个俊俏、微胖的少年在监狱中长大，头脑糊涂，孤独而猜疑心重，后来历史证明他是最糟糕的统治者人选。在他大约三十岁的时候，詹姆斯·麦金托什爵士挖空心思憋出来的对他的最高评价就是："刚刚沐浴和梳妆之后的贵妇的双手，也不如他赤裸的脚那样漂亮、洁净。"[25]据英国人说，巴吉·拉奥二世成了"迷信与放荡生活的令人作呕的混合体"。除了从事宗教活动和淫乐之外，他的时间都用来耍弄阴谋诡计，而他那些伎俩差不多总是搬起石头砸自己的脚。他唯一长期坚持的目标是攫取纳纳·法德纳维斯的巨额财富，并阻止欲壑难填的辛迪亚王朝进犯浦那。他背叛所有人，包括英国人，且可谓家常便饭，所以大家如果听到他要做什么承诺，就可以推断他

①　维齐尔最初是阿拉伯帝国阿拔斯王朝哈里发的首席大臣或代表，后来指各伊斯兰国家的高级行政官员。

一定会做相反的事情。

在数百英里之外的加尔各答，理查德·韦尔斯利耐心地等待佩什瓦犯下一个灾难性错误，于是英国人就可以轻松地霸占他的王国。没过多久，英国人就有了一个明确无误、无比诱人而且几乎得来全不费工夫的机会。

巴吉·拉奥二世无意中激怒了邻国哈尔卡尔王朝（首都为印多尔），与其发生了武装冲突。他俘获了哈尔卡尔统治者两兄弟之一，将其捆在一头大象的脚上，拖过宫殿庭院，然后将之杀害。巴吉·拉奥二世和他的将军们从一处露台观看了这有趣的景观。这露台说不定就是前一任佩什瓦摔死的地方。[26]

此事不仅是丑恶，还显得彻头彻尾的愚不可及。哈尔卡尔统治者两兄弟剩余的亚什万特·拉奥从此下定决心要彻底消灭巴吉·拉奥。马拉塔的王公们不像一个邦联内的统治者，更像一群疯狂凶残的雪貂。

1802 年 10 月 25 日是排灯节①，恐怖的浦那战役就在这一天爆发。如果这是一场英国人参与的战役，我们肯定会对其了解更多。巴吉·拉奥二世及其盟友损失了 5000 人，被打得四下奔逃。这理应是佩什瓦冲锋陷阵的大战，因为厮杀就在他都城的城墙下进行，但佩什瓦根本不见踪影。这天早晨他出宫的时候还踌躇满志，准备打败敌人，然而枪声刚响起，就把他吓得屁滚尿流、逃之夭夭。

他带领数千追随者逃到了康坎，这是浦那以南的沿海地带。他的其余部队和主公一样怯战，枪还没响就撤回到浦那城

---

① 排灯节是每年秋季的印度教节日，为期五天，庆祝光明驱走黑暗、善良战胜邪恶。届时人们在屋顶、室外和窗口点灯。耆那教、锡克教和某些佛教派别也庆祝排灯节。

墙内侧。

当天，佩什瓦请求孟买总督乔纳森·邓肯保护他。邓肯喜不自胜，欣然同意。12 月 1 日，佩什瓦绕道抵达米哈尔港，肯尼迪上校指挥的英国战舰"赫拉克勒斯"号准备好了要将他送到安全地带。12 月 6 日，他们将他送到古老的葡萄牙人的滨海要塞巴塞因（今天的瓦赛），它就在孟买以北几英里处，处于英国人的控制之下，非常安全。在内陆，英国常驻代表巴里·克洛斯在跟踪他的路线。这个矮壮而其貌不扬的阿尔斯特人来到巴塞因，向佩什瓦提议了一个方案。12 月 31 日，佩什瓦终于妥协。在克洛斯的见证下，他签署了遭到马拉塔人咒骂的《巴塞因条约》。

和巴吉·拉奥二世预想的一样，这份条约的条件极其苛刻。英国人愿意帮助他重登佩什瓦之位，但代价很昂贵。6000名英军将常驻浦那。为了给这些部队提供军费，年收入 260 万卢比（这是不小的数字）的领土将被割让给东印度公司。必须先让英国人知情和同意，佩什瓦才可以与其他任何土著邦国或欧洲国家建立任何联系；除非得到英国人批准，否则佩什瓦不得缔结任何盟约，不得开战。从外交权力来看，巴吉·拉奥二世如今是一个无能的傀儡，他自己宣称的全体马拉塔人的最高宗主的地位也化为泡影。

在加尔各答，韦尔斯利十分满意。条约签署之前，他于1802 年 12 月 24 日告诉董事会的秘密委员会："据我判断，目前马拉塔各邦的混乱无论以何种方式结束，都只会对公司及其盟友有利。"不过，不是所有人都如此喜悦。海德拉巴的常驻代表詹姆斯·柯克帕特里克直言不讳地告诉韦尔斯利，他的行动只会促使马拉塔人团结起来，形成与英国人做对的"大阴谋"。东印度公司主席查尔斯·格兰特是个品格高尚、热衷传教的人，他这样描述《巴塞因条约》："它的一切罪孽，它造成的流血、苦难和灾祸，全都是我们的责任。"[27]

对韦尔斯利来说不幸的是，当时的控制理事会主席碰巧是那个臭名昭著的爱怀疑的人，卡斯尔雷勋爵。他尽快写信指出，大家都心知肚明，其他马拉塔酋长都会憎恨这种归附英国的盟约，英国人要维持这种盟约只能依靠武力。"而只要我们动武，而不是用善意邀请他们加盟，不管目前我们的权威能有什么增长，最后这只会给我们造成难以全身而退的困难。"[28]

卡斯尔雷勋爵这话很正确，但不受欢迎。他经常说这样的话。这封信被送到韦尔斯利手里的时候（写信时间不早于1804年3月4日），韦尔斯利指挥的英军已经打赢了阿萨耶和阿迦翁战役①，而莱克勋爵打赢了阿里格尔②、德里和拉斯瓦利战役③。这几场冲突的起因都是《巴塞因条约》引发的长久仇恨。

巴里·克洛斯因为敲定《巴塞因条约》的功劳而被册封为从男爵。1810 年，巴里爵士回国。二十四岁的芒斯图尔

---

① 阿迦翁战役为第二次英国－马拉塔战争的一部分，时间为 1803 年 11 月 29 日，阿瑟·韦尔斯利大败辛迪亚和蓬斯尔王朝军队。此役中，英军若干营在敌军炮击下溃逃，但韦尔斯利拦住败兵，重整旗鼓，最终打败敌人。

② 阿里格尔战役为第二次英国－马拉塔战争的一部分，时间为 1803 年 9 月初，莱克勋爵仅用四天时间就攻克了号称固若金汤的阿里格尔要塞（由法国雇佣军人指挥的马拉塔军队防守）。法国人在要塞周围的壕沟里安放了大量刀剑和涂毒的拒马，甚至放出了动物园的狮子老虎。阿瑟·韦尔斯利高度赞赏了此次攻城战。

③ 拉斯瓦利战役为第二次英国－马拉塔战争的一部分，时间为 1803 年 11 月 1 日，莱克勋爵指挥的英军打败马拉塔军队，不过英军也损失不少。

特·埃尔芬斯通（1803 年时是克洛斯的助手）接替他，成为英国在佩什瓦朝廷的常驻代表。

可怜的佩什瓦！对他来讲，巴里·克洛斯是个讨人喜欢但冷酷无情的狱卒，克洛斯对他的监视没有放松过一分钟。克洛斯亲手打造了捆缚佩什瓦的镣铐的每一个铁环，听到镣铐一丝一毫的响动都无比警觉。如果巴吉·拉奥二世派人与其他土著王公谈判，克洛斯一个小时之内就会得到报告。

但与埃尔芬斯通相比，连克洛斯都显得缺乏活力了。从1811 年到六年后巴吉·拉奥二世最终倒台，他被历史上最令人生畏、最才华横溢也最怪诞的殖民地官员牢牢握在手心。

芒斯图尔特·埃尔芬斯通看上去弱不禁风。虽然他身高将近六英尺，但弯腰驼背，并且椭圆形的脸庞十分苍白，让人觉得他很虚弱。他的表情甜蜜温和，不过他兴奋的时候眼睛会熠熠生辉。他清心寡欲，喜好独处。在他用流畅而潦草的笔迹写下的那些温情脉脉且妙趣横生的书信里，他会自嘲地讲到自己与加尔各答女士们的"风流史"，以及他酷爱舞女，甚至谈及结婚的理论可能性，但他似乎从来没有与任何女人有过深交（也许他早年性冒险造成的损害让他对女性望而却步）。他也不是很喜欢喝酒。他偶尔会喝很淡的掺水波尔图葡萄酒。他觉得躺在床上很荒唐，更喜欢趴在桌子上睡觉。他清晨 4 点从椅子上起身，朗读索福克勒斯或阿那克里翁①的作品，或者古典

---

① 阿那克里翁（约前 582 ~ 约前 485），古希腊抒情诗人，以饮酒诗与哀歌闻名。

波斯诗人的篇章，比如哈菲兹①和萨迪②。他对宗教很淡泊，坚决反对派基督教传教士到印度。在英格兰的时候，埃尔芬斯通曾公开表示喜爱本丢·彼拉多，这令世人震惊。埃尔芬斯通认为，犹太省总督的首要职责是维持治安，所以彼拉多处死耶稣是正确的。[29]

约翰·洛在孟买和埃尔芬斯通待在一起的时候，每天都同他散步聊天。约翰很快开始崇拜这位总督："我对埃尔芬斯通先生的头脑与谈话本领崇拜得五体投地，所以曾竭尽全力地记下他对公共人物和公共措施的意见（有时拿笔记录他的话）。"由此，约翰·洛对埃尔芬斯通的言论有着非常生动鲜明的回忆。[30]

在某些方面，埃尔芬斯通看得长远，甚至可以说高瞻远瞩。他不像约翰·马尔科姆那样相信教育对印度人来说是件危险的事情，而主张教育是解决印度社会所有弊端的良药；[31]并且等到土著通过妥善的法律和教育得到改良之后，"我们应当逐渐接纳他们进入所有公务员体系，我们自己只保留军事力量和政治控制即可"。但这还不是最终结果。"我的意思是，这

---

① 哈菲兹（1315~1390），本名沙姆斯丁·穆罕默德，是最有名的波斯抒情诗人，被誉为"诗人的诗人"。哈菲兹为其笔名，意为"能背诵《古兰经》者"。他还有许多其他称号，如"神舌""天意表达者""设拉子夜莺"等。他歌颂爱情与美酒，也讽刺宗教伪善。据统计，他的诗集在伊朗的发行量仅次于《古兰经》。他的很多诗句是波斯语世界家喻户晓的名言。在伊朗，10月12日为哈菲兹日。他的代表作有《诗颂集》。哈菲兹的作品不仅在波斯文学史上有重要地位，对欧洲文学也有很大影响。18世纪德意志最伟大的诗人歌德受哈菲兹诗集的启发创作了《西东合集》。
② 设拉子的萨迪（1210~1291?），最重要的波斯诗人之一。他不仅在波斯语诸国享有盛誉，在西方国家也闻名遐迩。萨迪保存下来的抒情诗有600多首。他的成名作有《果园》和《蔷薇园》。

种局面如果发展下去，报业必然会获得自由，印度人民可以成为政治家，但这是很遥远的事情。等我们被驱逐出去之后——我们当然最终会被驱逐——我们在印度留下的将是一个有能力维持我们所建立的体制的民族。"[32]1826 年，英国的权力在现代印度的整个地域刚刚得到巩固，而埃尔芬斯通就已经在预言帝国的覆灭，并且相信帝国必然会覆灭。

但在土地税收（这是在印度的所有行政机构面临的中心任务）政策中，他十分谨慎和保守，宁愿保留地主的力量，而不是全心全意地信任农民的美德。最关键的是，他的官员对农民和地主的纳税能力评估过高，并且过于死板，几乎完全不考虑农业歉收的情况。[33]埃尔芬斯通于 1827 年最终离开印度的时候，被广泛赞誉为最伟大的印度政治家之一，但德干高原的农民没有多少理由感激他。伟大的巴特尔·弗里尔爵士①告诉孟买议事会，在很多地区，"常有多达三分之二的土地荒废。几乎空无一人的荒村十分常见"。[34]埃尔芬斯通自己非常勤奋地投入农业工作，他无论做什么事情都非常勤奋，但他究竟懂不懂农业很值得怀疑。不过或许他仅仅是受东印度公司主子的控制，而公司肯定对税收提出了越来越高的要求，以便为庞大的军队维持开销。毕竟，公司相信要保住英国的权力，军队不可或缺。

事实上，英国人始终在犹豫不决，不知道如何征税最好，而他们的统治依赖于税收。英国人起初对印度乡村生活有一种

---

① 巴特尔·弗里尔爵士，第一代从男爵（1815～1884），著名的英国殖民地官员，曾任孟买总督。他在担任南非高级专员期间举措不慎，引发了英国－祖鲁战争（1879）和第一次布尔战争（1880～1881），因而被召回英国，受到谴责。

依恋之情，此后也一直没有丢掉这种感情。查尔斯·梅特卡夫爵士有句名言："乡村社群是一个个微型共和国，几乎可以自给自足，差不多独立于任何外界联系。其他没有什么东西能延续，而乡村社群能够延续下去。一个又一个王朝灭亡。一场又一场革命爆发。印度教徒、普什图人、莫卧儿帝国、马拉塔人、锡克教徒、英国人轮流坐江山，但乡村社群始终如一。"[35]这种观点不局限于英国殖民地大员。卡尔·马克思也有这种想法。[36]

但与此同时，英国人也梦想着将印度现代化，让资本主义振奋人心的狂风猛吹他们帝国的偏僻边陲。必须按照英国人的习惯建立稳固的私人财产权，债权人必须有权力没收无力偿还的债务人名下的土地。结果是，招人憎恨的放债人开始攫取成千上万英亩土地的征税权，尤其在理查德·韦尔斯利勋爵担任总督期间局势特别严重，以至于良心不安的英国官员开始担心"在印度的地主庄园里，发生了一场范围极其广的令人悲哀的变革"。[37]

不过，这种动荡并非它表面上的那种样子，因为大多数情况下易手的是征税权，而不是对农耕土地的直接控制权。总的来讲，征税权的市场非常繁忙，但从事犁地、播种和收割工作的仍然是同一批人。放债人不愿意弄脏自己的脚，所以大多数时间都待在城里。

麻烦在于，印度极其复杂的土地所有制度是英国人闻所未闻的，尽管他们喜欢将其与英格兰中世纪的封建制相比较。在印度，即便最赤贫的农民也只有约十分之一的人是无地农奴。其余大多数农民至少拥有几亩地的某种形式的所有权。所有权虽然不断转手，但大多落到同一家庭的不同成员手中。几乎没有办法明确地划分地主、佃户和劳工阶级，因为很多农民在一块地上是劳工，在另一块地上却是佃户甚至地主。一个人可能同时拥有这三种身份。这种互相重叠、错综复杂的大杂烩让英国人很难确定合理的税率。

更麻烦的是，在有些地区，大片土地是免税的，因为它们被赏赐给了君主的某个宠臣，或者赠给了某座神庙或清真寺以维持其生计。埃尔芬斯通估计，在他治理下的某些地区，有 40%~50% 的农田是免税的，这意味着其余土地必须承担可怕的税务重担。最聪明的英国人不断试验新的征税制度。在北方，他们废止了一半塔卢克达尔①的权利，改为直接向农民征税；他们尝试了一些临时性的解决方案，还试验了一些长期方案。

但当英国人需要额外的现金来打仗时，以及农民因干旱、饥荒、匪患或地下水位变化（将肥沃土地化为盐碱荒地）而无力缴税时，英国人就一次又一次地露出青面獠牙，采取残酷的措施。[38]

埃尔芬斯通经常陷入抑郁之中，为了控制自己的情绪，他会骑着大象彻夜行走，去观赏瀑布和神庙废墟。即便如此，"我的世界仍然常常乌云笼罩，到处是凄凉的幽灵。即便我想象中最宜人的画面也会造成抑郁，让我去憧憬名望、幸福与完美。或许永远没有一个人能同时得到这三样，而我肯定得不到。一想到这点，我对自己能得到的欢愉就没了兴趣，并为自己的平庸而悲哀"。[39]

他一生中最幸福的时光可能是 1803 年大战役期间担任政

---

① 塔卢克达尔（Taluqdar）是莫卧儿帝国和英国统治印度时期南亚的一种负责收税的公务员，也可能是拥有多个村庄的小贵族或拥有某些权利的地主。

治代表，与阿瑟·韦尔斯利一起骑行。（原本应当是约翰·马尔科姆担任这个职务，但他因为患病而错过了，后来一直为此懊恼。）埃尔芬斯通喜悦地发现自己简直刀枪不入。在阿迦翁，他和阿瑟参加了骑兵冲锋："子弹腾起了我们马蹄下的尘土。这次我没有遇到任何危险。我觉得无忧无虑，眼都不眨，也不关心最危险的时刻子弹离我多近。与此同时，我一直在仔细观察大家的表情，每一位绅士看上去都轻松自如，仿佛在骑马游猎。"[40]

在枪林弹雨中如此淡定的人不可能瞧得起佩什瓦这种临阵脱逃的懦夫。说埃尔芬斯通"瞧不起"巴吉·拉奥二世，也实在是过于轻描淡写了。埃尔芬斯通在一份著名的报告里颇具神韵而精炼地概括了佩什瓦的性格，其笔力之精到，令人想起爱德华·吉本或塔西佗：

> 佩什瓦殿下的性格总会让那些有兴趣探究他的情感或算计他行为的人深感困惑……这部分是由于他的许多喜好与他最主要的激情——恐惧——之间的矛盾，部分是因为他擅长装模作样，掩饰自己的真情实感与意图，而表现出他脑子里并不存在的感情。他缺乏勇气，却野心勃勃、飞扬跋扈、冥顽不灵且坚持不懈；而他的活跃精神或许能战胜他对闲适和享乐的爱好……

如同所有栩栩如生的性格描绘，埃尔芬斯通的文字也承认佩什瓦并非一无是处：

> 除了诸多缺陷之外，我必须承认佩什瓦绝非昏庸无

能；他在金钱交易方面精打细算；在没有被畏惧控制或者不寻求报复别人的时候，他也可以做到仁慈；他显得彬彬有礼且尊贵。

问题在于，他虽然有这些优点，却从来不肯长时间关注国事：

> 他是迷信的奴仆：他人生的一半时间都用来斋戒、祷告和朝圣。他收入的很大一部分被用于魔法巫术，他对各种征兆的高度关注扰乱了他的生活。但迷信并不影响他沉溺于享乐，他把没有从事宗教活动的大部分时间用于形形色色的邪恶放纵。虽然他假装自己纯洁无瑕，但几乎每一天都与宠臣一起左拥右抱，让莺莺燕燕环伺身侧，沉湎于女色，享受最粗俗的愚蠢嬉戏和最恶心的放荡丑行。[41]

注意，埃尔芬斯通讲到，巴吉·拉奥一边笃信宗教，一边放纵肉欲。对主张禁欲的质疑者来说，这两方面同样可憎，浪费了人生，让他没有去做真正应当做的事业。从这些段落里可以感受到埃尔芬斯通对佩什瓦的鄙夷，但埃尔芬斯通并没有因此放松警惕。恰恰相反，正因为佩什瓦是这样的卑劣恶棍，才更需要对他日夜严加监视。所有的英国常驻代表都会在情报工作上花费成千上万卢比；他们要密切追踪宫廷里的流言、集市上的闲聊以及当地土匪与其他王公的一举一动。但在大英帝国的历史上，没有一个人在间谍网络上的花费比芒斯图尔特·埃尔芬斯通更多。

他的情报主管詹姆斯·格兰特上尉认真记载了所有受雇于

他们的线人，还记录了向线人发放的赏金。名单上共有174个名字，赏金和年金总计312500卢比。[42]

埃尔芬斯通在三教九流当中都安插了自己的眼线，包括仆人、皮条客、妓女、信使和大臣。他也许有理由憎恶佩什瓦的愚行，但他自己强迫症一般的四处窥伺也有变态的一面。难怪佩什瓦会抱怨，他刚吃了什么东西，常驻代表马上就能知道。

巴吉·拉奥二世知道自己处于英国人的密切监视之下，但仍然多次尝试脱离英国人的掌控、摆脱可耻的处境。他向哈尔卡尔国王、辛迪亚国王、贝拉尔王公、海德拉巴的尼查姆都发过密信，但这些密信一再被英国人截获。英国人不得不多次提醒巴吉·拉奥二世尊重《巴塞因条约》。埃尔芬斯通一丝不苟地执行条约的每一个条款。[43]虽然对巴吉·拉奥二世有过多次警告和训斥，埃尔芬斯通从来不相信佩什瓦会放弃自己的野心：恢复独立，恢复在马拉塔诸王公当中的支配地位。在1817年初的几个月里，马拉塔各邦国的英国常驻代表都听到风声，称这些王公要组成新的联盟，反抗英国人。

当这些报告被发到加尔各答的总部之时，总督正处于一心求战、指点江山的豪迈之中。莫伊拉勋爵已经不是几年前急于把斯坦福·莱佛士赶走的那个沉闷而精打细算的人物了。他如今已被升格为黑斯廷斯侯爵，成了像韦尔斯利那样雄心勃勃的帝国统帅。他集结了两支大军：一支在北方，有4.4万人；另一支在德干高原，多达7万人。

这两支大军的正式使命是强力镇压平达里马贼。如果能剿灭印度中部的土匪，那么从农民那里收税会容易些，他们不至于因为害怕土匪而不愿意耕种。这是合法合理的目标，是为了满足利德贺街那些焦虑的财务人员。但土著王公们没有上当，他们相信黑斯廷斯侯爵的主要意图是对付他们，是要彻底消灭他们的独立性。

如果他们读了黑斯廷斯侯爵于 1817 年 4 月 7 日和 5 月 17 日发给埃尔芬斯通的密信，就会确信无疑，黑斯廷斯侯爵的打算就是如此："我们不得不认为，佩什瓦已经把自己摆在了英国政府的对立面。"如果佩什瓦不服从英国人的要求，埃尔芬斯通就有权宣布战争状态，调动军队去攻击佩什瓦殿下的军队并缩减他的领土。埃尔芬斯通应当强迫巴吉·拉奥二世再次承诺放弃与马拉塔其他邦国的任何联系，正式确认马拉塔邦联解散，并与任何暗示他仍然是马拉塔邦联首脑的行动划清界限。如果巴吉·拉奥二世拒绝，埃尔芬斯通应当将其废黜，把他流放到某个遥远的地方。黑斯廷斯侯爵说："这样一个擅长阴谋诡计的人，若是允许他继续留在浦那国领土之上或其邻近地区，就会危及新的定居点。"[44]

巴吉·拉奥二世向埃尔芬斯通抗议道，他对英国没有任何恶意。他用马拉塔语坚持道："记住，我自幼就与你有了联系。我对你的政府负有这么多的责任，你怎么会相信我要对你们开战呢？我的整个身体，从头到脚，都是英国的盐滋养大的。"他要是与英国打仗，这不是发疯吗？他不是已经多次目睹强大的马拉塔酋长哈尔卡尔国王与辛迪亚国王被英国人打得屁滚尿流吗？他们最后都不得不割地赔款，以昂贵的代价求和。而他的正规军、火炮和步兵如今在哪里呢？[45]

这些问题看似反问，但其实是撒谎，因为埃尔芬斯通非常清楚巴吉·拉奥二世的正规军、火炮和步兵在哪里。埃尔芬斯通用印度斯坦语反驳（尽管他完全听得懂马拉塔语）：

有大量证据表明，你的领土正在备战。众所周知，你的所有贾吉尔（拥有土地的封建领主）都在招兵买马，以便达到你要求他们提供的兵力份额。你的骑兵和步兵都在扩张，经常操练。你还在修理要塞，安排充足的驻军。你正往城里运送大炮，还有用来运输大炮的牛群。

这些备战工作的目标若不是英国政府，还能是谁？

巴吉·拉奥二世的最后一招是把自己臭名昭著的怯懦拿出来说事："你大错特错了。说我要打仗，这太荒谬了。大家都知道我特别害怕炮声，鸣礼炮的时候也要等我走到距离炮位很远的地方。"[46] 然后，他匆匆命令用银托盘呈上槟榔和香水，将这些礼物赠给埃尔芬斯通。送礼再加上最后几句客套话，标志了此次觐见结束。

两个月后的 1817 年 6 月 18 日，在经历了更多抗议和嘟哝后，巴吉·拉奥二世签署了一份新条约，即《浦那条约》。它已经被遗忘了，这也是理所当然，既是因为它只不过是《巴塞因条约》的老调重唱，也是因为签署的双方都心知肚明，佩什瓦只要有机会就一定会撕毁条约。

约翰·马尔科姆带着约翰·洛于 8 月 4 日抵达浦那时，形势就处于这样的僵局中。马尔科姆很高兴能见到自己的老友芒斯图尔特。[47] 佩什瓦正在 70 英里之外。（和其他马拉塔酋长一样，他的宫廷也是移动的。）他也表示非常想见马尔科姆，向他倒倒苦水。马尔科姆对自己的力量始终自信，坚信自己能让佩什瓦振作起来："我是他最老的朋友之一，曾和他一起谈政治、哈哈大笑。我还送给他一匹美丽的阿拉伯母马，他非常喜欢。"[48]

马尔科姆在第一次见到佩什瓦的时候和埃尔芬斯通在一起，不过马尔科姆已有六年没有见过佩什瓦了。两个约翰急切地纵马翻越山地隘口，来到风光旖旎的西塔拉山谷，找到了佩什瓦的马汉利宫殿。那里有一座庞大的营帐，里面摆满了米饭、蔬菜和水果。次日，他们去见佩什瓦。马尔科姆觉得佩什瓦看上去心力交瘁、闷闷不乐，显然需要情感上的支持。"他非常高兴有机会向自己绝对信赖的人倾诉内心的烦恼。我和他谈了三个半小时，谈的具体内容是机密，也与政治有关，但结果令人满意。"[49]

令人满意？令谁满意？佩什瓦又一次说服了性格粗线条且容易轻信的军人马尔科姆，让马尔科姆相信佩什瓦的心是干干净净的，只不过被奸臣引入了歧途。

马尔科姆返回浦那之后告诉埃尔芬斯通，他相信这一次佩什瓦是真诚的。埃尔芬斯通一个字也不信。他向约翰爵士详细介绍了他的间谍发现的佩什瓦做的全部战备工作，以及佩什瓦与马拉塔其他邦国都城之间的秘密通信。埃尔芬斯通说，现在决不能信任佩什瓦，永远都不能信任他。而且总督已经决定，这次要好好教训佩什瓦。约翰·洛作为优秀的副官侍奉在长官身旁，得到机会聆听对外交当中最困难且经常出现的一道难题的大师级讲解：如果某个第三方的信仰和意图与你截然不同，那么何时可以信任他？[50]

但目前，马尔科姆是该地区英国官员当中的最高决策者。他是总督的政治代表，还是德干军团第3师的师长。总督和总司令托马斯·希斯洛普爵士都可能听取他的意见。显然是马尔科姆的建议让上峰将莱昂内尔·史密斯准将的第4师从浦那调往北方，上峰觉得那里更急需这个师。[51]

这是个错误之举。佩什瓦从这得出了相当合理的结论：千载难逢的机会来了，他可以作为马拉塔人的真正领袖开始展示自己了。这将给包括他自己在内的很多人带来灾难性结果。史密斯准将及其部队刚被调走，佩什瓦就返回浦那城，立刻开始准备攻击留在那里的少量英军。到 10 月底时，他在浦那城外已经集结了 1.8 万人的骑兵、8100 人的步兵和 14 门大炮。[52] 史密斯准将的师奉命匆匆赶回，但来不及了。佩什瓦已经走出了史无前例的、对他来说非常勇敢的一步，那就是亲自到军中。直到 11 月 13 日，史密斯才抵达浦那郊外，此时决定性的战役已经结束。

11 月 5 日下午，埃尔芬斯通刚刚吃完午饭，站在官邸的露台上。这处官邸是一座宜人的平房，叫作桑嘉姆，周围是长满杏树、无花果树、苹果树和桃树的果园。桑嘉姆有一座葡萄园，养着四十几匹阿拉伯和波斯骏马、好几头大象（用于官方的隆重场合），还有一座废弃的宝塔，有时会有寡妇不听劝阻，在那里殉夫自杀。在远方，农田延伸到一线低矮的山峦，浦那城就在东面。这天下午，常驻代表和他的助手，二十八岁的詹姆斯·格兰特－达夫①可以看见，山上到处都是步兵，而在所有尘土飞扬的小径上，潮水般的骑兵正在向他们开来。[53]

几乎毫无预兆地，乌云裂开，雷声滚滚，大雨倾盆而下。

---

① 詹姆斯·格兰特－达夫（1789~1858），出身苏格兰的英国军人和历史学家。他年轻时在孟买掷弹兵部队服役，作战英勇，而且因为精通波斯语得到了上级的注意，后成为当时的东印度公司在浦那常驻代表芒斯图尔特·埃尔芬斯通的助手和好友。格兰特－达夫特别了解土著的想法，在推翻末代佩什瓦的行动中发挥了很大作用。后来他当过萨塔拉的常驻代表。他在印度期间积极搜集史料，并且与很多土著王公有私交，后来著有《马拉塔史》。

佩什瓦派来的信使气喘吁吁、浑身湿透地从大路上跑来，喊道："打仗了！"

埃尔芬斯通转向格兰特－达夫，说："我觉得我们最好进屋去。请女士们把葡萄酒喝完。"[54]

三名妇女和她们的三个孩子被送上轿子，在常驻代表的卫兵护送下先行出发，而埃尔芬斯通自己跳上马背，蹚水过河时浪花飞溅，刚好躲过被俘的命运。当夜他写信给孟买总督："我恳求您原谅我的潦草字迹，但我的所有文具以及我的所有财产，除了我身上的衣服之外，都在官邸被烧毁了。现在我看得见官邸燃烧产生的烟柱。"[55]

他的逃亡可谓凄惨。在政界，像他这样被事实证明正确的人很少得到像样的报偿。

然而，佩什瓦的胜利十分短暂，他只耀武扬威了一个下午。英军判断守不住兵站，就撤退了，从浦那后撤了几英里，在一个叫基尔凯埃的村庄之外安营扎寨。在下午的晚些时候，他们遭到了佩什瓦大军惊涛骇浪般的攻击。

这场战役很少吸引人注意，因为这不是一场决定性的胜利。几个小时之后，佩什瓦的军队被打退。晚上8点，埃尔芬斯通同意让己方部队回营。英军有86人伤亡，敌军的损失则多得多。这样的伤亡数字和并不显眼的战斗强度让人觉得，这顶多算是一场激烈的小规模冲突。

但历史证明，基尔凯埃战役至关重要。英军确立了对浦那的控制，而等史密斯准将及其部队返回之后，英军始终牢牢占据着浦那。佩什瓦原本可以不屑一顾地说基尔凯埃战役只不过是一场前期的小冲突，并集中兵力在浦那周边。他的兵力可能是英军的五倍。在史密斯返回之前，他有一星期的窗口期。但他没有把握住机会，反而撤军到了安全距离之外。

在整个基尔凯埃战役期间，巴吉·拉奥二世本人都躲藏在安全距离之外。他在附近的山顶（传奇的帕尔瓦蒂山，那里的神庙是由历史上的佩什瓦们建造，供奉给其他佩什瓦的）用望远镜观战。他在收起望远镜之前最后俯瞰了一眼城市，随后就与部队一起撤退了。这是他最后一次看到浦那，就像最后看一眼神话般的城市格拉纳达之时摩尔人的最后叹息①一样。

于是英国人在芒斯图尔特·埃尔芬斯通领导下搬回了浦那。埃尔芬斯通不再仅仅是顾问，实际上成了佩什瓦王国的统治者。埃尔芬斯通的平房被彻底焚毁，他的果园浓烟滚滚，他的大图书馆（就是这个图书馆，让集市上的老百姓认为他是巫师）也毁于一旦。自然而然地，他唯一能办公的地方就是佩什瓦的宏伟木制宫殿了（它在二十年后也被烧毁，不过那是场事故）。在宫殿内，他写下了1818年3月17日的日记：

> 我住在宫内，目前坐在佩什瓦的密室，我和他之前关于贾吉尔的谈话就是在这里进行的……佩什瓦的大厅现在是我的接待室，我们过去经常见面的那个底层房间现在是餐厅。接近浦那之后，我发现它的外表没有变化多少。但

---

① "摩尔人的最后叹息"的典故：1492年1月，西班牙"天主教双王"斐迪南与伊莎贝拉夫妇完成西班牙"收复失地"运动的大业，消灭了伊比利亚半岛上最后一个穆斯林政权格拉纳达。其统治者巴布狄尔（穆罕默德十二世）投降，摩尔人/穆斯林在西班牙统治的数百年历史谢幕了。在泪山，巴布狄尔勒住马，转身最后看一眼自己失去的宫殿、肥沃的平原和已经终结的安达卢西亚的荣耀……看到这景象，他叹了口气，泪流满面。他的母亲挖苦道："你既然不能像个男人一样捍卫这些东西，那么就像女人一样哭泣吧。"

我们的房子都被摧毁，所有安宁和家园的感觉都毁掉了，而印度土著政府的缺失也改变了万事万物的感觉。我们对这地方的尊重没有了，这种变化很让人忧伤。如果连我们都能感受得到的话，那么土著的感受会有多凄切啊！[56]

佩什瓦还掌握着他的大军，有 1.5 万~2 万人，但从此以后他基本上就是丧家犬了。在逃亡过程中，佩什瓦终于赢得了我们的一些尊重。这是历史上规模最大的搜捕行动之一。一连七个月，在马哈拉施特拉的每个角落，巴吉·拉奥二世到处躲藏奔逃，有时抵抗，有时销声匿迹，于是英国人不得不增调部队来搜寻他。在考利贾昂战役中，他甚至身先士卒地参战，但大多数时候他只是带着部下逃跑。瓦伦丁·布莱克中校①撰写的有关本次战役的史书写道："他的逃亡似乎被限制在一个魔法圈里，他似乎始终无法从这个魔法圈里得到解放。"[57] 巴吉·拉奥二世两次逃往北方，两次南下，有时长途跋涉数百英里，抵达的却是仅仅一两个月前他的军队吃过败仗的地方。有时他身边有 1 万甚至更多人，有时则少一些；农村的一些愤怒青年蜂拥到他的大旗下，但在看到路途艰难、这场冒险没有什么好结局的时候又偷偷从他的军营溜走。但是，他逃亡的这几个月有些奇怪的、令人敬慕的地方。即便狐狸已经被追到了天涯海角，猎犬还是要停下来喘息。他的帝国最初的开端就是一群非正规骑兵在荒野漫游，所以有这样的结局也算恰当。马拉塔人起初是游牧民，最后又变成了游牧民。

---

① 瓦伦丁·布莱克（1778~1826），东印度公司军官，担任过印度地理勘察总长。他写过一本关于马哈拉施特拉地区战争的史书。

我们按下逃亡的佩什瓦的故事不表，先去讲讲约翰·马尔科姆和他的副官。马尔科姆不是一个容易后悔的人，他和约翰·洛骑马离开浦那、去接管第3师的时候，我估计他没有多想自己留下的烂摊子。

何况，与他一起旅行的是多么快活的伙伴！约翰·洛此时简直要爱上了自己的长官，在给母亲的家信里喋喋不休地讲到那位伟人。队伍中还有约翰在"羊肉大战"中的老盟友乔赛亚·斯图尔特上尉，此时他已经和约翰一样脱离了物资部门的沉闷工作，担任马尔科姆的政治助手。[58] 马尔科姆身边还有一些客人与他一同骑行，都是贵族和总督们的公子。他们期待痛痛快快地狩猎、画素描，也许再尝尝打仗的滋味。马尔科姆特别能吸引年轻人。他们蹚水穿过尼查姆领地内的溪流，马尔科姆骑着大象走过时水花四溅，他猎鹌鹑、狐狸、兔子等一切动物，有时为弥补时间跳上马背，跑到队伍前头，只有约翰·洛与他做伴。

他们不时遇到其他英国部队。有一次他们遇见一支孟加拉部队，其军官前来向马尔科姆致敬，其中就有罗伯特·彭斯的一个儿子，一个"非常优秀的年轻人"。这可能是威廉·尼科尔·彭斯（1791～1872）或詹姆斯·格伦凯恩·彭斯（1794～1865），他们是彭斯与琼·阿穆尔仅剩的两个儿子，都来到了印度，在东印度公司军队里升为中校，尽管他们的父亲对帝国主义没有好感。

伯克和彭斯是马尔科姆最喜爱的两位作家，他在旅行的时候常带着一卷彭斯的歌谣。"我们这一晚过得非常愉快，"他在给妻子夏洛特的信中写道，"我让他唱他父亲写的歌。"这真是美好的景象：这些风尘仆仆的低地苏格兰人坐在营火周围，他们帐篷的远方有海德拉巴的胡狼在对月吠叫，而他们静静听着年轻的下级军官唱着《一朵红红的玫瑰》或《友谊地久天长》。[59]不过，我估计诗人彭斯应当不会喜欢马尔科姆镇压土著的行动。约翰·洛也是听着彭斯的歌谣长大的。他的舅舅约翰和罗伯特·马尔科姆（据我所知，他们与约翰·马尔科姆爵士没有亲戚关系，因为他们的姓氏原先写作麦克科姆）曾是诗人彭斯在艾尔①的同学，曾和他一起学法语。除了彭斯，还有谁能对着漂泊他乡的低地苏格兰人唱起如此深幽哀愁的歌呢？

> 我们也曾终日逍遥，
>
> 荡桨在碧波上。
>
> 如今却劳燕分飞，
>
> 远隔大海重洋。

在 1817 年的最后两个月和 1818 年的最初四个月，德干军团在同时开展三场军事行动。黑斯廷斯侯爵集结了如此庞大的军队，促使马拉塔的每一位权贵都感到就算是为了面子也必须出来表现表现。只有辛迪亚王朝没有出兵，因为黑斯廷斯侯爵亲自指挥大军的中路，抢在辛迪亚国王做好准备之前在瓜廖尔袭击他，强迫他签署了一项屈辱的条约。[60]

1817 年 11 ~ 12 月的最后一次大规模军事行动是讨伐哈尔卡尔王朝。或者说讨伐对象是印多尔摄政者，哈尔卡尔国王的爱妻（或者是宠妃），美丽的图尔茜·白，她在丈夫因酗酒而

---

① 艾尔是苏格兰南艾尔郡的一座城镇，位于艾尔河畔。

无力治国之后就接管了朝政。丈夫早逝之后，图尔茜又以她十一岁儿子的名义进行统治。据说她很精明，但淫荡而睚眦必报，所以非常不得人心。[61]

摄政者图尔茜希望与英国人达成交易，恢复她的现金流。但她的将领们觉得自己在上一次战争里表现得不错，没有蒙受严重损失，还迫使蒙森上校可耻地败退。那场战役已经打破了英国人不可战胜的神话。将领们怀疑摄政者要把他们出卖给英国人，于是在 12 月 19 日当晚，也就是图尔茜的谈判代表从河畔 20 英里外马尔科姆营地返回的时间，逮捕了图尔茜和她的宠臣，将二人关押起来。经过激烈的辩论，他们于次日早晨将她带出帐篷，押到河边，当着人山人海的群众的面将她斩首，并将她的尸体扔进河里。[62]

处死了图尔茜，不代表将军们在次日的作战中能有统一的指挥体系。而另一方面，年幼的哈尔卡尔国王手里掌握着大军。布莱克中校在他的战争回忆录里说哈尔卡尔国王有 4.5 万人和 200 门大炮。[63]

马尔科姆摩拳擦掌，求战心切。尽管他十几岁就到印度，但到四十八岁时其实没有参加过多少实战，并且从来没有指挥过野战。[64]他错过了阿萨耶战役并为此懊悔不已，所以他还不像文官芒斯图尔特·埃尔芬斯通那样经受过战火考验。就连约翰·洛也在科内利斯要塞打过十五分钟的仗，实战经验也比马尔科姆丰富。所以这可能是马尔科姆的最后一个机会，他决心要好好利用。

他们来到山顶时，看到神圣的西普拉河在他们下方蜿蜒北上。对印度教徒来说，这条河是纯洁的象征，它两岸有数百座圣龛。据传说，大神湿婆①曾拿着大神梵天②的头骨作讨饭钵去求施舍，但没人给他。他的最后一次机会是去维护之神毗湿奴③的家，但毗湿奴仅仅把自己的食指亮给湿婆看（我觉得这可能相当于西方的侮辱性 V 字手势）。湿婆勃然大怒，用三叉戟砍断了毗湿奴的手指，血如泉涌，淹没了头骨，成了一条小溪，后来变成了一条河，就是西普拉河。

前一天，西普拉河里已经注入了新一批鲜血，也就是美艳的图尔茜·白的血，但接下来还会有很多人的血流入这条河。在河流远方和倾斜到河边的山谷之上，马尔科姆看得见小哈尔卡尔国王的军队已经摆开阵势，步兵在前，在河岸顶端一线部署着 50 门大炮，炮口径直指着马尔科姆，步兵背后是成群的骑兵。马尔科姆对军事策略的了解差不多仅限于阿瑟·韦尔斯利的言传身教，韦尔斯利在德干高原也演示过这种打法："如果叛军声势浩大，那么就寻找一个口子，一秒钟也不要浪费，径直猛冲过去，不管他们有多少兵力。"[65] 这始终是英国军队在印度的正统策略：最有效的战术是趁敌人还没来得及喘息，就奋勇冲杀，震慑和恐吓敌人。[66]

上午 10 点 30 分，马尔科姆向河湾处靠近他这一边的村庄

---

① 湿婆是印度教崇奉的主神，集多种神威于一身，是复杂而矛盾的神话人物。他既是毁灭者，又是起死回生者；既是大苦行者，又是色欲的象征；既有牧养众生的慈心，又有复仇的凶念。他在湿婆教中也是主神。

② 梵天为印度教的创造之神，与毗湿奴、湿婆并称三主神。他的坐骑为孔雀（或天鹅），配偶为智慧女神辩才天女，故梵天也常被认为是智慧之神。

③ 毗湿奴是印度教的三主神之一。梵天主管"创造"、湿婆主掌"毁灭"，而毗湿奴即是"维护"之神，印度教中被视为众生的保护之神。他性格温和，对信仰虔诚的信徒施予恩惠，且常化身成各种形象拯救危难的世界。

马希德普尔前进。这是一次佯攻，为的是牵制敌人，而真正的
突击由军需总监布莱克中校执行，他会冲向西普拉河，寻找合
适的渡口。布莱克发现，只有一个地方可以徒步渡过河流，而
那里的河床很干燥，足以承载相当多的士兵以整齐队形通过长
长的沙洲。[67]于是马尔科姆率军向那里冲过去，叮叮当当地骑
马通过浅河床、干沙洲、走上小山涧，猛冲向敌人的炮兵阵
地。从军三十年第一次真正打仗，让马尔科姆准将兴奋得摘掉
帽子，一边驰骋一边疯狂地挥舞帽子，鼓舞士兵冲锋。斯科特
上校是对纪律特别看重的老派军人，他催马跑到马尔科姆身旁
喊道："嘿！约翰爵士，培养了一辈子的纪律不要在这种时候
丢掉啊！"马尔科姆受到批评，温顺地答道："抱歉！我们要
冷静下来。"然后，他们骑马冲进了葡萄弹的暴风骤雨之中。

　　速度最关键。马尔科姆看到自己的一个印度土著营在前进
途中停下来开火，便喊道："孩子们！这样没用的，最好用冰
冷的刺刀对付他们！"[68]这也是英国军队中古老的正统：刺刀
永远比子弹强。这种思想流传到后世，变得庸俗化，比如
《老爸上战场》①里的恩图曼战役②老兵琼斯下士的名言："他
们不喜欢被刺刀戳。"

　　英军战线滚滚推进，哈尔卡尔王朝的步兵土崩瓦解，大炮
被英军缴获，马尔科姆欢呼雀跃。他们冲过哈尔卡尔军队的炮

---

①　《老爸上战场》是 1968～1977 年英国 BBC 播出的一部情景喜剧，讲的是
　　二战期间英国本土的预备役部队的故事，该部队成员中有不少年纪较大、
　　不适合服兵役的人，所以叫"老爸"的军队。这部电视剧对英国流行文
　　化影响极大。
②　恩图曼战役（1898 年 9 月 2 日）是英国在马赫迪战争后期远征苏丹恩图
　　曼的一场战役。交战方分别是英国埃及联军与当地的伊斯兰教马赫迪军。
　　在这次战役中，英军大规模使用马克沁机枪，造成苏丹士兵大量死伤。

兵阵地去追击步兵时，他转向在他身旁驰骋的约翰·洛，喊道："这样的战斗能让人得勋章！"他的另一名副官，第5孟加拉骑兵团的考尔菲尔德上尉反驳道："愿上帝保佑，我们能把你安全弄出去！"[69]有一段时间马尔科姆远远超出了己方战线，有可能遭到友军误击。

约翰拼命赶上自己的长官，这对他来说是一个生机勃勃的难忘时刻。马尔科姆返回英国之后，约翰写信给自己的提携者，对他的所有帮助表示感谢："我不会轻易忘记，八年前的今天，你身先士卒地率领全师前进，你魁梧的身形雄踞于高头大马之上，周围烟尘滚滚，葡萄弹如倾盆大雨，众多幕僚人员和朋友簇拥在你身边。"[70]这是战争的崇高一面，与刺刀戳入陌生人内脏的滑溜声响同样真实。

战役打赢了，西普拉河里流淌的人血足以满足湿婆大神的干渴喉咙。双方都伤亡颇重，敌人伤亡3000人，英军损失800人。参加马尔科姆的冲锋的1600人中有400人伤亡，这是非常残酷的伤亡率。官方对此次胜利发出许多赞扬，但也有人严厉批评马尔科姆的指挥。威尔逊中校在《马德拉斯军团史》中认可布莱克选择的渡口是唯一可行的过河点。但威尔逊认为轻型火炮被推上前沿过早，在敌人优势火炮面前暴露的时间过久。英军的运气很好，敌人缺乏进取精神。[71]我不记得威尔逊对英军的其他胜利有过同样严厉的批评。在他看来，马希德普尔是一场"糟糕的胜利"。好在这是约翰爵士的第一场也是最后一场胜利。[72]

马尔科姆为自己的第一次胜仗欣喜若狂，照例强迫年幼的哈尔卡尔国王穆尔哈尔·拉奥及其谋士于1818年1月6日签署了一项屈辱条约。这已经成了英国人的标准操作流程，马拉塔的王公一个接一个被打压到这种可耻的依附地位。但马尔科姆对待穆尔哈尔·拉奥的态度就不是标准操作流程了。

首先，他从缴获的战利品当中找到了穆尔哈尔·拉奥的一些图画和饰物，归还给他。他于 2 月底来到哈尔卡尔营地时，称穆尔哈尔·拉奥为"我的年轻养子"，还把这孩子喜爱的一头幼象还给他，这头小象"跳起舞来像个舞女"，还送给他"一匹跑起来如同疾风的勃固矮种马"。马尔科姆和这孩子一起去打猎，后者骑着矮种马或者大象。没过多久，三个月前的敌人就把马尔科姆视为毕生挚友了。这是平定人心的艺术的一门课，约翰·洛理解其中的教训，并带着全心全意的钦佩向母亲讲述了马尔科姆的手段。[73]约翰爵士对约翰·洛也有很高评价，并且热情洋溢。约翰爵士返回苏格兰之后，还去克拉托拜访了约翰的父母，告诉两位老人，他们的儿子"位居我最喜欢的军人之首"。[74]

即便在英国人击溃了年幼的哈尔卡尔国王的主力部队之后，还有成群结队的土匪在偏僻地区游荡，急需清剿。平定该地区的工作还需要好几个月时间，约翰·马尔科姆毫不犹豫地命令他的年轻弟子去指挥一个分队，负责在摩腊婆①北部的荒凉山区剿匪。在那个地区，多条河流从德干高原边缘流下，穿过平原，最终注入亚穆纳河和恒河。这些都是偏远的边缘地

---

① 摩腊婆是印度历史上的一个地区名，基本上位于今中央邦境内。该地区大部分是平原（称为摩腊婆平原）。在 1947 年以前，该地区一直是一个独立的行政单位。长久以来该地区形成了一些有自己特色的文化，尤其是语言。摩腊婆曾是世界上重要的鸦片产地，英国人从这里收购鸦片，然后贩运到中国沿海，走私进入中国内地。摩腊婆的译名最早见于玄奘的《大唐西域记》，赵汝适《诸蕃志》称之为麻罗华国。后也被译作麻尔洼、马尔瓦。

带。半个世纪以来，2000 名骑马的土匪在此地称王称霸，趁着周边王公不注意时去袭掠邻近各地区，有时洗劫哈尔卡尔王朝或辛迪亚王朝的领地，有时攻击较小的王公，比如科塔和德瓦斯的统治者。[75]

洛中尉手下有约 3000 人，包括成分混杂的土著步兵、第 3 骑兵团人员和几门炮。他取得了魔术般的成功，或许是因为土匪之前没有真正遭遇过有组织的镇压力量，或许因为哈尔卡尔王朝的战败让土匪士气涣散，或许两种因素兼有。不到六周时间，洛中尉的部队就占领或受降了 13 座要塞，并将其中 5 座夷为平地。土匪被打散之后，很快就耗尽了给养，分成若干小群投降，同时交出了马匹。其中很多人驯顺地定居下来种地，在那些荒芜的山麓地带种田可是非常艰苦的营生。一座叫纳鲁拉的要塞里发生了战斗。一个钟头之后，在要塞内驻守的土匪要么被杀，要么负伤。整个剿匪行动相当轻松。洛中尉作为师长的政治助手负责谈判，但大多数情况下他只需要谈投降的条件。[76]

但头号敌人在哪里呢？一连几个月，佩什瓦逍遥法外，似乎永远不会落网。他在整个马拉塔地区上上下下的错综复杂的行动让英军很难追得上。史密斯准将是追踪佩什瓦的主要指挥官，他不情愿地对巴吉·拉奥二世表达了一丝敬佩，尽管他的整个统治除此之外就是一团糟："他的军营里没有一个人知道他下一步要去哪里，直到他开始行动。"[77] 若是他在治国理政时也像逃跑时一样聪明机智、不知疲倦就好了。

1818 年的炎热季节降临之时，佩什瓦仍然逍遥法外。其他大大小小的马拉塔王公都已经被英国的条约和占领军遏制住。唯一仍然在逃的王公就是他们的最高宗主，不过这种地位和他这个人一样缥缈。

3月末，佩什瓦驻扎在沃尔塔河畔，手下有2万人的骑兵。多夫顿准将于4月6日从贾尔纳出发去抓捕他。佩什瓦撤退，在一个叫皮普尔寇特的地方迎面撞上了亚当斯上校，但佩什瓦又一次顺利逃脱，丢弃了他的骆驼群和财宝。亚当斯的士兵非常疲惫，于是多夫顿负责继续追击。三天内走了80英里之后，多夫顿的部队抵达奥穆尔凯尔，累坏了，并且给养已经告罄，所以尽管佩什瓦在当天凌晨3点时经过那里，英军还是没能抓住他。佩什瓦只留下一群死亡和奄奄一息的牛。多夫顿继续追击的时候，佩什瓦已经到了150英里之外，渡过达布蒂河，进了阿西尔格尔①周边的山区。

此时佩什瓦手头只有约5000名骑兵和4000名步兵。追捕他的天罗地网终于收紧了。多夫顿从南方逼近。第14团第1营和罗素旅的部分兵力从北方杀来。马尔科姆命令他的各营在讷巴达河（今天的讷尔默达河）沿线分散展开，并从东北方和西北方调来增援部队。在这些荒凉山涧和丛林的穷山恶水中，佩什瓦已差不多算是被包围了。[78]

马尔科姆下定决心要劝巴吉·拉奥二世投降，因为即便到了现在也没有十足的把握抓住他。佩什瓦已经溜出英军的封锁线很多次了。他也许还能逃亡几个月，与尚未被征服的辛迪亚王朝联合，开启一场新的战争，让整个国家继续动荡。马尔科姆必须让佩什瓦明白，他已没有出路了。

5月17日，佩什瓦的谈判代表阿南·拉奥·杰斯万特来

---

① 阿西尔格尔是一座要塞，始建于15世纪初，位于印度中部，在今天的中央邦境内。阿西尔格尔要塞控制着从北印度去往德干高原的主要通道。

到马尔科姆的营帐。这一夜大部分时间他们都在谈判。这不是一次愉快的会面。阿南·拉奥先表达了他的主公对这场战争的遗憾。他说，一定可以既往不咎、从头再来吧，佩什瓦可以返回浦那，一切恢复原样，他们的旧交情可以继续下去。约翰爵士说不行，巴吉·拉奥二世绝不可以复辟，即便在英国人指导下当傀儡也不行。

"但殿下当你是交情最深的朋友。现在他有难，你不会抛弃他不管吧？"

"当初可以挽救局势的时候，他可没有把我当朋友，"约翰爵士辛辣地答道，"我当时警示他有危险，可他不听我的建议。但我会很乐意帮忙挽救他，避免彻底的毁灭。抵抗是没有意义的。让他恳求英国政府的宽恕，他就能救得了自己、家人和亲信，就能躲过灭亡。"[79]

使者见这样谈没有任何进展，最终放弃了这种策略。他改为请求约翰爵士亲自去营地面见佩什瓦，与他详谈。约翰爵士不肯去，因为那样的话，别人就会以为是他在恳求佩什瓦，而不是向后者发最后通牒。另外，他需要巴吉·拉奥二世移动到离英军营地较近的地方，因为巴吉·拉奥二世目前的位置在辛迪亚王朝领地内，并且距离阿西尔格尔要塞很近，而该要塞仍然被辛迪亚王朝的盟军驻守着。马尔科姆需要把他诱惑到更中立的地方。

约翰爵士挑选了一名军官去执行这个微妙的任务：劝说佩什瓦恳求英国人饶恕。这个军官就是马德拉斯军团的约翰·洛中尉。二十九岁的他将会给第三次也是最后一次英国–马拉塔战争带来一个干脆利落的结局，并填补英国人在印度中部统治的最后一个空白。这是他第一个重大的、改变整个职业生涯的辉煌时刻。

马尔科姆从乔治·巴洛爵士和白人兵变的惨痛教训中懂得，如果没有明确的书面指示就去执行任务，就会后果不妙。所以，他给约翰下达了极其明确的指示。约翰的任务是判明巴吉·拉奥二世的具体状态，促使他往马尔科姆营地移动，并阻止他接近阿西尔格尔和辛迪亚领土。佩什瓦接近马尔科姆营地之后，"他就不能后撤，除非逃亡"。约翰还要立刻告诉巴吉·拉奥二世，他（约翰）无权谈判，只能重复马尔科姆之前向阿南·拉奥·杰斯万特列出的条件：投降、被废和流亡。[80]

马尔科姆于5月28日给妻子写信："看看这个日期，设想我身处一片幽暗的丛林，在一顶相当陈旧的帐篷里，温度计显示120多华氏度，可怕的陆风劲吹。但另一方面，感谢上帝，我很健康，而我和许多优秀的战友在此地经受的折磨很可能会帮助结束这场战争。"[81]

洛上尉（他已经得到晋升，这样才符合使者的身份）在拉考拉河坛①骑马一溜小跑，在崎岖的荒原上走了超过12或13英里。途中他给巴吉·拉奥二世发去一封警告信，让他知道自己已经被包围，除非他到马尔科姆营地来，否则将即刻遭到进攻。

"我必须明明白白地警告你，你连一分钟也耽搁不起了。凭上帝的名义，如果你说到做到、胆敢无视此次警告的话，必然将遭到攻击。我没有别的话要说。"

这是带有一丝戏剧性的严正警告。对刚刚获得晋升的上尉

---

① 在南亚语境里，河坛（Ghat）是通往水边（往往是圣河，也可能是一个小池塘）的阶梯。

来说，效果不错。

5 月 29 日下午 3 点左右，约翰收到了消息，巴吉·拉奥二世准备好了，打算在一个叫伯里的村庄见他。佩什瓦坚持要宴请英国朋友。饭后，他们在村内一座房屋中的游廊会面。

巴吉·拉奥二世先是发表长篇大论，说本次战争的起因"并非我对英国人有任何敌视，而是由于奸臣的挑唆，以及一系列不幸的误会"。这当然是胡说八道。唯一的不幸误会是巴吉·拉奥二世的错觉：一旦史密斯准将的部队撤走，他就能轻易地将英国人永久性逐出浦那。

约翰不愿意在无谓争执上浪费时间。"殿下对本次战争起因的见解，是很容易反驳的，但我们时间紧迫，因为我军在前进。约翰爵士对您表现出了真正的友谊。他派我来见您，只要您愿意真诚地接受条件，就不会遭到其他部队的攻击。"

"是的，是的，他是我真正的朋友。"

"我希望您的代表已经向您解释明白了，将来不会允许您住在德干高原。"

佩什瓦看上去很悲伤，眼泪马上就要流下来了。"是的，他已经跟我讲了这事，但我深知东印度公司的伟大与善良，所以我不相信它会做出这样的决议。我愿意在 1 个卢比里损失 10 或 12 安纳，但我绝不相信东印度公司会夺走我的全部领土。让我住在浦那之外的地方会给我带来永恒的耻辱，让我不配活下去。我有很多话要对马尔科姆将军说，我会让他回心转意的。"

"我不能鼓励您的这些不切实际的指望。"

约翰随后敦促他确定与马尔科姆将军会面的日子，然而巴吉·拉奥二世说现在定日子为时尚早，因为有很多安排要做，可如果英军撤退到恰当的距离之外，他不反对于次日（5月31日）与马尔科姆将军会面。

"约翰爵士可以在明天任何时间和地点见您，但我军没有必要撤退，殿下没有充分的理由提这个要求。"

"哦，拜托你了，洛上尉，贵军就不能撤退一段距离吗？请约翰爵士及其卫队留在梅塔瓦尔，但让他的其他部队向讷巴达撤退，请多夫顿将军重新渡过达布蒂河，并阻止罗素上校从查瓦进发。请答应，如果我不同意条件的话，就给我十天停战期。你答应了，我就同意于5月31日去见马尔科姆将军。"

他这是在厚颜无耻地试图劝说英军放松对他的钳制，好让他有十天时间可以溜走。洛上尉坚决不同意。

"殿下的这些要求非常没道理。殿下提出这些要求，就说明您完全没诚意。如果您不撤回这些放肆的要求，我就离开您的营地，我军将随即向您发动进攻。"

佩什瓦随后请求与他的朋友单独商议。在随后差不多一个小时里，约翰·洛被单独留在房间里，不断有信使进进出出，对佩什瓦的无理要求提出非实质性的修改。约翰坐在室内，表面上冷漠无情，内心却饱受不确定性的折磨。不过上级给他的指示简单明了，这让他非常坚定。

讨价还价终于让他失去了耐心，他要求佩什瓦本人回来把话谈完。巴吉·拉奥二世终于回到房间。他显然垂头丧气、十分沮丧。

"我向你提出那些要求，洛上尉，仅仅是听从了我的朋友的建议。你的拒绝让他们大失所望。我提那些要求，不是因为担心自己的安全。只是我的朋友担心，如果我在距离贵军部队很近的地方与约翰爵士会面，会有生命危险。我的部下总是对贵军抱有怀疑，不管这种怀疑是多么的不公正。"他的意思是，他自己不怕英国人食言，但他的追随者对英国人不放心。

约翰·洛能看得出他这话是多么的荒唐。伟大的佩什瓦控制不住自己的战栗。约翰又一次保证佩什瓦会面时的人身安全，并承诺，如果到时候他不同意条件，会给他充足的时间返回营地，随后英军才会进攻。

"请把手放到我的头上，洛上尉。"

约翰遵命了。

"现在，将手放到你的剑上，宣誓你会严格兑现这些承诺？"

"我庄严宣誓。"

差不多四个钟头之后，交易终于敲定，然而第二天巴吉·拉奥二世又发来消息，再次要求英军在当天上午撤退至少相当于一天路程的距离，并且如果他不同意条件，双方要停火八天。约翰断然拒绝这些要求，重复了最后通牒。这一次，谈判代表终于带来了佩什瓦同意原先条件的消息。[82]

佩什瓦又一次泪流满面，这一次是当着约翰·马尔科姆的面。他们在基里村外的一座小帐篷中会面。佩什瓦灰心丧气，一开始连见面的客套话都说不出来。

"我也不想打仗的，约翰爵士，贵国政府在两代人的时间里一直是我们的朋友和保护者，我也不想被你们视为敌人。我应当得到的是怜悯，而不是仇恨。阿谀小人背弃了我，我的老盟友不肯履行义务，就连我的亲人也忘记了骨肉深情。我只能恳求你怜悯我如此凄凉的处境。"[83]

他的黑眼睛里噙着大滴的泪珠。马尔科姆很容易被感动得落泪，他这次也颇受感动，但他必须继续履行自己的职责。

"人活一辈子，有的时候，"他说，"会被要求做出巨大的牺牲。殿下所属的部族在历史上一直因为英勇而得到赞颂。婆罗门女性在丈夫的火葬柴堆上自焚。为了劝慰神灵，求神保护自己或家人避开灾祸，男人们从悬崖跳下。并没有人要求你做这样的牺牲。我们要求你做的牺牲，仅仅是放弃权力，而这种权力原本就不属于你，你也没有希望重新得到它。我们要求你放弃自己的国家，它是你的不幸的发生场所。这就是你要牺牲的。你会得到安全的避难所，你自己和那些与你一起倒台的最体面的亲信能得到舒适的生活条件。"[84]

佩什瓦满口答应，但他还在挣扎，还在恳求更多的宽限时间，还在黑暗中寻找一线光明。只要他们还在谈判，佩什瓦就觉得自己还有机会。他问可否与约翰爵士见最后一面。但约翰爵士坚定不移，他将在当晚给巴吉·拉奥二世送来英国政府的最终条件。巴吉·拉奥二世有二十四小时的考虑时间，但他还是不肯让马尔科姆走。

"拜托了，约翰爵士，我要告诉你一个没人知道的秘密。我已经控制不了我的军队了。每时每刻我都在害怕他们造反，包括追随我时间最久的人。只有在你面前，我才感到自己的自由与生命是安全的。"[85]

这也只是托词而已。他早已将自己的绝大部分财宝送到了阿西尔格尔要塞，那里的指挥官是辛迪亚王朝的一个忠诚者。即便到了这关头，也很难保证佩什瓦不会再次逃跑。

马尔科姆给出的条件很慷慨。佩什瓦将被流放到瓦拉纳西，或者英印总督在印度斯坦挑选的另一个圣地。这当然很难接受，但马尔科姆承诺给他的年金令人垂涎：每年 80 万卢比，折合 8 万英镑，相当于今天的约 500 万英镑。马尔科姆向总督报告这些承诺的时候，就连总督看到这个数字也眼红了。

约翰爵士始终记得，1818年6月2日是他生命中最如坐针毡的一天。（不过，他对自己与默苏利珀德姆的白人叛军的僵持也是这么说的。）只要有一点风吹草动，战争就可能重新爆发。佩什瓦的军队将遭到屠杀，那可能就会引发英国人与辛迪亚王朝的最后一场大战。他告诉妻子："我从来没有过这样的任务，我相信自己将来也不会再获得这样的任务。"[86]

没有消息。次日早晨6点，马尔科姆和洛动身前往佩什瓦的营地。9点，他们抵达了营地所在的山麓。佩什瓦的主要代表之一纵马向他们奔来，正要下马，马尔科姆拦住了他。

"你的主公来了吗？"

"哦，今天是不幸的日子。"骑手呻吟道。

"佩什瓦如果不在两个小时内过来的话，对他来讲今天肯定是不幸的日子。"

10点，佩什瓦来了，闷闷不乐，责怪所有人，唯独不怪自己。但英国人好歹控制住了他。一切都结束了。

不过，佩什瓦突然莫名其妙地振作了起来。他喜怒无常的性格让所有认识他的人都很无奈。

马尔科姆说："看到你开心了一点，我也高兴。"他和佩什瓦就像多年前那样开始欢笑打趣。一周后，约翰爵士镇压了佩什瓦追随者的兵变，佩什瓦赞颂约翰爵士是他灵魂的拯救者，并宣布自己余生中的一举一动都要听从约翰爵士的指导。雨停之后，他准备就绪，打算与不超过四五百名体面的追随者一同出发去印度斯坦。[87]而护送他流亡的人，除了将他带到马尔科姆营地的约翰·洛上尉之外，还有更合适的人选吗？

1818年8月15日，约翰·洛接过了末代佩什瓦的监护权。佩什瓦一路洒泪，渡过讷巴达河，进入印度斯坦。从那里开始，孟加拉军团的部队将接过护送的任务。约翰·马尔科姆向佩什瓦辞别，回去与东印度公司做了一番漫长而焦躁的争吵：巴吉·拉奥二世的年金是不是高得过分了。

最后一次英国－马拉塔战争终于落下大幕，英国人统治领地的"拼图"的最后一块就位了。马尔科姆在北上途中给洛写了一封幽默的信："我是个容易轻信的傻瓜，所以我相信斗争结束了，至少大规模的斗争结束了。除了少数吉卜赛人土匪之外，今年应当能安稳了。"[88]

这是约翰·洛第一次废黜一位君主。但他的麻烦才刚刚开始，他实际上是在押送一个行动缓慢的大型监狱。巴吉·拉奥二世情绪多变，动辄就心血来潮：绝望、自怜和愤怒一瞬间就能变成小狗对主人的依恋，甚至感激涕零。在最初几周里，约翰·洛非常害怕自己一觉醒来发现巴吉·拉奥二世已经在夜里逃之夭夭，那么他（约翰）这一辈子就断送了，大家永远会说他是放跑了佩什瓦的人。在把佩什瓦押送到亚穆纳河另一边、亚穆纳河与恒河之间的叫作"河间地区"的区域之前，约翰·洛都不能真正放心。"到了那里之后，"他于 10 月 30 日写信给埃尔芬斯通道，"我就不用太担心他逃走了，不过在那很久之后，他还会给你带来许多出乎意料的麻烦。"[89]

在北上去往印度斯坦的途中，佩什瓦不断发牢骚。约翰很快就养成了专业狱卒那种粗暴而咄咄逼人的风度，警告巴吉·拉奥二世称，如果他试图与在浦那的老亲信取得联系，就将失去所有特权。原计划是把前任佩什瓦送到瓦拉纳西，但那座城市是印度教世界的朝圣中心。如果允许巴吉·拉奥二世成为恒河彼岸之王，就会酿成形形色色的麻烦。于是英国人选择了圣河之畔另一个不是那么显眼的兵站：比托奥尔，坎普尔郊外的一座小镇。巴吉·拉奥二世起初反对总督的选择，理由是：比托奥尔的气候出了名的恶劣，而作为优秀的婆罗门，他需要每天到圣河里沐浴，那肯定会损害他的健康。他的抱怨把虔诚与疑病症完美地结合在一起。黑斯廷斯侯爵不理睬他的反对，觉得这无关紧要。

佩什瓦投降的时候，他手下有 3000~4000 名骑兵和 2000~3000 名步兵，其中 1200 人是阿拉伯雇佣兵。他抵达比托奥尔的时候，身边只有约 600 名骑兵和 350 名步兵，还有一群随军人员和婆罗门祭司。他是个爱抱怨、心情郁闷的囚徒，拒绝认真讨论他对这些追随者享有什么权力，也不肯谈其他问题。"我已经只剩这点兵了，总督不会把他们都拿走，以此羞辱我吧。"

巴吉·拉奥二世的大部分时间用来参加宗教仪式和裁决他的追随者当中的偷盗和口角这样的小案子。他会去马图拉和瓦拉纳西朝圣。有人怀疑他的这些朝圣之旅是幌子，担心他其实是在长期筹划，想搜罗支持者，准备东山再起。但这段时间里一直和他待在一起的约翰·洛相信他已经过于颓唐和心烦意乱，不会有这样协调一致的努力。和大多数倒台的君主一样，巴吉·拉奥二世更关心的是自己的帝王威严。他急切地敦促总督给送他两门炮用于典礼。总督同意了，条件是炮弹必须存放在兵站之外。最后给他的两门炮是英军淘汰的，已经被虫蛀坏了；一次试图装填炮弹的时候炸了膛，炸死一个人。

巴吉·拉奥二世热切希望参观坎普尔的神庙，并在恒河两岸祭祀。但他坚持要求那里有礼炮欢迎他，否则他不去。约翰不得不向加尔各答申请，向佩什瓦妥协。约翰指出，约翰·马尔科姆爵士曾率领自己的全军，旌旗招展、鼓乐喧天地迎接佩什瓦到他的军营，而之所以没有鸣放礼炮，是因为大炮当时已经装填了葡萄弹。"我认为，巴吉·拉奥二世固然罪有应得，已经倒台，但在这些小事上让他满意仍然是明智的政策，尤其因为他的这些要求不多，成本也不高。"[90]

但前任佩什瓦仍然对自己丧失的领地魂牵梦萦。坎普尔海关税官格兰特先生，一个刁猾的老流氓，告诉佩什瓦的副官，自己在加尔各答有一些有权有势的朋友，可以让巴吉·拉奥二世恢复他的部分土地，条件是 2 万卢比定金，事成之后还要给更多"报偿费用"。巴吉·拉奥二世喜不自胜，以为这是天赐良机。当时约翰·洛不在比托奥尔，因为患了严重的肝病而正在坎普尔休养。约翰返回之后发现了这桩阴谋诡计，于是强迫格兰特把钱都吐出来，然后告诉巴吉·拉奥二世，他永远不可能再看见德干高原。但约翰没有把这事报告给总督，而是为巴吉·拉奥二世保密，免得彻底毁掉这个已是古稀之年的老人，何况他在全印度还有一些受尊重的亲戚。然而，约翰的这次仁慈险些毁了他自己的职业生涯。十一年后的 1832 年，他还不得不为此事向当时的总督威廉·本廷克勋爵解释，因为有人写了匿名诽谤信，说洛上尉之所以隐瞒此事，要么是因为他参与了阴谋，要么说得好听些，他"人品轻浮"，不适合担任勒克瑙的常驻代表。在这些指控的巨大压力之下，约翰告诉本廷克，他知道伊阿古的这句话是什么意思："像空气一样轻的小事，对于一个嫉妒的人，也会变成天书一样铁坚的确证。"①[91]在印度的英国官员们过着单调无聊而寂寞的生活，

---

① 出自莎士比亚《奥赛罗》第三幕第三场。

所以对流言蜚语趋之若鹜，但造谣可能会害得别人酗酒或自杀，毁掉人家的前途。

巴吉·拉奥二世即便没有希望重返故乡，也不愿过低调的隐居生活。他在比托奥尔建造了一座雅致的乡村别墅，还在比托奥尔和瓦拉纳西修建神庙。他隆重地招待到访的欧洲客人和当地贵族。在比托奥尔生活期间，他虽然忙于宗教活动，却仍然于百忙之中抽出时间，又结了五次婚。他的流亡时间很久，对东印度公司来说成本非常高昂。他在恒河之畔生活了三十三年之久，于 1851 年去世。约翰·凯爵士嘲讽道："世人皆知，享受年金者都长寿。"[92] 如埃尔芬斯通所说，佩什瓦的生活习惯相对来讲还算节俭。他每年 80 万的卢比很快积累起来，让这位前任佩什瓦很快开始借钱给东印度公司，尽管这钱原本就是公司的。他那不可或缺的助手拉姆钱德拉·潘特安排借给公司 30 万卢比，两年后又贷款 30 万卢比给公司。拉姆钱德拉从英国政府那里得到了一笔丰厚的佣金。[93]

佩什瓦的年金后来将会给东印度公司制造烦恼。实际上，以一种奇特的方式，它间接地导致了一连串悲剧性的暴力事件，而这些事件最终使得东印度公司走向覆灭。

大家一般同意，约翰·洛的得体处置和关怀缓解了佩什瓦流亡生活的苦楚。而约翰·洛本人的寂寞也得到了缓解，因为他让自己的弟弟威廉来比托奥尔担任他的助手。威廉是马德拉斯军团的一名中尉，也吸引了约翰·马尔科姆的注意。但狱卒的生活很难振作人的精神。颇具讽刺意味的是，佩什瓦的健康没有受到比托奥尔气候的损害，他的狱卒却病倒了。

约翰在比托奥尔待了三年之后，身体彻底垮掉了。他的肝脏和双侧肺都受到严重影响，他还染上了当时流行的一种瘟疫

热病。在同一天内骑马从比托奥尔去坎普尔再返回（单程只
有 10 英里）也让他精疲力竭。

　　于是他去疗养，踏上了已经成为固定路线的回乡之路，取
道好望角，然后到圣赫勒拿岛。有意思的是，拿破仑被放逐到
该岛，是因为它差不多可以算是地球上最偏僻的角落，而对英
属印度的公务员来说，这里却像是海上的克拉珀姆交汇站①。
英国船只定期抵达这里，人们可以在这里收信、回信，病人在
这里呼吸令人焕发新生的海风。但约翰的意见和拿破仑相同：
这是个阴沉沉的地方，支气管炎患者连个像样的散步的地方都
找不到，只有长木庄园周围的几个地方还说得过去。拿破仑已
于前一年 5 月去世，约翰担心自己可能也会死于恶劣天气。他
在给母亲的信中写道："据岛上最老的人回忆，目前是岛上有
史以来最潮湿的季节。"[94]

　　他搬回到好望角，那里的气候温和一些。到 1823 年 1 月
时，他已经能享受"乘轻便马车兜风"，不过身体还是太虚
弱，不能外出赴宴。（但他自己也承认，他更喜欢躲在自己的
平房里喝茶读书。）他的书信反映了当时大多数治疗手段的无
效："我现在几乎完全不吃药，只用水蛭放血。这比以前的放
血手段好太多了，以前皮肤会起泡，流血也特别多。"[95]到这
年 5 月，他觉得自己的身体已经足够健康，可以分步骤返回印
度，先在法兰西岛（毛里求斯岛）停留，期望那里的天气能
和好望角一样。但他在路易港②从"安森"号下船之后，闷热
的气流迎面扑来，导致他病情复发，在一年内动弹不得。他原

---

①　克拉珀姆交汇站是伦敦巴特锡地区的一座铁路车站和重要交通枢纽，该
　　站是英国乃至欧洲最繁忙的铁路车站之一。
②　路易港为今日毛里求斯的首都。

打算返回好望角，但他按计划要搭乘的那艘船被飓风摧毁了。于是他搬到留尼汪岛的高地，身体终于有所好转。1824 年 10 月，他抵达门格洛尔。休假整整两年之后，返回比托奥尔的前景让他心生恐惧。他推迟了返回那里的行程，在孟买逗留四个月，当芒斯图尔特·埃尔芬斯通的客人。他对埃尔芬斯通产生了尊崇与喜爱之情，就像他对约翰·马尔科姆的感情一样。[96]

到此时，他已经下定决心，要永久性地离开佩什瓦。他在1825 年旱季给埃尔芬斯通的信中写道："我打算请求阿默斯特勋爵［接替黑斯廷斯侯爵，担任印度总督］给我一个别的职位，因为我已经非常厌倦拿着 1500 卢比的月薪去看押黑皮肤和白皮肤的流氓恶棍。"如果阿默斯特勋爵不肯提拔他（他觉得这是有可能的），"我就过几年与世隔绝的生活，尽可能攒钱，然后休假回国"。[97]

攒钱，然后回国，此时他脑子里主要想的就是这两样。[98]这是英国人在印度时的经典中年危机，令这个为东印度公司效劳的三十七岁上尉终日苦恼。债务和思乡，这是两个轮番上阵的噩梦，是在帐篷外狂吠的两条胡狼。

人到中年的约翰还远远没有还清债务、开始更高层次的生活，在社会的阶梯上他还在跌落。他已经欠了孟买银行家肖顿以及马尔科姆的钱，不敢再去找他们借钱，因为他没有什么东西可以抵押了。现在他求助于芒斯图尔特·埃尔芬斯通："我不知道自己目前的债务数字具体是多少，但如果你能借我 2000 卢比，肯定能还清债务。"[99]这笔借款将给约翰造成极大的尴尬。一连两年，他始终没有还这 2000 卢比。到最后终于有办法还钱的时候，他回忆起了自己到孟买拜访埃尔芬斯通时的困窘。那时他一言不发，因为如果说到钱的话，就会让人觉得他是在哀求延期还款。"我没有忘记，但我还不起！"[100]在同一封信里，他痛恨自己"曾经的挥霍"，并哀叹："过去十年里我什么都没干，光是让自己在金钱方面的处境越来越差。"

其实，他并不是奢侈靡费，而是过于慷慨大方。他只要手里有点现金，就给家人送去厚礼。姐姐夏洛特再婚时，他送了50英镑；[101]无能的亨利得到"一点零花钱"，其实多达50几尼；[102]多年里约翰经常给母亲寄去200或250英镑。[103]母亲多次劝他不要因为一心想还债就过于辛劳，从而损害自己的健康："最亲爱的约翰，你一定要好好斟酌此事，不要让金钱方面的考虑影响你自己。如果解决的办法是去欧洲，那么我希望你认真准备去欧洲。哦，愿上帝保佑你万事如意。"[104]苏珊·洛是个典型的苏格兰式的精明人，但她也满怀爱意。1822年，她从克拉托写信给儿子（他们已经十七年没有见过面了），在末尾写道："再见，我最亲爱的约翰，我们一觉醒来，第一个想到的就是你；我们临睡前最后的念头也是你。我在梦中从没有见到过你，这倒是很奇怪，可能因为人不会梦见自己最思念的东西吧。"[105]

母亲的信让他左右为难：既想登上最近一班船回家，又想攒够钱还清自己在印度的债务和克拉托的大笔贷款。

他的经济负担突然间变得格外沉重。他向埃尔芬斯通解释道，他父亲花光了钱，所以在1824年时不得不将克拉托庄园的三分之二抵押出去以清偿债务，只在克拉托宅邸周围留下少量土地，留给约翰继承，并让苏珊在有生之年维持生计。老上尉于1825年去世之前，甚至还有一小笔钱，"但在一个不幸的时刻，他把钱投资到了一家银行"。[106]

那就是法夫银行公司。它是由库珀周边的三十到四十位绅士联合创办的，宗旨是给当地的农场主，后来还有海岸的渔民和亚麻生产商提供周转资金。遗憾的是，库珀的绅士们，包括罗伯特·洛上尉，无一例外都太天真太无知了。位于格拉斯哥的苏格兰皇家银行联合代理人斯科特-蒙克里夫先生不悦地评论道："那些人当中没有一个有足够的资本或者头脑来经营银行。"[107]

在法夫银行公司持股的条件是，必须用地产作抵押来支撑每股。约翰·洛愤恨地回忆道，这就是为什么"大家都觉得这家银行很稳当！"对该银行的储户来说当然很稳当，因为一旦出事，银行就会出售那三十到四十位绅士的地产来给大家兑现。[108]也就是说，这些乡村绅士要承担银行债务的无限责任。"股东们全上当了，出纳员懒惰或者不称职，而他的副手是个狡猾的大骗子，他蒙蔽了股东好几年，把他们的钱一扫而空。"

约翰·洛谈起此事相当怨恨，也是情有可原。但历史学家能够证实，他说的是百分之百的事实。出纳员是当地的诉状律师乔治·艾特肯，他自己的法律事务所就忙得不可开交，他不大管银行的事情。他的副手和继任者埃比尼泽·安德森是个小型的伯尼·麦道夫①，欺骗股东说每年的分红有5%甚至更多，给他们灌迷魂汤，但收支从来没有平衡过。雪上加霜的是，不

---

① 伯纳德·劳伦斯·"伯尼"·麦道夫（1938～）是美国金融界的经纪人，前纳斯达克主席，后创立了自己的对冲基金作为投资骗局的挂牌公司。他设计了一种庞氏骗局，令投资者损失500亿美元以上。麦道夫的骗局在美国证券交易委员会等机构的监管之下长期运作而未被察觉。2009年，麦道夫被判处150年监禁。

靠谱的亨利·洛是银行执行业务的股东之一，他怂恿埃比尼泽去进行疯狂的投机。亨利第一次破产并逃往澳大利亚，就是因为银行的事。[109]

银行于 1825 年 12 月 21 日正式关门，到此时已经发行了3.7 万英镑的股票，有 11 万英镑存款。托管人以贪污罪将埃比尼泽·安德森投入监狱，但他的哥们儿把他救了出去，不过银行仍有 6 万英镑下落不明。最后埃比尼泽被"吹号角"，这是一种饶有趣味的中世纪习俗，爱丁堡所有市场会吹响号角，以宣布罪人不受法律保护。据信，埃比尼泽逃到了美洲。约翰·洛不得不为他父亲的两股承担责任，需要一口气交出4000 英镑，随后多年里还有更沉重的经济负担。如果说约翰过去还有希望回国，现在希望已完全破灭了。"我担心，这起出乎意料的不幸，加上我先前的奢侈浪费，会让我在印度再待上七八年。"[110]老休·克莱格霍恩相信，这场财务灾祸让罗伯特折了寿，他明白非卖掉克拉托不可。

约翰得救的唯一希望是获得晋升，但要得到晋升，他必须亲自去加尔各答的公司总部。而他依然身体虚弱（他的热病还不时复发），所以不愿意乘驿马车一路颠簸地穿越整个国家。于是他选择绕远路，从孟买乘坐"美人鱼"号到了加尔各答。在那里，他写信给埃尔芬斯通，不害臊地表达自己的喜悦，因为他搞到了一个新职位：斋浦尔常驻代表。[111]

春风得意之下，他抵制不住诱惑，一定要向老朋友描述自己在帝国的心脏地带目睹的一塌糊涂的局面。"我若不是亲身到了现场，一定没办法得到这个职位。"他不得不向秘书斯温顿先生展示自己办公室的档案，向其表明，政治部门正在考虑的另外三个人选"资历都比我浅得多"！其中有一位是外

号叫"屠杀"的麦克唐纳，上峰对他最中意，因为国内有人
向阿默斯特勋爵推荐他。[112]在一封用很大的字母标着"私密"
（PRIVATE）的信中，约翰·洛描述了当时正在进行的厮斗。
总督的支持者抱怨总司令一点都不肯帮他们，而总司令的支持
者则发牢骚说总督大人办事不力。"斯温顿和凯斯门特都不招
人喜欢，阿奇博尔德·坎贝尔爵士①则遭到英王军队和公司军
队两方面的憎恨。"总司令爱德华·佩吉特爵士②已经差不多
举手投降了，"因为他随时都可能被康伯米尔勋爵③取代"。佩
吉特后来果然被撤换了，这倒不是说康伯米尔勋爵就合适。威
灵顿公爵选择他到印度当总司令的时候，有人说："大人不是
一直觉得康伯米尔勋爵是个傻瓜吗？""他是个该死的傻瓜不
错，但他能拿下珀勒德布尔。"后来，康伯米尔勋爵果然攻克
了珀勒德布尔城。④[113]

至于总督大人，约翰虽然感激他的善意，但还是忍不住对
埃尔芬斯通说："在这里，大家普遍觉得他是个无足轻重的家

---

① 阿奇博尔德·坎贝尔爵士，第一代从男爵，陆军上将（1769~1843），
1824~1826 年指挥英军参加第一次英缅战争，此战是英属印度历史上耗
时最长、代价最昂贵的战争。他年轻时参加过针对蒂普苏丹的塞林伽巴
丹攻城战，后来参加过半岛战争的大部分战事。

② 爱德华·佩吉特爵士（1775~1849），英国将领，在威灵顿公爵指挥下参
加了半岛战争，1822 年任锡兰总督，1823 年任驻印英军总司令，1826 年
任桑德赫斯特军校校长。他的哥哥亨利·佩吉特（第二代阿克斯布里奇
伯爵）更有名，在滑铁卢战役指挥了英军的骑兵冲锋作战。

③ 陆军元帅斯特普尔顿·科顿，第一代康伯米尔子爵（1773~1865），英国
军人、政治家和外交官。他参加过第四次英国－迈索尔战争（1798~
1799），攻打过塞林伽巴丹城。在半岛战争期间，他是威灵顿公爵的骑兵
指挥官，以勇猛著称，凭战功获得嘉德勋位。他担任过驻爱尔兰英军总
司令和驻印度英军总司令。

④ 珀勒德布尔围城战发生在 1825 年 12 月至 1826 年 1 月，康伯米尔勋爵指
挥的英军攻占了这座城市。

伙，给他取各种各样滑稽的绰号。"约翰觉得这样对总督不公平，"但我也不会走到另一个极端，说他非常称职"。几个月后，约翰·马尔科姆忍不住写信告诉阿默斯特勋爵，有人说他是"往肉店送绿豆苍蝇的人"。[114]

动身前往斋浦尔之前，约翰先去比托奥尔交接工作，并向佩什瓦辞行。出人意料的是，这次道别情意绵绵，十分感人。毕竟他俩断断续续已经相伴七年了。约翰执行了废黜他的任务，护送他流亡，并担任他的狱长。但巴吉·拉奥二世现在把约翰视为自己最后一位朋友，唯一曾见证他昔日辉煌的朋友。他想送给约翰一件价值 4000～5000 卢比的典礼长袍，以留作纪念。[115] 根据公司的规矩，约翰不能接受这样的厚礼，但他巧妙地提出，他可以先收下，等到自己正式得到斋浦尔常驻代表的任命之后再送回。

作为回礼，约翰承诺给他一件卑微得多的礼物，那只不过是件玩具，但在当时是最时髦的玩具：一支万花筒。这个小玩意儿于 1817 年由苏格兰发明家戴维·布鲁斯特爵士申请专利，很快就风行世界：仅仅三个月内，伦敦和巴黎就售出 20 万支。约翰觉得巴吉·拉奥二世一定会喜欢这种东西，所以请母亲帮忙买了一支。现在隔了四年，"我终于有机会亲自向他送上这礼物，他兴高采烈，倒不是为了这东西本身高兴，因为他已经见过一支，而是因为他对我非常有感情，并且看到尽管他已经退位，我母亲依然挂念着这事，这让他心里非常好受"。

"他甚至流下眼泪，在与我道别时又提到这一点，并说他永远不会忘记我对他的善意。他还向神祇祷告，让我转世的时候成为婆罗门，并希望我最终能成神！！"[116]

约翰·洛看着佩什瓦玩万花筒的时候，他见证了英国殖民统治的忧伤一面。马尔科姆在返回海德拉巴的时候看到过这一面，埃尔芬斯通在返回浦那的时候也有这种体验。现在，约翰·洛在离开比托奥尔的时候，有了同样的感觉。对他来讲，这不会是最后一次。

注释

[1] 威廉·道斯中校已经去世。巴里·克洛斯爵士已经回国并在那里去世。在爪哇担任人事总管的帕特里克·阿格纽上校（Wilson, iii, p. 327）（约翰称他"始终是我的好朋友"）晋升为将军之后也许能帮助约翰，但他也回国然后去世了。

[2] June 23, 1817, Mss Eur D1082. 七年前他们见过一面，当时约翰正在浦那勘测，而马尔科姆正在努力摆脱放任白人兵变扩大的指控。

[3] Kaye, *Malcolm*, ii, p. 157.

[4] Ibid, p. 160.

[5] Ibid., pp. 162 – 3.

[6] Ibid., p. 175 fn.

[7] 两个约翰在海德拉巴度过的最后一晚可以说是最凄凉的一个夜晚："30 日晚上，我去琼杜－拉尔［琼杜－拉尔是财政大臣，实际上是首相］家赴宴，宴会非常隆重。昌达在那里……她那晚的裙子十分美丽，但她看上去憔悴而衰老。她的眼影画得太过了。黑漆漆的眼影再加上醉醺醺的表情（我担心她不是装醉），让人对这个著名的女人产生憎恶，而不是爱慕。"（Kaye, *Malcolm*, ii, p. 165.）

[8] Kaye, *Malcolm*, i, p. 202.

[9] 约翰·布莱基斯顿在阿瑟·韦尔斯利麾下参加了此次战役。布莱基斯顿精彩地描绘了年轻的英国军官会见辛迪亚朝廷年迈的常驻代表约翰·乌尔里希·科林斯中校的场面："迎接我们的是一个不起眼、矮小而年迈的男人，他身穿老式军服上衣、白色马裤、天蓝色的丝袜，鞋上有很大的耀眼的金属扣，假发上扑了很多粉，梳着一根很大的辫子，头戴小小的圆形黑色丝绸帽子，帽子上仅饰有一根黑色

的鸵鸟羽毛。"但布莱基斯顿察觉到，对方"蓬乱浓密的眉毛下方"小小的黑眼珠里有一种火焰，而这种火焰足以弥补他那滑稽的18世纪装束。布莱基斯顿后来始终记得科林斯与阿瑟·韦尔斯利退入内帐之前的最后一句话："我告诉你，将军，他们的骑兵没什么大不了的，你可以轻易踏平他们。但他们的步兵和大炮会让你大吃一惊。"将军及其幕僚人员在返程路上大肆嘲笑"小国王科林斯"，笑得前仰后合。他们此时还不知道他的话有多么正确（Blakiston, Chapter ix）。

[10] Wilson, iii, p. 109.

[11] Randolf Cooper, *Anglo-Maratha Campaigns*, p. 128.

[12] 马德拉斯军团总司令斯图尔特中将在给马德拉斯总督霍巴特勋爵的报告中表现出了典型的英式思维："辛迪亚军队中有大量正规步兵，兵源来自印度斯坦北部，是印度最优秀的士兵，由欧洲军官指挥，并且纪律严明，久经沙场，拥有很多胜利的纪录，所以自信满怀。

"他的炮兵技术熟练，欧洲炮兵也很难超越其水准。他的铸炮厂是在欧洲军官指导下在他的领土上建立的，生产了大量质量极佳的火炮……在目前打过的所有战斗中，他的部队的战术动作和秩序都很出色，表明他们把欧洲战术学得很好。"（Wilson, iii, pp. 122-3.）

在这个分析里，斯图尔特提到欧洲式训练和欧洲军官多达四次。

[13] Cooper, pp. 23-32.

[14] Ibid., pp. 40-1.

[15] Ibid., p. 34.

[16] Ibid., p. 21.

[17] 我还没说锋利如剃刀的马拉塔弯刀，它比英军骑兵的剑优越很多，因为后者需要经常从剑鞘里拔出来，容易变钝。布莱基斯顿亲眼看见了阿萨耶战役中马拉塔弯刀的残杀："敌军骑兵的弯刀造成的伤情真是让我意想不到。这是我第一次亲眼看见刀把人头干净利落地砍下来。"

[18] Ibid., p. 251.

[19] 韦尔斯利毫无顾忌地努力收买辛迪亚军队里尽可能多的官兵。有不少营追随其英国指挥官，集体倒戈。佩龙将军及其英国副官贝

克特上尉办完了棘手的事务之后，自己也投奔到莱克将军的军营。佩龙被允许安全离开，前往加尔各答，在那里退休。他在为辛迪亚王朝效力期间发了大财。有些离别很痛苦。詹姆斯·斯金纳的母亲是拉杰普特公主，父亲是东印度公司军队的赫拉克勒斯·斯金纳。因为是混血儿，詹姆斯不能在公司军中服役。于是他在伯努瓦·德·布瓦涅麾下为辛迪亚王朝服务。德·布瓦涅退休之后，斯金纳继续服役，他的上级是来自南特的狡猾的皮埃尔·屈耶－佩龙（曾是手绢商贩）。战争迫在眉睫时，斯金纳是被佩龙解职的人之一。他抗议自己被解职，坚持要求继续服役，与战友同甘共苦，因为他看到马拉塔骑兵部队已经与他擦肩而过，去参加阿里格尔战役了。

"唉，不行，"佩龙答道，"全完了。这些家伙表现很差。不要毁了你自己。你去投奔英国人吧。我们全完了！"

"才不是，"斯金纳答道，"战争还没结束。我们重整旗鼓，拼死抵抗吧。你大可以放心，还有很多人愿意留下来为你作战。"

但佩龙还是摇头，过了片刻用蹩脚的英语说："不行，斯金纳先生。我不相信。我担心你们全都会走。"（Compton, p. 301.）

[20] Ibid., p. 328.

[21] 也有例外：有一些武士同时也是不错的行政管理者，甚至颇守信誉、值得信赖。毕竟，若没有这种层次的领导人，马拉塔人不可能将自己的领土一直扩张到德里，甚至是遥远的白沙瓦。在 17 世纪的希瓦吉之后，优秀的领导人还有巴吉·拉奥二世的祖父，巴吉·拉奥一世，他征服了马拉塔腹地的绝大部分。他的儿子那那大人则巩固了这些征服，把浦那建设成一座伟大的都市。辛迪亚王朝有伟大的马哈吉，在他领导下，瓜廖尔不仅成为马拉塔帝国的首要邦国，还是印度一流的军事强国之一。马哈吉在一系列决定性战役中打败了与他竞争的其他诸侯，如海德拉巴的尼查姆，并帮助可怜的被戳瞎双目的沙·阿拉姆二世在德里复辟。马哈吉狡黠精明而性情快活，脾气火暴但有必要的时候也可以很耐心。他有九位妻妾。他亲自查看账目。他的传记作者声称："在野蛮的无政府状态中，社会的所有纽带似乎都松散了，而他和蔼可亲、彬彬有礼，并且有仁德之心。"（Keene, quoted, Choksey, *A History of British Diplomacy*, p. 88.）但这些伟大的统治者后继无人。

[22] Choksey, pp. 130 – 1.

[23] 为了筹措现金，他会发行一种汇票，迅速以很大的折扣将其出售；然后，以这些汇票为基础发行更多的汇票，将其发给官兵作为军饷。官兵拿着汇票去兑换现金时，又要打 20% 或 30% 的折扣。因此，货币始终在贬值，只有银行家脑满肠肥。道拉特·拉奥偶尔会考虑这些事情，但一般只会考虑一个小时左右，然后就会被"一头老虎或一个美女，或大象角斗或一批新的纸风筝"吸引注意力（Choksey, p. 132）。

[24] Choksey, pp. 123 – 5.

[25] Ibid. , p. 128.

[26] Ibid. , p. 280.

[27] Dalrymple, *White Mughals*, pp. 359 – 60. Hutchins, *Illusion of Permanence*, p. 4.

[28] Choksey, *British Diplomacy*, pp. 299 – 300.

[29] Choksey, *Mountstuart Elphinstone*, p. 456.

[30] Bentinck Papers, Low to Bentinck, February 9, 1832.

[31] Choksey, *Mountstuart Elphinstone*, p. 385.

[32] Ibid. , p. 396.

[33] Ibid. , pp. 450 – 1.

[34] Ibid.

[35] Minute, November 7, 1830, quoted in Kaye, *Metcalfe*, II, p. 76.

[36] 他甚至在《纽约论坛报》上告诉读者："印度社会没有任何历史，至少没有已知历史。我们所谓的印度历史，只不过是一系列入侵者的历史，他们在这个不抵抗、恒久不变的社会的基础上建立了自己的帝国。"（1853 年 8 月 8 日。）

[37] Quoted Stokes, *The Peasant and the Raj*, p. 65. 这个过程在随后几十年里一直在继续。印度绝非恒久不变。1853 年西北各省的一份正式报告称："或许全世界没有一个国家像印度这样，土地经历着如此确定的、持续的、大规模转手"。（Ibid. , p. 104.）

[38] 把问题归咎于放债人实在是太简单化了。的确，几乎所有人都讨厌他们。1857 年兵变的第一批行动往往就是，放债人的办公室遭到抢劫，他们的账簿被付之一炬。但即便在放债人影响甚微的地区，暴力活动也可能同样猖獗，甚至更加严重。借用研究印度农

村的伟大的历史学家埃里克·斯托克斯的话说，坎宁勋爵的时代
和五十年前韦尔斯利的时代一样，"高额税收才是问题的根源"。
在高额税收之外，还有另一种潜在的办法：设立个人所得税，迫
使城镇里的商人、店主和小贩与农民分担税务负担。但印度事务
部的伟人们，如詹姆斯·密尔，否决了这种办法。不知怎的，他
们坚信在印度免收个人所得税可以最大限度地增进其经济增长。
遗憾的是，从长远来看，这种办法的结果是最大限度地增进了人
民对英国政府的怨恨。直到 1857 年兵变之后，政府才开始考虑征
收个人所得税（并且这很有效）(Stokes, ibid.)。

[39] Choksey, *British Diplomacy*, p. 4.

[40] Colebrooke, p. 40. 即便在强攻山地要塞贾维尔固尔的战斗中，他
也不为所动。这是一次艰难的激烈攻城战。英军重炮老是从山坡
上往下滑，压断炮兵的肢体。铁制的实心弹会从高处弹落，几乎
飞到发射它们的炮口那里 (Cooper, p. 135)。即便英军已经登上了
外围城墙，在要塞内部还要与数千马拉塔士兵鏖战。很多马拉塔
士兵看到要塞失守，就从城墙顶端跳下去自杀了。然而，埃尔芬
斯通把这一切描绘得仿佛走过一个熙熙攘攘的游园会："约翰逊和
我努力集合一支队伍向大门冲锋。这很简单；军官们都很配合。
不管我们请求什么人，他们都愿意加入。我们还带上了一个认识
路的俘虏……我们来到突破口的时候，我觉得自己面对着极大的
危险；但我已经下定决心，所以我什么都不怕。冲锋的队伍让我
想起了荷马《伊利亚特》第三部的第八和第九节。"他还用带变
音符号的古希腊文引用了这两节诗 (Colebrooke, pp. 42-3)。

[41] Colebrooke, pp. 87-88.

[42] Choksey, *Mountstuart*, pp. 218-20. 以下是格兰特笔记的一部分，
从中可以看出埃尔芬斯通的间谍网对宫廷和城市的渗透多么厉害。

昆都·庞特提供了"关于辛迪亚国王书信的情报"，得到赏金
1200 卢比。

特里姆巴克吉的前仆人奥纳吉得到赏金 100 卢比："1817 年
10 月 25 日至 11 月 5 日 [也就是佩什瓦最后一次突围作战的集结
期间]，他夜间来找过我两三次"。

马胡巴吉·庞特·拉泰得到赏金 60 卢比。他是佩什瓦信任的
贡加·白的情人。

布尔万特·拉奥·韦德得到赏金 600 卢比。他的女儿是浦那第一美人："这位海伦的故事闻名于世。"

马璐·乔西·兰盖得到赏金 600 卢比。"他是佩什瓦的一个小丑和低贱的弄臣。如果我们给巴吉·拉奥的皮条客提供年金的话，又该如何对待宫廷的美人们呢？"

[43] 1811 年，哈尔卡尔国王请求埃尔芬斯通向佩什瓦申请，赐给他儿子穆尔哈尔·拉奥一件礼服长袍，以认可穆尔哈尔·拉奥如今是哈尔卡尔王朝的继承人。埃尔芬斯通拒绝帮忙，因为《巴塞因条约》禁止任何暗示佩什瓦仍然是马拉塔邦联名义领袖的姿态 (Choksey, *British Diplomacy*, pp. 346 – 8)。

[44] Wilson, iv, pp. 11 – 13.

[45] Choksey, *British Diplomacy*, pp. 333 – 5.

[46] Choksey, ibid., p. 385.

[47] 马尔科姆和埃尔芬斯通是印度要职（孟买总督和马德拉斯总督，甚或还有最高的荣耀，即孟加拉的英印总督职位）的竞争者，但马尔科姆立刻向埃尔芬斯通伸出援手，卖个人情给他。他写信给威廉·埃尔芬斯通（芒斯图尔特的伯父，东印度公司董事），热情支持黑斯廷斯勋爵向秘密委员会的提议，即应当向功勋卓著然而手头拮据的芒斯图尔特发放一笔额外奖金。

[48] Kaye, *Malcolm*, ii, p. 168.

[49] Ibid., p. 170.

[50] 马尔科姆在浦那只待了一周，即从 8 月 5 日至 12 日。在其中三天，即 7 日至 9 日，他忙于从佩什瓦的马汉利营地来回奔驰。约翰爵士一般不擅长倾听，这一次芒斯图尔特显然没能劝服他相信真正的形势，尽管他给马尔科姆看了关于佩什瓦真实动机的情报。

[51] Wilson, iv, p. 23.

[52] Ibid., p. 22.

[53] 格兰特-达夫在他的《马拉塔史》中用令人难忘的言辞描绘了这个场面："只有曾目睹坎贝湾的涌潮的人，只有真真切切地看过那惊涛骇浪奔涌而来的人，才能想象笔者看到的佩什瓦大军杀来的盛景。这一天酷热难当，大约是下午时分，周遭一片死寂，除了战马的驰骋、踩踏与嘶鸣以及炮车的隆隆作响之外什么都听不见。原本安宁的农民争先恐后地从田间逃窜；牛挣脱了轭；野羚羊被从酣睡

中惊醒，蹦跳地逃走，然后转过头来片刻，凝视从它面前席卷而来的铁流。这潮水荡平了树篱和庄稼，在前进过程中完全压倒了一切障碍物。"（1826，III，p. 301，quoted Choksey，*Mountstuart*，p. 381.）

[54] Choksey, *British Diplomacy*, p. 10.

[55] Choksey, ibid. , p. 12；

[56] Choksey, *Mountstuart*, p. 213.

[57] Chapter IX.

[58] Kaye, *Malcolm*, ii, p. 174.

[59] Ibid. , p. 229.

[60] November 5, Wilson, iv, pp. 10 – 11. 从黑斯廷斯侯爵向部队宣布条约签订的命令中可以清楚地看出英军求战心切。总督大人担心"军队的自信与热情可能会遭遇失望，因为发生激烈战斗的可能性急剧减小了"（Kaye，*Malcolm*，ii，p. 193）。

[61] 英军还打了一次战役去讨伐那格浦尔的摄政者阿帕赫大人。他谋杀了自己昏庸无能的亲戚，篡夺了王位。此次战役包括两场激烈战斗，第一场攻下了与那格浦尔常驻代表府毗邻的希塔帕尔迪山区；第二场战斗占领了那格浦尔城。在这些战斗中，英军都英勇奋战，最后赢得胜利。不过这个故事中与我们的主线叙述有关联的只有一些怪异的细节，它们为我之前讲的一些故事带来了圆满结局。战斗中最具决定性的因素，是第 24 马德拉斯土著步兵团第 1 营的 500 名士兵在詹姆斯·萨德勒上尉指挥下从山上冲杀下来（Wilson，iv，pp. 35 – 39）。该营有 58 人阵亡，102 人负伤，相当于全营的三分之一兵力，萨德勒上尉本人在战斗初期战死。这个詹姆斯·萨德勒就是在埃卢鲁领导白人兵变，将弗莱彻中校锁起来并因此被解除军职，但五年后又恢复军职的那个萨德勒。他指挥的那些士兵，就是曾在韦洛尔哗变的第 1 营印度兵的残部，他们在那次兵变之后受辱，被改了番号。此次得胜之后，他们接受那格浦尔常驻代表理德·詹金斯先生的检阅，詹金斯对他们表示感激。该营的土著副官差不多是唯一幸存的军官，他恳求恢复老第 1 团的番号和徽记。马德拉斯总督同意了。萨德勒上尉也将功赎罪，尽管他已经辞世。

攻克那格浦尔城那场战斗的指挥官的身份更是了不得：不是别人，正是曾被军法审判又莫名其妙地被无罪开释的第 7 土著骑兵团指挥官约翰·多夫顿。当初多夫顿率领他的部下从贾尔纳出发去参加白人兵变。约翰·多夫顿将军（巴斯勋章爵级大十字勋章获得者）三十年后在马德拉斯去世，德高望重，荣誉满身，他的状态恰恰就是在马德拉斯初次登陆的年轻少尉梦想达到的那种。就像所有历史悠久的机构一样，英国陆军也始终懂得如何隐藏自己的羞处。

托马斯·希斯洛普爵士率领第 1 和第 3 师抵达河畔地带，第 3 师的师长就是约翰·马尔科姆爵士。那格浦尔摄政者的三名使者来到西普拉河畔与马尔科姆谈判。马尔科姆直截了当地告诉他们，英国政府知道他们与佩什瓦的谈判的所有详情以及他们向浦那进军的计划。哈尔卡尔王朝的唯一希望是与英国签订条约，不仅放弃敌对英国的计划，还要承诺出兵帮助英国人镇压平达里马贼。如果他们同意，英国人会帮助哈尔卡尔王朝支付拖欠了很久的军饷。此时哈尔卡尔政权和往常一样，处于破产边缘。三名使者说自己无权进行这样的谈判。马尔科姆让他们离去，但哈尔卡尔王朝的骑兵偷走了托马斯爵士的一些骆驼和牛。那格浦尔摄政者的使者返回他的营地，当晚那里爆发了激烈的争吵。

[62] Kaye, *Malcolm*, ii, p. 201.

[63] 布莱克中校是德干部队的军需总长，所以很清楚这些数字，不过约翰·凯爵士在他的《马尔科姆生平与书信集》中指出，其中数千骑兵只不过是四处劫掠的乌合之众，只能骚扰外围警戒阵地和偷牛，在正面对垒中没什么战斗力（Ibid. , p. 196.）。

[64] Ibid, p. 206.

[65] Wilson, ii, p. 55.

[66] 布莱克中校在关于本次战役的史书中完全赞成这种猛冲猛打的战术："我军渡河之后，从侧翼包抄敌人是荒唐的想法。我军处在敌人重炮葡萄弹的射程之内。没有比这更糟糕的处境了，最简单有效的办法就是正面进攻。英军在平原上的正面进攻从来没有失败过，这次也不例外。"（Blacker, p. 153.）

[67] Wilson, iv, 64. 上游 4 英里处还有另一个渡口，但要想到那里就得绕道 10 英里。在下游 3 英里处的马希德普尔村也有一个渡口，从那里过的话就需要一整天才能把大炮都运过去。布莱克坚持认为，全军应当从第一个渡口过河。因为他是军需总长，并且他后来很

快撰写了一部关于此次战役的史书，所以这个决定由他做出，最后的历史评价也由他负责。

[68] Kaye, *Malcolm*, ii, pp. 207 – 8.

[69] Ibid.

[70] Low, p. 47.

[71] Wilson, iv, pp. 70 – 71.

[72] 此役还有另一个令人不快的后续。詹姆斯·格兰特上尉指挥的迈索尔骑兵团缴获了一大堆战利品，包括哈尔卡尔国王的剑和剑带。这批战利品估计价值约 90 万卢比。剑本身稀松平常。它的剑鞘是天鹅绒的，剑柄上镶嵌着一些不是很珍贵的珠宝，价值可能顶多为 1000 卢比，相当于 100 英镑（Wilson, iv, pp. 194 – 8; Kaye, *Malcolm*, ii, pp. 219 – 221）。迈索尔骑兵团认为这批战利品理应属于他们；托马斯·希斯洛普爵士说这批战利品应当属于给全军的赏金。总督支持迈索尔骑兵团的主张。

迈索尔骑兵团试图将剑送给马尔科姆，他谢绝了。迈索尔王公坚持说马希德普尔战役的胜利者应当拥有这把剑。这一次，约翰爵士优雅地接受了。但希斯洛普还没有放弃。他抗议说，迈索尔王公没有资格将这把剑赠送给任何人，它应当属于托马斯爵士本人。他打算将剑送到英国摄政王脚下，这样无疑能为希斯洛普赢得一个世袭贵族头衔或者至少是一枚勋章。这场争执持续了一年多，最后总督批准将剑送给马尔科姆。于是约翰爵士把剑和剑带都带回了国。

[73] Kaye, *Malcolm*, ii, p. 232.

[74] Low, p. 31.

[75] 一个世纪之后，E. M. 福斯特和 J. R. 阿克利都为这个家族当过家庭教师。福斯特和阿克利分别在《女神之山》和《印度假日》中描绘过在一个印度教小朝廷的惬意生活图景。

[76] Wilson, iv, pp. 114 – 116.

[77] Blacker, p. 280.

[78] Wilson, iv, pp. 120 – 6.

[79] Kaye, *Malcolm*, ii, pp. 237 – 38.

[80] Malcolm to Low, May 18, 1818, Mss Eur D1082. 如果佩什瓦表现出"拖延搪塞的倾向"，约翰应当告诉他，交易立刻取消，包围佩什瓦

的英军将立刻向他发动进攻：多夫顿从南面进攻，罗素旅和第 14
团第 1 营从戈高姆进攻，沃克上尉率领八个步兵连从东方进攻，
马尔科姆的部队沿着讷尔默达河布防、阻断敌人逃跑路线，也将
发动进攻。

[81] Kaye, *Malcolm*, ii, pp. 241 – 2.

[82] Low to Malcolm, June 1, 1818, Mss Eur C961.

[83] Kaye, *Malcolm*, ii, pp. 244 – 5.

[84] Ibid. , p. 245.

[85] Ibid. , pp. 246 – 7.

[86] Ibid. , p. 249.

[87] Ibid. , pp. 270 – 2.

[88] Malcolm to Low, October 18, 1818, Home Misc 733.

[89] Low to Elphinstone, October 30, 1818, Mss Eur F88/291.

[90] Low to Metcalfe, August 1819, Home Misc 733.

[91] *Bentinck Papers*, Low to Bentinck, February 9, 1832

[92] Kaye, *Malcolm*, ii, p. 265.

[93] Gupta, pp. 9 – 10.

[94] November 16, 1822, Low, p. 3.

[95] Low, p. 20.

[96] Low, pp. 27 – 8.

[97] June 12, 1825, Mss Eur F88/271.

[98] Low, p. 37.

[99] Low to Elphinstone, January 31, 1825, F88/270.

[100] Low to Elphinstone, January 1, 1827, F88/274.

[101] Low, p. 55.

[102] Low, p. 21.

[103] Low, pp. 48, 209.

[104] Susan Low to John Low, October 26, 1822, Low, pp. 18 – 19.

[105] Susan Low to John Low, November 21, 1822.

[106] John Low to Elphinstone, January 1, 1827, F88/274.

[107] S. G. Checkland, *Scottish Banking*: *A History* 1865 – 1973, Glasgow, 1975, p. 174.

[108] Low to Elphinstone, ibid.

[109] Low, p. 123.

[110] Low to Elphinstone, ibid. ; see also Alistair Gibb, 'The Fife Banking Company', 2010, banking-history. co. uk/fife.

[111] September 10, 1825, F88/271.

[112] 我不知道麦克唐纳上尉的这个绰号是因为他做过什么血腥的事情，还是仅仅因为他喋喋不休地大谈特谈格兰科大屠杀（1692年，苏格兰麦克唐纳家族遭屠杀），那个事件很容易让人想起马拉塔王公之间的内斗。

[113] R. Lewin, *The Chief*, 1980, p. 201.

[114] May 31, 1826, Mss Eur, F140/137a.

[115] Gupta, p. 18.

[116] Low, p. 1.

8　奥古斯塔和约翰

在眺望蔚蓝大海的四个孩子当中，她是大姐姐。奥古斯塔·莎士比亚比弟弟乔治和他们的表弟威廉·梅克皮斯·萨克雷大两岁，这两个男孩子都是五岁。她另一个弟弟里士满则比威廉小一岁。他们站在从码头区下来的台阶顶端。他们可以看见在河流中央耸立的"摄政王"号的桅杆，这艘东印度公司的航船将要送他们去英格兰。这艘船排水量为953吨，有三层甲板，长149英尺，宽38英尺，计划于1816年12月17日起航，船长名叫托马斯·H.哈里斯，航程预计为四个半月。但这些细节奥古斯塔都不会感兴趣，因为她年纪够大，已经能够理解这样可怕的事实：她即将向父母道别，可能永远不会与他们团圆了。（她的确再也没有见过他们。）在加尔各答的英国父母通常趁孩子在比奥古斯塔更小的年龄时把他们送回"家"，因为在那个年龄他们还不懂得自己将要面对多少寂寞岁月。

多年后，已经成名的威廉·梅克皮斯·萨克雷写道："无论在幼年时还是成年之后，我都始终受不了目睹骨肉分离。"[1]他还回忆道：

在本作者的一个故事里，一个男人跌跌撞撞地"走上河坛的台阶"，他刚刚与自己的孩子分离，把孩子从印

度送回英格兰。我写下这个故事，是因为我记得在很久很
久以前，加尔各答有这样一个河坛，或者说河畔台阶。有
一天，两个孩子从这台阶走下，来到等待他们的小船上，
而他们的母亲还留在岸上。[2]

这个故事就是他的小说《钮可谟一家》，其实萨克雷没有
正面描写钮可谟上校与他的儿子克莱夫的辞别，因为那场面太
催人泪下了。他只写了上述事实，以及父亲"孤独地划船到
岸边"。[3] 萨克雷父母各自的祖先都是在印度出生和长大的。
亨利·詹姆斯在关于萨克雷的文章里带着残酷的敏锐度写道，
萨克雷的祖先都是"饿殍般贪婪的、硕大无朋的体制这个大
桶里的小水滴"。他的父亲、祖父和外祖父都体验过"英国开
拓进取的那个恢宏的、炽热的、恐怖的世纪，那巨轮碾碎了尘
土，为 100 万英年早逝的人准备了坟墓"。[4]

莎士比亚家族也是这样。他们也曾在印度艰辛劳作，收
税，主持司法，发财，染病，将孩子送回英格兰，等他们成年
之后又把他们带到印度。奥古斯塔的祖父约翰·莎士比亚在娶
了拉科克庄园①的玛丽·塔尔伯特·达文波特并成为东印度公
司的职员之后，立刻动身前往印度。坐在威尔斯特总督②（他
刚接替了"印度的克莱武"的职位）的办公室里，他结识了
另一名年轻职员，名叫威廉·梅克皮斯·萨克雷，此人就是后
来的小说家萨克雷的祖父。[5] 他俩后来在达卡又于同一间办公

---

① 拉科克庄园在英格兰西南部威尔特郡的拉科克村，原为女修院，始建于
13 世纪。
② 哈里·威尔斯特（1734~1785），东印度公司官员，1767~1769 年担任
孟加拉总督。

室工作两年之久，缔结了深情厚谊。

他们所在的社会是个狭小的封闭社会，于是他们的儿女长大成人之后就结为连理，两家你中有我，我中有你，难解难分。约翰·塔尔伯特·莎士比亚娶了阿梅莉亚·萨克雷（总是被称为埃米莉），生了九个儿女。玛丽·安妮·莎士比亚嫁给了弗朗西斯·萨克雷牧师，有四个孩子。里士满·萨克雷娶了加尔各答的大美人安妮·比彻，只生了一个孩子，就是小说家威廉·梅克皮斯·萨克雷，他后来和表亲们一起长大，他们对他来说一定就像自家人，因为他们都用同样的名字：有一个威廉·梅克皮斯·莎士比亚，有一个埃米莉·莎士比亚、一个夏洛特·莎士比亚和一个里士满·莎士比亚，这些名字原本都是萨克雷家的。

在乔林基街①上下、马坦公园（加尔各答翠绿的河畔大草地）的宽阔草坪上，两家人一同嬉戏，到收藏家里士满·萨克雷先生位于阿里普尔的灰泥粉刷的华美别墅，或者到警察总长先生（后来是法官）约翰·塔尔伯特·莎士比亚同样迷人的豪宅去休闲。两家的家长都是加尔各答资产阶级上层的领袖。他们的生活方式非常奢侈。据1807年的《加尔各答公报》记载，当时二十六岁的里士满·萨克雷和比他年长两岁的芒斯图尔特·埃尔芬斯通联手举办了"一场魅力四射的化装舞会"，宾客多达三百人，大家打扮成皇帝、侏儒、水手和婴儿，在英王第67团军乐队的伴奏下翩翩起舞。[6]后来里士满卖掉了自己在加尔各答的宅邸，去下孟加拉的一个边疆

---

①　乔林基街是加尔各答市最重要的一条主干道，现在的名称是尼赫鲁街。乔林基街不仅是该市的商业心脏，也是文化心脏。印度博物馆、政府美术学院、亚洲文会、主教府和圣保罗主教座堂都位于这里。

地区担任指挥官，他的拍卖名册上除了房子还包括五匹高档骏马，"一辆雅致的在欧洲制造的马车，有黄色布料装饰"，贵重名画，镜子和雕像，以及"一台优质高档沙龙管风琴"。[7]

约翰·塔尔伯特·莎士比亚是整个孟加拉、比哈尔和奥里萨地区（面积广袤，相当于印度东北部的很大一块）的警察总长，他在帝国的华丽排场中也占据显要位置。1814年夏季，他陪同莫伊拉勋爵在恒河旅行，这是一次让人难以置信的辉煌出巡。埃米莉·莎士比亚在日记中记录了那些让她满怀敬畏的事物。她写这本日记，是为了留给三个已经到了英格兰的最年长的孩子。[8]总督及其妻子劳登夫人①（她自己也是一位大权贵）如同帝王出巡般乘坐美丽的青色和金色画舫，后面跟着三艘载着孩子和他们的女教师的画舫，船上还有乐队、厨房与餐厅设施。他们不时停下来猎虎，或者接见当地王公，或者骑大象去远足，在此期间莫伊拉勋爵夫妇会向群众慷慨地赏赐金钱。当时三岁半的乔治、两岁的里士满和六个月的婴儿夏洛特在宝座和宴会桌之间爬来爬去（奥古斯塔和保姆一起留在加尔各答）。在勒克瑙，男孩子们观看野蛮的斗兽表演，乐不可支。当地纳瓦布的宫廷凭借这种斗兽闻名遐迩，或者说臭名远扬。有大象与大象博斗，老虎被水牛用角挑飞，斗牛犬撕咬跳舞的熊。在总督出巡的高光时刻，据说有10万人陪同他一起在河上行进，或者在两岸跟随。

帝国的恩赐固然奢华，代价却也严酷。埃米莉四十岁时生

---

① 弗洛拉·坎贝尔，黑斯廷斯侯爵夫人、第六代劳登女伯爵（1780~1840），她是第五代劳登伯爵的女儿，本身享有伯爵头衔。

下了她的第九个也是最后一个孩子塞利娜，但她仍然是加尔各答上流社会喧嚣玩乐的领袖之一。然而，现在她必须与自己的又一批"印度孩子"告别了：七岁的夏洛特和四岁的胖嘟嘟的玛丽安娜。这两个女孩再也不会见到父母。玛丽安娜一辈子都把自己当初上船之前拿到的信随身携带。

我亲爱的玛丽安娜，

我给了你一个小包裹，因为我相信你一定会喜欢从母亲手里拿到它。小宝贝儿，可怜的老保姆为你俩流了好多眼泪。你们的母亲除了它的两个宝贝小姑娘之外什么都不想，若是能再给你一个吻，再把甜蜜的小玛丽安娜揽入怀中，我什么都愿意付出……

夏洛特对你会像妈妈对你一样，我相信你们两个可爱的小姑娘永远不会吵架。你每天夜里和早上都要祈祷，永远不要撒谎，永远不要生闷气。

我相信我宝贝的玛丽安娜永远不会忘记母亲。我给你的娃娃做了一件小披风和一顶小帽子，我的宝贝，我把你最喜爱的小手绢和我的一缕头发送给你。全能的上帝保佑你，我亲爱的孩子，

永远爱你的妈妈

埃米莉·莎士比亚[9]

1824年2月5日，埃米莉办了一场招待会。据《加尔各答公报》记载，"我们的东方大都市的所有佳丽与时髦人士昨晚于 J. 莎士比亚夫人的化装和假面舞会荟萃一堂，地点是她那位于帕克街的极为雅致的新豪宅"。客人们打扮成海盗、潘

趣与朱迪①和沃尔特·司各特爵士长诗《马尔米翁》中的角
色。总的来讲，这是一场"充满了反差与奇想"的娱乐活
动。[10]但随后就是令人畏惧的旱季，整个加尔各答都患上了热
病，埃米莉的身体始终没能彻底康复。他们把她送到河流上游
的巴拉克普尔（在人们开始利用山区避暑地避暑之前，去巴
拉克普尔是唯一的补救措施），但换个环境也没能让她好起
来。于是他们把她带回下游的酷热难当的城市，她于 9 月 28
日去世。约翰·塔尔伯特自己的健康状况也很糟糕。他也在河
上旅行避暑，但这对他也没奏效，于是他决定离开印度，去好
望角休养，并带走了他最小的孩子，五岁的塞利娜。在船上，
他写信给长女埃米莉：

> 我亲爱的孩子，
>
> "玫瑰"号即将出海，我在领航船旁写信给你，向你
> 道别。小塞利娜的床安放在舱室底部，她在那里睡得非常
> 舒服。[11]

他没有活着抵达好望角，但他的一位朋友当时也在"玫
瑰"号上，说他谈到自己死期将至。"他谈起死的时候镇定自
若、冷静从容……他告诉我，他这一辈子的福气已经享尽了，
再也不会幸福了。"他要求将他妻子的细密画像放在他胸口，
一同海葬。他的遗体被托付给深渊的那天是 4 月 13 日，也就
是妻子埃米莉去世不到六个月之后。[12]

加尔各答的南公园街公墓是世界上最有氛围的墓地之一，

---

① 潘趣与朱迪是英国传统的木偶剧的主人公，故事往往是喧闹的喜剧。

那里有缅怀他俩的纪念碑。这座墓地与约翰和埃米莉曾经的豪宅只隔着一条路。在那座豪宅里，夫妇俩的客人曾"踩着四组舞和华尔兹的神奇舞步，狂欢到深夜"。约翰和埃米莉纪念碑的柱头上有凹槽图案，看上去很像砂岩的邮筒，在诸多方尖碑形、金字塔形和神庙形的墓碑之中颇不起眼，但至少对我来说还挺感人的。小塞利娜在此次航行中活了下来，后来在伦敦与奥古斯塔和哥哥们会合，并且活得比他们都久，一直活到了20世纪。

威廉·梅克皮斯·萨克雷在登上"摄政王"号的前一年也失去了父亲。里士满·萨克雷也长期患有热病，在阿里普尔卧床休养了很长时间，最终于1815年9月13日去世，他只活了三十二年十个月零三十三天（这是他墓碑上的写法）。[13] 他被安葬在北公园街公墓的棕榈和雪松丛中，那个地点今天已经被新的建筑覆盖。（公园街曾经叫墓地街。）他在遗嘱中留下了1.7万英镑，差不多相当于今天的100万英镑。但我们很难想象他是毫无遗憾地死去的。因为就在三年前，在阿里普尔那座富有魅力的房子里，发生了一件简直像是萨克雷小说情节的事情。

他的妻子安妮在英格兰曾受到一名皇家工兵军官亨利·卡迈克尔-史密斯中尉的追求，此人一表人才，曾于第二次马拉塔战争期间受莱克勋爵指挥在阿里格尔、德里和拉斯瓦利作战。安妮的祖母比彻太太不同意他俩的恋情，因为亨利只不过是伦敦西区一名医生的幼子。在英格兰，她让安妮承诺再也不见亨利，没收了他们的书信，并最终告诉安妮，亨利已经突患热病死亡。安妮及其妹妹随后被送往印度，去寻找如意郎君。姐妹俩都很快结了婚。[14] 安妮于1810年2月16日在加尔各答登陆，10月13日在圣约翰教堂嫁给了里士满·萨克雷，次年7月就生下了小威廉·梅克皮斯，他仅仅七个月就出了娘胎。

结婚两年后的一天，里士满·萨克雷从俱乐部回家，告诉妻子："今天我认识了一个特别讨人喜欢而且有意思的工兵军官。他昨天上午刚到，谁都不认识，我邀请他今晚到家里吃饭，我们可以介绍我们的朋友给他认识。"

晚宴上宾客满堂，这位陌生人最后一个到。仆人高声通报："卡迈克尔－史密斯上尉。"安妮多年前的旧恋人走了进来。

此次晚宴一定让人备受折磨。过了仿佛几个世纪之后，安妮终于有机会和卡迈克尔－史密斯上尉单独说话。她用颤抖的嗓音解释道："别人告诉我，你突患热病去世了。"他带着愤恨责备道："你祖母说你再也不喜欢我了，要解除我们的婚约。她把我的所有书信都还给我，而且信都没有拆封，以此为证据。我绝望地给你写了一封又一封的信，哀求再见你一面，但你始终没有给我答复，也没有给我一点音讯。"

过了一段时间，他们实在忍受不了，只得向里士满·萨克雷和盘托出实情。他听的时候很严肃，没有说什么，但此后对安妮的态度就和以前不一样了。[15]

亨利没有死，而是在各地作战。在维尔特福雷登，他与约翰·洛并肩作战，操纵炮台，在突击科内利斯要塞之前的炮击中负伤。他前不久才从爪哇回来。现在他必须再次离开加尔各答，到阿格拉继续履行要塞驻军工兵长官的职责。[16]这暂时缓和了局势，但安妮不可能忘却他。里士满在北公园街尸骨未寒，安妮就向亨利承诺，她服丧满十八个月之后就会嫁给他。他们于1817年3月31日结婚，也就是她成为寡妇的十八个月又十七天之后。就是因为改嫁，她没有办法陪同自己的独生子登上"摄政王"号。如果她不把握住第二个机会嫁给亨利，也许就永远没有机会了。在印度，人们必须当机立断才能生存下来。[17]

"摄政王"号上一共有 21 个年龄为一岁到五岁的孩子，这对回国的东印度公司船只来说不算稀罕。成年旅行者的日记里写满了抱怨"在上层后甲板上，被宠坏的熊孩子大呼小叫"的词句。臭名昭著的威廉·希基①发牢骚道，孩子们哭泣时"恐怖的尖叫"和玩耍时"喧嚣的喜悦"都很讨厌。

此次旅行的一件大事就是船在圣赫勒拿岛停靠。萨克雷记述道，他的土著仆人劳伦斯·巴洛"带我散了一次长距离的步，经过崎岖岩石和山丘，最后来到一座花园，我们看见那里有个人在走路。'就是他，'黑人巴洛说，'那就是波拿巴！他每天吃三头羊，见到小孩子就吃掉。'"[18] 奥古斯塔、乔治和里士满也去了，观看皇帝在长木庄园的田野上踱步。

驿马车将孩子们送到伦敦之后，奥古斯塔和男孩子们分开，被送到拉德兰姆夫人的学校，它位于富勒姆②的北端路。莎士比亚家的"印度"女儿们都陆续被送到这里。这是一座雅致的宅子，大门口有两个大石球，还有一个不错的花园。[19]拉德兰姆夫人的学校被描述为"不是学校，而是一个家，在印度的家长花很多钱送孩子来这里"，这里的课程主要是跳舞

---

① 威廉·希基（1749～1830），英国律师，著有长篇回忆录，绘声绘色地描写了 18 世纪时伦敦、加尔各答、马德拉斯和牙买加等地的生活。他年轻时因为生活放荡、偷窃父亲（著名律师）事务所的公款而被送到印度去改过自新。

② 富勒姆是英国伦敦的一个地区，是有名的富人区。

和仪态举止，而不是学术课程。唯一的例外是"天文地理课"，这很有用，因为这些漫游全球的女孩子注定要么在旅行，要么在航船甲板上举头观星。

和许多类似学校的管理者一样，拉德兰姆夫人的脾气很急躁。一些年后，奥古斯塔的哥哥约翰写信给他们的小妹，后者十九岁就结了婚，觉得很难与仆人打交道：

> 所以我建议你效仿当年拉德兰姆惩戒犯上作乱的女弟子的办法：狠狠扇耳光。[20]

但奥古斯塔身边也有一些友善的面孔。她的姐姐埃米莉已经在拉德兰姆夫人学校了，还有两个姑姑也在，她们是她的祖父莎士比亚第二段婚姻的孩子，年纪比她大不了多少。[21]埃米莉于 1820 年（此时她十六岁）返回印度之后，奥古斯塔的妹妹夏洛特和玛丽安娜[22]接替她的位置来到了拉德兰姆夫人学校，最后她们最小的妹妹塞利娜也来了，她曾在"玫瑰"号上睡在父亲的舱房。[23]

在拉德兰姆夫人的耳光让人无法忍受的时候，姑娘们可以躲到南安普敦路的姨母家。这位姨母也叫夏洛特，但总是被称为里奇姨妈。塞利娜说："亲爱的里奇姨妈的家是我们的天堂，是我们的自由天地。大家在那里可以随心所欲。年纪较长的姑娘们，有时还有威廉·萨克雷，在那里玩得很开心，大家还一起演戏。"[24]

威廉和莎士比亚兄弟非常需要欢乐。1817 年，威廉、里士满和乔治被送进南安普敦的阿瑟夫妇开办的学校。"我们的父母听说这家学校很好，上当受骗了，实际上统治它的是一个恐怖的小暴君，他让我们这些小孩子生活得非常凄惨。我记得自己曾在夜间跪在小床旁祈祷："求你了，上帝，让我梦见母亲吧！"[25]威廉还曾呼喊："那家私立学校是个多么可怕的地方：寒冷、冻疮、糟糕的膳食、饿肚子、严厉的鞭打！"[26]与在阿瑟夫妇学校的生活相比，他和里士满后来在查特豪斯公学以及乔治在哈罗公学所经历的狠毒鞭笞、教师的冷嘲热讽与鸡奸也不算什么了。但至少，威廉在阿瑟夫妇学校与莎士比亚兄弟结下了真挚的友谊，若里士满和乔治十二年后没有返回印度的话，他们三人原本可以成为毕生好友。

女孩子年满十六岁或十七岁之后，唯一可以设想的去处就是印度，不过莎士比亚家的孩子已经失去了双亲。奥古斯塔毕业后离开了拉德兰姆夫人学校，搬到里奇姨妈家，在那里曾和姨母以及其他亲戚一起为当时走红的细密肖像画家亚当·巴克当模特。她有当时流行的螺旋状鬈发，微胖。"相貌讨人喜欢，但严格来讲不算漂亮"是厄休拉·洛对她的评价。[27]

奥古斯塔十七岁时在两个舅舅的护送下去了格雷夫森德①，她在行李中带了一把竖琴，以显示她在拉德兰姆夫人学校获得的音乐技能。船上的乘客花名册写道："A. 莎士比亚小姐，返回其出生地。""亚洲"号于 1826 年 6 月 10 日从格雷夫森德起航，于 10 月 21 日在钻石港②靠岸，航程为四个月又十一天，比几十年前她母亲从英国到印度花的时间短不了多少。（蒸汽轮船的发明和经过埃及的捷径的开通是不久之后的事情。）

在印度，奥古斯塔找到了姐姐埃米莉、两个哥哥和寡居的

①　格雷夫森德是英格兰肯特郡西北部的一座古镇，在泰晤士河南岸，在航海和交通方面具有重要地位。

②　钻石港是加尔各答南部郊区的一座小镇，靠近胡格利河的入海口。

奥古斯塔姨妈①，姨妈刚刚嫁给一个丑得可笑的苏格兰老头，名叫哈利迪医生。在加尔各答，奥古斯塔住在哈利迪姨妈家，兴致勃勃，十分开心。从几个月后奥古斯塔写给里奇姨妈的信中就可以看出她是多么的活泼快乐、坦诚率真：

> 亲爱的姨妈，我相信，你知道我住在哈利迪姨妈家一定会很高兴。她对我很好，就像在英格兰的亲爱的姨妈们一样。哈利迪姨妈承受了很多悲伤，精气神受到很大损害。即便现在她也听不得有人提及我亲爱的父母。
>
> 哈利迪姨妈是个了不起的好女人，是非常明智和讨人喜欢的伙伴。她是我见过的最会穿衣服的人之一，她在这方面非常有名……说到衣服，我想起了上周在凯斯门特太太家参加的一次化装舞会。她组织的派对闻名遐迩。
>
> 我参加了其中一组，八位女士和八位绅士都穿着土耳其服装。相当轰动。我们上场的时候，整个楼梯都挤满了人……
>
> 我差不多每天上午都骑马，骑的是 H. 莎士比亚②太太的一匹漂亮骏马。我觉得印度是女性能去的最宜人的地方之一。我还没有体验过旱季或雨季的折磨。我抵达之后的天气一直非常舒适和健康，很难想象有比这更宜人的天气了……
>
> 爱你的、感激你的
> 奥古斯塔·莎士比亚[28]

---

① 这个奥古斯塔·哈利迪姨妈（1785～1849）原名奥古斯塔·萨克雷，是阿梅莉亚·萨克雷（嫁给约翰·塔尔伯特·莎士比亚）的姊妹。注意本书的谱系图里没有标注哈利迪姨妈。

② 指的是亨利·达文波特·莎士比亚，奥古斯塔的叔父。

炎热季节到来了，奥古斯塔和姐姐埃米莉一起去山区避暑。埃米莉现在已经嫁给了巴雷利①的法官威廉·迪克。迪克夫妇挑选了一个新的消夏地点，那里比时髦的西姆拉更靠近巴雷利。疗养或休息的英国军官开始到台拉登之外的山岭居住，也只是四五年前的事。这个地方后来被称为穆索里，得名自当地一种常见的灌木"马桑"（cororiana nepalensis）。马桑是一种很像杜鹃花的灌木，开红花，但习性很像那些在此地疗养的患病的少校和上尉。他们栖息于山坡和山脊之上的平房，可以饱览一侧的喜马拉雅山脉的壮丽景色，以及另一侧的恒河 - 亚穆纳河宏伟平原。病号纷纷来到此地的另一个原因是山脊上的兰多乌尔刚建了一家康复医院。兰多乌尔听起来像印度名字，但据说其实是南威尔士村庄兰道乌尔（距卡马森不远）名字的讹传。

1828 年春，身心俱疲的约翰·洛来到这里。他想方设法才得到的斋浦尔常驻代表职位原来是个苦差。最大的麻烦在于斋浦尔的摄政太后。"这座要塞目前处于一个老妇人的掌控之下，她手下的五个大臣组成了行政机构，这些人的腐败和不称职超过了我目前见过的最恶劣情况。"他到斋浦尔不久之后在给埃尔芬斯通的信中如此写道。[29] 后来形势越来越差。十八个月后，他写道："这个顽固、变态、残暴的太后把我害得好苦，她想方设法让我没有好日子过。"[30] 约翰在那里的唯一伙伴是与他同住的一名苏格兰医生，"但我有不少优秀的藏书，还有我的大提琴。这些东西，以及我的公事，让我不至于倦怠无聊。不过我

---

① 巴雷利是今天印度北方邦的一座城市，是家具制造业中心，同时也是周边地区棉花、谷物和糖等农产品的交易中心。巴雷利历史悠久，历史上曾是古印度十六大国之一般阇罗的统治中心。

有时渴望看见自己的故乡和真正的朋友，这让我叹气。但我知道，我还得继续叹好几年的气，所以我尽力压抑这些想法”。[31]

还债的艰难努力产生了一个凄惨的后果，让他现在不得不面对。他于1827年夏写信给妹妹苏珊称："我现在已经正式开始第二次努力挣钱。我开始认真考虑，我可能永远不会结婚了。不过我承认这想法让人不开心。"他已经三十八岁了。"等我回家的时候，等我有能力按照自己想要的方式结婚的时候，我就太老了。一个年老的穷鬼在年轻女士的考虑对象名单里非常靠后。我也不愿意委曲求全，娶一个不是方方面面都让自己满意的人。我估计自己的处境不会有什么好转，所以我的感觉是我恐怕要打一辈子光棍，孤独终老。"[32]

他就这样精疲力竭、无比郁闷地离开了斋浦尔，去山区疗养。而在那里，他的生活发生了彻底变化。

> 喜马拉雅山脉，穆索里
> 海拔6700英尺
> 1828年4月28日

我最亲爱的母亲，

大约十天前，我从平原攀登到这个凉爽宜人的地方，我抵达山脚之前气温已经猛增，所以您一定会相信，这个新环境让我很开心。

我坐在一个小帐篷里，温度计读数为71华氏度，但空气极其纯净清爽，让人觉得气温一定比这低得多。

我最初的打算是立刻进入这个有趣地区的腹地，并在随后一个月内拜访当地总督府。但外出两三次之后，疲劳让我的肝痛复发了。（这里的山往往陡峭得厉害，所以我经常只能步行，让人牵着矮种马。）一位朋友（汤森上尉）客气地邀请我住在他家，于是我决定在这里待到9月。

到那时天气就会晴朗而凉爽了，我会在山里漫游两个月，然后回到平原，并去总督那里拜访几天，他住在一个叫西姆拉的地方。[33]

周遭的风景美丽而威严。可以清楚地看见南面有一个开垦良好的山谷，叫作杜恩；东面、北面和西面是一连串巍峨的山，它们犬牙交错地互相偎依着延伸。通常包裹着较高山峰的云雾，频繁变化着密度和位置，常常把群山展现得如同仙境，令四周环境大变。

那时整个地区就会笼罩在一片葱翠当中；这里有橡树、杜鹃花和冷杉，这几种植物都是平原上看不到的；还有很多我们熟悉的植物品种，但我已经二十三年没有见过它们了，如狗蔷薇、巴巴利花、紫罗兰、驴蹄草等。[34]

住在这里还有一个好处。山脊另一端的平房里住着威廉·迪克夫妇和迪克太太的妹妹奥古斯塔。约翰说埃米莉·迪克是"世上最有才华、最温柔可亲的女性之一"。[35]或许这仅仅是因为她是奥古斯塔的姐姐？

他与她结识是多么轻松而自然的事情。约翰在清爽的山区环境恢复了活力，在他少年时代熟悉的花儿之间的小径散步，经过友人居住的平房。这些宅子有着色彩鲜艳的百叶窗，铁皮屋顶在阳光下闪闪发光，而这些房子的名称也让人觉得特别熟悉：蒂珀雷里①、

---

① 蒂珀雷里为爱尔兰南部城镇。

基拉尼①、马林加②、凯尼尔沃思、艾凡赫和伍德斯托克，甚至还有叫"汉普敦宫"③和"牧师宅"的宅邸。[36]奥古斯塔也让他想起家乡。她是多么的清新而热情奔放，如驴蹄草与紫罗兰一般，正在怒放吐艳。

2月，他写信给母亲，宣布自己订婚了。3月，他返回斋浦尔，又一次写信给母亲，进一步报告了喜讯：

> 我现在几乎天天与奥古斯塔通信。我多想带她去见您啊，哪怕只是为了共处几个月，互相熟悉一下。她的风度与谈吐中有一种温柔与欢快，我相信一定会让您非常高兴。
>
> 但愿我们能在克拉托团圆。我希望下个月4日能到山里，并在8日结婚，那一天是迪克太太的生日。[37]

他们实际结婚的日子是4月10日，地点是穆索里。他刚刚四十岁，而她还不到二十岁。[38]

他们在穆索里度蜜月。他们的订婚时间很短，但蜜月很长。约翰忘记了时光流逝。他意识到，距离上一次写信给母亲已经过去了两个月："奥古斯塔不断恳求我写信给你，而我仍然没有写，这尤其不寻常。她是个讨人喜欢、有才华、性格甜

---

① 基拉尼为爱尔兰西南部城镇，为旅游胜地。

② 马林加为爱尔兰中部城镇。

③ 汉普敦宫位于伦敦西南的泰晤士河畔里奇蒙伦敦自治市，是都铎王朝和斯图亚特王朝的王室官邸。汉普顿宫建于1514年，为枢机主教托马斯·沃尔西所建，他曾是亨利八世最喜爱的大臣之一。沃尔西失势后，亨利八世把王宫收为己有并加以扩建。从18世纪开始，汉普顿宫就不再作为英国王室的住所。汉普顿宫和圣詹姆斯宫是现在仅存的两座曾属于亨利八世的宫殿。

美、充满爱意的伴侣。"[39]马德拉斯军团这位饥渴而孤独的少校也只会用这样的言辞来承认自己在性方面的激情了。

他为了度蜜月，冲动地在穆索里买了一座房子。果然，这又是一次糟糕的投资："我的山区房子让我损失了4000卢比，因为我极其愚蠢地把它弄成了一座金碧辉煌的豪宅。如果哈基姆·迈赫迪愿意用我购房款的三分之二买下它，只要给我现金，我就非常乐意了。"[40]迈赫迪多次出任勒克瑙宫廷的大臣，此时正逢失宠，但仍然富可敌国。约翰将来会经常和迈赫迪打交道。有意思的是，约翰需要土著权贵来帮助自己逃脱困境，而印度人也开始喜欢上穆索里这种地方的清爽空气了。

他很快又写信给母亲，卖了很多关子，最后才讲到她真正想知道的那个话题：

> 不要忘了代我向费蒂斯姨妈问好。我妻子的面容，她的高鼻梁、黑头发和眉毛有时让我想起费蒂斯姨妈。
>
> 我现在要告诉您一条新闻，相信您一定会高兴。如果一切顺利，我亲爱的另一半会在1月底前后给您生一个印度的小孙子或孙女。[41]

这是个女孩，于1830年1月14日出生，由纳西拉巴德的牧师洗礼，用她祖母的名字取名为苏珊·伊丽莎白。这位牧师当时刚好要去阿格拉，经过了斋浦尔。几个月后，约翰又写信向母亲汇报："小苏珊就像小公鸡一样啼鸣。感谢上帝，她的身体一直很棒。"[42]

约翰在"羊肉战争"期间的老友乔赛亚·斯图尔特当时在马尔科姆的幕僚团中，他即将离开瓜廖尔的常驻代表府，改为去海德拉巴任职。约翰写信给马尔科姆，求威廉·本廷克勋爵帮忙，希望得到瓜廖尔的常驻代表位置。[43] 瓜廖尔拥有庞大的要塞和辛迪亚王朝的广袤领地，地位比斋浦尔高。约翰一直喜欢瓜廖尔，所以在最终得到这个职位时非常开心。于是，苏珊·伊丽莎白·洛于 1831 年 8 月 14 日写信给儿子的收信地址在瓜廖尔："最亲爱的约翰，愿上帝祝福你，祝福我亲爱的奥古斯塔和可爱的苏珊。"

但小苏珊在大约两个月前夭折了。留存至今的唯一提及此事的文字材料是约翰一年后给母亲的信："几天前我收到您的来信，让我们回想起了我们挚爱的小宝贝的命运，令我们悲伤不已。但我不能让您也承受这痛苦，因为我非常清楚，您善良的心已经受伤害很多次了。"[44]

虽然隔着广袤的时空，噩耗的回响仍然令人肝肠寸断。

在瓜廖尔，他遇到了第二个与他有交集的令人生畏的印度贵妇。约翰职业生涯的一个独特之处是，与他交过手的（有时是真的动武）难对付的印度统治者都是女性。而白扎·白，瓜廖尔已故统治者道拉特·拉奥·辛迪亚的寡妇，是最霸气十足、活力四射且精明狡黠的一位。自道拉特·拉奥·辛迪亚于 1827 年去世以来，她就是摄政者，但她早就发挥了显著作用，还将在随后三十年里扮演虽不显山露水但威胁性十足的角色。年轻的时候，她擅长骑术，会使用长矛和剑，并陪同道拉特·拉奥南征北战。在阿萨耶，她曾与年轻的阿瑟·韦尔斯利交锋，那时她可能只有十八岁。日记作者范妮·帕克斯①在白

---

① 范妮·帕克斯（1794~1875），威尔士的游记作家。她丈夫是东印度公司的官员，她在印度生活过二十四年，留下了大量描写殖民时代印度的日记。她结交了印度的三教九流，包括社会名流和贫苦农民，表现出对印度文化的尊重。

扎·白流亡法塔赫加尔之时见过她，说白扎·白及其身边的女人都精通骑术，还嘲笑欧洲女人骑马要用侧鞍。

白扎·白也是一个精明强干且冷酷无情的生意人，在瓦拉纳西藏匿了大宗财宝。她会故意拖欠军饷，迫使官兵从她控制的银行里借高利贷。在英国政府打算敲诈她一笔，向她借款以支付缅甸战争①的军费时，她先发制人，向目瞪口呆的常驻代表乔赛亚·斯图尔特少校（我们在"羊肉战争"中的老朋友，如今只剩一条胳膊）提出，她要向总督借款 100 万。这让头脑简单的欧洲人相信她已经破产了，于是不再找她借钱。

她可以做到彬彬有礼、魅力十足，但内心里她是坚决反英的。斯图尔特少校和他之后的约翰·洛（已晋升为少校）对她客客气气，她也喜欢带约翰和奥古斯塔参观她的多处宫殿，并在节日期间送给他们烟花爆竹。小苏珊夭折之后，她还让年轻的大君詹科吉·辛迪亚到约翰·洛家中吊唁。[45]

这位年轻的大君是一个穷苦农民的儿子，是道拉特·拉奥的远亲，从一大群形形色色的亲戚当中被选来延续辛迪亚王朝的血脉。他渐渐变得凶暴而桀骜难驯，从不假惺惺地对斯图尔

---

① 第一次英缅战争（1824~1826）是 19 世纪英国与缅甸贡榜王朝之间三次战争的第一战。此战从争夺印度东北部的控制权开始，以英国的决定性胜利告终。英国全面控制了阿萨姆邦、曼尼普尔邦、察查县、贾因提亚、若开邦和丹那沙林；缅甸被迫支付 100 万英镑赔款，并签订通商条约。此战是英属印度历史上耗时最长、代价最高昂的战争。共有 1.5 万名来自欧洲和印度的士兵死亡，而缅甸军队和平民的伤亡人数不详；英国共消耗了 500 万~1300 万英镑（以 2005 年币值计算，约合 3.79 亿~9.85 亿英镑），高额的费用导致 1833 年英属印度发生了严重的经济危机。于缅甸而言，这是其丧失独立性的开始。缅甸短期内不再对英属印度的东部边境构成威胁。此后，英国对积弱的缅甸陆续发动了两次战争，于 1885 年吞并了缅甸全境。

特客气，而是直言不讳地说："我早已不关心民意。我不管大家怎么看我。"[46]他十分怨恨自己的养母白扎·白，她也憎恨他。他十六岁时，威廉·本廷克勋爵在从西姆拉去加尔各答的路上经过瓜廖尔，于是詹科吉抓住机会要求总督立刻将政权交给他，或者至少定下移交政权的日期，越早越好。本廷克大吃一惊。詹科吉说，如果本廷克同意，他可以把自己岁入的四分之一送给本廷克。威廉勋爵愤怒地拒绝了贿赂。詹科吉又问，如果他某天夜里不要英国人帮忙而是自己去杀白扎·白，本廷克是否会有意见。威廉勋爵对这孩子的厚颜无耻颇感好笑，说自己会有意见。

本廷克继续大摆排场地旅行，而詹科吉说到做到，敦促军队与他一起发动反白扎·白的政变。他的计划是在穆哈兰姆月①节庆的最后一天，趁着用竹子和硬纸板做的移动圣龛被抬进清真寺的时候发难。白扎·白得知了阴谋的绝大部分情况，于是命令在黎明时将移动圣龛抬进去，理由是免得崇拜者受正午毒日头的炙烤。移动圣龛经过军营的时候天还没亮，大君和他的同伙还在呼呼大睡。

约翰·洛在瓜廖尔待了不到一年，在他颇感遗憾地离去之后，接替他的是马克·卡文迪许。他是个暴躁易怒而自命不凡的人，习惯了在拉杰普特各邦被当作一尊小神祇的情形，那里的土著不像瓜廖尔的马拉塔宫廷那样对英国人抱有狐疑和敌视。卡文迪许在瓜廖尔没有得到热情欢迎。没有人出去迎接他，也没有人向他敬礼。土著不肯卖柴火给他。宫殿卫兵把他挤下道路。卡文迪许暴跳如雷，开始倾向于帮助年轻的大君抢

---

① 穆哈兰姆月是伊斯兰历的第一个月，也是全年第一个圣月。

夺政权，希望能够在朝廷建立一个亲英派系。

本廷克征询了约翰的意见，约翰对卡文迪许印象很差。何况卡文迪许在斋浦尔接替约翰之后还经常诽谤他。约翰认为，卡文迪许报告的反英情绪"主要是卡文迪许自己造成的，因为他一上任就开始吹毛求疵并要求革新"。何必为了"衣衫褴褛的印度兵"有没有敬礼而大动干戈呢？约翰自己在斋浦尔和瓜廖尔都从来没有得到过卫兵的敬礼。"我们已经掌握了我们需要的全部实权，如果还为了这些面子功夫而争吵，就实在是不明智。"[47]

其实，他觉得英国人没有权利去干涉瓜廖尔内政，他从阿格拉又写信称："关于是否要确定王公亲政的时间，我的意见恐怕与阁下不同。"[48]道拉特·拉奥临终前曾向斯图尔特明确表示，希望让自己的妻子掌握全权。瓜廖尔是个独立国家，约翰觉得这就已经足够决定英国政策了。这是我们第一次听到他相信土著邦国应当拥有道德和法律上的独立。他对此坚信不疑，而这种信念将会主宰，也会困扰他在印度的余下岁月。

威廉勋爵不理睬他的意见。恰恰相反，他鼓励卡文迪许去怂恿少年大君，于是后者发动了针对白扎·白的第二次政变。虽然她原则上反英，但还是逃往英国常驻代表的府邸，它在城外4英里处。她沮丧地发现，卡文迪许不准她进屋，只允许她在他的草坪上搭帐篷以安顿她和侍女，于是她们被季风时节的瓢泼大雨浇得湿透。后来常驻代表允许她们进屋躲避，但明确表示自己打算等雨一停就驱赶她，任她流亡。白扎·白这一辈子终于窘困了一次，她说："她与他的前任斯图尔特少校和洛少校都关系友好，毫无保留。她原以为卡文迪许先生是同样的朋友，但悲哀地发现他在她蒙难之际抛弃了她。"

的确如此。白扎·白被流放了，不过她还掌握着大笔财产。威廉勋爵下令在威廉堡[①]鸣礼炮欢迎新大君。约翰·洛后来毫不犹豫地告诉本廷克，他认为这主要是卡文迪许的错："如果去年我们在瓜廖尔没有常驻代表，那么白扎·白永远不会失去权力。"[49]卡文迪许先生的本意不是干预瓜廖尔内政，但他的举动会让所有人都相信英国政府支持那孩子。约翰·洛觉得这是个遗憾，因为他一直对白扎·白颇为敬仰："但愿这里的新统治者在公共事务方面和白一样明智。"[50]

但本廷克对瓜廖尔政变的结果很高兴。他到印度当总督，原本应当奉行不干预政策，但和大多数总督一样，他对处置土著统治者时受到的掣肘也很不耐烦。1830 年之后，他开始将不干预政策称为"到目前为止奉行的拖延敷衍、效果极差的政策"。私下里，他很愿意吞并像斋浦尔和瓜廖尔这样的爱惹麻烦的国家的部分或全部领土："如果瓜廖尔落入我们手中，我会非常满意。那种马拉塔暴民和军队永远百无一用，在对我们不利的时期还可能会非常讨厌。"[51]

除掉白扎·白只是他的狡猾计划的第一步。不妨设想一下，卡文迪许先生可以向那孩子提出一个微妙的提议，以让他摆脱讨厌的治国重担：将国家交给英国政府，并享受英国的保护和永久性的丰厚年金，而这年金来自他自己国土的收入。麦克诺顿先生[②]发给卡文迪许先生的"半官方"书信的主旨就是这样赤裸裸的。我看到的史料来源是瓜廖尔的主医官约翰·

① 威廉堡是位于印度加尔各答胡格利河（恒河的一条重要支流）东岸的一座城堡，建于英属印度时期，始建于 1696 年，得名于英格兰国王威廉三世。威廉堡前的马坦公园是加尔各答最大的城市公园。
② 印度总督威廉·本廷克勋爵的秘书威廉·海伊·麦克诺顿。

霍普。在他撰写的激烈反对英国人处置瓜廖尔的手段的文字中，他声称这份"神秘文件"已经消失了："在与印度有关的档案里已经找不到该文件的副本。"[52]但据霍普说，卡文迪许先生觉得这样的提议太不审慎了，"他的答复让主张吞并瓜廖尔的人颇感灰心"。[53]但这也让卡文迪许先生的前程完蛋了，因为威廉勋爵把他调到了那格浦尔，当时那里没有什么正事可做。

总督选来接替卡文迪许的人是萨瑟兰少校，这位少校虽是个有战功的骑兵军官，但没有处理政治工作的经验。所以他直截了当地问威廉勋爵，究竟要采取什么政策：是干预还是非干预？威廉勋爵是个爱打趣的人，他很快回答："看这里，少校。"然后勋爵大人把头往后仰，张大嘴巴，把拇指和其他手指并拢，像个小男孩要吞小糖果。接着他转向目瞪口呆的萨瑟兰少校，说："如果瓜廖尔邦国马上就要自行掉落到你嘴里，你不可以像卡文迪许先生那样闭上嘴。你要吞下去。这就是我的政策。"[54]

这让我想起二十年后另一位总督说的笑话。1851年，达尔豪西勋爵描述奥德王国为"一个樱桃，终有一日会掉落到我们嘴里。它早就熟了"。[55]萨蒂亚吉特·雷伊①的电影《弈棋者》把这个臭名昭著的宣言展现得活灵活现：总督的卡通人物将一颗鲜红欲滴的樱桃塞进自己嘴里。

---

① 萨蒂亚吉特·雷伊（1921~1992），生于加尔各答的印度电影导演，被认为是20世纪最伟大的电影人之一。他也是小说家、发行人、插画家、平面设计师与影评人。雷伊获奖无数，包括32次印度国家电影奖，为数众多的国际影展奖项，以及1992年的奥斯卡终身成就奖。代表作为"阿普三部曲"。

约翰在瓜廖尔期间和之后的一段时间里第一次体会到了总督们的贪得无厌。当年还是个卑微的中尉时，他拼死拼活去帮助明托勋爵实现在东方建立私人帝国的梦想。作为一名上尉，他是黑斯廷斯侯爵最终肢解马拉塔邦联的工具。现在他成了少校，又被卷入了威廉勋爵偷偷摸摸蚕食辛迪亚王朝（全印度的头号鸦片产地）的行动。而他和易怒的卡文迪许先生一样，也不赞成威廉勋爵的算计。

约翰之所以离开瓜廖尔，是因为他又得到了提拔，成为勒克瑙常驻代表。这将是他职业生涯中的最重要经历，但起初他犹豫不决。在给威廉·迪克的信中，他说自己接到总督秘书托马斯·帕克南的信（任命约翰为勒克瑙常驻代表）时的第一印象是："我宁愿把5000卢比丢进大海，也不愿意看一眼勒克瑙！因为我讨厌勒克瑙的喧嚣、浮华和虚荣。"[56]

不过他接受这个任命，主要是出于健康方面的考虑。继续留在瓜廖尔的风险太大："因为在这个酷热的地方，奥古斯塔或者我自己会生病，如果还要让孩子受那种罪，我没办法原谅自己"。

苏珊·伊丽莎白夭折时，奥古斯塔已经怀孕五个月。她的第二个孩子埃米莉于10月出生在阿格拉，此时约翰·洛一家正在去勒克瑙的途中。约翰从勒克瑙写信给奥古斯塔的姐姐（孩子用的就是她的名字）："我们的小姑娘是个相当漂亮的小宝宝。"他们在阿格拉找了一个下士的妻子当保姆。保姆不识字，奥古斯塔教会了她读写。保姆把自己写给丈夫的第一封信拿给奥古斯塔看："埃米莉小姐是个达［大］米［美］人。"[57]

令人悲哀的是，他们抵达据说气候较为健康的勒克瑙之后，婴儿埃米莉却开始生病。约翰和奥古斯塔决定把她送回苏格兰。"我相信一年后的今天，她就会在克拉托东奔西跑了。"[58]

但太晚了。1832 年 9 月，约翰写信给妹妹乔治娜，因为他不忍心直接写信给母亲：

> 我最亲爱的乔治娜，
>
> 我亲爱的妻子和我似乎注定要在这个充满惨痛考验的世界里受罪。我们又一次没了孩子。没有比这个小天使更可爱的宝宝了。她吃药的时候是那么耐心，就像大人一样。她的小小灵魂已经去了一个更好的地方，但我们在几分钟之后才察觉。[59]

幼儿夭折的现象很常见，但仍然令人痛不欲生。威廉和埃米莉·迪克已经失去了四个孩子。他们把剩下的两个孩子送到位于卡多根街①的弗朗西斯和玛丽·安妮·萨克雷（娘家姓莎士比亚）家之后，其中的男婴很快死于猩红热。[60] 在苏门答腊岛的可怕气候里，斯坦福和索菲娅·莱佛士的五个儿女有四个夭折。只有女儿埃拉活到了成年，但也于十九岁去世。

1833 年 5 月 4 日，奥古斯塔生下了第三个女儿夏洛特。约翰刻意表现得很乐观：

> 这孩子的体型比我们失去的两个孩子更大，也更健壮。我希望上帝保佑，这孩子能长大成人，等我们老了给我们天伦之乐。[61]

这一次他们想方设法地保护孩子，尽量避开风险。她还没

---

① 卡多根街在伦敦西部，为富人区。

满月，约翰就在考虑如何从印度送走夏洛特。起初他打算让奥古斯塔带孩子回英国，然后奥古斯塔单独回印度，但奥古斯塔不肯离开丈夫。在他们的漫长婚姻中，奥古斯塔一直不愿离开丈夫身边。后来他们决定，让他的弟弟威廉（正打算返回欧洲）护送"亲爱的小宝贝"和保姆麦肯齐太太，乘坐"亨格福德"号于 1834 年 1 月 10 日起航返英。[62]

约翰和奥古斯塔留在勒克瑙，相依为命，去面对勒克瑙的喧嚣、浮华和虚荣。

注释

[1] Thackeray, *Roundabout Papers*, 'On Two Children in Black'.

[2] *Roundabout Papers*, 'On Letts's Diary'.

[3] Thackeray, *The Newcomes*, Ch. V. 萨克雷在回忆中说有两个小男孩等待被送上大船，而不是三个男孩和一个女孩。但他对真相做了选择性的反映，因为他此时撰写的是对里士满·莎士比亚的歌颂。里士满不仅是萨克雷的童年玩伴，还是他到了英格兰之后交情最深的朋友和伙伴。

[4] *Harper's Weekly*, March 27, 1897, p. 315.

[5] Low, p. 67.

[6] Hunter, *Thackerays in India*, pp. 156 – 7.

[7] Ibid, pp. 157 – 8.

[8] Low, pp. 94 – 101.

[9] Low, p. 107.

[10] Shakespear, pp. 160 – 1.

[11] John Talbot Shakespear to Emily Dick, January 29, 1825, Low p. 110.

[12] Low, pp. 110 – 111.

[13] Hunter, ibid, p. 172.

[14] Ray, *Thackeray*, Vol I, p. 58.

[15] Ibid. , pp. 62 – 3.

[16] Ibid.

[17] Ibid.

[18] 她把去英格兰旅途中的孩子们托付给詹姆斯·门罗·麦克纳布照
料，他是她丈夫在加尔各答地区税收工作的助手，此时正要回国
休假。在"土著乘客"中有一个人叫劳伦斯·巴洛，被描述为
"萨克雷少爷的仆人"，可能是一个混血儿保姆。（Ibid. , p. 65.）
萨克雷自己在《钮可谟一家》中谈到了儿童离开父母之后很快就
能恢复精气神："父亲离开儿子半个小时之后，父亲悲痛而寂寞地
乘小船返回岸边，而小克莱武已经在大船那阳光明媚的甲板上与
其他十几个孩子一同玩耍了。两声铃响，他们的晚饭备好了，于
是他们全都匆匆跑向餐桌，狼吞虎咽起来。而他们的父母那一天
的饭菜吃得多么凄凉！他们的心都随着那些无忧无虑的孩子，穿
越大洋，返乡去了！"（*The Newcomes*, Chapter V, pp. 52 – 3）

[19] Low, pp. 104, 111.

[20] Ibid. , p. 165.

[21] Ibid. , pp. 103 – 4.

[22] Ibid. , p. 106.

[23] Ibid. , p. 110.

[24] 安妮·萨克雷（现在姓卡迈克尔 – 史密斯）终于返回英格兰之后，
觉得里奇姨妈相当庸俗（她丈夫是巴尔的摩的一位商人）。有一次
他看见她坐在马车上，因要为她父亲服丧而穿着丧服，就对她一
见钟情）（Low, p. 106），但小威廉非常喜爱里奇姨妈。他的女儿
也喜欢里奇姨妈，并在二十五年后写道："我爱姨奶奶里奇。谁会
不喜欢这位爱笑、充满爱意、浪漫、庄重秀美、幽默而懒散的老
太太呢？她有时害羞，有时开朗大方，身材魁梧，相貌可爱，面
貌和我父亲很像。尽管我认识她的时候她已经上了年纪，她还是
会发出一串串银铃般的笑声，仿佛她还是个小姑娘。"（Ray,
p. 68.）卡迈克尔 – 史密斯太太不常笑。她性情严肃，常常忧郁，
着迷于水疗法和顺势疗法等时髦事务。萨克雷虽然很爱母亲，但
有一次说："我宁愿死，也不敢在她面前开玩笑。"（Ray, p. 109.）

[25] *Roundabout Papers*, 'On Letts's Diary'.

[26] Ray, p. 70.

[27] Low, p. 114.

[28] February 18, 1827, Low, pp. 116 - 7.

[29] December 14, 1825, Low to Elphinstone, F88/272.

[30] Low, p. 57.

[31] Low, pp. 37, 46.

[32] Low, pp. 51 - 2.

[33] 阿默斯特勋爵是第一位在西姆拉度过炎热月份的英印总督。

[34] Low, pp. 62 - 3.

[35] Low, pp. 118 - 9.

[36] 今天居住在那里的是维克多·班纳杰,他参演过两部关于在印度的英国人的伟大电影,因此闻名。他在大卫·利恩导演的《印度之行》中饰演阿齐兹医生,还在萨蒂亚吉特·雷伊的电影《弈棋者》中扮演首相。和西姆拉的情况不同,穆索里的很多老平房至今屹立。

[37] March 16, 1829, Low, p. 119.

[38] 穆索里的网站上说,当地最早的教堂直到 19 世纪 30 年代中期才建造。所以我猜想这对新婚夫妇在汤森上尉的平房廊台上交换结婚誓言。但后来我找到了一张图,上面有一座可爱的小礼拜堂,配有古典风格的柱廊,位置就在兰多乌尔的医院背后。这就是圣彼得小礼拜堂,它是在约翰与奥古斯塔结婚的前一年建造的,地点在兰多乌尔山。这可能是该地区最古老的教堂。它年久失修,半壁倾颓,直到最近 (2011 年) 才得到翻修,成为一座天主教礼拜堂。它的白色石柱、清凉的侧面拱门、青绿色铁皮屋顶看上去就和约翰与奥古斯塔当年结婚时一模一样。他俩从礼拜堂走出来,来到门廊上,俯视一望无垠的印度大地。

[39] Low, p. 119.

[40] Ibid.

[41] Ibid. , p. 120.

[42] Ibid. , p. 122.

[43] Ibid. , p. 121.

[44] Ibid. , p. 125.

[45] Farooqui, pp. 44 - 64; Parkes, pp. 252 - 3; Low to Bentinck, August

25，1832，D1082.

[46] Sleeman, *The Story of Baiza Bai.*

[47] Low to Bentinck, ibid.

[48] Low to Bentinck, November 20, 1832, C961.

[49] Low to Bentinck, August 27, 1834.

[50] Low to Bentinck, August 25, 1832.

[51] Rosselli, p. 230.

[52] Hope, *The House of Scindea*, 1863.

[53] Hope, p. 26.

[54] Ibid, p. 29.

[55] July 30, 1851, *Private Letters of the Marquess of Dalhousie*, ed. J. G. A. Baird, p. 169. 这部选集的书名不能完全表达出其内容的独特性与随处可见的惊人特点。达尔豪西勋爵生前指示，他的私人文件要等到他死后五十年才能公开发表，这些书信包括在其中。该选集里的书信全都是写给一个人的，即比他年纪大很多的朋友乔治·库珀爵士。达尔豪西勋爵刻意把库珀当作"安全阀。我的很多情绪在印度只能向妻子表达，在欧洲只能向你们二位表达。我就通过这个途径来发泄一下"（p. vi）。这里的"你们二位"除了库珀之外，指的是勋爵的另一位笔友福克斯·莫尔，他的亲戚，后来的潘缪尔勋爵，也是达尔豪西伯爵头衔的继承人。

事实上，达尔豪西勋爵也经常无拘无束地向约翰·洛吐露心迹，不过只有对库珀，他才会展现出自己原原本本的残暴一面。这些书信于1910年终于公开发表（达尔豪西勋爵卒于1860年）之后，他的声誉就直线下降，此后再也没有恢复过。

[56] Low, p. 128.

[57] Low to Dick, Low, p. 127.

[58] Ibid. , p. 140.

[59] Ibid. , pp. 143 – 4.

[60] Ibid. , pp. 122, 148.

[61] Ibid. , p. 151.

[62] Ibid. , p. 152.

9 勒克瑙的午夜

如果没有心理准备的话，第一眼看到勒克瑙真会让人瞠目结舌。即便到了今日，勒克瑙什叶派大会堂的第三庭院仍然是世界上最恢宏的场所之一。你面前就是什叶派大会堂[①]，即伊玛目的居所，那里有一眼望不到边的带波浪纹的拱形结构和胡椒罐形状的穹顶，那穹顶之下是当时世界上最大的无支撑拱形大厅。右侧是略微倾斜、面向麦加方向的阿萨菲清真寺，它有三座洋葱形穹顶和一对耸入云霄的宣礼塔，还有宏伟的螺旋状浅台阶通向清真寺，如同席卷大地的扇子，尽显尊荣。你的背后是一连串三座拱顶组成的大门，都装饰着跳跃的鱼儿。鱼是建造这些超凡脱俗建筑的纳瓦布的徽记。这些也许是世界上最受低估、得到赞颂最少的建筑奇观。

除了宫殿与寺庙之外还有许多园林。埃米莉·伊登于1837年和妹妹范妮一起来到勒克瑙。她俩来印度，是为了给她们性格呆板而爱发牢骚的兄弟奥克兰勋爵乔治[②]主持家务。奥克兰勋爵通常被认为是最差的一位印度总督，不过争夺这个

---

① 什叶派会堂（imambara 或 hussainia、ashurkhana、imambargah）是伊斯兰教什叶派举行纪念活动的场所。Hussainia 这个词得名自什叶派的第三位伊玛目侯赛因。什叶派会堂是纪念侯赛因的场所，不过会堂也有其他功用。什叶派会堂与清真寺不同，不一定是举行星期五祈祷的地方，非穆斯林也可以进入什叶派会堂。

② 今天新西兰的最大城市奥克兰即得名于他。

位置的竞争非常激烈。出于礼节的缘故，奥克兰勋爵觉得自己不能走进奥德王国并向国王鞠躬，但他的两个妹妹在常驻代表府与约翰和奥古斯塔相处得非常愉快。埃米莉在家信中写道：

> 下午我们去看国王的游艇，他已经让人把游艇收拾好了给我们看。随后我们去看御花园。多么销魂的美景！这是我在印度唯一垂涎过的住宅。你记不记得，《一千零一夜》里，祖蓓达①拿她的愉悦之花园与哈里发的图画之宫殿竞争？我坚信，我眼前所见的就是愉悦之花园！
>
> 御花园内有四座小宫殿，装饰风格都是东方风情的，有天鹅绒、黄金和大理石，有阿拉伯风格的天花板，四面八方有橘子树和玫瑰，许多五颜六色的野生鹦鹉在蹦跶嬉戏。宫殿之一里有一座巨大的白色大理石浴室，拱顶从各个方向互相交错，大理石上镶嵌着光玉髓和血滴石；宫殿每个角落都有小喷泉；他们说即便在热风季节这里也很凉爽，因为有很多泉水。[1]

纳瓦布们和他们的建筑让我们不时想起欧洲的洛可可风格，比如波希米亚和巴伐利亚的宫殿、无忧宫和大特里亚农宫。勒克瑙的纳瓦布们在追求享乐时的确不知疲倦，但他们还有另一面。

勒克瑙的统治王朝是来自波斯的移民，什叶派信徒。在奥德王国，大多数穆斯林是逊尼派，所以统治者是少数派。而即

---

① 祖蓓达（卒于831）是阿拉伯帝国阿拔斯王朝的哈里发哈伦·拉希德（《一千零一夜》中的那位哈里发）的妻子，也是哈里发曼苏尔的孙女。

便逊尼派也只占奥德王国总人口的 12%，其余主要是印度教徒。在整个什叶派世界，没有一个地方比勒克瑙什叶派大会堂更激情四射而悲怆地纪念侯赛因殉难。什叶派大会堂是全世界最大的奉献给伊玛目侯赛因崇拜的建筑群。时至今日，每逢穆哈兰姆月，勒克瑙街头随处可见表现 680 年卡尔巴拉战役死难者残缺不全的血淋淋尸体的表演。在游行队伍中，男人们用铁链、刀子和石块捶打自己，以表达他们对殉难者所受伤痛的哀悼。有的自我鞭笞者在铁链上加挂了刀片，免得别人说他们不够虔诚、自残的力度不够。人们用硬纸板、竹子、丝绸、玻璃和宝石打造移动圣龛来表现侯赛因的墓地。

庆祝穆哈兰姆月的不仅仅是占少数的什叶派。很多印度教徒也参加穆哈兰姆月的游行。数百年来，不管伊玛目们喜欢还是不喜欢，穆哈兰姆月的仪式已经染上了印度教色彩。英国常驻代表也会在"斋戒与哀悼"期间向穷人施舍，发放钱币。[2]勒克瑙的交际花也会遵守穆哈兰姆月的宗教规矩。穆罕默德·哈迪·鲁斯瓦①在他那本酸甜苦辣皆有且颇具倾向性的小说《勒克瑙的交际花》里写道，每家青楼都用旗帜、彩带、枝形吊灯和小球来装点自己的圣龛。[3]交际花的世界充满优雅与仪式感，纳瓦布治下勒克瑙生活的其他绝大多数方面也是这样。成功的交际花必须能歌善舞。夜间，她们的花园里弥漫着茉莉

---

① 米尔扎·穆罕默德·哈迪·鲁斯瓦（1857~1931），出生于勒克瑙的乌尔都语诗人、小说家、戏剧家，也有关于宗教、哲学和天文学的著作。他长期担任奥德统治者的语言问题顾问，曾在英国人的铁路公司工作，也当过大学教师。他精通乌尔都语、波斯语、阿拉伯语、希伯来语、英语、希腊语和拉丁语。他的《勒克瑙的交际花》常被认为是第一部乌尔都语小说，后多次被改编为电影和电视剧。鲁斯瓦性格古怪，有不少趣闻轶事。

清香和水烟袋那抚慰人心的轻烟。交际花乌姆拉奥·詹最钟爱的恩客不仅有巨商和苏丹，也有学识渊博的神职人员。这些神职人员年纪太大，不能"真刀真枪"地享乐，但人老心不老，在晚间的讲道之后还喜欢与交际花做文雅的交谈并欣赏她们的歌喉。

勒克瑙是信仰之城，也是享乐之城，但它的文明并不古老。在 18 世纪末之前，勒克瑙曾是个外省小镇，没办法与帝都德里相提并论，而勒克瑙的统治者也只不过是莫卧儿皇帝的维齐尔，他们的头衔纳瓦布就清楚地表明了这一点。雷金纳德·黑贝尔主教①于 1825 年来到勒克瑙时，当地最光辉璀璨的建筑还只有六十年历史。在颂诗《从格陵兰的冰雪山峰》中，黑贝尔哀叹道：

> 所有的景致都宜人，
> 唯有人类丑恶。

这句诗让甘地很恼火，下面这句也是一样：

> 盲目的异教徒，
> 向木头和石头膜拜。

但黑贝尔并非对异教徒的成就视而不见，他对勒克瑙的壮丽印象极深："这是印度目前最典雅也最辉煌的宫廷。可怜的

---

①　雷金纳德·黑贝尔（1783～1826），英国教士、文人和赞美诗作者，最后一个职位是加尔各答主教。

德里已经大大衰败了。"[4]

奥德统治者加齐·丁·海德尔决定不再效忠于德里的莫卧儿皇帝，没有比这个决定更能体现大势所趋的了：威望和财富已经从德里转移到了勒克瑙。王朝的建立者萨阿达特·阿里·汗最初凭借为莫卧儿皇帝的忠诚服务而得到该省总督的职位。他的后继纳瓦布们铸造的钱币上有莫卧儿皇帝的名字，他们严格遵守规矩，向皇帝请安致敬和举行效忠仪式。清真寺星期五晚间的宣讲会也承认皇帝的主权。而如今，这些承认自己隶属于皇帝的姿态被一个个取消，最后加齐·丁于 1819 年终于决定自封为奥德国王。

但其实此时掌握实权的已经不是他，而是英国人。英国人急于肢解莫卧儿帝国。他们希望将北印度的诸多统治者分割，就像他们已经把南方的马拉塔邦联成功拆分一样，尽管这造成了很多悲剧。贪得无厌的黑斯廷斯侯爵的大政方针就是拆解莫卧儿帝国。[5]

加齐·丁软弱无能。英国人需要怂恿他。黑斯廷斯侯爵在他的《印度行动概括》中向勒克瑙常驻代表介绍了自己的阴险手段：只要他（常驻代表）看见纳瓦布遵照传统向居住在勒克瑙的莫卧儿皇子行礼致敬，他（常驻代表）就应当告诉纳瓦布，面对莫卧儿帝国不必如此卑躬屈膝。英国政府并未要求纳瓦布这么做，并且英国政府自己已经取消了对莫卧儿帝国的尊崇姿态。常驻代表应当注意观察加齐·丁是否有脱离莫卧儿帝国、解放自己的迹象，并鼓励他自立为王。他后来果然这么做了。

加冕礼非常隆重。加齐·丁于 1819 年 10 月 9 日获得加冕。典礼耗资 100 万英镑，动用了 400 头大象，加齐·丁在勒克瑙大街行进，两侧是奥德军队和东印度公司军队。他前往哈兹拉特·阿拔斯①的圣龛，此人是伊玛目阿里的儿子之一。这是勒克瑙最重要的什叶派圣龛之一，因为那里存放着卡尔巴拉战役的遗物。统治者独自在内层圣龛做了礼拜。随后，游行队伍返回他的宫殿，享用丰盛的早餐。

最后是在红亭御座厅（得名自红色石柱）举行的加冕礼，为首的什叶派神职人员穆智台希德②为他加冕，用的是一顶怪异的、欧洲风格的、专为此次典礼打造的王冠，看上去有点像扑克牌上的国王戴的查理曼冠冕。礼炮鸣一百零一响，乐队演奏《上帝保佑吾王》。此时，英国国歌对勒克瑙贵族来说差不多已经和英国常驻代表及英军团长们一样耳熟能详了。英国常驻代表和这些英军团长在整个仪式期间占据贵宾位置。为国王加冕毕竟是英国风格的仪式，在伊斯兰世界不常见，甚至可以说几乎不为人知。[6]此次加冕礼颇为古怪，有点"山寨"的意味，后来遭到很多评论家的嘲笑。他们把国王视为近似白痴，受狡猾的英国人欺骗才搞了这么一出闹剧。欧文在《印度花园》中称其"很可能是外交这门无用科学当中最无用的一招"。[7]

有一个怪异之处是，加冕的涂油礼似乎没有长期效果，随

---

① 即阿拔斯·伊本·阿里（约647~680），他是哈里发阿里（什叶派的第一代伊玛目）的儿子之一，与第二代伊玛目哈桑和第三代伊玛目侯赛因不是一个母亲所生。（哈桑和侯赛因的母亲是先知穆罕默德的女儿法蒂玛，阿里的第一任妻子。）阿拔斯对自己的同父异母兄长侯赛因很忠诚，与他一起牺牲在卡尔巴拉战役中。他和侯赛因一样，被什叶派视为殉道者和英雄。

② 穆智台希德指伊斯兰学者，他们有阐释沙里亚法的能力。在某些伊斯兰教派里，穆智台希德可以是专属沙里亚法某个领域的专家，如经济和家庭法律等。

后每年都要重新来一次，或者国王随便哪天想受膏，就重演一次。更奇怪和诡异的是，四年后的 1823 年，时任英国常驻代表取代了穆智台希德，为国王加冕。这位常驻代表是莫当特·里基茨，他仅仅向英国政府报告了这次接替，但没有解释这是为什么，又是如何接替的。里基茨和黑斯廷斯侯爵一样阴险狡诈，后来因为严重贪腐而丢尽脸面。我们可以想象他对奥德国王的解释，即如果由英国国王的主要代表为他加冕，在外界会产生更大的影响力。[8]

黑斯廷斯侯爵从加冕礼中得到了自己想要的一切：新国王不再对莫卧儿皇帝效忠，僵死的莫卧儿帝国被进一步蚕食，并且奥德国王是在不列颠英王陛下的恩准下才加冕的。而每年加冕一次（真正严肃的加冕礼是不可能这样的）的妙处在于，可以随时取消对其的恩准。果然，在 1822 年，常驻代表拒绝参加加冕礼，理由是国王败坏朝纲，人神共愤，不配得到加冕。约翰·洛成为常驻代表之后，在 1833 年取消了加冕礼，理由同上。次年，洛表示自己很愿意再次出席加冕礼，但国王与太后（他的继母）大吵特吵，以至于国王无心庆祝自己一年一度的加冕。[9]

此时，纳瓦布文明正处于巅峰：诗人、音乐家和舞者纷至沓来，到勒克瑙定居；恒河与亚穆纳河平原的黑土地物产丰富，地主和大臣在收租税时哪怕自己贪污一半，上交到朝廷的金钱仍然可观；而且，奥德有了自己的国王。但恰恰在这个时刻，国王的实权和独立性开始萎缩。勒克瑙的繁盛期被英国人逐渐取得主宰权的阴影笼罩，也被当地唯一的英国官员，即常驻代表的权势压制。

这不是一夜之间发生的。勒克瑙的故事真正开始于 1764

年，当时凶悍的赫克托耳·门罗爵士在布克萨尔战役①的胜利打通了恒河平原。奥德军队再也不会与英国人正面对抗。他们这次败了，在随后差不多一个世纪里就没有恢复过元气。同年，东印度公司第一次派遣"常驻代表"到三个大国：孟加拉、海德拉巴和奥德。起初，"常驻代表"这个词听起来安全无害，仿佛是个友好的邻居。[10]

但"常驻代表"这个貌似低调谦逊的外国"宫廷之友"，很快就成为英国那不可阻挡的帝国主义扩张的工具，这部分是出于偶然，部分是有意为之。这并不是英国官方预先的计划。用小皮特的《1784 年东印度公司法》的话说："在印度进行军事征服和扩张势力范围的计划，违背了英国的意愿、荣誉和政策。"[11]印度事务部和 1773 年《东印度公司管理法》之后负责管理东印度公司的英国政府一直以来的告诫都是要小心谨慎和厉行节约。根据他们的经验，新的领土和干涉新的土著国家的行动几乎总是意味着新的开销。

而历届总督自封的使命就是证明印度事务部和政府错了。总督们要证明，只要足够贪婪和大胆，印度殖民帝国的扩张就能带来权力和利润。伦敦方面或许已经把自己的不干预政策多多少少地清楚表达出来了，但在印度一线的好斗成性的人们不肯善罢甘休。他们不是所有人都把自己的主张表达得像乔治·巴洛爵士一样露骨。巴洛爵士于 1803 年担任加尔各答议事会副主席期间写道：

---

①　布克萨尔战役发生在 1764 年 10 月 22 日，赫克托耳·门罗爵士指挥的东印度公司军队（约 7000 人）决定性地打败了孟加拉、奥德和莫卧儿帝国的联军（约 4 万人）。布克萨尔是恒河河畔的一座小城镇，此次胜利让英国人一下子控制了恒河平原。

决不能允许任何独立自主的土著邦国继续在印度存在，所有邦国必须要么被英国权力支撑，要么在政治上接受英国的绝对控制。[12]

在希望尽快吞并印度各邦国和希望放慢这个步骤的两个极端之间，还有各种各样的有细微差别的立场与观点，但在18世纪下半叶和19世纪上半叶，英国对印度政策的实际主要方向没有大的变化。该政策的最有力塑造者是威灵顿公爵的兄长理查德·韦尔斯利，他于1798年开始担任印度总督，直到1805年被召回英国，因为他的"前进政策"对董事会来说太过火了。

韦尔斯利的手段简单粗暴而效力极强，同时也骇人听闻、臭名远扬。[13]韦尔斯利一般是这样操作的：他会先向土著统治者提出一项无法拒绝的条约——由英国官兵组成的"补贴部队"将全面保护土著统治者。"补贴"的意思是，维持这支部队的军费来自将该统治者领土的很大一部分割让给英国人从而产生的收入。根据1798~1801年的几项条约，奥德丧失了超过一半领土，包括所有西部土地和肥沃河间地区（恒河和亚穆纳河之间的地区）的很大一部分，导致奥德几乎被英属印度完全包围，这当然意味着英国人不需要出兵去保护奥德国王。此处的"保护"让我们想起现代黑手党勒索的保护费，这么想是不错的。只有在英国常驻代表的许可和领导下，奥德国王才可以动用这些英国"补贴部队"（大部分是印度士兵，由英国军官指挥）。与此同时，土著王公应当将自己的军队缩减到原先规模的十分之一，因为现在不需要他们了。

或者英国人可以劝说或强迫土著王公用现金来换取英国的

保护。这比割地好不了多少，甚至可能更糟。1798 年，韦尔斯利那更有名的弟弟阿瑟指出，这种强迫贡金的金额几乎相当于一个邦国的全部可支配收入，而土著王公不容易一下子拿出这么多钱来，于是不得不借高利贷。伟大的托马斯·门罗爵士认为，"这种补贴体制一定会在各地发挥效力，毁掉它号称要保护的每一个政府"。[14]

像奥德这种富裕邦国的统治者，还遭到东印度公司的进一步遏制。公司欲壑难填，会向土著王公大量借款，以支付在印度其他地区作战的军费，土著王公没有办法拒绝这样的要求。约翰·洛的首席助手约翰·佩顿上尉非常坦诚地记载了这种强行借款：莫伊拉/黑斯廷斯勋爵于 1814 年 11 月借款 100 万英镑，用于维持针对尼泊尔的战争；1815 年 3 月借款 100 万英镑。此时，纳瓦布已经受够了借钱的纠缠，而常驻代表贝利上校（常驻代表宅邸雅致的大门就得名自他）于 1816 年 2 月向政府报告称："我终于从殿下那里得到了 50 拉克①卢比［折合 50 万英镑］的借款承诺，我向您保证，我好不容易才让他同意借款，其间的困难让我不止一次绝望。"贝利希望把话说清楚，他的行动遵照的是总部的命令：第二笔借款"是我遵从莫伊拉勋爵［黑斯廷斯勋爵］的指示，经过漫长、痛苦而烦人的谈判才得来的，莫伊拉勋爵认为此事不宜记录在案"。[15]1824 ~ 1825 年，东印度公司又敲诈了 100 万英镑，用于缅甸战争。[16]

并且，常驻代表府的建造费用也要土著王公承担。约翰和奥古斯塔于 1831 年 10 月从勒克瑙大街走过贝利大门之后，就进入了印度拥有的最接近英格兰乡村园林的场所。常驻代表府

---

① 拉克是印度的计数单位。1 拉克 = 10 万。

位于戈默蒂河之上缓坡的顶端，但看上去仿佛唐桥井^①郊外一个伦敦金融城股票经纪人的豪宅，也许是德西默斯·伯顿先生^②设计的。我们不确定勒克瑙常驻代表府的建筑师是谁，但他肯定能看到第一流的乔治时代晚期建筑的图纸。常驻代表的四匹马拉的四轮四座大马车可以停在一座高耸的马车大门之下。房子有近似正方形的布局，用砖块和灰泥砌成，和绝大多数纳瓦布建筑一样。（勒克瑙不像德里和阿格拉那样，拥有砂岩和大理石矿藏。）在古典风格的有遮挡的窗户之上，意大利风格的栏杆环绕着建筑顶端，后来房顶添加了一座有穹顶的八角形塔楼，就盖过了那些栏杆的光辉。八角形塔楼上有那根著名的旗杆，米字旗就在上面迎风飘扬。从实用角度看，常驻代表府最宜人的地方是"蒂哈纳"，即天花板很高的地下房间，在炎热季节，常驻代表及其家人可以在那里避暑，而遭围困期间的驻军可以在那里躲避炮弹。

常驻代表府的魅力还在于，18世纪70年代末的纳瓦布阿萨夫·道拉慷慨分配给府邸的33英亩土地上还坐落着其他一些美丽建筑。贝利大门右侧不远处有一栋坚固的砖砌建筑，是常驻代表的金库。它的远方有一间恢宏的饰有壁柱的宴会厅，那里到处悬挂着丝绸织物和枝形吊灯，常驻代表可以在那里宴请国王或总督。还有一处壁网球场，以及一座哥特式小教堂

---

① 唐桥井是英格兰肯特郡西部的一座大型城镇，在伦敦市中心东南方约40英里处。

② 德西默斯·伯顿（1800～1881），19世纪英国最著名的建筑师之一，是希腊复兴风格、乔治时代风格和摄政时代风格的主要倡导者。他设计的作品包括伦敦的海德公园、伦敦动物园等。

（圣玛利亚教堂），就像科茨沃尔德①山谷里会有的那种小教堂。最神奇的是，那座小清真寺和它旁边的什叶派会堂，尤其是它们今天已成废墟的状态特别有魅力。这座什叶派会堂被称为王妃府邸，是纳西尔·丁为他的妻子之一修建的，而她恰好是英格兰人。

埃玛·沃尔特斯的父亲乔治·霍普金斯·沃尔特斯是一个领半饷②的龙骑兵军官，偶然来到了勒克瑙。在那里，他与一个英国商人的寡妇（其父也是英国商人）同居，但没有和她结婚。他们生了两个女儿。沃尔特斯上尉在勒克瑙去世。沃尔特斯太太把两个女儿带到了大约 60 英里之外的坎普尔，在那里与一个职业鼓手同居。他给一群舞女敲鼓，还担任她们的马车夫和侍者。这个多才多艺的冒险家名叫巴克什·阿里。他告诉沃尔特斯太太，她的女儿们在勒克瑙会过得更好，他在那里有关系。巴克什·阿里说得对。国王不仅娶了埃玛，还把沃尔特斯全家安顿在王妃府邸，并坚持让沃尔特斯太太和巴克什·阿里按照伊斯兰法律结婚。纳西尔·丁很少在意世俗的体面，这是其中一次。[17]

范妮·帕克斯的一个朋友在 1823 年 10 月国王加冕（这一次是狡猾的常驻代表里基茨先生第一次为国王加冕）那天进

---

① 科茨沃尔德是英格兰中南部一地区，跨越牛津郡、格洛斯特郡等地，历史悠久，在中古时期已经因与羊毛相关的商业活动而蓬勃发展。此地出过不少名人，如作家简·奥斯丁、艺术家威廉·莫里斯等。该地区风景优美，古色古香，是旅游胜地。

② 在 18 世纪、19 世纪和 20 世纪早期的英国陆军与皇家海军中，退役军官或暂时没有进入现役的军官薪水减半。和平时期的裁军往往导致很多军官被列入领半饷的名单，他们只能寄希望于获得新的职位，再次转入现役。

入后宫，看见了国王的嫔妃，国王最新的宠妃泰姬玛胡尔的美丽让他陶醉不已：

> 我从未见过如此婀娜多姿的女子，不论是白皮肤的还是黑皮肤的。她的面容臻于完美；我没见过她那样的眸子和睫毛。她是最得宠的妃子，刚刚结婚一两个月。她大约十四岁；非常纤细娇小，手脚都非常娇小，眼神极其羞怯。她是多么的优雅，就像只小鹿，你一定会迷上她。[18]

与之相比，可怜的埃玛简直不值得一看了。

> 另一个新妃子［即埃玛·沃尔特斯］白得简直像欧洲人，但还是不如泰姬玛胡尔白皙。我觉得她相貌平平，但土著贵妇都觉得她非常端庄大气。在国王认识泰姬玛胡尔之前，她是国王最宠的一个。

> 她的穿着打扮甚至比泰姬玛胡尔更华贵。她头戴钻石冠冕，上面有精美的钻石新月和羽饰。她是个欧洲商人的女儿，在女眷当中算很有文化的了，能流利地说和书写波斯语和印度斯坦语，据说她还在教国王英语。但我们用英语向她讲话时，她说已经忘记英语了，不会回答。我觉得她可能是害怕太后，因为她显然听得懂我们的话。我们问她是否喜欢待在后宫，她摇摇头，表情非常忧伤。不过她的不满主要是因为嫉妒新宠妃，因为她俩虽然坐在同一张沙发上，却从来没有跟对方讲过一句话。[19]

这很像前文讲到的阿里亚·帕努拉描述的情形，即日惹王位的两个竞争者如何等待斯坦福·莱佛士的裁决。

整个奥德王国在约翰抵达之前处于更严重的混乱中。约翰的前任托马斯·马多克于 1831 年 1 月给威廉·本廷克勋爵写了一封辞别信,报告称当地道路匪患严重,城里每夜都会发生抢劫和谋杀:"在上一个寒冷季节,几乎每天我们都能听见勒克瑙传来炮声,那是国王的军队在围攻柴明达尔①[负责收税的地主]或者与其交火。现在作战的季节又到了,都城附近又发生了武装冲突。"[20]

威廉勋爵于这年 4 月从加尔各答赶来,向奥德国王发出了粗暴的警告:"陛下的税吏在各地都遭到谴责,被指控鱼肉乡里、横行霸道。他们贪得无厌,搜刮民脂民膏,毁掉了国王陛下很多臣民的生活,导致农业普遍衰败,国家安定受到威胁。"英国政府不能允许这种局面继续下去。国王必须削减他那庞大到荒唐程度的军队。此时奥德军队有 5 万 ~ 6 万人,远远超过 1801 年条约所允许的范围。国王曾多次承诺改过自新,现在必须兑现诺言;为了帮助他改良,会请睿智的老哈基姆·迈赫迪重新出山当首相。

然后是最关键的部分:如果国王陛下无视当前的警告,"如果他不纠正和弥补现今的混乱与荒政,那么英国政府有义务开始直接管理奥德的领地"。

威廉勋爵宣称,这不是说说而已,"国王陛下只要环顾四

---

① 柴明达尔(zamindar)是南亚次大陆的一个贵族阶层,这个词在波斯语中的意思是"地主"。柴明达尔一般是世袭的,拥有大片土地,对农民有很强的控制力,有权代表中央政府(如莫卧儿帝国)向农民征税或索取劳役。柴明达尔在自己的领地内拥有司法权。在 19 世纪,随着英帝国主义在印度的发展,很多柴明达尔在英国人庇护下获得"纳瓦布""王公"等头衔。20 世纪 50 年代,印度和巴基斯坦相继废除柴明达尔制度。

周,就会看到很多不知悔改、荒淫无耻的昏君已经被剥夺了权力和地位,如今只是领年金的闲人",比如穆尔希达巴德和阿尔果德的统治者。"如果英国政府希望扩张自己的势力,那么被英国领地包围的奥德将会成为极有价值的新财产,因为奥德的土壤、气候和人口可能是全印度最好的,并且英国军队的很大一部分兵员来自奥德。"[21]这当然是每一任总督脑子里都曾飘过的甜美念头。奥德可以非常完美地填补英属印度地图上的空白。

但现在时机未到。威廉勋爵去继续巡视西北各省,老哈基姆·迈赫迪回来收拾残局。他热情地欢迎洛少校,视其为老友。"多年前我结识了现任首相。他利用这层关系,向国王介绍说我是他的多年至交。我觉得他这么说不会有坏处,只会有好处。"或许约翰·洛在穆索里与哈基姆·迈赫迪的地产交易经不起仔细审查。[22]

两位头脑清醒而审慎的政治家应当能以此为基础缔结紧密联盟。在一段时间里,他俩的合作很愉快。约翰在给弟弟威廉的信中写道:"这个国家当前比过去三十年的任何时刻都更安宁繁荣。"[23]哈基姆(意思是医生)·迈赫迪像医生治病一样整顿朝政,削减宫廷和公共开支,改革税收制度。不到一年时间,约翰在给威廉勋爵的信中就流露出满意之情:"奥德全国目前十分太平,没有公开叛乱。"十三位大地主与宫廷尽释前嫌,正常缴纳赋税。国王的 1.3 万官兵领到退休金,退了役。[24]

但和奥德的历来情况一样,约翰高兴得太早了。他没有考虑到国王的存在。即便按照纳瓦布们的标准,纳西尔·丁也是个被宠坏的孩子,昏庸无能,焦躁易怒。他对自己继承来的种种约束不满，对威廉勋爵施加到他身上的限制更是憎恨。和其他土著统治者一样，他也失去了对外交政策的控制权，被禁止与其他统治者交流。[25]哪怕是再鸡毛蒜皮的事情，他也不可以与其他王公交流，这主要倒不是为了防止他们勾结起来酝酿阴谋，而是为了显示英国驻印度总督至高无上的权力。

所以符合逻辑的规矩是，英国常驻代表们也不可以互相交流。加尔各答方面禁止他们互相发送"半机密"的书信。任何事情都不可以瞒着加尔各答。的确也没有什么事情是加尔各答不知道的。各个常驻代表孤立地坐在总督编织的大网的各个边缘端点。这是历史上最庞大的官僚机构之一，它坚持要求，任何一个欧洲人从一个省份到另一个省份，或者在任何一个土著宫廷定居或任职，都需要得到它的批准。微不足道的开支也需要加尔各答的批准：建造一座新棚屋、请病假、订购马具、给间谍的报酬。在克罗默勋爵发明"溺死在公文堆里"这个说法很久以前，加尔各答就已经溺死在公文堆里了。总督每天工作十八个小时，退休的时候都精疲力竭，且往往已奄奄一息。

相比之下，常驻代表的生活有时会比较郁闷，但不会辛苦得让人无法承受。在内政方面，他每天的职责很像沃尔特·白芝浩①描述的英国君主。常驻代表有"三项权利：接受咨询的权利、鼓励臣民的权利和发出警告的权利"。[26]但仅此而已。国王没过多久就厌烦了被哈基姆·迈赫迪指手画脚，将他罢

---

① 沃尔特·白芝浩（1826～1877），英国记者、商人和散文家。他写了大量关于政府、经济和文学的作品。他的岳父是《经济学人》的创办者詹姆斯·威尔逊。白芝浩1860年起任《经济学人》主编，长达十七年，增加了该杂志对政治话题的报道，增强了它对决策者的影响力。他的著作《英国宪制》探讨了英国宪政的性质，尤其是议会和君主制。

免，并征询常驻代表的意见。约翰·洛"以最激烈的言辞向国王陛下阐述此番行为的不妥，以及他的朝廷如恢复原样、继续堕落下去，就可能会毁掉整个国家"。[27] 但这话都是白说。哈基姆·迈赫迪被扫地出门，奥德退步回原先的狼藉状态，这种状态反复出现，很严重但从来不会恶化到关系生死存亡的地步，因为（约翰·洛将证明这一点）这个王国地产丰富，只要有一位像哈基姆·迈赫迪那样的精力充沛的首相，或者达尔尚·辛格那样的残暴但高效的税官，国家就总能回到正轨。

约翰被此事搞得颇为灰心，于 1832 年 9 月写信给母亲，也就是他最初抵达勒克瑙的不到一年之后。当初他来的时候可是满怀憧憬的。

> 我最亲爱的母亲，
>
> 最近我在这里的工作很烦心，因为国王太蠢。他出于卑劣的嫉妒心罢免了自己的首相，若不是因为害怕我，还会把首相囚禁并剥夺他的财产。现在国王暴跳如雷，但都是徒劳，因为我不肯收受他 25 拉克卢比（25 万英镑）的巨额贿赂，并帮助他实施那可鄙的阴谋。新首相即便不差，也不会好到哪里去，所以我会比以前更辛苦，但总的来讲事态应当还会顺利，因为这个傻乎乎的国王从近期事件里已经学会了畏惧和尊敬我……[28]

约翰和纳西尔·丁下一轮争吵的主题是常驻代表府的选址。国王曾通知前任常驻代表，宫廷的一些人士提出，常驻代表府及其附属建筑居高临下，俯瞰王宫，这让他们不能接受。国王陛下恰好打算扩建自己的宫殿，将其与常驻代表府的地界连为一体。如果常驻代表府能搬迁到别处，对国王会比较方便。国王也想好了最佳地点。[29]

最后此事不了了之。纳西尔·丁缺乏意志力，有太多计划没有落实到底，这只是其中一项而已。佩顿中尉或洛少校不时与国王和/或他的首相共进早餐，其间反复讨论同样一批项目：戈默蒂河上的铁桥、通往坎普尔的新路、鸟舍和动物园、王家天文台。这些项目都是空中楼阁。铁桥的零备件一直在箱子里没有拆封，通往坎普尔的公路（对军队在这两个兵站之间调动会非常有帮助）仍然坑坑洼洼，并且土匪横行。王家天文台最终倒是竣工了，屹立至今，这是一座有山墙的优雅建筑，在摄政公园①也不会显得突兀。但即便在这方面，约翰·洛和国王也有分歧：约翰·洛的设想是，这个天文台将在此时正于全印度开展的三角学测绘工程中发挥关键作用。这个测绘工程即所谓的"大弧线"，由乔治·埃佛勒斯爵士②最先构想和领导，从科摩林角一直搞到喜马拉雅山脉的穆索里。埃佛勒斯自己的小屋今天仍矗立在穆索里。[30]纳西尔·丁则更热衷于用天文台来推进他的占星术研究。在勒克瑙，最能生动体现纳瓦布与英国人心态差异的地方，要数这座观星台。

在纳西尔·丁这样一位国王的宫廷里，英国常驻代表遇到的挫折在于，在大部分时间里，他几乎没有任何办法来取得实

① 摄政公园是伦敦的御苑之一，部分区域为对外开放的公园，在伦敦市西北部。
② 乔治·埃佛勒斯爵士（1790～1866），英国勘测家和地理学家，英国皇家科学院院士，1830～1843年任印度测量局局长。他完成了威廉·兰姆顿始于1806年的沿子午线弧从印度南端往北到尼泊尔的地理测量。1865年，印度测量局将刚发现的世界第一高峰命名为"埃佛勒斯峰"（中国称为珠穆朗玛峰），以纪念前任局长埃佛勒斯。

在的成绩。奥德与周围的英属省份之间有边界纠纷，有不少罪犯和土匪从那些省份逃到奥德，当局需要将其捉拿归案。这些事情都算"外交"事务，需要常驻代表处置。这当然会制造出大量令人厌倦的工作，据说奥德的 1000 万人口中有 5 万人享有向常驻代表申诉的权利。[31]但工作并不辛苦。约翰和奥古斯塔有充足的时间，定期于晚间乘坐常驻代表的四轮四座大马车，去迪尔库沙①观赏明月从戈默蒂河上升起。

还有薪水的问题。常驻代表的年薪是 66000 卢比（大致相当于当时的 6600 英镑，今天的 40 万英镑），这听起来很丰厚，但他的开销也很大。莫当特·里基茨在 1824 年 10 月招待黑贝尔主教，这个月的餐饮开销将近 9000 卢比。后来有一位总督说，勒克瑙常驻代表可能是印度总督之下最显赫的职位，但它并不像表面看上去那样油水丰厚。本廷克勋爵在 1833 年 11 月试探约翰是否愿意调往拉杰普塔纳②，约翰恳求留在勒克瑙，这倒不是因为勒克瑙的薪水更高，而是因为他囊中羞涩，没办法在拉杰普塔纳安顿下来。所以他希望留在原地，并告诉本廷克勋爵，他还需要三年才能攒够钱，去偿清父亲的债务。[32]他还需要搞到 5500 英镑。如果他去拉杰普塔纳，他就不得不承担"去那么遥远的地方的巨额旅费"。此外，他还需要低价卖掉在勒克瑙的装备、餐具与家具，然后在拉杰普塔纳高价购买新的一批，这样他会损失很大，"尤其是在许多商行破产之后"。

---

① 迪尔库沙是勒克瑙的一个住宅区，百年来一直是政府官员的居住地。迪尔库沙的意思是"心之喜悦"。迪尔库沙区域最古老的建筑迪尔库沙宫建于 18 世纪，是英国官员和纳瓦布的猎苑，1857 年兵变期间损毁。

② 拉杰普塔纳地区大致相当于今天印度的拉贾斯坦邦、中央邦一部、古吉拉特邦一部等。"拉杰普塔纳"的意思是"拉杰普特人的土地"，而拉杰普特人是一个"种姓"，包括很多尚武的战士部族。

加尔各答的商行是至关重要的中间商，他们的破产在印度全境和伦敦金融城引发了轩然大波，导致普遍缺少现金。就在这个时刻，奥古斯塔的表弟、小说家威廉·梅克皮斯·萨克雷发现自己已经丧失了父亲留下的全部遗产，因为这笔钱在克鲁腾登公司加尔各答分公司的破产风波中损失殆尽。约翰·洛告诉威廉·本廷克勋爵，如果自己在拉杰普塔纳死去，国内的母亲和妹妹以及在印度的弟弟亨利都会蒙受不可弥补的灾难，因为他们的生计全都依赖他。

19世纪30年代，东印度公司的公务员已经不能像过去那样发财致富了，当然除非他们接受贿赂。受贿的机会还是很多的。从约翰·洛抵达勒克瑙的那一刻起，国王就不停地要硬塞钱给他。佩顿于1835年极其坦诚直率地描写了国王与常驻代表之间的关系："国王想尽办法去恩宠他；只要他愿意，随时可以得到堆得像小山一样高的卢比，而他的朋友和亲戚可以在国王麾下得到油水很肥的职位。"[33]

常驻代表的职责是一方面自我克制，另一方面约束他人。这种奇怪的组合对低地苏格兰人来说或许是与生俱来的。他不仅仅需要在个人诚实问题上自制。河对面兵站里的军队是他的首要武器，同时也是最后一件武器。在调遣这件武器时，他需要一丝不苟。我们必须说，约翰·洛在这方面的表现非常精彩。他对勒克瑙政权随后一连串危机的处置简直就像艺术家在创作。

1832年4月24日，离开国王寝宫之后，约翰·洛被哈基姆·迈赫迪拉住。首相大人当时还受宠。他向约翰·洛详细讲述了城东两英里处350名炮兵的反叛。值得担忧的是，这些反叛炮兵拥有13门口径不一的火炮。具有讽刺意味的是，这起叛乱的原因是国王决定解雇他们。这既是为了省钱，也是为了服从常驻代表喋喋不休的要求，即纳西尔·丁应当裁军。最糟糕的是，他已经好几个月没有给这些炮兵支付军饷了。没人想到这么一小群人会尝试动用暴力，所以没有预先解除他们的武装。当天晚些时候，城市另一端的穆萨花园（国王敦促将常驻代表府搬到这里）又有700名士兵哗变。叛军宣布打算将自己的火炮调上前，准备轰击城市。

哈基姆·迈赫迪的回应是调动三个步兵营，挡在叛军与城市之间。他问常驻代表是否支持他。

约翰·洛：我支持你，条件是不要把你的步兵调到距离叛军太近的地方。你需要派一些理智的使者去向叛军解释，他们的兵变是多么愚蠢。

哈基姆：你能派你的警察总长去吗？

约翰·洛：如果你能在没有英国人干预的情况下解决问题，就再好不过了。叛军人数不多，除非相信自己将遭到攻击，否则不会主动进攻，尤其是因为他们没有牛来拖曳火炮。

当夜无事，只是穆萨花园的叛军将他们的大炮向前移动了几码，以便控制通往勒克瑙的道路。

次日下午3点30分，传来了"零星而非常低沉的"炮声。城内惊慌失措。城东集市的店主停业。工人不肯上工。母亲把孩子藏了起来。

到下午4点30分，国王（不可避免地）送来消息：请从英国兵站派遣部队，以避免不必要的人员伤亡。

约翰·洛：不行。

国王信使：国王陛下就知道你会拒绝。如果你不愿意调遣部队，那么可否至少进宫见他一面？

常驻代表立刻乘轿子进宫，留下了便条，向英军旅长解释情况。

"我进宫之时，有骑手送来消息说叛军已经全部逃跑，他们的火炮都被国王的部队控制住了，他们已经撤到河岸之后。"

显然无人死亡，不过后来得知有四五名逃亡者因为不会游泳而溺死在戈默蒂河，另外叛乱平息十分钟之后还有一辆弹药车爆炸，炸伤了十几个人。有人说国王的步兵不肯向叛军开枪，后来这被证明是谣言。恰恰相反，国王的步兵因为不得不承受暴晒，早就不耐烦了，一心想早点消灭叛军。

约翰·洛最后再次敦促国王裁军，尤其是那些惹是生非的炮兵，但要确保定期按时发饷给他们。同时，要确保牛群和大炮存放在不同地方。[34]

最后，此次叛乱很容易就平息了。但假如常驻代表怂恿国王强力镇压或者自己派遣英军部队径直猛冲，可能就会导致数百人伤亡，而国王也会惊慌失措地再次扩军。这一次，英国人通过克制扩张了自己的力量。

但不管有多少耐心，不管有多么高超的策略和外交手段，都永远不足以遏制这位国王。纳西尔·丁·海德尔实在是难以驾驭。"放纵"（dissolute）这个词可以说是为他发明的。他的性格与行为当中有一种令人绝望的荒唐、怠惰与难以捉摸。很难找到比这位国王与坚定果敢、毫不动摇的常驻代表约翰·洛反差更大的两个人了。差不多从约翰刚到勒克瑙开始，在他给加尔各答和克拉托的信中就满是对"我那个傻国王"最新一轮胡作非为的哀叹。他的抱怨在加尔各答和克拉托都一定会得到同情的聆听。苏珊·伊丽莎白·洛对人性的小弱点持宽容态度，但不能容忍虚伪和残忍。而总督秘书威廉·海伊·麦克诺顿比约翰·洛更加眼睛里揉不得沙子，在道德方面也比他古板、拘谨得多。麦克诺顿对礼仪规矩特别执着，雄心勃勃，戴着让人感觉阴森森的蓝色眼镜。起初登上高位的时候，他是个颇滑稽的人物，是印度政府大楼的"高效巴克斯特"①，而最后他心力交瘁、身心俱疲，悲剧性地死在阿富汗的冰雪中。

约翰第一批饱含痛苦的书信就是写给麦克诺顿的：

在过去很多年里，奥德国王偶尔醉酒，但一般说话都不至于有失体面。但在过去几个月里，他的酗酒恶化到了非常严重的地步。我觉得我有责任向英国政府报告此事。[35]

近期有三次，奥德国王酩酊大醉，在大街上发酒疯，丢弃大笔金钱，在集市商店停下，"用极其幼稚的方式与三教九流对话"。与他的叔叔们聚会时，他烂醉如泥；与兵站的英国军官聚会时，他醉得忘乎所以；与他那些鸡鸣狗盗的宠臣一起用晚宴时，他沉醉不醒。"有一个德鲁塞特先生受宠时间相当长，此人的职务是理发师。"在莫扎特和罗西尼②的歌剧之后，再没有人像约翰·洛那样带着强烈的鄙夷吐出"理发师"这个词了。即便发生了奇迹，德鲁塞特先生碰巧是个正派人，他

---

① 鲁伯特·巴克斯特，绰号"高效巴克斯特"，是英国幽默小说家佩勒姆·G. 伍德豪斯爵士"布兰丁斯城堡"系列小说中的人物，是一位贵族的秘书，办事高效务实，喜好秩序。

② 焦阿基诺·安东尼奥·罗西尼（1792~1868），意大利作曲家和歌剧创作者，他最有名的作品要数歌剧《塞维利亚的理发师》。

也狂妄自大到令人发指。

仅仅几年前，这个卑贱的家伙还"为了一个卢比愿意给任何人理发"。1830～1831 年冬季，他在勒克瑙游荡，寻找糊口的营生。他为当时的常驻代表马多克先生做鬈发的效果不错。国王自己的头发是笔直的，渴望拥有鬈发，于是雇用了德鲁塞特。很快德鲁塞特就成为国王寻欢作乐的主持人，还为他提供更多其他服务。[36] 他负责雇用和解雇国王的教师、舞女和乐师。在德鲁塞特先生指引下，国王的双桅小艇"奥德苏丹"号配上了丝绸旗帜和镀金的船首雕像，尽管它顶多也就是在戈默蒂河航行几百码而已。德鲁塞特试饮国王的葡萄酒，以防有人下毒。他把一大群兄弟、妻子、情妇和冒险家带来享福，最后于 1836 年席卷了价值估计有 9 万英镑的巨款，逃之夭夭。

冷静地看，乔治·德鲁塞特或许与侍奉奥德国王（乃至英国摄政王①）的其他许多宠臣差不多，不比他们强，也不比他们差。纳西尔·丁的愚行的确经常让人想起英国摄政王：喜怒无常、烂醉如泥，容易被漂亮和富有异国情调的东西吸引，对身边最亲近的人却睚眦必报。[37] 但还有更糟的：

> 不仅国王的近侍，还有国王的英国乐队中的 18 或 20 名英国–印度混血儿，都多次目睹国王陛下与德鲁塞特先生一起跳乡村舞！德鲁塞特打扮得稀奇古怪，而国王陛下穿着欧洲女子的服装。

---

① 即后来的英王乔治四世（1762～1830）。他的父亲乔治三世晚年患有精神病，1811～1820 年由他摄政。他生活奢靡放荡，大兴土木，引领了当时的很多新时尚与品位，所以该时期被称为"摄政时期"。他的风采和品位为他赢得"英格兰第一绅士"的赞誉，也招致广泛的批评。

晚宴一般于日落时分开始，持续到次日凌晨 3 点或 4 点，国王陛下往往醉到不省人事，被人牵去睡觉，下午 3 点才醒。然后他穿着欧洲的女士晚礼服在城里闲逛，在商店购买不值钱的玩意儿。前不久有一次，他把象夫从大象背上赶下来，然后自己骑着大象去参加乡村集市，"并下令集合了一群娼妓和属于勒克瑙的一伙丑恶的跳舞阉人"。

城里人尽皆知，国王陛下已经娶了 10 或 20 个出身卑贱的女性。他的皮条客到各地搜寻，一直跑到坎普尔，去老实巴交的人家寻找漂亮姑娘。国王若是看上了有夫之妇，就强行将夫妻分离，把女人送入后宫，安排为妃嫔，或是姬妾。[38]

和大多数被宠坏的君主一样，纳西尔·丁经常心不在焉，很少能集中注意力。即便在最美丽的舞女为他表演时，他也很快开始打哈欠。"哎呀呀天呐，她真让我厌烦。今晚就没有别的娱乐吗？要不来斗鹌鹑吧？"[39]

他对国事就更没耐心了，不过他自称喜爱英国人，所以要学英语。"哎呀呀天呐，这真无聊，"英语教师让他朗读《旁观者》①的段落时他会这么说，"咱们喝杯酒吧。"就连勒克瑙最有名的斗兽（发情的大象用脑袋互相猛撞，老虎撕咬水牛，鹌鹑或山鹑打斗到其中一方成为血淋淋的一团羽毛）都让他厌倦。

出于对英国人的欣赏，他自称运动家，邀请常驻代表与他一起去迪尔库沙园林之外的湖泊猎鸭子。国王的英国图书馆馆员克罗普利先生描述了那场面：

---

① 《旁观者》为 1828 年开始发行的英国周刊，至今仍然很有影响力，政治倾向保守，涵盖题材广泛，书籍、音乐、歌剧评论占了相当大的比例。

在我们眼前，湖面在赤色晚霞的映衬下灿烂如火。在我们走的那一边，小湖湾周围碧草丛生的湖岸缓缓升起，我们就站在湖岸的最顶端。营地就在这个小湖湾周围，国王的营帐在中央。那是一座装饰华美的大帐篷，上面的深红色线条和绿色三角旗非常显眼。大帐篷背后是内廷女眷和侍从的帐篷，包括国王的妻妾及其奴婢、女印度兵、轿夫、舞女、歌姬以及仆人。常驻代表是此次出猎的贵宾，国王营帐右侧的漂亮帐篷就是给他预备的。[40]

目力所及之处尽是大象、骆驼和骏马，随处可见轿子、象轿和四轮四座大马车。为了满足这么多人的供给，周围村庄的食物和草料被搜刮一空。

人们在湖面撒了谷物和大米，诱来了成千上万的野鸟。国王身穿欧洲风格的猎装，坐在一扇屏风后，透过屏风上的孔向吃食的鸭群射击。野鸭飞起来之后，仆人收集了一大堆死鸭子，以证明国王的威武强大。其实其中有一半鸭子是事先宰好拿来充数的。国王陛下尽情享受这三四天时间的游戏，尽管他的枪法很一般。随后常驻代表一行人到了，他们当然都是在苏格兰荒原上长大的专业神枪手，他们的射击成绩比国王强太多了。国王的心情一下子就不好了。他要求举行其他娱乐活动，如鹰与鹭搏斗、猎豹追逐鹿，等等。但这些把戏也很快让他腻烦。暴风雨把帐篷都浸透了。国王一声招呼没打就去了勒克瑙，带走了卫兵和他最宠爱的一些妃嫔，而把一些失宠的妃嫔、舞女和笨手笨脚的随从丢下，任凭他们的帐篷被当地村民撕碎和洗劫一空。村民受够了王室狩猎队伍给他们的生活造成的困苦。其中十几名抢劫的村民后来被带到王宫，当天就被斩首。[41]

国王厌倦了一切，唯独对自己的继母，即太后还咬牙切齿。她把他抚养长大，把他宠坏，并尽其所能地唆使他仇恨自己的父亲加齐·丁。约翰·洛报告称，一天夜里，"国王在首相府狂欢结束，跌跌撞撞地回宫，情绪显然很好，但在走到太后的宫门的时候，他对这位女士的全部愤恨与敌意突然爆发。他命令开门，并向她的奴婢呼喊：如果她不离开宫殿，他就把她硬拖出去。他的部下颇费了一番周折，强行打开了大门。太后的众多亲随与宫女不断苦苦哀求和哭泣，声音很大，我在常驻代表府都被惊醒了"。[42]

我们忍不住想象麦克诺顿读到这封信时，想到常驻代表和洛太太无辜地被吵醒，不禁发出啧啧声。国王和他那些醉醺醺的伙伴企图闯入内门，但门太坚固了。狂怒之下，纳西尔·丁开始扇部下的耳光，随后于凌晨2点被抬上轿子送走。他发誓赌咒，除非他的继母离开宫殿，否则他绝不回去。

国王展开了一场短暂但恶毒的行动，要把太后驱逐出宫。他命令建筑工人爬到她的屋顶和她窗户对面，玷污她的"清白"。然后他命令仆人向太后宫里投掷装满尿和动物内脏的陶罐，后来还向她为纪念十二伊玛目①而建造的衣冠冢扔这些脏东西。太后趴在地上，亲自洗净了衣冠冢。随后国王派遣士兵攀爬五座梯子，开始拆毁太后的宫殿。太后和她的阿比西尼亚女奴被困在宫内，没吃没喝。她们去大门口找水喝的时候，印度兵就向她们投掷砖块。太后的女奴用砖块还击，于是"这

---

① 十二伊玛目是伊斯兰教什叶派的分支之一"十二伊玛目宗"信仰的十二位精神与政治领袖，从先知穆罕默德的女婿阿里开始，下面都是他的男性后裔。第十二名伊玛目已经遁世隐没，但将复临人世，带来和平、正义和安定。

些铁石心肠、缺乏男子气概的印度兵集合到一起，向她们开枪"。[43]太后告诉约翰·洛："我看到这些可怜的嗓子冒烟的女人饮尽了死亡的冰冻果子露，绝望之下命令我的三四名印度兵开枪还击。"

她的印度兵其实都是女人，但她们把头发卷起来藏在军帽里面。欧洲客人有时会误以为她们是穿着有衬垫上衣的小个子男人。她们和男兵一样穿着白色的帆布裤子，身上束着交叉皮带和子弹盒，配备滑膛枪和刺刀。她们显然训练有素，开枪之后也让很多男人品尝了死亡的冰冻果子露。国王的图书馆员克罗普利先生听见了枪声，估计一共有 15 或 16 人死亡。[44]几天后，太后终于被赶出了王宫，没有年金维持生计，也没有地方住。随后十八个月内，国王就这样坐视不管，一个卢比也不给她。[45]

这位太后名叫塔里赫·巴德沙，是向勒克瑙贵族兜售历书的商贩马巴西赫尔·汗的宝贝闺女。纳瓦布萨阿达特·阿里·汗想把她送给自己的儿子和继承人加齐·丁，并举行一种叫作"朵拉"（dola）的非正式仪式。但雄心勃勃的历书商贩坚持要求举行正规的上流社会的婚礼。加齐·丁和塔里赫·巴德沙只有一个女儿，加齐·丁没过多久就爱上了妻子的女仆。这个女仆怀孕了，生了个儿子，就是纳西尔·丁。孩子出生后，太后立刻命人将他母亲处死，还想把男婴也杀掉，但后来喜欢上了他，就把他视如己出、抚养长大。纳西尔·丁人生的开端就是这样不幸。

太后脾气火暴，霸气十足，并且喜欢宗教革新。她根据印度一项传统习俗（孩子出生六天后与母亲一起沐浴）设计了第六种纪念伊玛目的仪式。她还把十一名漂亮的处女带进宫，把她们当作象征性的历代伊玛目（除了阿里）的新娘，并用这十一位伊玛目妻子的名字给她们命名。宫中的这些处女被称为"阿赫胡蒂"，意思是"极为纯洁，不可触碰"。太后坚持要求，自己每天早上一觉醒来第一个看见的必须是她们这些人中的面孔之一。

这些虔诚的仪式可以说相当荒唐，令约翰·洛厌恶。但国王也开始效仿自己的继母，甚至有过之而无不及，这让约翰·洛更受不了了。国王和理发师一起搞的放纵嬉戏就已经很糟糕了，更丑恶的是，国王在穆哈兰姆月"发明了一种新的荒谬仪式，叫作阿胡塔斯。在阿胡塔斯期间，他不饮酒，并致力于一些迷信的崇拜仪式……最后总要举行盛大的游行，国王陛下身穿女装参加，坐在一顶饰有精美刺绣的轿子上，怀里抱个玩偶，据说象征新出生的先知或伊玛目。每个月为了国王的这个变态新把戏，朝廷都要花费巨资，城里所有正统的穆斯林都对该仪式深感震惊，因为它与他们的宗教格格不入"。[46]

但最震惊的要数常驻代表。很难有比这位国王的行为更能让约翰·洛震惊和厌恶的了，因为它融合了迷信、异端、偶像崇拜和男扮女装。游行还不是国王新把戏的最后阶段。在伊玛目诞生日，国王会假装自己是个正在分娩的女人，怀里抱着镶嵌珠宝的玩偶，假装自己在忍受阵痛的折磨。[47]所谓的分娩的六天之后，他和玩偶一起执行母子共同沐浴的净化仪式。[48]宫廷的一些年轻男子开始效仿国王，假扮女性，自称阿胡塔斯。一连几周，整个宫廷中都是异装癖的狂欢。直到国王驾崩之后，这些狂热分子才放弃了变态的模仿，重返家庭生活。

国王和他的继母都喜欢富有异国情调的宗教仪式，所以有些人或许会觉得，随着他长大并继承王位，他和继母的关系会越来越好。然而，事实并非如此。他开始仇恨她，并怀念自己的真正母亲。他在江卡花园乡村墓地内的母亲墓穴之上建造了一座陵墓。[49]即便他不知道母亲死亡的所有细节，但一定也产生了疑心。诡计多端的医生哈基姆·迈赫迪显然同样憎恨太后，所以第一个向国王窃窃私语，说是太后害死了他的生身母亲。[50]

纳西尔·丁第一次结婚是他当王储的时候，这门婚事非常体面，新娘是德里皇帝的一个孙女，也有可能是侄女。这位德里公主据说非常美丽，并且性格谦逊高尚。[51]她只看了丈夫及其乌烟瘴气、醉醺醺的随从一眼，就主动退隐到侯赛因花园，它位于纳瓦布阿萨夫·道拉的陵墓附近。

国王的第二位妻子是阿夫扎尔·玛哈尔，纳西尔宫廷里的一个宫女。据说她是洗衣妇，或者在内廷干其他活计。据约翰·洛的前任之一，常驻代表威廉·斯利曼爵士说，她"在这个荒淫无度的宫廷里凭借美德而闻名"。[52]她很明智且谨慎，与性格火暴的太后相处融洽，后来生下儿子蒙纳·詹之后，太后大喜过望，亲自保护母子二人。蒙纳·詹成了太后的新宠儿，以弥补她曾经挚爱的继子与她疏远后留下的空缺。

从这里开始出现了形形色色的阴谋诡计。太后到处为婴儿寻找奶妈，找来了许多候选人。太后喜欢其中一个叫多拉丽的姑娘。御医宣布她的奶水质量一流，于是太后雇用了她。多拉丽的背景相当复杂。她起初嫁给国王骑兵部队的马夫拉斯托姆，后来红杏出墙，与一名铁匠和一名象夫有了奸情，生了一儿一女，没人说得清这两个孩子的父亲究竟是拉斯托姆，还是铁匠，抑或是象夫。

纳西尔对多拉丽一见钟情，"尽管其他人都觉得她相貌平平，粗俗不堪"。[53]他纠缠父亲允许他娶多拉丽，最后父亲于1826年，也就是去世前不久同意了。纳西尔对自己的新王后十分沉迷，赐给她"时代之王后"的头衔和岁入6万卢比的地产。她还不满足，劝诱国王宣布她的儿子凯万·贾赫为长子，也就是继承人。国王向当时的英国常驻代表莫当特·里基茨保证，如果凯万·贾赫不是他的长子，他就不会为了与多拉丽的婚礼花费那么多钱了。里基茨说的话不总是值得信赖，但他也觉得有必要指出，勒克瑙人普遍的印象是，多拉丽第一次与国王见面的时候，她儿子凯万·贾赫已经三岁了。国王不以为然。纳西尔·丁写信给英印总督，认可凯万·贾赫是自己的亲生儿子和继承人。于是，凯万·贾赫于1827年12月被送去坎普尔，欢迎总司令康伯米尔勋爵。

这是多么诡异的事情：康伯米尔勋爵，也就是铁公爵威灵顿所说的"该死的傻瓜"，渡过了恒河，与王储凯万·贾赫会面，与他一起乘坐象轿。随后大家一起去用早餐，喝香槟和樱桃白兰地。据说王储给大家的印象不好：黧黑，乖戾，厚嘴唇，牙齿难看，制服上镶满了钻石和珍珠，周围簇拥的贵族都身穿红、金、绿、黄各色华服，光鲜亮丽。不知道康伯米尔勋爵有没有考虑过这个问题（从威灵顿公爵对他的评价来看，估计没有），他也许觉得这个傲慢的小孩是一百代纳瓦布的继承人，而实际上他只不过是一个奶妈和马夫或铁匠或象夫所生的崽子。[54]

与此同时，加齐告诉常驻代表，另一个孩子蒙纳·詹不是纳西尔·丁的儿子，而纳西尔·丁之所以曾认可蒙纳·詹是自己的孩子，仅仅是为了惹恼他父亲和继母。加齐·丁憎恨塔里赫·巴德沙，简直和他儿子后来恨她一样激烈。她的暴脾气让老国王一辈子都很难过。她会拳打脚踢和大肆辱骂，打得他面部流血，衣服和胡须被撕扯得乱七八糟。[55]纳西尔·丁在选择最新一位妻子时运气也不好。"时代之王后"也是个悍妇，有时会扇他耳光。[56]

不足为奇的是，国王去找别的女人了。没过多久，"时代之王后"被同样相貌平平的埃玛·沃尔特斯，后来又被美丽的泰姬玛胡尔夺走了光辉。但之后国王又看上了"时代之王后"的侍女之一库德西娅。国王有一次去拜访多拉丽时要水喝，于是库德西娅用银盘端着金杯给他送来。她戴着面纱，而他喜欢胡闹嬉戏（他酷爱蛙跳和打雪仗），于是往她面纱上洒水。她奋起反击，向他洒水。国王对此神魂颠倒。次日他又来了。他俩又打水仗。没过多久，在1831年12月17日，也就是洛夫妇抵达勒克瑙几周之后，国王和库德西娅结婚了。

库德西娅有一种大气的美，脾气和"时代之王后"一样恶劣，并且特别贪得无厌（她把国王给她的金钱积攒起来，一共攒了440万卢比。他大肆挥霍了一辈子，结果死后金库里剩的钱大部分都属于她）。据说她是所有妃嫔中唯一对国王有真感情的，而国王对她同样动了真心。但他俩吵起架来也惊天动地，有一次争吵终于伤了人命。库德西娅学会了读书写字，但没有生出一个继承人来。她害怕自己会因此被抛弃，据说多次将她的前夫男扮女装偷偷带进宫来，希望他能让她怀孕。这事传到了国王耳中。纳西尔·丁暴怒地告诉她，他把她从奴隶抬举到宝座上，同样也能让她重新变成奴隶。她跑回自己房间，服砒霜自杀了。国王亲眼看着她垂死挣扎，最后实在受不了，跑到三英里外的赛马场，蹲在大看台上，一直到葬礼结束。[57]

她于 1834 年 8 月 21 日去世。国王伤心欲绝,不肯脱去丧服。库德西娅死后,他的随心所欲变本加厉了。他变得经常恶毒而凶残地攻击别人,过去他可不是这样的。他手下最谄媚的宠臣之一是加利卜·詹格,此人同时担任勒克瑙警察总长和步兵旅旅长。除了对国王溜须拍马之外,加利卜招人讨厌的另一个地方是他经常检举其他廷臣的贪污腐化,尤其是接替哈基姆·迈赫迪担任首相的劳珊·道拉,道拉虽然愚蠢但天性不坏。加利卜怀疑宫廷裁缝穆卡向国王乱收费,因此惩治了穆卡。加利卜·詹格拿起穆卡做好送来给国王看的丝绸冠冕,用手指拧搓。不知是出于偶然还是他刻意要证明这丝绸有多轻薄,加利卜用手指戳破了冠冕的顶端,于是叫喊起来:"看呐,陛下的冠冕有个洞!"

不料适得其反,国王并没有对裁缝动怒,反而对加利卜大发雷霆,因为国王以为加利卜在质疑他登基的合法性(前国王曾将纳西尔·丁囚禁并企图用他的兄弟取而代之)。国王怒吼道:"砍掉他的脑袋!"随后命人为加利卜戴上脚镣,拘押其家眷,没收其家产。后来加利卜遭到鞭笞、石刑和囚禁,他家的所有女性都被命令削发并被剥光衣服游街。约翰·洛施加干预,将这些夸张的刑罚减轻为流放。负责监视加利卜的是他的同僚警察总长达尔尚·辛格,他对加利卜不是很温柔,把他关在一个铁笼子里好几年。[58]

但国王的主要仇怨对象还是太后。她最新的罪行是拒绝为库德西娅戴孝。她告诉继子,过度悲痛是不符合男子气概的行为:"真主造过比她美丽的女人。为了一个淫妇而死,没什么用。"

"如果你对我有母亲的温情，你就会穿上丧服。但你没有，因为你不是我真正的母亲。"[59]

母子继续厮斗。现在的局面是，国王先通过哈基姆·迈赫迪，然后又亲自向约翰·洛保证，两个男孩都不是他的儿子。国王说这两种说法都是假的，且它们的存在出自同一个原因，即贿赂和野心。他派人在全城张贴告示宣布此事。"时代之王后"斥巨资贿赂宫廷里的人们，让他们说凯万·贾赫是国王的儿子，太后的亲信则贿赂大家说蒙纳·詹是国王的儿子。[60]但国王在蒙纳·詹出生二十四个月前就停止与阿夫扎尔·玛哈尔同居了。[61]有谁听说过怀孕二十五个月的吗？

在国王的请求下，约翰·洛将这些情况都汇报给加尔各答，后来（1832年12月15日）英国政府决定，奥德国王百年之后，他们不会承认这两个男孩，而将为国王的叔叔穆罕默德·阿里·沙加冕。这位叔叔身体状况很差，而且已经六十八岁了，但据说性情温和审慎，并且三十年前曾为他的父亲萨阿达特·阿里·汗担任首相。为了防止出现更多阴谋，避免王位主张者被毒杀，上述给约翰的指示是严格保密的。[62]

在过去九年里，纳西尔·丁听惯了历任常驻代表的警告，因此并不相信威廉·本廷克勋爵的威胁会得到落实。常驻代表斥责他的丑行（酗酒；与德鲁塞特先生胡闹，"给英国人和国王陛下的品格都带来了耻辱"），对此他也充耳不闻。[63]

国王的回应是什么？"不管发生什么，我会继续在我自己的宫殿以我喜欢的方式娱乐。万岁！我想和谁一起喝酒，就和谁一起喝。只有在奥德政府的公事方面，我才有义务听英国政府的建议。"常驻代表懊恼地承认，他说得没错。

与此同时，怒火中烧的太后集结了一支相当强大的军队：

5000人和好几门型号杂乱的野战炮。国王最近（按照常驻代表的要求）解雇的数百名印度兵都被太后招募到她旗下。她的部下忙着挖掘战壕，而令人惊恐的是，国王的官兵说他们不愿意与太后打仗，因为她掌控着男孩蒙纳·詹。尽管国王公开否认蒙纳·詹是自己的骨肉，城里绝大多数人仍然相信他是王储，原因之一是民众相信他曾被派去欢迎康伯米尔勋爵（可以谅解的是，公众将他与另一个男孩凯万·贾赫混淆了）。

现在国王向约翰求助，请他想办法解决这场争端，因为国王自己完全没有办法在不流血的情况下与丑恶的继母谈判。

约翰说自己不能出面，但可以派遣他的主要孟希①去。孟希是在宫廷礼节和其他一些方面为常驻代表提供建议的礼仪官。约翰说，这位孟希非常精明、懂策略且正直，曾为海德拉巴和德里的常驻代表服务，一定能让愤怒的太后冷静下来。这位孟希的名字是伊尔提法特·侯赛因·汗，他于1839年在任上去世之后，约翰·洛曾向总督说，自己不理解伊尔提法特·侯赛因·汗为什么死守着这个工资微薄的职位这么久。约翰说自己"推断，孟希的职位非常热门，很受追捧，一定是有某种门道可以挣很多钱而不被发现，但他始终没有搞清楚究竟是什么门道"。[64]

约翰·洛天性谦逊，虽然在印度待了三十年，但从来不假装自己懂得土著经济究竟如何运作。那是一个平行宇宙，对他和其他有经验的英国官员来说始终是个谜，其强健有力的微妙之处是英国人看不见的。英国观察者往往更愿意无视印度商人

---

① "孟希"是波斯语，在莫卧儿帝国和英属印度指的是欧洲人雇用的本土语言教师或秘书。

社群的庞大而高度活跃的网络，却附和查尔斯·梅特卡夫爵士的观点，即真正的印度在乡村社群当中，它们是"微型共和国"，不受统治它们的各个王朝兴衰沉浮的影响；而阶级鸿沟的僵化，阻止了印度资产阶级的诞生。马克思和韦伯与在印度的英国官员一样对此坚信不疑。但真正让印度运转的，恰恰是印度的商人社群。[65]

精明能干的孟希奉命去见太后，捎去了一封言辞巧妙的信，恳求她解散军队。这一次约翰·洛仍然暂不直接干预，等待时机，不过他起草好了给英国兵站的约翰斯通旅长的信，指示这位旅长让两个步兵团和能够动用的所有炮兵待命。但约翰也补充道："要不惜一切代价避免流血冲突。"没有必要隐瞒这些部队的动向。让外界知道这些部队在调动，就已经是有价值的震慑了。

伊尔提法特找到了太后，她的侍女和男孩蒙纳·詹在她身边。（孩子的母亲阿夫扎尔·玛哈尔可能也在，因为她很少远离孩子。）太后照例坐在深闺屏风之后，伊尔提法特给她呈上书信，但她说室内太暗，请他为她朗读。（她可能不识字，但她父亲是个识文断字的人并且有闯劲，而即便出身贫寒的库德西娅也自学了读写。）在他把信高声朗读了两三遍之后（信其实很短），太后说："我很清楚奥德王国是英国政府的恩赐，我也不打算违背英国政府代表的意愿。只要能安排好我的生计，我就愿意服从常驻代表。"

伊尔提法特：请不要找借口，否则英国军队会进攻的。

太后：那很好，但我要如何解释我在国王手下蒙受的所有冤屈？我要如何解释，他把最龌龊的污物和泥土丢到我祈祷的地方？我不怕死！全世界都知道我对国王多好。我们曾经像情人一样亲近。我日日夜夜的所思所想都是为了保全他的生命，即便到了这个关头我也不希望他出事。让他自己来，亲手杀了我。我活够了，自杀也行。

这时她和男孩蒙纳·詹开始洒泪，一起痛苦地抽泣。[66]

讨价还价持续了很长时间，但最后太后同意解散她军队中的 3000 名士兵，并将警戒线从城市附近、能够威胁城市的地点撤走。伊尔提法特回去见常驻代表时看见几十名武装人员正在离开战壕。他们看上去都身强力壮，仿佛运动员，武器装备都整整齐齐，这与国王的军队形成了令人不安的反差。国王的军队状态萎靡，武器很差，并且有造反的情绪，因为直到他们蹒跚地排好队伍去面对反叛者时才领到拖欠了很久的军饷。国王现在给了太后一笔合理的年金和一个不错的住处，但他俩之间的敌意仍然随时可能爆炸。常驻代表和英国政府接受了国王关于王储身份的说法，私下里决定扶植国王的叔叔继位。太后和勒克瑙人民都支持蒙纳·詹。

勒克瑙的纳瓦布王朝是一个功能失常的王朝，败坏的程度可以说无可匹敌。而距离王宫几百码的常驻代表府一派祥和气氛（不过据说在那里仍然听得见王宫传来的声音），与王宫的对比真是让纳瓦布们尴尬。奥古斯塔刚刚生下她的第四个孩子，也是第一个男孩，威廉·马尔科姆·洛（生于 1835 年 11 月 9 日）。为了纪念约翰·马尔科姆爵士，这孩子一直被称为马尔科姆。奥古斯塔在分娩前的最后几周被她哥哥威廉·梅克皮斯·莎士比亚之死（年仅二十八岁）的阴影所笼罩。威廉得到了自己的第一个美差，骑炮兵第 3 旅的副官和军需官，所以来勒克瑙的时候春风得意，但抵达几天之后就染热病去世了。约翰描述威廉·梅克皮斯·莎士比亚为"我见过的最温和可亲且正派的年轻人之一"。威廉似乎是个耽于幻想的人，在生命的最后几天花了很多时间为妹妹奥古斯塔画像。他们的兄弟约翰·道兹威尔给妹妹玛丽安娜写信道："威廉除了画画的时间（花的时间不少）之外，很少胡思乱想。"威廉的画作没有留存至今，他自己也英年早逝。

约翰·道兹威尔比威廉活泼得多。约翰·洛说服了本廷克，让他的小舅子在勒克瑙担任他的助手。这次走后门不是那么容易办成的。约翰·道兹威尔的波斯语、印度斯坦语和天城文①并没有常驻代表宣称的那么流利。他刚刚搞砸了自己的译员考试，明明很熟悉的几个口语表达都忘了。但他第二次考试通过了，在常驻代表府舒舒服服地安顿下来。[67]他在给玛丽安娜的信里用兄妹之间典型的挖苦语气说道："奥古斯塔比以前壮实多了，不管什么地方的人都会觉得她是美女。"他非常仰慕自己的新上司："洛极有才干，是天下第一的好人，对我特别好。"[68]

洛家的人原本希望约翰·洛把助手的职位安排给他的外甥亚历克·迪斯，也就是他那美丽的姐姐凯瑟琳的儿子。约翰·洛曾陪同她去度蜜月。但亚历克是个饭桶，在阿迪斯库姆的东印度学院考试不及格，据他的外祖母说，他"在金钱方面的漫不经心和没头脑到了骇人听闻的地步"。[69]约翰·洛运用自己在总司令那里的关系，把亚历克安排到驻扎勒克瑙的一个团中，并特别允许他住在常驻代表府并指挥那里的卫队。[70]可怜的亚历克！他貌似已经交了好运，但他也要付出代价。他欠了

---

① 天城文是印度和尼泊尔的一种文字，用来书写印地语、梵语、尼泊尔语等语言。天城文最早出现在 13 世纪初。

舅舅的钱，而舅妈奥古斯塔强迫他继续学习土著语言，尽管他在学校里成绩很差。约翰舅舅甚至更加严厉。约翰·洛在给母亲的信中写道：

> 你一定会高兴，因为亚历克·迪斯的习惯、仪态和思想逐渐有了明显的改善。他在团里的时候单单和三四个与他一样懒惰的小伙子交往，从来不与女士做伴。所以他的举止非常粗鲁，但很快改好了。我让他每周日上午到我这里来，和奥古斯塔、我们的欧洲保姆以及我自己一起读祈祷书和《圣经》的部分章节。这对他的谈吐和思维方式也有好的影响。[71]

苏珊·洛回信道："亚历克是个讨人喜欢的孩子，我和他关系融洽，但他很粗俗，饭桌上的礼节尤其差。你可以告诉他这是我说的，我希望他能改正。"[72]如此苏格兰式的批评是一定会被传达到位的。

亚历克见证了马尔科姆·洛的洗礼。奥古斯塔的弟弟乔治和里士满也到了现场。将近二十年前她就是和他俩一起乘船从加尔各答去英国的。里士满是和他们的姐姐埃米莉·迪克一起来的。如果威廉·梅克皮斯·莎士比亚能多活几周，莎士比亚家的全部四个儿子就能和五个女儿中的两个在勒克瑙常驻代表府相聚了。在他们漫游全球的人生中，他们不会再有这样的团圆机会。

玛丽安娜刚刚嫁给了孟加拉工兵部队的阿奇博尔德·欧文，当时她才十八岁。前一年她也在勒克瑙，因为在宫廷画家亚历山大·迪费·德·卡萨诺瓦的巨幅油画（9英尺6英寸×

5 英尺）里，可以看见玛丽安娜和奥古斯塔一起坐在常驻代表的四轮四座大马车上。这幅画的标题是《1834 年 3 月 4 日，奥德国王陛下接见洛中校》。有人代理维多利亚女王在拍卖会上买下了这幅巨大的油画，它长期悬挂在白金汉宫，不过目前存放在温莎。画中满是大象。国王坐在其中一头大象背上的漂亮象轿（配有羽饰和流苏）上，头戴他那顶很像扑克牌上的王冠的冠冕。另一头大象背上站着约翰·洛，现在他是中校军衔，这才配得上他的身份。他挥舞着带羽饰的帽子敬礼。如果光看这幅画，也许会让人觉得约翰·洛和国王亲如兄弟，从来没有红过脸。远方车水马龙，有一连串望不到尽头的马车和大象，这蜿蜒的队伍向勒克瑙的塔楼和清真寺宣礼塔的方向延伸。这幅画（水平不怎么样）洋溢着帝国巅峰时刻的辉煌。似乎两个民族必然会和谐、长久地合作下去。

玛丽安娜也会画画，她的一幅鸡蛋与葡萄静物画曾荣获英国皇家学会的银奖。[73]莎士比亚家族的成员个个都会作画或写诗。此时担任迪纳季普尔档案主管的乔治·特兰特·莎士比亚是莎士比亚兄弟当中唯一不是军人的，他是家里手法最娴熟的诗人。他写的关于家庭聚会场合的那些喧嚣欢乐的诗里满是诨名、绰号。他自己身材矮胖，走姿蹒跚，因此被称为"北极熊"。玛丽安娜的丈夫的绰号是"少校"；约翰·洛比他们所有人都年长差不多十岁，因此被称为"老族长"；奥古斯塔是"巴巴利①女王"。[74]

---

① 欧洲人称为巴巴利而阿拉伯人称为马格里布的地区，也就是今天的摩洛哥、阿尔及利亚和突尼斯一带。此地的海盗曾经很猖獗，他们袭击地中海及北大西洋的船只和沿海居民，又从欧洲及撒哈拉以南非洲掳走人口作为奴隶贩卖。

他最小的妹妹塞利娜直到十七岁（1837 年）来到印度时才第一次见到乔治，她这样描述他："乔治在丛林里待得太久了，非常害羞，但和我们单独在一起的时候机智风趣，特别好玩。"他的表弟威廉·梅克皮斯·萨克雷一直非常喜欢他，不过多年后的一次会面（他们见面的次数不多）后萨克雷说乔治的"自私非常典型，也很有趣"。[75]《名利场》中的人物约斯·塞德利肥胖、懒惰而穿衣浮夸，据萨克雷的内兄说就是"乔治·特兰特·莎士比亚的夸张版本"。[76]这肯定可以算是残酷的抨击。

在莎士比亚家族圈子里，我们可以看到维多利亚帝国早期最和蔼可亲、最友善的一面。他们互相之间的打趣也总是善意的。他们互相忠心耿耿，互相照应和保护，因为他们的人生危机四伏，并且往往很短暂。

总的来讲，洛家族和莎士比亚家族的成员都是质朴务实而谦逊平和的人。他们稍微涉猎音乐、绘画与诗歌，但他们绝不会把艺术当作一种宗教来顶礼膜拜，对宗教本身也不是那么的执着。他们的人生观大体上是和善而开明的，但本质是讲求实际。在纳西尔·丁梦想穆哈兰姆月、佩什瓦执迷于朝圣的时候，约翰·洛梦想的内容是抽水马桶。在勒克瑙度过的那些焦虑岁月里，他在给母亲的家信中一直详细指示在家中现有的更衣室或其旁边安置若干带抽水马桶的卫生间，这在当时是了不起的新发明：

> 卫生间应当有内外两扇门，这样会非常方便。外门可以让仆人进来取水或排水，而无须走进主人的卧室。
> 应用重物、绳索和滑轮的装置保持外门常闭。这是为

了防止人们从公共楼梯看到卫生间里面。

我希望安装的卫生间应当足够大，可容纳一个铁皮浴缸或木制浴缸。我非常喜欢经常洗浴，我觉得这对健康特别有益。

卫生间地板应当比现有的地板高一英尺或更多，除了离门口几英尺远的地方，以利于开门，并方便仆人将水桶放到上述高台的边缘，以取走浴缸内的水。

高台部分应当全部以铁皮覆盖，铁皮应紧贴地面并焊接牢固，以防水流到较低的房间里。同样，高台上覆盖的铁皮的边缘应当高出中间两三英寸，有一个洞，（角落）有一个水龙头，让人可以用桶从水龙头接水。[77]

清洁、谨慎和先进的室内给排水设施，这就是洛的信条的重要组成部分。

约翰·洛对王宫发生的各种荒唐事感到震惊、厌恶和担忧，这一点都不奇怪。局势不能这样发展下去。在乔治写诗、约翰·道兹威尔给玛丽安娜和埃米莉写那些飞短流长的信、小威廉·马尔科姆在小床里嘤嘤低语（他不知道，再过几个月，他也会被送到加尔各答，然后途经利斯或邓迪①去克拉托。他启航的日子是1837年5月，当时他只有十八个月大）的同时，常驻代表觉得自己必须再给麦克诺顿写一封信。这封信的日期是9月26日，也就是孟希安抚了太后、说服她解散部队的次日。

这封信被标为机密，阐述了约翰·洛的立场，不仅有他关

———————————

① 邓迪是苏格兰东部北海之滨的一座城市。

于奥德及其昏君的立场，还有关于英国在印度的整个局势的思考。这是一份行动计划，但也是一个深刻的警示。

"如果在这位国王在位期间需要干预奥德内政，那么干预就必须是全面而彻底的。"

三十多年里，奥德王族在英国人需要帮助的时候给予了至关重要的援助。如果英国人接管整个政府，"这会被普遍……视为篡夺。不仅在奥德，在我们自己省份的一些地方，土著对我们天生的仇恨不知道会翻多少倍"。

出于这个原因，约翰提议的措施与威廉勋爵的提议不同。如果事实证明国王完全不适合当统治者，那么就应当"将他彻底废黜"，给他一笔丰厚的年金，让他生活在距离勒克瑙很远的地方；并"扶植新国王，但不强迫他为自己的登基付出一个卢比，也不要他割让一英亩土地"。（约翰·洛书信的原文中有这样的下划线。）

这比英国人直接接管好得多，因为"这个国家的大众更愿意接受自己人的统治，而不是被英国军官组成的政府直接统治，不管英国人的用意是多么的纯洁和公正，不管他们履行职责时有多么热忱。这种情感实际上在全世界都普遍存在，即不喜欢外国主子和新的规矩。我觉得没有理由认为奥德人民在这方面是例外"。

他与穆罕默德·阿里·沙（被提议为新统治者）"除了互相问好，没有私人交情"，但大家都知道穆罕默德·阿里·沙是个尊重常识且审慎的人。他没有债务，并且在他父亲在位时期有过治国的经验。他肯定比加齐·丁和纳西尔·丁都强得多。

这封信里真正有意思并且新颖的观点是：大多数印度人宁

愿承受自己统治者的一定程度的压迫，也不愿意接受外国人的高效治理。事实上，约翰·洛说的比这更进一步。他指出，印度人"天生仇恨我们"。

这不是东印度公司第一次推翻他们觉得不适合统治的土著王公。1798 年，韦尔斯利勋爵废黜了瓦齐尔·阿里，以他的叔父萨阿达特·阿里·汗取而代之。但很少有公司的公务员将基本的心理学真相如此直言不讳地阐述出来：仅仅靠高效的统治，永远不足以拉拢土著。加尔各答的"高效巴克斯特"们拒绝接受这种观点。政府大楼里的"现代化派"（就是在印度，"现代化派"这个词第一次时髦起来）坚信不疑，只要在印度全境推行一流人才的一流管理，就能创建一个由幸福的农民组成的国家，而不管王公们的腰包和特权会受到怎样的打击。为了达成这个目标，英印最高政府应当毫不犹豫，采用一切手段：接管每一个省份，吞并每一个邦国，在每一个都城驻军。

与之形成对比，老派人士（包括约翰·洛，以及他的朋友约翰·凯爵士，即记载 1857 年大兵变的历史学家）相信，把印度人民弄成那种状态不会带来普遍繁荣；这种无孔不入的细节干预注定会让印度人更加怨恨英国，必然会对帝国的未来构成威胁。19 世纪中期，这两种观点发生了激烈碰撞，后来逐渐崛起的印度民族主义运动中的激进派和保守派之间的争吵可以说是这种碰撞的翻版。这一切对今天的我们来说有点糊涂，因为那些自称最关注农民利益的自由主义者，恰恰也是最热忱的帝国主义者。麻烦在于，两种针锋相对的观点往往都被大英帝国对金钱的贪欲掩盖了。英国人始终没有办法令人信服地证明自己霸占印度是为了帮助穷苦农民，因为事实很明显，英国人在中饱私囊。

没过多久，麦克诺顿翻越山区隘口，去领导注定没有好下场的阿富汗远征。接替他担任印度总督政治秘书的是约翰·罗素·科尔文，此人也是一个自高自大的现代化派。厚脸皮的文员们称他为"科尔文勋爵"。约翰·洛于1838年7月23日给科尔文写了一封非同小可的信：

"恐怕我的观点与总督大人或麦克诺顿或您的观点有冲突。"

约翰·洛指出，土著王公更愿意从英国人那里获取短期的援助以恢复秩序，而不是让英国人在他们的领土上长期驻军。英国"永远不应当企图在盟邦领土上驻军，只要这些盟邦不希望看到英国驻军，并且也没有给英国人这么做的正当理由"。（约翰简直像维多利亚女王一样喜欢用下划线。）"对他们尊严的这种侵犯，会让他们心中产生愤怒。有朝一日只要出现有诱惑力的机遇，他们就会联合起来用武力反抗我们。而如果我们不干预他们，他们就几乎没有可能联合起来。"约翰·洛赞同阿瑟·韦尔斯利与托马斯·门罗的观点，认为英国的"补贴"驻军会毁掉土著邦国。

如果英国人遵照条约规定，让土著王公尽可能多地保留统治自己臣民的权力，"那么我们就有最好的机会与他们维持友好关系，他们在困难时期公开或秘密反对我们的可能性也会降至最低"。如果他们"在自己的位置上觉得自在"，还会支持英国人。然后，约翰·洛根据自己在印度服役三十年以及与三教九流的印度人密切交往的经验，给出了最令人毛骨悚然的总结："反正他们没有一个人很喜欢我们。"

我想，除了约翰·洛之外，没有一个在印度的英国官员这

么早就如此冷静地面对了现实，预言了反叛的爆发，并且如此
犀利地分析了它的原因。

到最后，他成功说服奥克兰勋爵批准他的计划，不过目前
新总督觉得应当静观其变，因为"在当下，尽管奥德国王胡
作非为，但国家治理得还是比前些年要好，也更繁荣"，这里
的"前些年"指的是威廉勋爵当初威胁要干预的时候。"个人
的丑闻与不端，不管多么恶劣和不体面"，都不是英国干预的
理由。这句话是对洛中校的温和批评，因为他带着憎恶之情列
举了勒克瑙理发师的一长串丑行。另一方面，奥克兰勋爵赞扬
了洛思考和表达建议时的"开明、公正、充满男子汉气概的
精神"。能拥有洛，是英国政府的福气。议事会的其他成员大
多同意奥克兰勋爵的观点，尤其是奥古斯塔的叔父亨利·莎士
比亚。当初她刚到加尔各答的时候，借马给她的就是这个
叔叔。[78]

勒克瑙的事情暂时就这样了，但这形势没有维持多久。
1837 年 7 月 7 日，也就是英国国王①驾崩的两周之后，奥德国
王也去世了。纳西尔·丁·海德尔当时只有三十四岁，死前已
经病了几周。他的早逝并不让人意外，因为除了穆哈兰姆月之
外，他每夜都烂醉如泥。即便如此，他的主要试吃官德鲁塞特
先生于 1836 年圣诞节离开勒克瑙之后没过多久也死了，这还
是有点太巧了。[79]大家一般认为是太后毒死了国王的母亲，那
么她也完全可能毒死了纳西尔·丁，向虐待她的国王复仇。但
没有时间验尸以检验这种怀疑是否正确。

宫廷信使古拉姆·叶海亚于夜间 11 点 30 分来到常驻代表

---

① 这里指的是威廉四世。

府。他告诉约翰，国王突然病重，命悬一线，说不定已经死了。常驻代表匆匆找来佩顿（已晋升为上尉）、莎士比亚上尉和足智多谋的主要孟希伊尔提法特·侯赛因·汗。[80]

洛和佩顿奔向王宫，常驻代表府的医生史蒂文森也来了。他们到达时，看到国王已经在床上咽气了。他的尸体还是温的。史蒂文森医生切开了他胳膊上的一根静脉，血喷涌而出，所以他一定是刚死。他面容平和，没有遭受痛苦的迹象。他的仆人之前没有想到他有生命危险，他还在死前轻轻叫唤了一声。

约翰留下佩顿封锁王宫并在大门口部署岗哨。他自己返回常驻代表府，给大约 4.5 英里外的兵站（戈默蒂河上老石桥的另一头）内的约翰斯通旅长写了封短信，指示他先派五个连的先遣部队进城，其余所有可用兵力和火炮则随后进城。约翰随后用波斯语写了一份短文件，提议让穆罕默德·阿里·沙继位。这份文件会迫使新国王同意英国人可能提出的任何条约。这也就是说，英国人得到了一张波斯语的"全权委托书"。

一切都需要时间。现在是 7 月 8 日凌晨 1 点了。常驻代表随后派遣内弟约翰·道兹威尔·莎士比亚带着这份文件，与伊尔提法特和古拉姆·叶海亚（将纳西尔·丁死讯送到常驻代表宅邸的那名信使）一起去找新国王。

穆罕默德·阿里·沙年纪大了，身体也不好，并且正在酣睡。但在被他们唤醒之后，他一声不吭地签署了文件。到目前为止一切顺利。

常驻代表现在返回王宫，佩顿和莎士比亚把新国王带到那里与约翰·洛会面。他们见面的时间大约是凌晨 3 点。简短地聊了一会儿之后，衰弱的新纳瓦布得到允许，去隔壁房间的沙发上躺一两个钟头，随后到红亭的宝座上就座。他的儿子阿姆贾德·阿里·沙和孙子瓦季德·阿里·沙（后来他们相继成为这个浑身战栗的老人的继承人，登上奥德王座）陪他待在内室。

约翰、佩顿及莎士比亚坐在面向河流的露台上，稍微喘口气，或许还互相祝贺如此迅捷地完成了政权交接。他们利用这个喘息之机，商量了一下加冕礼的细节和需要邀请来撑场面的客人的名单。

在戈默蒂河之上出现第一缕朝霞时，他们听到了自己一直在担心的坏消息。太后正在赶往王宫，并带来了男孩蒙纳·詹和一支强大的军队。途中，太后的队伍经过了纳西尔·丁的第一任妻子、美丽的德里公主的宅邸。太后把她也拉进来，以便给自己的政变增加一点贵气。

约翰已经预料到这一步，所以在午夜时分就已经派人去指示德里公主千万不要离家。她住在距离城市四五英里的阿尔玛斯花园。约翰的信使赶到时，发现她的随从已经处于高度戒备的状态，正准备前往王宫。太后给约翰送去消息，恳求允许她看一眼她心爱的纳西尔·丁的遗体。还活着的时候，他就长期不准她去见他。

其实太后的军队已经从城市的西北主门逼近，约翰派去指示英军先遣部队加快速度的信使刚出宫门，走了仅仅500码，就被一群暴民堵了回去。他匆匆跑回去告诉常驻代表，佩顿跑到外门，发现那里只有寥寥几名警卫，指挥官是两个黑奴。

这时他听得见太后的暴民在捶打大门。佩顿喊道，英国政府已经指示常驻代表扶植穆罕默德·阿里·沙登基，常驻代表已下令关闭大门。

反叛者对他的话不予理睬，搞来两头大象撞门。第一头大象向门撞去，无济于事，疼痛地退回。但第二头大象撞开了一扇门。佩顿差点被压死，浑身瘀伤、还在流血的他只好躲在了另一扇门后面。暴民从他身旁冲过，挥舞刀剑和火枪，最后占领了王宫的大部分。

洛、莎士比亚和伊尔提法特在外层露台上，与畏缩的国王及其亲眷分开了。而反叛者有 2000 人或更多，咆哮着冲过红亭，占领了御座厅和王宫其余部分之间狭长的空间。就在这时，太后和男孩抵达了。局势现在变得严峻了。几分钟后，那男孩将会爬上王座的阶梯，坐在宝座上，带尖钉形饰物的王冠就会被戴在他头上。而一旦他加冕，就很难废掉他了。

在英军部队抵达之前，约翰·洛唯一能想到的办法就是坚持要求与太后单独谈话。毕竟，想要新的加冕有公信力，她就需要他的支持。他后来的推断是："把我当作囚徒困在露台上，对她一点用处都没有。只要我能接触太后，也许就能让她相信，让那个孩子当国王是不可能成功的。最重要的是，我觉得有利的做法是尽可能接近我知道我军部队必然会抵达的地点，同时尽一切努力争取时间。"

他们在黑压压的叫嚷呼喊的人群中挤出一条路，来到了红亭，这时反叛者正将男孩送上宝座的阶梯，并欣喜若狂地用喇叭枪①鸣枪致敬。太后坐在王座下方一顶有华盖遮蔽的轿子上。乐队在演奏《上帝保佑吾王》（每年的加冕礼上，乐队都会演奏这首曲子），而室外庭院内的大炮在鸣礼炮向君王致敬。

一群舞女（没人说得清她们属于已死的国王还是活着的太后）开始载歌载舞，但在枪炮声和枝形吊灯被喇叭枪击碎

---

① 喇叭枪（Blunderbuss）是一种前装、大口径、短枪管的火枪，一种早期形式的霰弹枪，主要在近距离使用，精度较差，18 世纪下半叶使用较多。

的巨响中很难听清她们的歌声。不到 300 码外的常驻代表府里，躺在床上的奥古斯塔一定被这些疯狂的嘈杂声害得好苦。她不知道自己的丈夫和兄弟是不是已经被太后的军队杀害了。他们也许随时会来杀她并纵火焚毁常驻代表府。

叛军冲到约翰·洛面前，用刺刀轻轻戳他的胸膛，朝距离他几英寸远的地方开枪，要求他向宝座上的男孩鞠躬致敬。男孩焦虑地看着下方癫狂而危机四伏的场面。

常驻代表拒绝了。他要求他们允许他离开，最后来到了庭院。感谢上帝，英军第 35 团的五个连终于赶到了，就在红亭之外几步远的地方摆开了阵势。

双方僵持不下。常驻代表在室外等待己方的火炮抵达。蒙纳·詹坐在宝座上。太后坐在他下方的轿子里。随后几分钟里，两个阵营的代表往返穿梭传递消息。常驻代表发出威胁，太后支吾搪塞。

约翰·洛：你不可能成功。我是在执行我的政府的指示。政府已经宣布，王位属于另一个人。即便我和我的所有助手都死在这里，我的政府也会很快派其他人来执行命令。

太后：我在自己应在的位置上。年轻的国王，也就是我的孙子，也在他自己应在的位置上。你也是如此。你为什么要让我或其他人离开红亭？

不是所有人都像洛和莎士比亚那样胆气十足、顽强不屈。常驻代表走到庭院的时候，奥德军中的一名旅长，罗伯茨上校，向蒙纳·詹奉上了仪式性礼物印章金币①，然后躲起来静

---

① 印章金币（Mohur）是英属印度、印度若干土著邦国、莫卧儿帝国、尼泊尔、阿富汗等国家发行过的金币，一般相当于 15 个银卢比。

观其变。这名军官第二天上午的尴尬处境是大家都能想得到的。指挥宫廷卫队的马格尼斯上尉告诉约翰，他对自己手下的印度兵没有信心，所以部署了一些英国兵来稳住那些印度兵。他说，他手下的印度兵心里都支持蒙纳·詹和太后。奥德军队的一些官兵擅离职守，加入了御座厅内的疯狂人群。指挥奥德军队一个骑兵团（有1000名骑兵）的穆斯塔法·汗现在也向年轻的国王宣誓效忠，奉上了黄金礼物。穆斯塔法是叛逃到太后阵营的最高级官员，于是他被任命为她与常驻代表之间的最后使者。

他走到庭院里，传来口信，说洛中校必须回到御座厅，直接与太后谈话。约翰重复了之前的立场：她没有胜利的希望，男孩必须走下王位，因为他无权坐上宝座。

然后，他取出了自己的怀表。

"除非你们在十五分钟内服从我的命令，否则我的大炮会向御座厅开火。一旦开火，太后及其追随者都不会得到优待，也不会得到怜悯。而你，穆斯塔法·汗，请脱离她的阵营，不然只要你还活着，就会被视为叛徒并被绞死。"

没人理他。舞女继续唱歌跳舞。宫内和勒克瑙大街小巷的叛军在胡乱开枪。全城都有人在兴高采烈地抢劫。全城都支持那男孩。但英军旅长到了，大炮也到了。

约翰·洛还在看表。

"现在只剩五分钟……只剩三分钟……请注意，现在时间剩下不到一分钟了。"

轰！包围整个王宫的大炮（只要有合适的射界）都开火了，向红亭发射出葡萄弹。六七轮排山倒海的射击之后，英军第35团的一群士兵冲向王宫，通过一条狭窄走廊，走上陡峭的楼梯，闯入红亭，不断射击，并用刺刀将叛军驱逐出去。火光闪闪，硝烟滚滚，伤者惨叫，许多玻璃被打得粉碎。第35团的士兵在冲进御座厅之时，在刺鼻的硝烟中误以为自己在御座背后庞大镜子里的镜像是敌人，于是发出一轮齐射，把镜子打碎了。

根据约翰·莎士比亚的报告，有30个或40个叛军被杀死在宫内。其他人的说法是超过60人。印度人的一份记述估计，宫内外有不少于500个反叛者"品尝了死亡的冰冻果子露"。[81]

太后被抬进了隔壁房间，她在混乱与喧嚣中仍然艰难地维持着"男女之大防"。有人发现蒙纳·詹藏在王座之下抽噎。他曾短暂地占据过这个王座。太后和蒙纳·詹都被逮捕。穆斯塔法·汗死于混战，没有品尝到约翰·洛向他承诺的绞索的滋味。美丽的德里公主之前被强行拉进太后的政变，现在得到了解救。炮击刚开始，她就被抬进了旁边一个小房间。她两个女仆中的一人胳膊骨折了，她们把若干衣服捆在一起做成绳索，把德里公主从24英尺的高度放入庭院。她从那里逃走。第二次脱离已故丈夫的宫殿令她如释重负。

王宫内的叛军被扫荡干净的时候已是上午9点。常驻代表现在急于尽快举行加冕礼。大扫除开始了，人们将死尸和伤员从御座厅中清理出去，并扫净污血和碎玻璃。

红亭收拾得比较像样之后，常驻代表带着旅长和全体英国军官（他们的军服上还沾着无烟火药的气味）从那里走到邻近的宫殿，接受一大群勒克瑙贵族士绅的欢迎。约翰·洛将王冠戴在穆罕默德·阿里·沙颤抖的脑袋上，他坐在了自己的侄孙，即孩童国王（或者说王位觊觎者）刚刚离开的宝座上。

今天，那王座及带尖钉形饰物的王冠被保存在侯赛因什叶派会堂。这座会堂是穆罕默德·阿里·沙在其短暂的统治期间建造的，他如今也长眠在这里。很少有王室家具经历过这般惊险的夜晚。[82] 老王已死，新王万岁。不再有"哎呀呀天呐"，不再有"万岁"的欢呼。接管王权的是精打细算的财政管理者。精明的老哈基姆·迈赫迪应召出山，再度担任首相（不过，几个月后他就去世了）。没过多久，国家财政就恢复了元气。新王没有与理发师和舞女一起度过时间，而是忙于处理公文和税收账目。纳西尔·丁颇得民心，毕竟他非常欢快活泼，他那种令英国人鄙夷的幼稚只要不是太浮夸，往往会让人觉得可爱。不过，他不配得到人民的爱戴。但在道路对面的常驻代表府，没有人哀悼他。英国人感到满意，因为他们在凌晨顺利解决了棘手问题，并且是以高度冷静的姿态解决，不过倒也没有为此吹嘘。[83]

约翰·洛陪同太后和男孩返回常驻代表府，派士兵守卫他们。起初祖孙俩被分开，但后来约翰听到孩子在哭，于是让他和太后待在一起。此后，约翰不时来看望祖孙俩。太后在读《古兰经》，看上去静如止水。[84]

新国王看到她走了，如释重负。他告诉常驻代表："太后是他知道的最邪恶也最肆无忌惮的女人。只要她还在勒克瑙，他就不得安宁。"[85]

城里仍有骚动。据传有人阴谋发动叛乱，企图杀死常驻代表并营救太后和男孩。也有传闻说英国政府可能会改变主意，推翻常驻代表的决策。[86] 洛意识到，他的这两个囚徒不能继续待在常驻代表府，也根本不能留在城里。7 月 11 日午夜，太后和蒙纳·詹被送上有帘子遮蔽的轿子，在大量步兵和炮兵的护送下，离开了常驻代表府。约翰·莎士比亚负责押解他们。他们行进了一天，没有停下来休息，而这一天是一年中最热的日子之一。这支戒备森严的队伍于 7 月 12 日晚上 9 点 30 分抵达了奥德边境上的坎普尔，在那里渡过恒河。

随后，约翰把男孩的母亲阿夫扎尔·玛哈尔送去，还送了太后府邸的 18 名女奴，10 套男女服装，19 车服饰、黄金与家具，以及太后最喜爱的鹦鹉。她很思念这鹦鹉。

囚徒们最终被送到瓦拉纳西附近的丘纳尔要塞，身陷囹圄，在那里了却残生。约翰将他们迅速从勒克瑙转移，从而平息了城里的骚乱。新国王毕竟是大家都熟悉的人，不仅是前一任国王的叔父，还是曾经的首相。

尽管得到母亲持久的爱，蒙纳·詹长大成人之后很不讨人喜欢，无论是相貌身材还是火暴脾气和任性，都与他父亲神似。后来见过他的人，比如斯利曼上校，都毫不怀疑，他就是纳西尔·丁的亲生儿子和王位的合法继承人。[87]

我很好奇，约翰·洛此时有没有回忆起二十年前他亲自护送另一位君主囚徒去坎普尔的那一天。先是佩什瓦，然后是奥德的孩童国王……他坚信应当维护土著王公的统治，却亲自推翻了其中两位，这是多么的怪异。

不过，公司董事会对那一夜的工作很满意，赞扬了洛中校的冷静和勇敢。他们命令宫廷画家迪费·德·卡萨诺瓦先生作画以纪念红亭的场景。[88]这幅画作用乌贼墨颜料绘制，标题为《1837 年 7 月 7 日，太后企图为蒙纳·詹篡夺奥德王位》。画面看起来很昏暗，不过确实表现出了当时的朦胧和混乱。图中，英勇的常驻代表傲然挺立；他的内弟约翰·莎士比亚蓄着浓密而漆黑的髭须，被太后的支持者押着；王座下方的轿子里依稀可以看见太后。

奥克兰勋爵对洛也很感激，当然是有限度的感激。在官方层面，奥克兰勋爵于一周后写信表彰洛"此次表现出的高水准的判断力和敏捷；他［奥克兰勋爵］对太后的部分狂热支持者的丧命感到遗憾，但他理解，要阻止当时正在全城迅速蔓延的不满情绪与无政府状态，就必须果断采取最强有力的措施"。

然而，他补充道："但如果洛中校在这个紧急关头没有接受新国王签署的无条件臣服文件，我会更高兴。"[89]他不希望让外界觉得英国政府强迫了战栗的老叔父。这个批评只出现在内部档案里，没有对外公布。从奥克兰勋爵迅速开始利用这种"臣服"的速度，可以看出他的真实立场。[90]

几天后，奥克兰勋爵就给约翰·洛发去了新条约的草案。该草案强迫新国王为新的辅助部队支付军费，让现有的英国驻军离开、去奥德之外开展军事行动。奥克兰勋爵完全无视这样的事实：为了支付现有驻军的军费，奥德已经将一半以上的领土割让给了英国。

洛无比震惊。他坚决反对此项条约，因为它明目张胆地"更多服务于我们的目的和利益，而不是奥德国王或其臣民的直接利益"。这样的条约"会严重伤害一位品行端正的土著君主的感情，现任国王一定会特别痛苦"。[91]奥德国王被要求为了同一服务付两次钱。洛的原计划的根基是"扶植新国王，但不强迫他为自己的登基付出一个卢比，也不要他割让一英亩土地"，他在原计划中给这个条件画了表示强调的下划线，如今他在 8 月 3 日给奥克兰勋爵的信中给这句话再次画了下划线。如果"废黜国王的时候遵照的是开明的、真正无偏见无私欲的政策路线，那么当新国王凭借自己的合法权益继承王位之后，英国政府难道不更应当奉行上述路线吗？"约翰这封信里有很多微妙的，甚至是呕心沥血的礼貌言辞。他承认："在过去几天里，我发现自己的立场与对有我知遇之恩的政府有巨大差别，这让我倍感遗憾和痛苦。"但他坚持己见。

奥克兰勋爵拒绝让步。他在 8 月 11 日的回信中拐弯抹角地告诉洛中校，他的职责就是服从上级命令，不要质疑为了祖国利益而必须采取的措施是否符合道义、是否合法。最后他发出了隐蔽的威胁：

> 我很明白，你和我一样热切希望支持我们国家的荣誉，巩固它的力量；我若不是对你百般信任，相信你一定会热情洋溢并高效地执行任务，就不会对你在勒克瑙的工作表达我惯于表达的满意了。[92]

但厌恶奥克兰勋爵的新条约的，不止约翰一个人。在最高议事会上，罗斯先生和亨利·莎士比亚叔叔都指出，1801 年的条约已经规定"奥德的纳瓦布没有义务为任何额外军队承担军费"。前任国王已经割让了国土的一半，怎么能让现任国王再付一次钱呢？奥克兰勋爵仍然固执己见。但董事会也坚决认为，奥克兰勋爵提议的新交易会严重败坏英国的声誉。

最后，奥克兰勋爵满心不情愿地撤销了关于新驻军的条款，向每年 16 万英镑的军费告别。他本打算把这笔钱用于阿富汗战争。但奥德国王仍然被强迫向英国政府提供 46 万英镑的巨额贷款，以用于阿富汗战争。[93]

即便如此，奥克兰勋爵仍然不肯光明正大地行事。他在被提拔到加尔各答之前（他实在是不称职）还算是个害羞但正派的单身汉。而如今，他竟告诉国王，自己放弃新驻军，仅仅是"出于大度"。他始终没有告诉穆罕默德·阿里·沙，后者签署的条约被伦敦完全否决了。因为奥克兰勋爵的偷奸耍滑，二十年后人们还以为 1837 年条约是有效的。只有约翰·洛本人（到那时已经是最高议事会成员）有能力澄清真相。他于1839 年 7 月 8 日（也就是奥克兰勋爵敲诈勒索奥德国王的差不多两年后）正式告诉奥德国王，他永远不必承担新驻军的费用。但没有人告诉国王，1837 年条约早就死了："时至今日勒克瑙没有一个人，无论欧洲人还是土著，得到过正式的通知。"[94]

我们见过韦尔斯利勋爵贪得无厌地吞并了纳瓦布的一半领土。我们见过黑斯廷斯侯爵阴险地诱骗纳瓦布自立为王，然后从他那里敲诈一笔又一笔贷款。现在，我们看到了奥克兰勋爵的狡猾，他先是迫使新国王签署了不公正的条约，然后隐瞒真相，并掩盖自己的方案遭到上级驳斥的可耻情况，同时还强迫国王借出巨款。

多年来，不少英国历史学家喜欢说某位总督比另一位优越或者低劣。但如果你是勒克瑙的纳瓦布或哪怕仅是普通公民，你都只会觉得英国总督都是一路货色：对土地和金钱同样欲壑难填，攫取土地和金钱时同样肆无忌惮、无所不用其极。在纳瓦布的金库充盈时，总督会纠缠着向他借款：黑斯廷斯侯爵于19 世纪的头十年借款，阿默斯特勋爵在 20 年代，奥克兰勋爵在 30 年代。而在纳瓦布的金库变得空荡荡、他欠了东印度公司的债（通常是因为维持东印度公司驻军的巨大开销）的时候，总督就坚持要求纳瓦布割让大片土地来还债。韦尔斯利勋爵于 1801 年在奥德这么做过，达尔豪西勋爵于 1854 年在海德拉巴如法炮制。欲加之罪，何患无辞。

但约翰·洛是一位老军人，习惯对各种情况安之若素。1837年末，伊登三兄妹逆恒河而上，约翰·洛和奥古斯塔照例热情欢迎了奥克兰勋爵的两个姐妹。（不过，总督本人觉得自己不方便来勒克瑙，因为礼节规定他不能向奥德国王鞠躬敬礼，尽管唆使他们自立为王的正是英国人自己。）在之前的风波平息之后，奥克兰勋爵丧心病狂的计划被静悄悄地搁置，穆罕默德·阿里·沙安安稳稳地治理着他的王国，奥德终于名副其实地成为"印度的花园"。

埃米莉·伊登对自己在宫中享用的早餐赞不绝口："那简直像《一千零一夜》中的情景。"她用一贯风趣而快节奏的语言风格概括了勒克瑙近期的政治事件："六个月前，前任国王酗酒而死；随后L中校发动了某种革命（他自己险些在这座宫殿中丧命），扶植现任国王登基；所以对当前的王族来说，现在是早期岁月。"[95]

伊登姐妹一行参观了王室游艇、御花园和御马。晚间河上有焰火表演："河对岸有灯火构成的巨大字母，'上帝保佑印度总督乔治·奥克兰勋爵'，'真主保佑奥德国王'，然后是个句号。然后是单独的'勒克瑙常驻代表L中校'。没有说他是不是得到'保佑'。这些词句的拼写有错，但用意良好……河上到处是满载焰火的木筏，前方的船上载着舞女，她们一直在跳舞，不管有没有人观赏。"[96]

在L中校于御座厅和太后讨价还价的时候，在一侧旁若无人地跳舞的，或许也是这群舞女。但谁能说得清呢？如伊登小姐所说，没有人在欣赏她们的舞姿。

注释

[1] Emily Eden, *Up the Country*, p. 62

[2] Fisher, *Indirect Rule*, p. 303.

[3]《勒克瑙的交际花》的女主人公总是会回到王后的宫殿过穆哈兰姆月，她最早就是在那里开始当交际花的（Ruswa, 1961, and Peter Chelkowski, 'Monumental Grief: The Bara Imambara' in Lucknow, *City of Illusions*, ed. Rosie Llewelyn – Jones, 2011, pp. 101 – 135）。她厌倦了人生之后，就梦想在圣城卡尔巴拉度过余生。

[4] *Narrative of a Journey through the Upper Provinces of India from Calcutta to Bombay*, 1824 – 5, ii, p. 394.

[5] 五年后，他当上了英印总督，后在私人日记里吐露心迹："我们的目标应当是，让英国政府事实上占据主宰地位，即便名义上并非如此。我们应当让其他邦国事实上成为我们的附庸，即便名义上并非如此。这些邦国不应当是在莫卧儿政府统治下那样，而应当享有完整的国内主权……建成这样一种体制需要时间和有利的机遇。它也必然会导致德里朝廷的彻底衰败。"（Journal, 1858, 6 February 1814, i, p. 30.）

[6] Fisher, 'Imperial Coronation', p. 260.

[7] Irwin, p. 112.

[8] Resident to Secretary to Government, August 28, 1823（Bengal Political Consultation, 12 September 1823, No. 21）.

[9] IOR/F/4/1652/66001, Captain John Paton, *The British Government and the Kingdom of Oude*, 1837, p. 209. 1845 年，关于当时奥德国王荒废朝政的报告达到了骇人听闻的程度，于是英印总督"指示常驻代表不参加国王的年度加冕礼，以表示愤慨"。接收这些命令的代理常驻代表是奥古斯塔的兄弟约翰·道兹威尔·莎士比亚，下文会详细讲他在勒克瑙的生活（Shakespear to F. Currie 29/9/1845, see Safi Ahmad, *British Residents at the Court of Avadh, 1764 – 1856*, Lucknow, 1968）。这一年也没有举行加冕礼。

[10] 常驻代表不是有具体使命的特使，也不是"萨菲尔"（Safir, 阿拉

伯语，意思是"斡旋和平的人"）。他也不是"伊尔齐"（Ilchi，突厥语，意思是"特命全权大使"）。常驻代表也远远不止是"瓦吉尔"（Wakil 或 Vakeel，阿拉伯语，意思是"得到信赖的私人使者"）。常驻代表是两个国家互相熟悉和了解的渠道，代表其中一个国家常驻在另一个国家的宫廷。这个职位的新颖性，同时还有暧昧性，很有吸引力。荷兰人、德国人和日本人在他们后来开发的殖民地借用了这个词。南亚次大陆的外交语言是波斯语，而波斯语中的"常驻代表"居然就是英语 Resident，这很有趣（Fisher, *Indirect Rule in India*, pp. 47, 49）。

[11] 几年后，董事会的秘密委员会在给总督的建议中加强了该法案的主张："无论土著邦国处于目前的状态，还是将来会发生任何变化，我们都绝不能背离这样的普遍原则：我们对目前已经占有的土地完全满意，绝不会通过战争获取更多领土。"（July 21, 1786, Choksey, *British Diplomacy*, p. 30.）

[12] July 8, 1803, K. M. Panikkar, *The Evolution of British Policy towards Indian States 1774 – 1858*, p. 39. 当时在德里担任常驻代表的查尔斯·梅特卡夫写信给长期担任那格浦尔常驻代表的理查德·詹金斯，说所谓的不干预原则，即与土著邦国保持距离的原则，是行不通的，必须经常偏离该原则："我希望看到该原则被公开放弃……我们应当抓住一切有利机会保障和扩张我们的势力。"（November 3, 1814, quoted Fisher, *Indirect Rule*, p. 213.）詹金斯有同感。他期待马拉塔战争能打破旧的、对英国人限制很多的条约，并在印度中部建立若干新邦国，让英国人不受约束地控制它们（Fisher, op. cit., p. 215）。但经验会给人不同的教训。二十年后，梅特卡夫暂时代理英印总督（等待奥克兰勋爵上任），此时他回顾往昔，得出的结论是："我们曾努力干预土著邦国，以改善其管理。这些努力都一败涂地……干预政策可能产生恶果，而带来好处的可能性极渺茫。我认为应当尽可能避免干预。"（Minute of August 14, 1835, *Life and Correspondence of Charles, Lord Metcalfe*, ed. J. W. Kaye, 1854, I, pp. 196 – 7.）

[13] 韦尔斯利本人对自己的名誉并非不敏感。他写信给在辛迪亚宫廷的常驻代表，建议后者修改征税指标，因为目前的指标数字会"让利德贺街敌视韦尔斯利勋爵的人有把柄去指控他行事不公、贪

得无厌"。(May 1, 1804, Eur Ms Add 13602, quoted Fisher, *Indirect Rule*, p. 175.)

[14] Fisher, ibid.

[15] Paton, *British Government*, p. 85.

[16] 这笔战争借款的利息（每月 41606 卢比）的一半以上（25000 卢比）被付给了富可敌国的大臣哈基姆·迈赫迪，因为若不是哈基姆的劝诱，奥德国王是不肯出钱的（Paton, pp. 89 - 90）。据估算，从 1764 年到 1856 年，东印度公司从奥德统治者那里榨取了共计 5200 万卢比低息贷款，更不要说至少 600 万卢比的"补助金"（用于扶植公司中意的人选当统治者）。在 1801 年奥德统治者割让大片领土给公司之前，他每年还要缴纳 700 万至 800 万卢比军费，以换取英国军队的保护（Fisher, *Indirect Rule*, p. 382）。

佩顿上尉本人是东印度公司的忠实雇员。他在自己直言不讳的史书（仅供总督和董事会阅读）中写道："若没有看到隐秘的行动，这些贷款仿佛是盟邦与英国政府融洽合作的令人欣喜的明证。"他写明了英国人多么残忍地从纳瓦布手里榨取贷款（Paton, p. 80）。

[17] *A Journey through the Kingdom of Oudh, 1849 - 50*, W. H. Sleeman, 1858, i, pp. 325 - 330.

[18] Fanny Parkes, p. 59.

[19] Ibid., p. 60.

[20] 十年后，约翰·洛辞别时在给马多克的报告里引用了这段话，此时马多克已经是总督的政治秘书。September 30, 1842, IOR/F/42002/89405.

[21] Paton, *British Government*, pp. 99 - 102.

[22] November 9, 1831, IOR/F/4/1430/56539.

[23] Low, p. 134.

[24] Pemble, p. 67.

[25] Ibid., April 2, 1832.

[26] *The English Constitution*, 1867.

[27] Paton, pp. 105 - 108.

[28] Low, p. 141.

[29] 他为常驻代表府找到了一个绝妙地点，即城外 3.5 英里处的查尔

花园，"那是个宜人的地方，空气清新，水也纯净，恒河运河从它附近流过"。常驻代表的首席助理佩顿中尉发回了一份有价值的汉弗莱爵士（英剧《是，大臣》《是，首相》的主要人物之一，狡猾、迂腐而擅长操控他人）风格的答复：常驻代表需要住在城里，"因为他时常需要与政府保持近距离的顺畅联络……"（August 5，1831，IOR/F/4/1430 56528.）这个问题可以等到奥德安定下来之后再考虑。这真是"等时机成熟再说"这个经典推诿手段的娴熟运用。后来，常驻代表找到了一个新的不搬家的理由。如果将常驻代表府迁往查尔花园，"很多勒克瑙居民会失去安全感，因为他们依赖英国政府。如果距离常驻代表很远的话，他们就没了安全感"（October 7，1832，ibid.）。

约翰·洛上任之后，奥德国王再次提议将常驻代表府迁往查尔花园。约翰给出了又一个新的不搬家的理由。史蒂文森医生指出，"如果欧洲人居住的地方比周边都低洼，那么在每年雨季之后几乎必然会患热病几个月时间"。约翰还没有忘记特立帕苏尔的沼泽地（Low to Bentinck，February 13，1832）。

奥德国王又提议了另外两个地点：穆萨花园（那里已经有一座大房子），以及戈默蒂河对岸、靠近国王赛马场的一个地方。约翰早有准备。他说，通往穆萨花园的道路在下雨之后就无法通行，并且离王宫甚至更远，足有五六英里远；而赛马场的那个地点和查尔花园一样低洼。

纳西尔·丁随后说：那么你想要哪里都可以，就连国王在郊外的园林迪尔库沙（意思是"心之喜悦"）也可以给你；不过国王要保留迪尔库沙现有的那座豪宅，那是对诺森伯兰的西顿德拉瓦尔厅（设计师为凡布鲁）的模仿和改造，是戈尔·乌斯利少校（曾任勒克瑙的代理常驻代表）为萨阿达特·阿里·汗建造的。

约翰·洛骑着他的阿拉伯马到了迪尔库沙，发现园林围墙附近有三个地点很合适，地势比目前的常驻代表府高，并且距离王宫不超过2.5英里。他向本廷克勋爵透露，他完全能理解奥德国王的意愿，即占据城里地势最高、最舒适宜人的地点。本廷克勋爵同意，府邸现在的地点"似乎确实雄踞于王宫之上，几乎令人恼火"，而府邸与王宫及其阴谋诡计隔开一段距离或许是好事。（他还在为莫当特·里基茨的腐败而烦恼。）

毕竟，奸诈的里基茨在担任常驻代表的最后三年里居住在河对岸的英军兵站，比新的常驻代表府的地点更偏远。约翰承认："我们应当满足奥德国王的一些无害的虚荣要求，让他拥有目前的常驻代表府所在的地点。他打算在那里建造一座庞大的、金碧辉煌的宫殿，并在那里植树，建造林荫大道，一直延伸到铁桥。"很显然，国王的隐秘动机也包括，"将常驻代表府从城里迁走，就可以逐步地产生这样的效果：国王本人在自己的都城既拥有君主之名，也拥有更完整的权力"。

但常驻代表住在城里有一个好处："我们就会不得不彻底废黜土著君主。"即便在此时，洛也认为，英国人会"完全掌握最高权力，若有必要的话，恢复现在的常驻代表府也丝毫不费事"。约翰提出了谨慎行事的建议，这很有前瞻性，但他太志得意满，将自己的建议忘在了脑后。勒克瑙常驻代表府的地理位置对约翰·洛自己会非常重要，而后来也会对印度的命运产生影响。

[30] See John Keay's *The Great Arc* for this fascinating project.

[31] 呈送到常驻代表那里的案件有时会比较猎奇。1834 年 11 月 21 日，约翰处理了一个要求将逃亡女奴返回原主的案子。申诉者是一个皈依了基督教的印度人，叫马丁先生。他曾是冒险家、将军和富豪克洛德·马丁（勒克瑙的一些雄伟宫殿就是他建造的，包括他自己的宅邸马丁府，这是世界上最非同寻常的建筑之一）的门生，后来就用了他老师的姓氏。约翰专断地告诉马丁先生，英国政府"绝不会承认奴隶制，即便在外国也是如此"。次年，另一个案子里，一个叫亨特的人与妻子吵架，他妻子是为奥德国王服务的一个乐队指挥的女儿。夫妻动起手之后，她的娘家人把亨特先生家里的财产全部搬走，声称这些财物是她第一段婚姻里就有的。亨特先生附上了冗长的财物清单，包括五支银茶勺、五支银盐勺和一支银锅铲。所有这些信息都被上报到了加尔各答，这能解释为什么很多总督会死于案牍劳形（IOR/F/4/1652/66003，November 21，1834 and August 17，1835）。

[32] Low to Bentinck, November 18, 1833, Mss Eur D1082, Pemble, pp. 36 – 7.

[33] Pemble, p. 43.

[34] December 31, 1832, IOR/F/1456/57362.

［35］ Low to Macnaghten, December 4, 1834, IOR/F/4/1651/66000.

［36］ Llewelyn-Jones, *Engaging Scoundrels*, pp. 69 – 70.

［37］ Rosie Llewelyn-Jones 在 *Engaging Scoundrels* 一书中研究了德鲁塞特的账簿。令人惊讶的是，这些账目一丝不苟，尽管其中的条目完全是为了玩乐。勒克瑙的理发师的荒诞行为第一次为世人所知，是因为 1855 年出版的《一位东方国王的私生活》，该书是对纳西尔·丁宫廷生活的描写，颇为惊世骇俗。它引起了很大轰动，英国报纸和议会立刻拿它作为证据，指责印度土著宫廷腐化堕落，并证明英国人接管这些土著邦国且建立清正廉洁的新政府是完全正当的。英国吞并奥德的部分理由就是这份绘声绘色的报告。后世历史学家倾向于对这本书本身（而不是其内容）发出谴责，说它炮制丑闻或者臭名昭著，或者“几乎可以肯定是虚构捏造的”（Pemble, p. 108）。而且这本书的作者是匿名的，仅仅说是“已故奥德国王陛下宫廷的一位成员”。这也对否定该书的立场有利。根据内部证据，该书材料的提供者被认定是奥德国王的图书馆馆员爱德华·克罗普利（不过国王不怎么读书）。该书的编纂者是威廉·奈顿，他成为颇受尊重的名人，在科伦坡一所学校当校长，后来成为加尔各答印度学院的历史与逻辑学教授。

　　Pemble 抱怨的对，该书确实有前后不一致的地方，而奈顿添加了其他来源的资料。奈顿也确实热切希望英国王室吞并奥德。但不管怎么说，《一位东方国王的私生活》的内容基本上是真实的。一个不可辩驳的证据就是，大约在同一时期，约翰·洛给加尔各答的秘密报告的内容基本上与之相同。

［38］ Knighton, p. 88.

［39］ Ibid. , p. 47.

［40］ Ibid. , pp. 71 – 83.

［41］ December 14, 1834.

［42］ John Low to Macnaghten, 30 September, 1836; Rabit, p. 63 et ff.

［43］ Knighton, pp. 152 – 6.

［44］ Low to Macnaghten, ibid.

［45］ Low to Macnaghten, September 23, 1836.

［46］ Ibid.

［47］ Rabit, pp. 11 – 12.

[48] Sharar, p. 57.

[49] Rabit, p. 4.

[50] Sleeman, ii, p. 174.

[51] Ibid. , pp. 137 – 67. 斯利曼说不准她是德里皇帝的侄女还是孙女。

[52] Ibid. , pp. 181 – 2.

[53] Ibid. , p. 139.

[54] Edwardes, p. 29; Archer, I, pp. 1 – 27.

[55] Sleeman, ii, p. 172.

[56] Ibid. , p. 149.

[57] Ibid. , pp. 142 – 3.

[58] Ibid. , i, pp. 156 – 61. 奈顿关于此事的不同版本，参见 pp. 133 – 47。

[59] Rabit, p. 63.

[60] Sleeman, ii, p. 141.

[61] Ibid.

[62] Ibid, p. 115. 纳西尔·丁的一个伯父有好几个儿子，没有考虑把这几个王侄立为继承人，似乎有点奇怪。但纳西尔·丁的这个伯父已经去世，而根据伊斯兰教法，他的儿子们在王位继承顺序当中排名靠后。纳西尔·丁急于否认两个男孩是自己的亲骨肉，我们也会觉得奇怪。但约翰·洛最终得出的结论是："国王陛下没有自己的亲骨肉，并且憎恨自己的亲戚，所以相当愿意让奥德的土著主权在他这里戛然而止。"（Low to Macnaghten, September 23, 1836; Irwin, p. 127.）

[63] Low to Macnaghten, September 24, 1836.

[64] Fisher, *Indirect Rule*, pp. 321, 327.

[65] 这是一种多层次的相当复杂的体制。它在很大程度上依赖于信用票据（Hundi）的流转。在距离信用票据签发地点很远的地方，人们也可以交换票据。它有的时候相当于纸币。最低级的交易员要掌握复式簿记。大型城镇里有培训银行从业人员的学校。某些作物，如鸦片和棉花的期权市场，因为受外界无法预测的环境变化影响，所以也是风险管理的一部分。速度超快的驿站体系能保证商人完全掌握市场趋势，而先进的保险体系可将运输风险降至最低。韵文和歌谣教会孩子们，最好将资本分成四份：一份以现金形式藏起来；第二份投资珠宝首饰；第三份放债收息；只有最后

一份用于投资贸易。

印度商人对西方一些风险很大的商业行为，如有限责任公司和股份公司，都持怀疑态度。印度商人在做生意时非常注重家庭和宗教，并且极端注重远景，所以德里某些较古老的公司会举行一年一度的仪式，膜拜他们的旧账簿。这既是在崇敬建立公司的祖先的美德，也是在做出要维护家族信誉的承诺。这些仪式一直流传到今天，与英美某些企业老总的思维模式形成鲜明对照，发人深省。朝圣者和宗教机构在商业经纪和批发生意当中发挥了积极作用。印度商人过着理智和虔诚的生活（或者说，其理想是过这样的生活），外在的夸耀越少越好。这很像17世纪阿姆斯特丹商人处于鼎盛时期的状态。

印度商人虽然与英国人有密切的商业联系，但很少与英国人交往。马图拉的行政长官马克·桑希尔在1857年兵变期间返回自己的岗位后，发现英国人的所有平房都被烧毁，于是决定接受赛斯家族的邀请，到他们家暂住。赛斯家族是印度最富有的巨商名门之一。"我在印度生活了多年，但我们英国人与土著的生活互相隔离，我对他们的生活习惯几乎一无所知。走进赛斯家族宅邸对我来说就像一场魅力十足的冒险。"他惊讶地发现，赛斯家族的豪宅里"缺少对我们来说最稀松平常的日常便利用品"。他们没有餐盘也没有瓷器，吃的也只有米饭和面糕，喝的只有水和牛奶，而牛奶是在火上炖过的，带有烟味。

所以，用贝利的话说，"尽管有了轮船、商业机构和股份制银行，印度的商业社会对西方人来说仍然几乎像中国的商业社会一样，是个难解之谜"。每一次经济危机中都有一批西方的商业机构破产关张，但比较保守而耐久的印度商业家族一般都能生存下去。所有人，从发行债券的英国总督到寻求贷款去买种子和农具的农民，都依赖这些商业家族。那时和今天一样，西方人难以理解亚洲的资本主义。那时和今天（从2008年至今，有一系列西方银行破产）一样，西方人对亚洲资本主义的优点知之甚少，也不甚尊重。难怪洛中校感到困惑，为什么孟希要死守着常驻代表府的工资很低的职位（Bayly, *Rulers*, *Townsmen*, pp. 275 - 80）。

[66] Low to Macnaghten, September 30, 1836.

[67] *Bentinck Papers*, Low to Bentinck, September 17 and 29, 1834.

[68] Low, pp. 165 – 6.

[69] Ibid. , p. 59.

[70] Ibid. , p. 135.

[71] January 1 and May 17, 1832, Low, pp. 135 – 6.

[72] Low, p. 138.

[73] Ibid. , pp. 144 – 5.

[74] 这是乔治的一首诗，用于庆祝他的兄弟里士满被任命到戈勒克布尔税务部门的测绘处。里士满在该单位参加了对印度全境的测绘制图工作（即"大弧线"工程）。

> 少校家里铺着不习惯用的垫子，
> 少校的脸上挂着不常见的笑意，
> 少校的妻子兴高采烈地走来走去，
> 收拾布置房间，翻来翻去。
> 这消息飞向阴郁的戈勒克布尔，
> 愚蠢的青年在那里探索丛林深处，
> 拉伸测量长链，使用经纬仪，
> 自以为正确，其实错得离谱。
> 消息传来，里士满欣喜地出发了！
> 他的裤子破破烂烂，
> 呜呼，多么贫穷！他唯一的一条裤子，
> 最后一条，最亲近的一条裤子，开裂了。
>
> 老族长倚靠在遥远的座席，
> 这喜讯抚慰了他的心灵，
> 印度兵，或者印度兵的主张不再让他烦恼，
> 他挥舞瘦削的胳膊，喜悦地呼喊！
> 勒克瑙的蛮族女王，她的恐怖行径中止了，
> 她整理自己威严的衣衫，挥舞她的手绢！
> 野蛮的造物分享影响力，
> 在他粗俗的赌博里洗牌，你们的北极熊。
> 万岁！所有人呼喊，踏上尘土、顶着赤日与酷热！
> 向轿子疯狂聚集的土地致敬！（Low, pp. 199 – 200.）

[75] Ray, *The Buried Life*, p. 45.

[76] Ibid. , pp. 45 – 46fn.

[77] Low, pp. 169 – 70.

[78] Auckland to Low, February 4, 1837.

[79] Llewelyn-Jones, *Engaging Scoundrels*, p. 79.

[80] Sleeman, ii, p. 152.

[81] Pemble, p. 84.

[82] John Shakespear's account, IOR/F/4/1652/66003, reprinted in *Papers Relating to the Government of Oude*, House of Lords, 15th August 15, 1838; see also Sleeman, ii, pp. 152 – 68; Sharar, p. 58.

[83] 莎士比亚中尉当天为政府写了一篇完整的记述。约翰·洛只为其添了几个脚注。约翰·莎士比亚和他家的其他人一样喜欢写打油诗，这次也写了一首：

> 所有人都鄙视你，无人为你落泪，
> 你就这样，年纪轻轻就去了黑暗沉默的坟墓，
> 你喜欢与低贱的伙伴一起，唱歌跳舞，
> 度过漫漫长夜，这么多不符合君主的身份。
> 你的宫殿屋顶回响着他们
> 纵酒狂欢的呼喊与疯癫的呓语。
> 说笑打趣，一口饮尽穆斯林不应当
> 喝的酒。啊，你坐在宴会桌前时，
> 卑贱的伙伴簇拥在你身边时，你
> 从来不肯听一听，你的臣民
> 忍受的压迫与冤屈。(Low, pp. 195 – 6)

[84] Rabit, p. 87.

[85] Sleeman, ii, p. 175.

[86] Ibid. , pp. 175 – 6.

[87] Ibid. , p. 184.

[88] Low, p. 187.

[89] Auckland to Low, July 19, 1837, and Minute by the Governor-General, reprinted in *Sessional Papers Relating to the Government of Oude*, 1838, Nos 10 and 6.

[90] Pemble, p. 83.

[91] Low to Macnaghten, July 28, 1838.

[92] Pemble, p. 84 ; Home Misc 828 / Mss Eur D1082.

[93] Pemble, p. 85.

[94] *Papers Relating to the King of Oude*, printed March 15, 1858 ; Minute dated August 22, 1854. See also Safi Ahmad, pp. 13 – 20.

[95] Eden, *Up the Country*, p. 61.

[96] Ibid. , p. 63.

10 拯救者里士满

洛中校正处于人生的巅峰。在此之前和之后，他都没有机会像现在这样百分之百地掌控自己目力所及范围之内的一切。他扶植自己选中的国王登基。他的选择对人民福祉来说是正确的。他占据了道德高地并坚守在那里，挫败了总督盘剥新王的企图。作为常驻代表，他的年薪是 66000 卢比。他春风得意，家中也添了新丁。

奥古斯塔刚刚生下了他们的第二个儿子罗伯特·坎利夫·洛，出生日期是 1838 年 1 月 28 日。婴儿在常驻代表府被清风吹起"涟漪"的草坪上爬行玩耍。等到天气暖起来，保姆就把他带到凉爽的地下房间。经历了五次怀孕生产的奥古斯塔如今已经很富态了，坐在地下房间里忙着给自己扇风。洛奶奶从克拉托写信来说，两个最大的孩子长势喜人。"马尔科姆特别帅，小夏洛特对自己的弟弟喜欢得不得了，成天炫耀弟弟的能耐。"[1]

小夏洛特的祖母对她十分疼爱：

> 亲爱的夏洛特健康状况极佳，成天乐呵呵。今天晴朗宜人，她刚出去散步。她的衣裙非常漂亮，很适合她，从来没有一只孔雀比她更为自己的鲜艳尾巴而自豪了。今天早上，她走进我房间后转过身去，向我展示她的裙子。我用法语问她今天是不是要出去散步。她用法语答道："天

气好的话我就去。"不过你不要以为她懂很多法语,她只会说学过的一些问答,不过她自己有很多词,只是她自己用。每天晚上她离开我房间之前都为你俩祈祷。我真的没有溺爱她。我给你举个例子吧。她有把小叉子,有时饭后走进餐厅时会用它。有一天,她用小叉子挠桌面,我不准她挠,她偏要挠,于是我把叉子从她手里拿走。她走进育儿室,对自己的玩偶格拉妮娅讲话:"格拉妮娅,你今天叉子的事情做得很不乖哦。如果你安安静静,就能把叉子拿回来了。你却大吼大叫起来。"[2]

这小姑娘有一种迷人的自信,让老姑娘姑母和到访的年迈将军们都为之着迷。亲爱的夏洛特现在是很多人的关注焦点,但她没有因此被宠坏。她会听话地跟着女仆走,告诉大家她会回来,并向大家道别。[3]星期天,她会用糖水向在印度的所有朋友"祝酒"。她的功课主要是法语和《圣经》,学《圣经》显然是因为她那虔诚的姑妈乔治娜的敦促:"小可爱现在能背诵《创世记》第一章,但书本知识还没有超过字母表……她听到一个生词的时候,就立刻问法语怎么说。她的英语口音有点像伦敦人,常常把 V 读成 W……她告诉乔治娜,狠〔很〕多人说她很聪明。乔治娜告诉她,在这方面,不要听见什么就信什么。"[4]

一位朋友刚从英格兰来到勒克瑙,捎来一幅苏珊·伊丽莎白·洛戴着褶边帽子的水彩画像和夏洛特的细密画像,两幅画的作者都是弗雷德里克·克鲁克香克。约翰写信感谢了这些让他期待已久的礼物,它们能让他想起他最爱的两个人。在信中,他还说希望克拉托庄园改良的建造部分已经竣工,并提醒母亲在房子周围种不同品种的树。他现在越来越想家了，做梦梦见的都是圣安德鲁斯的高尔夫球场、克拉托的抽水马桶卫生间，最重要的当然是孩子们。他在印度的那么多年里一直珍藏着母亲的来信，它们是诱惑他回家的呢喃低语：去看看南墙下成熟的桃子，在潺潺的杜拉登小溪①旁乘马车兜风，聆听法夫郡邻人风趣的闲聊。[5]

在勒克瑙待了七年之后，他终于负担得起离开印度的开销了。如今他差不多可以算富豪了：

> 我的职业生涯到了一个有意思的，也许可以说是激动人心的阶段，因为我把攒的钱都寄回家，并买了一些印度股票，这些股票让我有资格在股东大会的董事选举中投票。
>
> 而且我现在只需要在这里再待两个炎热季节，或许只要一个，但……在这里待到 1840 年的极大好处不仅仅是多拿 3000 英镑，而且我不需要离开这里就能获得上校军衔。[6]

精明而低调的低地苏格兰人最接近忘乎所以的状态就是这样了。就连法夫银行的债主再次向他索要 1000 英镑也没有让他消沉。法夫银行是在十三年前破产的。和今天一样，在当时，银行破产仿佛中等尺寸的彗星，会留下一连串害人的残骸。[7]

他仿佛看见了母亲那警觉而忧心忡忡的面庞（很像他自己的面庞）开始皱眉头，于是赶紧向她保证："然而，我希

① 杜拉登小溪在苏格兰法夫郡库珀附近，长约三公里。

望，自己不要为了金钱那么纠结……但让我一想就开心的是，只要我在这里再待上两年多一点，就能有足够的金钱教育并供养我的儿女（我说供养他们，指的仅仅是让他们有能力自力更生）。"虽然已经表达得这么含蓄着了，他还是觉得有必要补充一句，没人"比我更懂得，人生无常，难以预测"。[8]

他生活中唯一不好的一面是他自己的健康。离他上一次远行去气候较温和的地带已经过去了十五年。他在印度度过了十五个夏季，肺和肝都承受了很大损害。医生警告道，除非他"到凉爽的地方彻底休养十二到十五个月"，否则他一定会病势沉重。他和奥古斯塔与婴儿罗伯特动身去了加尔各答，从那里乘船去好望角，而好望角是所有在印度生活的英国人疗养的地方。奥古斯塔的哥哥约翰·莎士比亚有资格休一次长假，于是和他们一起去了。但在加尔各答，他陷入了爱河，上船之后就开始闷闷不乐。[9]

他们抵达好望角之后，心情沮丧的不仅是约翰·莎士比亚一个人。奥古斯塔患过一场严重的热病，之后变得非常抑郁。医生建议让她和婴儿罗伯特继续去苏格兰。但几周后她振作了起来，决心和丈夫一起待在好望角。小罗伯特被托付给威廉·洛夫妇（约翰·洛的弟弟和弟媳），他们把他送到克拉托。威廉·洛夫妇在回国途中经过好望角，正好捎上小罗伯特。奥古斯塔需要在自己的婴儿和丈夫之间选择时，一般都会选择约翰。

她身边没有孩子的情况不会持续很久。与小罗伯特分别六个月后，她生下了第三个儿子，取名约翰·阿尔韦斯。我们将会听到很多关于罗伯特的故事，但很少听到约翰·阿尔韦斯的消息，除了他十七岁返回印度时的一个令人难忘的情节，当时印度陷入了地狱般的大乱。

好望角的和煦海风对洛夫妇的健康大有裨益。十八个月前他们从胡格利河起航时带走了一个儿子，如今他们返回加尔各答的时候带来了一个新的儿子。奥古斯塔的身体完全恢复了，很快又怀了孕。这速度也太快了一点，规律性也太强了。这是他们在印度生的最后一个婴儿。到1841年末，约翰在勒克瑙的工作就满十年了，他在印度效力已经足足三十六年。此时他五十三岁，其他很多军官还没到这个年龄就已经退役了。现在该是回家的时候了，至少要休一个长假，也许是彻底退役。他们要趁夏洛特、马尔科姆和罗伯特还是孩子的时候见见他们，还要趁他母亲还在世时去拜见她。

然而就在此时，发生了一件大事，令英国的整个印度帝国摇摇欲坠，让约翰·洛猝不及防。这是国家的奇耻大辱，也是个人的灾难。和所有的灾难一样，事情出了之后人们向各个方面发出诽谤攻击，但大家都清楚，真正的罪人只有一个：总督奥克兰勋爵乔治·伊登。在他两个姐妹的日记（范妮和埃米莉都写日记）里，乔治（被称为G）的形象是一个爱发牢骚、笨拙、相当缺乏耐心的单身汉，但并非完全不讨人喜欢。总之，从日记里能看出他的姐妹为什么喜欢他。但在帝国霸业的舞台上，他的短处造成的后果是灾难性的，并且是可以预见的灾难，也的确有人预见到。

奥克兰勋爵产生了一个想法，就是派遣一支军队穿过印度河进入阿富汗，去帮助老国王沙·舒贾复辟，驱逐残暴而强大的军阀多斯特·穆罕默德。奥克兰勋爵的目的是控制阿富汗这个令人担忧的北方王国，防备俄国人或其他有可能支持阿富汗政权而敌视英国的势力，比如波斯人，甚至还有法国人。

最早做这个梦的人不是奥克兰勋爵本人，他起初不肯研究这个计划。他受到了三名助手的怂恿，分别是麦克诺顿、科尔文和亨利·托伦斯。这三人都是"现代化推进者"那一派的狂热分子，埃米莉·伊登在书信中讥讽地称他们为 A 先生、B 先生和 C 先生。后来为奥克兰勋爵辩护的人，包括科尔文的儿子（也叫奥克兰，为的是纪念他父亲的老上司），说奥克兰勋爵实质上是在执行伦敦的命令。但当时在印度的人不是这么看的。的确，印度事务部和英国政府的书信里常常表达对西北边疆的焦虑，希望能稳稳地控制那里。但"前进政策"和入侵阿富汗的决定是奥克兰勋爵一个人的责任。

起初，他的计划仅仅是，英国人应当鼓励沙·舒贾与锡克教徒的大酋长兰吉特·辛格结盟，以收复舒贾丢失的领土。舒贾已经多次尝试收复这些土地，但都失败了。"英国待在幕后，操纵钱袋子即可。"但随着1838年春季天气越来越热，奥克兰勋爵越来越热衷于这样的想法：英国应当加入联盟并出兵。兰吉特·辛格对此大喜过望："这就像往牛奶里加糖。"这是任务蠕变①的经典例子。

按照约翰·凯爵士的观点，西姆拉令人陶醉的空气应当负部分责任。"不幸的是，当时奥克兰勋爵没有和他的议事会在一起。他当时正在去风光宜人的山地疗养胜地西姆拉的途中。在那里，我们的总督被不负责任的顾问簇拥着，没有听取合法的议事会成员的意见，就决定了若干个帝国的命运。西姆拉是印度斯坦境内产生了最多政治癫狂的地方。"[10]凯去世很久之

---

① 任务蠕变是指任务原先的目标有限，但在执行过程中，或许是受到起初的成功的鼓励，任务规模和目标扩大，最后往往以惨败收场。这个词于1993年美国干预索马里内战时首次使用，后来延伸到商业领域。

后，西姆拉仍然造就了许多糟糕的决策。在那里，寇松①想出了灾难性的孟加拉分治②计划；在那里，荣赫鹏③入侵西藏的计划被制订出来；最具灾难性的是，有关各方在西姆拉商讨了印巴分治的问题。

即便在这座魔山上，奥克兰勋爵仍然踌躇不决。在喀布尔的英国特工亚历山大·伯恩斯上尉是个胆大包天、没心没肺的人。他不觉得让多斯特·穆罕默德在阿富汗掌权有什么问题。他辛辣地描述了自己抵达西姆拉时的情形，此时奥克兰勋爵已经做出了让英军跨过印度河的决策："他［伯恩斯］抵达时，

---

① 乔治·纳撒尼尔·寇松，第一代凯德尔斯顿的寇松侯爵（1859~1925），英国保守党政治家，1899~1905年任印度副王，1919~1924年任外交大臣。在印度期间，他整饬教育、警察和文官制度，降低税收，惩办欺压土著的英国人，并派遣荣赫鹏使团去西藏；他巡视印度各邦，下令修复泰姬陵，珍视印度艺术和文化遗产。尼赫鲁对他颇有赞誉。寇松年轻时游历甚广，去过中亚、波斯、阿富汗等地，是英国的中亚问题专家。1919年英国政府提出的苏联与波兰边境线被冠以他的名字，称为"寇松线"。

② 1905年的孟加拉分治是由时任印度副王的乔治·寇松主持的孟加拉地区划分，将孟加拉地区分为东西两部分，由此引发了当时英属印度剧烈的政治动荡。该计划在1905年7月提出，10月实施。东部地区主要是穆斯林聚居地，西部则主要为印度教徒。寇松声称这样做可以提高行政效率，但印度人普遍认为这是一种"分而治之"的政策，意图在土著之间制造矛盾，因此感到不满。东西孟加拉于1911年重归统一，穆斯林因为失去了从分治得到的利益而对政府产生怨恨。1947年，印巴分治，孟加拉再次被分割，孟加拉东部（穆斯林为主）成为东巴基斯坦，1971年从巴基斯坦独立，建立孟加拉国。

③ 荣赫鹏爵士（Sir Francis Younghus band，1863~1942），英国陆军中校、探险家和作家，曾在中国长白山、新疆等地探险。1903年4月，印度副王乔治·寇松派遣荣赫鹏和一小队英国士兵入侵了西藏，部分原因是为了阻止俄国人先到达那里。荣赫鹏屠杀了数百（有可能多达数千）藏人，并短暂地占领了拉萨，试图强迫西藏地方政府接受《拉萨条约》。荣赫鹏后成为皇家地理学会主席。

托伦斯和科尔文跑来找他，请他不要说出什么让勋爵大人不安的话；他们劝服勋爵同意此事已经费了九牛二虎之力，即便到了这个关头勋爵也会很高兴有借口脱身。"[11]

利德贺街的董事会肯定是坚决反对此计划的。加尔各答的最高议事会成员也是这样，他们看到总督不征询他们的意见就擅自做出决策，无不怒火中烧。从威灵顿公爵往下的军人都认为这样的远征愚不可及。总司令亨利·费恩爵士认为，任何向西的进攻，只要过了萨特莱杰河，更不要说比它更靠西的印度河，都会削弱英印帝国，而不是加强它："在自己的势力范围之内随便称王称霸好了。但千万不要去遥远的西方。"[12]

我们已经看到，在处置土著邦国的问题上，约翰·洛再三表达与麦克诺顿和科尔文截然相反的主张。在约翰·洛看来，入侵阿富汗的想法十分愚蠢，注定落空。他给自己的老友詹姆斯·勒欣顿爵士写了信。勒欣顿曾是马德拉斯白人兵变的参与者，后来改过自新，刚刚在 1838 年 10 月 15 日成为东印度公司主席。与此同时，英军庞大的印度河军团正在集结，准备穿过积雪和高山隘口，进军坎大哈。约翰·洛给勒欣顿的信内容如下：

> 我唯一担心的问题是，让如此庞大的军队行军那么遥远，开销会大得吓人；而在将来，我们还要在印度河彼岸武装占领坎大哈、喀布尔等地，那样的话我们的阵地会极大地扩展，必将造成莫大的不便。我估计，我们一旦出兵阿富汗，就永远没有办法从那些地区撤军。[13]

但在 1838 年 11 月，任何人若是想追寻军事荣耀或者为国效力，就只有一个地方可去：印度河军团。约翰那个不靠谱的外甥亚历克·迪斯已经和他的团（第5孟加拉土著步兵团）一起在兵站了，此时正在萨特莱杰河畔的菲奥兹普尔平原，那里就是英国领土的边界。

奥古斯塔最小的弟弟里士满还在勘测部门。"大弧线"勘测工程已经进入了最后阶段，正向乔治·埃佛勒斯爵士位于喜马拉雅山脉的"鹰巢"（很凑巧，就在穆索里，也就是约翰和奥古斯塔结婚的地方）挺进。但这个时候谁还会管什么三角测绘！里士满申请调往一个前线连队，没有得到回复，于是从勘测部门辞职。上级不理睬他的辞呈，命令他回部队去。[14]

之前我们讲过，里士满和表兄威廉·梅克皮斯·萨克雷一起在查特豪斯公学读书。里士满现在已经长大成人了。他的大哥约翰给小妹塞利娜写信称："他［里士满］与你上次见他的时候相比，一定已经大变样了。他现在身高六英尺两英寸，身材匀称，身强力壮，蓄着大胡子，聪明敏锐，斗志昂扬。"[15]

里士满真是拥有雄浑的自然之力。他始终活泼向上、乐观且足智多谋。他天生不喜欢读书，第一次考阿迪斯库姆学校的时候失败了，但最后进入了孟加拉炮兵部队。[16]和莎士比亚家族的许多人一样，他擅长机械方面的工作。他的叔祖科林发明了一种可折叠的桥，用绳索和竹子做成，可以跨越300码甚至更宽的河面。这种桥被称为"莎士比亚军用折叠桥"。[17]另一个亲戚约翰·达文波特·莎士比亚发明了一种能在矿井里使用的安全灯。[18]后来，在瓜廖尔和焦特布尔任职期间，里士满在工作坊度过了很多空闲时间，做了大量的电学试验，设计了水泵和风车。他的一项发明取悦了焦特布尔的大君。通过电线，大君殿下可以按下自己宝座旁边的一个按钮，让停放在花园末

端的一门玩具大炮开火。[19]但里士满最重要的身份是炮兵，只
要印度有一场战斗需要炮兵，他就一定在最前线。

在阿富汗，他会需要自己在机械技术和道德方面的所有品
质。10月，他带着通常的"不可救药"的乐观情绪给长姐埃
米莉写信："我被调到了试验性的骆驼炮兵连，大家对这个连
寄予厚望……我行军的装备已经差不多准备齐了，我有一匹好
马，有勤务兵、帐篷、枪、五峰骆驼，并且如道格培里①所
说，'我全身齐齐整整'。此外，我一个卢比的债务都没有，
开始投入作战的时候手头有 1000 卢比。"[20]在去部队报到的途
中，他在勒克瑙停留，拜访姐姐奥古斯塔和哥哥约翰·道兹威
尔，并像往常一样逗弄他俩：取笑奥古斯塔的肥胖和约翰仍然
是单身汉。里士满自己也会遭到哥哥姐姐的嘲笑。约翰·道兹
威尔在一些年前给妹妹的信里写到过里士满："我估计这个年
轻人正在恋爱，但我不知道他的恋爱对象是谁。不过，他是个
很容易受情感影响的年轻人。"[21]随后里士满快活地继续上路，
承诺等他回来之后第一次休假就到勒克瑙。

在奥克兰勋爵与其盟友，旁遮普锡克教徒的统治者兰吉
特·辛格在菲奥兹普尔会面的时候，为兰吉特·辛格鸣礼炮的
正是里士满的骆驼炮兵连。自从金缕地峰会②（奥克兰勋爵手下

---

① 道格培里是莎士比亚喜剧《无事生非》中的角色，是一个自负而昏聩无
能的警官，喜欢用高雅的词语但经常说错，造成滑稽效果。
② 金缕地峰会的召开时间为 1520 年 6 月，地点为今天法国北部加来附近
（当时属于英格兰），会晤双方是英王亨利八世和法王弗朗索瓦一世，会
议宗旨是增进英法两国友谊、维护和平。此次盛会是文艺复兴时代两大
君主的会晤，以奢华著称。双方大量使用昂贵的金线织物搭建营帐和作
装饰，所以峰会被称为金缕地峰会。不过，金缕地峰会的政治影响甚微，
两国关系很快恶化。

一个比较玩世不恭的副官想到了这个典故）以来，还没有过这样的高层会晤。兰吉特派了 600 名园丁在军官帐篷周围安置玫瑰花盆。[22]就连埃米莉·伊登也印象深刻："我们背后是一大群大象，属于我们的营地，或者属于锡克教徒。兰吉特的成千上万支持者都身穿黄色或红色锦缎服装，牵着的马匹身上都装饰着金箔银箔。他们全都浑身珠光宝气。我真的从未见过这样令人眼花缭乱的场面。仅仅三四个锡克教徒看上去就会像阿斯特利马戏团①闹翻了天，而这一大群锡克教徒聚在一处，他们的光鲜亮丽反倒不会显得过于浮夸。"[23]英国人赠给兰吉特的礼物是埃米莉·伊登创作的年轻维多利亚女王的画像。从近距离看，兰吉特相貌"酷似一只老耗子，长着灰色的胡须，只有一只眼睛"，[24]并且是只醉醺醺的耗子。但是，他创建了一个庞大的帝国。在宴会上，至少范妮觉得他展现出了某种气度。他穿的是朴素的白色宽松外衣，只戴了一颗珠宝，就是"光之山"钻石。

这支光辉璀璨的队伍出发之时，奥克兰勋爵已经收到消息，整个远征的理由已经大大缩水，如果不是彻底消失了的话。俄国人和波斯人都已经收回了他们咄咄逼人的姿态，撤退了。当时担任英国外交大臣的帕默斯顿勋爵②已经说服俄国外

---

① 阿斯特利马戏团的创建人菲利普·阿斯特利（1742～1814）被誉为现代马戏团之父。他的马戏表演与当时的传统不同，是在一个圆形场地内进行，而不是走直线，后来 circus（圆圈）有了"马戏团"的意思。阿斯特利一度大红大紫，曾为法王路易十五表演，后来建立了很多马戏团表演场地。

② 亨利·坦普尔，第三代帕默斯顿子爵（1784～1865，旧译巴麦尊），他两次担任英国首相，三十多年里主宰了英国的外交政策，其间的外交举措颇有争议。他极受民众欢迎，擅长运用舆论推动英国民族主义和爱国主义。

交大臣涅谢尔罗迭伯爵①，撤换了驻波斯宫廷的那位咄咄逼人的俄国大使，并召回正在坎大哈煽动麻烦的俄国特工。波斯人得知英国备战后大为惊恐，已经放弃了对赫拉特②的围城战。约翰·凯爵士指出："至此，英军的远征已经没有正当目标。剩下的就只有篡夺和侵略。"[25]奥克兰勋爵的"西姆拉宣言"把波斯人围攻赫拉特当作主要的出兵理由。现在他符合逻辑的选择就是解散大军，或者更好的路线是精简军队，在西北边境留下一支拥有足够慑力的防御力量。当然，他需要给兰吉特·辛格金钱补偿，并与多斯特·穆罕默德达成协议。这两位酋长都是会玩态度一百八十度大转弯的老手。这种政策会花费数百万卢比，但肯定远远少于全面入侵和占领阿富汗所需的费用。

就连热情高涨的里士满在几个月后也写信给埃米莉·迪克和她的丈夫："我们若是多年前就与多斯特·穆罕默德和坎大哈酋长达成协议，今天就不用派遣这支军队渡过印度河了。多斯特·穆罕默德试图与我们订立条约，希望我们保证兰吉特·辛格不会侵犯他，但我们拒绝了。于是他向波斯求助，俄国人就找到了机会与他和他的兄弟交流。"[26]每一个熟悉印度事务的人都能看得清这一点，而里士满此时才二十七岁。只有奥克兰勋爵在 A、B、C 三位先生的怂恿下，无视赤裸裸的现实。这是一个经典案例：一个软弱的人因为害怕别人觉得他软弱，

---

① 卡尔·涅谢尔罗迭伯爵（1780~1862），出身波罗的海德意志家庭的俄国外交官，担任俄国外交大臣长达四十年，是重要的保守派政治家。他试图扩张俄国在巴尔干和地中海的影响力，导致俄国与土耳其、英国、撒丁王国和法国等发生冲突，这就是 1853~1856 年克里米亚战争的起源。

② 赫拉特为中亚古城，在今天阿富汗的西部，古时一度是世界上最大和最繁荣的城市之一。

就执迷不悟，最终造成致命后果。于是印度河军团投入了战争：1.5万个欧洲和土著兵、沙·舒贾提供的6000人组成的非正规军，还有不少于3.8万个印度随军人员和3万峰骆驼。[27]

唉，骆驼啊。刚恢复自用的军团司令、陆军将领威洛比·科顿爵士光是搬运自己的行李翻过山口就动用了260峰骆驼。一个小小的旅长也需要50峰骆驼。军团携带的葡萄酒需要300峰骆驼搬运。有一个团专门用了2峰骆驼运载优质马尼拉雪茄。[28]亨利·费恩爵士告诫部队要轻装急进，但如约翰·凯爵士所说的："英国人有一种天生的习性，不管在地球的哪个角落，都要带着让自己过得舒舒服服的全副家当。"在军官食堂里，大家的感觉是，这不是决定生死的作战，而是"一场宏伟的大阅兵"。

里士满觉得自己的炮兵连缺少骆驼："如果我们每门炮有六峰而不是四峰骆驼，我们也许跟得上骑兵，除非路面坑坑洼洼。有一天，我们被一条宽不过四英尺的水道阻挡了三个钟头。你想象不到那些可怜的骆驼如何跌跤、溅起水花、咆哮。一头骆驼跌倒，另一头拖着它继续走，一会儿工夫，先前那可怜的牲口就蜷缩成了一小团，脑袋和脖子在一侧，后腿伸到前面，前腿折叠到后面……但最让人意外的是，把这峰骆驼的索具解开之后，我们发现它毫发未伤，并且它在沙子和水里打了滚之后显得更加精神抖擞了。"[29]

这些麻烦还仅仅是在平地上，大军还需要跨过印度河的各条支流，然后穿过远方的沙漠。翻越波伦山口①才是真正艰难

---

① 波伦山口在今天巴基斯坦西部，距离阿富汗边境120公里，具有重要的战略意义，历史上是来往南亚的贸易、向南的迁徙和游牧民族进犯的必经之路。

的行程。波伦山口能通往奎达①，后者在当时还只是个凄凉的小村。[30]

在山麓地带，骆驼艰难跋涉，虽然缓慢但不知疲倦地前进。在有些特别难走的地方，就连骑炮兵也需要牵引绳来拖曳火炮。但里士满的很多辎重骆驼走不过高山隘口。"路上到处躺满了骆驼。这些可怜的牲口一直坚持到最后一刻，然后停下来坐下。它们不挣扎也不出声，耐心地等待死亡终结它们的苦难。"[31]很多军官因为缺少骆驼而不得不烧毁自己的帐篷，丢弃自己珍惜的物品。山上下来很多窃贼，偷走成包成箱的方头雪茄、泡菜、马德拉葡萄酒和古龙水。下一个隘口是通往坎大哈的霍贾克山口，更加难走。已经有数十匹骑兵战马精疲力竭，无法前进，于是士兵不得不将其击毙。试验性的骆驼炮兵连上山和下坡时都需要牵引绳，一弄就需要一天工夫。一辆大车的牵引绳绷断，里士满被倾覆的大车撞倒。"两个轮子都从我身上轧过去，好在不重。地面很软，所以过了两三个钟头我就能走路了。两三天后我就恢复了过来。"[32]因为牲口死尸倒在水坑里，水变得腐臭，喝那种水的人很快就会腹痛难忍、腹泻不止。随军人员的口粮几乎耗尽。一名军官曾看见一具尸体，死者嘴里还咬着死牛的软骨。他们还没有真正遇见敌人，就已经遭了这么多罪。

跌跌撞撞走上坎大哈平原的大军身心俱疲，士气低落。但在坎大哈，他们撞上好运。他们预想的激烈抵抗没有发生，而是陆续有一些当地贵族来向沙·舒贾效忠。麦克诺顿（现在是奥克兰勋爵派驻阿富汗的使者）相信这证明他的主张一直

---

① 奎达今天是巴基斯坦俾路支省的首府。

是正确的：阿富汗人尊重正统，很高兴看到真正的君主复辟。
但对今天的我们来说，这些前来"弃暗投明"的贵族仅仅是
在向他们觉得会胜利的一方押注而已。但麦克诺顿仍然从坎大
哈的宫殿兴高采烈地写信给奥克兰勋爵，说英军仿佛一下子来
到了天堂："我觉得我们各方面都很幸运。今晨沙·舒贾举行
了盛大的入城式，群众对他的感情几乎可以说是顶礼膜
拜。"[33]麦克诺顿已经只能看得见自己想看见的东西了。另一
位观察者，滴酒不沾的浸礼宗信徒亨利·哈夫洛克上尉写道：
"除非我上当受骗了，在场所有民族热情的寄托对象仅限于国
王陛下［沙·舒贾］的亲信而已。据说坎大哈人民对整个入
城式无动于衷。"[34]

　　印度河军团好好享受这个喘息之机是对的，因为通往喀布尔
的路上有很多激战在等他们，尤其是加兹尼要塞。但里士满·莎
士比亚没有参加这些战斗，因为他和另外五名军官奉命陪同达
西·托德少校执行一项特殊任务，去了阿富汗北部的赫拉特。
这一行人中还有来自孟加拉军团的炮兵军官詹姆斯·阿博特上
尉和桑德斯上尉。桑德斯是久经沙场的工兵军官，是里士满的
小妹塞利娜的恋人。塞利娜被称为"亲爱的塞林苏斯"。

　　波斯人刚刚放弃对赫拉特漫长而激烈的围攻。英国间谍埃
尔德雷德·璞鼎查中尉①乔装打扮为马贩子，在这场围城战中
表现英勇。但得胜之后，赫拉特的维齐尔没有表达感激，反而

---

　　①　埃尔德雷德·璞鼎查（1811~1843），英国军官与外交官，在第一次英
　　　　国–阿富汗战争期间有突出表现，被誉为"赫拉特的英雄"。他后来接替
　　　　被谋杀的威廉·海伊·麦克诺顿，成为英国驻阿富汗宫廷的使者。英国
　　　　战败后，璞鼎查是被交给阿富汗人的人质之一，所以躲过了英军灾难性
　　　　的大撤退。当了几个月的人质后，他被波洛克将军的部队解救，后在访
　　　　问香港时亡故。他的叔父亨利·璞鼎查爵士是首任香港总督。

威胁要杀死璞鼎查，还命人砍掉了璞鼎查一个仆人的一只手，并秘密与围城的波斯人谈判，宣称："我向真主起誓，我宁愿承受沙的愤怒，也不要一百万英国人的善心。"这句格言在我们今天的时代仍然常常回响。[35]

托德少校的使命是安抚维齐尔，并确定英属印度与沙·舒贾领地的边界，这样一来在英属印度以北的缓冲地带就能有一个亲英政权。这是后来所谓"大博弈"的经典招数。而和"大博弈"的大部分招数一样，这次行动也具有挑衅性，并且代价高昂。赫拉特的维齐尔是个残暴的人，他会把自己的敌人活活煮死或烤死。[36]里士满的任务是向赫拉特人传授炮术。但那里没有铸造厂也没有火药厂，所以他的工作是巧妇难为无米之炊。但他得到了其他方面的补偿："我们在法拉赫河停了三天，抓到一些很好吃的鱼，吃了一些甜美的葡萄，每颗葡萄都有青梅那么大，口味极佳。"[37]这个地区风光秀美，气候宜人，还有很多猪可以杀了吃。

然而，新威胁的来源不是波斯人，而是俄国人。英国入侵阿富汗，就像"大博弈"中的绝大多数行动一样，引起了反作用。近几年来，俄国边境城镇奥伦堡的总督佩罗夫斯基伯爵①一直在游说朝廷，希望吞并土库曼人的希瓦汗国，从而复

---

① 瓦西里·佩罗夫斯基伯爵（1794～1857），俄国将领和政治家，1812年参加博罗季诺战役后，在撤往莫斯科的途中被法军俘虏，一直到1814年拿破仑战败后才重获自由。1833年他成为奥伦堡总督，1839年率军远征希瓦汗国，部分是为了营救被穆斯林奴役的俄国人，部分是为了趁着英国正在打第一次阿富汗战争，扩大俄国的版图。但由于准备不足和天气恶劣，佩罗夫斯基的远征军损失惨重，无功而返。1851年他再次征讨希瓦汗国和浩罕汗国，这次取得了胜利，迫使希瓦于1854年签订不平等条约。

兴俄国在该地区的势力。他的借口是营救数百个被希瓦人绑架和卖为奴隶的俄国农奴。但是，英国入侵阿富汗刺激圣彼得堡做出了反应。沙皇的大臣们决定远征希瓦，"巩固俄国在中亚的势力，结束希瓦人长期的肆无忌惮，并抵制英国政府持续在该地区扩张从而损害我国工商业的恶行"。[38]俄国人的这些目标和英国人从相反方向推进的目标其实大同小异。

托德少校自作主张，希望抢在俄军抵达希瓦之前让希瓦释放那些俄国俘虏，好让俄军没有继续推进的借口。于是在1839年圣诞夜，他派一小队人在詹姆斯·阿博特上尉领导下给希瓦可汗送去了一封友好的书信。行动的第一步十分顺利。阿博特身穿阿富汗服装，来到希瓦，发现俄军已经因为疫病流行而被迫撤退了。因为天气恶劣，佩罗夫斯基的骆驼损失了一半，兵员也损失了将近一半。希瓦可汗表示，如果俄国政府释放它所羁押的数百名希瓦臣民，他也愿意释放所有俄国俘虏。阿博特动身前往圣彼得堡，去传达希瓦可汗的意思。但不幸的是，他于途中被土库曼土匪俘获，此后杳无音信。托德少校完全不知道他究竟出了什么事。被希瓦可汗控制的俄国俘虏仍然是长期有效的开战理由，俄军只要做好准备，随时都可能再度进犯。战争的危险仅仅是推迟了而已。

托德少校毫不灰心，决定派出第二个使团，包括一些精挑细选的赫拉特人，由另一名军官带队，即 R. 莎士比亚中尉。如果里士满没有办法让俄国奴隶获得自由，那么起码要查明可怜的阿博特的下落。何况，在1840年5月9日，也就是阿博特离开赫拉特的四个多月之后，托德收到了麦克诺顿的信，内容是授权阿博特在希瓦代表英属印度政府行事。所以，托德不得不派人去寻找阿博特。次日，始终乐观的里士满给姐姐埃米莉写信道:"再没有一个人出征时的得胜机会比我更大的了。"[39]

里士满完全不知道阿博特是死是活,也不知道俄军在撤退还是在前进。俄国人、希瓦人,甚至波斯人都可能谋害里士满。但他仍然十分快活。他在 5 月 15 日早晨的日记中写道:"简而言之,建功立业的机会很大,而风险又微不足道,即便一只鹡鸰的心儿也会为这前景而喜悦。"[40]

和他之前的阿博特一样,他动身时穿的是阿富汗服装:白色平纹细布的头巾,上有很大的褶皱;鲜红色裤子,"裤腿肥得简直荒唐,十分不便";"同样鲜艳"的衬衫;还有一件长长的、无领的浅蓝色印花棉布长外衣,配有克什米尔羊绒围巾。为了抵挡沙漠中的尘土,他还有一件长袖的全身长度的褐色斗篷。他在衬衫内藏着的钱包里有将近 300 杜卡特①,他队伍里的 4 个领头的阿富汗人也各带了同样数额的钱,一共有 1500 杜卡特,约合 900 英镑。队伍共有约 30 人,有 35 匹马和骡子。"最初 17 英里路的确很美;翻越了山顶,我估计那里的海拔有 7000 英尺。有数百座山丘朝四面八方地蜿蜒,山上碧草茵茵;草地上看得见五颜六色的花朵,每个小山谷都有自己的小溪,溪水极其纯净。"[41]

然后,他们来到了干燥的旱地。"白天炎热的时候我们选的休息地点不好;酷热难当,苍蝇特别讨厌,草质一般,水源遥远。"不过这一天他们还是行进了 30 英里,大多数日子他们都能走这么远。在穆尔加布河(一条浑浊而湍急的小溪,两岸是柽柳丛)岸边,"我们遇见一支去赫拉特的粮食商队,

---

① 杜卡特是欧洲历史上很多国家都使用过的一种金币,币值在不同时期、不同地区差别很大。

其中有一个人带着耶拉图恩的卡迪［伊斯兰教法的法官］给托德少校的信。信里说，阿博特上尉不仅拦住了俄军的进攻，还到了圣彼得堡，并拿来了让俄军撤退、拆除要塞的命令。我不相信这是真的，但很难想象耶拉图恩的卡迪为什么要撒这样的谎"。[42]里士满的怀疑是正确的。何况，他的任务是继续前往希瓦。

现在他们来到了土匪横行的地区，这里有成群结队的土库曼奴隶贩子在游荡。"昨天出发之前，卡迪走到我的帐篷，说三个土库曼人把一些赫拉特土著拐走卖为奴隶了。我走出帐篷，看见年轻的达伍德抓住了土库曼人头领的马笼头，正把那一行人带到我们的营地。这里有十个奴隶，其中两个是女奴，其他人都只是小男孩。我羞愧地承认，我傻乎乎地让自己的怒火控制了自己，做出了这样荒诞的事情：我表达了自己的憎恶和震惊。我还愚蠢地教训土库曼人他们掳掠奴隶的行为有多么邪恶。可怜的孩子们看上去瘦巴巴的，吃了不少苦头，但一点都不害怕，并不急于获得自由……我没有权力释放这些可怜人，而且我如果执意释放他们，就很可能会违背我的使命。我希望在达成任务之后能够促使这种可憎的奴隶贸易消亡。如果我放了那些孩子，他们很快就会被奴隶贩子重新抓住。"[43]

在耶拉图恩，他得到当地总督的接见，享用了葡萄干和面包。在总督的帐篷里，他得知，当地比较聪明的部落族人对英俄两大强国的逼近十分恐惧："你以为我们都是大傻瓜，看不清这一切的最终结局是什么吗？你们和俄国人会碰面握手，而我们会在这期间被碾碎。"总督坚持要送给里士满两只很好的鹰，据说每只价值至少四个奴隶。[44]

在穆尔加布河之外，他们依赖一个年轻的土库曼向导在没有道路的荒原上前进。"破晓之时,我看到那个年轻的土库曼人如受惊羚羊般左顾右盼,奔跑到每一座土丘,并向每一座沙丘眺望。这景象太有意思了。"即便有里士满的望远镜的帮助,道路也很难找到,淡水就更难找了。"即便白天也很难找到路,这里的泥土只不过是松软的沙子,轻风吹过就会沙尘漫天。唯一可靠的标记是死骆驼和其他动物的骸骨,这种骸骨很多。曾有热心公益的人自己受累,把一只骆驼的头骨摆到路边的灌木丛上。一般认为这是万无一失的路标。"[45] 里士满在沙地上蜷缩起来打盹,梦见了溺水的土库曼人、望远镜、溪流和活活渴死的恐怖。

即使土库曼向导最终找到了一口水井,水里也满是硝石,臭气熏天。里士满拒绝喝这种水,而是等吃苦耐劳的非正规军骑兵法兹尔·汗带两个皮囊的水回来。这水尝起来有如琼浆玉液,泡茶喝也可口。在这些恶劣条件之下行进 200 英里之后,他们终于抵达了阿姆河河岸:

> 这是一条壮阔的河流,两岸高耸。我估计高高的两岸之间有三英里的距离。河道蜿蜒曲折,一会儿朝这个方向,一会儿往那个方向,留出了面积很大的干河床,上面都长满了茂密草木。登上高耸的河岸之后,就立刻来到了沙漠。我估计另一侧也是如此。这条高贵的河庄严地流淌,不屑于和两岸的荒芜野地有任何联系。对有诗情的人来说,这是很妙的意象……虚空的虚空①……愿上帝让我最终能结束漫游,回到古老的英格兰![46]

---

① 《旧约·传道书》1:2:"虚空的虚空,虚空的虚空,凡事都是虚空。"

　　他们于 6 月 12 日抵达希瓦，在 25 天里一共走了 697 英里。在这里，他们终于得到了关于阿博特上尉的可靠消息。几个月前卡迪的一个儿子奉命去寻找他。阿博特确实抵达了希瓦，与可汗达成协议，然后去里海，打算让俄国人同意释放他们那边的俘虏。但在途中，他遭到 50 个哥萨克的夜袭，被打得失去知觉，右手两个指头被哥萨克用军刀砍掉。他当了俘虏，濒临饿死，而且孤身一人，他的仆人已经被哥萨克当作奴隶瓜分。但卡迪的儿子和可汗派去找他的骑兵吓唬住了哥萨克，将可怜的阿博特护送到新亚历山德罗夫。那里的俄国当局把他送上一艘船，穿过了里海。

　　希瓦城只有几条街，房子都是泥瓦房。地下水非常贴近地表，所以清真寺和集市的地基都不稳，清真寺的宣礼塔都歪歪斜斜的。不过，这里的花园美不胜收，花园周围是 20 英尺或 30 英尺高的土墙，花园中央的杨树树荫下有一个水池，围墙角落里有一座亭子。里士满在这里尽情享用品种繁多的"甜美如新雪"的瓜类，以及葡萄干、苹果、李子和塔糖，同时聆听毛拉①们辩论《古兰经》里的棘手问题。俄国奴隶还在希瓦，有好几百人，而且可汗现在没有理由释放他们，因为俄军已经没有再逼近他要塞的土墙了。里士满认识到，唯一能确保这些俄国俘虏重返祖国的办法，就是他亲自带他们去俄国。然而，他没有权力这么做。尽管他天性欢快，一想到自己肩负的沉重责任他还是严肃起来了。在给埃米莉的一封信中，他写

---

　　① 毛拉是伊斯兰教内对学者或宗教领袖的称号，特别是在中东和印度次大陆。原意为"主人"，在北非也用在国王、苏丹和贵族的名字前。现称毛拉者，多为宗教领袖，包括宗教学校的教师、精通教法的学者、伊玛目（清真寺内率领穆斯林做礼拜的人）和诵经人。

道："都很好，但那可怜的政客［指里士满自己］好管闲事不会得到感谢，反而会被训得狗血喷头……如果能知道有关部门对我一个月前信中所写之事的意见，我甘愿付出一切。上级的信能决定很多人的生死，然而要等两三个月才能收到信，这太折磨人了。"[47]

里士满在希瓦一共待了 52 天，几乎每晚都和可汗一起坐在花园亭子里谈话，逐渐赢得了可汗的信任。可汗大约 45 岁，天性善良，特别渴望知道外界的消息，尤其是英国的情况。里士满渐渐把俄国奴隶集中到他的营地，地点在城外约 5 英里处另一座御花园内。到 8 月 4 日时，他已经集合了 325 个男子、18 个女子和 11 个儿童，这些孩子是其父母在希瓦当奴隶期间生下的。他们全都是东正教徒。这些女人都是从奥伦堡周边的俄国领土掳掠来的，男人要么是里海东岸的渔民，要么是从波斯人那里购买或者俘获的。

从里士满对谈判过程的记述我们可以感受到，在这些偏僻的王国，奴隶制已经成了生活的一部分。负责集合俄国奴隶准备释放的官员本人就是奴隶主，他的两个奴隶从他家中逃走，拖着脚镣跑来，恳求里士满怜悯。

一个俄国女奴拒绝丢下女儿单独离开希瓦。她的女儿在可汗宫中的一位贵妇手里。里士满骑马进城，请求可汗交出那个女孩。"可汗说那女孩自己不愿意走。我说她还未成年，她不能自己做主。他沉默了一阵子；最后，他转向大臣，低声道：'把那孩子给他。'不久之后，一个漂亮的小女孩被带到我面前。光线昏暗，于是我拿了一盏灯，走近去查看这好不容易得来的'战利品'。不料，这泼辣的小女孩尖叫起来，发誓绝不去'那个俄国奴隶贩子'那里！"[48]原来，里士满蓄着黑胡须，穿着波斯长袍，小女孩误以为他是将她从母亲身边抢走的土匪之一。最后她被劝服，跳上另一个人的矮种马，与母亲团圆，其他俄国俘虏山呼万岁。即便到了这时候，希瓦当局仍然拖延搪塞。里士满手里有张仍然被囚的俄国奴隶的名单。他又去找可汗，说可汗若不释放所有俄国俘虏，他就取消整个交易。可汗对他的直言不讳感到震惊，于是命令部下全力配合里士满的工作，违者处死。

当他们开始穿越希瓦与里海之间的荒凉大草原时，一共有416个俄国人，其中很多是老人和妇孺，而里士满之前来的时候的队伍由30个身强体健的男人组成。再加上可汗提供的卫队，他现在领导着一支规模相当大的队伍，要穿越700英里的不毛之地，这段路程的条件比他们之前走过的地段强不了多少。但里士满告诉我们："感谢上帝！旅程让人精疲力竭，但在整段旅程中，我们没有损失一个男人、女人或小孩……没有损失一匹马、一峰骆驼。走过大草原的某个地段时，所有俘虏聚在一起。我从他们身旁经过，看到的是壮观的景象。除了他们自己的语言［俄语］，他们不会说任何欧洲语言。我们之间唯一的打招呼方式就是'安塞俩目阿莱依库姆'①。我骑马从他们身旁经过时，他们向我呼喊这句话。真正的穆斯林不会这样问候一个异教徒，而这句话成了我们这些基督徒之间唯一的问候方式。平原非常开阔，所有骆驼聚成一团前进，妇孺乘坐骆驼两侧的驮篮，唱歌、欢笑。男人稳稳地徒步行进；他们每个人都在计算还有多少天能与同胞团聚，逃离让他们绝望的奴

---

① 这是常见的阿拉伯语问候，在全世界的穆斯林之间以及中东的基督教徒、犹太教徒之间普遍使用。它的意思是"祝你平安"。中文里这句问候语常被意译为"祝安词"，或者音译为"色兰""色俩目"。

隶生活。"[49]

里士满的成就相当了不起。慷慨大方的阿博特上尉在自己的记述中写道:"我仍然认为,若不是莎士比亚上尉这样天才、审慎而恪尽职守的军官在我之后奉命去希瓦,并以迅捷和公正的调停解决了问题,那么谈判就不会有那么圆满的结果。"[50]

他们接近里海东岸的新佩特罗夫斯基要塞(今称舍甫琴柯要塞)时,男性俘虏排成一队前进,妇孺乘坐的骆驼紧紧跟在后面。要塞的俄军指挥官"感激涕零;他接待俘虏的景象十分感人,令我永生难忘"。但正如里士满曾一丝不苟地确保在希瓦找到每一个俄国奴隶,如今他也急于确保俄国人信守诺言。在渡过里海的船上,一些获释的俄国奴隶陪在他身边,然后他们乘坐邮车一路颠簸来到奥伦堡。在那里,在里海沿岸被俄国人俘虏的希瓦人获得释放,被允许回国。一共有640人,"再加上我送来的416个俄国人,我们的成绩令人满意,更不用提禁令挽救了多少人,让他们免于终身为奴了"。[51]这里说的禁令指的是,希瓦可汗颁布了一道命令,禁止抓捕俄国臣民或购买赫拉特土著,违者处死。这在突厥斯坦是非常新颖的命令。

里士满乘坐一辆座位无弹簧的马车,痛苦地颠簸一路,前往莫斯科,沿途受到心存感激的俄国人盛宴款待。11月,他抵达圣彼得堡,生活在那里的大量英国人欣喜若狂。沙皇和皇后接见了他,并向他介绍了一两位大公。叶连娜大公夫人伸手给他亲吻,但他错失目标,"仅仅用我的鼻子蹭了一下殿下的指关节"。与皇室的恩典形成对照的是,俄国政府对他的态度冷淡粗暴,并刻意拒绝授予他一枚勋章,因为他毁掉了他们开战的理由。里士满在给姐姐埃米莉的信中写道："俄国人很恼火，但与希瓦建立了正式的友好关系，至少着手这么做了，并且今年没有俄军向希瓦进发。我们要的就是这个。是谁办成的？哈哈！肯定不会是一个炮兵中尉吧！原谅我的吹嘘，但我因为取得了这次成功而飘飘然了。"[52]

我觉得读者诸君可以原谅他的飘飘然。因为他此时还不到二十九岁，就已经阻止了一场战争，终结了中亚一片广袤地区的奴隶贸易，并解放了超过一千个奴隶，帮助他们回到自己的家园。[53]

在圣彼得堡享乐几周之后，里士满奉命前往伦敦，将英国驻俄大使给帕默斯顿勋爵的报告送去，这个任务正合里士满的心愿。大使的报告赞扬了里士满"了不起的热情、沉着稳重与判断力"。[54]回到英国之后，里士满到处走亲访友。他的舅舅兼姑父弗朗西斯·萨克雷牧师[55]回忆道，蓄着黑胡须的大个子里士满一口气闯进布罗克斯本①的牧师宅，后面跟着忠心耿耿的法兹尔·汗（还拿着长长的步枪）。里士满对牧师的母亲喊道："怎么！你不认识里士满了吗？"威廉·梅克皮斯·萨克雷在《委婉集》中回忆道："他［里士满］到伦敦时，早年在印度待过的亲戚和玩伴再度聚首并握手致意。'我能为你做点什么吗？'我记得那个善良的人［里士满］这样问道。"至少在伦敦，政府愿意表彰里士满。1841 年 8 月 31 日，在王宫，年轻的维多利亚女王册封里士满为爵士。这一次，和叶连娜大公夫人接见时一样，他在典礼中笨手笨脚，结束下跪起身时竟然跌倒了。我们不知道是谁画了《请起立，里士满爵

---

① 布罗克斯本在英格兰赫特福德郡。

士！》，但我怀疑是玛丽安娜。毕竟她的鸡蛋与葡萄静物画曾荣获银奖。这个奖本来应当是女王的叔父苏塞克斯公爵颁给她的，但他没有按计划到场。

阿富汗战争的英雄们获得了奖掖。1839 年 7 月 23 日轻松占领喀布尔并扶植沙·舒贾复辟之后，奥克兰勋爵于 1839 年 12 月被提升为伯爵。一个月后，新任总司令约翰·基恩爵士成为男爵，麦克诺顿成为从男爵。英军在进军喀布尔途中成功攻克的要塞加兹尼成了一种新舞步，而"加兹尼"是时髦的舞会上都会跳的舞。在阿富汗首都，英国人照例开始用他们自己的方式玩耍：板球、赛马、溜冰和业余演戏。高级官员开始把太太接过来。威廉·麦克诺顿爵士接来了令人生畏的范妮·麦克诺顿，有人说她是《米德尔马契》里罗莎蒙德·温西①和《傲慢与偏见》里凯瑟琳·德·波尔夫人②的合体。"斗士鲍勃"·塞尔将军③接来了更让人生畏的塞尔夫人佛罗伦蒂娅以及他们最小的女儿亚历山德里娜。有人提出要永久性吞并阿富汗，甚至要将帝国的夏都从交通不便的西姆拉搬到风光妩媚的喀布尔山谷。莫卧儿皇帝不就是每年 5 月从德里和阿格拉搬到克什米尔和贾拉拉巴德吗?[56]

---

① 《米德尔马契》是乔治·艾略特的小说，其中罗莎蒙德·温西是个美丽但虚荣而浅薄的女性角色。她的丈夫为了满足她的虚荣，不得不放弃自己的理想。

② 凯瑟琳·德·波尔是《傲慢与偏见》里的人物，是达西的姨母，她希望把自己的女儿嫁给达西。

③ 即陆军少将罗伯特·塞尔爵士（1782～1845），他年轻时就在东印度公司麾下从军，参加过针对蒂普苏丹的塞林伽巴丹战役，曾在阿瑟·韦尔斯利（威灵顿公爵）麾下战斗。在第一次英国－缅甸战争中，他参加了攻克仰光的战斗，与敌军将领单挑，将其杀死。在第一次英国－阿富汗战争中他坚守贾拉拉巴德，后死于第一次英国－锡克战争。

　　但等到里士满爵士在册封典礼上笨拙起立的时候,阿富汗局势已经变得阴森可怖。根据英国与沙·舒贾的条约,麦克诺顿才是"阿富汗的真正国王"(这是墨尔本勋爵①的辛辣评价)。麻烦恰恰就出在这儿。麦克诺顿这个执拗、酷爱读书的阿尔斯特人或许渊博到了令人难以置信的程度——埃米莉·伊登尖刻地说,他"波斯语说得比英语流利,阿拉伯语比波斯语流利;但在亲密的交谈中,他更喜欢说梵语"[57]——但他那著名的蓝眼镜下面的双目,似乎看不懂人类世界。他尤其没有认识到,和他一样相信沙·舒贾是全阿富汗合法君主的阿富汗人越来越少。令人尴尬的现实越来越清晰,沙·舒贾只不过是英国人的傀儡而已;真正说话管事的是麦克诺顿,分配贿金的也是他。麦克诺顿同在他之前与之后的很多企图控制阿富汗的政治领导人一样,始终没有理解,这个地区完全缺乏真正的民族意识,因为阿富汗有太多不同的氏族和语言,四分五裂。阿富汗倒不是个"失败国家",它从来就不是一个真正的国家。需要投入压倒性的军力和海量的资源,才能把阿富汗维系在一起。而这两样东西,英国都没有。

　　到1840年9月时,就连一贯乐观的麦克诺顿也如梦初醒,发觉自己的处境岌岌可危。他在给驻扎于坎大哈的罗林森少校的信中写道:"我们这里气氛紧张得不得了。"[58]阿姆河此岸的全体阿富汗人据说都支持流亡的多斯特·穆罕默德。喀布尔城里酝酿着一触即发的气氛。商店停业,人们将亲人送走。坚忍

---

① 威廉·兰姆,第二代墨尔本子爵(1779~1848),英国辉格党政治家,曾任内政大臣和首相。维多利亚女王在年轻时,受到他的很多政治指导和影响。他担任首相期间,英国没有发生重大战争,也没有出现重要的国内问题,所以作为首相他的成就不多。澳大利亚城市墨尔本就得名于他。

不拔的多斯特在静候时机："我就像个木勺子。你可以把我往这里或那里扔，但我不会受伤。"[59] 1840 年的最后一天，东印度公司控制理事会的秘密委员会明确表示，要想借助英国影响力和少量英军来支撑沙·舒贾政权，是办不到的："我们宁愿放弃整个阿富汗，并坦率地承认类似政策的失败。"[60]

从一开始，奥克兰勋爵就向麦克诺顿和总司令明确表示，这将是一场"小规模入侵"。他否决了在喀布尔建造一座新要塞和在坎大哈建造一座新堡垒的请求。他说，沙·舒贾应当自己建立起高效的国民军队，"因为我们的正规军不可能在那里一直待下去，本季节结束后必须撤离"。麦克诺顿在喀布尔安顿下来仅仅一个月之后，就接到西姆拉的命令：来自孟买的部队应集体通过波伦山口撤离，孟加拉军团的很大一部分兵力也将取道贾拉拉巴德和开伯尔撤回印度；剩余兵力将分成若干小规模部队，分散到主要城镇之中，如喀布尔、坎大哈、加兹尼、奎达和贾拉拉巴德。[61]

发放给当地酋长的贿金将大幅减少。吉尔宰①东部的酋长们负责保护喀布尔和开伯尔之间的隘道，英国人停止贿赂他们，这将造成致命后果。这些酋长和其他部落领袖一样，自然期待富得流油的新一批外国人的到来意味着补助金的增加而不是断崖式的减少。而一旦英国新征服的地区出了乱子，麦克诺顿就无法得到任何形式的"资源猛增"。奥克兰勋爵认为征服阿富汗是小菜一碟，所以同时已经展开了针对中国的军事行动，也就是后来所谓的第一次鸦片战争。孟买军团的很大一部

---

① 吉尔宰是历史上最大的普什图人部落联盟，曾在不同时期统治阿富汗地区。

分兵力已被调往海外作战。印度河军团得不到增援。[62]

即便撤走了这么多的兵力，英国人在阿富汗的开销仍然大得惊人。"我们最需要的是金钱，第二需要的是金钱，最后需要的还是金钱。"奥克兰勋爵在1841年3月给麦克诺顿的信中如此写道，"按照你们目前的花钱速度我们还能支持你们多久，我可说不准。但如果再增加开支，我们就会彻底完蛋。"稍微计算一下就能知道阿富汗前景惨淡。加尔各答会计部门的主管写信给奥克兰勋爵，告诉他："不出六个月时间，印度国库就会枯竭。"[63]总司令约翰·基恩爵士得出了必然的结论："阿富汗让我们一年花费一百多万〔实际上至少超过两百万〕。而只有在我们的大炮和骑兵攻击范围内的那些阿富汗人才对我们忠诚……这整件事情一定会完蛋。"果不其然。到1841年8月底，也就是里士满获得册封的时候，奥克兰勋爵告诉麦克诺顿，东印度公司光是为了给员工发工资，就被迫从印度商人那里借了500万英镑的高利贷。[64]麦克诺顿气急败坏地说，在这个时刻放弃沙·舒贾是"最严重的背叛"，但阿富汗行动必须放弃。[65]

英国人从阿富汗撤退的可怕故事已经有很多人讲过了，讲得最精彩的是1851年的约翰·凯爵士和2013年的威廉·达尔林普尔。这场大撤退的恐怖和耻辱啮咬着英国人的灵魂，深入骨髓。巴特勒夫人①的伟大油画《大军残部》更是令人难忘，这幅画描绘的是所谓的唯一幸存者布赖登医生骑着奄奄一息的

---

①　伊丽莎白·汤普森，巴特勒夫人（1846~1933），英国画家，是少数以历史题材（尤其是军事题材）的画作闻名的女画家之一。她的作品涉及拿破仑战争、克里米亚战争、普法战争和第一次世界大战等。她的名作包括表现滑铁卢战役中英军骑兵冲锋的《永远的苏格兰！》等。

马，跌跌撞撞地走向贾拉拉巴德的城墙。布赖登医生的故事于
1842 年 1 月 30 日传到加尔各答之后，"可怜的乔治［奥克兰
勋爵］在十个钟头里老了十岁"，他的妹妹埃米莉说。他尖
叫，暴跳如雷，卧病在床，半身麻痹，夜间俯卧在政府大楼的
草坪上，脸贴着草皮以寻求慰藉。奥克兰勋爵在给控制理事会
主席约翰·卡姆·霍布豪斯的信中写道："我对阿富汗计划寄
予厚望、下了血本。我的计划都是为了公共福祉与公共安全，
如今这些计划失败了，造成了历史上罕见的恐怖和灾难。"[66]

约翰·洛的外甥亚历克·迪斯于 1842 年 1 月 6 日随同第 5
土著步兵团从喀布尔开始撤退。该团负责守卫辎重。第 37 团
和他们在一起，负责护送金库。遭到攻击之后，他们（4500
名官兵和 12000 名随军人员）立刻作鸟兽散，溃不成军，两翼
没有任何掩护。阿富汗部落战士从悬崖峭壁上向他们射击，英
军往往直到听见杰撒伊火枪装填子弹的声音才发现敌人。从撤
退的第一天开始，就有装备很差的印度兵在一望无垠、闪闪发
光的雪地里冻死累死。两天后，多斯特·穆罕默德强悍而喜怒
无常的儿子阿克巴·汗要求英军交出人质，以确保英国人会信
守承诺，撤出隘道另一端的贾拉拉巴德。人质当中包括埃尔德
雷德·璞鼎查、乔治·劳伦斯和科林·麦肯齐①。他们至少躲
过了大屠杀。英军在步履艰难地走进霍尔德－喀布尔隘口之
后，随即遭到血腥屠戮。

---

① 注意，这个科林·麦肯齐与前文讲到的明托勋爵远征爪哇时的科林·麦
肯齐不是同一个人。这里的科林·麦肯齐（1806～1881）是陆军中校和
政治官员，参加了第一次英国－阿富汗战争。塞尔将军进军贾拉拉巴德
的行动中，麦肯齐指挥他的前锋部队。麦克诺顿与阿克巴·汗谈判，麦
肯齐和埃尔德雷德·璞鼎查劝他不要去，结果麦克诺顿去了之后就被杀
死。麦肯齐后来被阿富汗人扣留，最后被英国人赎回。

这是每一首吉卜林诗歌里的噩梦：昏暗的峡谷，在冰冷的湍流中滑行，部落战士从两边的山上如潮水般涌下。3000名英军死亡，被价值10卢比的杰撒伊火枪击毙，被呐喊的村民用刀捅死，或者被活活冻死。英军队伍中的一小群女性几乎全都幸存。领头的是塞尔夫人和已经成为寡妇的范妮·麦克诺顿。（威廉·麦克诺顿爵士的首级被阿富汗人拿到喀布尔的大街小巷示众，以欢庆胜利。）这些女人跟在英军主力部队背后，隔着一天步程的距离，阿克巴主动提出要保护她们，于是妇女儿童加入了规模越来越大的人质队伍。他们被阿富汗人留下，但至少保住了性命。当然，这不是说他们返回喀布尔的途中就没有恐怖的场面。塞尔夫人在日记中写道：

> 我们经过了大约200具死尸，其中很多是欧洲人。全都赤身露体，伤口惨不忍睹……我们看到有些随军人员还活着，浑身冻疮，饿得半死；有些人精神失常，犹如白痴……这景象太可怕；血腥气令人作呕；尸体遍地，我们不可能扭头不看，因为需要让马择路而行，免得践踏死者……后来我们得知，这些可怜人几乎没有一个活着走出这峡谷；他们饿得发疯，靠吃死人肉维持生命。[67]

到1月10日，也就是撤退的第四天时，已有1.2万人死亡。其中就有亚历克·迪斯，他和孟加拉步兵部队的几乎所有战友殒命于此。约翰和奥古斯塔得知噩耗后心如刀绞。亚历克虽然债台高筑、酗酒并且不懂餐桌礼仪，但毕竟有可爱之处。

英军的撤退一片混乱，没有预先派巡逻队去扫荡山坡，补给匮乏并且纪律涣散，这些问题都被归咎于优柔寡断而老态龙钟的威廉·埃尔芬斯通，他是芒斯图尔特的亲戚，不过芒斯图尔特比他精明强干得多。只要是警惕性和积极性处于一般水平的将军，就能在 11 月 2 日镇压喀布尔的起义，并保证井然有序、迅捷稳健的撤退。虽然那样也会有人死于冰雪，也会有印度兵死于杰撒伊火枪，但 1.5 万人的大军全军覆灭的噩梦不可能成为现实。威廉·埃尔芬斯通的水平实在太差。

那么是谁任命了这个窝囊司令呢？当然是总督。而且奥克兰勋爵没有借口说自己不了解埃尔芬斯通这个人。因为就在几个月前的 1840 年 2 月，伊登兄妹在从西姆拉下山的途中还遇见了埃尔芬斯通；当时埃尔芬斯通因为痛风而无法行走，必须有人搀扶。他已经成了瘸子，以至于埃米莉虽然曾经目睹"埃尔菲贝伊"在苏格兰荒野高视阔步，此时却没有认出他来。据牙尖嘴利的诺特将军①（其实原本应当让他指挥）说，埃尔芬斯通即便在健康的时候也是"同衔级的所有军官当中最昏聩无能的一个"。埃尔芬斯通的毛病很多，其中之一是自从滑铁卢战役以来就没有打过仗，并且在五十五岁时重新转入现役仅仅是为了挣钱还债。埃米莉还注意到，他"一个字的印度斯坦语也不会说，他的副官也不会"。埃尔芬斯通说："我的马夫是我们当中印度斯坦语讲得最好的，但我们始终没办法让脚夫理解我们的意思。我以前有个黑鬼仆役会说印度斯坦语，但我这次没法把他带来。"埃米莉对此的犀利评价是："我估计他说的黑鬼指的是印度土著。不大可能找得到一个会说印度斯坦语的非洲黑人。"[68]

---

① 威廉·诺特爵士（1782～1845），出身农民家庭，少年从军，在第一次英国-阿富汗战争中表现出色，遵照埃伦伯勒勋爵的命令抢走了索姆纳特神庙的大门。他担任过勒克瑙常驻代表。

　　尽管伦敦的政府更迭还没有导致更换印度总督，但奥克兰勋爵自己也注定要倒台。坚忍、不招人喜欢、傲慢自负的控制理事会前主席埃伦伯勒勋爵已经于 1841 年 10 月被皮尔①任命为印度总督，并且已经在前往印度的途中。此时，英国在全印度的威望还没有被阿富汗的灾难粉碎。

　　里士满也在返回印度的途中。他只在加尔各答待了几周，就被任命为乔治·波洛克爵士的军事秘书。乔治·波洛克爵士指挥的部队正在白沙瓦集结，准备去贾拉拉巴德营救罗伯特·塞尔爵士。波洛克和埃尔芬斯通真是天差地别，他冷酷无情，理智，铁石心肠。让他指挥这样一支负责惩戒敌人的军队再合适不过了。里士满在行动的筹备工作中承受了极大压力，但他仍然生龙活虎。毕竟他是印度为数不多的未受阿富汗灾难影响的人之一。3 月 30 日，他写信给妹妹玛丽安娜道："我在收拾行装！开伯尔万岁！我在办公桌前坐了六个星期，终于能逃离办公室，真是开心极了。"[69]

　　即便在忙得不可开交的准备期间，里士满也不断地与兄弟姐妹通信，尤其是他最小的妹妹塞利娜。他这次回到加尔各答之后才第一次见到塞利娜，一下子就对她喜欢得不得了。差不多一个世纪之后，他的儿子约翰浏览他给塞利娜的信时，发现一个信封内有两张空白的信纸，而信封上写着"隐形"字样。约翰自己也在印度服役多年，于是立刻使用

---

①　罗伯特·皮尔爵士，第二代从男爵（1788～1850），英国保守党政治家，两次出任首相。他创建了英国的现代警察制度与机构，并被誉为现代保守党的创始人之一。他务实而经验丰富，是一位出色且理智的演讲家。英语当中，罗伯特（Robert）的昵称之一为鲍比（Bobby），而因为他创建了现代警察制度，在大部分英语国家中，鲍比一词除了代表罗伯特以外，亦有警察的意思。

标准的手段——碘与水的混合溶液来让字迹显形。果然，用米粥写的字立刻浮现了：

> 贾拉拉巴德营地，1842 年 5 月 31 日
>
> 我最亲爱的塞林苏斯，
>
> 我今天刚收到你 14 日的来信，它充满了爱与善意……我若是给你写信就会损害我的尊严，所以我想到了用隐形墨水的便宜之计。用波斯人的说法，这是为了挽救我的"深闺贞洁"……我喜欢你，我的小妹，也因为你爱我而自豪。上帝保佑，埃莉斯有朝一日会让我的幸福圆满。然后，有这样的姐妹和这样的妻子，我会多么幸福！时光老人也会为我微笑。[70]

里士满的信里经常提到他的爱人埃莉斯，但他最终娶了一个叫索菲的姑娘。在危急情况下，秘密通信的手段不止隐形墨水一种。用法语词或希腊字母，或者用简单的密码，都可以传递信息而不至于被敌人察觉。塞尔将军用的是断断续续的法语。也有人通过在旧报纸的若干字母下面加点，来编写自己的信息。两个月前的 3 月 12 日，波洛克将军（让里士满当他的抄写员）从白沙瓦给塞尔发去一封典型的加密信。（塞尔将军还是更喜欢用断断续续的法语，而不是密码。）以下是该信的第一段。无须在布莱奇利园①受训也能破译这段密文：

---

① 布莱奇利园是一座位于英格兰米尔顿凯恩斯的宅邸。第二次世界大战期间，布莱奇利园是英国政府进行密码解读的主要场所。轴心国的密码与密码文件，如恩尼格玛密码机等，一般都被送到那里破译。艾伦·图灵曾在那里工作。

YK PQMD SQZQDMX —U my ea eufgmfqp ftmf uf tme
nqoayq m oazeupqdmfuaz ar ftq gfyaef uybadfmzoq ftmf metap
dqoquhq yk dquzradoqyqzfe ar Pdmsaze mzp T. Mdfk nqradq
Uyahq fa kagd dqkuqr. ①[71]

里士满加密的这封信为塞尔将军送去了沉重的消息。波洛
克想等待另一个龙骑兵团和更多骑炮兵从菲奥兹普尔抵达，然
后再去营救塞尔；而且他仍然缺少骆驼和弹药。"所以请你毫
无保留地告诉我，你最晚能坚持到哪一天。"塞尔用隐形墨水
回答称，他手中的咸肉储备将于 4 月 4 日耗尽。[72]

不过，这一次的真实情况没有看上去那么糟糕。骑兵、炮
兵和骆驼都于 3 月 29 日抵达波洛克那里。一周之内，波洛克
的印度兵就在朝开伯尔开进了。里士满匆匆给妹妹写了封信：
"我最亲爱的塞利娜，我好不容易找到半个小时的空闲给你写
信，我亲爱的小姑娘。"他概括了第二天将要开始的行动。这
一次，英军派遣了侧翼掩护部队去扫荡山坡，而路上的大炮只
要发现敌人目标就开火。里士满带领 200 个土著来复枪兵在右
翼推进，冲过隘口，收复了阿里穆斯基德。

差不多在同一天，"斗士鲍勃"·塞尔指挥部队从贾拉拉
巴德突围，他的行动极其大胆，组织工作也做得十分出色。阿
克巴·汗和围城军队刚刚结束了对沙·舒贾之死的庆祝。沙·
舒贾被自己的教子谋杀在一条壕沟里。当太阳从群山之巅升起
时，阿克巴·汗等人看到贾拉拉巴德的几乎全部守军正向他们

---

① 读者不妨自己试试破译。只要将每个字母往后推 14 位即可，比如 Y 代表
M，K 代表 Y。

开进，要塞城墙上的大炮密集射击。这是英军的一次辉煌胜利，尤其是年轻的亨利·哈夫洛克镇定自若，表现突出。1857年兵变期间他会扮演重要角色，而此时他表现出自己"在枪林弹雨中的从容冷静，仿佛是在满是女士的客厅一般"。[73]

波洛克的解围部队蹒跚来到贾拉拉巴德城墙下，发现守军并非如他们设想的那样胡子邋遢、形容枯槁、衣衫褴褛，而是"个个红光满面，健康极佳"。[74]塞尔领导的守军为自己解了围，不管怎么说波洛克使命的第一部分完成了。

现在他们都摩拳擦掌，渴望继续进军喀布尔。但令他们震惊的是，据说冷酷无情的埃伦伯勒勋爵居然要打退堂鼓。他写信给波洛克和诺特，说现在既然已经解救了贾拉拉巴德，打败了阿克巴·汗，他们就应当开始收拾残局，准备撤回印度；但与此同时，他把定夺大权交给了波洛克。

里士满和军中其他人一样，在得知埃伦伯勒勋爵的决定后目瞪口呆，感到愤恨不平。他在 5 月 31 日写信给玛丽安娜称："政府命令我们撤退，但我们已经发出了抗议。我希望这份抗议书能挽救我们于奇耻大辱。如果我们丢下被俘的战友，不做努力就撤离阿富汗，这就只能是奇耻大辱。"他搞不懂埃伦伯勒勋爵在干什么："总督似乎专横武断；我希望他能让我回到自己的团，因为我真的不知道，为这样一个政府效力如何能得到荣誉。"[75]约翰·洛后来写信给芒斯图尔特·埃尔芬斯通说，虽然他与埃伦伯勒勋爵交情不错，但他很高兴自己不需要在埃伦伯勒勋爵领导下工作很长时间，因为埃伦伯勒勋爵是个"鲁莽、朝三暮四的'混账'"。[76]

这其实已经是客气话了。埃伦伯勒勋爵发布的命令让人摸不着头脑，也让人恼火。用约翰·凯爵士的话说："他采纳了

左图：夏洛特·洛，画家是Kenneth McLeay，RSA，1836年。她站在克拉托庄园前方，此时庄园还没有经过约翰·洛的豪华装修改建。这轮装修是他破产的原因之一。

右图：穆罕默德·阿里·沙的肖像，侯赛因什叶派会堂。

上图：装修改建之后的克拉托庄园，也就是洛家族后来的成员熟悉的模样。

下左："再会了！"钮可谟上校返回印度，去修补自己的财政。理查德·道尔为《钮可谟一家》所作的插图。

下右：达尔豪西勋爵，画家为 George Richmond。

上图：海德拉巴的尼查姆，阿萨夫·贾赫四世，在位时间为1829年
至1857年，在最后四年里，他的王国令人悲哀地大大萎缩了。

下图：今日的迪尔库沙，
恢复了莫卧儿陵墓的旧貌，去掉了英国式的包装。

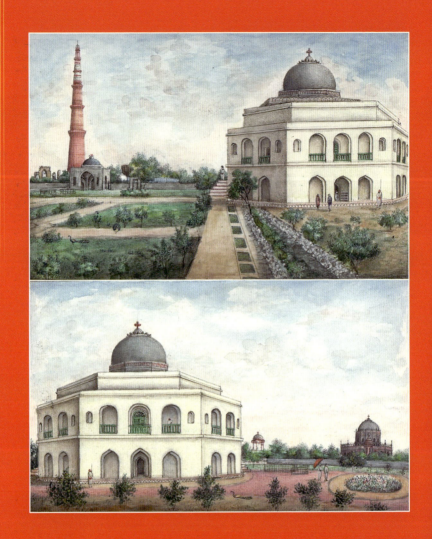

本页为德里的迪尔库沙，背景是顾特卜塔，出自托马斯·梅特卡夫爵士的《德里之书》；下页是它今日的样子。

大兵变之后的西奥·梅特卡夫，照片拍摄者为 Felice Beato，1858年。

左图：少年罗伯特·洛在克拉托庄园，摄于他去印度前不久。

右图：坎宁勋爵（达志供图）

上图：巴哈杜尔·沙二世，
莫卧儿帝国末代皇帝。

下图：巴吉·拉奥二世

上图：桑塔人叛乱，《伦敦新闻画报》，描绘得相当准确。

下图：拉着攻城器械的队伍从安巴拉去援救德里城外的英军。它的缓慢速度让围城同时也被围的英军痛苦不已。（达志供图）

上图：炸开克什米尔门。（达志供图）

下图：克什米尔门的废墟，照片拍摄者为Felice Beato。

肖沃斯准将，大兵变之后，照片拍摄者为Felice Beato。

上图：1843年，莫卧儿皇帝巴哈杜尔·沙二世出游图，作者是托马斯·梅特卡夫爵士（第四代从男爵）。

下图：哈丁勋爵会见瓦季德·阿里·沙，勒克瑙，1847年。东印度公司画派风格画作。虽然总督拥抱了国王，但他此行的目的是警告国王要整顿朝政。（达志供图）

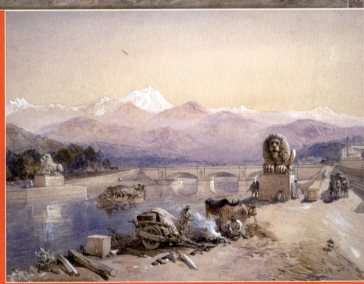

恒河运河，背景是喜马拉雅山脉。水彩画，
作者是William Simpson。（达志供图）

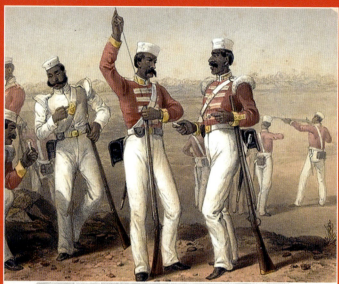

上图：印度兵在进行恩菲尔德步枪使用训练。正是与这种步枪的使用相关的谣言，最终引发了印度兵变。

下图：1857年密拉特的兵变场景

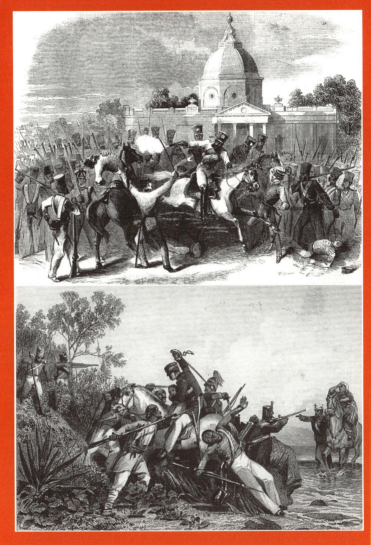

上图：叛乱的骑兵在德里屠杀部队军官。
下图：逃亡的英军军官及其家人遭到叛变士兵的攻击。

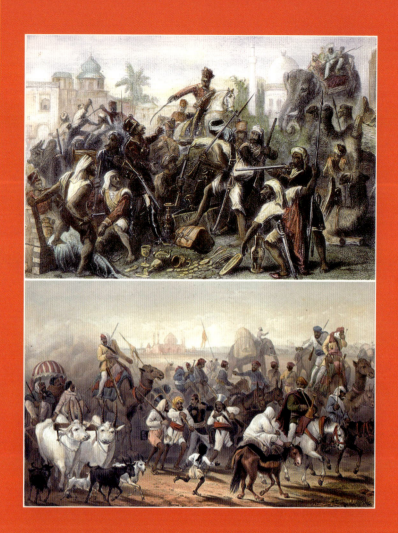

上图：1857年印度大兵变期间，叛乱士兵在瓜分战利品。

下图：印度大兵变期间，英国人在当地还是获得了一些盟友的支持，如锡克人、旁遮普人和廓尔喀人。

或许是全世界政治史上别无他例的便宜之计。他怂恿波洛克和诺特前进，但又坚持要求他们将前进仅仅视为撤离阿富汗的行动的一部分。"[77] 凯说，埃伦伯勒勋爵的命令是如此的暧昧和曲折，是要"将失败之耻强压到将军们头上，而将成功的荣耀都揽入总督自己怀中，或者至少让他分一杯羹"。[78]

不管怎么说，波洛克将军情绪高昂地接受了挑战。里士满写信给埃伦伯勒勋爵的秘书托马斯·赫伯特·马多克（他也为上司的"打了就跑"策略而愤怒）："从来没有过这么让我开心的事情。愿上帝把这些恶棍的老爹都烧死！"[79]

在坎大哈的诺特起初倾向于撤退，但随后他也决定向喀布尔进军。三天后，里士满写道："我最亲爱、最温柔的塞利娜，我满心喜悦地坐下来给你写信，告诉你，我们刚刚得知，诺特将军已经决定向喀布尔进军了。我们当然会去支援他……老乔纳森［里士满的哥哥约翰］知道我们有这样的机会挽回失去的荣誉，一定会兴高采烈。奥古斯塔和洛也一定会开心。这是普天同庆的喜事……姑娘，祈祷的时候不要忘了我。"[80] 在印度全境，洛家族和莎士比亚家族这样的许多家族都在欢庆，相信他们终于能向阿富汗人复仇了。

首先要在霍尔德－喀布尔隘道再打一场激战。"龙骑兵和我们的所有部队都没有心情对敌人心慈手软，因为一路上他们遇见很多惨遭屠杀的我军战友留下的骨骸……今天我们在霍尔德－喀布尔隘道看到了至少 500 具骨骸。这惨景让我们的人简直要发疯。要想喀布尔逃过毁灭怕是很难。但我们必须保住喀布尔城，因为补给依赖于它。"[81] 在贾格达拉克要塞附近的冬青灌木丛障碍带，他们看到数百具死尸被穿刺在灌木上，死者生前企图借助夜色从荆棘丛中爬走，但最终被敌人开枪打死。

为了报复，英国人烧毁了他们经过的每一座村庄、每一片果园，以及每一棵树（有时会在树上先砍出许多深深的缺口，这是杀死树的最快办法）。诺特的部队从坎大哈赶来，他们的报复更加恐怖——用刺刀捅死每一个过了青春期的男性，强奸每一个找得到的女人。报复的高潮是，波洛克有条不紊地用炸药摧毁了喀布尔的大集市，麦克诺顿的尸体曾在这里被挂上屠夫的肉钩子示众。达尔林普尔后来指出，这是一个丑恶的最终讽刺，因为英国人冒险进入阿富汗的最初目的是促进两国贸易。[82]

穆斯林大多已经逃离了城市；身为印度教徒的店主们则留在城里，他们没有参与这场战争。里士满在从喀布尔写给姐姐奥古斯塔的最后一封信里说："有一个让我非常烦恼的话题是，在动乱中站在我们这边的酋长们将来会怎么样。前几天我听人说：'你们的政府很伟大，但它也不能牺牲自己的品格。你们来到这个国家，把人民分成两派，反对你们的和支持你们的。现在你们要把那些支持你们的人抛下不管，他们注定要灭亡了。'我们将来能恢复我们的军事声誉，但这个国家的人会永远憎恨我们。"[83]

但被俘的英国人该怎么办呢？在疯狂杀人和破坏的报复过程中，那些俘虏的困境几乎被遗忘了。当下大约有 120 个英国俘虏被羁押在巴米扬①，它在喀布尔西北 140 英里处，两座大

---

① 巴米扬位于阿富汗中部，地处丝绸之路上，是往来欧洲、波斯、中国和印度间的商队的途经之地，曾有数所佛教寺院，为宗教、哲学、希腊化佛教艺术中心。在伊斯兰教势力入侵的 2 世纪至 9 世纪，巴米扬是佛教的一个重要中心。巴米扬大佛是曾坐落在巴米扬谷内山崖上的两尊立佛像，建于公元 4~5 世纪，是希腊化佛教艺术的经典之作。

佛就在那里俯瞰山谷,直到 2001 年它们被塔利班炸毁。这些英国俘虏处于阿克巴的岳父穆罕默德·沙·汗的控制之下,他不愿意与英国人谈判释放俘虏。留在喀布尔的奇兹尔巴什①骑兵(他们是波斯殖民者,亲英)主动提出派人去救回俘虏。

里士满对这样的任务求之不得。他在给"老乔纳森"的信中写道:

在我们抵达喀布尔的前一天,我恳求将军让我去看看如何派遣那些奇兹尔巴什骑兵展开行动。他无法应对我的论点,于是气哼哼地作答。次日,那些骑兵还没有动身,还在拖延搪塞,于是他给了我 1 万卢比,让我去执行这个任务。他这么做更多是为了让我停止抗议,让他耳根清净。离开他的营帐时我说:"将军,也许需要去巴米扬。"他答道:"胡扯,不要冒任何风险。"

嗯,我就这么出发了。我从奇兹尔巴什骑兵的营地写信给他说,除非我自己也跟着去,否则奇兹尔巴什骑兵不肯于当夜出发,并且在路上可能也会耽搁。所以我希望将军能原谅我和奇兹尔巴什骑兵一起出发。[84]

---

① 奇兹尔巴什人是从 15 世纪末起在阿塞拜疆、安纳托利亚、库尔德斯坦等地兴起的若干什叶派武装群体的统称,大多为突厥人,其中有些群体参与建立了波斯的萨非王朝。"奇兹尔巴什"是奥斯曼土耳其语,意思是"红头",来自他们的红色帽子。奇兹尔巴什雇佣兵曾为莫卧儿皇帝效力,还曾帮助阿富汗的杜兰尼王朝在 1761 年的第三次帕尼帕特战役中打败马拉塔帝国。有不少奇兹尔巴什人在阿富汗定居,其中大多生活在城市,从事手工业和贸易,在政府中颇有影响力。他们说波斯语,在很大程度上波斯化了。在第一次英国 - 阿富汗战争中,他们支持英国,因而被逊尼派普什图族敌视。

诺特将军在城市的另一端，距离巴米扬更近，但他比波洛克更缺乏热情去营救俘虏。波洛克两次写信给他，请他从坎大哈的师中派一个分队去支援营救行动，他都拒绝了，并给出了一个阴郁的预言：

> 我真心觉得，派遣小分队必然会招来严重的灾祸。穆罕默德·阿克巴、舒姆舒丁和其他酋长无疑在集合他们的军队。我相信 R. 莎士比亚爵士随时都可能成为英国俘虏中的一员。[85]

无论如何，"从埃伦伯勒勋爵的指示来看，营救俘虏对政府来说无关紧要"。[86]

俘虏们最近听说，阿克巴·汗下了命令，要把他们带到布哈拉，在那里分批卖给突厥斯坦酋长。文明的俘虏交换现在看来希望渺茫。绝望之下，他们收集了他们能搞得到的全部现金，开始贿赂警卫，警卫中有几人曾是为英国效力的军人。他们的主要狱卒，一个贪婪而好说话的老雇佣兵，得到可从波洛克将军那里获得 1000 卢比月薪的承诺，于是将要塞拱手让出。俘虏们在要塞升起了自己的旗帜，甚至有一些得知英军即将开到的当地酋长前来向他们问候请安。[87] 然后俘虏们从要塞出发，希望去喀布尔与波洛克的军队会合。文森特·艾尔①、佛罗伦蒂娅·塞尔以及其他几名俘虏留下了生动的文字，讲述他们的

---

① 文森特·艾尔爵士，陆军少将（1811～1881），英印陆军军官，在第一次英国 – 阿富汗战争中被俘，当了将近九个月的俘虏，其间写了日记。1857 年兵变期间，他参加了救援勒克瑙的作战。普法战争期间，他在法国组织了一支急救队伍。

漫长磨难，描写他们坐在卡鲁山附近一座要塞的阴凉处：

> 我们刚刚休息了几个钟头，这时看见一队骑兵从远方哈吉朱克隘道下来，冲进山谷。刹那间我们全都警觉起来。那群骑兵走得近一些之后，我们认出了友军奇兹尔巴什人的旗帜。我们又焦急而充满悬念地等了几分钟，直到里士满·莎士比亚爵士骑马来到我们站的地方，我们的疑虑才彻底消散。对这位勇敢的同胞，我们没有发出喧闹的胜利欢呼来迎接他，因为我们的喜悦不是用嘴就能够表达的。[88]

即便有了里士满手下的一队骑兵，这一小群人仍然面临着巨大的危险。前文已经讲过，诺特相信这群人全都会被俘。波洛克转述了璞鼎查少校分享的他们被俘和得到营救的经过，并宣称："R. 莎士比亚爵士的队伍若是晚到几个小时，我们或许就无法救回俘虏了。因为苏丹·詹①没过多久就带着一千骑兵从巴米扬赶来了，若不是听说我们已经派了部队去保护他们，他肯定会穷追不舍。"[89]

就这样，里士满又一次顺利完成了一项营救任务。在希瓦，他挽救了 416 个俄国人；在奥伦堡，他安排释放了 640 个希瓦人。现在，尽管将军们不看好他的任务，但他把超过 100 个英国军人和妇孺带到了喀布尔。第一次阿富汗战争是英国历史上几乎没有第二个例子的充满愚蠢、残暴与复仇的恐怖史诗，而他鹤立鸡群，是这场道德地震的唯一幸存者。

---

① 苏丹·詹是阿富汗军阀之一，波斯人扶植他当赫拉特的统治者。后来多斯特·穆罕默德攻打赫拉特十个月之久，苏丹·詹在城中死去，于是赫拉特回到了阿富汗人手里。

被他营救的人当然感激涕零。1842 年 9 月 24 日，也就是波洛克火烧喀布尔集市的不久前，37 个被营救的前俘虏从喀布尔联名给里士满写信：

> 亲爱的爵士，
>
> 我们曾是悲惨的俘虏，并且很快就要陷入无望的奴役。我们当时所处的国度对文明人类的法律一无所知或拒不认可。上天保佑，让我们奇迹般获救，回到同胞、朋友和一切令生活美好的事物当中。若我们在喜悦之际忘记了营救我们的勇士，就太不合情理了。我们必须向您表达我们诚挚的感激，因为是您率领一队奇兹尔巴什骑兵在千钧一发之际赶来援救我们。我们从巴米扬的逃亡没有被敌人拦截，要感谢您及时赶到了卡鲁……

这封信的署名者包括佛罗伦蒂娅·塞尔及其女儿亚历山德里娜·斯图尔特（她在阿富汗期间结了婚，之后又成了寡妇），范妮·麦克诺顿，文森特和埃米莉·艾尔，埃尔德雷德·璞鼎查（他曾奋勇战斗，阻止波斯人占领赫拉特），乔治·劳伦斯，科林·麦肯齐，令人惊骇的脾气暴躁的谢尔顿将军，还有约翰·尼科尔森（此人后来成为在印度的英国指挥官当中最凶悍的一位）。另有 8 个儿童与 56 名士官躲过了当奴隶的命运，在一定程度上也要感谢里士满。在进军喀布尔道路上的战斗期间，里士满的功绩已经四次被写到大军战报里。波洛克将军说，凭借这次营救俘虏的功劳，里士满理应得到三等巴斯勋章。但他没有得到。里士满只告诉哥哥约翰，被营救者的那封感谢信已经让他心满意足了，"这和俄国人的感谢（因为我从希瓦营救了俘虏）同等美妙"。[90]

然而，即便里士满也不能毫发未损地全身而退。他仍然乐观向上，但已经失去了纯真无邪。他已经不可能像过去那样尊敬英印帝国及其管理者了。令他极其鄙夷的是，埃伦伯勒勋爵举办了一场荒谬绝伦的庆祝仪式来欢迎撤回印度的部队。在仪式上，数百头大象的獠牙被涂画得光鲜亮丽，其中一两头还是总督亲自画的；有凯旋门；乐队演奏《看那胜利的英雄驾临》①。经历了一连串耻辱、灾难和暴行后，还有什么好庆祝的呢？

最荒唐的是所谓的索姆纳特神庙②大门，上面装饰着金盏花的花环，出现在庆祝"胜利"的游行中。埃伦伯勒勋爵下令将索姆纳特大门从加兹尼郊外苏丹马哈茂德③的陵墓拆走，带回印度。他误以为这就是苏丹马哈茂德从古吉拉特的伟大印度教神庙索姆纳特掳走的那扇传奇的檀香木大门。埃伦伯勒勋爵的这个错觉来自詹姆斯·密尔④的《英属印度史》。众所周知，密尔从来没有到过印度，不认识一个印度人，也不懂任何

①　出自德意志裔英国籍作曲家乔治·弗里德里克·亨德尔（1685～1759）的清唱剧《犹大·马加比》。
②　索姆纳特神庙位于今天印度古吉拉特邦的西海岸，是重要的印度教神庙和朝圣地，历史上多次被摧毁和重建。1024 年，突厥统治者伽色尼的马哈茂德劫掠了索姆纳特神庙。
③　伽色尼的马哈茂德（971～1030），伽色尼帝国的最重要统治者，他征服并统治了今天的伊朗东部、整个阿富汗、印度次大陆西北部等广袤领土。他是第一个使用"苏丹"称号的统治者。他十七次入侵印度斯坦，掳掠了大量财富，使得伽色尼这座小城（今天的加兹尼）成为一座富裕的帝都。他赞助了波斯语诗人菲尔多西（《列王纪》的作者）。
④　詹姆斯·密尔（1773～1836，又译詹姆斯·穆勒），英国历史学家、经济学家、政治理论家和哲学家。他与大卫·李嘉图一同是古典经济学的创始人。他的儿子约翰·斯图尔特·密尔（又译约翰·斯图尔特·穆勒）也是著名哲学家。詹姆斯·密尔的《英属印度史》记载英国如何征服印度，对印度文化和文明大加抨击和贬低。

一种印度语言。

凑巧的是，负责拆除神庙大门的军官是亨利·罗林森少校①，他或许是印度最优秀的考古学家。罗林森一眼就看出，有铭文的石棺和大门是伊斯兰教作品，与马哈茂德的陵墓一样，来自晚近得多的时代。但他不与总督争执，而是以精明世故的冷静（正是这种冷静，最终让他进入上议院）在日记中写道：“我说它们［大门］是战利品，不过我确定那都是赝品。从政治角度考虑，大家相信它们是真的，就等同于它们是真的。”[91]

在桑德斯中校监督下，大门被小心翼翼地从铰链上抬起。桑德斯是塞林苏斯的恋人，曾奉诺特之命把加兹尼轰炸成一片废墟。随后大门被从加兹尼运走，送到印度各地展示，并且埃伦伯勒勋爵浮夸地宣布，他为印度教蒙受了数百年的耻辱报仇雪恨了。但事实证明罗林森错了，假货和真品毕竟不一样。埃伦伯勒勋爵因此成为笑柄。约翰·洛评论道：“整件事情相当荒唐。在印度，一般来讲，无论政府采取什么措施，都会引发五花八门的意见。然而这一次，大家的看法惊人的一致。”[92]

注释

[1] S. E. Low to John Low, January 1838, Low, p. 208.

---

① 陆军少将亨利·罗林森爵士，第一代从男爵（1810～1895），东印度公司军官、政治家和东方学家，被誉为亚述学之父。他坚决主张英国遏制俄国对南亚的野心，赞同英国在阿富汗的“前进政策”。他精通波斯语，曾在波斯研究楔形文字碑铭。他曾在英属印度的最高议事会任职，还被选为皇家地理学会主席。他的弟弟乔治·罗林森是伟大的古典学家和历史学家。

［2］S. E. Low to John Low, Low, p. 260.

［3］S. E. Low to John Low, June 11, 1836, Low, p. 172.

［4］S. E. Low to John Low, December 15, 1836, Low, pp. 181 – 2.

［5］John Low to S. E. Low, February 8, 1838, Low, pp. 206 – 7.

［6］John Low to S. E. Low, June 4, 1838, Low, p. 208.

［7］Low, p. 207.

［8］Ibid.

［9］家里人把那个女人仅仅称为"溪谷少女"（the Maiden of the Gully），
觉得她配不上约翰·莎士比亚。他的兄弟乔治为这事写了一首应景
诗，其中的叠句部分是：

> 她美丽的眸子，她的希腊式鼻子，
>
> 都深深吸引你，
>
> 但是，他们说，我不可以
>
> 向溪谷少女求婚。（John Shakespear, p. 216）

这个女人有什么不妥之处呢？她是混血儿，或者离过婚，或者
是爱尔兰人，还是其他什么缘故？我们只知道，约翰·莎士比亚也
同意对她的裁决。他在船上写信给妹妹玛丽安娜："我原本会鲁莽
地追求那位最诱人的少女。"（Low, p. 216.）直到十五年后，他从
印度退休并定居在黑斯廷斯，才终于结婚。

［10］Kaye, *Afghanistan*, i., pp. 320, 327, 212.

［11］Ibid., p. 353.

［12］Ibid., pp. 358 – 9.

［13］只要对阿富汗稍微有些了解的人，都会同意这一点。查尔斯·梅
特卡夫曾在奥克兰勋爵抵达印度之前代理总督职务，并且如果上
级看重才干与经验的话，梅特卡夫理应拥有这个高位。他曾指出，
如果英国出兵阿富汗，即便能取得军事成功，也必然在财政和政
治方面陷入窘境。

芒斯图尔特·埃尔芬斯通在给奥克兰勋爵的信中表达了同样
的观点："如果你派 2.7 万人的大军登山并通过波伦山口来到坎大
哈（我们听说这就是你的打算），而且能够为军队提供粮草的话，
无疑你一定能占领坎大哈和喀布尔并扶植舒贾登基。但是，要在
这样一个贫穷、寒冷、艰险而偏僻的国家，在阿富汗人这样桀骜

不驯的民族中维持他的地位，我觉得没有希望。如果你能成功，我觉得那也会让你在俄国人面前变得虚弱。阿富汗人是中立者，如果你帮助他们抵抗俄国侵略者，他们会感激你。而现在，他们会对你满腹怨恨，不管什么侵略者来，他们都会加入那些人，一起驱逐你。"（Dalrymple, *Return*, pp. 139 – 40.）

[14] John Shakespear, *John Shakespear of Shadwell*, p. 213. 这本书是一部价值无量的家史，作者是里士满的第九个也是最小的孩子，约翰·莎士比亚中校。他于1861年出生，一个月后他父亲就去世了。这本书包含他的伟大父亲的简短传记。

[15] Low, p. 167.

[16] Ibid. , p. 116.

[17] John Shakespear, pp. 191 – 2.

[18] Ibid. , p. 288.

[19] Ibid. , pp. 258, 278.

[20] Ibid. , p. 213.

[21] Ibid. , p. 216.

[22] Dalrymple, *Return*, p. 148.

[23] Eden, *Up the Country*, pp. 205 – 6.

[24] Ibid. , p. 198.

[25] Kaye, *Afghanistan*, i, p. 382.

[26] John Shakespear, pp. 217 – 8.

[27] Kaye, i, pp. 404 – 5; Dalrymple, *Return*, p. 152.

[28] Dalrymple, *Return*, pp. 152 – 3.

[29] John Shakespear, pp. 214 – 5.

[30] 吉卜林的兵营歌谣《骆驼》巧妙地阐释了在山地使用骆驼为运输工具的缺点：

　　　骆驼呀，骆驼呀，垂头丧气的、跌倒在地的骆驼呀！
　　　它的长腿精疲力竭，它的眼睛失去了光泽，
　　　我们后方是敌对的部落，前方也是敌对的部落，
　　　对英国兵来说这还不算绝境，但骆驼会成为鸢和乌鸦的盘中餐。

[31] John Shakespear, ibid.

[32] Ibid.

[33] Macnaghten to Auckland, April 25, Kaye, *Afghanistan*, i, p. 438.

[34] Ibid. , p. 440.

[35] Dalrymple, p. 180.

[36] 现在英国人企图将波斯人阻挡在阿富汗之外，这真是讽刺。因为在 18 世纪与 19 世纪之交，约翰·马尔科姆爵士（当时只是个小小的上尉）曾率领一个代表团去波斯，鼓励波斯人派军队攻打赫拉特，以便拖住阿富汗人，免得他们南下侵犯印度斯坦。这也是英国人想象中的威胁。

[37] John Shakespear, p. 217.

[38] Dalrymple, p. 204.

[39] John Shakespear, p. 219.

[40] 他后来整理了自己的日记，将其发表在《布莱克伍德爱丁堡杂志》1842 年 6 月号上，题为《里士满·莎士比亚上尉 1840 年从赫拉特到里海之滨奥伦堡旅行的亲笔记述》。

[41] 'Personal Narrative', p. 694.

[42] Ibid. , p. 695.

[43] Ibid.

[44] Ibid. , p. 696.

[45] Ibid. , p. 699.

[46] Ibid. , p. 701. 里士满抵达这条大河时的思绪令人想起马修·阿诺德的名诗《苏赫拉布与鲁斯塔姆》。这首诗先写了鲁斯塔姆率领波斯人与鞑靼人交战，无意中杀死了为鞑靼人而战的亲生儿子苏赫拉布，最后描写了阿姆河的奔流：

> 但威严的大海继续汹涌，
> 离开那片低地的迷雾和纷乱，
> 流入结霜的星光，在那里奔流，
> 兴高采烈，穿过花剌子模的荒原，
> 在孤寂的月光下……
> 这迂回蜿蜒的漫游的河，最终
> 听见了渴望已久的波涛声，
> 他那波光粼粼的水之家园如此宽阔、光洁
> 和宁静，从他的地板上出现了刚出浴的星辰，
> 照耀着咸海。

希瓦是伊朗语"花剌子模"的讹误说法，所以诗中说到"花剌子模的荒原"。在雪莱笔下，希瓦是孤独的精灵阿拉斯特漫游的终极沙漠。马修·阿诺德的诗发表于1853年，也就是里士满抵达阿姆河并沿着它走到咸海的十多年后。遗憾的是，今天的咸海已经不再是里士满看见、阿诺德梦见的那片波光粼粼的内陆海了。农业灌溉和工业污染已经把它变成一片有毒的盐田。

[47] John Shakespear, p. 223.

[48] 'Personal Narrative', p. 715.

[49] Ibid. , p. 717.

[50] John Shakespear, p. 221.

[51] 'Personal Narrative', p. 720.

[52] John Shakespear, p. 226.

[53] 最后，帝国霸业的野心是任何人都束缚不住的。里士满的儿子约翰回忆道，三十年后，即1873年，他十一岁时，他母亲突然在一个车站书摊前停下并凝视一份报纸，报纸上面写着："俄国人占领希瓦。"一种新形式的全民奴役统治了花剌子模的荒原，直到一个多世纪之后苏联解体，它才宣告终结。

[54] John Shakespear, p. 227.

[55] 他的母亲是玛丽·安妮·莎士比亚，父亲也叫弗朗西斯·萨克雷，也是牧师。

[56] Dalrymple, p. 220.

[57] Eden, *Up the Country*, pp. 3 – 4.

[58] Kaye, *Afghanistan*, ii, p. 80.

[59] Ibid. , ii, p. 86.

[60] Ibid. , ii, p. 146.

[61] Ibid. , ii, pp. 4 – 5.

[62] Dalrymple, pp. 221, 227 – 8.

[63] Yapp, pp. 339 – 42.

[64] Dalrymple, p. 275.

[65] 不管怎么说，阿富汗人的起义已经蔓延到全国各地了。在西北部，托德少校意识到，赫拉特的维齐尔正在偷偷向波斯人靠拢。英国人给维齐尔钱，让他去攻击波斯人占据的要塞，这些钱都被他塞

进自己的腰包。托德自行决定放弃任务，返回坎大哈。不久之后，维齐尔就勒死了舒贾的侄子，与波斯人订立反英联盟。虽然事实证明托德的判断是正确的，但他没有得到原谅。奥克兰勋爵撤了他的政治职务（Dalrymple, p. 260）。詹姆斯·阿博特上尉（少了若干手指）的运气好得多。他后来成为将军，阿伯塔巴德这座城市就是用他的名字命名的。阿伯塔巴德后来成为巴基斯坦的桑德赫斯特。美国海军的海豹突击队在这里击毙了奥萨马·本·拉登，让这座城市的名字出现在报纸头条。

[66] Auckland to Hobhouse, February 18, 1842, BL Add MS 37707, f 187.

[67] Sale, p. 160.

[68] Eden, *Up the Country*, pp. 389 – 90.

[69] John Shakespear, p. 237. 里士满即便表现淡定，也不是无条件的淡定。在三天前的另一封信里，他告诉乌特勒姆少校，本旅还没有从战败的后果中恢复元气，而土著步兵的第一轮进攻失败了，现在很难劝说他们发动第二轮进攻："如果我们失败，整个印度将陷入危局。"

[70] Ibid. , p. 236.

[71] Ibid.

[72] Dalrymple, pp. 416 – 7.

[73] Ibid. , p. 427.

[74] Ibid. , p. 428.

[75] John Shakespear, p. 238.

[76] Low to Elphinstone, January 19, 1843.《牛津英语词典》里 shuck 一词的含义包括 "卑鄙或值得鄙视的人"。这似乎是一个出现较晚的俚语，约翰·洛可能不太确定这个词的拼法。

[77] Kaye, ibid. , iii, pp. 285 – 6.

[78] Ibid. , p. 288.

[79] John Shakespear, p. 238.

[80] Ibid. , p. 240.

[81] Ibid. , p. 242.

[82] Dalrymple, p. 458.

[83] John Shakespear, p. 245.

[84] Ibid. , pp. 242 – 3.

[85] Low, p. 274.

[86] Pottinger, p. 191.

[87] Kaye, ibid. , pp. 353 – 5.

[88] Low, pp. 272 – 3.

[89] John Shakespear, p. 244.

[90] Ibid. , p. 247.

[91] Kaye, ibid. , pp. 337 – 8. 总督急于让人们忘记他本人和他的前任的灾难性战略。他的庆功宴只邀请了与罗伯特·塞尔爵士和与英勇的第13轻步兵团有关联的人,包括塞尔顽强的妻子佛罗伦蒂娅。曾被俘的人,以及尚未被正式送回的人质,都要等待调查法庭的甄别,包括同样英勇的埃尔德雷德·璞鼎查。他和其他政治官员一样,都被骤然免职并停发特别津贴。

　　埃伦伯勒勋爵还坚持说,被波斯人俘虏后受尽折磨而死的英国使者查尔斯·斯托达特与阿瑟·科诺利都只是"无辜的旅人"而已 (Kaye, ibid. , p. 262)。大家很容易理解埃伦伯勒勋爵为什么不管在哪里都四面树敌。

[92] Low to Elphinstone, January 19, 1843.

11　短暂的鸦片战争

　　埃伦伯勒勋爵至少是结束了奥克兰勋爵的战争，不过他自己也发动了两场战争。他自幼渴望军事荣耀。而他来到印度，当然不是为了给别人收拾烂摊子。他打算以自己的方式统治印度，"仿佛我是它的君主，除了印度没有什么别的要考虑的"。在他眼里，董事会只不过是一群胆小怕事的生意人，而印度的老政客们只不过是老朽腐败的土著王公和埃米尔们的工具。"我行事必须像阿克巴，而不是奥克兰。"而在查尔斯·内皮尔身上，埃伦伯勒勋爵看到了一位符合自己心意的封疆大吏。

　　内皮尔身材矮小，相貌阴险，是个偏执狂，一方面玩世不恭，另一方面又狂妄自大。他对英国在印度的目的不抱幻想，并以此自傲。"我们征服印度的目标，我们所有残忍暴行的目的，都是金钱。"每一个先令都是用鲜血换来的。"只要天上还有上帝，我们就必定要为自己的罪行受罚。"按照同样的思路，他之所以接受在浦那的军事指挥岗位，纯粹是为了"给我的姑娘们挣钱"，姑娘们指的是他与希腊情妇阿纳斯塔西娅的两个私生女。他在担任英国驻凯法利尼亚①军事代表时就与阿纳斯塔西娅同居了。[1]他对军事荣耀的胃口和埃伦伯勒勋爵一样大。他对指挥军队抱有"无法描摹的渴望"。

---

① 凯法利尼亚在今天希腊的西部，为伊奥尼亚群岛中最大的一个岛。

1842 年 8 月，他被任命为偏远的印度西北部信德地区（今巴基斯坦境内）的军事指挥官，随后他立刻向当地埃米尔们敲诈勒索。如果他们拒绝接受他提出的新条约，他就用武力粉碎他们。他的助手詹姆斯·乌特勒姆少校知道埃米尔们的军队有多么乱七八糟，于是向内皮尔发出警告："这必然会导致很多人死亡，每一起死亡都将是谋杀。"[2] 内皮尔不为所动。他在日记中写下的一句话非常有名："我们没有权利占据信德。但我们仍然要这么做，这将是一桩非常有利、有益而人道的流氓行径。"

在 1843 年 3 月 24 日的最后决战中，内皮尔的兵力远少于敌人。他有 5000 人，而敌军有 25000 人。但他的对手只不过是一群部落族民，而不是训练有素的士兵，所以他们惨遭英军屠杀。这场辉煌胜利在阿富汗奇耻大辱之后到来，让英国人恢复了泰然自若，也让内皮尔成为英雄。普通士兵尤其崇拜他，因为他始终把普通士兵的利益摆在第一位。特拉法尔加广场的内皮尔雕像上有一句铭文，我在还不太熟悉他的时候曾被这句话感动："本雕像由公共募捐的资金建造，人数最多的捐资者群体为普通士兵。"2000 年 10 月，伦敦市长肯·利文斯通要求从广场移走这尊雕像，因为他不知道内皮尔是何许人也。帝国的恶人和英雄一样，很快就被遗忘了。

至少吞并信德的行动在我们的记忆里还留下了轻微的痕迹，哪怕仅仅是《潘趣》① 里的笑话。这个笑话想象内皮尔发

---

① 《潘趣》是 1841 年创办的英国幽默与讽刺周刊，2002 年休刊。杂志的名字来自木偶戏人物潘趣。该杂志对印度殖民地的报道在英国影响很大。

出了一条只有一个词的讯息"Peccavi"，意思是"我有罪"。①
后世的人常误以为内皮尔真的发过这样的讯息。

但埃伦伯勒勋爵于1843年发动的另一场战争却被英国人
彻底遗忘了：针对辛迪亚军队的瓜廖尔战争。他利用了辛迪亚
王朝（注意辛迪亚王朝与信德没有任何关系，信德在其西面
数百英里之外）统治集团内部的争吵。当时的辛迪亚国王是
吉雅基·拉奥，年仅九岁，他的两个炙手可热的大臣在针锋相
对地展开拉锯战。一个是他的舅舅，亲英的玛玛大人；另一个
是反英的达达大人，他在令人生畏的摄政太后白扎·白被驱逐
之后成为首相。此时白扎·白还在自己从邬阇衍那②（辛迪亚
王朝的经济首都）到遥远的瓦拉纳西的各个银行账户里积攒
巨富。玛玛和达达两个派系之间的斗争其实只需要一点点耐心
与善意就能化解，然而埃伦伯勒勋爵完全缺乏这两种品质。

不管怎么说，他认为辛迪亚王朝是一个人工构建的实
体，"其诸多领地分散在印度斯坦各地，之间没有共同的利
益或人民情感将其连为一体"。他认为辛迪亚王朝没有理由
继续存在，而它之所以存在，纯粹是因为东印度公司给了它
合法性。其统治者之所以能够继续统治，仅仅是因为公司
"容忍"他。[3]

埃伦伯勒勋爵着手彻底消灭瓜廖尔的独立性。他撤掉了立
场温和的常驻代表，以符合自己品位的人取而代之，即威廉·
斯利曼。这个斯利曼已经表达过他的看法："作为世界公民，

① 这个笑话的笑点是：拉丁文 Peccavi（"我有罪"）可译为英文 I have
sined。这句的英文发音与 I have Sinde 相同，即"我有信德"。
② 邬阇衍那位于今天印度的中央邦。在释迦牟尼时代，它是阿槃提国的首
都。在玄奘时代，它是一个独立的小国。

我忍不住想，如果一场地震吞噬了瓜廖尔朝廷及其军队，那么这对人类中的很大一部分来说是莫大的福气。"[4]斯利曼已经凭借镇压图基邪教徒而扬名。他肯定能把瓜廖尔搞定。

埃伦伯勒勋爵随后任命冉冉升起的明星里士满·莎士比亚爵士为斯利曼的副手。里士满已经证明自己是一位强硬的军人和谈判者，正是总督的计划需要的那种人才。这机会对里士满的职业生涯来说是很大的提携。他的表弟威廉·里奇声称："除了紧急状态时期之外，这或许是下级军官占据如此高位的第一个例子……军中没有一个人能被提升到这样的位置而不激起普遍不满。但他的才能得到广泛承认，所以即便嫉妒他的人也不得不闭嘴。"[5]很难判断里士满对自己即将执行的任务有多少了解，但这种闪电式提升会让很多人昏了头脑。

不管怎么说，他很快就要自己发现真相了。埃伦伯勒勋爵的第一个步骤是指控首相达达·哈斯基瓦拉犯有一桩"大罪"，即拦截了勋爵大人发给大君夫人的一封信。大君夫人还是个十三岁的孩子，不会读写任何一种语言，所以首相原本就应当给她读信。这个指控很荒唐，总督的要求，即将达达交给英国人处罚同样荒唐。任何有自尊的国家都不会接受这样的无理要求。但瓜廖尔朝廷急于避免麻烦，于是放逐了达达，将他武装押送到阿格拉，在那里任凭英国宣传机构诋毁他的名誉。但勋爵还不满足。他告诉新任首相，一个名叫拉姆·拉奥·法尔克的容易被操纵的人，自己在1804年签订的《布拉赫马普尔条约》中发现了一个条款，规定"一旦辛迪亚统治者无力对付其敌人，英国政府就应为其提供军事援助"。兰吉特·辛格死后瓜廖尔的邻邦旁遮普发生动荡，勋爵的使命是为英国人保障安宁的西北边疆。于是，他决定出兵到瓜廖尔。

法尔克当大臣已经很多年，但从来没有听说过有这样的条款。这个条款的原意是对付当地土匪，何况英国人一年前已经废止了该条约。法尔克抗议道："以这样的借口侵略友好国家，在东印度公司的行为当中算是不正常现象。"用言辞尖刻的英国外科医生约翰·霍普（在瓜廖尔宫廷当差）的话说，整个事情是"明目张胆的骗局"。法尔克恳求埃伦伯勒勋爵三思，但郭富将军①已经出动了，里士满担任他的副官，埃伦伯勒勋爵也一同骑马赶来分享荣耀。任何东西都阻挡不了这次赤裸裸的侵略。

在 1843 年 12 月 29 日的马哈拉杰普尔战役中，埃伦伯勒勋爵亲临一线。这是一场决定性胜利。战后，郭富将军慷慨赞扬了辛迪亚军队的勇气和战斗力。这些士兵表现出的爱国主义粉碎了埃伦伯勒勋爵的论点，即瓜廖尔没有民族精神。双方的伤亡都很重，英军此役的损失比内皮尔的几次战役重得多，有超过 1000 人伤亡。死者包括桑德斯中校，他是埃伦伯勒勋爵的军事秘书。他主动要求率领骑兵冲击敌军的大炮，但当场心脏中弹死亡。他与里士满最小的妹妹"最亲爱的塞林苏斯"的婚约永远不能履行了。她伤心欲绝，此后终身未嫁。

此次胜利之后，埃伦伯勒勋爵临时举行了一次觐见典礼，接见了年轻的大君（辛迪亚国王），意图展现这孩子的昏庸无能。埃伦伯勒勋爵滔滔不绝地讲他的军队是多么的勇敢，英国人多么慷慨地恢复了大君的地位。小男孩泪流满面，通过嚼槟

①　休·郭富，第一代郭富子爵（1779～1869），英国军人，最终军衔为陆军元帅。他年轻时在威灵顿公爵的指挥下参加了半岛战争。第一次鸦片战争中，他是侵华英军总司令。1843 年，他改任驻印英军司令，在两次英国－锡克战争中打败锡克人，被称为"锡克人之锤"。据说他是除了威灵顿公爵外指挥战斗最多的英国军官。

榔来镇静自己。他和簇拥在他周围的土著贵族完全听不懂埃伦伯勒勋爵的演讲，斯利曼上校必须为他们翻译，但他翻译出来的话比埃伦伯勒勋爵火暴的怒斥要温和一些。我们可以用很多形容词来描述埃伦伯勒勋爵，但他并不蠢。埃伦伯勒勋爵发现斯利曼的翻译不忠实，于是让后者停下，粗暴地命令"严格按照他说的来翻译"。

1844 年 1 月 13 日签订的新条约十分严苛。瓜廖尔的大军被解散，取而代之的是一支规模小得多的军队，并且被英国人控制，其存在是为了威慑瓜廖尔人民，而不是保护他们。为了给军队提供军费，英国人接管了瓜廖尔领土的很大一部分，岁入至少有 8 万卢比。另外还有近期这次战争的开销，高达 26 万卢比。英国人命令瓜廖尔朝廷在两周之内支付，它也的确按期支付了。除了在战斗中缴获的 100 门炮之外，英国人还没收了许多优质火炮，将其拖到阿格拉。

英国人随后征用了强大的瓜廖尔要塞，它的高墙巍峨雄壮，俯瞰周边的乡村。对瓜廖尔公民的诸多羞辱中最荒谬的一项是，英国人取消了当地人在王室成员面前要脱鞋的风俗，于是从现在起，借用斯利曼向主子汇报时的幼稚而喜悦的话语，"我们都穿着靴子坐在椅子上"。[6] 我们不禁想，对印度人一贯礼貌并尊重他们感情的里士满这时候会怎么想。

埃伦伯勒勋爵离开印度之前的几乎最后一个举措就是在加尔各答滨海路建造一座胜利纪念碑，以缅怀瓜廖尔战役的阵亡将士。这座纪念碑今天依然屹立，被树丛遮蔽了一半。它曾被称为"胡椒罐"，但其实是一座基于传统印度式圆顶亭子的优雅建筑。一些不客气的评论者说埃伦伯勒勋爵之所以建造这座纪念碑，因为这是唯一一场他亲自参加的战役。

但征服瓜廖尔不是鸡毛蒜皮的小事。开展这样一次残酷无情的军事行动的理由也不是鸡毛蒜皮。这些理由可以用一个词概括：鸦片。在"英国需要安宁的边疆"这样堂而皇之的借口背后，是实实在在的经济因素。

辛迪亚王朝的领地，尤其是摩腊婆，是印度最大的鸦片产地之一。英国当时是世界上头号有组织的麻醉品供应商，并且是向东亚和南亚，尤其是中国输送鸦片的唯一供应商，所以摩腊婆至关重要。鸦片不仅构成了英国在印度收入的很大一部分，而且为购买中国茶叶提供了资金，并维持了向伦敦输送红利的整套商业机构。自18世纪末以来，产自瓦拉纳西和巴特那①的孟加拉鸦片就是东印度公司的垄断商品，但公司没有控制摩腊婆的罂粟地。当地商人通过鸦片获取了巨额利润。辛迪亚王朝通过关税、销售税和土地税，从鸦片贸易中获取大笔收入。瓜廖尔的宫廷有时看上去就像鸦片商人的商会。并且发货量一直在增长。1818/1819年度，摩腊婆向中国输送了977箱鸦片；1823/1824年度，5535箱；1830/1831年度，12856箱。因此，辛迪亚王朝的农民生活富足，军人能够按时得到丰厚的军饷。对英国人来说更糟糕的是，瓜廖尔鸦片的很大一部分是先走私到遥远的信德的卡拉奇，然后再被运往中国的。不仅英国政府，远东的鸦片商，比如怡和洋行②，长期以来一直也对摩腊婆"走私商"愤愤不平。[7]

---

① 巴特那，今天是印度比哈尔邦首府，古称华氏城。
② 怡和洋行（Jardine Matheson），曾用名渣甸洋行，是著名老牌英资洋行，清朝时即从事与中国的贸易。渣甸洋行对香港早年发展有举足轻重的作用，亦是首家在上海开业的欧洲公司和首家在日本经营的外国公司。今天的怡和是一家业务多元化的国际集团。

事实上，瓜廖尔战争以及内皮尔针对信德埃米尔们的战争，在不同程度上都是鸦片战争，目的是保护英国人对鸦片来源的垄断；而针对中国的鸦片战争，则是为了保护英国在远东市场的垄断地位。埃伦伯勒勋爵若不是遭到国内舆论的愤慨抨击，也很可能会一不做二不休，正式吞并瓜廖尔。英国议会对他的攻击起初如涓涓细流，但很快变成了滚滚波涛。各党的主要议员都猛烈谴责埃伦伯勒勋爵的高压手段和放肆行为。约翰·罗素勋爵[1]宣称："把印度这样的帝国交到埃伦伯勒勋爵这样的人手里，让人没法放心。"埃伦伯勒勋爵公开鄙视董事会，所以董事会也一心要拿掉他。1844 年，他被召回。他是自韦尔斯利侯爵以来第一位受到此种羞辱的印度总督。

里士满呢？在随后四年里，作为斯利曼的副手，他待在宏伟的瓜廖尔要塞。但他已经不再孤单。英军赢得马哈拉杰普尔战役的三个月后，他迎娶了索菲·波尼·汤普森。她此时只有二十一岁，比里士满年轻十二岁。为了庆祝他们的婚礼，莎士比亚家的人当然要写一首诗，它明确表现了这种年龄差距：

> 索菲正值妙龄，索菲生机勃勃，
> 里士满严峻肃穆，里士满头发灰白。

颂歌里的丹·丘比特宣布：

---

① 约翰·罗素，第一代罗素伯爵（1792~1878），英国辉格党和自由派政治家，两次出任首相，是 1832 年改革法案的主要推动者之一，该法案改变了下议院由托利党独占的状态，加入了中产阶级的势力，是英国议会史上的一次重大改革。但他在担任首相期间未能妥善处置爱尔兰大饥荒，导致爱尔兰人口损失了四分之一。他的孙子伯特兰·罗素（第三代罗素伯爵）是著名的哲学家，1950 年获得诺贝尔文学奖。

> 我承认，我估计自己从来没有
> 成全过这样完美的姻缘。

他们婚姻美满，一共生了九个儿女。他们一直不喜欢分离，而在他们决定让索菲带着最大的几个孩子回英国之后，里士满十分寂寞。具有讽刺意味的是，他们之所以把好几个孩子送回，是为了防止孩子们像里士满自己一样，拥有孤独而居无定所的童年。索菲不在期间，他忙着在工作坊里捣鼓自己的科学试验，骑马在辛迪亚王朝的乡村兜风、收税，有时去清剿当地的土匪。他和上司斯利曼上校时有争吵。斯利曼有时很难相处，有偏执的一面。

我觉得，在这种口角的背后我们能感受到一种更深层的悲哀。这很像约翰·马尔科姆重访海德拉巴尼查姆宫殿时的那种忧郁，以及芒斯图尔特·埃尔芬斯通坐在佩什瓦旧宫殿时的那种哀愁，或者约翰·洛在比托奥尔当佩什瓦的狱卒时的那种难受。英国人对这些古老居所的占据，让他们产生一种空虚感、不真实感，这只能算是一种作为篡夺者的感受。而在里士满·莎士比亚的处境里，有一种更黑暗的阴影，即推动了历史发展的鸦片贸易。

看到这样一个秉性高尚的人卷入如此丑陋的事情，真让人悲哀。我们就不详谈了，任由这位不可阻挡的拯救者里士满骑马在花剌子模荒原快活地驰骋吧。他于 1861 年 10 月因支气管炎去世后，全印度的人们，从贵妇到洗衣工，无不为他哀悼。他的一位助手写道："我非常爱戴他。在我父亲去世后，我没想到自己还能这样爱一个人。"[8]

小说家萨克雷给自己的表弟里士满·莎士比亚和威廉·里

奇（刚成为加尔各答最高议事会的法律顾问，在里士满去世几个月后也撒手人寰）写了联合的悼词：

> 我昨天遇见一位年轻军官，他刚抵达印度时里士满·莎士比亚在给他的第一封信里写道："我能为你做什么吗？"里士满愿意为所有人慷慨解囊。他善良的双手永远助人为乐。仁慈的命运安排他去营救寡妇和俘虏。这些可怜人在哪里还能找到更富有骑士风度、更慈悲、更温柔的保护者？

> 我在自己的小书里记下他的名字，以及我挚爱的那些已经辞世的人的名字。我们就这样相遇，就这样分别；我们奋斗，成功；或者我们失败，在路上倒下，无人知晓。我们离开亲爱的母亲膝下，青少年时代的艰辛路途就开始了；然后我们长大成人，要经历人生的战斗，以及它的偶然、危险、伤痛、失败与荣耀。威廉堡的大炮在为其中一人鸣礼炮，而士兵们在另一人，那位勇敢、温和、忠诚的基督徒战士的墓前最后一次鸣枪敬礼。[9]

马哈拉杰普尔战役还有另一个奇怪的后果。战役结束两个月后、里士满的婚礼不久前，3000 个十岁至十二岁的男孩聚集到瓜廖尔城郊外，重演了英军与辛迪亚军之间的那场战役。孩子们在一点上忠于史实，即辛迪亚王朝军战败了，但扮演埃伦伯勒勋爵的男孩"阵亡"，而英国人的傀儡法尔克被俘，被用鞋子痛打了一顿。成千上万市民蜂拥而至，观看表演。这场战役重演持续了三天，最后被当局强行驱散。贫民定期重演这场战役，尤其是那些因为辛迪亚军队解散而丧失生计、被迫行乞的人。斯利曼向政府报告称："辛迪亚军队的炮兵和步兵各旅被解散之后，城里很多人的生活陷入困境，因为他们原本靠为军队提供衣食维持生计，现在对他们服务的需求锐减了。所有因此变得穷困的人自然对发生的变革感到遗憾……目前这种不满情绪的表达方式还只是男孩子之间的斗殴。"[10]

从 19 世纪初开始，英国人以节约经费为借口，逐步解散了恒河流域各印度邦国的军队。根据 C. A. 贝利的计算，因此产生的退伍军人可能有 20 万人之多。[11]斯利曼把这种现象的结果表达得无比清晰："在同样的地区，我们用先前军队的十分之一来驻防，而把另外十分之九赶走。他们全都堕落到托钵僧或仆役的最低阶层；或者寄人篱下，成为懒汉与寄生虫。"[12]这种"殖民挤压"对普遍的物质需求水平产生了恶劣影响。在那格浦尔长期工作的常驻代表理查德·詹金斯指出，土著宫廷及其军队被解散，导致"城市及其周边地区人口锐减"；"我们建立秩序和良好政府之后，这些群体散去了，这必然会让农业与纺织业产品的消费减少。"[13]

1844 年玩战役重演的那些小男孩到 1857～1858 年的时候就二十岁出头了。他们中的很多人属于瓜廖尔部队，而这支部队在 1857 年奋起反抗他们那位亲英的统治者，也就是在 1844 年哭泣着嚼槟榔的那位大君。大君被迫到英军军营避难。1857 年兵变并非毫无缘由的平地惊雷。

注释

[1] Lambrick，pp. 33，36.

［2］Ibid. , p. 121.

［3］Amar Farooqui, *Sindias and the Raj*, p. 8.

［4］'Lord Ellenborough gets rid of the Resident' in Hope, *The House of Scindea*.

［5］John Shakespear, p. 255.

［6］Farooqui, p. 105.

［7］Ibid. , ch. vi.

［8］John Shakespear, p. 350.

［9］Thackeray, *Roundabout Papers*, 'On Letts's Diary'.

［10］Sleeman to Currie, February 28, 1844, quoted Farooqui, p. 104.

［11］Bayly, *Rulers*, *Townsmen*, p. 282.

［12］Sleeman, *Rambles*, p. 365.

［13］Bayly, ibid. , p. 268.

12 经济崩溃的城市

奥古斯塔为弟弟取得的荣耀而喜悦，约翰为自己可爱但不成器的外甥在霍尔德－喀布尔隘道阵亡而哀伤。但对约翰来说，灾难性的阿富汗冒险对他还有另一个影响。他的梦想一下子破灭了。"人生无常，难以预测"真是轻描淡写。他的私人财政又一次垮了。这一次毁掉约翰的，是他打过交道的最糟糕的两个笨蛋合起来的恶劣影响：总督奥克兰勋爵和约翰自己的弟弟亨利，就是那个连续多次破产的人。奥克兰勋爵的印度河军团和埃伦伯勒勋爵的解围部队一共耗资 1500 万英镑，相当于今天的数十亿英镑。[1]"这给印度财政造成沉重负担，印度在随后很多年里都在这重压之下呻吟。"

这造成了骇人听闻的不公。阿富汗战争不是东印度公司发动的，也从来没有得到过东印度公司董事会的批准。应当为此负责的是伦敦中央政府的大臣们，但他们拒绝让英国纳税人承担这场战争的开销。早在 1841 年 3 月，加尔各答的总会计师就报告称，英印帝国的国库已经少了 375 万英镑，奥克兰勋爵不得不发售利息 5% 的债券，但见效缓慢。如始终抱有怀疑态度的总司令贾斯珀·尼科尔斯爵士在日记中所写："这种债券很难快速吸引到认购者，因为在别的地方可以在短期内获得 12% 到 18% 的利润，在土著那里可以得到 24% 甚至更高。"[2]

阿富汗的灾难一方面粉碎了英国不可战胜的声誉，另一方面严重毁坏了东印度公司的金融信用。加尔各答的各个商业机构纷纷垮台，就像 1830～1833 年那次缓慢的经济危机一样，当时克鲁腾登公司是最后一块倒下的多米诺骨牌，让威廉·梅克皮斯·萨克雷把从父亲那里继承的剩余财产赔得精光。里士满·萨克雷曾是加尔各答地区的主要税官。而他的儿子主要是个花钱的主儿。

在《名利场》里，萨克雷将各商业机构的破产归咎于"福格尔先生，加尔各答的骗子和窃贼"。[3] 事实上，和其他崩溃一样，加尔各答这次经济崩溃的主要原因并不是诈骗犯罪。加尔各答和其他任何一个繁华都市一样，肯定吸引了全世界的道德败坏之徒，但 1840～1842 年的经济崩溃是一次结构性失败，就像 1830～1833 年和 1846～1847 年的崩溃一样。触发这几次危机的，是英国政府为了征集军队保卫或扩张东印度公司所控领土（1826～1827 年的缅甸战争，1838～1841 年的阿富汗战争，1845～1846 年的旁遮普战争），而在一夜之间积累起来的巨额债务。每一次，为了吸引贷款，东印度公司都不得不提供极高的利率，这对公司本身来讲是毁灭性的。各商业机构为了吸引资金，也不得不给他们的顾客开出特别高的利息。东印度公司和各商业机构为了偿付这些利息，不得不动用自己其他生意（大规模的商品投机生意，如鸦片、靛青、蔗糖、锡、咖啡和茶叶生意）的利润。而那些生意也因为普遍的信用匮乏而损失惨重。绝望之下，各商业机构互相借款数以百万计卢比，直到这些商品的市场也枯竭了。然后，整个纸牌屋就轰然坍塌。

加尔各答银行业里发声最激烈的人，乔治·拉潘特爵士，对体制的弱点做了如下概括：最大的问题在于，各商业机构"将自己的银行业务与商业投机捆绑在一起，这意味着它们常常受到诱惑，把客户托付给它们的资金拿去做投机买卖，投资给不审慎、无赢利的计划"。[4]也就是说，它们拿客户（萨克雷家族和洛家族那样的客户）的钱去"赌博"。

这一切听起来是不是有点熟悉？1929 年的经济大萧条大致是这样，2008 年也是。乔治爵士希望从法律层面禁止将银行储蓄业务和投机生意结合的做法。但当时和今天一样，银行家会想出各式各样的巧妙理由，反对这么做。

一个决定性因素是 1813 年的《东印度法案》，它打破了东印度公司对东印度贸易的垄断。曾经奔走疾呼要求开放自由贸易的商人，也就是那些在下议院拥有很多代表的商人，蜂拥冲入垄断解除之后留下的空缺。没过多久，加尔各答、孟买和伦敦就雨后春笋般地分别涌现了 20 家、30 家和 40 家商业机构，它们争抢来自南亚次大陆的合同和储户，不管是当地的还是欧洲的。1813 年的《东印度法案》就像 1986 年英国的金融大改革①一样，带来了解放，令人心醉，但也带来了很多危险。而从中获利的人肯定不会甘心放弃自己新得到的自由，肯定要为之搏斗一番。

此次经济危机中破产的公司里有一家名叫坎托公司，地址是加尔各答费尔利街 3 号。1841 年 11 月 20 日《加尔各答公报》登出的破产人员名单包括："亨利·马尔科姆·洛和威廉·马库斯·韦斯特曼，曾用居住地加尔各答，现居住地金德

---

① 金融大改革（Big Bang），或"金融大爆炸"，特指发生在 1986 年伦敦金融城的政策变革。该变革旨在大幅度减少监管。改革后，外国财团被允许购买英国上市企业，伦敦金融城投资银行和经纪公司的构成和所有权发生了翻天覆地的变化。金融城引入更国际化的管理作风，电脑和电话等电子交易手段取代了传统的面对面谈价，使竞争激烈程度剧增。

讷格尔。此前在加尔各答与查尔斯·奥古斯塔斯·坎托合伙经营，作为商人与代理商，公司名为坎托公司。坎托目前居住在英国。"查尔斯·坎托和亨利是朋友。坎托夫妇的第一个孩子被取名为威廉·洛（他五个月大就夭折了，葬在南公园街）。亨利逃往更东方，进入缅甸腹地，而查尔斯则返回伦敦，在那里被登记为破产人员。所以查尔斯在两个大陆都破产了，而亨利如今在三个大陆都是破产者。

亨利的大哥和他一起破产了。约翰·洛虽然还占据着勒克瑙的显赫地位，但失去了自己的每一个铜子儿。他为子女的教育和克拉托庄园的改良而苦心积攒的钱，全都化为乌有。像约翰这样谨小慎微的人居然会把自己辛辛苦苦攒起来的现金托付给坎托这样的人，且约翰对坎托的缺陷非常熟悉，就像他熟悉亲弟弟亨利的缺陷一样，这乍看起来很奇怪，但在19世纪30年代的印度很难找到一个安全的地方储存自己的积蓄。即便声誉最好、看上去最稳妥的公司，比如乔治·拉潘特爵士自己的科克雷尔与拉潘特公司，也陷入了绝望的困境，把他的合伙人德瓦尔卡纳特·泰戈尔也拖垮了。后者是伟大的泰戈尔家族的创始人，也是大诗人泰戈尔的祖父。在这轮经济危机中，土著和欧洲金融家都一败涂地。拉潘特徒劳地主张，应当有一家国有银行担当国民储蓄的避风港，但加尔各答和伦敦的大亨联合起来反对这种"不正当竞争"。尽管发生了一系列经济危机，把帝国最忠实的仆人们的积蓄吞噬殆尽，但大英帝国还在继续扩张。

约翰·洛不得不又一次写信给总督，恳求允许他留在原职位，因为他囊中羞涩，无力外调。这一次他的请求比1833年时还要尴尬，因为奥克兰勋爵已任命了一个人接替他在勒克瑙的职位，并且接替者不是别人，正是威廉·斯利曼。斯利曼非常绅士地表示愿意暂不就职，给洛中校时间来处理他自己的财务问题。斯利曼被改为调往瓜廖尔。[5]恰在亨利·洛和查尔斯·坎托破产的同时，奥古斯塔又生下了一个孩子，这是她的第七个孩子，也是第四个儿子，取名为欧文，1841 年 12 月出生于加尔各答。他们之前曾计划去欧洲，现在只能放弃了。银行可以崩溃，但奥古斯塔绝不会。

于是他们在 1842 年春季返回勒克瑙，在那里待最后一段时间。当他们抵达常驻代表府的时候，国王穆罕默德·阿里·沙刚刚于 1842 年 5 月 17 日驾崩。他的统治很短暂，不到五年，但这样一个貌似早衰、疾病缠身并且羞怯的人取得的成绩十分惊人。

约翰·洛从勒克瑙写了自己的最后一份报告给托马斯·赫伯特·马多克（曾任勒克瑙常驻代表，此时是总督的政治秘书）："在前任国王驾崩之前，这里的状况有了逐渐而稳步的好转。"[6]

军队全都领到了军饷，朝廷的奢侈靡费大大削减，财政收入没有拖欠，全境没有民变。残暴但有才干的征税官达尔尚·辛格官复原职，几个月内就迫使犯上作乱的地主们臣服，并夺走了他们的所有要塞和大炮。约翰承认，达尔尚的手段之残酷超过了形势所需，但达尔尚"比他那白痴前任带来的好处多得多"。已故国王留下了相当于 700 万卢比的黄金白银，还有大量珠宝，"各类珠宝的数量都得到清楚明晰的记录"。穆罕默德·阿里·沙真是理想的会计师。

"简而言之，很少有一位君主像已故的奥德国王一样，在印度能如此安宁稳妥地取得成功，为臣民的福祉留下如此幸福的前景。"这话背后的潜台词是，新国王和旧国王一样，要感谢约翰·洛的冷静与反应迅捷。

唯一令人不安的因素是约翰加冕的新国王。阿姆贾德·阿里·沙是一个肥胖的什叶派顽固分子，除了《古兰经》之外没读过什么书，喜欢背诵《古兰经》里的大幅篇章。勒克瑙的逊尼派教徒都怕他。但另一方面，和他父亲一样，他也是个节俭、和善的顾家男人。

穆罕默德·阿里·沙被安葬在魅力十足而略显轻浮的侯赛因什叶派会堂，那是他为缅怀殉道的伊玛目而建造的。一直到今天，在侯赛因什叶派会堂的枝形吊灯灯光、镜子的反光与丝绸帷幕的光泽之间，仍然看得见穆罕默德·阿里·沙那有阶梯的天鹅绒宝座和华盖。在附近的一个玻璃盒子里，还放着他的那顶王冠。在五年前的7月7日那个令人魂飞魄散的夜晚，约翰为他戴上了这顶王冠。

穆罕默德·阿里·沙和约翰·洛关系融洽，互相尊重，常驻代表对他自己扶植登基的那个人的评价也是温暖而真诚的。但洛对他的评价还不全面。穆罕默德·阿里·沙虽然勤俭节约，但也是一位伟大的营造者。不仅侯赛因什叶派会堂是他建造的，贾玛清真寺也要感谢他。贾玛清真寺拥有庞大的蜂巢般错综复杂的门廊体系，有三座穹顶，还有优雅的八角形塔楼。在约翰的书信（无论公私）里，我没有找到一句话提及约翰和奥古斯塔在勒克瑙的最后几年里国王兴建的这些美丽塔楼和清真寺。但他们在戈默蒂河畔散步，或傍晚从迪尔库沙骑马兜风（奥古斯塔的一个妹妹或可怜的亚历克·迪斯有时会陪同他们）的时候，一定看见过这些令人惊艳的建筑。常驻代表就像奥德修斯一样，把自己捆缚起来，对纳瓦布文化的靡靡之音和绚丽浮华充耳不闻、视而不见。

相比之下，东印度公司的建筑工程都纯粹是实用性质的。贝利揶揄地说："当时东印度公司的建筑只有监狱和法庭。"不过，其实还是有一些桥梁、道路和兵营的，更不要说他们自己做礼拜用的教堂了。[7]纳瓦布们庞大的建筑工程满足了社会和宗教的需求。据说阿萨夫·道拉曾雇用四万人修建什叶派大会堂，以缓解1783年的可怕饥荒。六十年后瓦季德·阿里·沙建造的皇帝花园也提供了很多就业机会。[8]

但约翰肯定是个有文化的人。他会说波斯语、乌尔都语和印度斯坦语（这是当时的说法）。他会拉大提琴，会吹笛子。俄国艺术家萨尔蒂科夫公爵①曾在穆罕默德·阿里·沙驾崩不久前访问勒克瑙，他记载道，常驻代表"看上去一点都不像英国人，倒颇有温文尔雅的法国人的气质"。洛的法语说得很好，让萨尔蒂科夫很高兴，因为当时在印度的英国人极少有懂法语的。洛的生活非常气派。他的象轿十分精美，形似一对天鹅，镀银，饰有仿钻石、红宝石和祖母绿，这些宝石悬挂在上面，随着大象的行进而叮当作响。[9]

约翰在勒克瑙过着帝王般的生活。他始终不是勒克瑙的一分子。我们从来没有听过他讲述当地繁荣的文学与艺术，以及它们的优雅、忧郁与风趣；他也从来没有提起过勒克瑙生活的风味，那座城市的礼貌、玩世不恭与风骚当时在整个印度都很有名，也常常受到怨恨。勒克瑙诗歌的不同题材（催人泪下的"马尔西雅"是缅怀在卡尔巴拉死难的侯赛因及其追随者

---

① 阿列克谢·萨尔蒂科夫公爵（1806～1859），俄国艺术家和旅行家，出身豪门，曾在波斯和印度游历。他的印度游记在欧洲很有名。

的哀歌；"加扎勒"① 被用来抒情且充满色情意味；"赖和蒂"是戏仿讽刺诗）都在 19 世纪 30 年代达到巅峰，这让贫穷而衰败的德里颇为恼火。[10]

约翰和奥古斯塔对这些文艺成就似乎熟视无睹。勒克瑙的伟大诗人赫瓦贾·海德尔·阿里·阿提什写道：

> 我为夜莺忧心，
> 因为春天到了。

据我们所知，约翰不会为夜莺忧心，至少在勒克瑙不会。他脑子里都是莎士比亚作品、《圣经》和彭斯。奥古斯塔最小的妹妹塞利娜回忆说，约翰带她乘轻便马车兜风的时候一刻不停地背诵着诗歌。但与他的导师埃尔芬斯通不同，约翰对波斯和印度的诗人不感兴趣。

1857 年恐怖的兵变事件发生后，英国人开始谴责与勒克瑙有关系的一切。它的艺术和建筑被斥责为衰败颓废，它的统治者被指责为腐朽无能。这座城市最令人陶醉的什叶派会堂、最精妙的诗歌与音乐被不屑一顾地描述为品质低劣和庸俗。只有少数诚实的观察者，如 W. H. 罗素②，愿意说勒克瑙是一座

---

① 加扎勒诗歌是伊斯兰教诞生之前阿拉伯人的一种诗歌形式，12 世纪传入南亚，形式固定，常讲述离别、爱情等主题。鲁米和哈菲兹等著名诗人都用过这种体裁。由于歌德的影响，加扎勒在 19 世纪时的德意志也一度流行。

② 威廉·霍华德·罗素爵士（1820～1907），出生于爱尔兰的《泰晤士报》记者，是最早的现代战地记者之一。他花了二十二个月报道克里米亚战争，包括著名的塞瓦斯托波尔防战和"轻骑兵冲锋"战斗。后来他报道了 1857 年印度兵变、美国南北战争、普奥战争和普法战争。

美丽的城市。勒克瑙尽管有可怕的缺陷，但在那些岁月里是地球上最令人着迷的"旧制度"国家之一，在印度其他地方没有可以与之媲美的例子，或许后来在全世界也都找不到。

约翰的回国之旅已经拖了很久，他思乡心切，渴望回家。在最后一次离开勒克瑙之前，当地的英国人社区请他为乔治·比奇当模特，由比奇为他创作一幅全身肖像。乔治·比奇是威廉·比奇爵士的儿子，移民到印度，接替迪费·德·卡萨诺瓦成为奥德王国的宫廷画家。这幅画悬挂在常驻代表府的宴会厅内，1857 年时毁于炮火。对约翰担任常驻代表期间所做贡献的更持久的纪念，是勒克瑙当地英国侨民的致敬词，赞扬了"你对所有公共事业的慷慨支持"，这"众所周知。但只有亲身从中受益的人，才能真正感受到你在私人层面的乐善好施。任何人只要向你求助，就一定不会白费功夫。你要么以朋友的身份给出建议，要么如君主一般扶助贫弱"。[11]

威廉·里奇，即里奇姨妈的儿子，也提到过约翰·洛的"君主般的慷慨"。威廉·里奇来到加尔各答之后，写信给留在国内的未婚妻奥古斯塔·特里默，称洛中校的仗义疏财"让他［洛］没有办法积攒一大笔财富带回国"。我们已经看到，这种说法非常轻描淡写。洛何止是没有办法带一大笔财富回家，他简直称得上赤贫了。肖像和文字的恭维都没有办法弥补他个人财政的严重亏空。

多年前，莎士比亚家较年轻的几个孩子曾在布卢姆斯伯里①的里奇姨妈家见过威廉。当时威廉还是个被宠坏的、令人

---

① 布卢姆斯伯里为伦敦中部的一个地区，17～18 世纪由贝德福德公爵开发成时尚住宅区。当地因有大量花园广场、学府和医疗机构而出名。

无法忍受的顽童，但现在已经成长为一个善良的年轻人。他在印度见到的人当中给他留下最深印象的就是约翰和奥古斯塔。他在给未婚妻的信中写道："她和你一样，也叫奥古斯塔。她性情甜美，这一点也和你很像。他们长期以来拥有印度最好的职位之一……习惯了帝王般的生活方式……从没有人像他们这样，虽然身居高位，仍然保持谦卑低调，他俩都是你能想象得到的最热心肠且质朴的人。印度没有一个人比他更受尊崇……因为他一方面拥有最稳妥的判断力和最坚定的决心，另一方面又性情温和、彬彬有礼和仁慈。"[12]即便考虑到威廉年纪还轻，容易受影响，我也仍然觉得他这段颂词非常有说服力：约翰和奥古斯塔显然确实有一种质朴，也从来没有丢掉过这种品质。

在加尔各答，威廉·里奇还遇见了奥古斯塔的弟弟乔治·特兰特·莎士比亚，他正和洛夫妇一道旅行。威廉对乔治的评价也令人难忘："肥胖、害羞、性格怪异但非常有意思的老家伙。"[13]实际上，乔治此时只有三十三岁，但看上去比实际年龄老很多。

姐弟俩一起前往英格兰，就像二十六年前他俩泪流满面地一同回国一样。这一次，乔治、约翰、奥古斯塔和婴儿欧文没有选择绕过好望角的漫长旅途，而是乘坐"印度"号。这是新型的木制明轮蒸汽船之一，负责运送客人和邮件到苏伊士运河。到了那里之后，他们可以走陆路，整趟旅程只花两个多月，而不是过去的五个多月了。这是乔治到印度以来第一次回国休假。奥古斯塔在此次旅行中写了日记，准备留给他们的妹妹玛丽安娜。这是我们能找到的对乔治的唯一较长的描写。

奥古斯塔的深红色皮面日记本里的第一则，是向决定他们命运那么多年的城市做浪漫的道别：

1843 年 2 月 9 日

今晚，我们登上了"印度"号。月色皎洁明亮，小艇载着我们缓缓驶向大船，月光下由诸多宫殿组成的整个城市在我们面前一览无余。

蒸汽船常常在靠近海边的时候搁浅。洛夫妇的舱室和煤舱在同一侧，小艇往大船运煤的时候，他们浑身粘上煤灰。"印度"号的乘客超员，所以有些乘客只能在甲板上吃饭睡觉。小欧文习惯了加尔各答的凉爽大房间之后不喜欢拥挤的舱室，时常低声哭泣。

但很快日记里就写满了乔治的倒霉。他没有像大家期望的那样表现得和蔼可亲、诙谐风趣。"乔治晕船了，所以我没有机会记录他的幽默妙语。"

在马德拉斯，乔治和约翰一起上岸，乘车去俱乐部，但乔治被拦在门外，因为他不是马德拉斯和孟买通讯俱乐部的会员。他带着仆人乘车离开，可怜兮兮地对姐夫哀鸣："我被赶出来了。"但他"在一家潘趣酒馆玩得很惬意，在一张非常老旧、满是窟窿的台球桌上与一个黑人小男孩打台球。乔治说自己赢了"。随后约翰去当地总督特威代尔勋爵①的美丽乡间别墅拜访。乔治没有一起去。

回到船上之后，乔治摔了一跤，摔得很重，所以他们抵达锡兰时他没法上岸。"这次摔跤让他心情低落，他宣布自己打算不管在哪里上岸都要留在那里，绝不会登上任何一艘船。他

----

① 陆军元帅乔治·海伊，第八代特威代尔侯爵（1787~1876），苏格兰军人和行政官员。半岛战争期间在威灵顿公爵指挥下作战。1812 年英美战争期间，他被美军俘房。1842 年出任马德拉斯总督兼马德拉斯军团总司令。

还说他会戒掉雪茄和啤酒。"[14]

绕过锡兰最南端时，他们看见了 1843 年的彗星。在它出现的第一夜，它显得"非常微弱，其核心还在海平线之下。月亮很快升起，彗星就看不见了。第二夜，大约 8 点时，彗星非常明亮，就像一片烈火构成的羽毛，尾部有颗小星星。月亮升起来之后，它就沉到海平面以下"。

到达苏伊士运河之后他们都上了岸，乘马车穿过 90 英里宽的沙漠去开罗。乔治对陆路旅程也不喜欢。他讨厌乘坐颠簸的马车从一个遍地跳蚤的车站到下一个。在第四个车站，约翰叫奥古斯塔来看看侍奉旅客的漂亮阿拉伯女人。她其实是个来自肯特郡的英国女人，嫁给了一个阿拉伯人。"她非常客气，轻快活泼地走来走去。乔治却对她的礼貌感到窘困。我们乘车出发之后，他说：'与其让那个美妇人在他身边飘来飘去，他还不如徒步逃出沙漠。'"[15]

读者应当可以强烈地感受到乔治忧郁的真实性格。他和友人待在一起的时候会用单身汉幽默家的假象来掩饰自己。

在开罗，他们参观了声名狼藉的帕夏①穆罕默德·阿里②的要塞。约翰的一位老友想方设法搞到了邀请函，安排约翰与帕夏一起吃饭。乔治没有受到邀请，只能留在宴会厅之外，透过门缝观看里面的情景。在金字塔，乔治和约翰一起通过地道去参观法老夫妇的墓室，而奥古斯塔坐在外面。她只有三十六岁，但生

---

① 帕夏（Pasha）源自土耳其语或波斯语，是奥斯曼帝国军政高官的头衔。它也可作为敬语，类似英语的 lord 或 sir。奥斯曼帝国雄踞阿拉伯世界，帕夏一词也在阿拉伯世界广泛应用。行省总督一般享有帕夏的头衔。

② 穆罕默德·阿里（1769～1849），埃及和苏丹总督、奥斯曼帝国的附庸，但实际上拥有相对独立的地位。

了七个孩子之后，她变得相当丰满和懒散。玛丽安娜的孩子们给她的绰号是"庞大的姨妈"。[16]约翰和奥古斯塔曾乘坐东印度公司的一艘内河轮船在恒河上旅行，他们在瓦拉纳西下船的时候，跳板吃不住她的重量，导致她跌进了圣河。她被救了上来，并无大碍。[17]现在她心满意足地坐在大金字塔旁边，看到他俩从里面出来就捧腹大笑。"乔治从法老墓室出来时那副表情太搞笑了！他浑身尘土，几乎说不出话来。"[18]

在开罗，他们还去参观了奴隶市场。约翰和奥古斯塔看到奴隶买卖的景象似乎不以为意（不过约翰在勒克瑙根据英国法律禁止了奴隶贸易），但乔治很不自在：

> 我们看见好几个阿比西尼亚女人赤身露体，等待买家。有个土耳其人显然在为其中一个女奴讨价还价，摸索着她的胳膊，仔细察看她。这些奴隶看上去胖胖的，精气神也不错：他们坐在一个敞开的庭院里，一小片帆布撑在他们头顶上，保护他们不受风吹日晒。我们看到他们的食物是一种豆类。其中一个女人说了句什么，人们哈哈大笑。他们告诉我们，她说自己希望被那个"年轻男人"买下。她说的是乔治！乔治说她的选择对他来说是"莫大的考验"。[19]

从奥古斯塔质朴、"接地气"并且冷静从容的讲述中，我们忍不住觉得她没有察觉弟弟真切感受到的痛苦。他似乎与旅伴格格不入，经常独自出去漫游，回来之后继续在家里扮演幽默大师的角色，越来越频繁地成为大家开玩笑的对象。可怜的乔治。他独自一人外出的时候都去了哪里呢？为什么每当他们遇见一个不属于他们家族的女人，他就这么恼火呢？

在亚历山大港的法国旅馆待了十天之后，洛夫妇登上一艘法国轮船，前往雅典，并继续悠闲地参观名胜古迹。"乔治和我们一起上船，我们于9点向他辞别。"

就这么多了。没说他要去哪儿，又有什么计划。

我们知道，他最终去了伦敦，因为他在这一年年底加入了伦敦的东方俱乐部。次年6月，他的表弟威廉·梅克皮斯·萨克雷向一位姑母提起，他见过乔治两次，并补充道："我们还客气地交换了名片。"7月，萨克雷说自己与儿时好友乔治喝了茶，发现他和过去一样自私。[20]他俩都是在加尔各答出生的，生日仅仅相差几个月。他们的友谊可以追溯到他们六岁时一同乘船回英国，后来这段友谊一直贯穿了他们的学生时代。但我们感到，他俩重拾旧情的努力并没有成功。

我们对乔治·特兰特·莎士比亚随后下落唯一知晓的情况，就是他于1844年10月4日在日内瓦自杀。

他为什么自杀？他是不是债台高筑，或者酗酒，或者是同性恋者，或者仅仅是孤独得要命？我们永远没办法知道了。或许奥古斯塔也不知道。在她眼里，他一直是嬉戏欢乐的北极熊。乔治不是唯一一个走到绝路的东印度公司雇员。我们很容易想象，与旧有的印度的关系网断了联系之后，在伦敦定居对他来说是多么的困难。或许，尽管他自己可能不愿意承认，他的亲弟弟里士满的光辉对他造成了一种压迫，因为里士满在伦敦和在印度都是名人，此时已经结婚，活得幸福美满。乔治在迪纳季普尔、穆尔希达巴德和苏达班①的偏僻地区忙着主持司

---

① 苏达班是孟加拉湾沿海的一个地区，有庞大的森林，横跨今天印度与孟加拉国的边境，是联合国教科文组织世界遗产地。

法或收税的时候，可能不会想到自己的茕茕孑立；而回到伦敦之后，寂寞就涌上了心头。萨克雷多么残忍地体会到了乔治的无助和毫无防备，把他变成了令人生厌的约斯·塞德利，而约斯·塞德利完全没有乔治温暖可人的那一面。

《名利场》于1847～1848年出版，也就是乔治去世的三年之后。它的结尾相当奇怪。小说的最后几页讲的是约斯在亚琛去世。他几乎破产，身体也彻底垮了。他唯一能找得到的资产是2000英镑的人寿保险，他将其平分给自己的妹妹阿梅莉亚（现在是多宾太太）和"他患病期间的朋友与宝贵的照料者丽贝卡，三等巴斯勋章获得者罗登·克劳利中校之妻"，也就是贝姬·夏普，她同时还被指定为约斯的遗产管理人。

萨克雷是不是要我们相信贝姬谋杀了约斯？这肯定是一种流行的解读，但我觉得萨克雷的目的不是这么简单。约斯的健康状况原本就很差。忠诚的多宾在布鲁塞尔找到他时，他已经"病得奄奄一息，非常可怜"，"并且怕丽贝卡怕得要命，不过急切地赞扬她"。保险公司的律师最终偿付了保险金，但他"发誓赌咒说，这是他遇见过的最晦暗不明的案子"。但他怀疑的是谋杀还是自杀呢？因为这两样都会阻止保险金偿付。作者按照他一贯的逗弄读者的方式，让我们自己去思索其中的可能性。我认为，乔治的孤独死亡对萨克雷的想象力产生了影响，在他脑子里代表着其他一些"在印度的英国平民"的悲惨结局，因为他们回国之后也没有过上真正的生活。

约翰和奥古斯塔可不是这样。1843年7月，他们到了克拉托，看到夏洛特、马尔科姆、罗伯特和约翰，不禁喜上心头。这些孩子都是第一次见到小欧文。两口子也很高兴看到新安装的抽水马桶和其他一些室内设施，它们正给这座经常刮穿堂风的老宅带来现代的生活便利。在勒克瑙的时候，奥古斯塔已经习惯了帝王般的奢华生活。克拉托也不会让她失望。

但约翰看到母亲的身体状况急剧下滑，非常难过。她的两个女儿玛丽亚和乔治娜也不省心，坚持要在她床边宣讲新的苏格兰自由教会①的严苛教义。乔治娜是最糟糕的一个。一位到访的牧师称："洛小姐首先是基督的忠实信徒。她以极大的真诚和爱意，将福音书的真理阐述给她母亲。"我相信，苏珊·伊丽莎白·洛若是有力气反抗，一定会反驳说，她已经非常熟悉福音书的真理了。但她很快就不会受到虔诚聒噪的骚扰了，因为她于 1843 年 9 月 20 日去世了，享年八十三岁。她被安葬在凯姆贝克②那座较老的、毁弃的教堂（俯瞰杜拉登的山坡）旁的小墓地，在丈夫身侧长眠。离家三十八年，约翰至少见到了她的最后一面。[21]

除了为母亲悲伤之外，约翰和奥古斯塔似乎开始了那种罕见而静谧的法夫郡退隐生活。他们看着最大的几个孩子成长为少男少女；他们去拜访弗里斯家族、贝休恩家族和克莱格霍恩家族。约翰修剪花园高高南墙上的玫瑰，在老球场打高尔夫。他有一次从梯子上跌落，几天后又在老球场上昏厥。退伍军人有时会遇到这样的不幸。

但他真的不问世事了吗？他辛苦得来的假期一天天流逝，他能光是待在克拉托吗？他希望成为加尔各答的最高议事会的军事议员，但波洛克将军的衔级比他高。他毫不畏惧地在返回苏格兰的一年后写信给埃尔芬斯通道："我在国内的开销太

---

① 苏格兰自由教会是一个 1843 年创办的教派，从苏格兰国教会（长老会）分裂出去而形成。

② 凯姆贝克是苏格兰法夫郡的一个村庄。

大，我觉得我很可能在十五或十六个月后返回印度，哪怕仅仅当一个 omeedwar。"[22] 具有传奇色彩的英印习语词典《霍布森－乔布森词典》① 对 omeedwar 这个词的翻译是"心怀期待的人，某职位的候选人，等待自己的意见或请求得到正面答复的人"。

如果他真的囊中羞涩，他的一些法夫郡邻居也会觉得他是咎由自取，因为约翰·洛改良克拉托庄园的工作还远远没有完成。彼得·克莱格霍恩在 1845 年写道："洛中校来圣安德鲁斯消夏，他大兴土木，家里挤满了工匠和石匠。贝休恩将军觉得他的改良工程要花费 2000 或 2500 英镑。恕我直言，这很愚蠢。那座老宅原本就很舒适，足够好了。"[23] 时髦的爱丁堡建筑公司布莱斯与伯恩公司为克拉托老宅添加的苏格兰贵族风格②建筑的确很漂亮：圆形塔楼，角落有尖塔和风向标，高高的山墙，大型凸窗和门柱，还有石柱与石球作为装饰，就像拉德兰姆夫人在北端路的宅子。

夏洛特被送到南方，在英格兰一家寄宿学校读书。没过多久，四个男孩也被送往英格兰北部上学。所以，除了花钱建造城堞与凸窗之外，还要给孩子们付学费。洛中校希望过富豪的生活，但他只有一名中校的半饷。或者，他身上有一种鲁莽冒险的成分，刻意要让自己在财务方面跌得更惨？他内心是不是已经厌烦了猎松鸡、拜访邻居，以及"皇家古老高尔夫俱乐

---

① 《霍布森－乔布森词典》是英属印度时期的一部词典，首版于 1886 年，收录英印词语和源自印度诸语言的表达方式。

② 苏格兰贵族风格（Scottish Baronial）是起源于 16 世纪的一种建筑风格，吸收了中世纪城堡、塔楼等元素。沃尔特·司各特爵士曾大力推行此种风格。

部"里的家长里短？他是不是有点渴望炎热、尘土与危险？

在《钮可谟一家》中，萨克雷深刻而生动地描述了约翰·洛的困境。钮可谟上校告诉自己的老情人德·福罗拉克伯爵夫人："我很可能不得不回印度去。我的假期结束了。我现在额外请了假。如果我能晋升，我就不需要回来。如果不能晋升，我就负担不起在欧洲的生活。"[24]

钮可谟上校的儿子克莱夫是个挥金如土的艺术爱好者，他惊呆了。他原以为父亲的钱袋子取之不尽用之不竭，但"他没有我们想的那么富有。他说自己回国以来入不敷出，他对自己的奢侈靡费十分恼火"，尽管上校花掉的金钱的一半是为了骄纵心爱的儿子。[25]钮可谟上校在钮可谟家族银行和加尔各答的商业代理那里都已经严重透支，除非他有一两个上级突然死掉（让他有机会升职），否则他就要破产了。

不过，上校的痛苦还有另一个方面。在一次感人至深的忏悔中，他告诉年轻的阿瑟·潘丹尼斯："你们这些小伙子太聪明了，我对付不了。我没有学过你们的思想，也没读过你们的书。我经常觉得，在你们当中我只是个让大家扫兴的老家伙。我会回去的，先生，回到我还有朋友的地方，在那里我还算个人物。我知道，在我的老部队里，还有几张面孔，有白皮肤的，有褐皮肤的，他们再次看到汤姆·钮可谟时还会兴高采烈。阿瑟，上帝保佑你。你们这些年轻人在这个国家表现得这么冷酷，我们这些老家伙起初都不知道该怎么去喜欢你们。"[26]

几十年前约翰·布莱基斯顿在海外服役十二年后重返英国，他发出了同样的牢骚。他发现同胞当中有一种"冷淡和矜持"，不像在印度的欧洲人那样相互之间有一种轻松的情谊。这对从印度回国的英国人来说"有一盆冷水泼来"的感

觉，"我相信这一定促使很多人回到印度，埋骨异乡，很高兴
在同类当中度过晚年"。[27]

这种失落感也并非仅限于男性。萨克雷的母亲安妮返回英
国后也有这种凄凉感。她给仍留在印度的母亲写信说："英格
兰十分宜人，气候舒适，乡村宛如天堂，但这里的人啊！他们
不是印度人，他们过他们的，我们过我们的。在印度那块更友
善的土地上，几个月我就能交到很多好朋友。我觉得在英格兰
待一辈子，我恐怕也不会结交到那么多朋友。"[28]

据可靠的信息，钮可谟上校这个人物的原型是安妮的丈
夫、萨克雷的继父亨利·卡迈克尔－史密斯少校。萨克雷在巴
黎写这本书的最后几章时对一个美国女人说过这一点。[29]卡迈
克尔－史密斯少校是个单纯的军人，在 1833 年经济危机期间
和萨克雷一样损失了自己积蓄的很大一部分。后来他将剩下的
钱投入一家名为《宪政》的新报纸，萨克雷担任该报纸的驻
巴黎记者。这家报纸仅仅支撑了五个月就倒闭了。[30]少校还和
钮可谟上校一样乐善好施，并且除了自己的观点之外想不到别
的可能性，这让他既值得爱戴，也让人恼火。也有一些家族声
称他们的族长才是钮可谟上校的原型，因为老汤姆·钮可谟这
个形象对维多利亚时代早期的人们来说太熟悉了。他们和他一
样，遭到现代社会的冲击，陷入茫然和颓丧。[31]

真相是，与绝大多数令人难忘的小说人物一样，钮可谟上
校是个混合体。他身上还有约翰·洛的色彩。约翰·洛经常去
伦敦，多次遇见萨克雷。并且约翰·洛和钮可谟上校一样，是
个引人注目的人，身材魁梧，腰杆笔直，和蔼可亲，知识渊
博，并且有一种天真，他人生的各种经历似乎都没有磨掉这种
天真。他也是全世界最糟糕的投资者，如果和钮可谟上校处在

同样的位置，也一定会毫不犹豫地投资给本德尔肯德①银行，尽管该银行从一开始就显然注定要完蛋。最关键的是，他与卡迈克尔－史密斯少校不同，在萨克雷开始写这本小说的几年前果真返回了印度，去弥补自己的财务亏空。所以，我觉得有理由把理查德·道尔②绘制的钮可谟上校挥手辞别图[32]理解为约翰·洛于1847年11月在南安普敦登上"弗农"号。

　　区别在于，钮可谟上校独自返回印度，而约翰不仅像往常一样带着妻子，还带着女儿小奥古斯塔和塞利娜。她们分别三岁和两岁大，是生育力旺盛的奥古斯塔在克拉托期间生下的。这听起来像是一次轻松的家庭旅行。但即便说得好听些，约翰的处境也是很不稳定的。他没有职位，近期也没有希望得到职位。他将加入在孟买、马德拉斯和加尔各答游荡的一大群等待职位的军官，他们都希望一场疫病或战役能够让足够多的上级离开这个世界，为他们腾出空缺。约翰告诉芒斯图尔特："依赖我的中校薪水和津贴，即便没有具体的职务，我也可以在马德拉斯生活相当长时间。如巴里［·克洛斯］爵士过去说的，我可以舒舒服服地'等待出事'。"不过约翰承认，他不愿意被派去韦洛尔或蒂鲁吉拉帕利，仅仅指挥当地驻军，"说不定会被原本级别比我低的人吆喝使唤"。[33]

　　他渴望得到的最高议事会的席位落到了波洛克手里，于是他写信给孟买总督乔治·克拉克，问一级的常驻代表当中有没

---

① 本德尔肯德是印度中部的一个地理与文化区域，在今天印度的北方邦和中央邦。

② 理查德·道尔（1824～1883），维多利亚时代英国著名的插图画家，他的作品常被刊登在《潘趣》杂志上，他也曾为狄更斯、萨克雷等人的作品绘制插图。他是福尔摩斯故事的创作者柯南·道尔的伯父。

有人要回国。对方的答复是"只有亚丁",而约翰情有可原地说亚丁是"我不愿意被吸进去的一个奇怪洞穴"。他明确地知道,只要自己留在英国,就没有希望得到新职位。至少马德拉斯军官没有希望得到孟买的军职。旧的等级制仍然存在:最上层是孟加拉,然后是孟买,最后是马德拉斯。

看到五十好几的人还在呕心沥血地找工作,真是让人心酸。约翰问埃尔芬斯通,可否帮他向新任马德拉斯管辖区总督亨利·璞鼎查爵士①说说情?璞鼎查可能会和洛夫妇搭乘同一班船去印度。约翰曾在爱丁堡道格拉斯饭店的一次东印度宴会上与璞鼎查相谈甚欢,1824 年还在浦那的查普林酒店见过他一次。约翰欢呼雀跃地说,他原本"十分害怕"与印度事务部主席会面,但结果一切顺利。[34]约翰给老友埃尔芬斯通的信的末尾最让人难受:

> 若不是我把自己的财务搞得一塌糊涂,我现在就会相当富足,就像我得到了最高议事会那个职位并且在孟加拉的酷热当中熬满五年之后一样富足。

但加尔各答是经济崩溃的城市,并且在这里破产的不仅仅是钮可谟上校和约翰·洛这样的不懂金融的外行。1846～1847

---

① 陆军中将亨利·璞鼎查爵士,第一代从男爵(1789～1856)是英国 - 爱尔兰出身的军人和殖民地官员,第一任香港总督。1804 年,他根据约翰·马尔科姆爵士的命令,乔装打扮为穆斯林商人,探索印度河与波斯之间的土地,学习土著语言。随后他在东印度公司军队中参加了英国与马拉塔邦联的战争。1810 年,他再次去波斯探索。他担任过信德和海德拉巴的常驻代表。1841 年,他接替查理·义律成为英国驻华代表。他参与了《南京条约》的谈判,成为香港的第二任管理者(第一任是义律)和首任总督。他后来还担任过开普殖民地总督和马德拉斯总督。

年经济危机的最初原因和通常情况一样，是英国政府的巨额债务，此时英国政府正在开展平定并保障西北边疆的第一场大规模战争。乔治·拉潘特爵士诊断了病因，但他也没法保护自己的公司不受震动。各家商业机构不得不又一次提供极高的利息来挽留储户，然后为了偿付这些利息，不得不在各家银行之间疯狂地连续贷款。《经济学人》的创办者詹姆斯·威尔逊于1853年成为英国财政部次官之前就已经很熟悉上述情况了，他的描述让我们不禁想起我们自己时代的银行崩溃事件：

> 加尔各答的商业机构向它们设在伦敦的公司借钱；伦敦的公司为了维持自己的运转，向它们设在印度的机构借钱；或者印度的商业机构发行新的债券，并用这些债券的收益来购买其他公司的债券……并将其发往伦敦，以偿付它们自己之前的贷款。于是流通环节中出现数额惊人的交叉债券，不能代表真实的交易；更糟糕的是，人们丝毫不考虑真实的交换，不管有利可图还是完全相反。为了兑现承诺而不惜饮鸩止渴。[35]

这一切大家都耳熟能详吧。金钱如旋风般转来转去，直到银行最后都搞不清楚自己究竟欠下多少钱，也不知道欠谁的钱。由此看来，"加速资本主义"① 不是 20 世纪末的发明。约

---

① "加速资本主义"是出生于英国的政治学家爱德华·勒特韦克（1942～）提出的说法。勒特韦克是美国政府和美国军队等机构的顾问。他所说的"加速资本主义"指某些人要求的私营企业尽可能摆脱贸易协定、国际组织和税务的约束，不考虑员工和社区利益而"加速"发展的一种状态。按照他的说法，二战以后到 20 世纪 80 年代给西方带来富足的资本主义是受到严格控制的，而"加速资本主义"是完全失控的。

翰·洛被搞得稀里糊涂并且怒火中烧，也是情有可原。

注释

［1］ Kaye, *Afghanistan*, iii, pp. 398 – 9.

［2］ March 29, 1841, Kaye, ibid. , ii, pp. 148 – 9.

［3］ 在《钮可谟一家》中，萨克雷也将导致钮可谟上校最终破产的本德尔肯德银行破产案归咎于彻头彻尾的恶徒作祟："同样的骗局还多得很，这只是其中一个，他们总是顺顺当当地欺骗那些老实人，文武官员，他们辛辛苦苦——和烈日，和敌人战斗——为了给我们帝国效力，不惜在印度长期过着流放一般的生活，慷慨豪爽地忍受着一切痛苦。他们设了无数代理行，轰轰烈烈盛极一时，付着令人难以相信的高股息，让两三个机警的投机商人发了大财。然后一旦倒闭，宣告破产，就会坑害许多寡妇、孤儿和无数老老实实的人。可怜他们把一切都给交给了那些下流的会计人员。"（ *The Newcomes*, p. 719. ）

［4］ Evidence to the House of Commons Select Cmmittee on Commerce and Shipping, 1833.

［5］ 后来他在 1849 年至 1856 年担任过勒克瑙常驻代表。他的行为对后续事件具有关键意义，约翰毫不犹豫地严厉斥责他，尽管这一次斯利曼对约翰有恩。

［6］ Low to Maddock, September 30, 1842, IOR/F/4/2002/89405.

［7］ Bayly, *Rulers*, *Townsmen*, p. 59.

［8］ Ibid. , p. 102.

［9］ Low, p. 260.

［10］ Carla Petievich, 'Innovations pious and impious: expressive culture in courtly Lucknow', in *The Art of Courtly Lucknow*.

［11］ Low, p. 288.

［12］ Ibid.

［13］ Ibid.

［14］ Ibid. , p. 293.

[15] Ibid. , p. 297.

[16] John Shakespear, p. 229.

[17] Low, p. 236.

[18] Ibid. , p. 303.

[19] Ibid. , p. 301.

[20] Ray, *The Buried Life*, p. 45.

[21] Low, p. 314.

[22] Low to Elphinstone, May 25, 1844, F88/126/11.

[23] Low, p. 318.

[24] *The Newcomes*, p. 218. 约翰·洛不是第一个因为囊中羞涩而被迫返回印度的苏格兰校官。萨基的凶悍祖先，与他同名的赫克托耳·门罗爵士，布克萨尔战役的胜利者，曾回到东罗斯（Easter Ross）去美化自己位于诺瓦尔的庄园。但他在 1772 年的艾尔银行破产案中也倾家荡产。他不得不在五十二岁的年纪返回印度，获得了马德拉斯军团总司令的职位。约翰·洛年近花甲之时也想取得类似的成功。

[25] Ibid. , p. 219.

[26] Ibid. , p. 265.

[27] Blakiston, ch xxxiii.

[28] Ray, *The Buried Life*, p. 103.

[29] Ray, ibid. , p. 98.

[30] Ibid. , p. 105.

[31] 莎士比亚家族的部分成员认为，钮可谟上校的原型是奥古斯塔的兄弟约翰·道兹威尔·莎士比亚。他的兄弟姐妹称他为"老乔纳森"，他曾在勒克瑙长期担任约翰·洛的助手，后来还当过勒克瑙的代理常驻代表。约翰·道兹威尔·莎士比亚 1848 年回国休假的时候，萨克雷见过他几次（John Shakespear, p. 265）。

[32] Opposite p. 271 of the original edition.

[33] Low to Elphinstone, September 11, 1847, F/88/134/11.

[34] 这位印度事务部主席是詹姆斯·维尔·霍格爵士，即道格拉斯·霍格（第一代海尔舍姆子爵）的祖父。道格拉斯是一位成功的律师，发了大财之后便回到英格兰。Low to Elphinstone, December 18, 1846, F88/129/77.

[35] Webster, *Twilight*, p. 141.

13　摘棉花

　　洛夫妇于 1848 年 1 月第二周在港口下船，登上岸边的阶梯。他们在回到英国之后再度来到印度，这在英国家庭当中是很少见的。头发灰白的洛已经六十岁了，健康状况显然不佳；他的丰满妻子比他年轻很多；还有他的两个小女儿，小奥古斯塔不到四岁，塞利娜则只有两岁。这个年龄的孩子一般是从印度被送往英格兰，而不是从英格兰来到加尔各答。很多资历不如约翰的军官都已经退役，到伯恩茅斯①或切尔滕纳姆颐养天年了。然而他还重返印度找工作，只有中校的薪水可用来养家，更不要说他在苏格兰还背着大笔债务了。

　　就在这个时期，他交了好运，这在他的漫长职业生涯中也不是第一次了。这时发生的一个巧合犹如天赐的礼物。洛夫妇在钻石港靠岸的同一周，新一任印度总督也到了。加尔各答的达官贵人在大张旗鼓地欢迎他。詹姆斯·安德鲁·布龙－拉姆齐此时是第十代达尔豪西伯爵，也是拉姆齐家族的族长。他此时只有三十五岁，是印度历史上最年轻的一任总督。后来历史证明他也是最不寻常的一位。七年后他离开印度时是位疾病缠身的鳏夫，但他已经给印度带来了翻天覆地的变化。对所有希望印度"有所成就"的现代化派来说，他是他们不知疲倦的

---

　　①　伯恩茅斯是英格兰西南部多塞特郡的一座沿海市镇，为度假胜地。

领袖。而在这个变化过程中，约翰·洛扮演的角色时而激动人心、令人晕头转向，时而又十分可耻。如果达尔豪西勋爵从来没有到过印度，那么约翰·洛很可能会退休，良心坦荡地安度晚年。

两人一拍即合。首先，他俩是老乡。如果站在克拉托山之巅眺望福斯湾对面，就能看见海湾对面的群山，达尔豪西城堡就坐落在那里，而新任总督就是在那里出生的。很久之后，他俩产生激烈分歧时（他们会有很多争吵），达尔豪西勋爵在信中表示期望"我们能恢复更为开心的身份，即福斯湾两岸的两位苏格兰绅士"。[1] 尽管他俩的社会地位天差地别，但他们都喜欢用低地苏格兰方言。达尔豪西勋爵试图劝说约翰到西姆拉的时候，恳求他"gie a thocht to't"（考虑一下吧）。[2] 约翰被疾病压得喘不过气的时候，达尔豪西勋爵回信道："你信里的腔调这么 dowie（郁闷），让我很难过。"并恳求他"cock up your bonnet"（振作起来）。[3]

另外，达尔豪西勋爵的确魅力十足。他身材矮小，但矮小瘦弱更加反衬了他炯炯有神的眼睛和出人意料的洪亮嗓门。他自视甚高，他自己也清楚这一点。他在牛津大学基督堂学院时期的日记中写道："我的确非常傲慢。管他的，我有理由傲慢。"他刻意表现得专横跋扈，但他的专横很有风度。他讲话时可以做到辛辣刻薄。他对查尔斯和詹姆斯·内皮尔兄弟①的评价是："这两个内皮尔是火山口的葡萄园。若不是永恒的火焰不停升起，烧焦了他们内心所有善良的东西，他们原本可以

---

① 原文有误。查尔斯·内皮尔有四个弟弟，都是军官，其中两人成为陆军中将，但没有叫詹姆斯的。

是快活而和蔼可亲的人。"这个概括用来描述达尔豪西勋爵也不算错。[4]

达尔豪西勋爵与约翰通信极多，在信中总是风趣而关怀备至。他们就同僚、旁遮普局势和欧洲时事飞短流长。达尔豪西勋爵常常征询约翰这位印度老将的建议，约翰的年纪足以当他父亲。[5]

和约翰·洛一样，达尔豪西勋爵也破产了，并且严重程度比洛厉害得多。当达尔豪西勋爵起航前往印度的时候，他负债高达4.8万英镑。和他之前的很多总督一样，他接受这个职位的部分目的是挣钱还债。他成功了。八年后他在向继任者坎宁勋爵介绍情况时说："他来这里的时候是个穷光蛋，家产不多，债务不少；他现在已经还清了债，买下了一家侵占他庄园土地的棉纺厂，手头还有大约7000英镑储蓄"。[6]埃伦伯勒勋爵觉得当总督的人应当可以每个月往家里汇1000英镑，但达尔豪西勋爵没有允许自己在政府办公大楼的开销受到恰当的监管。他也热心地帮助约翰·洛重新发财致富，所以上任之后最早的工作之一就是给约翰找个合适的职位。

达尔豪西勋爵找到的只是一个临时性的职位，但它将会产生长期的、命运攸关的后果。马德拉斯军团的詹姆斯·斯图尔特·弗雷泽将军担任海德拉巴常驻代表已经十年了。现在他请假，要把患病的女儿带去新加坡休养。"去海峡吹海风"是治疗肺病的标准做法。约翰·洛的新工作就是在尼查姆的宫廷代理弗雷泽将军。约翰·洛三十年前担任约翰·马尔科姆助手的时候在海德拉巴待得比较久，但后来就很少到那里了。海德拉巴的常驻代表府仍然是一座辉煌的宫殿，不过约翰·洛不需要彩宫。所谓的彩宫是一座东方风情的楼阁，詹姆斯·柯克帕特里克曾将自己心爱的情人（后来成为他的妻子）及其随从安顿在那里。

但海德拉巴的状况让约翰十分烦恼，就像当初马尔科姆重返海德拉巴时感到痛苦一样。海德拉巴是一个大国，拥有肥沃的土壤和丰富的自然资源，但它的统治者债台高筑，欠了英国政府多达 700 万卢比，并且债务还在继续增长。的确，海德拉巴的治理非常糟糕。尼查姆和他的大臣生活奢靡、不问朝政并且腐败堕落，但真正把国家搞得一团糟的罪人不是尼查姆，而是英国政府。

在洛看来，英国强迫尼查姆每年交出 400 万卢比来维持一支军队（"这支军队是为了我们的利益，而不是为了尼查姆"）的做法简直"残忍"。[7] 这些部队中的大多数人已经三十年没有开过一枪了，因为尼查姆的领地一直安享太平。何况维持国内治安需要的兵力不会超过实际驻军的一半。"简而言之，令人忧伤的事实是，尼查姆军队中有一半在我看来是毫无必要的。唯一从中获益的人，就是这一半军队里的军官和士兵。"[8] 而 5 个英国旅、90 名英国军官和 9000 名士兵完全是吃着尼查姆的军饷在闲逛。

洛在董事会的朋友，詹姆斯·勒欣顿爵士（曾经的白人兵变者之一，后来迷途知返）很清楚这一切。他也知道，根据 1800 年的条约，尼查姆并没有法律义务在和平时期为任何一支军队提供哪怕一个卢比。尼查姆殿下（同他的父亲和祖父）被欺骗了，这种军费支出让他越来越穷。

约翰在第二封信里向勒欣顿提了一个方案，建议逐渐削减尼查姆军队的规模，将部分官兵转移到其他地方。[9] 这个方案非常明智。他在信中还发出严正警告，反对直接占领这个国家，而"吞并派"以改善土著福祉为由叫嚣着要吞并海德拉巴：

如果他们［我们的土著盟友］得知我们将尼查姆及其大臣变为傀儡，我们自己管理全国并按照自己的办法征税，并完全用英国军官来控制这个国家，那么我们的盟友一定会认为，这一切都源自我们的野心，以及我们对印度所有土著君主的憎恶。

其他土著国家的统治者现在就已经非常怀疑、畏惧和讨厌我们了，到时候他们的怀疑、畏惧和讨厌会大幅增加。而尼查姆、他国内的几乎所有上层家族和他臣民当中的大多数军人都毫无疑问会对我们恨之入骨。

即便我们对政府的接管能够将部分土著阶层从压迫中解放出来，过了一小段时间后，他们也不会因此对我们感恩戴德。他们会忘记自己曾经的苦难，只记得在我们统治下他们受到的种种烦扰；这个国家的土著在有一个方面，其实和已知世界所有地方的居民完全一致，那就是他们更喜欢自己的行事方式，而不是外国人的。[10]

十年前他就向约翰·罗素·科尔文说到过这一点，当时谈的是勒克瑙。现在他重复了自己的信念。约翰此次补充的一点是，不仅王公和上层人士会厌恶英国人的干涉，农民和普通士兵最终也会怨恨外国人的颐指气使。希望铲平印度的阶级不平等的英国人永远没有希望铲平上述障碍。

坐在利德贺街的勒欣顿没有办法落实任何计划。约翰·洛也没有办法，至少靠他自己的职权没有办法。他必须说服达尔豪西勋爵。

恰在此时，弗雷泽将军带着女儿回来了，她的健康有很大改善。弗雷泽于 7 月 22 日重新执掌海德拉巴常驻代表的权力，洛夫妇则返回了加尔各答。

令约翰·洛吃惊的是，他的贵族朋友（总督）对他的建议不置可否，甚至不理不睬。是的，尼查姆军队的开销太大。它的幕僚队伍"大得荒谬"，居然有五个旅长。但与此同时，达尔豪西勋爵拒绝承认尼查姆受到了英国人的残酷对待：

> 我不能想象，也不能承认英国政府对尼查姆政府有任何不公或勒索行为。英国政府对尼查姆政府的要求，即这支齐装满员、装备精良且纪律严明的军队在尼查姆殿下的领土驻扎并由他提供经费，是完全正当的。[11]

令人感觉不妙的是，当约翰·洛为自己的直抒胸臆道歉时，达尔豪西勋爵的回答是，不，不必道歉，每个公职人员都应当诚实地表达自己的意见，不管是什么意见；但他又补充道："此外，我觉得，我们的观点会和你们这些老一辈人有很多分歧，所以我们终于有了充分的机会来正确地评判。"[12]也就是说，他不会往约翰·洛提议的方向走哪怕一步。勋爵大人脑子里的政策与约翰·洛的想法大不相同，不过勋爵此时还没有坦诚地讲自己的政策是什么。

可怜的弗雷泽将军也烦躁不安，再三恳求总督允许他做点事情来帮助尼查姆解决棘手难题。达尔豪西勋爵什么也没做，什么也没批准。"尼查姆必须自生自灭，因为英印政府现在没有时间照顾他。"[13]

达尔豪西勋爵现在开始指控尼查姆寻衅滋事。"我们已经给了尼查姆很多援助和建议，他如果执意要毁掉自己的话，那么不应当扰乱英国领土的太平，也不应当损害或玩弄英国的利益。"事实上,尼查姆是英国的一个兢兢业业且忠心耿耿的盟友,并没有表现出企图对英国不利的迹象。总督宣称:"我不会以保护尼查姆为借口违反条约。"[14]

很简单,达尔豪西勋爵想要钱:"如果尼查姆无力还债,就必须按照通常的做法从资本家那里借贷。这个需求也许会促使我,或者说让我有条件制造一场危机,给我一个机会来缔结新条约,从而改变我们与尼查姆关系的性质。"[15] "尼查姆的债台高筑让我们有机会挤压他,他也活该被挤压。"[16] 大英帝国的历史上很少有一位殖民地总督把自己的计划表达得如此玩世不恭而清晰明了。

与此同时,他还要打赢旁遮普的战争,所以他不想为了这些"傻瓜权贵"的事情分心。他从前线写信说,如果尼查姆胆敢干涉英国政府的事务,"我会让尼查姆体验一下他从未品尝过的痛苦"。[17]

到 1851 年 1 月时,尼查姆欠英国政府的债务已经累计达70 拉克卢比。尽管尼查姆曾承诺分期还债,每年还 12 拉克卢比,但现在没有付钱的意思。[18] 弗雷泽将军建议制订新的分期付款计划。达尔豪西勋爵拒绝了。弗雷泽终于开始理解总督在打什么算盘了。[19]

弗雷泽将军开始明白,达尔豪西勋爵其实要的就是尼查姆破产。一旦尼查姆的债务积累到无法用现金清偿的地步,达尔豪西勋爵就会攫取他那些优质的棉花田。总督的言辞变得越来越咄咄逼人。除非尼查姆自费维持齐装满员的军队,并且割让棉花田来清偿债务,否则他将体验到"英印政府的全部力量,它会把你碾压成脚底的尘埃,让你留不下自己的名字,也留不下一丝一毫的痕迹"。这份警告(装在一种华美的信囊中,这种信囊被专门用来给王公送信）的恐怖言辞仅限于波斯语版本。英语版本的用词比较温和。

尼查姆张皇失措地用自己的珠宝作抵押物借钱。海德拉巴的巨商们同意在城里开设一家新银行来安排这批贷款。亨利·戴顿是当地一位经验丰富且颇受尊重的银行家，曾与达尔豪西勋爵打过友好的交道，他同意领导这家新银行。达尔豪西勋爵无视自己之前的要求，即尼查姆应当从"资本家"那里借贷，禁止组建这样的银行。他甚至威胁要将无辜的戴顿先生驱逐出境。因为这样的银行一旦组建起来，就很可能有办法为尼查姆筹措到大部分所需资金，甚至能凑齐。但达尔豪西勋爵如今（或许一直都是）要的不是现金，而是土地。

可怜的弗雷泽将军被指派去划定一些油水足的地区，让尼查姆将其割让，如果别无他法就用强制手段让他割让。如果尼查姆拒绝割地，"英国政府不会屈从于如此骇人听闻的不公，会动用武力，临时占领这些地区"。[20]

心乱如麻的弗雷泽答道："关于尼查姆，我认为［达尔豪西勋爵提议的安排］必然会毁掉他，他作为独立君主的权力将彻底消失。"[21] 在就这个话题和其他一些话题与上峰发生更多激烈争吵之后，弗雷泽于 1852 年 11 月 12 日辞职。他受够了，但他也是被迫出局的。[22]

于是，尼查姆领土的很大一部分，相当于他全部国土的三分之一，要被割让给维多利亚女王。浦那的政府梵文学校校长、后来的伦敦《每日电讯报》编辑埃德温·阿诺德爵士在一份清单中妙笔生花地写道，这些土地包括"昂拉瓦蒂周边肥沃的红土地和黑土地，昂拉瓦蒂是这片棉花田之中的都市。这些棉花田后来挽救了曼彻斯特，让它不必耻辱地与奴隶主合

作［意思是英国此后不必依赖美国南部各州来获取原棉］。这
片土地包括贝拉尔、帕拉克卡德，那可能是印度斯坦中部最肥
沃的一片田地，那里的罂粟果实和棉花比世界上其他地方的都
要大。这片土地还包括栋格珀德拉河和克里希纳河上游之间的
赖久尔河间地区，这里几乎和贝拉尔地区一样富饶，并且拥有
水库和水井组成的良好的灌溉系统"。[23] 河间地区指的是两条
河之间的土地，通常非常肥沃，是令人眼红的优质农田。弗雷
泽选择这些地区时说它们"无疑是尼查姆领地内最富饶也最
肥沃的部分"，"在财政收入和商业方面有很大的提升空间，
可以在这里扩大棉花与鸦片种植"。[24] 那么，强迫尼查姆割地
的最后工作由谁来做呢？弗雷泽将军不愿意干的肮脏活计，要
由谁来完成呢？

约翰在海德拉巴的临时任职结束后，洛夫妇于1848年离
开海德拉巴，此时达尔豪西勋爵写信来说，他在为朋友寻觅一
个合适的长期职位，但"你的声望和衔级都很高，所以很难
找到你想要的岗位"。[25] 萨瑟兰上校的去世在拉杰普塔纳留下
了一个空缺，但达尔豪西勋爵觉得不能为了提携约翰而"辜
负其他一些颇有地位的军官的利益，他们在你返回英国之后继
续在印度服役"。换句话说，从英国回来的军官不能插队，不
能抢到留在印度忍受炎热与尘土的人的前头。萨瑟兰不在岗位
期间长期代理他的索斯比少校有资格得到这个职位，令人敬
慕的斯利曼上校也在索要这个职位。所以，达尔豪西勋爵只
能为洛中校提供尼泊尔常驻代表的职位。"我知道加德满都
不能和勒克瑙相比，但有总比没有好。我能做的，就是把手
头上的最好职位提供给你，因为我必须公正地对待一线军官
的正当要求。"[26]

约翰收到这个提议时正在给自己的轿子打包，他写了长达八页的怒气冲冲的回信。他之前在印度辛辛苦苦地干了三十八年，这难道什么都不算吗？他当然会接受尼泊尔的职位，但"我特别希望成为总督在拉杰普塔纳的常驻代表，主要是因为我对拉杰普特人有长期的经验"。他承认索斯比有正当的资格，但说到斯利曼，"我记得他仅仅七年前才平生头一次得到一个这方面的比较重要的职务，并且从来没有在拉杰普塔纳担任过政治官员。而我持续履行各种政治职责的时间比他长三倍"。诸如此类。[27]约翰觉得自己受了冤屈的时候总是会语无伦次，在这次发自内心的呼喊中尤其如此，仿佛巴金斯被剥夺了自己应得的机会，遭到了公开侮辱①。

但他的愤怒控诉很有用。总督大人大笔一挥，写下了一行回复：

我亲爱的洛中校，

如果你有意当拉杰普特的常驻代表，你就可以当。

你诚挚的

达尔豪西[28]

随后四年里，洛夫妇定居在斋浦尔西南面 75 英里处的阿杰梅尔，这座城镇环绕着一个人工湖，湖畔有古老的清真寺和富有魅力的莫卧儿风格的亭台楼阁。常驻代表府是一座宜人的灰泥别墅，今天是政府招待所，坐落在俯瞰湖水的小山上。最

① "轮到巴金斯"是英国当时的一种说法，指公务员体系和军队里按照年资长幼或者是轮流升职，而不是看人的才干与贡献。

妙的是，拉杰普特的酋长们大多对英国的统治感到满意。简而言之，拉杰普塔纳是印度最轻松愉快的一个工作地点了。约翰·洛欠了达尔豪西勋爵的恩情。

约翰在那里的四年生活非常安宁愉快，只被打断过一次，并且很短暂。1852 年 7 月 10 日，拉杰普特的小国卡劳利（位于阿杰梅尔以东 150 英里处）的大君纳辛·帕尔还没有成年就驾崩了，没有留下直接继承人。他自己是前一任统治者的养子，而现在的问题是，是再一次执行印度教古老的收养原则，还是认定卡劳利的继承体制已经失效，英国可以吞并卡劳利。达尔豪西勋爵特别喜欢"失效"的手段，为此变得臭名昭著。但他对吞并卡劳利这个小国也三心二意。约翰·洛坚决主张让卡劳利古老的统治家族自己选一个新的大君，既因为这是符合道义的做法，也因为这是明智的政策，能够让卡劳利继续亲英。

达尔豪西勋爵相当亲切地回信道："尽管对于何为'正确'你我的看法不同，但关于卡劳利的政策问题完全可以商量。"[29]他也相信董事会会认可收养新的大君，于是将约翰的主张发给了董事会："洛中校是一个温和、稳妥的人，他的观点或许会让你们更倾向于开明的立场，我已经预料到董事会会采取这样开明的立场。"[30]

董事会确实采取了开明的立场，认可卡劳利统治家族收养了两个候选人之一马丹·帕尔·辛格。总督支持这个人选，马丹·帕尔·辛格后来在 1857 年兵变期间坚定地支持英国，这证明约翰的观点确实有道理。

关于"收养"和"失效"两种路线的辩论让英国政治家烦恼了整个 19 世纪。对这种辩论不熟悉的人或许认为他们对细枝末节大惊小怪。在（绝）大多数情况下，被收养为继承人的人都是已故的前一任统治者的近亲（有时是血缘关系最近的亲戚）。印度"收养"制度的核心部分与其他国家（包括英格兰）的继承习俗差不多，而区别在于，继承人是在前一任统治者死后，由前一任统治者的寡妇或其他当地权贵挑选出来并收养的。不管怎么说，卡劳利都是个小国。它的领土方圆只有约 30 英里。如果是更大的、油水更足的目标，达尔豪西勋爵就不会这么大方了。他这次的决定或许还有一个次要目的：把有价值的洛中校留在自己这边。

在弗雷泽将军愤怒而绝望地辞去海德拉巴常驻代表职位的时候，达尔豪西勋爵在其继任者的选择上没有丝毫犹豫。他于 1852 年 11 月 30 日写信给约翰道："你是全印度最适合这个职位的人。"约翰将再次奉命前往海德拉巴，这一次是为了出任常驻代表。于是，约翰·洛第三次欠了达尔豪西勋爵的人情。

总督没有浪费时间，立刻告诉新任常驻代表，他到了海德拉巴之后需要做什么。1853 年 2 月 17 日，达尔豪西勋爵在"塞拉比昂"号上写了一封详尽的长信给约翰，指示他该如何处置尼查姆，确认了前一天口头传达给约翰的指示。

他的指示简单而残暴。英国政府将继续保护尼查姆殿下，无论在其国内还是国外；尼查姆的军队将完整地继续维持；英国不再要求尼查姆立刻偿清欠款。作为回报，"殿下应将条约一览表中提及的地区永久性交给英国政府"。洛中校应当向尼查姆指出这桩交易对他多么有利，比如他每年可以节约 9 拉克卢比。（不过达尔豪西勋爵倒也不是完全不厚道，他补充道："我对这些数字并不非常确定。"后来实际数字果然不是这个。）

约翰·洛四十年来一直是土著王公和土著权益的捍卫者，如今他却奉命去海德拉巴，为英国人攫取尼查姆领地中最富饶的部分。这个使命违背了他的天性，也与他一贯的信念南辕北辙。但他强忍着接受了，毕竟他欠了达尔豪西勋爵如山的恩情。

随后的几次觐见让尼查姆痛苦而耻辱，但约翰·洛同样如坐针毡。他详尽而准确地将这几次谈话的内容记录在案，从中我们可以感受到他有多难堪。

从1853年3月中旬到5月中旬，每隔几天，约翰·洛都会从常驻代表府宏伟的古典式柱廊下走出，沿着石狮守卫的阶梯踱步下来，乘马车到河对岸的四宫殿①。在那里，在尼查姆内廷美丽的亭台楼阁中，约翰·洛听着泉水叮咚，努力劝说心烦意乱的尼查姆纳西尔·道拉，签署新条约对他是多么的有利。纳西尔·道拉魁梧而肥胖，脾气温良和气，倾向于尽量避免麻烦，自我放纵，对别人也放纵。这两方面的放纵都到了很严重的程度。4月30日，他第一次表达了自己的真情实感，并且表达得激情澎湃。他俩谈了三个钟头，大多数时间里只有他们两个人。这是一次非常有意思的谈话，约翰用小说家的同情心和对细节的敏锐观察力做了记录。

"我发现尼查姆相当激动；他的脸涨得通红，两眼也有些红彤彤的。"起初他以为殿下一定喝醉了，或者刚抽过鸦片，但在随后的谈话中，"我从来没见过他的论辩如此敏锐，表达如此流畅"。约翰后来得知，尼查姆之前一夜没睡，一直在怒气冲冲地和他自己的助手辩论新条约的利弊。

---

① 四宫殿（Chowmahalla Palace）是海德拉巴的尼查姆的一座宫殿。

尼查姆的眼睛发红，因为他哭过。和其他一些只能被动接受英国政策的王公一样，和佩什瓦以及奥德和瓜廖尔的孩童国王一样，当他意识到自己的命运走向时，除了号啕大哭，还有什么别的办法呢？

"愿神保佑，不要让我蒙受这样的耻辱。我不要新条约，不管你或其他人幻想它对我的利益有多么好。"[31]

"你一定知道吧，新条约已经在从加尔各答送来的路上了。"

"是的，你说过你要提议一个新条约，但你从来没说过要对我提这样的条约。你从来没有告诉我，你要让我永远放弃自己领地的很大一部分。"

洛中校在后来的记述中补充道："殿下对'永远'这个词做了特别强调。"

"我向英国政府开战过吗，或者搞阴谋反对过它吗？我难道不是始终与英国政府合作，顺从它的意愿吗？我为什么要遭受这样的奇耻大辱？"

约翰坚持说，签署这样的条约不算耻辱。尼查姆不肯听。

"君主有两个举动永远是可耻的。一个是在无必要的情况下割让自己世袭领地的任何部分；另一个是解散始终勇敢而忠诚地为自己服务的军队。"

尼查姆恳求约翰告诉总督，他会亲自确保偿清债务，并支付拖欠部队的军饷。但约翰除了顽固地重复要求他签署条约之外，没有别的权限。

"我一分钟之内就可以答复，但答复又有什么用呢？如果你们下定决心要夺走我的土地，即便我不签新条约，即便我不给你们任何答复，你们还是会行动。"

"殿下是否同意签署条约？"

面对新一轮的要求，尼查姆发出了一串雄辩而痛苦的哀叹，并且是直接针对约翰·洛。从下文的忠实记录我们应当可以猜到，约翰·洛受到了极大的触动：

> 你这样的先生，有的时候在欧洲，有的时候在印度；有时是政府官员，有时是军人；有时是水手，有时甚至经商。至少我听说你们民族有些伟人曾是商人。你们理解不了我在这件事情上的感情。我是君主，生来就要在这个王国中生活和死亡，这个王国属于我的家族已经有七代人的时间了。如果我把自己王国的任何一部分永久性地交给你们的政府，你以为我会开心吗？我完全不可能开心。我会觉得自己受了耻辱。我听说，你们民族的一位先生认为，如果我的地位变成和阿尔果德的纳瓦布一样，如果我像一个老仆一样领到退休金，除了吃喝睡觉和祈祷之外什么都不做，我应当心满意足。

尼查姆在这里停顿片刻，用阿拉伯语高声咒骂，表达自己的愤怒和憎恶，随后继续说道：

> 你这样评判我不算很荒诞；但你不理解我作为一位君主的天生情感。比如，你说我接受这份条约之后每年能节省8拉克卢比，就好像我应当喜欢这条约似的！现在我告诉你，即便我能节省32拉克卢比，我也不会满意，因为我割让了自己的领土，丧失了自己的荣誉。

很少有一位土著王公能如此雄辩地在这样一个今天在这里但明天不知在何方的殖民地官员面前捍卫自己的荣誉。海德拉巴的历代尼查姆完全有资格说自己始终对英国忠心耿耿，并且维持了一个虽然不完美但仍然稳定安宁的政权。从 1762 年到 1911 年只有五位尼查姆，平均在位时间为三十年。但尼查姆的精彩哀叹徒劳无益，对帝国主义者来说是对牛弹琴。

约翰向达尔豪西勋爵报告称，尼查姆强烈抵制新条约。[32] 达尔豪西勋爵严厉地回复：“尼查姆的行为一点都不让我惊讶，不过我对他的愚蠢感到遗憾。他希望两国关系就这样暧昧地无限期延续下去，对此我绝不会同意。”[33]

仍然没有取得进展的迹象。在给约翰的下一份报告中，达尔豪西勋爵的回复是：“尼查姆的举止非常可耻。他越是表现出自己的能力超过大家现在对他的观感，他目前不诚实的推诿就越是不可原谅。我可不是能够任人玩弄的人；我不会允许别人这样欺骗我。”[34]

咄咄逼人的总督的这种“正义凛然”真是有意思。

现在是时候对尼查姆施加最后一轮压力了。这项工作被托付给了约翰在海德拉巴的助手卡思伯特·戴维森少校。5 月 14 日，戴维森给尼查姆的首相西拉杰·穆尔克写了一封“非正式”的信：

亲爱的大人，

常驻代表今晚会请你来见他，并通知你，他与尼查姆的谈判已经结束了，他今天会写信请求总督调动军队……

我的侄子在浦那，他在给我的信里提到，第 78 苏格兰高地团和英王第 86 团已经接到命令，准备进军海德拉巴。不要以为军事行动会限于条约规定割让给英国的地区；如果你是殿下的朋友，请你恳求他立刻服从总督的要求，挽救他自己和他的尊严。总督一定会强迫他割地。

卡思·戴维森[35]

军事行动不"会限于条约规定割让给英国的地区"这句话的意思显然是，英军会占领整个海德拉巴城。这的确是最荒诞的一种"保护"，在我们的时代，黑社会就是这样"保护"别人的。[36] 游戏结束了。尼查姆举手投降。他于 5 月 21 日签署了所谓的《贝拉尔条约》。

达尔豪西勋爵在终于听到消息的时候，欣喜若狂。他写信给约翰·洛道："今晨我一觉醒来看见的就是条约文本，它是在夜间送来的。这是多么美妙的一颗晨星。我衷心祝贺你如此迅速地取得了巨大成功。"[37]

总督向全世界宣布道："在尼查姆的军队及他的其他一切事务方面，英印政府对尼查姆的行为一直是始终不变的信守诺言、慷慨大方和极大克制，并且英印政府真诚地希望维护海德拉巴国家的稳定，并捍卫尼查姆殿下的独立。"[38]

说这是厚颜无耻，都算客气了。[39]

董事会赞扬了洛中校的"技巧、判断力与坚定，他凭借这些品质战胜了一切困难，让问题得到顺利解决"。董事会对海德拉巴的安排表示高度满意，说总督和他所任命的官员"值得我们最诚挚的感谢"。[40] 其实之前董事会中有相当多的人对吞并海德拉巴的土地抱有疑虑，但如今这些疑虑都烟消云散了。

董事会这封信的原稿其实不是上面这个样子。多达三段被整体删除，才成了后来公开发表的版本，即蓝皮书。[41] 原稿里讲到了较为温和的另一种方案，即帮助尼查姆解决他的财政问题。这会让人注意到，实际采取的是更为严酷的路线。第二个被删除的段落提到，1800 年条约的第 12 条并没有给英国任何权利要求尼查姆维持庞大的常备军（这支军队的存在仅仅是因为"我们容许它存在"）。董事会和总督都很清楚这一点。第三个被删除的段落讲道，整顿好割让的地区之后，"最终的盈余可能会相当可观"。简而言之，董事会非常明白，总督的举措是没有法律依据的，是一种强制策略，唯一目的就是获取经济利益。所以，董事会也不是纯洁无辜的。头脑比较清醒的董事们非常清楚，他们对尼查姆做的事情是不公正的，但如马德拉斯总检察长约翰·布鲁斯·诺顿在《印度叛乱》中的尖酸评论所说："棉花堵住了正义女神的耳朵，并且让她又聋又瞎。"[42]

董事会发给达尔豪西勋爵的经过大幅修改的文件相当典型。董事会以及它背后的控制理事会经常宣称自己没有继续扩张领土的意愿，因为这可能会带来它们无力承担的额外的巨额开支。但普遍的"民意"支持扩张领土，并且要想把既成事实恢复原样会非常困难，所以英国本土的当局通常会假装不情愿地接受新领土，并给当时的印度总督提升爵位。[43]但达尔豪西勋爵在吞并旁遮普之后就已经晋升为侯爵了。这一次，最丰厚的奖赏将属于具体的执行者。

1853 年 7 月 4 日，达尔豪西勋爵通知约翰，他将被提名为印度最高议事会的军事顾问。这一直是约翰的终极雄心壮志，一方面是出于军事原因，另一方面是出于经济考虑，因为这个席位的薪水高达每年 9.6 万卢比，差不多是他作为常驻代表的薪水的 1.5 倍。如果他能在最高议事会做满五年任期，那么他的财务问题就会迎刃而解。几个月后，他被晋升为少将，因为军事顾问的地位要求有相应的衔级。

不可否认，约翰·洛从尼查姆的灾祸中获得了极大的油水。我们也很容易觉得，他被达尔豪西勋爵强大的意志力带入了歧途。年纪较轻的达尔豪西勋爵腐蚀了年长的约翰·洛。

还有一个问题。他要去加尔各答接过整个南亚次大陆的军事主管权，这是个正确的决定吗？他已经六十四岁了，健康状况比以往更差。他给达尔豪西勋爵和芒斯图尔特·埃尔芬斯通写了一封又一封信，一再申明自己五花八门的病患：有时他几乎不能走路，有时喘不过气来，有时肝病复发，有时肺不舒服。就在一年前，达尔豪西勋爵写信给他道："我看到你身体有恙，很担心，不过洛太太的悉心照料会帮助治愈你。事实是，我亲爱的朋友，我们都不年轻了［达尔豪西勋爵此时只有四十岁，但大部分时间都在生病，他的妻子也体弱多病］，你也逃不过这个普遍的自然规律。[44]众所周知，很多军官为了晋升一级或多挣一点钱而坚持多服役一年，其中不少人就在这一年里病故，再也回不了家。"

然而，现在约翰要的不是再干一年，而是五年。这个决定将对他自己的声誉和印度的命运产生重大影响。

注释

［1］ Dalhousie to Low, February 24, 1854, Mss Eur D1082.

［2］ Ibid. , July 18, 1851.

［3］ Ibid. , February 6, 1851.

［4］ *Private Letters of the Marquess of Dalhousie*, ed. J. G. A. Baird, p. vii.

［5］ 约翰说，他很想和达尔豪西勋爵谈半个钟头，谈谈"法国近期令人

震惊的变动", 即 1848 年的革命。"此事是如此的突如其来, 状况是如此的激烈, 随后局势又立刻平静下来, 它因此成为史上最令人难忘的事件之一。但我还不能相信当前的宁静能够维持很多个月份。我担心过不了多久, 社会的两大阶级——有产者与无产者——之间就会爆发很多激烈冲突。"(Low to Dalhousie, May 10, 1848, D1082.) 他说的不错。一个月后, 约翰在给达尔豪西勋爵的信中喜悦地说, 与法国革命相反, 肯宁顿公地上的宪章运动集会和平地结束了。"自从我们最早得知滑铁卢大捷的喜讯以来, 我还从来没有为了英格兰的消息而这样高兴过。4 月 10 日宪章运动的大集会总算没有搞出乱子。欧洲其他各国都城均陷入革命与动乱, 而此时伦敦居民的很大一部分仍然忠心耿耿并且热爱良好秩序, 这真是令人赞赏。群众不允许政府或者勤奋工作的人被一群自诩爱国者的流氓欺侮。"(Low to Dalhousie, June 10, 1848, ibid.) 整个英国中产阶级都和洛一样如释重负。听到这种观点发自遥远的印度海岸, 颇为有趣。帕默斯顿勋爵称此次宪章运动集会的结局是"一个光荣的日子, 是和平与秩序的滑铁卢大胜"。

[6] Lord Canning's Diary, March 2, 1856.

[7] Low to Lushington, June 24, 1848, *Memoir and Correspondence of General James Stuart Fraser*, ed. Hastings Fraser, p. 248.

[8] Ibid., p. 249.

[9] Low to Lushington, July 14, 1848, Fraser, pp. 251 – 4.

[10] Ibid., pp. 254 – 5.

[11] Regani, p. 275.

[12] Low to Fraser, September 13, 1848, Fraser, p. 258.

[13] Dalhousie to Fraser, October 17, 1848, Fraser p. 268. See also Dalhousie to Low, December 25, 1848, Mss Eur D1082, for a similar message.

[14] 这种说法本身就是谎言, 因为达尔豪西勋爵后来承认, 1800 年条约那著名的第 12 条并没有规定尼查姆在和平时期必须出钱维持这支庞大而冗余的军队:"但是, 假如尼查姆突然对我们表现出敌意并拒绝履行条约义务, 那么我作为一个公共人物就必须说, 别无办法, 必须维持这支军队。" Dalhousie to Fraser, September 16, 1852, Fraser, p. 376.

[15] 后来为达尔豪西勋爵辩护的人，如他的传记作者 Lee - Warner 和 Hunter，对他那些高压手段常给出这样的辩解：他的动机是关心印度人民的疾苦，而不是关心那些腐化堕落的统治者。但在海德拉巴和尼查姆方面，这个辩护理由不成立。达尔豪西勋爵曾明确表示："我不承认如下原则：仅仅因为统治者荒废政事，我们就有道义上或政治上的义务来接管该国政府。我也不认为我们有这样的使命：仅仅因为印度土著邦国治理失当，我们就应当努力复兴它们。"一个月后在给约翰·洛的一封信里，他更加激烈地表达了自己的立场："有人说因为我们占据主宰地位，所以我们负有道义上的责任来拯救土著臣民于水火，不管他们是否主动请求我们援助他们；我认为这种理念只不过是野心勃勃且伪善的骗局。"（Dalhousie to Fraser, June 6, 1849, Fraser, p. 291, and Dalhousie to Low, May 9, 1849.）

[16] Dalhousie to Low, June 23, 1849.

[17] Dalhousie to Fraser, December 26, 1848, Fraser, p. 282.

[18] Regani, p. 284.

[19] 弗雷泽向摩尔少校（董事会里对尼查姆表示同情的人之一）表达了自己的担忧："我对英国政府的软弱和优柔寡断感到羞耻。并且它还有更卑鄙的一点：一方面表示愿意维护尼查姆的独立，另一方面却顽固地拒绝采纳或鼓励能够促进尼查姆独立的任何措施。英国政府或许没有刻意用伪善的言辞这样表达，但实际上其做法有这个效果。"（Fraser to Moore, May 4, 1851, Fraser, pp. 338 – 9.）

[20] Dalhousie to Fraser, September 16, 1852, Fraser, p. 379.

[21] Fraser to Dalhousie, September 29, 1852, Fraser, p. 383.

[22] Fraser to Dalhousie, November 12 1852, Fraser, p. 408. 满腹忧虑的不止弗雷泽一个人。如果我们幻想只有 20 世纪的印度民族主义历史学家和反殖民活动家会批评达尔豪西勋爵，那就大错特错了。好几位董事，如摩尔、勒欣顿和亨利·韦洛克爵士（see Fraser, p. 356）都与弗雷泽意见一致。《亚洲之光》的作者、后来担任伦敦《每日电讯报》编辑的埃德温·阿诺德爵士也这么认为。他在两卷本的论战著作《达尔豪西侯爵对英属印度的治理》（1865）中严厉谴责了对尼查姆的迫害："我们知道，他的主要困难源于我们强迫他维持的军队；我们知道，任何条约都没有规定他必须这么做，在当前局势下也没有必要维持那支军队；但他完全受制于

我们，而我们带着如此无情的法律逻辑和守时精神对他施加压迫。我们这么做只有一个理由，也只有一个理由能让我们——一个以公正和慷慨自诩的国家——镇定自若地这么做，那就是在这么多年里，他从来没有抵抗过这种缓慢的衰败……于是，螺丝在缓缓地，但不可阻挡地拧紧。"（Arnold，ii，pp. 136 - 8.）

[23] Arnold, ii, pp. 130 - 1.

[24] 这还产生了连锁反应。"如今在贝拉尔种植的鸦片主要被走私到摩腊婆，在那里加工包装，运到孟买出口。"（Fraser to Dalhousie, February 4, 1851.）埃伦伯勒勋爵业已控制了摩腊婆的鸦片田。现在英印政府又得到了贝拉尔，于是达尔豪西勋爵得以控制印度的所有主要鸦片产地，能够保护孟加拉的鸦片贸易不受走私商影响。

[25] Dalhousie to Low, July 12, 1848.

[26] Ibid.

[27] Low to Dalhousie, July 25, 1848.

[28] Dalhousie to Low, September 14, 1848.

[29] Dalhousie to Low, September 13, 1852.

[30] Dalhousie to Herries, September 2, 1852.

[31] 完整的对话见洛于 1853 年 5 月 4 日发给印度政府的第 71 号报告，该报告后来刊载于《关于尼查姆割让领土的议会文件》，HC No. 418 of 1854, p. 118 et ff。

[32] Low to Dalhousie, April 30, May 1, May 2, 1853.

[33] Dalhousie to Low, May 13, 1853.

[34] Dalhousie to Low, May 26, 1853.

[35] Fraser, p. 414.

[36] 约翰·洛在 5 月 19 日给达尔豪西勋爵的下一份报告里没有提及这条带有威胁口吻的信息。黑斯廷斯·弗雷泽说（pp. 413 - 14），洛提及了日期为 5 月 14 日的"一封短信"，它的"原件被大臣送给了尼查姆，让殿下认识到，英国人不会容忍他继续无故拖延搪塞"。但从洛的报告的措辞可以清楚看出，这是另一封短信，它在当天由洛本人写好，要求立即与大臣会面，但没有提及部队调动。不管怎么说，尼查姆殿下的确认识到了问题的严重性。为了防止他对英国人的意图还有任何怀疑，在这几天里，一名英国军官奉命高调地勘测了海德拉巴的城墙（Regani, p. 297）。

[37] Dalhousie to Low, May 30, 1853.

[38] Arnold, ii, pp. 145 – 6.

[39] 除了达尔豪西勋爵和洛对尼查姆的威逼敲诈之外，还有另外一桩欺诈。在最后几天谈判一度濒临破裂，当时约翰·洛向尼查姆做了一个重要的让步。如他在 5 月 4 日给加尔各答的报告中所解释的：“我发现尼查姆极其不喜欢‘永久性’这个词。我担心如果我们坚持用这个词，整个谈判会破裂，所以我宣布，英国政府允许我在有必要的情况下修改措辞。我正式宣布，如果尼查姆殿下希望如此的话，割让的地区不一定要永久性给英国，可以仅仅割让一段时间，以便维持他的军队。”

于是尼查姆签署的条约没有用“永久性”这个词。但达尔豪西勋爵和洛拿到尼查姆的签字之后，都想当然地认为，棉花种植园和罂粟地都将永远属于英国。在仅仅一个月后的一份报告里，洛上校偶然提道：“我指定的那些地区将永远属于我们。”（Low to Government, June 18 1853, Fraser, p. 417.）达尔豪西勋爵写给洛在海德拉巴的继任者的信（1853 年 11 月 30 日）也说，这些地区“被永久性地交给”英国（Ibid.）。所以割地是永久性的。但条约措辞造成的法律上的不确定性继续产生影响，所以二三十年后下下一任尼查姆还在请求英国政府归还贝拉尔。后来的历代尼查姆都一直在提出这样的请求，直到印度独立。

[40] November 2, 1853, No 45 of 1853, IOR/E/4/822, pp. 937 – 63.

[41] *Parliamentary Papers relative to Territory Ceded by the Nizam*, No 418 of 1854, p. 8.

[42] 这本火速问世以迎合市场的书于 1857 年兵变正盛之时出版，副标题非常诱人：如何阻止新的叛乱。

[43] 明托勋爵短期占领爪哇之后，莫伊拉勋爵夺取尼泊尔之后，阿默斯特勋爵在第一次英国 - 缅甸战争之后，甚至埃伦伯勒勋爵在内皮尔吞并信德之后，都获得晋升爵位的奖励。不过，埃伦伯勒勋爵差不多随即被召回国。

[44] Dalhousie to Low, June 9, 1852.

14 夏洛特重返印度

夏洛特七个月大的时候就被父母送上"亨格福德"号前往英国。约翰和奥古斯塔有十年没见过女儿。他们对她的了解仅仅是她祖母发来的赞扬和弗雷德里克·克鲁克香克在夏洛特不到四岁时为她画的细密肖像，而且一年多之后约翰和奥古斯塔才在勒克瑙收到这幅肖像。约翰和奥古斯塔于 1843 年 7 月返回克拉托后，发现夏洛特的祖母对她的每一句赞扬都是正确的。夏洛特俊俏明艳，聪慧而有魅力。约翰一下子对女儿爱到骨子里。他最大的两个孩子都夭折了，而夏洛特得以长大成人似乎是一个天赐的奇迹。

但他们在克拉托与她相伴的时间只有一年多一点。1844年 9 月，他们把她送到伦敦上学。和洛家的四个男孩一样，她必须接受英国式教育。父母和夏洛特的第二次分别不是那种长期分隔。夏洛特可以期待着去克拉托度暑假，而约翰一年至少要去伦敦的印度事务部一次，去见见熟人，也可以顺便去看望他"亲爱的小宝贝"。

约翰和奥古斯塔于 1847 年 11 月 20 日从南安普敦乘轮船返回印度之时，夏洛特得到了慰藉。奥古斯塔的妹妹玛丽安娜于一年前带着她的一大群孩子返回伦敦，于是夏洛特一下子有了一个新家，它与她那再次支离破碎的家同样温暖。

玛丽安娜是全家最神采奕奕的人。她比较为庄重的奥古斯塔年轻四岁，一直是注意力的焦点。玛丽安娜年纪小的时候长得胖乎乎的，非常可爱；长大成人之后活泼而想象力丰富。她的兄弟姐妹都喜欢和她通信。里士满在阿富汗时写的生动记述就是发给她的，奥古斯塔取道陆路回英国期间写的旅行日记也是为玛丽安娜写的。他们途经埃及的时候，这本日记里随处可见《圣经》引文；他们观赏古希腊名胜时，日记里又引用了拜伦勋爵的若干诗节。

威廉·梅克皮斯·萨克雷十分喜爱玛丽安娜。此时他已经与自己那可怜的妻子伊莎贝拉分居了。伊莎贝拉时而癫狂，时而自闭，时而有自杀冲动。而他过着飘忽不定的单身汉生活，在漫游过程中有时会到玛丽安娜暂居的宅子拜访。玛丽安娜在英国居住的第一栋宅子是小霍兰府，一座很有乡村风情的屋子，霍兰勋爵的妹妹卡罗琳·福克斯夫人称其为"天堂"。[1]

十八个月后，当玛丽安娜离开"天堂"、迁往高门①时，萨克雷在给他挚爱的里奇姨妈（当时在巴黎）的信中描述了自己对玛丽安娜的另一次拜访：

> 我们是昨天去的。我骑着一匹羸弱而气喘吁吁的马儿登上高门山，它在这趟旅途中吃了不少苦头。我们遇上了小欧文们②，他们正在吃饭。我们狼吞虎咽地大吃大喝（我现在整天吃个不停），但女士们到伦敦购物去了，所以我们失去了她们的陪伴。夏洛特·洛非常骄傲地

---

① 高门是英国北伦敦郊外的一个地区，今天是伦敦郊外住宅价格最昂贵的地区之一。但在维多利亚时代，高门仍是伦敦郊外的农村。

② 指的是玛丽安娜与阿奇博尔德·欧文的孩子们。

向我们展示新生婴儿：真是个甜美的小不点儿，面色蜡白；还有另一个孩子，奥古斯塔，她长得和她母亲小时候一模一样。那时我和她母亲都是小孩子，住在南安普敦路。我觉得我在南安普敦路生活的时光是我童年唯一快活的部分，其余部分我觉得都像英格兰的星期日一样无聊。[2]

萨克雷和玛丽安娜之间的纽带之一就是他俩都对南安普敦路记忆犹新：里奇姨父的巴尔的摩生意的办公地点就在底楼，热闹非凡；那里有 L 形的客厅，他们曾在那里演戏，威廉戴着庞大的假发扮演潘格罗士博士①；长长的伦敦花园里种着无花果树。[3]

如今，二十五年后，玛丽安娜为新一代"印度孩子"创建了这个充满爱意、喧嚣热闹的家。很快她的丈夫，孟加拉工兵部队的阿奇博尔德·欧文少校也来了。他和蔼可亲，被普遍认为是那个时代最优秀的工兵军官。二十年前，他炸开了据说是印度最固若金汤的要塞珀勒德布尔的大门。当时他运用了一种在查塔姆②研发的新技术，在爆破目标底下挖掘长长的可通风的竖井。欧文的一万吨火药被安放在三条地道里，按计划顺利爆炸，对敌人要塞造成了极大的破坏。珀勒德布尔围城战结束之时，共有六千个土著死亡。欧文正打算和家人一起回英国

---

① 潘格罗士博士是 1797 年首演的英国戏剧《法律上的继承人》（作者为小乔治·科尔曼）中的人物，是一位贪婪而傲慢的教师，说话时喜欢引用文学名著。

② 查塔姆为英格兰东南部肯特郡的滨海城市，英国皇家海军有码头设施在此地。

休假，这时针对锡克教徒的第一次战争①爆发了。欧文让玛丽安娜和孩子们先回国，自己志愿参战，在 1846 年 2 月决定性的索布拉昂战役②中表现精彩。这场战役结束了整个战争，并且让"光之山"钻石到了维多利亚女王手中。欧文得到总督的盛赞，返回英国，随即被第一海务大臣任命为海军部基建主管。这位第一海务大臣不是别人，正是我们的老朋友奥克兰伯爵（上议院里有能耐当大臣的人不多，所以即便是造成英国军事史上最大灾难之一的奥克兰伯爵，回国之后仍然能当大臣）。

欧文温和可亲而高尚的天性让人觉得，他也可能是钮可谟上校的原型人物之一。对乔治·莎士比亚来说，"少校"也是个英雄。奥古斯塔在自己的红皮笔记本里写道："乔治今晚对我说，玛丽安娜应当每天向神跪拜二十次，感谢自己得到欧文这样好的丈夫。"

遗憾的是，欧文少校命中注定没有办法享受自己应得的退休生活，因为他在一次对朴次茅斯海军码头的视察中摔了一跤，伤得很重，1849 年还没过完就去世了，让玛丽安娜三十三岁就守了寡（他们夫妻之间也有常见的年龄差距，他去世

---

① 第一次英国－锡克战争（1845~1846）是印度的锡克帝国（领土包含今天的巴基斯坦北部，以及印度西北部的小部分地区，首都位于古吉兰瓦拉）与东印度公司之间的第一次战争。19 世纪初，锡克帝国的大君兰吉特·辛格将旁遮普纳入版图，于是与英占领地接壤。他与英国保持谨慎的友好关系，帮助英国去攻击阿富汗（第一次英国－阿富汗战争），但英军大败。兰吉特·辛格死后，锡克帝国内乱，再加上英国人的挑衅，双方爆发战争，最后锡克帝国割地赔款。几年后又爆发第二次战争（1848~1849），锡克帝国被征服，旁遮普地区最终成为东印度公司的开伯尔－普赫图赫瓦省。

② 索布拉昂战役是第一次英国－锡克战争的一部分，时间为 1846 年 2 月 10 日，地点在旁遮普的村庄索布拉昂。此役是整个战争的决定性战役，休·郭富和英印总督哈丁勋爵指挥的 2 万英军大败 2.6 万锡克军。

时是五十三岁），要抚养八个孩子，年龄从十二岁到三个月不等，其中最小的那个就是威廉·梅克皮斯·萨克雷在不请自来地拜访高门时见到的那个安静而面色蜡白的婴儿。拉贾斯坦的叛乱印度兵和旁遮普的锡克教徒都杀不死欧文少校，他却被朴次茅斯码头一块滑溜溜的卵石害死了。

萨克雷显然拥有和年轻人打交道的天赋。当时十六岁的夏洛特写信给他，告知他上述噩耗。萨克雷也立刻停下写《潘丹尼斯》的工作，当即给她回了一封富有同情心的信：

我亲爱的夏洛特，

对你这封催人泪下的信，不可能有恰当的回答，因为谁能向一位痛失在人间最宝贵财富的温柔贤妻提供慰藉呢？我觉得我们连说一声节哀顺变的资格都没有。愿全能的上帝帮助和安慰你遭受大难的姨妈。这样一个男人，如此正派，心灵如此纯洁，如此善良。而这样一个女人，曾拥有他的全部信任和挚爱（并且她比我们都远远更熟悉他的善良），如今却要与他分别，这是多么大的痛苦！但在承受最初的切肤之痛之后，必须让这种痛苦让位于更为抚慰心灵的思绪。对善良而虔诚的人来说，还能找到比上帝面前更好的地方吗？在上帝面前，他远离邪恶、诱惑和忧愁，并且一定能得到奖赏。他这样善良而虔诚的人，一定被上帝唤去，永远在善人和义人当中生活了。想到这里，是多么让人宽慰啊。

在我看来，除了死者留下的亲人感到的悲恸之外，没有必要过度忧伤。亲人们信赖上帝的仁慈与智慧（在这里，在所有地方，上帝的仁慈与智慧都无穷无尽），等待他们自己也被上帝召唤的那一天。

再会了，我亲爱的夏洛特。如果我能帮得上忙，请写信给我，并相信我永远是

爱你的

W. M. 萨克雷[4]

信末尾的"再会了"说明夏洛特一定在给萨克雷的信中讲到，在新的一年里她会去印度，"返回她的出生地"，就像她母亲在同样的年龄回到印度一样。她抵达印度之后，立刻直接前往阿杰梅尔，来到湖畔别墅，去见父母和两个小妹妹。她发现约翰和奥古斯塔的状态很差。约翰在 1851 年 1 月 17 日给达尔豪西勋爵的信中为自己没有早一点回信而道歉。他曾多次开始落笔回信，"但因为突然患了猛烈的热病和疟疾，在一连许多个星期里我每个工作日都病倒；在这个地方，很多患这种热病的年轻人在两次发病之间的身体状态很好，但我这个老头子就不一样了。我太太身体一直不好（所以我打算送她去西姆拉疗养），而我自己病了两个多月，12 月间我的所有助手都不在我身边，再加上我的几个文书人员和孟希也在患病……近期我心情抑郁低沉，满脑子是不祥的预感，过去二十五年中我从来没有这么难受过。"[5]

一两周后天气转冷，这让洛夫妇的健康有所恢复。奥古斯塔没有被送到西姆拉，但夏洛特去了。十七岁的姑娘如果想找到一个如意郎君，不去西姆拉还能去哪儿呢？若是在阿杰梅尔湖畔的莫卧儿亭台楼阁闲荡，必然不会有一位出身高贵的中尉或总督外交部门冉冉升起的新星凭空出现。

1851 年的西姆拉和 19 世纪 20 年代查尔斯·普拉特·肯

尼迪建造他那精心装饰的小屋时已经大不一样了，毕竟 20 年代的西姆拉还只是偏僻荒凉、郁郁葱葱的山岭。沿着整片陡峭的山坡，许多平房如雨后春笋般立起，它们都有长长的露台、深深的屋檐（好让积雪滑落），而这些宅子的名字都让人想起家乡：费尔劳恩、安嫩代尔、卢克伍德、草莓山。坎宁夫人在几年后写道："在这里只要看见十码的平地，就会有人高呼：'多么适合盖房子的地方！'"[6] 现在那里有多家旅馆，如中央酒店、提特拉酒店、格莱纳姆酒店。上流阶层的俱乐部举办舞会，肯尼迪上尉仍然是那里的头号美男子；在奥克兰府，伊登姐妹第一次见到传奇人物洛拉·芒特兹①，那时她还是托马斯·詹姆斯太太，相当光彩照人。安嫩代尔的平坦地域上有板球赛和赛马，更不要说上流阶层俱乐部旁边标配的壁网球场了。禧年剧院的舞台每天都会上演不知疲倦的业余爱好者编排的戏剧。

通往西姆拉的 41 英里蜿蜒曲折的山路只能借助骡子和矮种马来克服，走完全程仍然需要 20 个小时。女士可以乘坐一种有帘子遮挡的轿子，需要四个苦力抬轿，不过很难找到数量足够的苦力，因为他们当中的很多人更喜欢待在平原上。不过此时西姆拉已经有了一座有数千人口的土著城镇，那里有相当规模的集市，山麓周围散布着约 400 座欧洲人的房屋。霍德森

---

① 洛拉·芒特兹是艺名，她的真名是玛丽·吉尔伯特，兰兹菲尔德伯爵夫人（1821～1861）。她是出身爱尔兰的舞者、演员和交际花，曾是巴伐利亚国王路德维希一世的情妇，他封她为兰兹菲尔德伯爵夫人。她利用自己的影响力帮助自由主义改革。玛丽十六岁时与军官托马斯·詹姆斯私奔并结婚，在印度生活过几年，她在那里成为职业舞者。她还与弗朗茨·李斯特有过恋情。最后她在美国生活并在那里去世。

骑兵团的创始人威廉·霍德森①以蛮勇大胆著称，他在 1850
年 10 月写道："这座宅子［某位托马森先生的宅子］变得十
分舒适宜人和文明，这变化颇为'惊人'，我在这里还没有习
惯每天三次更衣、戴黑礼帽、穿黑漆皮靴。"[7]

　　几乎所有人都喜爱西姆拉的清新空气、优雅社交圈子和白
雪皑皑的峰巅盛景。达尔豪西夫人自称"被她的房子、环境
和这里的一切迷得神魂颠倒"。[8]大家普遍对西姆拉赞不绝口，
唯一显著的例外就是总督本人。他不喜欢奥克兰府，于是搬到
草莓山，后来又搬到肯尼迪上尉的旧宅（此时已经扩建了）。
他觉得西姆拉"在气候和其他所有方面都被过于高估了"。[9]
他承认这地方"是个合适的制高点，可以在这里观察下方新
近吞并的平原地区"。[10]但这里的社交生活，坦率地说，让他
无法忍受：

　　　　我们经历了两周糟糕的节庆：无休止的舞会、慈善义
　　卖、戏剧、音乐会、授勋仪式。几乎每个空闲的日子都被
　　大型宴会塞满。最近一次政府大楼的舞会发出了多达 460
　　份邀请函，并且大多数受邀者都如期而至，从这你可以看
　　出这个"山区避暑地"已经发展到了什么程度。[11]

　　一开始，达尔豪西夫妇在西姆拉过得还不错，对其满怀憧
憬，但这里传说已久的宜人气候对他俩的健康并没有起到什么
作用，毕竟他们来西姆拉就是为了疗养："我告诉过你，达尔

---

①　1857 年兵变期间，英军少校威廉·霍德森组建了一个非正规的骑兵团，
　　用于平叛作战。该团后来成为英印军队的一部分，第一次世界大战期间
　　参加过索姆河战役和康布雷战役。今天它是印度陆军的一个装甲团。

豪西夫人刚到这里的时候非常开心。西姆拉的天气却变得非常压抑，然后是连续不断的瓢泼大雨，导致气温变化极大。这些气候条件对她的负面影响很大。她近期的状态很差，又变得十分瘦弱。我自己也不舒服。在这里我不会患痢疾，也不会像在孟加拉那样精疲力竭，但不知怎的我仍然很虚弱，按照他们的说法，我的整个体质很弱，这造成了很多问题。并且最近几个月里，我右脚后跟的关节也时不时有点瘸。医生不明白原因。有时候我瘸得厉害，不能走路，也不能骑马。"[12]

就连这位小个子总督的强大自信也受到了侵蚀："这一切都让人郁闷，尽管我努力抵抗这种情绪，但这种郁闷，再加上我的焦虑（不管我做什么，惴惴不安地听候国内对我行动的评价都会让我焦虑），让我的心情很低落。"[13]利德贺街远在天边，让总督能够尽情享受自由，执行自己的路线。但与此同时，他始终被这样的恐惧折磨着：他的决定最终会被董事会逆转，他会受到批评，甚至像埃伦伯勒勋爵那样被召回。

达尔豪西勋爵在西姆拉之外的高山寻找避难所，躲避连绵阴雨。1850 年 6 月，他动身前往契尼（今天的卡尔帕村），这是一处有着传奇色彩的山谷，与西姆拉相比更靠近喜马拉雅山脉。在那里，萨特莱杰河上游的河水就在喜马拉雅群峰之下流淌。他说这里是"毗邻雪原之地，没有雨水，气候比伊甸园之外的任何地方都更美妙"。

在契尼，以及前往契尼的途中，这个怪异、野心勃勃的矮个子伟人心情愉快。危险与美景的混合让他心惊肉跳的心情平静下来。但他搬到契尼让达尔豪西夫人吃了不少苦头。

我们昨天到了这里，路上一共走了两周。这条路很难算得上是路，它艰险难行，对女人来说尤其可怕。这只不过是土著踏出的小径，既不是人工修建而成，也不是大自然的造物。登山的主要路径是碎石构成的阶梯，有时是完全用树干搭成的阶梯。绕过峭壁的拐角时，我看到路只有不到 3 英尺宽，而萨特莱杰河就在我们正下方 3000 英尺处！我的夫人坐在一种叫"丹迪"的东西里被抬上来，它就像单独一根杆子上挂着的吊床。两个男子用肩膀扛着它，上面附有长长的绳索。路途蜿蜒曲折而不至于太陡峭的时候，就用绳子将"丹迪"吊上去，再从山坡的另一侧将它降下来。靠近这个地方时要经过一块长宽各有数百英尺的岩壁，只能从连续的阶梯攀登。峭壁的裂缝嵌入了木围栏，构成简易的木制平台供人行走。下坡的时候仿佛要径直冲入正下方近 5000 英尺处的大河！这景象的确十分宏伟，但真的很吓人。[14]

这位伟人的一席话听起来像是出自一个兴奋的小姑娘。

不过，这段艰险旅途很值得。"我们从那里进入山谷，它坐落在白雪皑皑的群山之间，但遍地是葱翠欲滴的葡萄藤，长着最甜美的葡萄，还有种着杏、梨、桃、胡桃和栗子的果园。永恒雪山之一拉尔东山就在我们对面，海拔 23000 英尺，每天都传来雪崩的巨响。它的山坡隆隆轰鸣，但山谷遍地郁郁葱葱，有着丰美的翠绿庄稼，高处装点着雪松森林，低处长着青翠的硬材树木。这是一个充满矛盾的奇怪而美丽的混合体。"[15]

总督跨越高山的旅费开支和径直降入萨特莱杰河一样令人咂舌。他有 25 个印度兵做前卫保镖，有 6 人的后卫（由一名土著中士指挥），还带着他年轻的副秘书爱德华·贝利及其新婚妻子埃米莉·安妮·梅特卡夫。一连串连绵不绝的山区传令兵将总督的指令送到西姆拉，然后从那里送往平原地带。达尔豪西勋爵后来下令修了一条路，这是他计划中的连接印度斯坦与西藏地区的主干道的前身。即便在寻找原始天堂的时候，他也始终无法抵制开展现代化工作的诱惑。

同样纠缠他不放的，是远至利德贺街的人们发出的抱怨，抱怨内容是总督不务正业。

"我很吃惊，梅尔维尔先生竟然告诉你，我去年在契尼的逗留引起了董事会的很多非议。董事会或其任何成员都不曾向我公开或私密地表达任何意见，而似乎将其视为理所当然。"[16]他从一开始就声称："从西姆拉到契尼，邮件仅需四十六个小时就能送到。我只要四天就能从契尼到西姆拉，所以如果需要我过去，我随时可以过去。"[17]不管不学无术之徒怎么想，契尼并非远在野蛮人国度，而是在一个受英国保护的山麓国家。只需六十个小时，他就能返回英国领土。

所有这些乐观的计算，以及诸多传令兵在艰险山道上的攀爬，都不能完全消除人们偷偷表达的对达尔豪西勋爵长期滞留契尼的不满。大家的抱怨不是他在英国领土之外度假，而是他在危险的时期距离一线太遥远。在印度，所有时期都是危险的时期。

今天回顾来看，我们很容易想到，这种尽可能远地避开印度人的冲动，是一种心理孤立的症状，而这种心理病态不仅是达尔豪西勋爵一个人的毛病，也不完全是健康原因导致的。这种对山区的纯净王国（与平原地带酷热而臭烘烘的现实迥然不同）的幻想深深植根于海外英国人的思想中，不断在吉卜林、莱特·哈葛德①和后来的约翰·巴肯②等人的小说中浮现。
而在军事方面，这种与世隔绝的状态也将在 1857 年的大灾祸
中发挥重要作用。

但即便在被高估的西姆拉，达尔豪西勋爵也能找到一些宽
慰人心之事。其中之一就是他老友的女儿来到了山区。1851
年 7 月，他写信给约翰·洛，恳求他和奥古斯塔到西姆拉来，
在他离开印度之前再看他一次（其实达尔豪西勋爵在印度还
会待四年多）："这对洛太太有好处，对你有好处，对你的迷
人千金也有好处，并且会让我开心。"[18]

约翰心里洋溢着当父亲的骄傲，回信称，等自己在阿杰梅
尔安排好一个代理人，他们就会尽快到西姆拉去：

> 看到达尔豪西夫人和勋爵大人对我的女儿关怀备
> 至，我和洛太太都受宠若惊并且十分感激。我希望女
> 儿不要因此被宠坏。不过我真的不相信她会被宠坏，
> 因为她自幼便养成了知恩图报、快活舒畅的品性。我
> 觉得我在法夫的一位邻人说的话也很有道理。这是位老

---

① 亨利·莱特·哈葛德爵士（1856~1925），英国维多利亚时代最受欢迎的小
说家，以浪漫的爱情与惊险的冒险故事为题材，代表作《所罗门王的宝
藏》。林纾翻译哈葛德的小说最多。哈葛德常年住在非洲，担任过南非纳
塔尔省省长秘书。虽然他的小说往往带有殖民主义的成见，但在描绘土
著人的时候常带有不寻常程度的同情。小说中的非洲人往往为英雄角色。
哈葛德还描写农业和社会改革，部分灵感来自他在非洲的经历，也基于
他在欧洲看到的情况。
② 约翰·巴肯，第一代特威兹穆尔男爵（1875~1940），苏格兰小说家、历
史学家和政治家，曾任加拿大总督。他写过不少冒险和惊险小说，如
《三十九级台阶》，还写过沃尔特·司各特、奥古斯都、奥利弗·克伦威
尔等人的传记。他设立了加拿大总督奖，这至今仍是加拿大最重要的文
学与艺术奖。

太太，她对我说："先生，你的闺女年纪虽小，头脑倒是很理智。"①[19]

一个月后，约翰、奥古斯塔和两个小女儿真的来到了西姆拉山区，不过不仅仅是为了看望夏洛特和达尔豪西夫妇，也不仅仅是为了疗养。

注释

[1] 萨克雷还会给玛丽安娜写信，有时自己给信绘制插图，比如这封信（原文用蹩脚的法语写成）：

唉真是太遗憾了，我的表妹，我明天被派去新门监狱和伦敦的治安官共进晚餐。我们要去那里看看被关押的囚犯和监狱跑步机（一种刑具），以及那些将要被绞死的年轻漂亮的犯人。

然后我还要去几个高雅的晚会（尤其是戈登夫人家的那个，您先生对她可是魂牵梦绕），这样一来我午夜前是回不了肯辛顿了。而且这时间也有些太晚了，夜深人静，实在不方便来敲响您安逸的别墅那扇静谧的小门。

我的姑娘们的水痘已经痊愈了，她们向小霍兰府的人致以友好的问候。

再见了，我亲爱的表妹，

您忠诚的骑士迪特玛希

（February 1848, *Letters and Private Papers of William Makepeace Thackeray*, ed. Gordon N. Ray, 1945, ii, p. 352.）

———————————

① 这一句的原文（Your dochter has a lairge portion of gude sense for her years）为苏格兰方言。

米开朗琪罗·迪特玛希（萨克雷最喜欢的笔名）为这封信画了一个傻笑的萨克雷从牢房的铁栏杆后瞅着外界，然后是一名身穿褶边服装的骑士在上流社会点头哈腰、沾沾自喜。我也喜欢另一封信，上面画着患病的萨克雷躺在床上：

病榻上的萨克雷先生非常乐意今晚与欧文太太一同用晚餐。（Undated，ibid.，iv，p. 332.）

[2] November 19, 1849, ibid.，ii, p. 609. 这个新生婴儿是欧文家的第八个也是最后一个孩子。Gordon Ray 说，这个"奥古斯塔"是奥古斯塔·乔治娜·洛，也就是夏洛特的妹妹。但根据原文的意思，"另一个孩子"指的应当是欧文家的孩子。小奥古斯塔·洛在前一年才随父母抵达印度。奥古斯塔·欧文第一次到南安普敦路时应当和玛丽安娜年龄相仿。这种混淆是可以原谅的，因为这几家亲戚中至少有五个叫奥古斯塔的。

[3] 玛丽安娜回忆道：我姐姐克劳福德太太和我从印度回国的时候都还是小姑娘，那时里奇姨妈对我们就像母亲对我们一样，对正在上学的我哥哥里士满和约翰·莎士比亚也如同慈母。我不敢想，若是没有她，我们该怎么办。她是世界上最善良的人，身上洋溢着人间暖意，对所有人都亲切和蔼。若是没有她，我们的童年会非常凄惨，因为除了她之外几乎没有人能在假期接待我们。她的家总是热情好客地向我们敞开大门，接纳我们所有人。这座房子对我们来说真的是度假胜地，在那些时光里似乎完全是我们的小天地。我曾走过南安普敦路去看那座房子，但门牌号已经换了（*The Ritchies in India*，ed. Gerald Ritchie, p. 186）。

[4] Kensington, December 31, 1849, Letters, ii, p. 617.

[5] Low to Dalhousie, January 17, 1851, Mss Eur D1082.

[6] Buck, p. 34.

[7] Bhasin, p. 31.

[8] Baird, p. 60.

[9] Ibid.，p. 81.

[10] Kanwar, p. 27.

[11] October 8, 1851, Baird, p. 176.

［12］ June 25, 1849, Baird, p. 81.

［13］ Ibid.

［14］ Baird, p. 130.

［15］ Ibid.

［16］ August 11, 1851, Baird, pp. 160 – 70.

［17］ Baird, p. 130.

［18］ Dalhousie to Low, July 18, 1851.

［19］ Low to Dalhousie, August 20, 1851.

15　西奥和夏洛特

西姆拉的世界很小。只要是有身份的人，互相之间很快就会熟识。在清新舒适的环境里，友谊和爱情一夜之间就能生根发芽。夏洛特没过多久就成了达尔豪西夫妇的宠儿，还与令人不由得一见倾心的梅特卡夫姐妹变得难舍难分。这三姐妹分别是：埃米莉·安妮（其父托马斯·西奥菲勒斯·梅特卡夫爵士称她为埃咪，她的妹妹们称她为安妮）、乔治亚娜（琪琪）和伊丽莎（伊丽）。梅特卡夫家族是英属印度最接近世袭贵族的名门望族之一。老托马斯·梅特卡夫以军官学员的身份来到印度，升为少校，随后离开军队，发了大财，担任东印度公司的董事长达二十四年之久，成为议员和从男爵。从这坚实的基础之上，他的次子查尔斯平步青云，后来成为印度代理总督、加拿大总督和勋爵。

查尔斯·梅特卡夫是英国殖民地最伟大的封疆大吏之一，学识渊博，性格冷傲，镇定自若，可以与埃尔芬斯通、马尔科姆和劳伦斯兄弟比肩。在官方层面他一直没有结婚，但在出使兰吉特·辛格宫廷期间"按照印度习俗"娶了一位可爱的锡克教徒女子，和她生了三个儿子，分别叫亨利、弗兰克和詹姆斯。他们都在英格兰和他们的梅特卡夫亲戚一起长大，也和他们一样被送到阿迪斯库姆学校的东印度学院读书，长大成人之后返回印度。梅特卡夫对三个儿子的福祉十分心焦，所以他的妹妹乔治亚娜在英格兰接受并抚养他们，让他颇为感激。亨利在加尔各答做生意时碰上麻烦，于1840年开枪自杀。弗兰克音信全无。詹姆斯在孟加拉军团混得不错，后来成为达尔豪西勋爵的副官。查尔斯为欧亚混血儿的慈善事业慷慨解囊，遗嘱中给詹姆斯留下 5 万英镑，这相当于他全部私人财产的一半。

约翰·凯爵士的两卷本查尔斯·梅特卡夫传记没有提及他的三个混血儿子，直到 20 世纪 30 年代爱德华·汤普森的传记出版，这三个儿子才为后世所知。而他们的母亲在史书中从来没有被提及过。她是活着还是已经去世？她回娘家了吗？没有人认真主张詹姆斯是查尔斯的合法继承人，当时的自由主义毕竟还有局限，于是查尔斯死后他的爵位被废止了，从男爵的身份则传给了他的弟弟托马斯·西奥菲勒斯。托马斯·西奥菲勒斯和查尔斯一样渊博而冷酷，不过不像查尔斯那样容易引发人们的敬慕。查尔斯在 1811 年到 1819 年担任德里常驻代表，其间曾让弟弟托马斯·西奥菲勒斯担任自己的助理。托马斯在德里待了四十年，1835 年之后自己也担任德里常驻代表。

查尔斯和托马斯兄弟先是渐渐消灭了德里皇帝的实权，然后又让他尊严尽失。在这兄弟俩严苛的注视下，莫卧儿皇帝蜕化成一个可悲的角色。查尔斯是辉格党人，注重改良社会，渴望没收所有地主的土地，将其分配给土地真正的主人，即从事农耕的农民。和其他很多现代化派（在 19 世纪 30 和 40 年代，印度有很多这样的人）一样，他当然不会想在英国实施这些激进的政策。他相信"一国社会主义"①，只要这不是他自己

① "一国社会主义"是 1924 年由斯大林提出，1925 年由布哈林阐述的理论。该理论最终被斯大林采用，作为苏联的国策。该理论认为，基于 1917 年到 1921 年欧洲除了俄国取得共产主义革命的胜利以外，其他国家的革命皆以失败告终的现实，苏联应从内部加强自身实力。这与之前马克思主义所认为的共产主义必须在全球范围内才能建立，以及托洛茨基的"不断革命"理论冲突。

的国家。所以，他勤奋地吞并各个土著邦国，取消东印度公司对土著君主的一切卑躬屈膝的姿态。"我已经不再向帖木儿皇朝效忠"，他于1832年风趣地宣布，随后建议威廉·本廷克勋爵取消向莫卧儿皇帝赠送礼物以示尊崇的做法。[1]"我觉得我们最好的政策是让他逐渐变得无足轻重，而不是像我们以前那样努力维持他的尊严。"

向莫卧儿皇帝施加最后的屈辱性打击的，是梅特卡夫兄弟当中最小的那位。皇帝①取消了自己的长子米尔扎·法赫鲁的继承权。1852年，托马斯爵士抓住机会，与被剥夺继承权的皇子签署了秘密协议，英国人正式认可他为皇储。作为回报，米尔扎·法赫鲁同意将自己的宫廷搬迁到梅赫劳利郊区，并将红堡②（既是德里的最辉煌建筑，也是它的战略中心）交给英国人当兵营和军火库用。米尔扎·法赫鲁登基之后，还将放弃莫卧儿皇帝地位高于英印总督的主张。未来他们的地位将是平等的。[2]英国人素来和任何一位小国君主一样，执着于礼节和地位。

托马斯爵士也有自己的私人梦想。在印度各个土著宫廷的英国常驻代表大多认为自己仅仅是临时统治者，但托马斯·西奥菲勒斯·梅特卡夫不这么想。威廉·达尔林普尔对梅特卡夫在扎法尔皇帝（或称巴哈杜尔·沙二世）宫廷的生活做了精彩纷呈的描述。据达尔林普尔说，"梅特卡夫在书信中有时假装自己是一个英国乡绅。但事实上，他野心勃勃，在一定程度

---

① 指莫卧儿帝国的倒数第二位皇帝阿克巴二世（1760～1837）。
② 红堡位于印度德里，是莫卧儿帝国的皇宫和政治与仪式中心。红堡始建于1639年，属于典型的莫卧儿风格伊斯兰建筑，紧邻亚穆纳河，因整个建筑主体呈红褐色而得名。

上将自己的宅邸视为可与扎法尔宫廷竞争的另一个宫廷，梅特卡夫家族是能和莫卧儿帝国分庭抗礼的另一个朝廷"。[3] 从红堡的城堞眺望大河上游，就能看见托马斯爵士那庞大的白色帕拉迪奥风格①宫殿。在成为德里常驻代表的 1835 年，他让人按照自己的要求建造了这座宫殿，那里有草坪、大理石柱和游泳池，图书馆里有 2.5 万册藏书。还有一个拿破仑画廊，里面塞满了另一位皇帝的纪念品，包括波拿巴的钻石戒指和一尊卡诺瓦②创作的半身像（沉迷于法国皇帝总是一种值得担忧的迹象）。

德里的另一座梅特卡夫宅邸甚至更加令人肃然起敬，托马斯周末会到这里休息。这座宅邸位于德里城以南的梅赫劳利，莫卧儿皇帝的夏宫扎法尔玛哈尔也在这个地方。托马斯爵士在这里占据了一座八角形的原莫卧儿帝国陵园，孟加拉民政机关的公务员布莱克先生将其改建为一座英国式乡村别墅。它周围是令人惊叹的一组陵寝和清真寺，它们从德里最有名的古代名胜顾特卜塔③周围延伸出来。顾特卜塔曾是世界第一高塔。布莱克为了给他设计的餐桌腾地方而扔掉了陵墓的石板。后来他在斋浦尔被谋杀，据说是因为他没心没肺的亵渎行为而遭了报应。梅特卡夫继续推进这不虔诚的工程，建造了莫卧儿帝国风格的花园，花园一直延伸到顾特卜塔之下。也就是说，梅特卡夫把顾特卜塔变成了他的私人景致。他将这座从陵园改建成的

---

① 曾风靡欧洲的帕拉迪奥建筑风格得名自威尼斯建筑师安德烈亚·帕拉迪奥（1508~1580）。这种风格在很大程度上受到古希腊罗马神庙建筑的对称、透视和价值观的影响。

② 安东尼奥·卡诺瓦（1757~1822），意大利雕塑家，他的作品标志着雕塑从戏剧化的巴洛克时期进入以复兴古典风格为追求的新古典主义时期。

③ 顾特卜塔是世界上最高的砖砌清真寺宣礼塔，高 72.5 米，13 世纪初由德里苏丹国的建立者顾特卜下令建造。今天是世界文化遗产地。

宅邸称为迪尔库沙，即"心之喜悦"，莫卧儿帝国的游乐场所（比如勒克瑙的那一处）常用这个名字。他在迪尔库沙周围又建造了许多装饰性建筑，比如一座玩具要塞、一座灯塔、一座微型美索不达米亚塔庙和一个划船用的池塘。

这个对皇帝地位有非分之想的人相貌平平，就连最爱他的长女安妮也不得不承认这一点：他身材瘦削，个子不高，大约5英尺8英寸，秃顶，头发灰白，因为幼时患过天花而满脸麻子。但安妮说他是"一位完美的绅士，真正的君子"。他不像很多英国常驻代表那样极力模仿莫卧儿帝国的服饰风格，而是身穿圣詹姆斯街①普尔福德先生裁制的高档西装。普尔福德每年都给他发来崭新的成套西装。

他年轻的时候就把自己得到的1万英镑遗产挥霍一空，让老托马斯爵士和哥哥查尔斯不得不为他付账单。他在德里的早年岁月也不愉快。他的两个儿子夭折，他的第一任妻子格雷丝于1824年去世。两年后，他娶了费利西泰·安妮·布朗，她的弟弟萨姆将成为一位著名的战士（本书之后会更多讲到萨姆）。托马斯与费利西泰生了四个女儿和两个儿子，托马斯这个暴躁易怒、冷淡寡言的人的家庭生活相当幸福。后来他们的孩子被送回英格兰接受教育。费利西泰于1842年9月26日在西姆拉去世。此后，9月26日这个日子就对他有着特别悲伤的含义，以至于他不能忍受在这一天待在西姆拉，而会去平原地带等待那一天过去。

对费利西泰以及他们夫妻共同度过的幸福时光的回忆，对他是极大的折磨。他聘请德里最优秀的艺术家马兹哈尔·阿

---

① 圣詹姆斯街是伦敦中部的一条主要街道，有若干高端商店和绅士俱乐部。

里·汗（莫卧儿皇帝也请他作画）为城里的各大纪念建筑、历史遗迹和清真寺作画，并将这些画装订成册，称其为《德里之书》，寄给即将返回印度的安妮。这本精妙绝伦的画册如今保存在大英图书馆，是保存至今的对1857年兵变之前的德里的最好描绘，并附有托马斯爵士的亲笔评述。梅特卡夫宅邸在这些画中经常露面。册子里甚至还有宅邸的平面图，他用墨水在上面画了一个星号，并在书页边缘写道："你备受哀悼的母亲1842年5月2日晚上9点最后一次离家，就是从这扇门出去的。"[4]在梅特卡夫宅邸底层台球室的图画下方，托马斯爵士写道："亲爱的姑娘们，请你们在人间的旅程中多多努力，学习你们圣徒般的母亲的榜样。但愿将来通过我们救主的恩典，你们能有资格与她团圆，在我们圣父的诸多豪宅中永远与她相伴。"而她们父亲的诸多豪宅可以算得上人间天堂了。

孩子们在英格兰的时候，托马斯爵士就独自在梅特卡夫宅邸的宏伟厅堂里游荡，浏览从皮卡迪利送来的最新一包书籍，用他那精美的银质水烟筒抽烟，并养成了一些相当古怪的习惯。他的女儿们返回印度之后很快就发现了他的这些癖好。安妮绘声绘色地描述了他始终如一的晨间习惯：早上5点在游廊用早餐，在游廊下方的游泳池里游泳（今天的财阀阔佬在早晨游泳是司空见惯之事，但在当时还很新鲜），然后在他摆满书籍的小礼拜堂里做礼拜，之后再抽半个钟头的水烟。

如果仆人给他准备水烟时做得不好，托马斯爵士会命令仆人用银托盘送来一副白色小山羊皮手套。他会给自己纤细白皙的手指（安妮说这是他的优点之一）缓缓戴上手套。训斥仆人一番之后，他会轻柔但坚定地拧一拧办事不利索的仆人的耳朵，再让仆人退下，"这种训斥十分有用"。[5]他在饮食习惯上同样吹毛求疵。他不能忍受看见女士吃奶酪、芒果或橘子。安妮回忆说，她曾和一名副官拎着一篮橘子爬到顾特卜塔顶端去猛吃一顿，并且小心翼翼地把所有橘子皮都带下来，因为托马斯爵士特别讨厌随地丢垃圾的行为。他抽完烟之后会到书房写信。上午10点整，他会走到柱廊处，登上马车，经过一排仆人。有的仆人拿着他的帽子，有的拿着他的手套，一人拿着手绢，另一人拿着他的金头手杖，还有一人拿着他的公文箱。然后，在他的军士登上马车夫旁边的座位后，他们就出发了，两名马夫站在马车尾部。他豢养了两对拉车的马：一对是栗色的，白天用；另一对是红棕色的，夜间用。[6]

他虽然是个矫揉造作的人，但再次看到女儿并且发现她们对自己在德里度过的童年记忆犹新时，还是喜出望外。与女儿们在一起能让他得到曾经拥有的家庭幸福的一部分。不足为奇的是，他对自己女儿的保护欲变得特别强，很快就表现得对她们的婚姻对象特别挑剔。

琪琪已经过了二十一岁，但他想方设法阻止她嫁给一个不合适的从男爵，爱德华·坎贝尔爵士。爱德华不仅身无分文，而且曾是查尔斯·内皮尔爵士的副官，而托马斯爵士曾与内皮尔大吵特吵。他禁止女儿和爱德华见面，并扣押了爱德华的来信，所以爱德华一连好几个月不得不给安妮写信，让她转达自己对琪琪的爱。过了一年，托马斯爵士才回心转意，同意琪琪嫁给爱德华。

琪琪在这几个凄惨月份里写的情书大多始终没有寄出。今天，这些书信塞满了剑桥大学南亚图书馆的一个大箱子。她在每一页中追溯他俩恋爱过程中的每一件小事：他们第一次相遇是在德里的一个上午，琪琪去格兰特医生家里为他的钢琴调音，后来与爱德华一起在道格拉斯上尉（莫卧儿皇宫的安保指挥官）的监督下合唱。[7]后来他们在某人的婚礼上再度邂逅：

> 那次婚礼！虽然我很难过，但也很开心，因为时隔这么多个月份，我们的目光终于再次相遇，我知道你还爱我。你还记得吗，上次在西姆拉，在俱乐部的花展上，我和 D 夫人一起走下来，经过那座小神庙，你正好在那里执勤。你拦住了她的轿子，我们都站在那里，你紧紧拉着我的手。不久之后，我们都走去看花展，乐队在演奏。那是星期六，也就是 G 夫人第二次"在家"之后的那一天。

D 夫人指的当然是达尔豪西夫人。G 夫人是戈姆夫人，懒散的总司令戈姆将军的妻子，戈姆将军总是尽可能多地待在山区。在英印帝国的夏都发生的爱情和在切尔滕纳姆或托基①发生的恋爱差不多，区别就是前者以令人心跳的喜马拉雅山景为背景。[8]

安妮的恋情比较顺利。她的追求者爱德华·克莱武·贝利是巴特沃思·贝利的侄子，巴特沃斯曾短暂代理总督。爱德华·贝利是一个靠谱稳妥的二十七岁青年，和托马斯爵士一样爱好古物，尤其是印度艺术和东方语言。他即将被任命为达尔豪西勋爵外交部的副部长。他俩很快就结婚了，生了十三个儿女。安妮第一次怀孕的时候，他们正陪达尔豪西夫妇去往契尼

---

① 托基是英格兰西南部德文郡的海滨城镇，19 世纪初发展成一个时髦的海滨度假胜地。拿破仑战争期间，停泊在海湾的皇家海军中的军人经常光顾这里。后来随着名气传播，托基受到维多利亚时代社会精英的欢迎。托基也是作家阿加莎·克里斯蒂的故乡。

（路途艰险），她写了一篇热情洋溢的游记来记载此次经历，并对自己身体的一些症状感到奇怪。其实这只不过是她的第一个孩子小安妮将要来到人间的迹象。怀孕的安妮很快被送回英格兰。当时印度山区还没有最基本的妇科医学。

托马斯爵士与女儿们的关系始终温情脉脉，尽管有时他也会发脾气。但他和刚从英格兰返回印度的长子西奥的关系就剑拔弩张了。西奥活泼、吵闹、好交际，喜欢马匹、猎狗和派对，和他父亲的共同点很少，不过他俩都有专横霸道的意志力。父子俩摩擦冲突不断。托马斯爵士优雅而谨慎，西奥咋咋呼呼，莽撞得要命。他俩距离越远，对大家就越好。

但后来西奥做了一件让父亲高兴的事情。他爱上了夏洛特·洛。梅特卡夫家的其他人也都爱上了她。琪琪与她亲如姐妹。"查理真是个宝贝，"琪琪在给爱德华的信中写道，"我一天天越来越爱她。"[9]安妮始终把夏洛特称为"我甜蜜的查理"，觉得她简直可以和天使媲美。

夏洛特最重要的美德之一，是她能对西奥产生一种抚慰镇静的作用。对这一点看得最清楚的就是托马斯爵士，他看到儿子兼继承人要来德里的梅特卡夫宅邸和他一起住，深感警觉不安。他给琪琪写信："我坦率地告诉你，我很害怕和他〔西奥〕重逢，尤其是如果夏洛特没有陪他一起来的话。在我这个年纪，我可不想在自己家里屈居老二，被排挤到一边。我的经验让我已经很了解你哥哥了：所有人都必须对他百依百顺。我自己的脾气也急躁，可我始终控制着自己的脾气。"[10]

托马斯爵士写这封信的时候，西奥为了"一桩民事性质的非法行为"惹了麻烦。托马斯爵士觉得西奥很可能因此被告上最高法庭，要赔偿1万或1.2万卢比，或者说托马斯爵士不得不付这笔罚金，以免西奥入狱。这起非法行为很可能是西奥非法拘禁了一个有权势的放债人，梅特卡夫家的通信提过此事。西奥后来因为这种惹是生非的莽撞而臭名远扬。"太可怕了，西奥不懂得审慎行事，也没有判断力。他的奢侈浪费本就已经很糟糕了"，这种违法行为更是极端的愚蠢。[11]

我们必须假定约翰和奥古斯塔对此事一无所知，因为托马斯爵士会小心翼翼地保持低调，不做声张。夏洛特的父母于1851年9月带着两个小女儿抵达西姆拉，为的不仅是参加家庭聚会，还要出席一次婚礼。西奥和夏洛特将在西姆拉商业街街头的尚未竣工的基督教堂喜结连理。约翰和奥古斯塔或许不希望女儿在与他们团聚之后这么快又离开，但查尔斯·梅特卡夫是他们的老友，而且这门婚事的确是金玉良缘。约翰和梅特卡夫兄弟加起来等于是统治着印度北部和中部的大部分地区。10月14日，两家人坐在教堂走廊两侧参加婚礼时，一定都满心欢喜。小塞利娜·洛当时六岁，她最早也最幸福的回忆就是在夏洛特新家的草坪上嬉戏。

十一个月之后，达尔豪西勋爵写信给约翰道："我从梅特卡夫那里得知令千金的伤心事，我也很难过。可怜人，这对年轻的母亲来说是难以承受的悲剧，会影响她们的健康。但在那种气候里，她应当很快就能康复。"[12]将夏洛特流产的消息告诉达尔豪西勋爵的那个梅特卡夫应当不是西奥，而是詹姆斯，也就是查尔斯那有一半锡克血统的儿子，他此时是达尔豪西勋爵的副官。当时政府越来越倾向于只接受白人，詹姆斯能够在政府中获得这样一个关键职位，似乎是政府对詹姆斯的照顾，但梅特卡夫家族不受任何规矩的约束。何况，优秀的副官应当同时也是熟练的译员，其他副官或许在阿迪斯库姆学校或黑利伯里学校学会了结结巴巴的印度斯坦语，詹姆斯则是在母亲怀中学会的。

这段时间夏洛特过得并不舒心。西奥远在德里，而坚持把妻子留在山区，说这样对她的健康有好处。她母亲也不在身边，无法安慰她，无法给她出谋划策。奥古斯塔带着两个小女儿以及表弟威廉·里奇的孩子古西和布兰奇（比奥古斯塔的两个小女儿小几岁）动身去了加尔各答，准备把她们送回英格兰。古西·里奇始终记得她父亲向她们辞别时久久不肯离去，俯身看着躺在床位上的她，眼里噙着泪水。[13]印度与英国之间的长途迁徙已经进行到了第三代，和过去一样残酷而催人泪下。

夏洛特在1852年圣诞节去德里度圣诞，缓解了自己的寂寞。托马斯爵士恳求他们都来——安妮和爱德华·贝利带着小安妮，西奥和夏洛特，还有饱受相思之苦的琪琪，她为了劝父亲允许她直接与身在远方的爱德华通信，不惜绝食抗议。长达一个月的圣诞节假期欢乐温馨，梅特卡夫宅邸的壁炉里噼啪作响。大家骑马去迪尔库沙，在莫卧儿花园里野餐，晚上等托马斯爵士上床睡觉之后去打台球。

夏洛特从德里写信给爱德华·坎贝尔，描述了"欢乐的大聚会"，并祝贺他与琪琪终于成功订婚："我非常高兴，现在一切都顺利解决了，亲爱的琪琪现在看上去容光焕发，满心喜悦。我希望她正在恢复元气，不过她看上去仍然有点苍白。她真是甜美可爱，我能想象得到，等她成了你的妻子之后，你一定会非常为她骄傲。我非常希望她能到西姆拉待几个月。"[14]

在梅特卡夫宅邸欢度佳节期间，夏洛特再次怀孕。但她在这年春季的欢乐被一朵乌云遮蔽了，这朵乌云就是她可能要再次与西奥分离的前景。托马斯爵士非常喜爱自己的新儿媳，也爱屋及乌地缓和了对西奥的态度，任命其为德里的行政长官之一。4月19日，她从西姆拉写信给琪琪：

我亲爱的琪琪，

现在唯一的疑问是我要不要陪他一起去。我自己很想和他在一起，不过他非常反对，我担心医生也反对我去德里。但我忍受不了独自一人地度过那么多个月。如果我现在不去平原地带，那么就只能等到10月底。我并不是特别怕热，但亲爱的琪琪，请你尽快写信告诉我，你父亲的宅子在炎热季节的平均气温……只要在84华氏度以下，我想我就承受得了。如果你告诉我，你父亲宅子的热度一般来讲不超过84华氏度，我想我就会和西奥一起下山。医生非常担心我得热病，但我觉得这不大可能。你去年从来没有得过热病，对不对？而且我是个特别体寒的人……

原谅我这些匆匆的絮语，最亲爱的，尽快给我回信吧。

非常爱你的妹妹，

C. H. 梅特卡夫

即便是在非常焦虑的时候，她也表现出温情和真诚，她的两个小姑子也有同样的品质。她仿佛从小就熟识梅特卡夫家的姑娘们。

最后当然是西奥获胜了。夏洛特留在了西姆拉。预产期快到了，她越来越焦虑，不愿意独自一人待着。她说服了安妮，让其从达兰萨拉（贝利夫妇住在那里）翻山越岭过来。大家都在期待 10 月琪琪的婚礼和夏洛特孩子的出生。就连托马斯爵士都答应要到西姆拉看她。

但在夏季，他病得很重。他一贯注重健康保养，对饮食特别挑剔，从不熬夜，努力保持身体健康。然而在季风开始的时节，他开始呕吐不止。其他高官，如亨利·艾略特爵士、托马森先生等人也出现了类似症状。托马斯爵士开始怀疑有人下毒。最可疑的人当然是当地土著邦国的太后，她最温和的时候也对英国人睚眦必报，而如今得知了英国人与米尔扎·法赫鲁的秘密协定内容，更是怒火中烧。即便如此，托马斯爵士仍然答应去西姆拉与亲人会合，尽管他照例提出了一个条件：他必须待在山脚下的卡尔卡等他妻子的逝世纪念日过去。

安妮记述了随后的故事：

我于 1853 年 8 月 31 日抵达西姆拉，受到了夏洛特的温馨欢迎。西奥还没有到，因为他直到 9 月中旬才能离开在德里的工作，所以我们非常安宁而开心地等待孩子降生。孩子出生的日期是 9 月 8 日。她得知自己有了一个可爱的小儿子，喜出望外……婴儿健康可爱，一切都充满了希望，她可能很快就能恢复健康。我们让她静养，只有芒廷太太和我每天看她。西奥在孩子出世的第八天出人意料地来了。这让她十分惊喜，他俩都为了孩子无比喜悦。

产后第九天，她被搬到一张沙发上。我出去了一个钟头，让西奥陪在她身旁。我回家之后得知，她觉得身上一阵阵发寒战栗。坎农医生应召而来，让她立刻卧床。她看上去没有生病，情绪也很好，但从那个晚上开始……每个钟头都让人心急如焚，因为接连出现了越来越多的症状。

她越来越焦躁不安，尽管她不喊疼，但似乎知觉越来越模糊，经常打瞌睡，即便进食时也迷迷糊糊。医生们的表情一天比一天沉重。我听到她经常琢磨这个念头："今天是什么日子？你母亲是 9 月 26 日去世的，对不对，安妮？"医生们听到这话也很震惊。

即便在她昏迷不醒的时候，托马斯爵士的执迷也纠缠着她的思绪，这足以证明托马斯爵士的人格力量是多么的强大。西奥也相信，9 月对他们家的人来说是个危险的月份。

她脑子里只有这一个念头。不过遵照医生的命令，我们试图让她相信那一天已经过去了，但无济于事。"不，"她说，"你母亲是在那一天去世的，我也会死在 9 月 26 日。"

9 月 22 日，聚集在夏洛特病榻周围的一小群人都领了圣餐。夏洛特此时大部分时间都精神恍惚。按照医生的建议，西奥问她："亲爱的，你知不知道我是谁？"她看着他，露出最甜蜜的微笑，说："我知道，你是小宝宝的爸爸。"西奥当即崩溃，悲痛得肝肠寸断，只能让人把他领出房间。她大部分时间都在睡觉，但在 9 月 25 日傍晚 6 点，她"开始不断抽搐，持续了好几个钟头，爱她的人们看了这情景无不伤心欲绝"。

"她终于平静下来之后，突然转向我说：'安妮，你听见他们了吗？'我说：'你听见什么了，亲爱的？''哦，'她说，'天使在唱歌，还有竖琴。我听得一清二楚。听呀，听呀！'她脸上的表情似乎在认真听着什么，全神贯注。"

她请床边的人为她唱歌，然后发出了"惨痛的、惨痛的绝望呼喊，因为她只能独自穿过那黑暗的峡谷"。她最后一次转向他们，"恳求西奥陪她'前进，穿越那黑暗的深谷，去到美丽的国度'"。

"过了片刻，在深夜的死寂中，她转向我说：'安妮，9月26日什么时候到？'我按照医生的命令，试图让她相信那一天已经过去了，因为医生说她脑子里对这种念头的执迷会害死她。尽管她对其他一切都已经没有知觉，对这一点却很清楚。午夜过后，痉挛又开始了，对我们这些在一旁守候的人来说，这几个钟头真是悲惨。"

"太阳刚刚升起，照耀在她床上，她突然从床上坐起身来，猛然唱起一首癫狂而诡异的歌，没有一个字的歌词，只有音乐，而她脸上闪耀着一种狂喜的光芒。我们只能沉默而惊异地盯着她。她已经好几天没有动弹过了，然而此刻竟带着超自然的力量，突然坐起来。西奥冲过去用胳膊扶着她，她对他视若无睹。但当她的歌声停止时，她倒了回去，再也没有动静，于9月26日下午3点去世！"[15]

安妮为死者合上眼睛和嘴巴，用鲜花盖住她的身子，将她抬入棺材，并给了她蜡黄的面庞最后一个长长的吻。夏洛特于两天后被安葬在西姆拉的第二公墓，地点在老布洛克车站附近。[16]她被埋葬在费利西泰身旁，也就是她从未谋面但在同一个日期离世的婆婆。葬礼人不多，只有西奥和安妮，几位医生；夏洛特的家人都没有来得及赶上葬礼，琪琪和爱德华也还没有抵达。在沿着商业街走向墓地的全程，西奥一直倚靠着道格拉斯医生的肩膀，一直沉痛地抽泣。婴儿被取名为查尔斯·赫伯特·西奥菲勒斯，"因为他是家族的小继承人"，而梅特卡夫全家都把他母亲称为"查理"。夏洛特临终前请求安妮照料婴儿，当他的母亲，但西奥不同意，坚持自己照料孩子。

有人说夏洛特可能也被下了毒，不过这简直是异想天开。医生的说法，即对9月26日的迷信害死了她，也是不可思议。她的医生对安妮说过体内脓疡的可能性。真正的死因极有可能是当时很常见的产后感染，而这常常是医生没有正确洗手造成的。在19世纪的印度，人们对基础妇科学的基本卫生知识还知之甚少。

托马斯爵士在山下的卡尔卡得知了儿媳去世的噩耗，缓缓爬山来到西姆拉。安妮于10月1日看到父亲时大为惊恐："我发现他瘦得可怕，十分苍白。他持续患病，呕吐出一种水状的物质。他脸上的麻子通常很浅，如今变得非常显眼，颜色也很黑。尽管他并没有感到痛苦，但还是很容易看出生了病。"[17]

他时日无多了。不可能在西姆拉为琪琪和爱德华举办一场盛大婚礼了。他们在西奥的客厅举办了低调的婚礼。新婚夫妇去山区度蜜月。西奥将父亲带回德里，托马斯爵士于11月3日在梅特卡夫宅邸去世。他的死因也可以有非常合理的解释。好几种肠癌在晚期的症状和他的情况差不多。但土著邦国的穆斯林医生凭精通用毒而闻名，他们使用毒药时可以不留痕迹。毒药总是人们最容易想到的解释。

西奥伤心欲绝。多年后，安妮写道，失去夏洛特"毁了可怜的西奥的一生"。而且他不知道该如何最好地照料小查理。他告诉琪琪："我永远不能忍受与他分离，所以我很难过，因为每天有很多个钟头他都得不到女士的陪伴。但我渴望向他表达我自己在童年中从未感受过的那种爱。我也只有在已经痛失的妻子那里才得到过这种爱。"[18]一年后，他写信给爱德华·坎贝尔道："我无法解释这种重重压着我、让我倍感无助的麻痹感。我觉得，若不能从所有工作中解脱出来，若不能享受一个长长的完美假期，我就永远也恢复不了精气神。"[19]

他的部分烦恼是他左眼的疼痛和视力下降。十七岁的他在阿迪斯库姆学校准备进入印度军队服役时，眼部曾遭受感染，右眼因此失明，这毁掉了他从军的希望。现在他担心自己的左眼也会失明。他不得不放弃工作，躺在光线昏暗的房间里。他在给琪琪的信中哀怨地写道："你认不认识什么愿意照料单身绅士的寡妇？因为我相当无助，被禁止阅读写字。"[20]

他在山区休养一阵后回到梅特卡夫宅邸，那时他竟认不出自己的儿子，他说这是因为孩子已经长得很高了，但也可能部分是因为他的眼疾已很严重。但这小男孩（当时可能只有三岁）认出了父亲，拉着他在空荡荡的大宅里走来走去，用手指指着一个又一个房间，直到他们来到大客厅。孩子把西奥领到悬挂在那里的两幅夏洛特肖像前。西奥显然十分感动。他告诉我们，小查理是自己这么做的，并没有受到保姆巴克斯特太太的提示。遗憾的是，这两幅肖像在兵变期间被砸得粉碎，托马斯爵士那些绝妙藏品也都损失殆尽，所以我们不知道夏洛特在她短暂的成年生活中是什么模样。[21]

现在困扰西奥的令人生畏的使命是遵照父亲的遗嘱，将托马斯爵士在梅特卡夫宅邸和迪尔库沙的全部动产都卖掉。他厌恶这项使命，因为这象征着梅特卡夫家族在德里统治的结束，但也因为这么多的无价之宝鲜有问津者。德里此时仍然是个不大的城镇，生活在这里的欧洲人就更少了。他的经纪人布朗先生是个正派而兢兢业业的人，但西奥帮不上忙。安妮抱怨道："因为当时他住在那里，担任德里的行政长官，所以能够用最烦人的方式干扰布朗先生的工作。"[22] 结果就是，拍卖从1854年1月开始，但三年后仍然远远谈不上结束。1857年5月兵变席卷德里之时，叛军可以恣意掳掠或捣毁大量餐具、家具和画作。雪上加霜的是布朗先生及其家人在兵变中被杀，梅特卡夫家族拍卖财产所得的金钱被存在银行，这些金钱也被叛军掳走。西奥和他两个怒气冲冲的妹妹什么都没得到，她俩对西奥行为的容忍也快到了极限。

他和过去一样奢侈而不懂得体贴别人，现在他还变得满腹愤恨而脾气恶劣，他自己也承认这个事实。爱德华·坎贝尔夫妇需要照顾小查理及其保姆，但他们手头不宽裕，而西奥没有给一分钱抚养费，所以坎贝尔尽管很喜爱已故的夏洛特，也忍不住要发脾气了。"说到房租，我估计问他［西奥］也没用，暗示也没用，因为他会置之不理。我想我们还不如写一个小备忘录，把我们给巴克斯特太太和查理提供食宿的实际开支记录在案给他看，然后要求他付钱。"[23]

夏洛特的死还打垮了约翰·洛。他在加尔各答上岸（他即将成为印度议事会的成员，这是他的雄心壮志所达到的让人不敢相信的高峰）不到两周后得知了噩耗。表面上，他仍然是镇定自若的封疆大吏，但内心受到悲痛的折磨，他只在与西奥的通信中表达自己的痛苦。仿佛只有他俩知道他们的损失有多么惨痛。在约翰·洛收到的吊唁信中，他只留了一封，它被保存在克拉托。那是一封短信，被折叠起来放在一个小小的黑边信封里，信封大小不超过2.5英寸×4英寸：

我能对你说什么呢，我亲爱的朋友？我只能说，我的心承受着人的灵魂所能够忍受的最大痛苦，又因为你最甜蜜的孩子故去而为你痛苦。我能和你一起体验最深切的悲哀。

愿伟大的上帝慰藉你，让你想到，她的灵魂如今在上帝的宝座前享福，在等待我们全都期盼和渴望的团圆。不要为议事会的事情烦恼。你也不必请假或向任何人解释。大家都理解，都会深切地为令千金哀悼，而哀悼最深的人莫过于

你真诚的朋友，

达尔豪西

达尔豪西勋爵在写这封信的时候正在为自己妻子的病故而悲恸。达尔豪西夫人长期饱受病痛折磨，医生最后于1853年1月命令她回国。计划是她和女儿们一起在苏格兰恢复健康，然后于秋季返回印度。6月13日，一封电报送抵加尔各答，传来噩耗，她已经在海上去世，当时她乘坐的船已经接近英格兰了。一连两天，达尔豪西勋爵将自己锁在房间内。他出来之后，说自己的生命之光已经熄灭。他埋头工作，但精神恍惚，无法将哀恸向身边的人表达。不过，一周后，他写信给自己的"私人通信伙伴"，倾诉了自己的心绪：

在终有一死的凡人生命的酒杯里，两个亲密无间"直到死亡将他们分开"的灵魂的分离，是最苦的一滴酒。但是，当我在孤独中用母子重逢的喜悦慰藉自己的时候，却突然要饮尽人生的苦酒，看到曾经搏斗并战胜许多危险的她竟然离去了；听说她的孩子们再次看到她的面

庞，然而她已经不在人世；听到她终于回到了家，却是入土长眠——我在一段时间内感到这一切太痛苦，我忍受不了，但上帝一定会原谅我。[24]

这两位苏格兰绅士，不是在福斯湾海边心满意足地追溯往昔，而是惨遭悲痛的折磨，并且病得几乎瘫痪。他们都渴望回家，但因为骄傲（和贪婪）而坚持在印度待满自己的任期。在英印帝国大厦将倾之际，引领其政治方向和军事力量的，就是这两个在身体和精神上都垮掉的人。

注释

[1] Dalrymple, *The Last Mughal*, p. 40.

[2] Ibid., p. 48.

[3] Ibid., p. 52.

[4] *The Golden Calm*, p. 201. 这本书非常有趣，收录了《德里之书》的插图，安妮对自己在德里度过的童年和后来岁月的回忆，以及该书的编辑、小说家 M. M. Kaye 的回忆。

[5] Dalrymple, p. 50.

[6] *The Golden Calm*, p. 126.

[7] GG to Edward Campbell, October 23, 1852, Campbell-Metcalfe Papers, Box 1.

[8] March 19, 1853. Ibid., Box 2.

[9] January 7, 1853. Ibid., Box 1.

[10] Thomas Metcalfe to GG, Kootub (Qutb), April 22, 1852. Ibid., Box 8. 达尔林普尔（p. 462）说是 1851 年，但那时西奥还没有和夏洛特结婚。

[11] Ibid., April 28.

［12］ Dalhousie to Low, September 9, 1852.

［13］ *The Ritchies in India*, pp. 162 – 3 and 186.

［14］ Charlotte Metcalfe to Edward Campbell, January 12, 1853, Campbell-Metcalfe Papers, Box 7.

［15］ Emily Anne Bayley's narrative, Photo Eur 31 1B, Hardcastle Papers, pp. 247 – 62. Also Campbell-Metcalfe Papers, Box 7, Emily Anne Bayley to Georgiana Metcalfe, September 28, 1853.

［16］ 如今只有西姆拉汽车站附近的一丛树能标示这个墓地的位置。墓碑已经完全消失。

［17］ Hardcastle Papers, ibid.

［18］ Theo to GG, n. d. but probably early 1856, Campbell-Metcalfe Papers, Box 8.

［19］ Ibid. , 1857.

［20］ Theo to GG, ibid.

［21］ Ibid. , August 12, 1856.

［22］ Hardcastle papers, p. 260.

［23］ Edward Campbell to GG, camp. near Mooltan, November 27, 1856, Campbell-Metcalfe Papers, Box 6.

［24］ Baird, pp. 257 – 8.

16　樱桃熟了

　　达尔豪西勋爵很着急。他曾承诺自己将在印度待到 1854 年 4 月。妻子去世十天后，他写信给董事会道："全能的上帝给了我沉重打击，我努力臣服于他的严苛意志。除非健康状况不允许，我会兑现去年做出的承诺。等到那时，等一切都安排停当，我就必须回国了，任何事情都阻挡不了我。"[1] 他的健康状况确实很糟糕。他的腿肿得厉害，不良于行；在加尔各答，他持续受到热病折磨，不得不去南部山区（毗邻正欣欣向荣的疗养胜地乌塔卡蒙德①）休养。但局势暂时还称不上一切就绪。勋爵的时间很紧张，要做的工作却太多。

　　首先是铁路。孟买铁路的第一段于 1853 年 4 月通车。通往马德拉斯和那格浦尔的铁路还在测绘阶段；计划从加尔各答到安拉阿巴德再到德里的主干线也仍然在测绘。勋爵对与铁路相关的任何事情——路线、火车头、山路的坡度、铁轨质量——都有自己的看法。承包商主张用轻型铁轨，他反驳道："不用怀疑，快速地拼凑简易铁路是一种短视的政策。我当然赞同建造得越便宜越好、越快越好，但质量必须过硬，否则还不如把钱丢进孟加拉湾。"[2]

　　恒河运河刚刚在 4 月开通，如达尔豪西勋爵在他的告别报

---

　　①　印度东南部城市。

告中吹嘘的，该运河的全长"超过了伦巴底和埃及所有灌溉水道的总长".[3]邮政系统的改革也方兴未艾。现在印度全国有753家邮局，邮资完全一致，且不仅在印度境内，在印度和英国之间的邮资也是这样。总督鼓吹道："一个在白沙瓦当兵的苏格兰新兵可以写信给身在约翰奥格罗茨①的母亲，邮费仅为六便士。而在三年前，同样数目的钱只能把信送到拉合尔."[4]

此外还有电报系统，将近4000英里长的电报线将加尔各答与白沙瓦、马德拉斯和孟买连接起来。这是一项惊人的成就，有的地段的电报线需要跨越2英里宽的大河。1854年3月24日，第一封电报从阿格拉发到了800英里之外的加尔各答的总督手里，耗时不超过两小时。[5]

整个南亚次大陆生意兴隆，蒸蒸日上，现代通信技术以纵横交错的网络将次大陆连通起来，这些技术设施的推广工程要么是由这位不可阻挡的小个子总督开启的，要么是由他完工的，要么是受到了他的督促。这些成绩都是他在八年时间里，在健康状况越来越差以及丧妻的孤寂之中达成的。我觉得，无论在他之前还是之后，都没有一位英国殖民地高官以这样强大的活力和干劲如此积极地推动现代化。

但在如今用科学手段精确绘制的地图上，还有一个例外，还有一片巨大的空白。在这些至关重要的现代通信设施网络的路途中，还有一大群土著邦国，它们对英国司法体系和英国现代化精神的扩张都构成了障碍。本德尔肯德的小王公们、那格浦尔和詹西的大王公们，尤其是奥德国王，对虔诚而不耐烦的总督大人来说都是眼中钉。这些王公，带着他们的宦官和舞女，

---

① 约翰奥格罗茨是苏格兰极北部的一个村庄。

阻碍了进步。他们在那些无聊而龌龊的娱乐项目上浪费的数百万卢比，能给他们的人民带来多少福祉啊，又能给东印度公司带来多少好处啊！达尔豪西勋爵在印度的最后两个完整年头，即1854年和1855年，将致力于移除这些扎眼的障碍，将地图的很大一块涂成大英帝国的粉红色。这粉红色从仰光一直延伸到旁遮普，少数例外就是若干驯顺的"傻瓜权贵"的残余领土。

1853年冬季，他在缅甸视察了自己最近征服的土地，这时出现了第一个可能带来丰厚油水的机遇。那格浦尔（这个国家的正式名称是贝拉尔）的王公拉格霍吉·蓬斯尔，400万人口和8万平方英里土地（包括印度最肥沃多产的一批棉花田）的统治者，驾崩了，没有留下男性继承人。他当时只有四十六岁，死得很突然，这也是他没有收养一个继承人的原因之一。[6]

拉格霍吉本性善良，平易近人，对遇见的所有人都和蔼可亲。那格浦尔的常驻代表查尔斯·曼塞尔认为，拉格霍吉作为马拉塔人，似乎自认为来自人民大众。拉格霍吉的行为举止更像一个现代共和国的总统，而不是独断专行的君主。曼塞尔先生哀叹道，遗憾的是，"拉格霍吉品性中最显著的特点是鄙视商业，癖好下流"。常驻代表要花很大力气才能将拉格霍吉从他最喜爱的那些消遣当中拉走，如摔跤、放风筝和打牌。拉格霍吉会用这样的话打发部下："你们去研究条约的条款吧，让英国人承担义务保护我享受唱歌跳舞的乐趣，我自幼就爱好这些。"在过去八年里，他的姬妾詹妮让他养成了每天至少喝一瓶白兰地的恶习。难怪那格浦尔的局势在走下坡路。拉格霍吉挑选国家重臣时完全靠心血来潮，或者受后宫的影响。司法体制完全是金钱的奴隶，王公为了填满自己的钱箱而大肆压榨国民。

　　但另一方面，曼塞尔也公正地报告道："如果一个陌生人途经这个国家，只要看一眼棉花种植业的繁盛、治安的良好、人民的淳朴有礼、都城主要街道的熙熙攘攘，就会对王公的品格做出好评。即便不赞同他的统治的原则，也会认可其实际结果。"该国与理查德·詹金斯担任常驻代表的时期相比可能有所衰颓，但即便没有了"詹金斯体制"，那格浦尔也比其他很多邦国强得多。那格浦尔太平安定，政府对英国人忠心耿耿。

　　所以，曼塞尔先生建议将该国交给一位前任统治者的遗孀班卡·白，她已经是七十五岁高龄，但仍然头脑敏锐："她是个优秀的女人，有高尚的情感，也有出色的理智。"与此同时，可以好好培养与已故王公血缘最近的继承人亚什万特·拉奥（一个知书达理的十八岁少年），将来选他做班卡·白的继承人。曼塞尔认为，只要有一位审慎的常驻代表来指导班卡·白，"我提议的实验就能够让人民满意，实际上将这里纳入英国保护之下，并给他们部分自治权"。[7]

　　达尔豪西勋爵坚决反对曼塞尔的建议。他返回加尔各答几天之后，就撰写了一份极其冗长的备忘录，长约 1.4 万个单词。[8] 备忘录的主旨简单明了。拉格霍吉没有留下直系血统的男性继承人，也没有收养过继承人。他的遗孀同样没有收养。事实上拉格霍吉尽量逃避与曼塞尔先生讨论这个问题，因为他不喜欢把自己酗酒造成的阳痿宣扬出去。

　　何况，当初是英国政府把拉格霍吉推上宝座，而英国政府从来没有承认过他有权收养继承人。达尔豪西勋爵说，我们有权自行处置那格浦尔，而处置的办法就是收回我们转让出去的主权。我们如何能保证拉格霍吉的继承人不会同样成为"兜售司法的人、吝啬鬼、酒鬼和浪荡子?"所以,英国接管那格浦尔符合该国人民的利益。

并且,这也"符合英国的根本利益"。说到这里,达尔豪西勋爵高尚言辞背后的真实面目就露出来了。因为"众所周知,印度最物美价廉的棉花的种植地就在贝拉尔谷地"。英国下议院收到的证据表明,该地区"产出的棉花足够供应整个英格兰"。[9]仿佛这一切还不够,达尔豪西勋爵也借此次机会重提自己就任总督之初提出的使命,他赤裸裸地表达出的意图让大家都很难忘,即无论用什么手段,英国都决不能错失吞并"那些妨碍我们的小国"的机会。[10]占领那格浦尔会给英国带来一块岁入400万卢比的领土。这还将消灭"一支独立的军事力量,而这支力量,若是我们允许它存在,就始终有这样的可能性:有朝一日,它即便不能给我们造成忧虑,也会让我们陷入窘迫"。[11]"有了那格浦尔,英国领土就能彻底包围尼查姆殿下的领土,这将对英国领地的内部管理极其有利",并且"会把加尔各答与孟买之间唯一一条直接的交通线几乎完全置于英国领土之内"。[12]等到铁路发展成熟,军队横穿印度就只需几个小时,而不是几个月了,棉花和鸦片也可以被快速运到码头。

按照总督大人的天性,他应该想把整个问题呈送董事会,听候其决断。但那格浦尔的问题等不了。该国或许现在依然安定,但长期的不确定性也许会扰乱民心,并削弱当地官员的权威。于是他提议立即宣布吞并那格浦尔。一块面积比英格兰大、人口超过400万的土地将被纳入英国政府的掌控之中,而英国政府根本没有得到机会去同意或反对。

所以达尔豪西勋爵议事会的其他成员即便反对,也是白费口舌。议事会的资深成员是约瑟夫·多林先生。他是从财政部升上来的，而且就连他的朋友也承认，他在印度待了三十年，但从来没有去过距加尔各答超过 16 英里的地方。他之所以能保住自己的位子，靠的是用简短有力的会议备忘录支持总督（不管总督说了什么）的本领。多林先生是世界顶级的唯唯诺诺之徒，这一次也没让主子失望。他举双手赞同达尔豪西勋爵。"欧洲的原则、科学与文学在印度逐渐扩张，其必然后果是，它们迟早会压倒纯亚洲的体系。"吞并那格浦尔单纯是"不可避免的进步链条中的一环"。[13]这话真是自鸣得意到了笔墨难以描摹的地步。多林先生代表了半个世纪以来英国殖民官员的进步主义宣讲，为这种进步主义添柴加火的既有狂热的基督教传教者，也有信奉效益主义①的道学先生。在几十年前威廉·本廷克勋爵的时代，这种倾向还带有一丝早先的宽容和不干预其他民族文化的觉悟。现在已经全没了。

下一个发表意见的是约翰·洛。他不抱任何幻想。他认为，撰写本备忘录"从务实角度来讲，不会对伦敦的绝大部分官员产生任何影响。他们必须要斟酌和决定这个问题"。控制理事会读了"达尔豪西侯爵这样的高级政治家在深思熟虑之后表达的意见"，就不会理睬一名他们不认识的军官的观点。[14]

但约翰·洛还是竭力反对，并且他的反对意见不比勋爵大人的备忘录简短。其实，约翰·洛读到达尔豪西勋爵的备忘录

---

① 效益主义（Utilitarianism）是伦理学的一种理论。旧译功利主义，但由于功利一词在中文里有贬义，因此近年来中文哲学界倾向以效益主义取代功利主义。效益主义提倡追求"最大幸福"（Maximum Happiness），认为效益即至善，决定某行为适当与否的标准在于其结果的效益程度。主要哲学家有杰里米·边沁、约翰·斯图尔特·密尔（即约翰·穆勒）等。

之后，就像双筒猎枪射出的子弹一样，连着发表了两份自己的备忘录。议事会的其他成员，包括总督，对加尔各答之外的真实印度的了解都不及他的十分之一。在这个真实的印度里，牛群在浅滩蹚水嬉戏，人们在银月之下崎岖的峡谷中野营，集市里愤怒的人们扯着英国老爷的手肘叫嚷，人们在树荫里与圣人和乡村头人闲聊，王公的水烟筒在轻溅的泉水旁咕噜咕噜地冒泡，后宫屏风背后传来低低私语。他的朋友约翰·凯在其名著《印度兵变史》中这样描述他："没有人与印度土著的交情超过约翰·洛，没有人比约翰·洛更了解印度人民的脾性。他可以用印度人的眼睛来观察，用他们的舌头来讲话，用他们的理解力来阅读。"[15]

凯说，这就是为什么洛将军会对达尔豪西勋爵那一派普遍的英国化主张感到惊愕，并且对他所持原则的逐渐消亡感到悲哀。他自年轻时便接受此种原则的培育和训练，尽管这种原则已经变得不流行，他仍在内心坚守。现在他要高声疾呼，捍卫这些原则，不管这会给他与达尔豪西勋爵的友谊造成多大损害，不管他欠了达尔豪西勋爵多少恩情。

对于局势发展的大方向，他也不抱幻想。极有可能"整个印度会逐渐变成英国的省份"。[16]但他认识和爱戴的所有伟大的英印政治家，如约翰·马尔科姆和芒斯图尔特·埃尔芬斯通，都同意"我们应当极其小心谨慎，避免毫无必要地加快这一剧变的来临"。

"任何像印度这样被少数外国人统治的国家"都不可能繁荣，甚至不可能安定，除非土著已经非常爱戴并深深依附于统治者。而英属印度的土著并不是这个样子的。那格浦尔这样的土著邦国并没有违背对英国的承诺，若英国吞并这样的邦国，只会进一步疏远其人民。"将英印帝国财政收入的很大一部分送回英国，用以支付退休金和薪水（这对印度没有任何好处），而不是将这些收入花在产生它们的国家"也会疏远印度人民。另外，"我们没有雇用土著担任高级军职或文官职务，这也一定会产生同样的倾向；我们身为外国人，却从不与印度土著交往和缔结友谊，同样会产生恶果"。[17]

曾有一个时期，英国军官和他们的印度情人同居，与印度兵一起野营。他们一起狩猎，一起坐下来观赏舞女表演。但英国人在印度建起了自己的住宅，把英国太太们接来印度，于是英国人和印度人的密切交往结束了。[18]

这一切或许都是不可避免的，洛心中想道。唯一的弥补办法是通过教育和分配土地形成一个繁盛的印度中产阶级。但是，我们要清楚英国人直接干预的负面影响。洛可以从自己的经历中回想起一些案例。在德干高原和西北各省，"我们的财政收入损失惨重，并且死了很多人，这都是因为我们的土著臣民一贫如洗；而在毗邻的土著邦国，虽然发生了同样的干旱，但损失却没有那么重，死的人没有那么多，财产收入损失也没那么重，这完全是因为当地的富人自掏腰包筹款挖掘新的水井，灌溉农田，保证了足够多的粮食收获，维持了人民的生计"。[19]

换句话说，英国人的统治并不一定比土著统治更有效或更人道。一百年后1943年孟加拉可怕的大饥荒仍然能证明这一点。约翰·洛并没有假装土著士绅掏钱出来是出于心地善良。他们这么做是为了保护自己，免得次年损失大量金钱。虽然有严重的不平等和残酷的压迫，但农民和地主是"一根线上的蚂蚱"，而英国人永远不可能成为这种生态的一部分。

洛提出的问题是自小皮特时代以来被问过十几次的问题，

也是对土地贪得无厌的总督们通常假装听不见的问题："我们是不是应当满足于已经占有的土地？""在接下来的二十年里避免而不是刻意寻求机会去吞并更多土著邦国，是不是更明智？"达尔豪西勋爵这样的人执掌着英印政府，结果是不言而喻的。

那格浦尔做错了什么？该国十分太平，三十年里没有一个英国士兵在该国境内开过一枪。英国已经有了充足的棉花供应（其中一个重要来源是约翰·洛刚刚从尼查姆那里勒索来的棉花田，不过他没有这么说）。

近几年那些臭名昭著的事件（内皮尔攫取信德、埃伦伯勒勋爵攻打瓜廖尔，尤其是达尔豪西勋爵吞并萨塔拉）已经撼动了"我们的土著盟友对我们的信任"。约翰写道，前不久他去了摩腊婆一趟，他将近四十年前的第一个指挥职位就在那里。在摩腊婆，他遇见了很多自己年轻时的老熟人。与他谈起英国吞并萨塔拉的每一个土著都问了同样的问题："前任王公究竟犯了什么罪，让他的国家被东印度公司吞并？"那格浦尔被吞并的消息传出之后，全印度的人都会再次焦虑地提出同样的问题。英国也许能从那格浦尔获得大笔金钱，并保护许多家庭免遭苛捐杂税的折磨。但另一方面，英国很可能招来"对我们主宰地位的刻骨仇恨"。

如果英国人相信他们未来在那格浦尔的统治会像理查德·詹金斯爵士的统治那样得民心，就是自欺欺人了。"他不曾将财政收入的哪怕一个卢比送到遥远的英国。"詹金斯征收的赋税不重，且取之于民用之于民。詹金斯保留了绝大部分旧体制，而新的英国统治者会忙不迭地开展大规模改革，这必然不会得到民众支持，因为"印度的土著其实和已知世界所有地方的居民在一个方面是完全一致的，那就是他们更喜欢自己的行事方式，而不是外国人的"。[20]

约翰在勒克瑙和海德拉巴对"现代化派"讲过完全相同的话。如今他在"现代化派"的大本营重申了这个立场。科尔文和麦克诺顿在 1837 年时不理睬他。达尔豪西勋爵和多林现在也不大可能听从他。

"现代化派"相信，在英国统治下，土著廷臣和地主可能成为输家。其中一些"现代化派"人士（被称为"平等派"）热切希望把印度变成一个更平等的国家。但他们都同意，在达尔豪西勋爵的体制下，广大民众会更幸福。约翰·洛又一次援引自己早年与马拉塔人打交道的经验，以便质疑这种洋洋自得的理念：

> 我担心，那格浦尔人民像浦那人民那样，很容易就忘记了土著统治者的不公和压迫，而无限放大我们的严格制度偶尔给他们造成的烦恼，以及受我们的官员领导的土著公务员的傲慢与小小暴政。土著公务员的不端行为，是无论我们投入多少努力都无法阻止的一种恶。[21]

浦那的佩什瓦尽管荒淫无度而且在宗教上很荒唐，但他在被英国人赶走之后还是得到了浦那人民的怀念。那格浦尔人民也会怀念他们在王公统治下的生活。

无论如何，总督没有任何法律或道义上的权利去吞并那格浦尔。英国曾赋予拉格霍吉独立地位，也就给了他和他的遗孀按照印度教传统收养继承人的权利。约翰还可以补充，达尔豪西勋爵自己也没有亲生的男性继承人，但英国不会有任何一个人想着去质疑他的亲戚福克斯·莫尔继承其伯爵爵位的权利。不过约翰没有明说这一点。

约翰·洛在一个方面肯定是正确的。无论在加尔各答还是伦敦，都没人理睬他的批评。达尔豪西勋爵热情感谢了他的坦率，并保证他俩的意见分歧不会损害他们的友谊，然后立刻通知 400 万那格浦尔人民，他们现在是英国臣民了。后来，董事会也软弱地默许了。至于洛将军，他们仅仅纡尊降贵地提到他的主张中的一个小点，即那格浦尔人民将来受到的治理会比王公的统治更公正。

曼塞尔先生被撤职，这是对他胆敢提出与总督不同的方案的惩罚。他带着耻辱和愤怒离开了公务员体制。那格浦尔的太后威胁道，如果英国人敢搬走他们的家具，她就纵火烧掉王宫。但家具还是被英国人搬走了，并且和王室的一半珠宝以及大象、骆驼和牛群一起，被廉价拍卖。班卡·白和她的儿媳勇敢地派人到伦敦申冤，但运气也不好。她派的使者花光了旅费，东印度公司不得不为其提供返回印度的旅费，以避免尴尬局面。蓬斯尔王朝什么也没剩下，达尔豪西勋爵继续完成他的使命。

没过多久，他就有了一个新的机会。詹西的王公比那格浦尔王公早去世三周，但詹西是个多山石的小国，面积比那格浦尔小得多，所以在达尔豪西勋爵 1854 年 1 月底从缅甸返回时的吞并清单里只能排第二位。

詹西壮美的玫瑰色要塞坐落于南亚次大陆的一个十字路口，顶端有令人难忘的圆形主楼。这座要塞可以与彭布罗克城堡或温莎城堡媲美。今天的游客称詹西为"本德尔肯德的门户"，但它远不止是一座门户。在詹西，连接克什米尔与科摩林角的南北走廊同加尔各答和孟买之间的东西大道相交。从印度四个角落延伸而来的铁路也在詹西交会。达尔豪西勋爵只要看看地图，就知道自己非得到詹西不可。

但有一个困难。当地王公刚哈达尔·拉奥颇得民心，很有修养，他在詹西城大兴土木，并收藏了许多精美的梵文手稿。他竭尽全力地整顿国家财政。斯利曼上校（我们将会看到，他不是容易打交道的人）评论道："我始终觉得，詹西在本德尔肯德的各土著邦国当中就像沙漠里的绿洲。只有在詹西，人们才可以放心大胆地积攒财富，自由地展示和享用财富，而不必害怕统治者的贪婪。"[22]

刚哈达尔·拉奥的确有一些怪癖。他喜欢爬到王宫的屋顶，还喜欢男扮女装，穿着饰有珍珠的鲜艳莎丽①，并佩戴手镯脚链。他还会每个月自我隔离四天，就像经期的女人一样（这些怪癖有点像勒克瑙的纳西尔·丁·海德尔）。英国专员问他为什么有这些习惯，他答道，他失去了独立，不得不屈从于英国人，这让他觉得自己像女人一样怯懦和自卑。[23]

英国专员没有刨根问底。毕竟詹西历代王公都对英国人忠心耿耿。刚哈达尔·拉奥的前任甚至曾申请采用米字旗为詹西国旗。[24]但刚哈达尔·拉奥也没有留下亲生的继承人。在死于痢疾的前一天，他唤来了五岁的亲戚阿南·拉奥，按照经书规定的印度教仪式收养了他。班智达②主持了"桑卡尔帕"仪式：阿南·拉奥的父亲向王公的双手倒了水。收养仪式没有比这更正宗的了。老王公还写信给常驻代表，报告自己的收养决

---

① 莎丽是印度女性的传统服装，是披在内衣外的一种长袍。
② "班智达"是梵语中的智者和教师，尤其指精通梵语和吠陀经书的人。今天常用这个词称呼知识分子、专家、有智慧的人。

定，希望对方"考虑到我对英国政府的一贯忠诚，恩宠这个孩子，让我的遗孀于在世期间被视为国家摄政者和这孩子的母亲，不要让她受到任何骚扰"。[25]

他的遗孀是拉克希米·白，她将成为印度历史上最著名的女英雄之一，她的诸多英国崇拜者将其比作布狄卡①或圣女贞德。她时年约二十五岁，她父亲是末代佩什瓦在比托奥尔的宫廷的官员，约翰·洛曾是这位佩什瓦的主要狱卒。她自幼熟知马拉塔帝国灭亡的故事，也熟悉流亡的痛苦。她是末代佩什瓦的养子那那大人②和另一位宫廷官员的儿子塔特亚·托普的幼年玩伴。和这两个男孩一样，她学会了骑马、射击和击剑，这些成就一定会为她赢得一些英国崇拜者。她美丽，精力充沛，识文断字，笃信宗教。她十四岁时就接受雄心勃勃的父亲的安排，嫁给了刚哈达尔·拉奥。其他比较熟悉这位王公的生活习惯的父亲们宣称，他们宁愿把自己女儿推进黑漆漆的井中，也不愿意让她们嫁给他。这门婚姻果然不幸福。

但如今拉克希米·白有了自己的独立地位。她立刻要求英国人尊重王公的遗愿，在阿南·拉奥成年之前认可她为摄政

---

① 布狄卡是公元 1 世纪不列颠岛上凯尔特部落之一的女王，在公元 60 或 61 年领导族民反抗罗马帝国的侵略军，烧毁了罗马人建立的伦敦城。她有时被视为不列颠的民族英雄。

② 那那大人（1824～1857?）的父亲是巴吉·拉奥二世朝廷的官员，母亲是巴吉·拉奥二世妻子之一的妹妹。巴吉·拉奥二世没有子嗣，在流亡期间收养那那。巴吉·拉奥二世死后，英国人拒绝承认那那大人为新的佩什瓦，并拒绝向他支付年金。1857 年兵变期间，那那大人加入叛乱，占领坎普尔，虽然允许惠勒准将的部队投降并撤离，但后来又屠杀了他们，并杀害了其家眷。（那那大人是否蓄谋屠杀第一批英国人，此事存在争议。）英军收复坎普尔之后，那那大人失踪，下落不明。印度独立之后，那那大人被视为民族英雄。

者。负责该地区的政治代表马尔科姆少校和其他见过拉克希米·白的人一样，被她迷得神魂颠倒。他告诉达尔豪西勋爵，她是"极受尊重爱戴的女人，我相信她完全有能力妥善地履行摄政者的使命"。[26]

马尔科姆少校知道达尔豪西勋爵的心愿。其实他的心愿在印度路人皆知。马尔科姆少校估计英国政府会收回詹西这个国家。他说，这并不难，因为詹西是个安宁的国度，自从当初被英国人控制以来治理方式就大体没变过。马尔科姆的政治助理R. R. W. 埃利斯少校却没有那么听天由命。他钻研了史书，没有发现条约中有任何内容让英国人可以一方面阻止某些邦国采用收养继承人的习俗，另一方面却允许别的邦国采用该习俗。埃利斯认为，如果英国现在不准素来忠于英国政府的统治家族收养继承人，会损害开明自由主义的精神。[27]

达尔豪西勋爵懒得理睬埃利斯少校这样在政治上无足轻重的人。他乘划桨船在伊洛瓦底江①旅行时得知了詹西的新闻。他毫不犹豫，决定吞并詹西。他相信，詹西的主权是英国人给的，现在英国人收回主权也是理所当然。英国政府是马拉塔帝国的继承人，而马拉塔帝国曾是詹西的宗主。詹西是个附庸小国，如今英国是它的宗主。勋爵大人听着缅甸船夫的歌谣，已经开始幻想火车隆隆驶入詹西的交叉路口，运载棉花和鸦片到遥远的港口，运送士兵到远方的战场。

他的立场当然骇人听闻，反映了歪曲历史的无耻企图。当佩什瓦还在位的时候，英国的政策是抓住一切机会否认马拉塔

---

① 伊洛瓦底江是缅甸第一大河，长 2288 公里，从北向南贯穿缅甸，在仰光附近流入印度洋的孟加拉湾。

帝国的存在。当时英国在积极推动各邦国独立，否认它们应当效忠于佩什瓦。英国政府曾拒绝承认前任佩什瓦的儿子，即所谓的那那大人，为他的继承人。巴吉·拉奥二世于1851年终于去世（他这种生活放荡无度的人实在没有资格活这么久）时，达尔豪西勋爵不仅拒绝承认那那大人为新任佩什瓦，还拒绝继续向其支付丰厚的年金。这笔年金是当年约翰·马尔科姆爵士给巴吉·拉奥二世的，那时约翰·洛还是个中尉，奉命押送被废的佩什瓦流亡。

然而，现在达尔豪西勋爵说詹西始终是马拉塔帝国的附庸，从来不是独立国家，就因为这种说法对他有用。他宣称："詹西是没有继承人的无主土地，英国政府明确无误地有权获取它，对此我没有任何疑问。"[28]

两天后，约翰·洛认输了。他在回信中写道，"我非常希望总督在处置詹西时能够参照前不久我们处置卡劳利的方法"，也就是说允许王公收养继承人，并明确一些规矩以防止未来出现荒政，但"我承认，英印政府拥有合法权利，如果它愿意行使该权利的话，就完全可以吞并詹西的土地。我对这个话题没有什么要说的了"。[29]

今天的人如果指责他，说他应当坚持抵抗下去，那就是站着说话不腰疼。他当时和总督一样受到病痛折磨。他也在为亲人辞世而悲恸，并且也是孤身一人，因为奥古斯塔还在英国拜访姐妹并照料年纪较小的几个女儿。他的晋升和荣华富贵都依赖于达尔豪西勋爵的提携，他也和达尔豪西勋爵处于同样的窘境。不过，达尔豪西勋爵至少有一个慰藉：他的十七岁女儿，和母亲一样叫作苏珊·乔治娜，即将来印度陪伴他。不管怎么说，约翰·洛已经将自己的立场记录在案。他觉得自己没有义务继续唠叨下去了。

拉克希米·白慷慨激昂地发出抗议。她说詹西始终忠于英国。她列举了詹西主动为英国人提供的效劳，而同时其他邦国在搞反英阴谋或者在逃避义务。她还相当精彩地指出，条约并没有排除按照詹西习俗收养继承人的做法，而已故王公收养继承人的仪式正确而正当，符合每一部经文的规定。

她请一位到访的英国律师帮助她。约翰·兰描述了自己进宫觐见她时隔着屏风瞥见的容颜，那是一幅令人心醉的美景。女王①"相当丰满，但不算肥胖。她在更年轻一点的时候面貌一定非常端庄秀美，但即便在今天她也魅力十足……不过按照我的审美，她的脸太圆了一点。她的表情也非常妩媚和聪慧。她的眼睛特别有神，鼻子的形状非常精致。她的皮肤不算白皙，但也远远谈不上黑。奇怪的是，除了一副金耳环，她身上没有戴任何饰品。她穿的裙子是朴素的平纹细布制成的，质感很好，非常紧身，显出了她的婀娜身姿……她的身材相当曼妙"。[30]

达尔豪西勋爵生得一副铁石心肠。他用超级一丝不苟、井井有条的官僚式腔调宣布："因为詹西位于其他英国领地的中央，我们占有它，将会改善我们在本德尔肯德领地内部的行政管理。詹西被纳入英国领地，将极大地造福于詹西人民……经验足以告诉我们这一点。"[31]约翰·凯爵士辛辣地评论道："经验后来告诉我们，詹西人民是多么地感激这种经验的好处。"[32]

达尔豪西勋爵的严酷裁决还有一个新的变数。他认可阿南·拉奥是前任王公的私产继承人，所以老王公的所有私产不会留给其遗孀，而是传给他的养子。[33]对女王来说，这损害了

---

① 在中文世界，她常被称为詹西女王，尽管她实际上是太后和摄政者。

她的私人利益，在公开羞辱的旧怨之上又添了新仇。更糟的还在后头。西北各省的副总督，约翰·洛的老对手约翰·科尔文，支持詹西监管人亚历山大·斯基恩上尉的裁决，即老王公的债务应当用女王的年金来偿还，而不是动用国库公款。她的很多土地和园林已经被没收，交给了其他住户。斯基恩上尉还在詹西恢复了宰牛的习俗，并驳回了女王对此的抱怨。斯基恩私下里说，如果他让步了，大家就会觉得女王即将复辟。他甚至不准她去圣城瓦拉纳西履行寡妇必须进行的仪式。

英国人虽然百般努力要消除女王的影响力，但这仅仅让人们更加注意到这个令人着迷的人物。事实上，英国人自己对如何处置女王也犹豫不决。他们想要剥夺拉克希米·白的所有象征主权地位的符号；但他们又认定她身在詹西有利于国家安定，所以他们也不希望她离开詹西。她搬出了王宫，住进自己的豪宅，但其他方面的一举一动都像一位女王。每天拂晓之前，她在健身馆锻炼身体或者骑马。然后，她在神圣音乐和神圣故事朗读的伴奏下祈祷。有时她穿戴男人的宽松外衣、腹带和帽子，腰带上佩着佩什瓦的宝剑；有时她身穿朴实无华的白衣，不戴首饰（就像约翰·兰看到她时那样），扮演祈祷的女王的角色。英国人谴责她丈夫男扮女装，却赞赏她女扮男装。在她高高端坐、隔着屏风主持司法的时候，在她每周二和周五敬拜神庙的时候，人民心中的合法君主是谁一事没有任何疑问。她经常给英国政府写信，继续宣示自己对英国王室的忠诚，但谁知道她心里是怎么想的。

就这样，在几年之内，达尔豪西勋爵就树立了两个潜在敌人（那格浦尔和詹西）。然后，他旋即又树立了第三个敌人。他无疑一直想攫取最丰美的战利品，即奥德王国。第一次抵达印度仅仅几个月之后，他就向身在苏格兰的朋友乔治·库珀爵士吐露心迹："我有另外两个王国要处置，一个是奥德，另一个是海德拉巴。这两个国家很快都要接受我们的管理，但不是由我们直接占领；我坚信不疑，不出两年，我们就能控制它们。"[34]实际上花了不止两年。但他既然已经榨干了海德拉巴，现在也不可能放过奥德。三年后，他描述奥德为"一颗樱桃，花了很长时间成熟"。[35]现在是时候把樱桃从枝头摘下了。

他还吃不准自己能不能办成此事。这些土著王公的一个问题在于，他们对英国实在是太忠诚了："我不介意临行前办成这事。但我怀疑英国国内的人没有勇气批准。如果国内不批准，我也找不到借口。奥德国王不肯冒犯我们，不肯与我们争吵，不管我们怎么踢他打他，他就是不肯造反。"[36]

然而仅仅六周后，他就从南部山区的疗养地兴奋地写信称："最近我把奥德王国捆缚结实，准备把它吊到火上烤熟。"[37]

他是如何在临行前办好这最后一桩大业的呢？这可是他在印度最后的，也是最命运攸关的行动；这可不是临时起意。达尔豪西勋爵抵达印度不久之后就开始相当隐秘地做准备了。早在 1848 年 9 月初，总督就写信给威廉·斯利曼上校，提议把勒克瑙常驻代表的职位给他。上文讲过，斯利曼在 1838 年就被选中去摘奥德王国这颗樱桃，但他慷慨地让约翰·洛继续在勒克瑙任职，以便给他时间挣钱还债。现在斯利曼要再试一次，但这是有条件的。前任总督哈丁①一年前就警告过奥德国

---

① 亨利·哈丁，第一代哈丁子爵（1785~1856），英国军人和政治家，参加过半岛战争和滑铁卢战役，后担任过陆军大臣、爱尔兰事务大臣等职务。在第一次英国–锡克战争期间，他担任印度总督。克里米亚战争期间，他担任英国远征军总司令。

王，如果他不在两年内改过自新，英国政府就要接管奥德王国的管理。达尔豪西勋爵声称，奥德国王不大可能在1849年10月的期限之前有什么改观。所以斯利曼接到任命时，就得到了提醒，"非常可能发生大的变革"，也就是说英国会占领奥德。[38]如布里斯托尔的记者塞缪尔·卢卡斯①在他的著名小册子《高层的抢劫》中所说，斯利曼只不过是"不可阻挡的结局的使者"。[39]为了推动占领进程，斯利曼上校将亲自视察该王国的各地区，以便"向公司报告王国的实际情况"，换句话说就是证明奥德处于多么令人作呕、腐朽衰败的状态。这是一个圈套，而斯利曼就是要走进圈套的人。

达尔豪西勋爵从没有见过斯利曼上校，只知道斯利曼曾残酷无情地镇压了图基邪教徒。据估计，在斯利曼清剿北印度的凶残土匪的行动期间，有超过1.4万名图基邪教徒被绞死、流放或终身监禁。《国家人物传记大辞典》当中威廉·斯利曼爵士（他后来成了爵士）的词条说，斯利曼视察奥德三个月后给出的报告"在很大程度上影响了达尔豪西勋爵，使得他决心吞并该王国"。其实，达尔豪西勋爵早就下定这个决心了。斯利曼报告的目标是影响良心不安的董事会，并且取得了预期的效果。

勋爵大人很狡猾，运气也很好，因为斯利曼非常适合这个使命，比达尔豪西勋爵希望的更适合。首先，斯利曼甚至比达尔豪西勋爵更憎恶勒克瑙朝廷："我从来没有被派遣到这样丑恶的地方，也希望将来永远不必忍受这样的地方：阴谋诡计、

---

① 塞缪尔·卢卡斯（1811～1865），英国记者和废奴主义者。他是伦敦《晨星报》的编辑，该报是美国南北战争期间唯一一家支持北方的英国报纸。

腐化堕落、渎职枉法。"[40]

勒克瑙朝廷中最糟糕的东西就是国王自己。瓦季德·阿里·沙（1822～1887）现在三十岁出头，身材肥胖，脾气很好。和他之前的历代纳瓦布一样，他是什叶派信徒，但他不像父亲那样偏执。他说："我有两只眼睛，一只是什叶派的，一只是逊尼派的。"他身边豢养着很多逊尼派谋士，他的维齐尔、动物园管理员和出纳都是逊尼派信徒。[41]他滴酒不沾，十分虔诚，按照教法每天祈祷五次，并极其严肃隆重地遵守穆哈兰姆月。但遗憾的是，在斯利曼上校眼中，瓦季德·阿里·沙犯有弥天大罪：他几乎完全不问政事。

> 他完全沉湎于享乐……他终日生活在提琴师、宦官和女人当中。他自幼就以这种方式生活，很可能一直到死也改不了。他顽固不化地拒绝其他类型人士的陪伴。在其他人身边，他总是要打瞌睡……他有时接见几个诗人或者说打油诗人，让他们聆听和赞美他的诗歌，并命令一些不情愿的亲人来观看他自己创作的一些愚蠢喜剧并鼓掌喝彩。如果他们不来，就会失去津贴。但在他骑马或乘车出行时敢于告御状、恳求他主持公道的人，会被当即投入监狱……[42]

斯利曼上校于1849年12月开始视察，有时乘轿子，有时骑大象（他不能骑马，因为在出发之前，他有一次从马背上摔下，跌断了大腿骨）。他看到的恰好就是他想看的东西：欢快而勤劳的农民；这个国度若没有受到恶劣统治的话，很容易就会成为"美丽的花园，如同那些经营良好、人民安居乐业的地区"。[43]

除了国王及其官员，印度的花园里一切都很美好。斯利曼在缓缓前进的途中得到了当地农民和地主的陪同，他听到无穷无尽的官府横征暴敛、土匪横行或朝廷不问民间疾苦的故事。除了这些讲述罪犯逍遥法外、税吏凶残暴虐和官员极度腐败的故事之外，斯利曼还记录了拉杰普特人杀死女婴、丛林中的狼孩、在迪尔库沙园林乘气球飞升的故事，以及一切激起他兴趣的奇闻逸事。他收集到的一些恐怖故事发生在二十年前。斯利曼讲了白皮肤王妃埃玛·沃尔特斯的故事，讲了纳西尔·丁·海德尔之死和约翰·洛阻止太后帮助小男孩篡位的故事。斯利曼的记述是一份怪诞的奇谈概览，往往关注鸡毛蒜皮，但仍然生动有趣。[44]不过，这并不是一份有条不紊的、准确的国情报告，并没有描述一个紊乱败坏、一心渴望被英国吞并的国家。

不少人怀疑斯利曼的精神是否正常，甚至远至加尔各答都有人这么怀疑。一名哨兵站岗时睡着了，他的枪走了火，斯利曼立刻宣布这是刺杀他的企图。他似乎不管逮着什么人都要和对方吵架。比如斯利曼和常驻代表府的外科医生贝尔吵架，指控贝尔与破鞋布兰登太太厮混，此女是勒克瑙的理发师的一个酒友。斯利曼说，贝尔与布兰登太太企图劝说奥德国王"不理会我的所有意见和建议"。[45]斯利曼与自己的助理罗伯特·伯德上尉甚至关系更差，他相信伯德在与廷臣勾结，要除掉自己。斯利曼试图将伯德调走，但没能成功，于是要求伯德上尉不要在勒克瑙赛马场上与宦官结交，并要求国王禁止赛马，因为这会鼓励人们赌博。喜好体育运动的伯德上尉改为去坎普尔赌马，用"霍普先生"的化名经营赛马。斯利曼对同事"显而易见的敌意"让议事会也大感不安。洛将军觉得，斯利曼

"表现出了一种倾向，不仅喜欢听当地的流言蜚语，而且信以为真"。[46]

简而言之，斯利曼既是个道学先生，也是个迫害妄想狂。他不是客观公正、敏锐而有洞察力地研究并报告一国国情的理想人选，但达尔豪西勋爵本来要的就不是客观公正、敏锐而有洞察力的报告。斯利曼对自己发现的种种丑恶的描述越是耸人听闻和歇斯底里，就越是符合勋爵大人的需求。

当达尔豪西勋爵于1854年底准备发动自己的"最后一战"时，可怜的斯利曼已经因为身体欠佳而不得不离开勒克瑙。他先是请了病假去山区疗养，但在那里身体没有好转，后来就回英国了。与很多长期在印度服役的军官一样，威廉·斯利曼也在回国途中去世。

而在斯利曼返回印度之前（当然他是回不来了），另一名资深军人詹姆斯·乌特勒姆上校出任代理常驻代表，由他负责撰写对奥德王国的最后指控书并发给伦敦。他只有几个月时间来完成此项任务，所以几乎完全依赖斯利曼积攒的材料。[47] 因此，乌特勒姆呈送的报告基本上就是斯利曼的作品，并体现出了斯利曼的典型特点：部分是道听途说，部分是对暴力和荒政真实案例的猛烈谴责。报告的附录里写满了行凶抢劫、斗殴、绑架和谋杀案件，仿佛《每日邮报》连续五年里刊登的大多数骇人听闻的犯罪故事被政府收集起来，然后以白皮书的形式发布，以证明英国的法律和秩序已然瓦解。

报告的卷帙浩繁令英国的所有人——董事会、议会、报界和公众——都惊愕不已。英国怎么可以继续容忍此种恶政呢？达尔豪西勋爵运气极佳，当他的报告被发回英国的时候，国内所有人都在兴致盎然地阅读耸人听闻的《一位东方国王的私生活》。该书于1855年春季出版。不管该书的内容是否真实可靠（从约翰·洛的报告看，该书的可靠性比某些历史学家想的要高），这份充满感官刺激的记述对斯利曼报告做了恰到好处的补充。书中的描述可能都是二十年前的事情了，但谁敢说勒克瑙宫廷不是仍然如此惊世骇俗，甚至更不成体统呢？

英国必须设法接管奥德王国。除了这剂猛药，其他办法都不足以治愈这些令人震惊的沉疴。在1855年6月18日的长篇备忘录[48]（可能长达3万个单词）中，达尔豪西勋爵审视了英国与奥德令人不愉快的关系史，从斯利曼／乌特勒姆报告中挑拣出最哗众取宠的内容，并得出结论：最好的办法是告诉奥德国王，1801年条约已经废止，他必须签署一项新条约，将王国的行政管理权彻底地、永久地交给英国。

这一次，达尔豪西勋爵得到了老友约翰·洛（他和勋爵一样在为亲人离世而悲恸）的支持。约翰·洛发表了不是一份，而是三份言辞强劲有力的备忘录（1855年3月28日、7月21日和8月18日），大肆宣扬下面的观点：

> 所以，我要公开宣布，我经过深思熟虑得出的看法是，奥德的内政紊乱存在已久，根深蒂固；而土著官员，从首相往下一直到最低贱的小吏，都极端腐败；而腐败又是如此普遍，如此难以铲除，以至于要想有效地涤荡弊端，要想为奥德人民维持一个公正的政府，唯一办法就是将其全部领土完全地、永久性地置于东印度公司的直接管理之下。[49]

无论在公开场合还是私人层面，达尔豪西勋爵都对约翰·

洛的支持感激涕零。在冗长的备忘录中，他做出了决定性的评价：“我光荣的同僚洛将军曾长期担任勒克瑙常驻代表……他已经证明自己是土著邦国的热情支持者，多年前曾这样描述他在勒克瑙的工作：‘没有人比我更热衷于避免干预土著邦国，只要这种非干预政策是有道理的’……而洛将军如今表示完全同意……我们必须直接干预奥德事务。”[50]

达尔豪西勋爵在南部山区等待董事会的决定时，写信给约翰：“你在备忘录中表达的情感与意见，会产生极大的影响力，因为董事会很了解你的个人情感与丰富经验。”[51]

土著权益的伟大捍卫者就这样屈服了。帝国霸业的强劲宣传让他支撑不下去了。约翰·洛第三次投票赞成废黜一位国王。（如果算上对尼查姆的政治阉割，他已经参与废黜了三个半土著国王。）

他已经做好了心理准备去面对这个决定会导致的必然结果。总督还不愿意明说如果奥德国王拒绝签署新条约会发生什么，但约翰·洛愿意明说。

“如果国王不签字，”他在第三份备忘录中写道，“我对国王讲话的口吻就会完全改变。我会公开向他宣布，我们将占领他的国家并守住它。”[52]

他如此粗暴的言辞中，是不是有一点虚张声势甚至是惴惴不安的成分呢？他在内心深处对自己立场的大逆转感到难过吗？毕竟他一辈子都在热情洋溢地捍卫的原则，如今被他自己践踏了。他写的一份附录显然表明，他对整个吞并奥德的行动有一定程度的负疚感。他的民政同僚的挑衅性言辞让他回想起了最后五代奥德国王为英国人的竭诚效劳；这五位国王是多么的“专注、礼貌而友好”；不管什么时候英国人需要他们的帮助，他们都会送去大象、牛群、骆驼和成堆的粮食；英国在尼泊尔和缅甸的战争中面临财政困难，他们借款数百万卢比帮助英国人；奥德国王还借款 300 万卢比给埃伦伯勒勋爵，让他能够"继续前进，为波洛克将军的军队提供装备，挽回我们在阿富汗的灾难"。奥德国王始终全心全意地与英国人合作，抓捕逃入奥德国境的罪犯与土匪；他们快速地解决边境争端，并维持着一支高效的边防警察队伍。无论在胜利之时还是在灾祸期间，英国人都找不到比奥德国王更忠诚的朋友了。奥德与英国的外交关系，以及奥德国王的举止"都无可指摘"。[53]

让英国政府别无选择，只能直接干预的因素，仅仅是奥德国王的"内政荒疏"。但内政究竟荒疏到了什么地步？奥德境内显然有大量犯罪、抢盗行为和敲诈勒索。但这种局面在近些年里有所恶化吗？奥德的治安难道比英国统治的省份差吗？斯利曼在勒克瑙的前任 T. R. 戴维森对此表示怀疑："把现今与过去做比较，我不能说抢劫、偷盗和掳掠现象减少了很多；但是，我自己曾在英国统治的省份担任行政长官、警察总长和刑事法庭法官，所以我不会像那些仅仅在奥德一个地方体验过犯罪活动的官员那样，觉得奥德的治安非常差。"[54]

没有一个目击证人能找到证据，说奥德有走投无路的农民越境逃入英国省份。斯利曼本人坦率地说，奥德没有人憧憬英国的政府体制，大多数情况下是因为听说英国法庭极其严酷。

即便在官方的详细记述，即蓝皮书里，证据也自相矛盾：特鲁普少校说苏尔坦普尔的犯罪率在上升；邦伯里上尉说在下降；另外四名英国军官说他们所在地区的犯罪率没有变化。不管怎么说，英国治下省份的治安也很差，发生了很多恶性犯罪事件，比如孟加拉就是这样。孟加拉副总督哈利迪先生就证明了这一点。他很快将成为最高议事会成员。[55]

斯利曼说奥德的财政收入近期大幅减少。国王的请愿书（兵变爆发的时候，这份请愿书还在英国下议院等候审阅）则声称，国家财政收入在五十多年里几乎没有变化，唯一的变化是数字里不再包含军费开支。[56]而外界观察者，从黑贝尔主教到奉命前来占领奥德的英国官兵，都说奥德的农村看上去十分繁荣。

奥德国王在2月1日给乌特勒姆的信中指出，他绝非没有做出任何改良努力，而是在全国推行时髦的"阿玛尼"税收制度，这也是英国人敦促他做的。到目前为止，新制度产生的财政收入比过去少，因为该制度并不具体规定应收的数额，而是依赖于税吏的诚实。但这算不上国王的错。

奥德国王在焦虑之中忘了提起另外两个对他有利的方面。在受到哈丁勋爵训斥之后，国王开始改革军队，但常驻代表严厉地劝他不要干涉军务。后来，在1848年春季时，国王与伯德上尉一起拟定了一个计划，打算在毗邻英国领土的地区实施英国式的行政管理制度。伯德上尉把这些试验计划拿去给西北各省副总督托马森先生看。托马森是"现代化派"的积极分子，对此非常高兴，对计划做了一些修改和改良。但当修改版的计划被呈送给新到任的达尔豪西勋爵时，他是怎么回答的呢？"如果奥德国王陛下愿意将他的全部领土交出来，那么东印度政府会考虑这个计划。但只在部分地区大动干戈，实在是不值得。"[57]

这种傲慢的冷落表明，达尔豪西勋爵从一开始就不希望奥德国王改革成功，他想要的是奥德本身。于是改革计划被搁置。但伯德上尉还在为自己受到斯利曼虐待而恼火，所以把计划书保存了起来。由此，从文献证据就可以清楚看出达尔豪西勋爵从来到印度到离开的意图究竟是什么。

还有一个关键问题要解决。该如何处置金钱？英国人控制这个富庶国家之后，盈余收入的去向是哪里？大多数希望英国政府"干预"奥德的印度专家对这个问题都有明确的答案。早在1845年，旁遮普的平定者亨利·劳伦斯爵士就强调："不要让一个卢比流进东印度公司的钱箱。"[58]斯利曼虽然精神不太正常，却是个正派人，他在给董事会主席詹姆斯·霍格爵士①的信中写道："为了与印度的其他人维护关系，我们必须诚实地、清楚地排除所有不纯动机，将奥德的全部财政收入用于奥德人民和奥德王室的福祉……"[59]他还写信给达尔豪西勋爵，斗胆说："我相信大人的意愿是……英国政府应当明确表示不想从接管奥德一事获得任何金钱利益。"[60]

达尔豪西勋爵的意愿当然不是这样。恰恰相反，他需要奥德的每一个卢比。在他当政的八年里，政府负债增加了835.4万英镑，而且财政状况没有任何改观。1853~1854年度的亏空为204.4万英镑，而1854~1855年度的亏空为185万英镑。[61]

达尔豪西勋爵不以为耻："英印政府不应当将财政收入盈余交给奥德现任君主，因为他只会将其白白浪费在无聊的用途和土著王公惯有的愚蠢和放纵上。在这样的情况下，将财政收入盈余交给英国政府来管理，显然明智得多，也合理得多。"[62]

很少有人将贪欲如此赤裸裸地自诩为善政。议事会上的一两名文官议员，如才华横溢而尖刻的约翰·彼得·格兰特，甚至想

---

① 詹姆斯·霍格爵士是下文讲到的1857年镇压叛乱的名将约翰·尼科尔森的舅舅。

要更进一步。他们不愿意给王室丰厚的永久性年金，而想要在国王死后取消年金，就像达尔豪西勋爵对那那大人的处置那样。他们说，如果不取消年金，"王宫里就会挤满饱食终日而无所用心的浪荡子"，直到世界末日。[63]

此时，约翰·洛就奥德问题最后一次发表意见。他带着温和的讽刺指出，奥德君主"与欧洲绅士"不同，不会积蓄多于花费，也不会将自己的积蓄送到遥远的国度。"给他们发放年金，并不是说印度公众就永远见不到这笔钱了；这笔钱将进入流通环节，工人阶级中很多勤奋的人会从中获益。"[64]换句话说，那些卢比不会被用于在切尔滕纳姆买别墅或在贝斯沃特①买公寓，而是会被用于建造奥德国王的庞大新宫殿皇帝花园；或者被用于支付勒克瑙的屠夫、首饰匠和糕点师的工资；当然也会被花到交际花、宦官和提琴师身上。约翰·梅纳德·凯恩斯一定会赞赏约翰·洛对他的理论的早期实践。

董事会收到加尔各答的报告，喜出望外。伦敦的舆论热烈支持吞并奥德。达尔豪西勋爵给奥德国王提出了一个他不能拒绝的提议，而一旦奥德国王拒绝，董事会就会愿意支持唯一的解决办法："专断地接管在该国全境建立良好政府所需的权力。"[65]

董事会还特别高兴能得到洛少将的支持，他的证词"很有说服力，因为他长期担任奥德常驻代表"。董事会一字不差地引用了洛的结论。如果洛将军觉得这没问题，那么这肯定就没问题。

---

① 贝斯沃特是伦敦的一个地区，位于伦敦市中心的威斯敏斯特和肯辛顿 – 切尔西皇家自治市。

但"这"究竟指的是什么？董事会没有用"吞并"这个词。他们没有提及敏感的细节，不然他们就可能不得不使用"吞并"这个词。他们把敏感的细节都留给总督。他们希望这位伟大的贵族来干具体的活儿。这意味着他必须尽快办成此事，因为勋爵大人预定于1856年3月1日离开印度，而董事会的决定要到1月初才能送抵加尔各答。

要如何处置金钱呢？董事会只字不提处置财政收入盈余的问题。这很奇怪，因为达尔豪西勋爵十分明确地提出了这个问题。但正如H. C. 欧文在《印度花园》中所说："上头不吭声。"[66]

但如果我们阅读董事会11月21日文件的原稿，就会发现三个相当有趣的段落。在这三个段落中，董事们表示："像奥德这样富庶而且有很大发展空间的国家，在妥善的治理下必然会获得大量经济资源。而奥德在地理位置上与印度北部各省都有紧密联系。所以，奥德的经济资源应当被用来给全印度而不仅仅是奥德本身造福。"如果瓦季德·阿里·沙"表示不同意这种处置方案"，那么就让他在盈余收入中按固定比率提成。这样的诱惑应当能"让他同意用剩余收入给全印度造福"，也就是说增进东印度公司的利益。换句话说，要贿赂国王，从而让英国人把钱塞进自己腰包。

伦敦的政府重新审视这三个段落后发现，这些话实在上不了台面，不能公开发表，于是决定将其删除。这三个段落再也没有出现在蓝皮书当中。我和约翰·凯爵士一样鄙视这种删改国务文件的做法（这种鄙视也不是第一次了）。约翰·凯爵士写道："对这种歪曲公共人物之间的官方通信的体制，我忍不住要表示憎恶。政治家和外交官的书信被删改得体无完肤、遭到阉割然后发给公众。国家任命的解剖者残酷无情地将这些书信的精髓和实质都割掉、抛弃了。"[67]

凯此处说的是亚历山大·伯恩斯从喀布尔发回的报告遭到窜改。伯恩斯的原文非常中肯地主张英国与多斯特·穆罕默德保持友好关系。但凯这一席话也完全可以用来描述蓝皮书在接管尼查姆领地一事上受到的删减。那些文字若是没有被删掉，就能体现出部分董事对抢劫一位忠诚朋友感到内疚。蓝皮书和白皮书只要是公开出版的，其内容就语焉不详。

1856 年 1 月 2 日，董事会批准吞并奥德的指示送抵总督手中。达尔豪西勋爵精神百倍地开始忙碌，他原本就是个急性子的人，如今热病和急于返回英国的心愿都让他更加急躁。乌特勒姆来到加尔各答，准备执行任务。他于 1 月 24 日动身返回勒克瑙时，随身带着详细的指示和达尔豪西勋爵给奥德国王的信、条约草案和两份宣言（分别应付国王同意和拒绝签约的情况）。与此同时，惠勒准将通过电报系统（新近得到升级改造）接到命令，准备率领一个加强旅（兵力多达 1.3 万人，令人胆寒）在坎普尔集合，然后进军勒克瑙。

1 月 30 日，乌特勒姆抵达勒克瑙，将条约呈送给首相阿里·纳吉·汗。首相被这份最后通牒惊呆了，并对这么多部队即将抵达感到不安。次日，乌特勒姆再次见他，并告诉他，如果国王不在三天之内签约，自己就会接管政府。随后乌特勒姆拜见了太后。她以遭到攻击的太后通常会有的坚决态度恳求常驻代表考虑国王面临的彻底毁灭，并向他保证，他们会接受能够让英国政府满意的任何措施。没有办法。英国政府心意已决，不可逆转。"勋爵大人无论如何也不可以对本土政府发来的命令做任何修改。"说得就好像这些命令不是勋爵大人自己起草的一样。乌特勒姆唯一有权做的，就是贿赂太后：如果她能劝说国王在三天之内签约，就每年给她 10 万卢比。[68]太后哀求再宽限些时间。乌特勒姆说不能宽限。惠勒的前卫部队距离勒克瑙只有 8 英里了。

乌特勒姆与国王的会面更令人难忘，既充满戏剧性又令人心碎，因为瓦季德·阿里·沙既是舞台监督也是诗人。

乌特勒姆上校于 2 月 4 日早晨 8 点进宫，发现宫殿区域空空荡荡的，十分奇怪。然后他注意到庭院里所有大炮都被从炮车上卸下了。卫兵没有携带武器。他们向乌特勒姆敬礼时仅仅用手而没有持枪。宫廷官员没有佩剑或手枪。国王这是在公开展示自己的无助。

瓦季德·阿里·沙全神贯注地读了达尔豪西勋爵的信（尽管阿里·纳吉·汗已经把信的内容告诉他了）。然后他抬头说：“我为什么要落得这样的下场？我到底犯了什么罪？”

乌特勒姆上校解释了在英国人眼中他犯的罪，或者说他是多么的缺乏作为。如果要消除他的臣民的痛苦，他就必须签订新条约。

国王悲痛地答道：“只有在平等的人之间才需要条约。我是什么人，英国政府竟需要和我签条约？一百年里，本朝在奥德欣欣向荣。它一直得到英国政府的恩宠、支持和保护。它矢志不渝且兢兢业业地为英国政府效劳。本王国是英国人创建的，英国人有能力创建它也有能力毁灭它，能提升它也能贬斥它。英国政府只需要发号施令，就一定会得到服从。绝不会有人胆敢违抗英国政府的意愿。我和我的臣民都是英国政府的奴仆。”[69]

然后他哭泣起来，脱掉头巾，将其送到乌特勒姆上校手中，以象征自己完全无能为力。瓦季德·阿里·沙是最后一个看清了英国人的友谊值多少钱并为此哭泣的王公。每一个土著王公与约翰·洛及其同胞的交往似乎都以泪水告终。

英国人对这种"夸张表达的无助姿态"（这是约翰·凯爵士的说法）不以为然。[70]这种姿态缺乏男性气概，也非常东方化，但国王确实束手无策。惠勒准将的部队距离勒克瑙只有两英里了。事实是无法掩盖的：这是对一个忠诚盟友的大规模武装侵略。

三天过去了。国王仍然拒绝签约。乌特勒姆发布了相应的宣言，于是印度的花园落入了英国人手中。达尔豪西勋爵兴高采烈。他收到乌特勒姆的电报之后，立刻写信给库珀道："那么，我们尊贵的女王比昨天又多了500万子民和130万英镑的岁入。"[71]如果奥德国王同意签字的话，这样会比较好看。但从未来前景的角度考虑，国王不签字更好，因为英国政府现在不需要花费那么多钱，还能自由处置奥德。

这是一个可鄙的故事，贪欲鬼鬼祟祟地躲在同情心的背后。英国人对局势的误读与印度人的算计失误合在一起，导致了最极端的结果，而只有最彻头彻尾的"现代化派"才承认他们想要这样的结局。斯利曼肯定不希望这样，洛在改变立场、投到自己的朋友和恩主背后之前也不希望这样。而奥德和其他地方的人民很快就认清了英国政府假仁假义背后的青面獠牙。安妮·贝利宣称："此举的人道意义被我们从中获取的利润玷污了。我们鼓吹成千上万人民的福祉，同时却中饱私囊。这只是一个借口，一个骗局而已。"她这话能代表很多英国人和印度人的心声。[72]

德里的伟大诗人加利卜相当亲英，对勒克瑙也从来没有好感，但一年后他在给朋友的信中写道："尽管我不了解奥德及其事务，这个国家的灭亡还是让我抑郁。我相信，所有印度人，只要心中不是完全没有正义感，都一定会有相同的感觉。"[73]各个阶层的人都有类似的反应。一位亲英的地主问H. C. 欧文："英国政府为什么要废黜纳瓦布瓦季德·阿里？他是个可怜兮兮的驯顺的家伙，是英国人谦卑的仆人和追随者。他犯了什么罪，要落得被草草扫地出门的下场？"[74]

一个代表团在坚忍不拔的太后（阿姆贾德·阿里·沙的正妻，现在是他的遗孀）领导下乘坐轮船"孟加拉"号前往伦敦，去游说英国政府，若有可能还要去游说维多利亚女王本人。太后的随行队伍人数很多，其中有可疑人物约翰·罗斯·布兰登，他是纳西尔·丁的园艺师，曾是勒克瑙的理发师的好哥们儿；还有心情悲怆的伯德上尉，他在南安普敦的皇家约克酒店游廊上分发小册子并发表即兴演讲，捍卫被废的奥德王室。这样一支代表团并非史无前例。之前就有过三十个类似的代表团，由心怀不满的印度人组成。有的代表团得到了补偿，但这个代表团的运气不会这么好。戴着面纱的神秘太后不管走到哪里都会吸引大量群众围观，但英国政府对她粗鲁而轻蔑。代表团花光了钱，不得不恳求它的压迫者东印度公司借钱给他们。太后于回国途中在巴黎去世，被安葬在拉雪兹神父公墓①。

在勒克瑙，人们为她背诵哀歌。国王去加尔各答流亡的时候，很多人陪着他一直走到坎普尔边境。据说，没了自己的纳瓦布，勒克瑙城就没了生命力。乌特勒姆上校将城里的这种状

---

① 拉雪兹神父公墓是巴黎市区内最大的墓地，面积超过 43 万平方米，葬在此地的名人很多，包括巴尔扎克、肖邦等。巴黎公社社员墙也位于拉雪兹神父公墓内，1871 年 5 月 28 日巴黎公社的最后 147 名社员在这里被杀。

态描述为"安定"，英国人经常用这个词。

瓦季德·阿里·沙的宠妻哈斯·玛哈尔在流亡加尔各答期间写道："我们离开勒克瑙，就像夜莺离开了花园，就像约瑟离开了埃及①，就像香气离开了花儿。"维多利亚时代英国思维与纳瓦布勒克瑙思维之间的鸿沟最令人痛苦而无法弥补的地方，就是他们各自对瓦季德·阿里的评价。在英国人当中，即便是公务员亨利·欧文这样比较同情瓦季德·阿里的人，也不屑地说他是个游手好闲之徒："他算是个小小的蹩脚诗人，有时还从事绘画和音乐活动。如果他不得不通过这些成就来维持生计的话，他在广大人群中也许能成为社会的有用之人。"[75]凯把瓦季德·阿里的艺术爱好与他的阴柔软弱联系在一起："他的胃口受到变态激情的极大刺激，只有后宫的放荡堕落才能让它满足；他的理解力被阉割到幼稚的地步，所以转向危害较小的娱乐，如唱歌跳舞、画画和写打油诗。"[76]

瓦季德·阿里的浅涉文艺和他的不问政事，让一些英国官员对他无比憎恶和鄙夷。多林先生坚持在自己的备忘录里附上常驻代表日记的一些摘选内容，它写到了暴力事件、荒政和国王的一些比较轻浮的活动，如：

---

① 根据《旧约·创世记》和《古兰经》，约瑟是亚伯拉罕的曾孙、雅各的第十一个儿子。同父异母的哥哥们嫉恨约瑟，合谋将他卖往埃及为奴。约瑟在埃及官员波提乏手下当管家，波提乏对约瑟十分信任，把全家的家务事都交给他。约瑟长相俊美，波提乏的妻子欲勾引约瑟，约瑟不从，反被波提乏妻子陷害，最后入狱。在入狱期间，他为酒政及厨师解梦，三天后酒政被释放，而厨师则被处死。随后他得到释放，协助法老解梦，三十岁时获法老任命成为埃及的长官。他的解梦能力使埃及能在七年大丰收期间为之后的七年大饥荒做好准备。后来迦南地区也发生饥荒，约瑟的哥哥们去埃及买粮，与约瑟相认和重逢。约瑟原谅了他们，把家人接往埃及生活。《古兰经》也认可约瑟为先知，称其为优素福。

2月15日。宦官贝希尔将一对长颈鹿献给国王。今天上午，国王接受御医们请安，并送给他的仙女们十二套衣服。[77]

仙女！这听起来的确像是低幼的消遣。但我们必须记住，常驻代表的视角是高度扭曲的。瓦季德·阿里·沙的"仙女宫"实际上类似王家芭蕾舞学校，有才华的女孩在那里学习音乐和舞蹈，并上演音乐剧，这些音乐剧往往由国王自己作曲或编舞。"仙女"有可能一步登天，从此享受荣华富贵。瓦季德·阿里的第一任妻子哈兹拉特·玛哈尔曾是交际花，被选入后宫，成为"仙女"，为国王生了个儿子后被正式提升为王妃。这个儿子的名字是比尔吉斯·卡迪尔。后来哈兹拉特·玛哈尔以比尔吉斯·卡迪尔的名义在勒克瑙领导了一场起义，控制了国家。这是由曾经的"仙女"领导的革命！

瓦季德·阿里·沙写了一部带有色情意味的自传，其乌尔都语书名是《仙女宫》（*Pari Khana*），波斯语的书名是《激情编年史》（*Ishqnamah*）。这份颇有意思的手稿包含国王爱人们的103幅细密肖像。手稿如今保存在温莎城堡（这个地点与手稿的内容很不协调），因为它在1857年兵变期间被英国人从皇帝花园掳走，后来被赠给了维多利亚女王。在手稿中，"仙女"们逐个从国王面前走过，用扇子遮挡面孔，甚至只露出背面；有的"仙女"在自己的寓所里款待国王。手稿并没有淫秽之处。唯一赤裸裸的地方，就是国王对自己摇摆不定的情感的露骨记录：激情、恼怒、冷漠和悔恨。

瓦季德·阿里是一位多产作家，涉猎多种体裁。四十多部著作用的是他的笔名阿合塔尔（意思是"星辰"）。有的作品

是"图姆里",即通常用奥德方言写的浪漫爱情诗;有的是
"加扎勒",即传统的押韵对句情诗;有"玛斯纳维",长篇叙
事诗;还有"林迪",将色情与神秘主义结合在一起的作品。
在穆哈兰姆月,他不仅慷慨解囊,赈济穷人,还带领自己的朗
诵队背诵哀歌"马尔西雅"(marsiyas)。时至今日,穆哈兰姆
月的仪式还会吟唱他的部分"马尔西雅"作品。国王特别喜
爱"拉哈",这是一种类似芭蕾的舞蹈,以黑天①在挤奶女工
陪伴下听着笛子音乐跳舞的神话为基础。瓦季德·阿里亲自扮
演黑天,让宫廷贵妇扮演挤奶女工。在大规模集市期间,这些
表演会公开举行,只要是身穿赭色服装的人都能观赏。"每个
八旬老人都会换上红衣,变成顽童,用国王的青春之美酒斟满
自己的老年之杯。"阿卜杜勒·哈利姆·沙拉尔②在《勒克瑙:
一种东方文化的最后阶段》中如此回忆道。[78]

国王最有名的一首"图姆里"采用的是"父亲歌"
(babul)的形式,今天宝莱坞用这个词指代一种关于新出嫁女
儿离开娘家的歌谣,但此处指的显然是诗人自己被迫流亡:

> 我的父亲!我要离家了:
> 四名轿夫抬起我的轿子,我即将离开亲人;

---

① 黑天是印度教诸神中最广受崇拜的一位神祇,被视为毗湿奴的第八个化
身,是诸神之首。关于黑天的神话主要源自《摩诃婆罗多》和《往世
书》。在艺术上,对黑天的描绘通常是蓝黑色皮肤、身缠腰布、头戴孔雀
羽毛王冠。他代表极具魅力的情人,因而常以一群女性爱慕者簇拥下
吹笛的牧人形象出现。

② 阿卜杜勒·哈利姆·沙拉尔(1860～1926),印度作家、戏剧家、散文家
和历史学家,出身勒克瑙,著作颇丰。他常写伊斯兰历史,歌颂勇气、
慷慨等美德。

> 你的庭院如今像座山，
>
> 是异邦的门槛；
>
> 我离开了你的家，父亲，我要去自己的爱人身边。

　　这首歌出现在 20 世纪 30 年代的电影《街头歌手》里，但今天瓦季德·阿里最为人所知的一点，可能是他复兴了卡塔克舞①。这是一种戏剧性舞蹈的古代流派，可以追溯到莫卧儿帝国征服印度之前的时代。在勒克瑙，在瓦季德·阿里的热情赞助下，卡塔克舞达到了优雅和柔美的巅峰。这种舞的视觉效果有点像弗拉门戈舞，而弗拉门戈舞很可能是罗姆人从印度带到西班牙的。

　　不足为奇的是，瓦季德·阿里时代的英国人对卡塔克舞不以为然。在英国人眼里，卡塔克舞和交际花联系在一起，所以英国人将这样的表演轻蔑地统称为"歌舞"，而无视卡塔克舞的精妙之处。小说《勒克瑙的交际花》描述了卡塔克舞的美妙，女主角因自己的歌舞技艺而自豪，很多音乐也是她自己创作的。旧时英国老爷会和印度兵一起观看歌舞表演，但现在英国牧师们都谴责这种习俗。

　　瓦季德·阿里创作或歌唱或用鼓和笛子表演的音乐形式，本质上都是通俗民乐，英国老爷和牧师也很鄙视这种音乐，因为他们习惯于欣赏专供上流阶层享用的艺术形式。就连那些喜爱勒克瑙土著的常驻代表，比如洛和斯利曼，也受不了无休无

---

　　① 卡塔克舞是印度的一种传统古典舞蹈，卡塔克意为"讲故事者"。该舞由诵读神话史诗的职业说书人创作，他们在说书时加上音乐和舞蹈动作，逐渐形成舞蹈。这些故事通常取材于印度古代两大史诗《摩诃婆罗多》和《罗摩衍那》以及《往世书》记载的故事

止的节庆、仪式和游行，无法忍受宗教与世俗高度融合的令人不安的现象。他们理解不了信仰与轻浮的混合、放纵狂喜与涕泗横流的融合，也不能明白金盏花、糖果和灰烬混合在一起的乱象。最糟糕的是，国王陛下本人也出现在这些暧昧的嬉戏当中，他打扮成瑜伽士①，橘黄色长袍上涂抹着灰烬，悬挂着珍珠。穆斯林的纳瓦布打扮成瑜伽士或黑天，这着实非同小可。瓦季德·阿里·沙给该地区留下的遗产之一，就是不同宗教传统轻松地、丰富地融为一体。

国王被废之后，英国官员们如释重负，他们可以从事更为体面的工作了，也就是征税。农民的卢比再也不会留在纳瓦布官员的魔爪里。奥德的平民百姓终于可以欣赏英国统治的"美好"了。

遗憾的是，1856～1857年的解决方案没有取得预期的效果，至少在起初时令人失望。第一个麻烦是，过去人民交税总是分期付款，而如今新的英国税吏开始坚持要求不仅缴清拖欠的税款，还要一口气缴清当期的税款。第二个麻烦则是"现代化派"的长期梦想的固有问题。"现代化派"的梦想是直接从真正种地的农民手里收税，砍掉塔卢克达尔地主和村庄拥有者等中间环节，因为"现代化派"觉得这些人都是贪得无厌的寄生虫。直接从农民手里收税不仅在社会层面更为公正，也有助于铲平印度的不平等，肯定还能增加税收。[79]移除中间人怎么可能没好处呢？根据1856～1857年的解决方案，大多数

---

① 在印度传统中，瑜伽士（Yogi）是指修行瑜伽的男性修行者。印度教、佛教与耆那教都以这个名词来称呼那些处于弃绝期，或是实行禁欲、冥想的修行者。它也可指在家修行密宗的居士。在乌尔都语中，Yogi一词则用来指苏菲派圣人与禁欲修行者（法基尔）。

塔卢克达尔地主都丧失了十几个村庄，而地主原本是英国人的天然支持者，现在这些支持者变成了一个被剥夺财产的心怀不满的阶层。即便农民也觉得自己受到了更厉害的压榨。征税率在很多地方确实比纳瓦布统治下要低，但在纳瓦布时期可以分期付款，现在英国人却冷酷无情地压榨应收税款的每一个卢比。

新来的英国官员要想升官，就必须完成自己的征税指标。每一个新吞并的省份都被要求"交钱出来"。如果遇上干旱、歉收，或者农民家庭有人患病或去世，英国官员也不懂得灵活应变，给人一点宽限。而塔卢克达尔地主总是允许农民暂时拖欠，或者放松对农民的要求，或者推迟征收。所以，吞并奥德的所谓最大好处——人民会从中获益——也显得很可疑了。旧的征税手段虽然有时显得懒散且往往腐败，偶尔还会导致暴力冲突，但人们回顾起来就会觉得旧制度更好。瓦季德·阿里虽然终日和"仙女"厮混，但他不问政事对人民倒是有好处。

达尔豪西勋爵返回苏格兰，瓦季德·阿里流亡到加尔各答郊外。约翰·洛第一次见到他的时候，瓦季德·阿里还是个十五岁男孩，与父亲和祖父蜷缩在勒克瑙王宫的一间侧室，而约翰去推翻了太后扶植的另一个男孩。现在这位肥胖的前国王成了约翰·洛在花园区①的邻居，住的地方距离威廉堡只有几英里远。

瓦季德·阿里在马提亚布尔吉建立了自己的新王宫。马提亚布尔吉的意思是"泥土穹顶"，指的是河岸上一座不算高的土丘。但他的新王宫相当豪华。阿卜杜勒·哈利姆·沙拉尔对其做了生动描述，他的外祖父是陪瓦季德·阿里过流亡生活的

---

① 花园区是加尔各答的一个区域，在胡格利河畔。

秘书之一。沙拉尔自己的少年时光也是在马提亚布尔吉度过的，他每每回想起这座流光溢彩的"孟加拉的小勒克瑙"就激动不已。

达尔豪西勋爵希望王室流亡者安分守己，所以给了他们高达150万卢比的年金。国王立刻开始消费。他给自己建造了一座精美的古典式豪宅，即苏丹府，风格类似梅特卡夫宅邸，地点在胡格利河之滨。他从四面八方收集乐器、乐师、歌手和舞者。很快，马提亚布尔吉的音乐家数量就超过了印度其他任何地方。此处动物的数量也是全印度第一。瓦季德·阿里喜欢动物园。他的庞大庄园周长有六七英里，里面到处是狮子、老虎、猎豹、长颈鹿、鹭和火烈鸟，还有一个巨大的装满蛇的箱子，据说是史上第一个养蛇专用箱。瓦季德·阿里愿意为稀罕的动物一掷千金，花了2.4万卢比买了一对银翼鸽子，用1.1万卢比买了一对白孔雀。动物园雇用了800个员工。他的流亡宅邸简直就是一座小镇，很快就有了4万人。

真正的勒克瑙已经结束了，被马提亚布尔吉取代。这里有和勒克瑙同样的忙碌喧嚣，同样风格的诗歌、谈笑风生与机智交谈，同样的博学而虔诚的人，同样的达官贵人和普通百姓。没有人想到他竟然是在孟加拉：马提亚布尔吉有和先前的勒克瑙同样的放风筝、斗鸡、斗鹌鹑活动，有同样的鸦片瘾君子讲述同样的故事，用同样的方式庆祝穆哈兰姆月，有同样的"马尔西雅"和"诺哈"① 的哀怨。[80]

---

① "诺哈"（Noha）是什叶派纪念侯赛因战死于卡尔巴拉战役的哀歌。（"马尔西雅"也是。）

也有同样随随便便的婚姻。瓦季德·阿里逐渐喜欢上了什叶派的"姆塔"习俗,这是一种短期但合法的婚姻。他给自己定下的规矩是,绝不看不是自己临时妻子的女人。一个年轻的送水女工走进后宫,被他瞅见,他觉得非娶她不可。她获得了"送水工殿下"的头衔。他偶然撞上一个扫地姑娘,她就成了"清洁者王妃"。他把这些临时妻子聚成一群,派人教她们歌舞。他为她们每人都建了房子。为他生下孩子的临时妻子就被称为玛哈尔,可得到单独的套房和额外的津贴。

马提亚布尔吉在沙拉尔眼里是人间伊甸园,但对英国人来说,它只不过是无穷无尽麻烦的来源。马提亚布尔吉是一块臭烘烘、过于拥挤、无法无天的飞地,那里的母亲拒绝让自己的孩子接受天花疫苗接种,商贩(尤其是动物贩子)从来收不到货款,老虎从破破烂烂的笼子里逃出来到处游荡,而国王冷漠地无视自己越来越多的妻子儿女。瓦季德·阿里·沙对最后一项指控不会反驳。英国人指责他在动物园上花钱太多,他承认道:"我非常喜爱动物园,远远超过了我对自己亲生儿女的喜爱。"至于他越积越多的巨额债务,国王指出,他和他的前任们曾借给东印度公司数百万卢比去打仗,公司可从来没有还过债。

事实是,瓦季德·阿里·沙的袖珍王国与时代格格不入。对热爱整洁秩序的英国人来说,这是一种不该存在的异常现象,也是一种冒犯,会让约瑟夫·多林那样的人感到恶心。不过,多林先生自己也把结发妻子留在切普斯托①,在印度和一

---

① 切普斯托是英国威尔士蒙茅斯郡的一座城市,邻近英格兰的格洛斯特郡。切普斯托城堡是该地的名胜,被认为是英国现存最古老的石质城堡。

个寡妇同居；后来他返回英国时还把这个情妇与他们的两个儿子带了回去，给他们取了个假姓氏叫多林顿，这其实蒙不了人。1857 年兵变之后，英国人会更加珍视婚姻的神圣性，因为在兵变期间他们很多人的妻子经受了恐怖的磨难，不少英国妇女惨死。至于瓦季德·阿里的"姆塔"妻子，谁能说她们的命运比巴斯勋爵①的小老婆，或者肯尼迪总统或克林顿总统的白宫女实习生差多少呢？

瓦季德·阿里的小朝廷维持到了 1857 年兵变之后，不过兵变期间国王本人被囚禁在附近的威廉堡。获释之后，他又在马提亚布尔吉主持宫廷三十年，最后去世。他死后，英国人抓住机会驱散了他的追随者，他们大多一贫如洗地返回了勒克瑙。马提亚布尔吉（今天称为梅地亚布鲁兹）的很多建筑物被拆毁，也有的被拍卖。再也不会有一个地方吸引土著反叛者去集结了。只有清真寺和什叶派会堂得以保留，因为英国人害怕冒犯穆斯林。[81]

另一个具有讽刺意味的地方是，在奥德王室灭亡过程中我们关注的三个主要人物里，瓦季德·阿里是唯一一位在奥德被吞并之后仍然留在加尔各答的。达尔豪西勋爵已经拖着病体回国了，洛将军一个月后也回国了。1856 年的酷暑将要降临时，约翰返回英国，去疗养身体并看望亲人。他和奥古斯塔已经分离三年了，这是他们夫妻分别最久的一次。他也有三年没有看到自己的两个小女儿了，她们分别已是十二岁和十一岁。

洛一家在团聚之后，慢悠悠地从法夫郡旅行到圣伦纳兹和

---

① 亚历山大·锡恩，第七代巴斯侯爵（1932～），英国贵族富豪、政治家、艺术家和作家。他喜好五彩缤纷的服装，喜好画印度《欲经》中的情色图画，并公开与七十多名女性保持性关系，称其为"小老婆"。

切尔滕纳姆，这些地方都是长期在印度生活的英国人常去的疗养胜地，但约翰的身体状况一直没有好起来。他向年近八旬的老芒斯图尔特·埃尔芬斯通道歉，因为他没有在回印度之前去看望后者，但"我不喜欢在自己家之外的地方睡觉，每天清晨起床后我都要咳半天，那声音相当可怕。我也害怕到胡克伍德那么远的地方去［埃尔芬斯通的家其实在萨里郡的林普斯菲尔德，距伦敦不到 20 英里］并当天返回，这会让我太疲劳，身体劳累会加重我的病痛"。[82]

像约翰这样疾病缠身的人还能正常履行最高议事会军事顾问的职责吗？下一任总督坎宁勋爵不太愿意准他的假："我预见到的一个大麻烦是洛将军即将回国一段时间，那么最高议事会就没了军事顾问……全部军事问题的细节都会压到我身上。"[83]坎宁夫人在给一位朋友的信中写道："不少患病的显赫人物搭乘这班轮船回国……其中最主要的是议事会的一位优秀的老成员，洛将军，他有六个月假期，但我们估计他未必能回来。"约翰的笔迹已经变得颤颤巍巍的，他画的圈和潦草字迹甚至引起了坎宁勋爵的传记作者的注意。[84]

这样一个年迈体衰的人怎么还能考虑回印度呢？他承认，朋友们都觉得他回印度是非常不审慎的想法，但"我的医学界朋友告诉我，在这个时节去加尔各答，比在大不列颠的任何地方度过冬季或春季都更有利于我的健康"。[85]开价昂贵的医生常常会说病人想听的话，约翰·洛抵御不了"再干一年"的高薪的诱惑。

但我们不能假装他已经把印度军务托付给了靠谱的人。在过去五年里，印度陆军总司令是威廉·戈姆爵士。和他的前任郭富勋爵一样，戈姆将军更愿意把大部分时间花在山区的避暑地。他甚至申请到契尼（达尔豪西勋爵的世外桃源）待一阵子。达尔豪西总督否决了这个申请，因为他从自己的经验知道来去契尼要花多长时间，何况契尼处于戈姆的辖区之外。

戈姆成为总司令是一个非常糟糕的任命。戈姆自己的军需总长对他最正面的评价是，他"满足于自己坐在马车内，让别人赶车"。就连董事会主席詹姆斯·霍格爵士也承认，虽然戈姆是绅士，"但他已经七十岁了，并且没有近期的实战经验。实在不应当选他当总司令"。[86]达尔豪西勋爵多次抱怨说，政府老是给他派来非常老迈的将领，并且他们对印度一无所知。

戈姆的继任者乔治·安森虽然"仅仅"五十九岁，但他在滑铁卢战役之后就没有再担任过军事指挥职务，这么多年来他一直是下议院议员和讨人喜欢的花花公子。他靠一匹叫"阿提拉"的马（并且买的时候价钱非常便宜）赢得了1842年的德比跑马赛，据说他还是惠斯特纸牌的全欧洲第一玩家。迪斯雷利①开玩笑说，安森"在黑桃A上见过莫卧儿皇帝多次，所以一定知道怎么对付他"。（当时的高档扑克牌上印着莫卧儿皇帝的图像。[87]）安森于1856年初到达印度之后，也去了山区避暑，所以他和自己的两位前任一样，都距离最高议事会的办公地点千英里之遥，而最高议事会的使命就是做出战略决策。

---

① 本杰明·迪斯雷利，第一代比肯斯菲尔德伯爵（1804~1881），英国保守党政治家，两次出任首相，是英国现代保守党创建的主要人物之一。他是唯一一位犹太人出身的英国首相。他长期与自由党的威廉·尤尔特·格莱斯顿斗争，在国际事务中很有影响力，并大力推进大英帝国的权力与荣耀。他还是一位重要的小说家。

坎宁勋爵在军务上也是个新手。在 1856 年的大部分时间里，他的议事会的唯一军事顾问都在英国咳嗽、打喷嚏。洛将军是印度唯一一个懂得应当将部队部署到哪里，又应当如何部署的人（他在阿杰梅尔和海德拉巴时曾给达尔豪西勋爵写了很多封信，讨论这些问题），也只有他一个人拥有调遣这些部队到更好位置的权力。但洛将军远在英国。

雪上加霜的是，最高议事会的"最高"只是虚名而已。它能否获取部队，依赖于董事会和英国政府。真正的危险在于，欧洲人组成的团和东印度公司的土著团的数量长期存在着严重不平衡。达尔豪西勋爵到印度上任的时候，手里有 24.7 万人的公司军队，而只有 2.6 万个欧洲步兵和骑兵，这个比例差不多是十比一。[88]问题在于，欧洲部队的维护成本太高。一个英王骑兵团的军费是每年 71.2 万卢比，而一个土著骑兵团的军费每年只有 37.28 万卢比。英王步兵团和公司的欧洲步兵团的军费是每年 55 万卢比，而土著步兵团的军费每年只有这个数字的一半。[89]公司负担不起全部雇用欧洲官兵，英国政府也抽调不出那么多欧洲官兵来印度。而印度兵始终怨恨自己的军衔和生活条件比英王军队差（韦洛尔兵变的部分原因就是印度兵受了这种委屈）。

后人常指责达尔豪西勋爵过于自满。他在卸任的辞行报告中说过一段臭名昭著的话，即"可以说，我离开印度帝国的时候，帝国境内和境外都安享太平。我这么说不能算是自负"。[90]但他也不是傻瓜。他很清楚，"英印政府没有民族团结的力量作后盾，因为在这个国家，整个英国人社区只不过是一小群零星的异邦人……而印度的幅员如此辽阔，人口如此众多，民族和教派如此之五花八门。但这些民众有一个共同点，就是他们全都是新近被我们征服的臣民。而我们在宗教、语言、肤色、习俗、情感与兴趣上都与他们迥然不同"。他这话其实也是附和了五十年前威廉·本廷克勋爵在韦洛尔兵变之后从马德拉斯写的信:"我们在这个国家其实是一群异邦人。"即便常驻代表也只是匆匆过客而已。他们全都是在别人的国家安营扎寨。[91]

达尔豪西勋爵多次恳求伦敦政府不要从印度调走欧洲部队去欧洲打仗:"我们没有可以撑腰的靠山。我们必须坚强,不仅对抗境外敌人,还要警惕民众,甚至提防我们自己的土著军队中可能发生的紧急情况。我再次请求你们,不要削弱我们的欧洲步兵兵力。"[92]

约翰·凯爵士批评达尔豪西勋爵没有做任何努力去弥补土著兵力与欧洲人兵力之间的鸿沟,这种批评是不公平的。从1854年到1856年2月达尔豪西勋爵在加尔各答的最后日子,他发送了多达十份备忘录,恳求派遣更多欧洲部队到印度。而坎宁勋爵和印度事务部把他的大多数备忘录"搞丢了",或者没有公开发表,所以1857年兵变之后官方对达尔豪西勋爵的批评是不公正的。蓝皮书又一次隐瞒了某些内容,撒了谎。[93]

但在一个更重要的层面上,达尔豪西勋爵确实是过于自满,或者至少可以说是极端鲁莽。不管怎么说,他还是没有为印度搞到更多兵力。其实,在印度,精锐的英王军队的兵力在下降,从1852年的2.8万人减少到了1856年的2.3万人,其中很多单位被调到克里米亚作战。更糟糕的是,在印度的部队被集中在错误的地点。部分部队正准备起航去中国作战①。其

①　即1856~1860年的第二次鸦片战争。

余部队被分散到各地，偏偏没有在奥德部署。不需要军事天才也能看出哪里出毛病了。勒克瑙的牧师夫人哈里斯太太一眼就看出问题了："你能想象这有多蠢吗：坎普尔没有一个欧洲兵，奥德只有一个团。奥德这个国家刚刚被我们不公正地占领了，那里随时可能爆发叛乱。德里周边 30 英里的范围内也没有一个欧洲士兵。"[94]

在这种危急时刻启动达尔豪西勋爵设计的令人不安的大变革，真的合适吗？毕竟这种变革会深刻影响印度经济、社会与政治生活的几乎每一个方面。这种时期需要的肯定是谨小慎微、缓步前进。但达尔豪西勋爵笃信大刀阔斧的改革，他非要在离任之前溅出个大水花不可，声势非要压倒之前的任何一任总督不可。

韦洛尔兵变过去整整五十年了。那场恐怖的屠杀与反屠杀的教训，仍然和过去一样令人警醒。但有谁吸取了这些教训呢？

在几个潜在的不满与骚动的中心，都没有兵力足够的欧洲部队。现在有六七个被废黜或被阉割的土著统治王朝，他们的愤恨可能与他们臣民的不满融为一体。形形色色的土著习俗遭到消灭和威胁（安森将军命令穆斯林印度兵剃须，这有点像克拉多克将军在韦洛尔的做法）。[95] 指挥链条臃肿迟钝，不利于快速部署。最重要的是，所有警报都被置之不理。最麻木不仁的就是达尔豪西勋爵，他对自己曾发出的警示也搁置不管。他的继任者坎宁勋爵在兵变爆发一周后尖刻地批评道："我们吞并了勃固、那格浦尔和奥德，却没有增调一个英国士兵，这既盲目又愚蠢。事实上，我们与同俄国人打仗之前相比还少了两个团。"[96]

　　真相是，达尔豪西勋爵想让自己相信不可能出什么大麻烦。早在 1850 年，刚刚就任总司令的查尔斯·内皮尔爵士告诉总督，印度处于"极度危险"中，有 24 个土著团据说已在反叛的边缘，而达尔豪西勋爵轻蔑地不以为然："没有正当理由说印度处于危险中。印度没有受到任何来自国外的威胁，新臣民都恭顺臣服，国内不可能发生叛乱。印度的安全一刻也没有受到士兵抗命不遵的威胁。"[97]内皮尔和达尔豪西勋爵都是专横跋扈之人，一山不容二虎，于是内皮尔愤然辞职，并说达尔豪西勋爵是个"可怜的、任性暴躁的人，又特别狡猾奸诈"。[98]达尔豪西勋爵当时的自信就是错误的，如今就更显得荒唐了，他的继任者很快就会发现这一点。

　　只需要一件小事，一粒小小的火星，印度这座火山就会爆发。那些想要它爆发的人可以煽风点火，将火星化为熊熊烈焰。

　　1857 年 1 月的一天，在加尔各答郊外 8 英里处一个被英国人称为杜姆杜姆的地方，一个低种姓劳工遇见一名高种姓印度兵，向他讨水喝。这个婆罗门士兵拒绝把自己铜水壶里的水给他喝，说那样会玷污他的水壶。"你很快就会失去自己的种姓，"劳工反驳道，"因为欧洲人让你们咬的子弹是被猪油和牛油浸透过的。那时你还有种姓吗？"[99]

　　当时的火枪要从枪口装填子弹。子弹的形式是：一枚圆形弹头和足够驱动弹头的火药被包裹在一个纸管里。射击时需要先咬掉纸管的一端，将火药倒入枪管，然后用通条将弹头填入枪管。新式的恩菲尔德来复枪有膛线，这意味着需要润滑才能将子弹顺利填入。四年前，第一批恩菲尔德枪弹被运往印度时，老戈姆足够警觉地指出，不可以使用会冒犯印度的种姓偏见的润滑油。但军事理事会玩忽职守,没有具体规定使用哪一种动物油。

　　从来没有任何证据表明杜姆杜姆或其他地方的印度兵领到的子弹是被牛油或猪油浸过的,但这种猜疑始终无法消除。就连坎宁勋爵也承认,印度兵关于动物油的不满是"很有道理的"。安森将军顽固地否认这一点。他认为,子弹的问题"仅仅是借口,而不是实质问题"。他抱怨道,印度兵"受到骄纵,英国人对他们妥协太多,以至于这些印度兵傲慢蛮横到了让人不堪忍受的地步"。但安森至少命令在澄清子弹的问题之前停止射击训练,而其他指挥官连这点智慧都没有。

注释

[1] June 23, 1853, Lee-Warner, ii, p. 50.

[2] Ibid., pp. 194 – 7.

[3] Ibid., p. 203.

[4] Ibid., p. 205.

[5] 起初人们用动作缓慢而可靠性差的伽伐尼设备来传输信息,但按照达尔豪西勋爵的建议,加尔各答最著名的化学家 W. B. 奥肖内西教授(达尔豪西勋爵任命他为电报局局长)去欧洲和美国学习摩尔斯系统(1857 年投入使用,就在大兵变爆发前不久)。电报系统对英印总督的贡献差不多和第二次世界大战期间破译恩尼格玛密码对英国打赢战争的贡献一样大(Lee-Warner, ii, pp. 192 – 5)。另外,在崇山峻岭之上,印度测量局局长安德鲁·沃正在完成印度地理大测量("大弧线"工程,即为印度绘制地图,从科摩林角一直到克什米尔)的最后一段,也就是喜马拉雅山脉那一段。1856 年 3 月,达尔豪西勋爵蹒跚登上"菲罗兹"号开启回国之旅之际,沃写了一份备忘录,建议加尔各答的亚洲学会用他的前任乔治·埃佛勒斯爵士

的名字命名喜马拉雅山脉的最高峰（Keay, *The Great Arc*, p. 166）。这可以说是非常具有帝国主义色彩的姿态了。

[6] 医生的治疗没有什么效果，无法延缓他的辞世。医生用一种捣碎的萝卜制成的混合物外敷给他带来剧痛的痔疮。不出所料，这种疗法"造成更厉害的燃烧痛感"。为了治疗他的尿道阻塞，医生让他服用由黄瓜籽、西瓜籽、菊苣籽、糖和所谓的"犹太石"制成的药物。"犹太石"是海胆棘刺化石的粉，被用来治疗阻塞症，在印度之外也很流行。这种疗法也没什么用，他的整个身体系统停止了运转，而罂粟和栎瘿混合而成的药剂似乎夺走了他的最后一口气。不过，高质量的当地鸦片为他缓解了临终的痛苦。

[7] Mansel to Government, December 14, 1853, House of Commons Paper, *Rajah of Berar*, No. 416 of 1854.

[8] *Berar*, pp. 21 – 37.

[9] 他说的地区包括附近的一些田地，这些田地在约翰·洛的条约之前曾属于海德拉巴的尼查姆。按照达尔豪西勋爵的说法，约翰·洛的条约让英国政府得以"永久性地占有和管理"这些田地。约翰曾安慰尼查姆，英国政府对这些田地的占有是有期限的。这话言不由衷。

[10] "英国政府绝不可以放弃或忽视任何获取新领土和收入的合法机遇。这些机遇时常因土著邦国失去合法继承人而出现，有的是因为不再有任何形式的继承人，有的是因为王族血统灭绝，要想继续下去只能依赖英国政府允许他们遵照印度教法律收养新继承人。"（Minute of August 30, 1848, repeated in *Berar*, p. 35.）

[11] Berar, p. 35.

[12] Ibid. , p. 36.

[13] Ibid. , p. 38.

[14] Ibid. , p. 39.

[15] Kaye, *Mutiny*, i, p. 284.

[16] *Berar*, p. 39.

[17] Ibid. , p. 40.

[18] Kaye Mutiny Papers, Eur Mss Home Misc 725/35.

[19] *Berar*, p. 40.

[20] Ibid. , p. 45.

［21］ Ibid.

［22］ Sleeman, *Rambles*, p. 221.

［23］ Vishnu Bhatt, pp. 69 – 70.

［24］ Arnold, ii, pp. 147 – 8.

［25］ House of Commons Paper, *East Asia* (*Annexation of Jhansi*), No. 431 of 1855, p. 14.

［26］ Major D. A. Malcolm to Dalhousie, November 25, 1853, *Annexation of Jhansi*, p. 7.

［27］ Ellis to Malcolm, December 24, 1853.

［28］ February 27, 1854.

［29］ Minute by Colonel Low, March 1, 1854, *Annexation of Jhansi*, p. 23.

［30］ Lang, *Wanderings in India*, pp. 84 – 96.

［31］ February 27, 1854, *Annexation of Jhansi*, p. 22.

［32］ Kaye, *Mutiny*, i, p. 66.

［33］ March 25, 1854, *Annexation of Jhansi*, p. 31.

［34］ September 18, 1848, Baird, p. 33.

［35］ July 30, 1854, Baird, p. 169.

［36］ May 2, 1855, Baird, p. 344.

［37］ June 17, 1855, Baird, p. 348.

［38］ Dalhousie to Sleeman, Sleeman, *Journey*, i, pp. xvii – xix.

［39］ 1857, p. 109.

［40］ Pemble, p. 97.

［41］ Sherar, pp. 74 – 5.

［42］ Sleeman, *Journey*, i, p. 178.

［43］ *Journey*, ii, pp. 331 and 6. 此地的土壤"为全印度最佳"（Ibid, i, p. lxiv）。他寄了土壤样品给加尔各答的奥肖内西教授（推广电报的"巫师"）。奥肖内西对这些土壤的质量颇为赞赏，并且为当地人用含苏打的泥土、石灰、油脂和亚麻籽油制成的优质肥皂而欢欣鼓舞（Ibid., i, pp. 191 – 3）。

［44］ 其中好几个故事被翻来覆去地讲了好几次，或者被多次提及。如塞缪尔·卢卡斯在《高层的抢劫》中所说："此次谴责行动的经理人就像剧场经理人一样，在手头资源屈指可数时，就调动了他们小小的群众演员队伍。同一批演员上台好多次，扮演不同角色。

结果就是大大地增加了角色的总数，在观众眼前增强表演效果。"
（Lucas，p. 151.）

[45] Pemble, p. 100.

[46] Ibid. , pp. 98 – 101. 有些现代作家甚至主张，斯利曼夸大了图基邪教徒的威胁，并炮制了关于他们仪式的神话（见 *The Strangled Traveler*：*Colonial Imaginings and the Thugs of India*，Martine van Woerkens，2002；also M. J. Carter's piquant novel *The Strangler Vine*，2014）。但 Mike Dash 在 *Thug*：*the true story of India's murderous cult*，2005 中指出，斯利曼的名望算得上名副其实，他确实消灭了旅人在印度道路上受到的一大威胁。

[47] "我对这个国家没有个人经验，所以我的信息完全依赖于我在常驻代表府档案中发现的材料，以及我通过前任的情报来源核实过的材料。"（*Papers Relating to the government of Oude*，1856，p. 12.）

[48] Ibid. , pp. 147 – 90.

[49] July 21, 1855, ibid. , p. 198.

[50] Minute, June 18, ibid. , p. 181.

[51] Dalhousie to Low, August 25, 1855, Low, p. 353.

[52] August 18, 1855, *Oude*, *Papers*, p. 220.

[53] Ibid. , pp. 225 – 6.

[54] November 21, 1846, Pemble, p. 106.

[55] Lucas, pp. 171 – 2.

[56] Ibid. , pp. 163 – 4.

[57] Ibid. , pp. 101 – 8.

[58] *Calcutta Review*, 1845, vol. iii.

[59] Sleeman to Hogg, October 28, 1852, *Journey*, ii, pp. 377 – 8.

[60] Sleeman to Dalhousie, September 1852, *Journey*, ii, p. 372.

[61] Mukherjee, *Awadh in Revolt*, p. 35.

[62] *Oude*, *Papers*, p. 189.

[63] Ibid. , p. 214.

[64] Ibid. , pp. 224 – 5.

[65] Court to Governor-General, November 21, 1855, ibid. , p. 236.

[66] Ibid, p. 167.

[67] *War in Afghanistan*, i, p. 203.

[68] *Oude*, *Papers*, pp. 285 – 6, 291.

[69] Ibid. , p. 288.

[70] Kaye, *Mutiny*, i, p. 109.

[71] February 8, 1856, Baird, p. 369.

[72] Lady Bayley's MS, p. 274, Mss Photo Eur 031B, Hardcastle Papers.

[73] Pemble, p. 115.

[74] Irwin, p. 174.

[75] Ibid. , p. 136.

[76] Kaye, *Mutiny*, i, pp. 95 – 6.

[77] *Oude*, *Papers*, p. 194.

[78] Sharar, pp. 64 – 5.

[79] Mukherjee, *Awadh in Revolt*, p. 43.

[80] Sharar, p. 74.

[81] 具有讽刺意味的是，这两座壮观但已破败的建筑近期（2008 年之后）被加尔各答的马克思主义政府修缮复原了，出于同样的理由：安抚当地的穆斯林。萨蒂亚吉特·雷伊的精彩电影《弈棋者》（1977）中的很大一部分是在梅地亚布鲁的什叶派会堂拍摄的。电影中作为纳瓦布宝座的红色天鹅绒长沙发至今仍然在那里。阿姆亚德·汗扮演瓦季德·阿里，萨伊德·杰弗瑞扮演两个沉迷于下棋的贵族之一，维克多·班纳杰饰演首相，理查德·阿滕伯勒扮演乌特勒姆。电影中，乌特勒姆给首相送来噩耗后，首相哭了。瓦季德·阿里·沙责备首相，并说："只有音乐和诗歌能让真正的男人哭泣。"但在真实历史中，掉眼泪的是国王。

[82] Low to Elphinstone, October 4, 1856, F88/176.

[83] Diary, March 2, 1856.

[84] May 2, 1856, Maclagan, p. 4

[85] Low to Elphinstone, ibid.

[86] Lee-Warner, i, pp. 113 and 361.

[87] Hesketh Pearson, *Dizzy*, p. 152.

[88] Lee-Warner, ii, p. 259.

[89] Ibid. , p. 260.

[90] Ibid. , pp. 342 – 3.

[91] Minute, September 13, 1854, ibid. , p. 275. For Bentinck, see

Rosselli，p. 146. 本廷克勋爵的言辞甚至更为雄辩："欧洲人一般对印度人的风俗习惯知之甚少，或一无所知……我担心，我们都不懂他们的思维方式、家居习惯与仪式，而对一个民族的了解恰恰就在这些领域。我们对他们的语言懂得不多……我们不与土著结交，也没有这个能力。我们看不到他们在家里是什么样的，或他们与家人在一起时是什么样的。因为气候炎热，我们大部分时间都躲在自己家里；我们的需求和生意原本可以帮助我们与土著多多交流，但这些事情都有人帮我们做好。我们在这片土地实际上是陌生人。"

［92］Dalhousie to Sir Charles Wood，August 15，1854，ibid.

［93］Ibid.，pp. 284 – 6.

［94］Journal，May 22，1857，Ladies of Lucknow，p. 21.

［95］Ireland，p. 16.

［96］Canning to Granville，May 19，1857，Maclagan，p. 88.

［97］Kaye，*Mutiny*，i，pp. 229 – 233.

［98］Holmes，*Sir Charles Napier*，p. 144.

［99］Hibbert，p. 63；Kaye，*Mutiny*，i，p. 360.

17 1857 年：西奥、爱德华、
　　罗伯特、马尔科姆

西奥在德里

　　西奥感到眼睛疼，而且不是第一次了。这种疼痛一直纠缠着他，让他恼怒不已。在德里，他开始戴眼罩。土著管他叫"独眼梅特卡夫"，以区分他和他父亲。现在眼睛的炎症又发作了，他请假三个月去克什米尔，而小查理和保姆去西姆拉，与西奥的妹妹琪琪待在一起。

　　5 月 11 日早晨 7 点，他来到办公室，收拾东西，移交工作给助理。办公室距离梅特卡夫宅邸不远。他工作的法院就在克什米尔门之内。他刚进办公室，助理就告诉他，前一天印度兵在密拉特发动了兵变。现在有数百个叛兵正在开向加尔各答城。

　　西奥匆匆跑到俯瞰河流和浮桥的窗前。从密拉特到加尔各答必须经过这座桥。他看到一大群人正在过桥，大多是土著骑兵，他们的长枪在阳光照耀下闪闪发光。他跳上自己的轻便马车（一种两轮马车，有折叠式车篷，就像当时的伦敦出租马车），奔向加尔各答门。他在军火库逗留了一会儿，看能不能调几门炮去阻止叛军过桥。但他们从军火库的堡垒往外眺望，发觉为时已晚，叛军骑兵已经过桥了，野战炮无法压低炮口向

其射击。

在加尔各答门，他看到了一群英国官员：他的同僚行政长官们和管理德里的专员，肥胖的西蒙·弗雷泽先生。西奥当时不知道，弗雷泽早已得到过警报。前一夜，一名警官骑马从密拉特狂奔而来，送来了一封警报信，但弗雷泽吃完晚饭后坐在椅子上睡着了。警官喊了他好几声，他仅仅嘟哝着把信塞进口袋，又继续睡觉了。[1] 现在弗雷泽和其他人已经关闭城门，设置了路障，时间刚刚好。他们听得见桥上密拉特叛军的踩踏声，然后听见他们捶打城门的声音。叛军一定没有撞城槌，只见他们走下大路，转向左侧。西奥能听见他们所骑马儿的马蹄在红堡高墙下干河床的干燥沙子上摩擦的声音。此时国王①就在红堡内。

弗雷泽说："你最好驾车绕过去，去控制小水门。"现在他已经完全清醒了，满脑子都是为时已晚的决策。这是他对西奥说的最后一句话。

西奥绕着王宫的宏伟红墙刚走了一半，就遇见数百个叛军从拉合尔门迎面纵马狂奔而来，挥舞军刀，粗哑而狂热地呼喊。其中六七人看见了独眼梅特卡夫，认出了他，或许仅仅认出他是个欧洲人，于是向他冲来，向他的轻便马车劈砍，但只砍到了皮革的车篷。

---

① 指的是莫卧儿帝国的末代皇帝巴哈杜尔·沙二世（1775～1862）。他只是名义上的皇帝，因为此时莫卧儿帝国已经仅仅剩德里一座城市。他还是优秀的乌尔都语诗人。东印度公司给他一笔年金，他则允许公司在德里收税和驻军。他对治国没有丝毫兴趣。1857年兵变爆发后，一些印度君主和叛军推举他为印度皇帝。兵变被镇压后，巴哈杜尔·沙二世的多个儿子和男性亲属被杀。他本人在红堡受到英国人审判，次年被英国殖民当局流放至缅甸仰光，1862年在仰光大金寺去世。

西奥看到前方有一大群暴徒，他们已经集合到拉合尔门前的开阔地。"他们全都穿白衣，"他说，"仿佛在期待一个盛大节日。"这一瞥就足以让他意识到叛乱的规模之大。土著骑兵已经设法从河的那一侧冲进了王宫，闯入宫内美丽的庭院。欣喜若狂的王宫卫兵敞开了大门，叛军从王宫另一端出来，奔向主街月光集市①，那里有一大群欢呼雀跃的人在等待迎接他们，为他们欢呼鼓劲。除了英国人之外，所有人都知道要发生叛乱。

兵变让英国人意识到，他们对自己统治的人民其实知之甚少。安巴拉的补给站指挥官 E. M. 马蒂诺上尉思索道："我每天两个小时看着他们操练，但我对其余二十二个小时里他们的所思所想知道些什么？他们在自己人当中谈论什么，他们密谋什么……我什么都不知道，仿佛我在西伯利亚。"[2]萨哈兰普尔行政长官，勇敢的罗德里克·爱德华兹在得知兵变噩耗后写道："我们的仆人说不定都在密谋暗害我们，要用最恐怖的暴行消灭我们，而我们对此一无所知。直到现在，我们才真正感觉到，我们被完全排除在民众的'内心生活'之外。直到现在我才知道，真正的心惊胆寒是什么样子。"[3]西奥一下子就明白，这不单单是少量心怀不满的印度兵胡作非为。他见证的是一场全国大起义的开端。

在所有在印度的英国人当中，西奥菲勒斯·梅特卡夫爵士是对叛乱爆发最不惊讶的人。他早就对英国在印度的未来感到悲观了，或许自从夏洛特在西姆拉病逝的可怕日子之后，他就

---

① 月光集市是印度老德里最古老繁忙的集市之一，据说因月光倒映在水渠中而得名。

一直悲观。仅仅一个月前，他就对正要返回英国的朋友奥斯本·威尔金森说："再会了，老伙计。你能回国，运气真好。我们很快就会被赶出印度，或者我们将不得不为了生存而挣扎。"[4] 3 月 18 日，他看见贾玛清真寺的后墙贴着一张脏兮兮的告示，据说是伊朗沙①的信，宣称波斯军队将从异教徒手中解放德里。西奥以他一贯的凶狠撕下了告示，当着一大群人的面将它踩在脚下。

在这之前的 2 月发生了分发无酵饼的神秘事件。一个守夜人将一块这种小薄煎饼送到邻村的守夜人手里，指示他再做五张这样的薄煎饼，送到另外五个村庄，以此类推，于是消息像连锁信一样迅速在全国传播。但无酵饼传播的讯息究竟是什么？西奥问过他们家的朋友，德里西南郊区帕哈尔甘吉的警察局局长麦诺丁·哈桑·汗，这是什么意思。麦诺丁说，他的父亲告诉过他，就在马拉塔帝国灭亡前不久，人们以同样的方式从一个村庄到另一个村庄传播稷的枝叶和面包屑，而无酵饼也一定预示着即将发生某种大动荡。[5] 集市里还有传闻说，外国佬的帝国注定将在它建立的整整一百年之后毁灭，而帕拉西战役的百年纪念日恰好在这年的 6 月 23 日。

若要寻找更靠谱的证据，只需看看加尔各答的金融市场，它就像世界上任何地方的金融市场一样，总是能最先捕捉到动乱的迹象。1856 年底，第 44 土著步兵团的副官罗林斯上尉注意到，他属下的所有土著军官都将他们手中的东印度公司债券兑现成了印章金币。土著军官对他的询问支支吾吾，于是他将这个神秘现象报告给了团长，而团长上报给了副总督，约翰·

---

① 波斯文中，"沙"意为"国王"。在伊斯兰世界，"沙"也常常用作男名。

洛的老对手约翰·罗素·科尔文。他对此事十分烦恼，说他会派秘密特工去调查。但特工搜集到的情报很快都消失在了飞速发展的事件之中。[6]

密拉特也不是第一个起事的兵站。驻扎在东面的布拉赫马普尔的第 19 土著步兵团和巴拉克普尔（距加尔各答很近，对其威胁很大）的第 34 土著步兵团都在 2 月抗议过新子弹。经过冗长但无果的谈判，这两个团都被解散，印度兵泪流满面、蒙受屈辱地回到各自的村庄。据说这两个团曾互相勾结和煽动。他们还向整个北印度发送了讯号。动物油浸透的子弹的故事在杜姆杜姆开始流传的几天之后，附近巴拉克普尔的电报站被人纵火。很快，远至拉尼甘杰（位于从加尔各答通来的铁路的终端，这条铁路是达尔豪西勋爵两年前开通的）的电报线沿线接二连三发生火灾。没过多久，巴拉克普尔的消息就迅速沿着电报线传播，一直到了旁遮普。印度兵在运用外国佬的技术传播消息。西奥感觉仿佛只有他一个人在真正观察和倾听局势发展。他向各个有关部门发去了警报，而各个有关部门点头称是，却置之不理，就像西蒙·弗雷泽先生那样继续回去酣睡。

后来演变成一场大灾祸的叛乱为什么会在密拉特发生呢？它在德里以西 80 英里处，是一个大型军事中心，并且那里驻扎着在印度的为数不多的英国团中的两个，即第 60 来复枪兵团和第 6 近卫龙骑兵团。助理军医 W. W. 爱尔兰指出，密拉特"是印度唯一欧洲部队兵力超过土著的兵站"。[7]在这个英国人占上风的要塞发生的叛乱，理应比较容易被遏制和镇压才对。

在密拉特以西数百英里外的旁遮普，英国人更有理由感到焦虑。白沙瓦有 8000 人的土著部队，欧洲部队则不超过 2000

人。但那里的主要专员约翰·劳伦斯爵士（劳伦斯三兄弟当中最凶悍的一个）迅猛而残酷地采取了措施。他和与他同样冷酷无情的助手赫伯特·爱德华兹与约翰·尼科尔森于 5 月 12 日得知密拉特发生兵变之后，立刻就明白自己应当做什么。唯一能确保控制局面的办法，就是在印度兵有时间组织起来之前将其缴械并解散。出其不意是至关重要的。为了驱散土著兵的疑心，团部的舞会必须按原计划举办。工兵中尉阿瑟·兰描述当晚的舞会为"用微笑掩盖泪水的完美骗局。一半女士没有参加舞会，而到场的女士几乎无法掩饰自己的焦虑"。[8]次日上午的气氛更是让人紧张万分。

"我们骑马来到距离队列几码远的地方，看得清每一张面孔，听得见每一声窃窃私语，但队伍鸦雀无声。关键的时刻到了。'命令第 16 团堆放武器。'我看了看那些倒霉的土著军官。如果土著兵开枪，那么尽管我们骑着马，我们也只能躲得过一轮射击。我们可以跑到骑炮兵那里去，但他们会怎么办呢？'掷弹兵，全体，步枪上肩。'他们服从了。'枪托落地。'他们执行了。'堆放武器。'他们犹豫了片刻，几个人开始将枪堆到地上。只要看一看对着他们的黑洞洞的炮口，他们就下了决心。全体土著兵都放下了武器。'从武器旁走开……快步走。'他们手无寸铁地离去了，地上的一大堆刺刀在早晨的阳光下熠熠生辉，标示着他们曾经站立的地方，表明了他们的顺从。"[9]

操练场上的武器越堆越高，抽泣的印度兵拖着脚步离去，一些英国军官被印度兵受辱的情景震动，于是将自己的剑和马刺也丢到被抛弃的火枪和军刀堆上，以表示对印度兵的同情。爱德华兹报告称，"若不是为了避免让土著兵和平民发现欧洲人内部立场不一致"，本来是会严惩这些犯上的英国军官的。[10]

劳伦斯和尼科尔森是历史上最铁石心肠的人当中的两个。被缴械和解散的印度兵也许满肚子愤恨、渴望复仇，但他们没有武器，也没有军官。前不久晋升为准将的尼科尔森虽然只有三十四岁，但在印度已经待了很长时间，他一直对印度兵的忠诚度抱有怀疑。在他看来，"涂动物油脂的子弹、奥德被吞并或者欧洲军官过少，都不是印度兵反叛的原因。多年来，我观察着军队。我心里坚信不疑，他们只是在等待机会造反而已"。[11]

在同袍心目中，尼科尔森是他们见过的最令人刻骨铭心的人物。他是阿富汗战争期间最年轻的英国军官，在这场战争的末尾，他是被里士满·莎士比亚营救的俘虏之一。现在单单从外表看，他也成长为一个令人生畏的伟岸人物了：他是阿尔斯特的新教徒，魁梧雄壮，身高六英尺两英寸，蓄着长长的黑胡须，嗓音洪亮悦耳，"眼睛呈暗灰色，黑色瞳孔在兴奋时会放大，就像老虎一样。面孔苍白，从来没有一丝微笑"。他的语言粗鲁而充满讽刺，但只要人们熟悉了他，他就能在他们身上激发起不可撼动的忠诚，尤其是那些土著官兵爱戴他到了偶像崇拜的程度。土著当中兴起了一种对尼科尔森的神秘崇拜，一直延续到他去世之后。据对尼科尔森满怀敬畏的第 52 轻步兵团少尉威尔伯福斯说，尼科尔森的责任感极强，他的字典里没有"仁慈"这个词。[12] 在尼科尔森看来，对谋杀妇孺的罪犯来说，绞刑实在是太便宜他们了："如果我抓住了他们，我就会对他们使出我想象得到的最痛苦的毒刑，并且我良心坦荡。"[13]

在旁遮普发动兵变的人不会得到宽大处理。5 月 24 日印度兵被缴械之后，6 月 10 日叛军又遭到了公开惩罚。第 55 团的叛兵被挑出四十人，遭到炮决。这景象实在恐怖，以至于爱德华兹和这些叛兵的指挥官西德尼·科顿在报告里都对此事只字不提。但炮决起到了很好的震慑作用，在操练场上观看行刑的其他印度兵保持了"安定"。用约翰·凯爵士的话说："对新招募来的士兵和好奇的平民围观者来说，这整个景观既神奇又神秘。这是道德力量的绝佳展示，给人们留下了极深的、长久的印象。"[14] 旁遮普被震慑住了，不敢兴风作浪，而尼科尔森得以率领一支机动纵队沿着大干道①去营救德里。对他颇为感激的坎宁勋爵说，尼科尔森的无情与残酷让他声名远播，"如同复仇之神的化身，横扫全国"，令那些动摇的人心惊胆寒。

但在密拉特，就没有这样的凶残、干劲和果敢。第 3 轻骑兵团的团长是乔治·卡迈克尔 - 史密斯，小说家萨克雷的继父的最小的弟弟。此人性格冷淡、喜好争吵，属下官兵都不是很喜欢他。他得知其他兵站因为新型子弹的事情发生骚乱之后，决定检阅他的印度兵，告诉他们一个好消息：他属下的印度兵不必用嘴咬掉子弹的一端，用手指将其撕开即可。即便十八岁的骑兵少尉约翰·麦克纳布也看得出来，这是多么愚蠢的主意。他在给母亲的信中写道："根本没有必要现在举行检阅，也不必在这个关头搞大动作。其他团长没有一位想到这么做，

---

① 大干道（Grand Trunk Road）是亚洲最古老也最长的主要道路之一，将南亚与中亚连接起来。它从今日孟加拉国的吉大港开始，向西延伸至印度的西孟加拉，然后取道德里穿过北印度，最后到达喀布尔，总长约 2500公里。大干道的部分路段早在前 4 世纪的孔雀王朝时期就开始修建。现代的大干道由 16 世纪的阿富汗统治者舍尔沙重建，后来英国人在 19 世纪对其大幅度修理和升级改造。今天印度和巴基斯坦仍然在使用大干道，部分路段得到现代化改造，被纳入高速公路体系。

因为他们知道，在这个不安定的时期，他们的士兵会拒绝第一个使用新子弹。"[15]

印度兵果然有 85 人拒绝使用新子弹，哪怕是用手指撕开。于是，根据军队中那毫无变通的逻辑，他们必须被送上军事法庭，被判处十年监禁和苦役。一场可怕的检阅在密拉特全体驻军面前举行。这 85 人被剥去军服、脱去军靴，双脚被套上脚镣，然后被押往监狱。休·高夫中尉去狱中探望他们并结清军饷时，起初他们都显得恼怒而冷漠，但"他们一旦意识到自己失去了一切，前景有多么可怕，就彻底崩溃了。曾经为了英国主子拼杀并赢得许多勋章的老兵泣不成声，哀叹自己的悲惨命运，并恳求军官们挽救他们；年轻士兵也加入进来。我一辈子很少经历这么触动人心的事情"。[16]

休·高夫回去之后，坐在自己平房的露台上。一名土著军官以讨论账目为借口向他走来，偷偷告诉他，密拉特的土著部队将于次日哗变。高夫赶紧跑去告诉卡迈克尔-史密斯，后者却对高夫很不屑。当晚，高夫又把消息告诉旅长阿奇代尔·威尔逊，但他也不信。高夫甚至报告了密拉特师的师长、人称"血腥比尔"的休伊特少将，此人是个肥猪兼懒汉，就连阿奇代尔·威尔逊也骂他是"可怕的老傻瓜"。高夫的上级没有一个想到要采取预防措施，更不要说将印度兵缴械了。

次日是星期天，清晨，英国人都去教堂做礼拜。高夫记得年轻的麦克纳布穿着"一件羊驼呢的上衣，但饰带用错了"。他命令麦克纳布换成正确的饰带，因为卡迈克尔-史密斯一定会吹毛求疵。当天晚上，高夫就是通过这件上衣和错误的饰带，才辨认出了麦克纳布的尸体。

当晚 5 点，高夫的仆人跑来告诉他，平房起火了，有欧洲人遭到谋杀。休伊特少将没能先发制人地阻止兵变，现在又没本事镇压它。用高夫的话说，休伊特少将手足无措，近乎瘫痪。休伊特花了很长时间才理解这样简单的事实：印度兵纵火烧了平房，谋杀了他们能找到的所有白人男女和儿童，然后全体离开了密拉特，去德里朝拜他们的国王。休伊特居然也没想到要派一支部队去追击叛军。他能想到的仅仅是保护自己的兵站。他将自己的全部欧洲兵力集合到操练场上，然后在那里露营。他们周围尽是冒烟的废墟和同胞的死尸。到第二天早晨时，已经有 2000 名土著骑兵通过浮桥闯入德里。

过了好几周休伊特才被免职，而直到 7 月 16 日他才取道穆扎法尔纳加尔去山区休假。驻在穆扎法尔纳加尔的行政长官罗德里克·爱德华兹（精神饱满而好斗）对休伊特将军的印象很差："老休伊特紧张得要命，百无一用，什么都做不了……他枯坐了很长时间，两手捧着自己的脑袋。我内心在同情他，觉得他被撤职一定让他很难受。不料这时他突然蹦起来，两手猛拍桌子，喜形于色地喊道：'老天，太棒了，我都忘了还有火腿三明治了!!!'我给了他一瓶啤酒，他很开心。"[17]

在这黑烟滚滚的混乱局面中，我们可以清楚地看到，若不是密拉特兵站被三个老朽无能的傻瓜卡迈克尔 - 史密斯、阿奇代尔·威尔逊和休伊特领导，第 3 轻骑兵团就不会走到叛变的那一步，并且即便叛变了，也不会一口气跑到德里。坎宁勋爵哀叹道，难道就没人能像半个世纪前的吉莱斯皮那样，率领卡宾枪兵和骑炮兵去镇压叛军吗？密拉特兵站毕竟还有英国骑兵与炮兵可以帮忙，但也闹到了这步田地，而其他没有英国部队的兵站会怎么样？[18]

800 英里外的加尔各答收到了一连串良策。坎宁勋爵宣布，他主张解散所有表现出不满情绪的团。从来没有离开加尔各答超过 16 英里的多林先生宣布："这场瘟疫般的兵变越早镇压下去越好。"用什么去镇压？坎宁勋爵向额尔金勋爵①恳求增援，后者指挥的准备讨伐中国的远征军目前还在可以召回的距离之内：

> 我们能不能保住孟加拉和北方各省，取决于一个词、一个眼神。如果目前德里的局势继续这样下去，若是有任何一个愚蠢的指挥官面对哗变或不满的连队做出哪怕一个不谨慎的动作，或者吐出一个惹人发火的词，就可能引发南方各省的土著普遍叛乱。而在南方各省，我们没有欧洲军队，那里的土著部队如果叛变，就能自由肆虐几个星期、几个月，而我们束手无策。[19]

确实如此，也确实凄凉。一个庞大帝国的总督很少会这样可怜兮兮地承认自己力量薄弱。

约翰·洛同意解散土著部队，但至于那些子弹，"大部分土著兵拒绝咬这种子弹，或许不是因为对政府或军官不忠或不满，而是确实出于真实的恐惧……害怕咬了这种子弹会严重危害他们的种姓，危害他们未来的人格尊严……如果他们咬了这

---

① 詹姆斯·布鲁斯，第八代额尔金伯爵与第十二代金卡丁伯爵（1811～1863），英国殖民地官员和外交官。他曾任牙买加总督、加拿大总督和印度副王（1862～1863）。1860 年第二次鸦片战争期间，额尔金伯爵作为英国谈判代表和全权公使随军至北京，谈判《北京条约》，并下令焚毁圆明园。

种子弹，就犯下了十恶不赦的大罪"。[20]

他的意见很可能是正确的，但眼下说什么都晚了。坎宁勋爵和洛在撰写备忘录时，密拉特的欧洲人的平房正在熊熊燃烧，妇孺的尸体血淋淋地躺在露台上。消息在加尔各答逐户传递，坎宁勋爵和洛在深思熟虑后写下的备忘录里附了一份从阿格拉发来的电报，它送来了密拉特的噩耗。在电报线被切断之前送来的最后一份电报，是邮局局长之妹发给她在阿格拉的姑姑的，警示她不要到密拉特来做客，因为那里的土著骑兵造反了。现在就连通信联络也奄奄一息了。

坎宁勋爵于 5 月 12 日收到了密拉特兵变的报告。随后两天里，阿格拉发来的电报补充了更多恐怖的细节。德里被叛军控制，巴哈杜尔·沙二世被推举为皇帝，许多欧洲人被杀。该怎么办呢？坎宁勋爵的议事会里发生了分歧，不过令人丧气的情况没有泄露到公共场合：文官议员们主张暂缓攻击德里，等待大量援兵；将少得可怜的欧洲部队全部投到德里城墙之下，任凭国家的其余部分横遭叛军蹂躏，是愚蠢的做法。

洛将军不这么认为。他认为平定德里是第一要务。他写了一份备忘录，"里面满是非常稳健的论据，主张立刻出兵去收复失陷的德里"。[21]坎宁勋爵不需要劝说。总督一眼就看出，莫卧儿帝国的都城成了叛乱的中心。他迅速给在阿格拉的科尔文和在密拉特的肥胖老将休伊特发去消息，告诉他们，"当务之急是尽可能迅速地从叛军手中夺回德里"。[22]

西奥驱着马车飞速前进，猛冲进暴徒群，然后跳出轻便马车，在人群中硬挤出一条路，走到小巷里，在那里脱掉了自己的黑色衣裤，因为它们让他在身穿白衣的人群中特别显眼。他只穿着白衬衫和白内裤继续跑路。他看到一群骑警守候在树下，于是命令他们向正追赶而来的叛军冲锋。骑警拒不服从命令。西奥抓住骑警队长，将他推下马鞍，夺过缰绳，自己翻身上马。他是一个强壮的独眼巨人，活脱脱就是波吕斐摩斯①。他纵马奔向集市，但那条路被堵住了，于是他调转马头冲向阿杰梅尔门，准备躲到城墙外的麦诺丁领导的警察局中。[23]

在大清真寺附近的某个地方，有人从楼上一扇窗户中投掷了一大块石头或砖块，砸中了他的肩膀靠近脊柱的地方，打得他从马背上摔下。他滚进一条沟，失去了知觉，自己也说不清在那里躺了多久。他苏醒后，看到自己的马还在几码外吃草。他爬上马背，艰难地穿过小巷，来到阿杰梅尔门。[24]他蹒跚走出城门的时候，看到自己的朋友托平医生的尸体躺在血泊中。

麦诺丁的警察局离得不远。没过多久，忠诚的局长就来

---

① 波吕斐摩斯是希腊神话中的独眼巨人之一，是波塞冬的儿子。根据荷马史诗《奥德赛》，特洛伊十年鏖战之后，英雄奥德修斯在回家途中登陆独眼巨人聚居的西西里岛。他和十二名同伴被困在波吕斐摩斯的巢穴。波吕斐摩斯回洞后发现了奥德修斯等人，立刻用巨石封堵了洞口，随后残暴地摔死和吞食了其中几人。奥德修斯悲痛万分之下想到了一个逃跑计划，他把没有勾兑的烈性葡萄酒给波吕斐摩斯喝，并告诉巨人自己的名字叫"没有人"。趁着巨人醉酒熟睡，奥德修斯带着剩下的伙伴把巨人用作武器的橄榄树桩削尖磨锐，然后几人一起举着，插入了巨人的独眼。盲目的巨人大声痛呼，希望岛上其他的巨人来帮忙，但他呼喊的"没有人攻击我"只被当成了玩笑，没人前来。第二天，巨人和往常一样把他洞里圈养的巨羊放出洞外吃草，在洞口他一一摸索羊的脊背，防止奥德修斯等人骑羊逃走，但奥德修斯和他的手下藏在羊的肚子下面安全逃出。回到船上的奥德修斯大声嘲笑波吕斐摩斯"没有人没有伤害你，伤你的是奥德修斯"，这一傲慢举动为奥德修斯招来后来的不幸。波吕斐摩斯向他的父亲波塞冬祈祷，要求报复奥德修斯。波塞冬唤起海浪和大风，将奥德修斯的船吹离了回家的航线，后面遭遇了更多艰险。

向巨人般的行政长官西奥问候了，同时注意到他只穿着衬衫
和内裤。麦诺丁拿来自己的一套土著便服给他换上，并给了
他一把利剑。[25]西奥的第一个念头是返回梅特卡夫宅邸，取
走藏在卧室内的 1.3 万卢比钞票和黄金。麦诺丁说这是发疯，
西奥菲勒斯爵士最好躲在麦诺丁的兄弟家中，他的族人会保
护他。西奥说："我的职责是和部队待在一起。说不定我是
现在唯一还活着的民政官员。附近就有一支部队能够恢复秩
序，这时候我不应当只想着个人安危。"[26]这场叛乱总算要把
他锻炼成军人了。

　　西奥的猜测不算太离谱。之前躲在加尔各答门附近的英国
官员都已经被杀死在大街上。宫内的所有欧洲人也都被杀了，
包括皇宫卫队的指挥官道格拉斯上尉（就是爱德华和琪琪在
格兰特医生的钢琴前合唱时监护他们的那位道格拉斯上尉），
牧师詹宁斯及其全家，爱打瞌睡的专员弗雷泽（他跑到红堡，
试图唤醒警卫）。到这个恐怖上午的 10 点时，城内主要英国
官员全部被杀，不过还有一些欧洲人躲藏在地窖或城墙外的深
草丛里。而最后一个还活着的官员西奥正乔装打扮为土著，从
郊区逃跑。

　　麦诺丁把西奥带到一位名叫布拉·汗·梅瓦迪的当地地
主家里。麦诺丁其实并不认识此人，但据说布拉·汗是个正
派而勇敢的人。他一认出"梅特卡夫老爷"，就表示愿意帮
助他，并对麦诺丁说："你的朋友就是我的朋友。"布拉·汗
在自家女眷内室的屋顶给西奥安排了一张床。他在那里躺了
三天，身上的瘀伤痊愈了。晚上，他和布拉·汗徒步走向大
约 3 英里外的市区，去观看庆祝消灭英国人的烟花。西奥每
一天都期待听到英军从密拉特赶来的消息，但他等到的却是

第四天时布拉·汗告诉他，他的行踪已经暴露，必须转移到新的藏身地点。

黄昏时分，布拉·汗把他带到一个石灰岩矿场，那里开采的石灰岩是用来修路的。矿场有一个小洞穴，入口极小。西奥在这个悲惨的巢穴里蹲伏了好几天，就好比身形庞大的波吕斐摩斯在他的洞穴内，满腹渴望复仇的怒气。但即便是这个地方也不够安全。第二夜他听见洞穴外有脚步声。光线虽然很暗，但足够让他看清入口处有个人，西奥用自己的弯刀将那人砍倒，然后劈砍第二个人，当然也可能是第一个人又回来了。[27]

布拉·汗再次来搭救他，给他带来了新的伪装。这一次西奥打扮成土著骑兵，骑在土著式的马鞍上，双脚赤裸并且涂抹成土著的肤色，脸上缠着土著骑兵的头巾。如果他想送消息给麦诺丁，就告诉信使，消息来自"希尔汗"（意思是"狮子王"）。对一个可怜兮兮的逃亡者来说，这真是个有意思的假名。他做了这样的伪装，骑着布拉·汗给他的上乘矮种马，来到了贾杰贾尔的纳瓦布宫殿。这位纳瓦布和麦诺丁一样，也是梅特卡夫家族的老友，并且和托马斯爵士一样是"东印度公司画派"① 的赞助者，就是这个画派的画家绘制了《德里之书》。[28]

但这个文明的土著权贵却是个伪善的朋友。与其他很多商人、王公和土著官员（包括麦诺丁自己）一样，他也是两边讨好，骑墙观望，随机应变。起初他说西奥可以躲在他的宫

---

① 18 和 19 世纪，很多印度艺术家受欧洲雇主（主要是来自英国的东印度公司）的委托创作了一批画作，融合了印度拉杰普特和莫卧儿帝国的传统画风，但对透视、立体效果等方面的处理更受西方绘画的影响。"东印度公司画派"尤以描绘动植物的作品而闻名。

里，但他本人没有办法见西奥，否则德里国王就会攻击他、谴
责他庇护欧洲人。最后，在西奥的坚持下，纳瓦布给了他一匹
马和两名卫兵为他指引回德里的路。纳瓦布知道西奥和士兵一
样熟悉回德里的路，所以他派遣这两名护送士兵显然是不怀好
意。纳瓦布很可能给士兵下了秘密命令，要将西奥交给德里国
王的人，并为纳瓦布揽到抓捕西奥的功劳。

西奥让两名士兵骑在他前面，等夜幕降临之后转身逃进了
遍地黄沙的丛林，并尽可能远离德里，奔向 70 英里之外的哈
恩西，他希望能在那里得到亚历克·斯金纳的庇护。亚历克是
詹姆斯·斯金纳上校最小的儿子。

纳瓦布给他的矮种马质量很差，不能与布拉·汗给他的马
相比，很快就累垮了，西奥只能日夜徒步前进，在丛林里露
宿，向偶遇的村民讨要牛奶和无酵饼。他一边感激地狼吞虎咽
他们给他的食物，一边仔细听村民之间的谈话。在他疯狂的逃
亡过程中，他第一次听到了土著的立场。他们在谈论欧洲人如
何被杀、德里国王如何接管政府的时候，即便不是兴高采烈，
也是内心毫无波动。

马图拉（德里和阿格拉之间的古老圣城）的行政长官马
克·桑希尔在他的精彩著作《印度叛乱兴起、发展与遭镇压
期间一位行政长官的个人冒险与经历》中描述了类似的时刻。
他刚刚听到密拉特兵变的消息，据说印度兵主力正在开向马图
拉。桑希尔立刻决定把妇孺送到阿格拉的大要塞。他们走了之
后，他走到自己的办公室，把之前一直隐瞒的消息告诉土著幕
僚："他们表现出莫大的震惊；但没过多久，我从他们的言辞
中听出，他们早就知道了，并且对于德里的事件，他们比我清
楚得多。"[29] 西奥看到白衣群众聚集在王宫之外的时候就意识

到，土著民众全都早就知道要发生叛乱了。桑希尔也有一种诡异的感觉，那就是土著全都早就知道了。

文件都已经被整理好，桑希尔无事可做。"为了消磨时间，我继续与他们闲聊，谈德里的事情。他们很快对此事兴致盎然，忘了我的存在。他们谈的都是宫殿的典礼，以及如何恢复这些典礼。他们在揣测谁会当上宫廷大总管，拉杰普塔纳的哪一位酋长会负责守卫不同的城门，以及聚集起来帮助皇帝登基的五十二位王公都是谁。"

这种漫不经心的聊天让英国行政长官如遭五雷轰顶。"尽管我以前从来没有想到这一点，但我听着听着就明白了：古老宫廷的辉煌对民众的想象力有着深刻影响，他们十分热爱宫廷的传统；而在我们被蒙在鼓里的同时，他们忠诚地保存了这种传统。莫卧儿帝国在昏睡了百年之后，开始了一种鬼魂般的新生，这真是诡异。"[30]

大多数欧洲人的记述都避而不谈土著的喜悦，因为欧洲人的思绪都集中在屠杀和复仇上。不过，土著在感受喜悦的同时也感到恐惧。在德里，因为害怕目无法纪、恣意游荡的印度兵（来自奥德的难以揣摩的东方人），各阶层的人民都藏匿自己的财物，闭门不出。书店关门，手脚比较麻利的商人逃离城市。但在农村，叛军常常得到民众的真诚欢迎。马图拉的银行家和警察逃走之后，叛军开进马图拉，桑希尔记载道："居民没了官府的管制，都一窝蜂跑出去迎接叛军。他们送去了鲜花和甜食，领头的是一队唱赞歌的婆罗门。遇到叛军之后，他们欢迎他们，视其为解放者，并欣喜若狂地将叛军引领进城。"[31]在密拉特，屠夫、蔬菜小贩、织布工人、马夫和割草工人都兴高采烈地投身于混乱之中。[32]

那那大人在自己的军队将英国人逐出坎普尔之后，让一位王室占星家选好了良辰吉时，率领庞大的游行队伍从坎普尔走到不远处的比托奥尔宫殿。数百盏陶土灯照亮了道路。比托奥尔本身被旗帜和鲜花凯旋门装饰一新，披挂华丽的大象在鼓声和笛声之中走进城。佩什瓦长期流亡的地点变成了他卷土重来的地方，与四十年前巴吉·拉奥二世可耻地离开浦那形成了对照。一位来自佩什瓦旧领地的年轻的婆罗门祭司被这盛景震撼了，尤其因为执行神圣仪式的婆罗门都得到了奢华的盛宴款待。这种"感恩赞"庆祝的是宗教的胜利，也是民族的胜利。[33]

据桑希尔记载，"没有人为了失去英国人的统治而遗憾；除了因为动乱而受损失的放债人之外，所有阶层的人都很享受这种混乱"。[34]一位大地主告诉他，"最近三个月是他人生中最幸福的时光"。而真正让英国人吃惊的是，"农民，还有那些从我们的统治中特别受益的更低阶层，也表达出了同样的情感"。他们喜欢自由、兴奋的刺激和不用交土地税。约翰·洛二十年前的预言成了现实：即便是从英国人的改革中获益的农民，也不会对英国人感恩戴德。

即便是桑希尔这样的旁观者也觉得印度外观的变化非常宜人。"从现代文明的单调乏味，恢复成那种狂野、五光十色，它们都是我们与封建时代联系在一起的东西。"在每一个村庄，防御工事如雨后春笋般建起，权贵们恢复了自己的古老邦国，率领五彩斑斓的骑马队伍出行，后面跟着手执剑和矛的人群。"对他们来讲，现在的生活充满诗意，充满浪漫。"[35]

要想到达哈恩西，西奥就必须返回到大路上。他听到自己背后传来疾驰的马蹄声，转过身去，看到两名穿着纳瓦布号衣的骑兵向他奔来。他唯一的逃生希望是躲到前头的村庄中。这么做的风险也很大，因为绝大多数当地村民对英国人远远谈不上友好。此时是正午，酷热难当。西奥看到路边有一群人躺在地上睡觉，从头到脚裹着自己的袍子，以躲避尘土与阳光。他在人群中躺下，假装睡觉。几分钟后，两名骑兵赶来，喊叫着问英国人躲在哪里。其中一名骑兵用长枪轻轻戳了戳躺在西奥旁边的人，又问了一遍。被吵醒的人十分恼怒，咒骂骑兵，说没看见有英国老爷经过。两名骑兵疾驰离开，西奥又躲过一劫，这次他是被印度人的午睡习惯解救的。这情景真是有意思：傲慢的行政长官惯于昂首挺胸地站在土著面前，对其大呼小叫、发号施令，如今却如释重负地躺在他们当中，并且是躺在一条尘土飞扬的道路旁边。

即便到了哈恩西，西奥仍然感到不安全。他从亚历克·斯金纳那里借了一匹马，于次日黎明动身，一口气又跑了 70 英里，来到位于卡尔纳尔的英国军营。一周后，哈恩西的土著部队也叛变了，亚历克和他的穆斯林老母亲不得不骑着一峰骆驼逃去找比卡内尔的王公。詹姆斯·斯金纳上校自己也有一半印度血统，据说一共有十六个土著妻子和情妇。

西奥在抵达卡尔纳尔的第二天早上写信给马克·桑希尔的兄弟，此人是阿格拉副总督的秘书："尽管我身体不太好，我写信恳求副总督允许我以官方的身份随军队和总司令去德里；我对德里城及该地区非常熟悉，我相信这对政府有价值。"[36]他有资格自称是"唯一从德里逃出来的欧洲人，并且第 3 骑兵团叛军占领该城时他就在现场"。他对德里城大街小巷以及周边村庄的知识现在非常宝贵，并且独一无二。

与此同时，他还对土著和整个印度抱有仇恨，且这种感情即将像火山般爆发。他的妻子死在这个丑恶的国家，土著毒死了他的父亲，他的美丽住宅遭到打砸抢，他的朋友和同事被当街杀害，他们的妻儿在自家游廊上被砍死，而他自己则备受羞辱地逃亡，还遭到了背叛。他不会把复仇留给上帝去执行，更不要说留给法律了。西奥菲勒斯·梅特卡夫要报仇雪恨。

他来得正好，加入的恰好就是前去讨伐德里的部队。这支机动纵队现在得到了一个浮夸的番号：德里野战军。它只有600名骑兵和2400名步兵，再加上50门大炮。它的兵力虽然不多，凶狠程度却足以弥补这个劣势。德里野战军在大干道上滚滚前进，向德里进军，一路上在树上"吊死黑鬼"（现在他们无所顾忌地使用这样的侮辱性语言），或者在土著逃入丛林或企图在河上游泳逃出射程的时候开枪打死他们。德里野战军那位令人着迷的指挥官约翰·尼科尔森热烈赞同这些报复行动。他没有耐心去搞什么审判，也懒得去找证据。对叛乱者的惩罚是死刑，立即执行。西奥加入了对土著的私刑报复，并且特别凶残和投入。第75戈登苏格兰高地团的理查德·巴特中尉（不过他是来自科克郡库尔丹尼尔的爱尔兰人）描述了一天下午酷热难当之际他在帐篷内睡觉时，有人拿来一只白人小孩的脚，它被齐脚腕砍断，还穿着鞋：

> 军营内立刻响起了成千上万的噪音，就像一个骚动的大蜂巢。有很多只脚在快速移动。没过多久，军营附近所有的村庄都被烧毁；好几名军官加入了纵火行动。[37]

当晚的操练之后，九个土著村民被吊死在路边的树上。英国人的报复开始了。

第一个被选中南下去收复德里的团是著名的向导团①，指挥官是精力充沛的亨利·戴利上尉②。他因为得到打头阵的荣誉而十分高兴。他于6月1日写道："我在准备行动，打算执行一次这片土地听说过的最威武雄壮的行军！"向导团沿着大干道从卢迪亚纳开往安巴拉。到6月6日时，他们已经到了卡尔纳尔。戴利在那里遇见了西奥。西奥复仇心切，坚持要求向导团去惩罚附近的村庄。他说这些村庄里到处都是叛军。戴利起初不同意，因为他的任务是径直进军并占领德里。西奥用他那强悍而霸道的方式坚持，戴利最后让步了。"村民惊恐万状地逃窜；有的人在逃跑过程中被打死，有的人被俘虏。很快，他们的房屋就燃烧起来，熊熊大火在很远之外也看得见。"[38]戴利拒绝杀死妇孺。向导团耽搁了这一天，导致它错过了巴德利萨莱战役，他们在此役中原本可以发挥很大作用。这是西奥第一次感觉到对复仇的渴望压倒了其他的一切，但这不是最后一次。

---

① 原文有误。亨利·戴利的团应当是第1旁遮普非正规骑兵团（戴利骑兵团），该团参加了1857年兵变期间的德里围城战和援救勒克瑙行动，后来参加过第二次英国-阿富汗战争，1890年番号改为第21阿尔伯特·维克多王子骑兵团，一战期间在中东作战。1921年，该团与另一个骑兵团合并，改称第11骑兵团（边疆部队），二战期间在北非作战。1947年印巴分治，该团被分给巴基斯坦，今天是巴基斯坦陆军的一个装甲团。向导团是英属印度陆军的另一个著名单位，1847年组建，有一个特点是部分是步兵，部分是骑兵，今天是巴基斯坦陆军的一部分。

② 亨利·戴利爵士（1823～1895），英属印度陆军军官（最终军衔上将）、殖民地官员和政治家。他参加过第二次英国-锡克战争，1849年组建了第1旁遮普非正规骑兵团（戴利骑兵团），在1857年兵变期间率领这个团作战，参加过德里围城战和援救勒克瑙的行动。他热心教育，在印度的印多尔创办了戴利学院。

爱德华：一名坑道工兵的战争

爱德华·萨克雷于 1857 年 1 月才乘坐"里彭"号来到印度。他刚刚从阿迪斯库姆学校和查塔姆毕业。他年仅二十岁，魁梧而缄默，彬彬有礼。他在阿迪斯库姆学校的绰号是"高靴勋爵"，因为他的中间名是塔尔伯特①。他天性温良，和他父亲弗朗西斯·萨克雷牧师很像。爱德华的兄弟弗朗西斯·圣约翰也是牧师，他和父亲还都是古典学者。爱德华从父母两边算都是奥古斯塔的表弟，因为他的母亲是约翰·塔尔伯特·莎士比亚的妹妹玛丽·安妮。所以，爱德华也是威廉·梅克皮斯·萨克雷的堂弟。小说家萨克雷很喜欢爱德华，帮他进了阿迪斯库姆学校。洛家族将爱德华称为"沉默的朋友"，但爱德华在纸上可以敞开胸襟、滔滔不绝，毕竟萨克雷家族是个喜好舞文弄墨的家族。

他的第一个职务在孟加拉坑道工兵部队，驻地是恒河运河河口的兵站鲁尔基。此时，恒河运河已经在恒河和亚穆纳河之间向南延伸数百英里，为这片肥沃的三角洲（称为河间地区）提供了优良的灌溉条件。

5 月 13 日上午 8 点，爱德华正与其他几名中尉在他们的平房外闲聊，懒洋洋地检视一匹矮种马，有人想把它卖给他们。这时另一名中尉骑马赶来，喊道："你们听说了吗？我们下午去密拉特。"当晚 6 点，500 名土著工兵和 9 名英国军官来到码头，登上匆匆在那里集合起来的船只。他们中没有一个人知道出了什么事。爱德华的印象是，可能发生了某种地区性

———————————

① 塔尔伯特（Talbot）的拼写和发音近似"高靴"（Tallboot）。

暴乱。[39]

运河上行驶的大多是施工船只。在这支临时组建的小船队里航行是一种愉快的新鲜体验：人们划船顺流而下，喜马拉雅山脉白雪皑皑的山峰在他们背后，他们的船每次从桥底经过时工兵们就唱起"胜利属于神圣的恒河"，以祈求好运。次日上午，他们看到运河左岸有一辆由一个欧洲人驾着的轻便马车在狂奔。他们认出那是水利部门的一名官员，是个爱尔兰人。工兵们向他打招呼，但他不肯停下马车，一边挥动鞭子朝鲁尔基赶路，一边喊道："他们在密拉特杀人放火，发疯啦！"然后，他们的船只经过了一些漂浮在运河水面上的死尸。大多数尸体都是头上有伤，说明他们是被捆着铁丝的棍棒打死的。这是当地人常用的一种武器。

他们抵达密拉特之后，爱德华写信给自己的兄弟圣约翰牧师：

> 我亲爱的兄弟，我热烈祝贺你得到了奖学金［牛津大学林肯学院］。我向你保证，这消息让我非常开心。我刚刚开始行军。我们抵达目的地之前什么都不知道，而到了那里之后听到的可怕消息让我们瞠目结舌。我们在两个欧洲团之间行军，分别是女王卡宾枪团和第 60 来复枪兵团。士兵们都在大炮前待命。

他把屠杀事件和欧洲人的平房被纵火的惨剧告诉了兄弟。

> 但凡出门，我们就必带左轮手枪和剑。亲爱的圣约翰，我希望你不要为我担心。我很快活，完全听命于上

帝。我不觉得土著工兵也会造反。

代我感谢威廉·萨克雷，他送给我的礼物左轮手枪非常有用。

小说家萨克雷赠给他 10 英镑，"去买一套马鞍或一只望远镜或一把左轮手枪"。爱德华选择了一把精美的配有双动扳机的特兰特左轮手枪①，它会比他预想的更早派上用场。（而且这是一把幸运的手枪，在兵变期间曾两次失窃，但他两次都找回来了。）他给圣约翰的下一封信写道：

我很遗憾地告诉你，在我上次给你写信的第二天，土著工兵就造反了。他们开枪打死了我们的指挥官弗雷泽上尉，然后逃跑了。副官遭到所有人攻击。卡宾枪兵和炮兵追击叛兵，砍死了五十或六十人。

和其他许多下级军官一样，爱德华直到最后一刻还坚信自己属下的印度兵不可能叛变。而他们突然发动反叛，事先却毫无迹象，令他目瞪口呆。5 月 16 日上午，他奉命带领 90 名工兵去拆毁路边的一些旧墙，因为它可能为从德里冲杀出来的叛军提供掩护。

毒日头无情地炙烤我们这小小的队伍，我们经过被遗弃的、烧得焦黑的平房废墟时，热风给人的感觉就像从火

---

① 得名自其设计师，英国枪械设计师威廉·特兰特（1816~1890）。该种左轮手枪于 1856 年发明，美国南北战争时期南军大量使用。

炉里出来的空气。我们经过了集市所在的街道，土著从墙头偷偷看我们，我向中士说起了土著们鬼鬼祟祟、满脸怒气的表情。

土著工兵开始拆墙，起初还很乐意干活。但到了大约下午3点时，爱德华听到背后的兵站传出军号声。与此同时，第3轻骑兵团（最早叛变的单位）的一个骑兵纵马疾驰而来，他的战马口吐白沫，身侧汗如雨下。这个骑兵持剑向德里方向挥舞。这一刻，爱德华将目光从这个疯狂的骑兵身上移开，去看他属下的工兵们，只见他们丢下铁锹和镐，跑去拿自己的火枪。爱德华还没来得及说一个字，他们就跟着骑兵向德里跑去。爱德华让号兵吹号，并在几名欧洲士官的帮助下，挥舞着小说家萨克雷送给他的手枪，劝说36个土著兵回来。但到此时，其余土著兵已经在通往德里的路上狂奔，造成尘土飞扬。当天下午晚些时候，兵站剩余500个工兵中的绝大多数也跟着去了德里。他们是按照预先约定的信号行动，还是一时冲动逃走的呢？选择叛变和选择留下的工兵之间，似乎没有明显的群体差异。少数忠诚的土著兵在德里攻防战的最黑暗日子，也对英国人忠心耿耿。到攻防战结束时，他们是整个南印度硕果仅存的仍在英国军队中服役的印度人。

爱德华对属下工兵忠诚度的信任，以及在他们哗变时的震惊，在当时都是很典型的。第32团（驻扎在勒克瑙）团长的妻子阿德莱德·凯斯思考道："本次兵变最值得注意的特点之一，就是英国军官对自己的土著兵十分信任，不肯相信他们会背信弃义。"[40]

土著官兵离去之后，英军各团没有努力去追击他们，而是在密拉特黑烟滚滚的废墟中逗留，保持 24 小时警戒，等待应对德里方向叛军的进攻，但这进攻始终没有来。阿奇代尔·威尔逊准将枯坐在骑炮兵的兵营里，而其余驻军都安全地待在野战军火库。这是一片约 200 平方码大小的场地，周围有 8 英尺高的围墙，有 4 座堡垒和 1 条壕沟。兵站其余部分空无一人，以至于很多土著相信欧洲人已经被杀光了。[41]

直到十天后，反应迟缓的准将才终于率领他的部队（方圆许多英里之内仅有的欧洲部队）离开密拉特，沿着大路开往德里。此时叛军已严阵以待，并大举出动，阻止他们与从安巴拉开来的英军会合。两军在德里以北约 10 英里处的欣登河畔遭遇。这是爱德华第一次参战。

我们顶着赤日跑了两英里。葡萄弹把我们周围的树都撕碎了。葡萄弹的呼啸太可怕，在我们周围腾起一阵阵烟尘。我们人数不多，我估计就是这个原因才让我们逃出生天。我感谢上帝仁慈地救了我们。我们爬到高地，打退了敌人……十二名来复枪兵因中暑而倒下，其中四人死亡。天热得可怕。送水工来的时候，大家都一窝蜂扑上去要水。我嗓子干渴得冒烟。我始终穿白色衣服，戴木髓制的遮阳头盔，以保护头部、抵御阳光。我觉得那些来复枪兵之所以中暑，就是因为只戴了小小的布帽。我看到一个中暑的人发疯说胡话。我看到很多敌人的死尸。实心弹击中了一些敌人，把他们打得粉身碎骨……

我一辈子从来没有像现在这样开心过，我们全都兴高采烈，非常高兴……

你拿到了奖学金，让我非常为你高兴……

又及：我这么快就能参加战斗，很幸运。[42]

英军在欣登河畔的胜利使得阿奇代尔·威尔逊的部队，能够与从旁遮普来的、由总司令安森将军亲自指挥的主力部队会合。两军于6月7日在大干道上的阿里普尔（距德里仅8英里）会师，此时安森这位受欢迎的花花公子已命不久矣。安森将军还没有听到一声枪响，就死于霍乱。新任总司令是亨利·巴纳德将军，他是个正派的旧式人物，对印度的经验还不如安森将军多。在阿里普尔，西奥见到了自己的新上级赫维·格雷特黑德，此人曾是密拉特专员，如今是野战军里级别最高的英国文官。"梅特卡夫说他身体足够好，可以工作；而他非常熟悉德里，这对我非常有用，"格雷特黑德报告称，"他特别欢乐活泼，任何事情都不能让他灰心丧气。"[43]西奥在有需要的时候总是能表现出阳光的一面。

次日凌晨1点，会师后的英军离开阿里普尔，强行军途中在莫卧儿风格的老客栈巴德利萨莱前方遭遇了敌人。这是兵变期间的第一场大规模正面交锋。莫卧儿皇帝最强悍的儿子米尔扎·莫卧儿不仅强征了成百上千工人去修理德里城墙，还在大干道上的这家老客栈建立了一个强大的前沿防御阵地。此地易守难攻：两侧都是沼泽，中央有一座小山，可以为他的火炮提供居高临下的射界。在巴德利萨莱，英军第一次意识到，他们把土著兵训练得太好了。（不过，印度兵也从为各个土著王公效力的形形色色欧洲雇佣兵那里学到很多。）皇帝的另一个儿子米尔扎·赫兹尔·苏丹指挥着一支庞大而纪律严明的步兵部队，他们分散在火炮之间，后方还有增援部队待命。他们的瞄准相当高明。

肯德尔·科格希尔中尉说："我从未见过这么厉害的大炮。它们的射击准确到了一码的距离，每一发炮弹都能命中目标。"[44]巴纳德将军说他自克里米亚战争以来还没有体验过如此猛烈的炮火。他命令前排士兵卧倒。理查德·巴特回忆道："我非常高兴能下马卧倒，尽可能缩小自己的身形。炮弹尖叫着从我们头顶掠过，那种特别的声音只要听过一次，就一辈子不会忘记。过了几分钟传来了命令：'第75团前进，占领敌人的炮兵阵地。'一瞬间，整个横队都站了起来。很快我们的战友就纷纷倒下……敌人的每一发炮弹都击中了我们的横队。我记得有一发炮弹打掉了一个人的脑袋，或者说把它打成碎片，弄得我的老掌旗军士沃尔什浑身都是血和脑浆，过了好一会儿他才看得清东西。"[45]

爱德华身处激战前沿，并且乐此不疲。他写信给姨妈亨丽埃塔·莎士比亚（爱德华的双亲，即玛丽·安妮和弗朗西斯·萨克雷牧师早逝之后，玛丽·安妮的妹妹亨丽埃塔是爱德华的监护人之一）：

> 我以前从来不知道还有这么刺激的事情：一点一点逼近敌人，然后实心弹和榴弹①开始从我们身旁呼啸而过，撕裂了我们周围的地面。廓尔喀团和第75女王团同我们一起前进。伤员被用轿子抬下来，可怜的家伙，好多死者和重伤员。我们经过了我军的一个轻炮兵连，它遭到了敌人火力的猛烈射击。一辆弹药车被炸毁了，两三个炮兵躺

---

① 榴弹（shell）外观是球形，内部中空，装有火药，靠插在弹丸开口处的引信引燃。它一般由榴弹炮发射，弹道较为弯曲，利用爆炸后的破片杀伤人员，理论上可以用来对付背坡上的敌人。

在路上，浑身严重烧伤，伤情极其可怕，奄奄一息。我从未见过这样的惨景……

我们接到的命令是，摧毁沿途所有庇护叛军的村庄。不能对他们有一丝一毫的心慈手软。我敢说你会觉得这很残酷，但如果你想到我们的妇女儿童惨遭屠戮，还有六七名欧洲军官被带到他们自己的土著兵面前枪决，而没有一个人伸手帮助他们，你就会明白，我们没有别的办法，只能报复……

亨丽埃塔姨妈至少有十几个子侄辈和亲戚在兵变期间作战，所以她注定会听到很多类似的惨事。

你猜，8 日我们刚刚拿下高地之后，我在战斗中遇见了谁？罗伯特·洛。他是巴纳德将军的勤务官。他所在的土著团还没有叛变，但我猜那是迟早的事。现在有大约 30 个团叛变了。[46]

罗伯特和桑塔人

罗伯特·洛会像他父亲一样从军，这从来就没有疑问。在我看过的他的第一张照片，也是我看过的整个家族的第一张照片里，他意气风发，踌躇满志，胳膊下夹着一支双筒霰弹枪。他可能是在克拉托山上猎兔子。这时他的年纪不会超过十四五岁。他十六岁的时候，已经获得了孟加拉骑兵部队的少尉军衔。在他的装备被送到克拉托之后，他开始在餐厅桌子周围威风凛凛地高视阔步。一位老女仆尖叫道："快把罗伯特少爷的剑拿走！"[47]从来没有人能从他手里把剑夺走。

他去英格兰读书，在布里克斯顿山的戴先生开办的学校上学，在那里掌握了足够多的数学、古典学、法语和筑城术知识，足以让阿迪斯库姆东印度公司学院的教授满意。他在戴先生开办的学校上学时，奥古斯塔正住在寡居的妹妹玛丽安娜家中，就在唐桥井，所以她能在次子前往印度之前去看他几次。在她眼里，罗伯特实在太稚嫩，还不够成熟，不足以从军。她给在加尔各答的丈夫写信：

> 如果你写信给达尔豪西勋爵，请告诉他，我非常感激他的恩德，让罗伯特在卫兵队伍当差，这样他就能在你身边待上大约三个月。这很重要，因为他年纪太小，性格还没有成熟。[48]

达尔豪西勋爵将罗伯特置于自己的羽翼庇护之下。约翰·洛写信给总督，保证罗伯特会恪尽职守，达尔豪西勋爵冷哼道："说到'努力工作'，这对第一年当军官的十七岁活泼少年来说，期望过高了吧。"[49]达尔豪西勋爵没有儿子，所以对这个身强力壮、无忧无虑的少年十分喜爱。罗伯特身体健壮，而达尔豪西勋爵再也没有希望恢复健康。于是，1855 年 1 月初，罗伯特被调到加尔各答的卫队，而不是被送去旁遮普加入他原定要去的第 9 孟加拉轻骑兵团。

但由于一系列机缘巧合，罗伯特没能长时间体验加尔各答的舞会和赛马。他没能在总督身边安闲度日，而是立刻卷入了英军在印度打过的最怪异也最令人窘迫的战役之一。

流入加尔各答三角洲的几条河流，在注入该三角洲之前最后不到 100 英里的那片流域，就是桑塔人的土地。喜爱这个原始部落的歌曲与传说的人类学家称其为"原始澳大利亚人种"。他们的外貌的确与澳大利亚原住民相似，皮肤非常黑，鼻子短而扁平，塌鼻梁，头发蜷曲。这个部落人口众多，是印度最大的仍然说原住民语言的部落。他们没有自己的文字。直到 20 世纪初才有人为他们创造了文字。他们也没有枪炮和金钱。他们居住在大河沿岸丛林茂密的谷地中。不足为奇的是，他们在现代世界飘摇不定。

即便如此，英国人还是强迫他们用现金缴纳土地税，这意味着他们在收获庄稼之后必须尽快到市场上卖掉很大一部分收成。孟加拉商人轻而易举地欺骗和压榨这些信仰万物有灵的淳朴部落族民，他们很快就受骗去借利息率为 50% 至 500% 的高利贷。如果孟加拉放债人起诉桑塔人农民，后者能拿出来的唯一证据就是计数的结绳，上面打的结表示他借的卢比金额，结之间的空档表示他借款之后的年数。而放债人拿得出账目和交易日记账，更不要说抵押契据了。当然，这种契据很可能是伪造的。

当桑塔人无力还债时，孟加拉商人就借用英国法律去制裁他们，并且确保桑塔债务人对法律程序一无所知。这种程序一般在 100 英里之外的法庭进行。往往在没有任何预先警告的情况下，桑塔人的水牛和家宅会被卖掉抵债，更不要说他妻子的铜器皿和铁臂镯了。

桑塔人奋起反抗，这不奇怪；令人惊讶的是他们居然没有早一点揭竿而起。1855 年 6 月底，四个桑塔人兄弟向聚集在一起的一万部落族民宣布，邦加（他们信奉的神祇）指示他们打碎外国人的桎梏。他们抓住并杀死放债人，烧毁欧洲人的平房、电报站和火车站。桑塔人叛军从膝盖处砍断纳拉因布尔的柴明达尔的双腿，并大喊"四个安纳"，意思是现在还了四分之一的债务；然后砍断他的大腿，喊道"八个安纳"；然后是他的双臂，"十二个安纳"；最后，他们砍掉他的脑袋，并胜利地宣布"还清了!"

这一地区的英军兵力很少。在比尔拜恩蒂附近的恒河岸边，桑塔人轻松击溃了伯勒斯少校指挥的 150 名士兵。当地的英国专员向达纳布尔的劳埃德少将报告称，叛军死守不退，用的武器是弓箭和一种战斧。[50]现在叛军成千上万，甚至可能多达 3 万人，他们挥舞着这些原始武器，震慑了全国。虽然他们大多住在丛林里，但他们的领地扩展到了从加尔各答延伸出去的各条交通要道：好几条大河、大干道，现在还有一直延伸到拉尼甘杰（在桑塔人领地的腹地）的电报线与新铁路。在紧急状态期间，所有这些邮政和铁路系统都必须停止运作。

桑塔人领袖吹嘘道，东印度公司的统治完蛋了，他们的邦加的时代降临了。[51]当地种植靛青的农民惊恐万状。《加尔各答评论》也惊慌失措地哀鸣："我们的臣民对我们统治的信心动摇了。在很多地方，他们蒙受了极大的苦难。很大一部分公众抱怨政府明显缺乏团结一致的精神。公款在流失。公共工程停滞不前。最让人担心的是，今天最受推崇的项目，铁路，也遭遇严重的挫折。"

石器时代的原始部落对 19 世纪的文明施加了令人无法容忍的羞辱，而且全都是在距离英印帝国的大都市只有几十英里的地方。达尔豪西勋爵此时还在南部山区休养，他搜罗和拼凑了一支混合军队逆流而上去讨伐桑塔人。为了让这支部队有像样的兵力，他不得不牺牲自己的卫队。这就是为什么罗伯特·坎利夫·洛第一次实战的敌人是衣不蔽体、手中只有弓箭和斧子的原始部落族民。

总督从遥远的科塔吉里写信给正在加尔各答的约翰·洛："如果能听你更多讨论此次桑塔人叛乱，我会很高兴。此事的后果令人不安，让坐在遥远地方的我也颇为焦虑和烦恼。"

"我希望你儿子不要患上热病，现在它是我们最坏的敌人。"[52]

第一个麻烦在于，英军刚刚接近，桑塔人就躲进丛林，所以桑塔人负伤的都很少。沙克伯勒少校吹嘘自己"对桑塔人实施了又一次成功的扫荡，摧毁了大量财产，但叛军看到我军接近就逃之夭夭而不是坚守抵抗，而他没有骑兵，所以没办法接近和杀伤敌人"。[53]用现代武器来攻击只有弓箭的原始部落本身就很可耻了，更丢人的是英军还没有办法杀伤敌人。他们能做的就是纵火烧毁村庄，这种做法没有体现出孟加拉副总督F. J. 哈利迪先生所说的"真正克制与人道"的英国政策。更糟糕的是，英国人非常尴尬地意识到，自己站在了压迫者一边。这违背了他们大肆宣扬的使命，即保护弱小部族。

英军逐渐将叛军消灭殆尽。很快这场军事行动就变成了打靶一般轻松的恃强凌弱。第56土著步兵团的文森特·杰维斯少校在镇压桑塔人的行动中发挥了主要作用，他后来懊悔道：

> 这根本不是战争。他们不理解投降的意思。只要他们的战鼓还在敲，他们就全体站在那里等着我们开枪把他们打倒。他们的箭常常能杀死我们的士兵，所以只要他们还站着抵抗，我们就不得不向他们开枪。他们的战鼓停歇之后，他们就后退四分之一英里。然后鼓点又敲响了，

他们镇定自若地站在那里，直到我们逼近并向他们发出几轮齐射。参加此次战争的印度兵没有一个不觉得羞愧难当的。[54]

桑塔人为什么不再逃跑了呢？他们没有枪炮，他们也亲眼见证了英国人的步枪的恐怖杀伤力（不管是猎杀野兽，还是惩罚叛军）。那么他们为什么偏偏在这个时候离开丛林，耐心地站着等待被屠杀呢？官方的记述和司法审判（大量桑塔人被判死刑或监禁）中都没有解释他们为什么奇怪地改变了行为方式。

当地的教师迪甘巴尔·查克拉博蒂后来获得律师资格，成为第一个为桑塔人提供专业法律服务的律师。他写了一本书叫《胡尔》（Hool，桑塔人用这个词称呼他们的反叛），其中讲了一个奇怪的故事。

桑塔人确实害怕英国人的步枪。为了劝说桑塔人拿起武器反抗，他们的巫师兼催眠师昌多·曼吉黑解释说，邦加托梦给他，承诺赐予他们刀枪不入的神力，让他们不用怕英国人的步枪，它们喷出的只不过是水，而不是夺人性命的子弹。几天后，桑塔人与一名骑大象的当地靛青种植园主发生斗殴。种植园主的象夫被桑塔人用一根生锈的铁棒打死，而种植园主向桑塔人发射空包弹，想把他们吓走。他们看到无人受伤，就开始相信昌多·曼吉黑的梦了。

但他们还没有完全相信自己刀枪不入。8月底，成千上万的桑塔人隔着托莱纳迪河面对杰维斯少校指挥的英军特遣队时，不肯蹚水过河，而是向英军放出一阵箭雨，并小心地躲在步枪射程之外。

为了怂恿他们上前，杰维斯少校命令部下发射了一轮空包弹。硝烟散尽之后，桑塔人四下张望，看到没有一个人负伤。他们终于开始过河，领导叛乱的四兄弟之一希德胡摆出施魔法的手势并吟唱咒语，让大河的水位保持较低的状态，因为此时西方天空乌云滚滚，即将暴发山洪。

桑塔人过河之后开始射箭。英国人害怕桑塔人的箭有毒，但其实桑塔人非常有骑士风度，只在打猎时才给箭头涂毒，打仗时不用毒箭。三四名英军负了轻伤。在士兵们的极力要求下，少校命令发射两三轮实弹。一瞬间就有 50 个桑塔人被射杀，数百人负重伤。桑塔人丢下弓箭，逃过河去。现在暴风雨开始肆虐，河水猛涨，他们难以过河。英军持续射击，桑塔人不断倒下，数百人在托莱纳迪河中溺死，浑浊的激流将死尸卷走。[55]

杰维斯少校的正式报告中没有讲到这些细节。即便查克拉博蒂的这个故事只有一半真实性，也能解释桑塔人为什么在叛乱初期谨慎而胆怯，后期却鲁莽地直面枪林弹雨。查克拉博蒂（1849～1913）的书是在 1895 年写的，但直到 1988 年才发表，书名为《1855 年桑塔人反叛史》，所以这个故事在民族主义宣传中没有发挥作用，不过空包弹的故事确实在民间流传下来。桑塔人的误会也不是独一无二的。1904 年，西藏人投入战斗的时候，也相信达赖喇嘛祝福过的护身符能让他们不必害怕英国人的马克沁机枪。

在随后扫荡残敌的行动中，英军缴获了桑塔人的战鼓和笛子，桑塔人就是用这些乐器召集战士和警示敌人接近的。正如桑塔人破坏了英国人的铁路和电报线，如今英国人也残酷地捣毁了这些乐器。

　　在桑塔人叛乱被最终镇压下去之前，1856 年初，良心不安的英国当局开始补救。桑塔人被置于英国地区专员的保护之下，获得了有效的、得到法律保护的权益和一定程度的保护，去抵抗欺诈。即便如此，一个世纪之后毛主义的纳萨尔派运动就诞生在西孟加拉的桑塔人腹地（并且今天仍让印度政府烦恼），也许不是偶然。

　　在不甚体面地初尝战火之后，罗伯特·洛被晋升为中尉（1855 年 9 月 29 日），并前去自己所在的团，驻扎在北方旁遮普的第 9 孟加拉轻骑兵团上任。第 9 骑兵团的命运将会和桑塔人一样悲惨。

　　在旁遮普最北端，也就是山麓地带开始的地方，坐落着古城锡亚尔科特。内皮尔选择此地为地区性总部，它变成了一个相当重要的军事基地。它是被选中试用新式子弹的三个兵站之一，另外两个是加尔各答郊外的杜姆杜姆和安巴拉。驻扎在这三个兵站的成千上万的土著兵群情激愤，第 9 骑兵团也在其中。年纪较大的军官听说约翰·尼科尔森从这些心怀不满的印度兵当中抽调了数百人去他的机动纵队（包括第 9 骑兵团一部）时都不禁摇头。他为什么不将这些印度兵缴械，就像他在白沙瓦让第 16 团缴械那样？把麻烦带在自己身边，他肯定是发疯了。

　　但约翰·尼科尔森既残酷无情，又精明狡猾。他率领纵队南下，开往德里。三天后，他们进入皮劳尔要塞，他让欧洲士兵排在路两边，然后未加预先警告，突然命令土著步兵停下并交出自己的武器和弹药袋。他们被打了个出其不意，并且与他们旅的其余土著兵分隔开，所以不得不恼火地服从，就像第 16 团那样。尼科尔森制服了半个旅的土著兵之后，再次北上。他还没有将自己手中的第 9 骑兵团一部缴械，因为他担心一旦这么做了，留在锡亚尔科特的第9骑兵团其余士兵会叛变。

他到达阿姆利则之后，当地的电报站送来了消息，锡亚尔科特的印度兵全部哗变，正在兵站里烧杀抢掠。他并不为此惊讶，顺势将自己手中的第9骑兵团一部也缴械了，没收了他们的所有马匹，并命令步兵列兵们（他们绝大多数人从来没有骑过马）骑上这些马，然后率领这支临时骑兵疾驰去拦截正在南下的锡亚尔科特叛军。这些叛军因为吸食印度大麻而飘飘欲仙，并且满载战利品，准备与德里的叛军会合。

第9骑兵团叛军刚刚在一个叫特里姆河坛的渡口渡过拉维河，尼科尔森就看见了他们的浅灰色制服。[56] 面对英军的新式恩菲尔德线膛枪，叛军的滑膛枪简直就是玩具。叛军手中唯一的火炮是从锡亚尔科特兵站拖来的，并且它是在黎明和黄昏时分隆隆作响的号炮。而尼科尔森拥有九门野战炮，它们立刻开始用榴霰弹①和葡萄弹轰击叛军。

这个旅在自相残杀，其中一半与另一半厮杀，尼科尔森担心负责驱赶拖曳大炮的牛群的土著会逃跑。土著骑警也可能逃跑。尼科尔森轻描淡写（这不太像他）地说，这些骑警"似乎不愿意参战"，于是他们被命令撤到后方去。叛军撤向河流，丢下了三四百个死者和伤员，他们从锡亚尔科特兵站掳走的全部战利品也被英军夺回。泅渡过程中没有被子弹击中的叛军爬到了河中心的一个小岛上。尼科尔森纵队随后乘小船（是他匆匆搜罗来的）追击，在高高的草丛中将这些叛军用刺刀戳死。

尼科尔森亲自冲向叛军的炮兵阵地。他的传记作者写道：

---

① 榴霰弹是英国炮兵军官亨利·施雷普内尔发明的，是一种简单的炮弹，被设计成会在敌人上空爆炸，并倾泻出小弹丸。

"他强健有力的胳膊挥舞利剑，狠狠劈向操纵大炮的叛军的胳膊，将对方砍成两截。'嗯，砍得不赖，'他对自己的副官说。"[57]兵站的这门炮其实对英军没有多少威胁，因为它的升降螺杆生锈严重，炮口无法压低，所以炮弹从英军头顶上飞过，不会造成任何伤害。最后就只剩下浅灰色的军服在河水中漂浮，第9孟加拉轻骑兵团不存在了。

特里姆河坛之战和随后几个月里北印度各地发生的许多战斗类似。约翰·尼科尔森虽然年仅三十四岁，但已经表现出远见卓识和果敢敏捷。他打散叛军，以便更容易将其缴械，然后将其隔离并全歼。罗伯特·洛所在的第一个团，就像他父亲所在的第一个团一样，也从地球表面消失了。曾经与他一同操练的土著兵谋杀了曾与他一同吃饭的军官，最后大多数土著兵和英国军官都死了。

另一个巧合是，罗伯特·洛和父亲一样，在自己的团发生叛变时并不在现场。如果他在的话，那么印度兵在兵站横冲直撞地杀人的时候，他可能也会丢掉性命。洛家的人似乎都有这种好运气。他在本团叛变之前被调到了野战军新任司令亨利·巴纳德爵士的参谋部。作为巴纳德的勤务官，他在巴德利萨莱的战场上遇见了表舅爱德华·萨克雷。

山岭与围城

当晚，德里野战军占领了如浓眉一般雄踞于德里城之上的长长山岭。此时，莫卧儿曾经的统治者已经再度自立为皇帝。德里围城战开始了。

这不是一场普通意义上的围城战。叛军可以在城市四分之三的区域里来去自如，自由地获取新鲜食物，并招募潮水般涌来的新兵。反倒是所谓的围城者被束住了手脚。他们面前是令人生畏的德里城墙与堡垒。在他们左侧，亚穆纳河切断了通往安拉阿巴德和加尔各答的道路。他们背后是纳杰夫加运河。只有他们的右侧才有一条出路，也就是他们沿着大干道从西北方来的路，而且即便在这条路上也有不时发生的激烈争夺战。英军从准将到随军牧师的所有人，都认识到了这个令人不快的事实。约翰·爱德华·罗顿牧师说："我们来围攻德里，但我们很快就发现，实际上我们才是被围困的人，而叛军是围城者。"[58]

西奥随野战军一起来到山岭。于是，对西奥、爱德华和罗伯特来说，他们人生中最诡异的三个月开始了。山岭上疫病流行，生活紧张忙碌，既欢乐也险象环生。山岭道路背后的老兵站已经被叛军摧毁。巴纳德将军的临时新营地处于德里堡垒的大炮射程之外，但暴露在敌人的正面攻击之下。敌人可以从山岭与城墙之间的无人地带发动攻击。这个无人地带遍布沼泽、壕沟、废弃清真寺、废墟、乱七八糟的灌木丛和有围墙的花园，着实是狙击手的天堂。

阿瑟·兰与其他工兵待在山岭上。他告诉母亲："尽管骆驼、马匹和叛兵的死尸臭不可闻，我们的营地看上去特别美丽。翠绿的遍布沼泽的草地之外，一排排白色帐篷沿着山岭向下铺开。这一条长长的山岭上满是青草、矮树和乱石，分布了若干显著地点：旗杆塔①、清真寺、兴都·拉奥②的宅邸，现

---

① 旗杆塔是德里的英国兵站的一处瞭望塔，1857年兵变爆发初期，有一些欧洲人和印度基督徒在这里避难。后来英军在这里与叛军发生激战。

② 兴都·拉奥是一位马拉塔贵族，是瓜廖尔大君道拉特·拉奥·辛迪亚（1779～1827）的妻弟。他与英国人关系友好。1857年兵变期间，他在德里的住宅成为激战的战场，后来被改建为医院。

在它们全是我军的据点。"阿瑟在晚间随霍德森的一队"猛士"骑马在运河河岸行进，觉得该地区仿佛是一片英格兰草地："这种幻觉偶尔会消散，因为我们能看到成群的猴子从路上走过或者呲溜一声上树，或者孔雀傲慢地踱方步，鹦鹉尖叫着飞来飞去，并且我们能闻得到巴布尔花［巴布尔树的英文名称是 gum arabic，即阿拉伯胶］的强烈香气。如果我们回头看看身穿卡其色上衣、头戴深红色头巾的骑兵，那种幻觉就彻底消失了。"[59]

　　和他的工兵战友爱德华·萨克雷一样，阿瑟·兰感到，战斗是一件惊险刺激而不是令人畏惧的事情。"我不知道这是怎么回事，我感觉不到危险；我要么麻木不仁，要么太笨。不过我应当不是麻木，因为我有时能感受到刺激的喜悦。"[60]现在他愈发感觉到，"我当时选择从军真是选对了。风吹日晒、辛勤劳苦、炮弹和子弹的呼啸、行军和艰苦的生活条件，这一切构成了军人的生活，我都喜欢"。[61]他每天都给留在拉合尔的未婚妻萨拉·布瓦洛写信。他说，她"明艳照人"，但他必须先打仗，然后才能考虑成家。

　　山岭顶部的英国士兵看得见红堡的宣礼塔和贾玛清真寺。他们还听得见叛军的号手在吹英军的集结号，叛军乐队在演奏他们从英国主子那里学会的最受欢迎的老歌《加油，小伙子们，加油》、《英国掷弹兵》和《我们留下的姑娘》。他们看见城墙上的叛军仍然穿着鲜红的英军制服。山坡上每天发生的小规模交锋结束后，他们一遇见叛军尸体，就会从军帽上收走旧的数字团徽。爱德华在给亨丽埃塔姨妈的信中写道："我们教育了这些人，把他们训练成军人，给了他们武器装备，而如今我们要与他们作战，这是不是很可怕？他们在用我们的枪炮和装备与我们厮杀。"[62]

爱德华和其他撞见这怪异景象的清醒观察者一样，也对英国人的愚蠢感到不可思议："想象一下，像德里这样的地方，我们的物资和大炮都在里面，我们却只部署了土著部队。"[63]

在战斗前沿生存下来是很简单的事情。"一名哨兵坐在胸墙上，看到敌人大炮的炮口焰时就喊'下去！'然后我们全都缩到胸墙之下。最糟糕的是爬到胸墙顶端，因为炮弹会以最让人不爽的方式呼啸而来。"仍然留在爱德华身边的少数土著工兵表现极佳。其中一人的一条腿被炸掉了，但没有医生，于是爱德华不得不亲自为他包扎。他身旁的一个卡宾枪手被炮弹打中，却非常淡定地说："哦，我的胳膊和腿都没了。给我杯水吧。"

孟加拉工兵部队的运气不错，搞到了兵站仍然屹立的少数平房之一。这栋房子原本属于一名在兵变最初几天就丧命的欧洲军官。大房间里还有一张台球桌。军官们将台球桌的边缘锯掉，然后紧挨着睡在上面，挤得就像沙丁鱼。[64]全体军官还拿这张桌子当餐桌。

这20名工兵军官是一个了不起的群体：其中14人后来成为将军，3人荣获维多利亚十字勋章。他们精力充沛，活跃好动，也喜欢给别人取外号：爱德华是"高靴勋爵"；顾问工程师威尔伯福斯·格雷特黑德是"侮辱人的工程师"；数学家和天文学家詹姆斯·坦南特是"总反对官"；苏格兰高地人查尔斯·托马森被称为鲁宾逊·克鲁索，因为他穿着特别的褪色破衣烂衫走来走去。托马森酷爱吹风笛，在季风暴雨把他们全都淋成落汤鸡的时候还坚持演奏《一百个风笛手》。他编写的风笛曲子选集《科尔·莫尔》后来成为经典名作。他们有时被淋得湿透，有时被敌人枪击，其余时间则在运河里游泳或钓鱼，并写信给家人，一口咬定自己过得非常舒适惬意。阿瑟·兰感谢母亲寄来了《小杜丽》的最后一期连载，这让他集齐了全书："等萨克雷的连载故事开始时，拜托给我寄过来。"[65] 晚上他们玩"卢"（loo）纸牌，赌注很高。一名工兵下级军官押的赌注相当于他晋升到少校之前的所有津贴。结果他输了。打败他的那个人是另一个团的一位维多利亚十字勋章获得者，他每年能从输家那里获得数百英镑，却显然没有任何道德顾虑。爱德华只有二十岁，是他们当中最年轻的。他的亲戚罗伯特·洛是参加过讨伐桑塔人的行动和巴德利萨莱战役的老兵，常在这张台球桌上吃饭。他年纪更小，只有十九岁。

西奥很少参加工兵军官食堂那亲切友好的快活嬉戏。他在山岭周围徘徊，因为尘土和苍蝇，他的眼睛又疼痛肿胀起来，他看到山岭下方不远处梅特卡夫宅邸的废墟时更是愤怒。现在，梅特卡夫宅邸舒服的露台已经被沙袋，以及堆积起来好掩护野战军前沿警戒阵地的垃圾挡住。他唯一的娱乐是率领队伍去山岭背后的村庄缴械和纵火。他的妹夫爱德华·坎贝尔也驻扎在那里，他写信给西奥的妹妹琪琪道："除了他对这个地区比较熟悉外，我不觉得他在这里能发挥什么作用。但他们似乎都对这不关心。"[66]

每天两次，分别在中午和日落时，身穿一尘不染的亚麻服装的土著仆人会沿着道路向山岭顶端缓缓行进，端着为主人准备的菜肴和酒杯。这些仆人的身形在天空映衬下很明显，是叛军当中一流狙击手的绝佳目标，但这些仆人对成群的苍蝇和嗖嗖射来的子弹不以为意。英军严重缺少弹药，所以付钱给仆人，让他们去捡敌人射来的实心弹。仆人们收集炽热的炮弹（抢在它们滚下山坡之前）的竞争非常激烈，以至于他们常常烧伤自己的手指。

无人地带里的尸体发出的恶臭十分不堪。运河里的水喝起来味道像豌豆汤。令人生畏的威廉·霍德森记载道："除了疫病天使忙着杀人，万物都死气沉沉、停滞不前：我们的医院里目前有 2500 个病人，其中 1100 人是欧洲人，而我们全军只有 5000 个欧洲人。9 月的德里以炎热闻名，而今年我们似乎要体验它的全部恐怖。"与之相比，敌军有 3 万之众。英军几乎每天都能透过望远镜看见更多的叛军团队跨过浮桥进城。

霍德森患上了霍乱。亲爱的老将军巴纳德前来看望他，为他盖上毯子，好让他夜间不必怕风。[67]霍德森痊愈了，但巴纳德自己没有那么幸运。7 月 5 日清晨，他正在斟酌一个即刻攻城的计划，这是新到的工兵主任理查德·贝尔德 - 史密斯及其才华横溢的年轻助手亚历克斯·泰勒上尉提出的。他们谈了三个钟头，贝尔德 - 史密斯注意到巴纳德"脸上带着憔悴而焦虑的神情，眼睛迟钝昏暗，完全不是他惯常的样子"。随着讨论越来越活跃，这些低沉的神情都消失了。[68]但到上午 11 点时，将军霍乱发作，当天下午就去世了。次日上午，罗伯特·洛护送巴纳德的遗体（用炮车运载）前往山岭背后的墓地。

野战军连续有两位高龄的指挥官死于霍乱，运气实在是太差了。但无论什么衔级和年纪的英国士兵都同样容易染上这种疾病，并出人意料地暴死。可能前一天他们还在食堂打惠斯特牌或者在灌木丛和橘树林里躲子弹，第二天早上就病逝了。在两年前的克里米亚战争中，英军病死的人数是战死人数的四倍，霍乱是头号杀手。悲剧在于，治疗霍乱的手段其实很简单：给病人及时补水，他就只会受到比较严重的痢疾的折磨，而没有生命危险。污染的水携带杆菌，干净的水则能将其清除出人体。

当时的医生和公共卫生官员顽固地死守旧观念，相信霍乱是由肮脏的空气传播的。山岭上或者塞瓦斯托波尔战场上的恶臭让人比较容易相信这种理论，正如伦敦贫民窟的臭气也会让人这么觉得一样。年轻的理查德·巴特中尉和其他人一样坚信，传播霍乱的是空气中的"瘴气"。他在记述德里围城战的回忆录中经常提到臭气是霍乱的病因。但他的伯父（也叫理查德·巴特）早在 19 世纪 30 年代就发现补水能够治愈他的几乎所有霍乱病人，并写了一本小册子来证明这一点。[69]

巴纳德的继任者里德少将坚持了不到两周，就以患病为借口去了山区。他深深感到自己无力承担如此艰巨的使命。接替他的是阿奇代尔·威尔逊准将，前文已经讲过，他在密拉特的表现不算积极活跃。威尔逊的身体很差，白天大部分时间都躺在行军床上，用湿布捂着额头。他是野战军在一个月里的第四位指挥官，但还不是最虚弱的那个。

相比之下，工兵军官们则是生龙活虎。巴纳德的第一任工兵主任是一位上了年纪的少校，过来打仗时他带来了自己的波斯太太和二三十峰骆驼运载的行李。他患病之后，贝尔德－史密斯少校接替他。和其他人一样，他的健康状况也极差，身上的伤经常疼得厉害，让他没办法去台球桌前吃饭。但他与人争论的时候毫不留情，非常强势。巴纳德已经有两次差一点就下令发动全面进攻，但都任凭机会流失。现在贝尔德－史密斯在阿奇代尔·威尔逊身上点燃了稍许激情。

在远离恐怖与沉闷的山岭的地方，伦敦和加尔各答的英国公众都如坐针毡。他们原指望能在一周，或顶多一个月之内就听到英军收复德里、全民耻辱得雪的捷报。在奥德和西北各省的穷乡僻壤，人们的期望同样热切。在萨哈兰普尔等待叛军的一小群英国军官为收复德里的具体日期打了赌，胜者可获得全部赌金。德里的行政长官之一罗德里克·爱德华兹抽到的签是6月27日，他希望自己不会赢，因为那个时间太晚了，英军那时应当早就收复了德里。[70]但现在已经是8月了，而根据报纸上的新闻，英军仍然在山岭闲荡，狼吞虎咽地狂饮波尔图葡萄酒，猛吃六道菜的大餐。报界不耐烦地询问，部队为什么不"翻过花园围墙"。事实上，德里的城墙周长7英里，高达24英尺，城墙之外还有很深的护城河，并且守军兵力是攻城英军（包括医院里的伤病员）的4倍。

至少在围城战的最初几周里，双方的兵力对比是这样的。但随着英军兵力逐渐增强，开始有大群叛军开小差，因为他们意识到莫卧儿皇帝没有钱给他们支付军饷。副官长基思·扬上校估计，英军最终于9月14日发动攻势的时候，城内叛军不超过1.2万人，不过他们的防御阵地仍然十分巩固。[71]

8月7日清晨，一辆邮车把身形伟岸、阴森可怖的约翰·尼科尔森送到了山岭。当晚的晚餐期间，他一声不吭地坐着，身后站着他那同样雄壮的普什图族仆人，这令原本欢快活泼的军官们噤若寒蝉。尼科尔森在视察防御阵地的时候，用他那洪亮的阿尔斯特嗓音对方方面面都横加挑剔。尼科尔森很快就向自己的老上级约翰·劳伦斯爵士（劳伦斯在高尚地将自己的大部分部队送到德里之后，仍然在守卫旁遮普）表达了对阿奇代尔·威尔逊的评价："我见过很多昏庸无能的将领，但他这样的不学无术只知呱呱叫的蠢物，我还是第一次见。等到占

上图：1857年在勒克瑙，第93团攻打亚历山大花园的场景。

下图：英国人攻占德里。

上图：威廉·霍德森在胡马雍陵园俘虏了末代皇帝巴哈杜尔·沙二世及多位皇子。

下图：英军炮决的场景，为的是在被统治者心中制造恐惧。

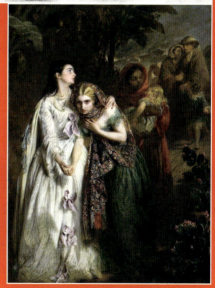

上图：英军在白沙瓦炮决叛变者。

下图：《逃离勒克瑙》，作者是Abraham Solomon。
英国妇孺于1857年11月19日撤离常驻代表府。

上图：英军在勒克瑙绞死两名参与叛乱的第31土著步兵团士兵，照片拍摄者为Felice Beato。

下图：亨利·哈夫洛克爵士的"第一次勒克瑙解围作战"，1857年9月25日。

科林·坎贝尔爵士，后来被册封为克莱德勋爵，绰号"爬行骆驼"。

上图：科林·坎贝尔爵士的"第二次勒克瑙解围作战"，1857年11月17日，画家为Thomas Jones Barker。

下图：王妃府邸防御工事的废墟。Felice Beato的照片表现出了爱德华·萨克雷和他的工兵造成的破坏。

梅特卡夫宅邸的不同景观

上图：梅特卡夫宅邸的废墟，照片拍摄者为Felice Beato。西奥·梅特卡夫原本就觉得眼睛不舒服，看到这惨景更是痛苦。

下图：抢劫皇帝花园，W. H. 罗素在《泰晤士报》上讲述了这个故事。它是战地记者占据舞台中心位置的一个早期例子。（达志供图）

马尔科姆·洛在他结婚时，画家为 E. K. Talyer，1872年。

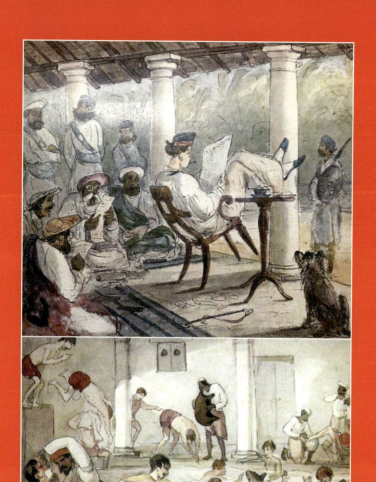

上图：《我们的行政长官》，出自《咖喱与米饭》。

下图：《我们的游泳池》，出自《咖喱与米饭》。（达志供图）

上图：萨姆·布朗中校，
戴着他的维多利亚十字勋章。

下图：勒克瑙常驻代表府的废墟，
照片拍摄者为Felice Beato。

詹西女王拉克希米·白，在征途中。（达志供图）

上图：洛将军骑着他的矮种马，在圣安德鲁斯的老球场打球，19世纪60年代。

下图：乔治·斯科特·罗伯逊，奇特拉尔驻军的沉着冷静的指挥官。

左图：明妮·萨克雷，照片拍摄者为萨克雷家的朋友 Julia Margaret Cameron。（达志供

右图：安妮·萨克雷，照片拍摄者为 Julia Margaret Cameron。

左图：人到中年的爱德华·萨克雷，佩戴着他的维多利亚十字勋章。

右图：陆军中将罗伯特·洛爵士，
脸上愁云密布的奇特拉尔英雄。（达志供图）

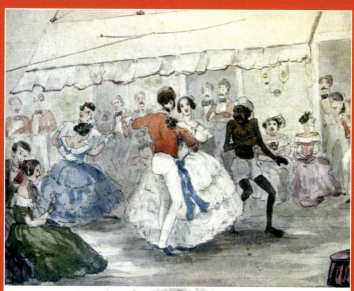

上图：《我们的舞会》，出自《咖喱与米饭》。（达志供图）

下图：英王皇家来复枪部队的马克沁机枪分队，奇特拉尔，1895年。

领城市之后，我绝不在他麾下多待一天。"[72]

8 月 24 日，英军透过望远镜可以看到一支强大的军队从西门出来。莫卧儿皇帝的新将军，肥胖而老迈的巴克德·汗，拥有 9000 个士兵和 13 门炮。他显然希望取道纳杰夫加运河，先控制从北方来的道路（英军的攻城装备正在以最慢的骆驼的速度缓缓运来），然后绕过去，从背后袭击英军。

这比敌军之前的任何一次出城突袭都更具威胁性，显然只有一个人能对付得了。机动纵队于次日凌晨 4 点顶着倾盆大雨出动，由蓄着黑胡须的魁梧的阿尔斯特人尼科尔森亲自指挥，看到此景让威尔逊同尼科尔森一样开心。尼科尔森之前乘邮车赶来的时候只带着自己的普什图族巨人，现在需要几名副官。威尔逊很高兴地把自己的副官之一罗伯特·洛借给他。

罗伯特已经侍奉过三位奄奄一息的老将军，如今成了尼科尔森的幕僚，这可以说是翻天覆地的变化。他当即脱颖而出。尼科尔森毫不犹豫地宣布，洛中尉是他"幕僚中最聪明的军官"。这一天对机动纵队的所有人来说都特别艰难，包括西奥。他主动报名参加此次行动，担任先导，引领部队寻找小路。

机动纵队只有 2500 人的兵力，仅相当于巴克德·汗军队的四分之一，但机动纵队拥有 16 门炮，还有尼科尔森。从山岭下来之后刚走了 9 英里，他们就陷进两块沼泽，大炮陷到了车轴的位置，骆驼瘫倒在烂泥里，步兵浑身湿透，骑兵的战马则掀起更多烂泥。威尔逊给他们的一条好建议是只走大路。但西奥知道一条捷径，何曾想这捷径竟然更难走。有时地面积水达到齐腰深，士兵们不得不将弹药袋举到头顶。尼科尔森打定主意在日落之前发动进攻，于是派遣西奥先去查看部队前方的壕沟。西奥找到了一条说得过去的路可以通过壕沟。在壕沟对岸，他透过瓢泼大雨勉强能看见巴克德·汗的前哨部队，他们就像巴德利萨莱战役中米尔扎·赫兹尔·苏丹的部队一样，围绕着桥梁附近的一家客栈摆开阵势。

就连这个通过壕沟的渡口也有齐腰深的积水。他们正在通过时，敌人从客栈开火了。尼科尔森从马镫上站起身来，告诉官兵，科林·坎贝尔爵士①在旁遮普战争的齐连瓦拉战役②中是这样说的，他在阿尔马河战役③之前对高地旅也是这么说的："等到距离敌人只有 20 码或 30 码时再开枪，向他们齐射，然后用刺刀冲锋，客栈就是你们的了。"精髓就是一直等到能看得清敌人的眼白才开枪。简单明了的正面进攻这种横冲猛打的战术，对阿萨耶战役中的威灵顿公爵和后来的十几位英国将领都非常有用。[73]

不到一个小时的时间，尼科尔森就击溃了叛变的印度兵，

---

① 科林·坎贝尔，第一代克莱德男爵（1792～18163），陆军元帅，英国名将，在威灵顿公爵指挥下参加了半岛战争，参加过第一次鸦片战争（曾在江苏镇江作战）。克里米亚战争的巴拉克拉瓦战役期间，他指挥英军高地旅击溃了冲锋的俄国骑兵。《泰晤士报》的战地记者威廉·罗素写道，阻挡在排山倒海般冲杀而来的俄军骑兵与英军基地之间的，只有"一道细细的红线"。这红线指的是身穿红色军服的高地旅官兵。从此，英语里多了一个短语"细细的红线"（thin red line），指的就是英国军人面对惊涛骇浪也岿然不动的大无畏精神。坎贝尔后来担任印度英军总司令，在 1857 年兵变中收复勒克瑙。

② 齐连瓦拉战役是第二次英国-锡克战争的一部分，时间为 1849 年 1 月，地点为旁遮普的齐连瓦拉。这是东印度公司打过的最血腥战役之一。休·郭富将军指挥的 1.5 万英军与约 4 万锡克军队僵持不下，双方都声称获胜。此役遏制了英国对锡克领地的野心，对英国的军事威望打击很大。

③ 阿尔马河战役（1854 年 9 月 20 日）是克里米亚战争的第一战，发生在克里米亚半岛的阿尔马河河畔，战役中英法与奥斯曼联军大败俄军。

缴获了他们的全部火炮与辎重，杀敌 800 人，己方仅有 2 名军官和 23 名士兵阵亡。此次战役和兵变期间的其他决定性交锋一样，叛军打得非常英勇而顽强。面对枪林弹雨，他们和任何一支欧洲军队一样训练有素、纪律严明。英国历史学家不厌其烦地指出，印度兵和欧洲军队的差距在于指挥水平（没有一位土著王公有机会学到高超的军事指挥技艺）和英国大炮的威力（不过在有的战役中，叛军也有很好的火炮）。

捷报被送回疫病流行、士气低落的英国军营。送捷报的不是别人，正是尼科尔森手下年纪最小的副官。罗伯特在浑身烂泥和雨水的胜利者前方独自骑马跑到山岭，享受了一个真正光荣的时刻。他可以忘却镇压桑塔人的龌龊行动了。如今他参与的是一场真正体面的胜利。

一周后的 9 月 4 日，大家期待已久的攻城设备终于隆隆驶入了营地，队伍全长 8 英里：60 门重型榴弹炮和臼炮，600 多辆牛车运载的实心弹和榴弹（从旁遮普的兵工厂运来，这些兵工厂在整个兵变期间一直坚持生产），以及庞大的 24 磅攻城大炮，需要成群的大象才拉得动它们。现在有了足够多的武器将德里化为齑粉了。

接下来进行的是一场工兵的战争。阿瑟·兰中尉兴高采烈地说："我们工兵下级军官的地位非常高。在将军们面前，我们比校官更加冷静和直言不讳地发表意见，而将军们全都缄默地同意，我们才是领导者。"[74] 贝尔德 – 史密斯和亚历克斯·泰勒在发号施令，而阿奇代尔·威尔逊的反对之声化为虚弱无力的低鸣。爱德华·萨克雷的任务是建造 2 号炮台，位置就在托马斯·梅特卡夫爵士用作常驻代表府的那座有城堞的假城堡前方。这座城堡是拉德洛医生为自己建造的，所以被称为拉德洛城堡。2 号炮台距离克什米尔门只有 500 码，这里被选定为主攻的焦点。英军的计划是毁掉城门旁的叛军大炮，然后摧毁为守军提供掩护的胸墙，最后炸开城门本身。

9 月 7 日晚上，爱德华带领着不少于 1400 头背负柴捆的骆驼，这些柴捆是用来巩固炮台四壁的。大家沉默地在长长的骆驼队旁前进时，只见萤火虫在树木和灌木丛中闪光，爱德华为之着迷。在之前的两周里，工兵们从黄昏到黎明只能摸黑在丛林中跌跌撞撞地活动，浑身湿透，不断遭到射击。他们努力伐倒乔木和灌木，以便为大炮清理出足够的空间。2 号炮台将会部署 9 门 24 磅炮、7 门重型榴弹炮和 6 门 9 磅炮。这将是一场大规模的炮击，预示着 20 世纪的战争会是什么模样。

9 月 11 日的整个上午，2 号炮台的大炮猛击克什米尔门周边的城墙。"这真是激动人心的景象：石墙在弹雨之下崩塌，缺口越来越大。8 英寸炮弹在击中胸墙时爆炸，一次就能将整段的胸墙炸毁。"[75] 在满天星斗的 9 月 12 日夜间，贝尔德－史密斯派遣四名工兵中尉去查看城墙缺口是否已经足够大了。梅德利和兰负责查看克什米尔堡垒，格雷特黑德和霍姆负责查看水边棱堡。这四位勇敢的下级军官静悄悄地溜进护城河，爬到另一端，将梯子抬到缺口处。完成任务之后，他们气喘吁吁但毫发未伤地跑回自己的炮台，报告称缺口已经足够宽，并且缺口两侧没有敌人的大炮。贝尔德－史密斯主张紧抓这个机会。阿奇代尔·威尔逊只能接受他的建议。他们将于次日黎明发动总攻，投入一切能投入的力量。

总攻前一天，他们都立了遗嘱，将其托付给副官。阿瑟·兰在给母亲的信中写道："我们在磨砺自己的剑、廓尔喀刀和匕首，早餐之后都试着用这些刀刃割丝绸手绢以测试其锋利程度。我最喜爱的'亚瑟王的王者之剑'是玛丽姨妈的礼物，它的剑刃现在快得像剃刀，刃面光滑如镜子。"[76]理查德·巴特回忆道："那一夜我们营地里无人入眠。我时睡时醒，但始终睡不安稳。每次我醒来，都能看见不止一位军官的帐篷前有光亮，大家在低声交谈。远处传来拨动枪机或者用通条清洁枪膛的声音，表明大家在为即将到来的战斗做准备。午夜过后不久，我们都在自己帐篷的左侧尽可能安静地列队。军官借助灯笼的光亮向士兵们宣读了进攻的命令。"[77]命令包括：不必停下来照料伤员，大家一口气往前冲；不准抢劫；不接受俘虏；不要伤害妇孺。士兵们立刻回答："我们什么都不怕，长官!"军官们随后拿着自己的剑起誓，士兵们则发誓要紧紧跟随军官。

凌晨 3 点过后不久，大炮沉寂下来。五个进攻纵队（每个纵队都配有两三名工兵军官）静悄悄地下了山岭，穿过莫卧儿风格的花园。这个花园的名字是库德西娅，得名自一个深得老皇帝宠幸的舞女。在寂静中，跟随尼科尔森纵队的理查德·巴特听得见鸟儿在树上啁啾鸣唱。虽然空气里有火药的臭味，他还是能闻得见橘子花与玫瑰的芬芳。[78]

第 87 皇家爱尔兰燧发枪兵团的科布少校并不在攻击的队列中。他奉命监视旗杆塔，后来在炽热的晨光中睡着了。一觉醒来他看到周围无人，以为进攻取消了，于是慢悠悠地洗了个澡，用了早餐，然后询问食堂的中士，其他军官到哪里去了。"怎么啦，长官，他们在德里呀。他们昨夜攻进了城。"虽然有这样可耻的经历，但科布后来还是晋升到了中将衔。[79]

梅德利和兰又是在一起，他们冲在最前头，和扛梯子的士兵一起冲入突破口。他们迎头撞上了恐怖的持续火力。一连十分钟，他们被敌人的火力打得抬不起头，无法立起云梯。"士兵纷纷倒下，而敌人呼喊着、咒骂着，不停射击，火力极猛。狂怒之下他们甚至从城墙突破口捡起石块向下投掷，看攻城者敢不敢上来。"[80] 兰在信中告诉母亲："滚烫的弹雨呼啸而来，而欢呼呐喊的声音是如此之响，让我几乎听不见己方士兵的声音……大家都激动到了疯癫的程度。我没有别的想法，只想着冲上去杀敌；我不禁想，空气中遍布子弹，而我在中弹前还能冲多久呢。"[81]

西奥和第三纵队在一起，也就是炸毁克什米尔门的那个纵队。他上一次走到这里还是四个月前的那个清晨，当时他骑马走出梅特卡夫宅邸，准备在休假之前整理好自己的办公室。现在他注视着 5 名工兵走向城门。每一名工兵都携带 25 磅重的炸药包。他们镇定自若地走向沉重的木制大门，仿佛要去纪念碑前献花圈。有那么一瞬间，英军工兵的大胆让守军颇为不解，于是这 5 名工兵得到半秒钟的机会去安置炸药包。然后敌人猛烈射击，5 名工兵接连中弹，或者滚进护城河，大多没来得及点燃引信。只有第五名工兵史密斯中士点燃了引信。随后发生了惊天动地的大爆炸。第 52 团的号兵霍桑吹响了冲锋号，但在战场的嘈杂中有一半士兵没听见，于是霍桑继续吹号。随后纵队的其他官兵如潮水般涌来，西奥引领部队穿过小巷，前往贾玛清真寺。攻打德里城的克什米尔门是英国军事史上最著名的英勇功绩之一。5 名工兵中有 3 人阵亡；那 3 名工兵和号兵霍桑荣获维多利亚十字勋章。

随后紧紧跟进的是爱德华·萨克雷所在的预备纵队：

克什米尔门那儿的景象很惨。好几个印度兵被炸得粉身碎骨，其他印度兵被刺刀戳死，或者被子弹打死，尸体横七竖八地倒在地上。我注意到，守门的印度兵大多是哈里亚纳轻步兵。我记得自己还注意到，这伙人看上去就像歹徒。城墙沿线和碉堡处也是同样的杀戮惨景。敌人不投降，我们也不接受投降。我走进克什米尔堡垒，那里的毁坏景象真是世间少有。几乎每一门炮都被我军炮火打落、摧毁，很多大炮上有大块的铁被炸飞。印度兵的死尸躺在地上，姿势千奇百怪。我军在学院和教堂占据了阵地，但敌军在14日夜间向我们射击了一整夜。我看见数百个伤员被轿子抬走；我还看见载着尼科尔森将军的轿子走过。他中了弹。

尼科尔森指挥了一次自杀式猛攻，带人冲过戒备森严的小巷，企图抵达德里城的主要大街月光集市另一端的拉合尔门。在战斗中，他胸部中弹，伤口就在腋下。这是致命伤，但这还不是唯一的噩耗。

西奥引领第三纵队穿过小巷，那里的敌人抵抗甚微，不过很快就有不少英军被屋顶上的狙击手打死。他们沿着空荡荡的月光集市匍匐前进，来到大清真寺的北门。这时他们才意识到自己没有带炸药包来炸开大门。他们站在那里，无所适从。令他们吃惊的是，这时清真寺的大门缓缓打开了，成群结队的圣战者从里面冲出来，高呼信徒的战斗口号。他们用剑和斧子猛砍，将西奥的40个士兵打死在清真寺前。第三纵队的残余官兵沿着月光集市逃跑，跌跌撞撞地一口气逃回克什米尔门，且退且战。[82]第四纵队奉命攻击敌人右翼的郊区，在尼科尔森的部队控制了喀布尔门之后从那里进城。但第四纵队的指挥官也阵亡了。所以，城市的西半部分仍然在守军手中。而英军损失惨重：在不到6个钟头的战斗中，有66名军官和1100个士兵伤亡，这相当于整个野战军的五分之一兵力。

阿奇代尔·威尔逊与罗伯特·洛和其他幕僚在拉德洛城堡的屋顶观战，他们选的位置极佳，能看清黎明的景色和战斗的情况。等到战局貌似进展良好的时候，威尔逊就把自己的指挥部转移到斯金纳教堂隔壁的斯金纳旧宅，那里距城墙内侧不远。但随着噩耗传回，他又开始恐惧。他的兵力太少，只占领了半个城市，而且控制得还不稳固。或许他应当将各个进攻纵队撤回山岭。付出了惨重代价夺得的土地，能守住吗？贝尔德－史密斯用三个词回答："我们必须守住。"[83]他们果然守住了。

此时，尼科尔森已经被抬到山岭上的野战医院。他得知威尔逊在踌躇，于是伸手摸索自己的左轮手枪，说："感谢上帝，若有必要，我还有力气打死他。"[84]罗伯特·洛一定希望自己不必把这句话传达给他的前任上司威尔逊。

在城内，英国工兵逐屋推进，"首先爬上屋顶，向隔壁院子里的敌人射击；然后工兵从墙壁上开凿大洞，我们从那里通过，把屋里的老人妇孺赶出去，确保这座房屋安全，然后进攻下一座屋子……运河街上的很多房子很漂亮：它们中间的院子里有小水渠和喷泉、灌木丛、花卉与攀缘植物、带游廊的房间，镀金与玻璃装饰的风格非常明艳而野蛮；屋里还有巨大的镜子，配有美丽的地毯和舒适的椅子、优雅的家具，弥漫着祭坛的香气。这些雅致的房屋里挤满粗鲁的士兵，真是奇怪的景象"。[85]从房屋当中开辟道路是工兵的战术，为的是避开危险的街道，因为那里的每一扇窗户、每一处房顶都有叛军拿着火枪守株待兔。在收复勒克瑙的战役中，从房屋当中开辟道路的战术也大显神威。

爱德华写信给自己的兄弟圣约翰道："15 日，我们进攻并夺取了军火库。但下午他们卷土重来，攻击军火库，点燃了屋顶。我们不得不用皮囊装水，爬到屋顶灭火，而他们一直向我们投掷大石块。我后来听说，他们都是宗教狂热分子。"[86] 随着巷战越来越白热化，狂热的圣战者（基地组织在 19 世纪的祖先）发挥的作用越来越显著。如果军火库爆炸，不仅方圆数百码内的人全都会死，英军本身也会严重受挫，因为他们的弹药已经不多了，所以非常需要军火库内的 171 门大口径火炮与榴弹炮，更不要说各型号的弹药了。

爱德华向燃烧的茅草屋顶泼水救火的同时，圣战者开始从 10 码之外的墙头显身，向他开枪。炮兵中尉伦尼爬到屋顶上，到爱德华身旁，带来了一袋 10 英寸口径的炮弹。他点燃炮弹的引信，将炮弹投掷到圣战者那里。他投掷了五六发炮弹之后，圣战者四散逃跑。军火库保住了，冒烟的屋檐下留下了成堆的死尸。

爱德华对挽救军火库行动的记述为伦尼中尉赢得了维多利亚十字勋章，爱德华自己的功绩却被忽视。但话又说回来，有功将士很多，尤其是一些印度人顶着叛军恐怖的近距离火力向屋顶送水。土著中士马杜指挥下的八个土著工兵也有资格得到勋章，因为是他们安放炸药包炸毁了克什米尔门。虽然印度人也是维多利亚女王的子民，但直到第一次世界大战时他们才有资格获得大英帝国表彰英勇行为的最高荣誉。即便在战斗中，英国人也常常对印度人视而不见。

经历了两天令人难以置信的英勇拼杀和血腥屠戮，战斗结束了。英国人大体上没有察觉，成千上万的叛军通过远方的几座城门逃走了。大街上突然挤满了英军，其中很多人酩酊大醉，几乎拿不稳手中的酒瓶或者抢来的财物。英军向红堡倾泻

了洪水般的猛烈火力,胜利的英军工兵奔向大清真寺。"泰勒
骑马上了贾玛清真寺的台阶,我们到处蹦跶跳舞、喝啤酒和白
兰地,锡克教徒在神圣的清真寺里纵火。"[87]在参加总攻的25
名工兵军官中,没有阵亡也没有负伤的只剩下泰勒、兰、萨克
雷和沃德。

莫卧儿皇帝和皇子们就是这场战斗中的叛军将领。此时他
们逃往胡马雍①陵园,这座壮美的莫卧儿陵园就在城外。在阿
奇代尔·威尔逊不温不火的鼓励下,霍德森去了陵园,把巴哈
杜尔·沙抓来审判。然后他又回到陵园,抓捕了皇子们:米尔
扎·莫卧儿、赫兹尔·苏丹和阿布·伯克尔。霍德森显然是自
作主张。他在德里门用自己的柯尔特左轮手枪处决了这几位皇
子,还抢走了他们的图章戒指、绿松石臂镯和镶嵌宝石的佩
剑。皇子们的尸体被扒光衣服丢到城墙外,供兀鹫享用,让群
众围观。

爱德华在被征服的城市待了几周。然后他和西奥与罗伯特
一道,加入肖沃斯准将的纵队,去扫荡德里以西的乡村。生活
在这片半荒漠地区的是梅瓦迪人,他们是一群不知节俭、饱
受干旱之苦的农民,在5月曾大肆烧杀抢掠。英军花了好几
周才平定他们。[88]肖沃斯是一位有名的军人,但也心慈手软。
爱德华则比较严酷。"肖沃斯准将对他们过于宽大了。我认
为,对哪怕只庇护过一个叛军的村庄,也应当一把火烧掉。

---

① 胡马雍(1508~1556),莫卧儿帝国的第二代皇帝。他早年被阿富汗统治
者舍尔沙打败,丢失了自己的国家,但后来在波斯萨非王朝的帮助下复
国并大大扩张领土。从此莫卧儿帝国的宫廷文化有了特别强的波斯色彩。
波斯语言、艺术、建筑和文学对印度产生了极大影响。他的陵园位于新
德里东南郊亚穆纳河畔,是伊斯兰教与印度教建筑风格的典型结合,
1993年被联合国教科文组织列入世界文化遗产。

但他们全都得到了饶恕。这次叛乱已经表明，这些土著不懂得什么是仁慈。"[89] 不过，肖沃斯的纵队纵火烧毁了多达 50 个村庄，摧毁了 4 座要塞，一炮未发地缴获了 70 门火炮，还抓回了 3 名叛乱王公作为俘虏，掳掠了相当于 7 万到 8 万英镑的现金。

不过，这是一次奇怪的出行。他们经过了崎岖难行的地域，行军时大多是在寒冷的夜间，所以他们一边行军，一边裹着毯子。纵队中的很多人，包括爱德华，都受到热病折磨，还没有从德里围城战的劳苦中恢复元气。但在肖沃斯的纵队里，他们很快恢复了健康。爱德华认为，他们在拥挤肮脏的山岭上熬了那么久之后来到空气清新的野外，这对他们的健康有好处。但在乡村能喝到干净的水，这一定是更重要的原因。他们距离德里 50～100 英里，但这些浑身泥土、裹得严严实实的士兵是此地的大多数土著见过的第一群欧洲人。这又一次表明，这个时期英国人在印度的分布是多么的零散。西奥逃亡时曾在该地区漫游。他亲自逮捕了贾杰贾尔的纳瓦布，这让他报仇雪恨，非常满意。就是这个纳瓦布拒绝见他，还派两个土著骑兵跟着他，可能打算让他们把他交给德里皇帝。纳瓦布被押往德里受审，在那里被绞死。[90]

德里现在满目疮痍，遍地都是臭水和烧焦的房屋废墟，形容枯槁的士兵在荒凉的街道上蹒跚而行。英国人库普兰太太在德里没待多久就听说了西奥的故事。这座遍体鳞伤的城市到处都在谈论他："西奥菲勒斯·梅特卡夫爵士在土著眼里是个神人，土著都怕他怕得要命。我在德里的时候，他忙着追捕、审判、绞死叛军与谋杀犯。他识破罪人的时候，眼光特别敏锐。一天经过潘尼将军宅邸的时候，他认出一群土著骑兵中有一个谋杀犯，立刻把此人抓出来审判并定罪。他还找到了杀害可怜的弗雷泽先生的凶手，将之绞死。一天，一个土著首饰匠向加斯通太太推销商品，她觉得此人要价太高，于是说：'我要把你送到梅特卡夫老爷那里。'首饰匠一听这话，抱头鼠窜，丢下了金银首饰，再也没有露过面。"[91]

西奥在梅特卡夫宅邸原址搭建了绞刑架，用的是从他心爱的家中残留下来的烧焦木材。他在那里绞死了每一个被他怀疑参加过叛乱的印度人。他杀人也不只是用绞刑架。《德里公报》报道称，他在一个地方枪杀了 21 个村民，因为此地村民将他的一名仆人交给了叛军。[92]躲在清真寺和神庙里的难民也会被令人心惊胆寒的行政长官西奥拖出来处决。如今他被提升为特别专员，不仅因为他是城里唯一幸存的权威人物，也因为他在总攻德里城期间的英雄壮举。他在围城战之后的功绩被刊登在伦敦《泰晤士报》的专栏上。一名记者在 1858 年 1 月写道，梅特卡夫"每天都在审判和绞死他能抓到的所有叛军……土著对他闻风丧胆"。[93]

西奥并不为自己的行径感到一丝一毫的羞耻。《泰晤士报》1858 年 1 月 9 日的那一期刊登了"一名东印度公司公务员"的信，信上的日期是 1857 年 11 月 17 日。这封信的作者抱怨称："德里国王竟然得到了饶恕。他的儿子被允许骑着大象在城里转悠，让一名英军上校坐在他背后。"城市也得到了饶恕，当局竭尽全力往荒弃的街道安置居民。"贾格普尔的纳瓦布曾出人出钱帮助德里叛军，如今他也被饶了性命。英国人甚至对他表的忠心也信以为真。"我们已经看到，这些说法都是假的。贾格普尔的纳瓦布被绞死，恰恰是因为西奥的指证。

在这名公务员看来，最糟糕的是，"坎宁勋爵前一段时间发布了一道大错特错的命令，给所有被捕的印度兵，只要他们不曾杀害过自己的长官，戴上手铐脚镣，然后把他们押往安拉阿巴德。我大胆违抗了这道命令，绞死了那些虽然不曾杀害长官，却曾如恶魔般凶残对抗我们的土著……我不打算饶恕或宽待任何叛乱的印度兵或穆斯林。但因为这一点，我很可能随时被撤职并蒙羞"。从叛乱一开始，"拦路抢劫和强盗横行就是司空见惯之事，我从那时就开始逮捕并就地绞死罪犯，于是所有暴力犯罪立刻销声匿迹。《泰晤士报》一定会聆听我这样的人的声明。我从当前危机才开始时就严密监控它的进展，并分担了大部分辛劳与危险"。

这封信的作者不可能是别人，只能是西奥菲勒斯·梅特卡夫爵士。其他人没有资格和能力开展如此冷酷无情的报复。其他人都不是从一开始就在德里。除了他，还有谁对会绞死犯人如此欣喜若狂呢？除了他，还有谁会如此疯癫而偏执呢？很少有一个刽子手对自己的作为如此自鸣得意、大吹大擂。

西奥有一个地方说得对，就是他"很可能随时被撤职并蒙羞"。西奥的上司约翰·劳伦斯爵士已经听到了很多传闻，于是派人到德里调查。他收到的报告是："梅特卡夫对穆斯林复仇心切，到了疯狂的地步，他似乎对他们有一种私人的仇恨。他自己蒙受了苦难，并且他亲眼看见自己曾经信任和善待的人背叛他，这都让他的仇恨更加炽烈。"劳伦斯的部下强烈地感到，"这种狂暴的怒气与特别专员所需的审慎完全相悖。越早从他手里夺走生杀予夺大权，对人民和我们政府就越有利"。[94]

劳伦斯自己在现场惩罚叛军时也可以做到冷酷无情，但他如今不得不同意部下的报告。西奥的父母是他的老友，他想尽其所能地帮助西奥。然而，不管西奥在攻城时表现得多么英勇，他都是个"顽固不化，缺乏理智"的人，所以必须撤掉西奥。[95]劳伦斯向坎宁勋爵报告称，西奥犯下了"大规模屠杀"的罪行。[96]到4月底时，劳伦斯已经禁止民政官员擅自绞杀犯人。西奥被送回国，但他当然没有受到起诉。

帕默斯顿勋爵和其他很多人都希望将德里夷为平地，把清真寺、宫殿和所有建筑都拆毁。但劳伦斯劝服了坎宁勋爵，告诉总督从军事而不是审美的角度考虑，毁灭德里城会适得其反，毕竟红堡是一座固若金汤的要塞。他渐渐让总督相信，唯一向前看的办法是大赦天下，而维多利亚女王在1858年11月的宣言里最终宣布了大赦。

但收复德里还不等于平叛行动的结束，毕竟还有最重要的勒克瑙。

罗伯特和爱德华在勒克瑙

亨利·蒙哥马利·劳伦斯和他的弟弟约翰一样魅力十足，也和约翰·尼科尔森一样令人难忘。他也是个脾气火暴的阿尔斯特人，笃信宗教，但他身上有尼科尔森完全缺乏的善良天性。"身材中等偏上，瘦削细长，面貌憔悴，带有精神劳苦和身体受折磨的痕迹。乍看上去，他让人印象深刻的是雄赳赳的充沛精力和决心，而不是更为温和、更讨人喜欢的品质。但等你熟悉了他之后，你就会立刻看到，他那粗犷的外表之下是女人一般温柔的心。"[97]

和约翰·洛一样，他也在十六岁时以公司的军官学员身份来到印度。他是被公司董事约翰·哈德尔斯顿（国会议员）推荐来的，并且和约翰·洛一样，他很快就对土著心中之畏惧与敌意有了一种本能的把握。在 19 世纪 40 年代，他为《加尔各答评论》写了一些高瞻远瞩的文章，警示阿富汗的灾难很可能在印度重演："我们太漫不经心，竟没有想到喀布尔城发生的事情有朝一日完全可能在德里、密拉特或巴雷利重演……考虑到连欧洲军官都曾多次哗变，土著肯定也会哗变。坐等这样的灾难爆发是不明智的。除非我们预先采取措施，不然这样的大祸必然会发生。"[98] 如果 300 人的叛军明天起事并占领德里，"任何有理智的人都不会怀疑，只需要二十四小时，叛军人数就会由几百变成成千上万"。从山区调来足够多的欧洲部队需要好几个月的时间，"那时我们就要为自己的生存而挣扎了，并且是在一年中天气条件最差的季节，我们的威望会一扫而净。帝都德里会清清楚楚地看到，原本不仅负责保护德里而且还要震慑它的英国军队，居然不敢进城"。[99]

他的这些预测和后来的事实相差无几。这位胡须蓬乱、面目憔悴的灾祸预言家对其他方面猜得也很正确：吞并旁遮普会给英国带来危险，从长期占据土地的地主手中夺走大片土地甚至更加危险。由于他发出了这些不时髦、不讨人喜欢的消极意见，他被"漫不经心地排挤"出旁遮普，被他那位较为缺乏想象力的兄长乔治取代，因为后者更愿意服从达尔豪西勋爵的调遣。

亨利·劳伦斯爵士现在被派去接管另一个庞大而民心不稳的省份。奥德被如此突然、如此蛮不讲理地吞并似乎还不够糟糕，勒克瑙还摊上了一个脾气凶暴、昏庸无能的首任主要专员：科弗利·杰克逊。他不给奥德王室发放年金，将当地地主从村庄赶走，让奥德国王军队中四分之三的人失了业，而就连英国人相信会从土地改革中受益的农民也觉得新的税收体制让他们无法忍受。

遗憾的是，直到 1857 年 3 月底亨利·劳伦斯才被派去挽救英国人办事公平的声誉。这位新任主要专员竭尽全力。他跟土著说话时都用对方的母语（他懂印地语、乌尔都语和波斯语）；他聆听所有人的意见；他召见社会各阶层的人。但勒克瑙已经不可挽回地陷入动荡，而土著军队的实力（7000 人）差不多是欧洲部队（750 人）的十倍。[100]和往常一样，劳伦斯不会抱有错误的乐观主义。他很清楚，自己来得太晚了。

几周之内，劳伦斯就在常驻代表府 33 英亩土地的周围建造了防御工事，储备了相当数量的粮食、火药和子弹，并从各外围兵站运送财宝进来。到 4 月底时，他已经把常驻代表府变成了一座要塞，尽可能提升它的防御力。这处绵延起伏的英国乡村庄园拥有新古典风格的宴会厅、小小的哥特式教堂，以及为白人王妃埃玛·沃尔特斯建造的美丽的小清真寺和什叶派会堂。常驻代表府的主楼本身更像唐桥井的银行家别墅，完全没有印度风味。但当初建造府邸的时候，修建者并没有考虑防御功能。不过，这座"常驻代表府"（包括周边庄园）即将成为整个印度兵变期间最传奇的地点，也是维多利亚时代历史上最闻名遐迩的一座常驻代表府。

"勒克瑙围城战"和"德里围城战"一样，是不准确的说法。亨利·劳伦斯一眼就看出，要想守住这座拥有 50 万敌视英国的印度居民的庞大城市，根本就不可能。勒克瑙在近些年才成为一座大都市，所以没有城墙。他顶多能指望守住常驻代表府和风景秀丽但早就被废弃的老要塞马奇巴万（并且他很快就看到，试图同时守住两个没有关联的地方只会浪费兵力，于是放弃并炸毁了马奇巴万）。

　　于是，约翰和奥古斯塔曾经的家，并且是婚姻生活中他俩共同待过最久的一个家，变成了一座军事要塞。幼年夏洛特、马尔科姆和罗伯特接二连三（但从未同时）玩耍过的草坪如今遍布帐篷、沙袋和野战炮。土墙和支撑土墙的木栅栏挡住了城市的美景。常驻代表府的凉爽地下室，以及格宾斯先生①和外科医生费雷尔同样豪华的宫殿式别墅的地下室里，如今挤满了面色苍白的母亲，她们坐在患病幼儿的小床边。洛夫妇曾向勒克瑙名流敬酒的那间雅致的宴会厅，如今一半是医院，一半是监狱，监狱区关押着几名没有和瓦季德·阿里·沙一同去加尔各答的奥德王室成员。圣玛利亚教堂，即马尔科姆接受洗礼的地方，也是漂泊不定的莎士比亚家族唯一一次在印度团聚的地方，变成了储藏室和粮仓，而为死者准备的墓穴很快就遍布它的小小墓地。这些墓穴都是在敌人的持续火力之下匆匆挖掘的。

　　围攻战很快打响了。5月4日，第7奥德非正规步兵团的印度兵拒绝用嘴咬新子弹。次日晚上，劳伦斯命令他们在第32步兵团和欧洲炮兵的大炮面前列队。群情激奋的印度兵借着月光可以看到大炮的炮眼里已经有火苗在跳动。亨利爵士命令他们放下武器。在黑暗中心惊胆寒的印度兵大多逃跑，后来又战战兢兢地回来，顺从地交出了自己的火枪。亨利爵士随后集合了城内的所有土著显贵，用流利的印地语向他们讲话，拉

---

① 马丁·格宾斯（1812~1863），在印度的英国官员。他与奥德首任专员科弗利·杰克逊有矛盾。亨利·劳伦斯爵士接任奥德专员后，格宾斯是他的副手。1857年兵变期间，格宾斯起初负责勒克瑙的情报工作，他极力主张只用欧洲官兵驻防常驻代表府，并敦促劳伦斯尽快解除土著兵的武装，劳伦斯没有接受他的意见，于是土著兵大部分都反叛了。劳伦斯病逝后，格宾斯成为勒克瑙英国人的领导者。他后来写了《奥德兵变》。

拢他们，提醒他们，英国政府长期主张宽容，并且印度兵与其军官之间有着真挚友谊。他警告听众：最重要的是，反抗英国人最终是徒劳的，看看英国人的强大海军，看看他们在克里米亚的辉煌战绩吧。根据各方面的记述，他的这次演讲十分精彩，既温情又咄咄逼人。但已经太晚了，他对此心知肚明。

只要不是酣睡不醒的人都清楚这一点。萨哈兰普尔的助理行政长官罗德里克·爱德华兹在台拉登的赫塞尔廷旅馆用早餐时，从《外省人报》上读到了劳伦斯的演讲，后来在日记中写道："讲得精彩极了，时机也合适。它试图诉诸印度兵的情感与经验，但我怀疑这没有长久的效用。土著部队里普遍存在一种感觉，那就是英国人企图扰乱他们的宗教。即便是舌绽莲花的最天才的演说家也无法让他们相信事实并非如此。"[101] 爱德华兹已经将妻儿送到穆索里，以保障他们的安全。

劳伦斯现在将大多数可靠的部队带进了常驻代表府，并敦促坎宁勋爵到所有地方——尼泊尔、锡兰、中国——搜罗欧洲部队。"十万火急。时间、坚定、迅捷、和解、审慎……必须维持坚定而乐观的表象；不能手忙脚乱；不能有惊慌失措的表现，不能慌乱；但同时必须做到最高程度的警惕和迅猛；必须在所有地方将叛乱掐灭在萌芽状态。"[102] 他把河对岸各兵站内的妇孺接来，并开始操练文员和书记员，以便为他为数不多的欧洲和欧亚混血官兵增添一点兵力。没人可以指责亨利爵士没有做好防御准备。他估计自己顶多能坚持三十天。

5 月 30 日夜间，劳伦斯在兵站内自己的平房用餐时，土著兵开始纵火烧房并谋杀他们的军官。一个又一个团的土著步兵开始为非作歹，土著骑兵纵马跑过操练场去加入最早一批叛军。叛乱也不只在勒克瑙的印度兵间发生。两天之后，劳伦斯收到消息，整个省份都揭竿而起，奋力反抗英国统治。到 6 月12 日时，英国人已经失去了对奥德所有兵站的控制权。绝大多数地主在向村民发放武器，并收回英国专员从他们手里夺走的村庄。距离勒克瑙仅 8 英里的钦哈特现在就有大批叛军，他们就在法扎巴德道路上。

劳伦斯率领自己能集结的绝大部分部队去迎战叛军。他有700 人、10 门炮和 1 门用大象拉的榴弹炮。1.2 万至 1.5 万人的叛军在钦哈特村周围摆开阵势，用猛烈的炮火迎接他。叛军的葡萄弹势如暴雨，几乎所有中弹的欧洲人都阵亡了，仅第32 团的 154 人中就有 115 人死亡。亨利爵士在库科利尔桥上镇定地坐在马背上，挥舞帽子鼓励部下重整旗鼓，做最后的抵抗。但 6 月 30 日的钦哈特战役是劳伦斯难以承受的灾难，导致了兵力的锐减。第 32 团的团长威廉·凯斯上校也阵亡了，他在激励士兵时胸部中弹。

起初，英国女眷从沉闷无聊的兵站搬到位于缓坡之上的常驻代表府后，都感到如释重负，因为那里有新鲜的空气和安全的避难所。阿德莱德·凯斯在 6 月 9 日写道："从常驻代表府顶端俯瞰，风景美不胜收。清晨，当阳光刚刚开始射在镀金的清真寺、宣礼塔以及其他塔楼上时，这里仿佛童话里的仙境。这座庞大城市的全部景观都展现在你面前，四面八方都是美丽的园林和雄伟的参天大树。在全世界其他地方都很难找到能与之媲美的景色。"[103]

威廉·凯斯此时还在河对岸的兵站。阿德莱德·凯斯写道："我总是渴望下午 4 点早些到来，每天那个时候信使都会从营地给我送来威廉的信。我每晚必给威廉写信。每天早晨我还没醒的时候，信使阿盖布就会来取信。"[104] 威廉在一封短信中写道:"谁能想到,我俩相隔不到 4 英里,却整整一周没有相见?我猜想我是唯一没有过河的人,但我不敢离开岗位哪怕几分钟。不过我还是抱着希望,也许过阵子就可以去看你。如今真是悲伤的时期,我觉得没有一个国家像现在的我们这样风雨飘摇。但不要绝望,你会看到,我们在上帝的帮助下一定能撑过去。今天早上读的《诗篇》① 应该能给你很多鼓舞。我每天早晨读一节,从中汲取到很多力量。"[105] 钦哈特战役之后,接替威廉的指挥官约翰·英格利斯把威廉的《圣经》、祈祷书和库姆主教著的《祭坛指南》带给了阿德莱德,《祭坛指南》是她送给威廉的,这本书被子弹击穿了。

现在叛军完全控制了勒克瑙城,围攻开始了。这场攻防战将持续四个半月。但亨利·劳伦斯爵士本人没有机会目睹战斗的大部分。钦哈特战役的仅仅两天之后,也就是 7 月 2 日上午 8 时,他就躺在常驻代表府的床上,向助理副官长威尔逊上尉口述文件,而劳伦斯的侄子乔治躺在他旁边的另一张床上。威尔逊上尉回忆道:"我朗读了自己刚写下的文字,它不太符合他的意愿。当他正向我解释希望怎么修改时,一发致命的炮弹飞来了。一阵火光,恐怖的巨响和冲击波,然后就是伸手不见五指的黑暗,我只能描述这么多。随后我站起身来,但因为硝烟和尘土的缘故什么都看不见。亨利爵士和他的侄子都一声不响,我惊恐地喊道:'亨利爵士,你受伤了吗?'我喊了两次,都没有得到回答。第三次,他低声答道:'我要死了。'"[106]

他还支撑了两天,牧师的妻子哈里斯太太照料他:"我整

---

① 指《圣经·旧约》中的《诗篇》。

天待在楼上照看亨利爵士，他还活着，但痛不欲生。他的惨叫实在吓人，我觉得那声音会永远留在我耳朵里；没有被氯仿麻醉的时候，他相当清醒。詹姆斯整天给他读《诗篇》和祈祷文，因为他还听得见。他有好几次用相当坚强的声音跟着詹姆斯读。"[107]詹姆斯·哈里斯牧师现在每晚要主持五六场葬礼，每次走到墓地都要冒生命危险。在亨利爵士的葬礼上，他是唯一到场的军官，因为其他人都必须坚守在炮台上。

三周后，对劳伦斯之死尚不知情的董事会下令，假如坎宁勋爵遭遇不测，由劳伦斯接替总督职位。每一位军官死后，他的物品都会被拍卖，而在劳伦斯遗物的拍卖会上，就连最寻常的东西也能卖出高到荒唐的价钱：一个够吃一顿的汤罐头卖了25先令；四块小巧克力蛋糕卖了2镑10先令；一块火腿卖了7镑。哈里斯太太记载道，在另一次拍卖会上，"可怜的富尔顿上尉的一件非常旧的法兰绒衬衫——他穿着它在地道里钻来钻去，上面沾满了烂泥和灰尘——还卖了45卢比"。[108]

常驻代表府内现在有153个男性平民、500个妇女儿童、776个欧洲官兵和765个土著。除了持续遭到四面八方的无情炮击，并且霍乱与天花的肆虐之外，这里还到处是苍蝇，它们嗡嗡嗡地成群飞来飞去，非常吓人。守军的苦难没有在坎普尔那么严重。副专员马丁·格宾斯还能在晚餐时给挤在他家的客人奉上一杯雪莉酒和两杯香槟或波尔多红葡萄酒。土著的外围房屋还有一些母鸡、山羊和牛，庄园内有好几口不错的水井。

在攻防战的高峰时期，劳伦斯匆匆修建的防御工事外有超过5.3万人的叛军。其中有将近8000人是来自北印度各地的叛变印度兵，5600人是奥德土著军队中的士兵，还有7720人是骑兵。但大多数，也就是超过3万人，是"塔卢克达尔的人"。[109]换句话说，他们不是职业军人，而是在当地地主领导下多多少少自愿前来打仗的农民和佃户。勒克瑙这年夏季的战事足以证明，这已经不再"仅仅是军队哗变事件"。

攻击者确定了射程和目标之后，炮弹开始击穿之前被认为是相当安全的地方。多林太太在格宾斯住宅的一间内室丧生。一名年轻的药剂师在医院床上睡觉时被一发实心弹打死。[110]第 48 土著步兵团的帕尔默上校的女儿在常驻代表府准备进自己卧室时被炸断一条腿。[111]至今仍有一个铭牌标明她负伤的地点。贵妇小姐在房间里做针线活或者有生以来第一次自己洗衣服（因为洗衣工大多已经逃跑）的时候，子弹会贴着地面掠过，射入她们的房间。

夜间，敌人的地雷爆炸时会产生惊天动地的冲击。一位女士在洗澡时听到叛军在她脚下的地底挖地道。[112]攻防两军都在挖地道，在地下较量。叛军会挖掘一个 4 英尺见方、深 12 至 20 英尺的竖井，然后从地下经过守军的防御工事，找到能够造成最大杀伤的地点安放炸药。乌特勒姆报告称："现代战争里恐怕没有能与我们的一系列坑道爆破作业相提并论的例子。我们挖掘了 21 条竖井，总深度 200 英尺，地道总长 3291 英尺。敌人朝着宫殿和外围阵地挖掘了 20 条地道并安放地雷；他们引爆了其中 3 个地雷，给我们造成了人员伤亡，另外 2 个则没有给我们造成损失；7 条地道被炸塌，另外有 7 条被我军工兵占领，敌人被赶了出去。"[113]

无论是地下还是地表，双方都在近距离厮杀，这令人神经紧绷。在很多地点，两军之间的距离只有一条街那么宽，9 月雨季开始之后，野草长得很高，叛军可以借助它们的掩护一直爬到英军阵地前。

攻防战打了三周之后，7 月 22 日，格宾斯手下值得信赖的间谍安格德送来了最新消息，照例是将密信卷在一根羽毛笔里，然后将羽毛笔藏在他的直肠内。（他得到的赏金极高，每趟可以得到 500 英镑。）他这次的消息振奋人心：哈夫洛克将军已经抵达坎普尔，在三场战役中大败那那大人。所以，那那大人不大可能率领他的大军加入对勒克瑙的围攻了。现在勒克瑙英军可能得到援救，也许只需要再等五六天。

但哈夫洛克的兵力很少，无力解救勒克瑙。他只有 1500人、10 门二流火炮，而且还没有足够多的炮兵。那那大人的部队还在不停骚扰他。炎热季节里疫病很容易流行，所以到 7 月30 日哈夫洛克的可动用兵力就只剩下 850 人了。[114] 他将叛军的前卫从小镇乌纳奥逐出，但没有办法通过长 1.5 英里、满是叛军枪炮与狙击手的勒克瑙街道。于是他撤退了，并通知他的副手，留在坎普尔指挥的詹姆斯·尼尔准将，除非他能得到 1000名欧洲士兵和一个炮兵连的增援，否则他无法向勒克瑙进军。

他的撤退激起了性格凶暴的尼尔的粗暴答复，这也是英国军事史上最粗暴的答复之一："你撤退一英尺都让我深感遗憾。撤退对我们的威望打击极大……大家都相信你吃了败仗，所以不得不撤退。你没有带走缴获的火炮，也非常不幸。土著不会相信你缴获过敌人的火炮。你的撤退对我们在各地的事业都极为不利，会让很多原本打算保持中立甚或投奔我们的土著加入叛军那边。"[115] 哈夫洛克保持了几分理智，说这是"他读过的最不寻常的书信"，并反驳道："请搞清楚，我完全可以采取强硬的措施，将你逮捕。仅仅是因为考虑到这么做对国家不利，我才没有下命令。给我记好这次警告。"[116]

哈夫洛克被尼尔的放肆激怒了，于 8 月 3 日再次进军，尽管他只得到了少量增援。他又一次击溃了乌纳奥的叛军。但此时他的军营内暴发了霍乱。阻挡在他与勒克瑙之间的赛河河水正在猛涨，而且河对岸还有一系列防御工事，据说有 3 万叛军把守。哈夫洛克第二次撤退了。

8 月 11 日，他第三次进攻，将敌人赶出乌纳奥，但他仍然不相信自己的兵力足以攻打勒克瑙这样的大城市，于是再度撤退，这次一直撤到了坎普尔，在那里与尼尔万分尴尬地会面。更糟糕的是，哈夫洛克读了《加尔各答公报》才知道，自己的职务被陆军少将詹姆斯·乌特勒姆爵士接替了。

1842 年的时候，查尔斯·内皮尔爵士曾赞扬乌特勒姆是"印度的巴亚尔"①。乌特勒姆并非浪得虚名，他大度地退场，将援救勒克瑙的荣誉交还给哈夫洛克准将。这种罕见而高尚的自我克制精神，让全军从科林·坎贝尔爵士往下的所有人都很吃惊。据哈夫洛克的儿子和副官哈里说，在实际工作中，乌特勒姆继续发号施令，仿佛他从来没有放弃过指挥权。这意味着没人说得清究竟谁才是真正的领导人。哈夫洛克始终没有恢复自信，部下请他下命令的时候，他就嘟哝："你最好先去找詹姆斯爵士。"[117] 不过，至少援救勒克瑙的英军兵力现在增加到了 3000 人，绝大部分是欧洲官兵。

而此时勒克瑙守军已经命悬一线。炮火、疾病和饥饿导致每天都有二十多人死亡。哈夫洛克的多次撤退让守军士气低落。哈夫洛克还建议英格利斯上校尝试突围。这个建议也无法提升守军的斗志。哈夫洛克的下一个建议是在 8 月 29 日发出

---

① 典故是皮埃尔·特利尔，巴亚尔骑士（1473～1524），法国将领，被誉为"无懈可击的无畏骑士"，以勇猛著称。

的，甚至更加让人沮丧："我只能说，万万不可与敌人谈判。宁可死战到底。"[118]

最后，终于在 9 月 24 日星期四时，阿德莱德·凯斯在白天听见了远方的低沉炮声。星期五，她写道："所有在这场围城战中幸存的人，都将永远铭记这一天，并感谢仁慈的上帝解救了我们！援军终于到了！"[119]

哈夫洛克的士兵在进攻过程中损失惨重，伤亡 700 人。尼尔准将在战斗末期战死。他是全军仅次于约翰·尼科尔森的猛将，而他和尼科尔森一样，也是在努力将迷路的士兵（在这座陌生的城市，他们在狭窄小巷里走错了路）带回来的过程中牺牲的。

到星期日，惨痛的真相已经很清楚了。"毕竟这是一个非常痛苦的日子，"阿德莱德写道，"所有人都垂头丧气，都感到我们并没有得到援救。我们的士兵太少，不足以应付紧急情况；同时又太多，让我们的粮食支撑不下去。"[120] 或者，用她的朋友哈里斯太太更尖刻的话说："这不算是'解围部队'，而只是'增援部队'，而且兵力比我们的预期少得多。"[121] 现在医院里挤满了乌特勒姆的伤员。他们的战马在设防庄园内白白占了空间，并且没有草吃，很快就大量死亡，使得恶臭更加难以忍受。大家只能少安毋躁，等待科林·坎贝尔爵士正在坎普尔集结的更大规模的部队来真正解救他们。

在第一次"勒克瑙解围作战"之后，是第二场围城战，这次又持续了六周之久。直到 11 月 12 日黎明，科林·坎贝尔爵士才率领 4700 名士兵和 49 门炮从东方席卷而来。他占领了迪尔库沙，即林木葱郁的王家园林内的国王猎苑，然后占领了克洛德·马丁将军[①]建造的非比寻常的游乐宫（所谓的马丁府）。科林爵士按照自己从容不迫的习惯，在这里逗留了一段时间：让他的士兵有个喘息之机；等待补给运抵；将野战炮部署到位。阿瑟·兰和理查德·巴特这样的年轻下级军官批评"爬行骆驼"爵士动作缓慢，但后世的历史学家懂得欣赏坎贝尔有条不紊的勤奋和为避免不必要伤亡而拒绝冒险的精神。到这时为止，一切进展都很顺利。

11月16日上午，英军骑兵沿着戈默蒂河岸缓步行进，穿过茂密的杧果林，经过许多低矮的泥瓦房。步兵和工兵紧随其后，沿着遍地烂泥的狭窄道路前进。他们前方是亚历山大花园，这是一座有高墙环绕的园林，方圆150码，四角有塔楼。据说那里遍地都是印度兵。英军必须占领这个地方。首先必须让兰和工兵们拆毁亚历山大花园前方的一堵高高的泥墙，以便清出射界，让大炮直接轰击亚历山大花园。

> 我在努力将一门大炮拖上前沿的时候，看见保罗中尉挥舞着剑向前冲去。第4旁遮普团的士兵呐喊叫嚷，跟着他径直向房屋冲去。这产生了激动人心的效果，我们纷纷丢下绳索，也冲了上去；第93团和第53团也发起冲锋，欢呼着，呐喊"勿忘坎普尔"！我们向前冲锋，有的冲向

---

① 克洛德·马丁将军（1735~1800），在印度的法国将领，后为英国效力，在英军的最终军衔是陆军少将。马丁出身平民，白手起家，早年在法国东印度公司服务，参与英法在印度的争霸。法国势力被逐出印度之后，他开始为英国东印度公司效力。他在勒克瑙生活多年，为纳瓦布服务，在勒克瑙兴建了许多美丽的建筑。马丁收藏了大量珍贵的艺术品，是银行家和成功的商人，喜欢钻研科学，曾给自己做膀胱结石手术，喜欢研究热气球，也是慈善家，在印度和法国创办了多所学校。

一座角楼的缺口，有的，比如我这一群，翻过一堵遍布枪眼的泥墙，径直奔向大门；我们很快用斧子和火枪砸烂了大门，然后尽情地报仇雪恨，这是我亲眼见过的第一场痛痛快快的报仇![122]

冲进去的第一批士兵必须从一个被砖块封死的门廊上的小洞跳过去，它约 3 英尺见方，距离地面也是 3 英尺高。最前头的两个士兵，一个锡克教徒和一个苏格兰高地士兵，都当场中弹身亡。第 93 团理查德·库珀中尉的跳跃让另一位中尉想起了"童话剧里小丑一头扎进商店窗户的动作"。

"我从未见过这样激烈的残杀场面，"阿瑟·兰记载道，"在拱道左右两侧的敞开房间里，叛兵被枪杀，被刺刀戳死，尸体堆积成三四英尺高的小山；在中央的凉亭，他们的抵抗很微弱，但在后墙中部的房屋和更远处的半圆形庭院里，他们关闭了很多薄薄的小门，我们射进去成千上万发子弹，向敌群开枪。等我们冲进去之后，看到那成堆的死尸和伤者，真让人心花怒放。现在我们已经掩埋并清点了尸体，共 1840 名叛兵。我们点火焚烧尸堆，听到里面有活人在身上着火时惨叫着爬出来，最后却被击毙。在这里，所有人最凶残的激情都被煽动起来，即便如此，这还是非常恐怖的场面。"[123]

英军当然也有伤亡。在内层庭院，第 93 团的道森上尉发现自己的一群士兵死在一棵大菩提树下。他检查了尸体，发现他们都是被上方射来的子弹打死的。他唤来了"贵格会教徒"华莱士。华莱士是个受过教育的怪人，得到这个绰号不是因为胆子小，而是因为沉默寡言。在战斗中，"贵格会教徒"经常唱起苏格兰的押韵赞美诗。他冲进亚历山大花园的时候就在唱

《诗篇》第 116 章："我爱耶和华，因为他听了我的声音，和我的恳求。"他已经单枪匹马地杀了 20 人。他向枝叶茂密的菩提树顶开枪，一具身穿紧身红色上衣和粉红色丝绸裤子的尸体跌落下来。死人跌落时上衣敞开了，露出了女人的胸部。她的腰带上还插着几支笨重的骑兵手枪，弹药袋已经空了一半。"贵格会教徒"华莱士落泪了："如果我早知道那是个女人，我宁愿自己死一千次，也不肯伤害她。"[124]

这是勒克瑙解围作战中最激烈的战斗，也许也是整个兵变期间最激烈的一场。亚历山大花园战役至今仍然保持着单一战役中维多利亚十字勋章获得者最多（共 18 人）的纪录，而那一天，1857 年 11 月 16 日，也是单独一天内授予维多利亚十字勋章数量最多的一天（共 24 枚）。

当天余下的时间里，炮火不绝，屠戮不止。即便到当天结束、英军士兵抱着枪躺下睡觉时，他们距离常驻代表府也还有好几座房屋远。他们还没有控制所谓的食堂（那是一大群房屋，是纳瓦布豪宅，原本被第 32 团军官占据，后来他们撤入了常驻代表府）和珍珠宫（瓦季德·阿里·沙的旧夏宫）。11 月 17 日早晨，坎贝尔的士兵们没有被起床号唤醒，而是被城里的钟声和敌军的战鼓声吵醒。大多数英军士兵和重炮待在一起，从清晨炮轰到下午 3 点，然后攻克了最后的障碍，坎贝尔的前锋终于距离乌特勒姆和哈夫洛克只有咫尺之遥了。

本次战争中最著名的几位将军的会师，是当时的一个标志性时刻。托马斯·琼斯·巴克①的英雄主义画作（如今悬挂在

---

① 托马斯·琼斯·巴克（1815~1882），英国历史和肖像画家，有大量军事历史题材作品，涉及普法战争、克里米亚战争等。《援救勒克瑙》可能是他最有名的作品。

英国国家肖像馆）让这个场面永远留在国民的记忆中。战斗硝烟散去，基督徒士兵以英国人的低调风格握手，不列颠尼亚再度统治。科林爵士走上前，向乌特勒姆举起帽子致意说："詹姆斯爵士，别来无恙。"然后转向哈夫洛克道："亨利爵士，别来无恙。"直到这时，与外界断了联系长达六周之久的哈夫洛克才第一次得知自己获得了骑士勋位。哈夫洛克背后有一位戴白头盔的军官，他蓄着胡须的脸上挂着揶揄的微笑。他就是詹姆斯·梅特卡夫，梅特卡夫勋爵的混血儿子。他此时是总司令的译员和副官，在战役的大部分时间陪在科林爵士身边，后来晋升为少校，在最后进攻勒克瑙的战斗中指挥第4孟加拉欧洲步兵团的一个分队。他的出身背景不太好，如今却混得风生水起。

现实当然不像巴克的画作那么充满尊严和体面，会师也不是那么的轻松。两军之间仍有半英里的开阔地，这是无人地带，遭到皇帝花园高墙上的火力的无情扫射。皇帝花园是一座庞大的王宫，是瓦季德·阿里·沙给勒克瑙城的最引人注目的馈赠，五年前才竣工。

出来迎接科林爵士的八名军官还没走出几码远，就被敌人发现，遭到射击，子弹在他们周围腾起尘土。将军们不得不快速往前跑。内皮尔（后来的玛格达拉的内皮尔勋爵）[1]、哈夫洛克的儿子亨利（两个月前荣获维多利亚十字勋章）和其他几名衔级较高的军官被打倒在地。乌特勒姆、哈夫洛克和文

---

[1] 罗伯特·内皮尔，第一代玛格达拉的内皮尔男爵（1810~1890），英属印度陆军军官，最终军衔元帅。他参加过两次英国-锡克战争，在1858年第二次援救勒克瑙的行动中担任工兵主官。他参加了第二次鸦片战争（其间参加了大沽口之战和摧毁圆明园）和1867年讨伐埃塞俄比亚的军事行动。他曾担任驻印度英军总司令和代理印度总督。

森特·艾尔毫发未伤地跑到了珍珠宫，与总司令谈了几分钟，终于如释重负。但他们还必须原路跑回险象环生的无人地带。哈夫洛克将军已经因为患上痢疾而身体羸弱，无力自己跑回去。他气喘吁吁地对助理副官长说，"道奇森，我不行了"，只能让别人将他拖到安全处。一周后，哈夫洛克在迪尔库沙病逝。

乌特勒姆和哈夫洛克试图劝说坎贝尔攻打皇帝花园并拿下全城。英格利斯上校坚持说，他只要 600 人就能守住常驻代表府。但坎贝尔很清楚英格利斯的阵地是多么的脆弱。坎贝尔看了看到目前为止已方的伤亡数字：超过 500 人。他看了看府内的妇孺。然后，他以沉稳、骡子般倔强的方式决定，先将府邸内的人全部撤走，将勒克瑙留给叛军，等他率领一支更强大的军队再回来一劳永逸地收复全城。

于是英军再次从勒克瑙撤退。但这一次他们留下的是一座空荡荡的常驻代表府。阿德莱德·凯斯记载了自己在次日感受到的震惊："英格利斯上校来吃晚饭时告诉我们，科林·坎贝尔爵士命令我们明晚全部离开勒克瑙！我们的震惊或许更容易想象，而难以用笔墨描摹。我想，我们瞠目结舌地交换眼神的时候，表情一定是十足的惊异。那么多的伤病员和妇女儿童，如何能在这么短的时间内撤走呢？我无法想象。"[125]

撤退的时候，他们除了自己身上穿的衣服，几乎什么东西都不能带走。于是，他们决定往自己身上尽可能多穿几套衣服。玛丽亚·杰尔蒙在日记中写道："我穿上了一件法兰绒马甲、三对长袜、三件衬衫、三条内裤、一条法兰绒衬裙和四条白色衬裙、我的粉红色法兰绒晨袍、短裙、格子呢夹克。最外面是我的布裙子和用我的骑装改的上衣……我忘了说了，我还把我亲爱的母亲的餐刀和叉子缝在我的粉红色裙子里。"[126]

11 月 19 日晚上，英国人在暮色中沉默地走到迪尔库沙，女士乘轿子走在一侧。唯一听得见的声音是轿夫的沉重脚步声和丛林中豺狗的吠叫。[127]他们在已经被毁的常驻代表府里丢下了他们所有的陶器和玻璃器皿、所有的乐器和书籍（除了他们珍惜的《圣经》和祈祷书）。

但他们毕竟活下来了。550 个妇女儿童中只有 66 人在围城期间死亡，其中 51 人是儿童。这些儿童大多死于营养不良和疾病，而不是被敌人杀死。伤亡最多的是驻守炮台的士兵，他们每天 24 小时都处于敌人射程之内。

被留下的还有第 13 土著步兵团的沃特曼上尉，他在常驻代表府睡着了，夜间一觉醒来，惊诧地发现周遭万籁俱寂。他拼命跑才追上了衣衫脏乱的英军队伍。据说被大部队丢下的震惊让他的脑子糊涂了，不过也有不客气的战友说他原本就没有脑子。另一个睡过头的人是第 93 团的亚历克斯·麦克弗森中士，他在兵营里鼾声如雷地一直睡到天亮，后来战友看见他飞快地跑过平原追赶大部队，仿佛脚底生了烟一般。后来他得到一个诨名"爱睡的桑迪"。[128]两件事都能提醒我们，作战中的英国士兵是多么的疲劳。沃特曼和"爱睡的桑迪"在勒克瑙，科布少校在德里，布莱基斯顿在夜袭科内利斯要塞的战斗中——看样子，睡过头是军人的职业病。

英军的撤退鼓舞了叛军，或许他们对英军撤退感到意外。他们很难想到，坎贝尔好不容易杀出一条血路之后，竟然会原路返回阿兰巴。据英国外交部秘密情报机构 11 月 25 日收到的报告："于是叛军在城内宣布，欧洲人已经放弃了这个地方。

同样的消息被送给各地区政府和德里国王。"勒克瑙太后①下令占领瓦拉纳西和安拉阿巴德。那那大人正带着瓜廖尔军队包围坎普尔。"勒克瑙全城现在都相信这是一场宗教圣战，成群结队的人从各地区返回都城，参加斗争。"到 1858 年 1 月底，奉命率领一支部队在阿兰巴驻防的乌特勒姆估计，勒克瑙的叛军多达 9.6 万人，包括 2.7 万名训练有素的印度兵，而这 9.6 万人之外可能还有属于塔卢克达尔地主的 2 万人。[129]

叛军动员了多达 1.5 万人去建造三堵巨大的土墙，阻挡英军之前选用的从东面攻城的道路。每条街道都筑起了街垒，挖出了枪眼，皇帝花园周围被挖出了一条很深的护城河。乌特勒姆在阿兰巴（勒克瑙城外 4 英里的大型乡村宫殿，就在坎普尔道路上）的小小驻防地很弱，难以抵御攻击（有多达 3 万人的敌军攻击了他十几次），而且存粮很少，很容易饿死。周边村庄拒绝为他提供任何补给。他的部队不得不到很远的定居点去搜粮，为了几袋粮食要付出极高的价钱。到 1858 年初，奥德人民已经多多少少地坚定站在叛军那边，在这一年的大部分时间也是这样。

只有决定性地收复勒克瑙，才能让叛军知道谁才是真正的主人。直到 2 月时，科林爵士才开始向勒克瑙进军，这是七个月里英军第五次试图收复这座城市。据说这是在印度单一地点集中的最强大的一支英军：2 万名步兵和骑兵、137 门火炮和臼炮、22 门攻城炮。

"爬行骆驼"爵士或许会因为谨小慎微而受嘲笑，但他这次的计划十分大胆。他兵分两路，两军之间夹着一条无法涉水

---

① 指的应当是瓦季德·阿里·沙的第一任妻子哈兹拉特·玛哈尔。

通过的大河，所以两军很容易被切割开，风险很大。乌特勒姆率领骑兵和一半重炮，通过两座浮桥渡过戈默蒂河，然后在河对岸绕一个大弯，取道赛马场，隔着河炮击宫殿。坎贝尔像上次一样从东面进攻，取道迪尔库沙和马丁府，带着大部分步兵和工兵，他们会在城市中心杀出一条血路。

3 月 6 日凌晨 4 点，第 2 旁遮普骑兵团打头阵，通过了匆匆搭建的浮桥。指挥该团的是詹姆斯·霍普·格兰特准将和著名的萨姆·布朗上尉，我们将会听到更多他们的故事。罗伯特·洛中尉也在这个团里，他现在已经有了相当丰富的作战经验。科林爵士急于让整个部队在破晓前过河，所以亲自催促第 2 旁遮普骑兵团前进。乌特勒姆镇定自若地坐在地上抽雪茄。刚从克里米亚战场来到印度的维维安·马金迪中尉①生动地记述了这次万般紧张的黎明奔袭。他们随后在杧果林等待，然后进攻黄房子，即赛马场上的一座亭子。骑兵的战马都戴着饲料袋，军官互相传递雪茄盒与白兰地酒瓶，士兵用刀子切面包和肉当早餐（他们切割烟草用的是同一把刀），然后骑马一溜小跑地穿过丛林，只见穿白袍的叛军从树丛中逃窜。起初英军骑兵的动作非常安静，撞见一群正在吃早餐的印度兵。这些印度兵起身正要逃跑，但被刺刀戳死，死时嘴巴里还塞着食物。乌特勒姆的部队包括第一批从海外来的援兵。很多士兵是第一次参战，但他们和在印度的老兵一样复仇心切。一些印度兵被剥光衣服捆在地上，被烙铁烫，被烤熟："不管是印度兵还是奥德村民，都无所谓，我们不问他们问题。他们的皮肤是黑的，

---

①　维维安·马金迪（1836~1898），历史上最早的爆炸物处理和拆弹专家之一，最终军衔为上校。他参加过克里米亚战争和 1857 年印度平叛作战。

这还不够吗？一段绳子和一棵树，或者一发子弹击穿他们的脑子，很快就结果了这些可怜虫。"[130]

很快，英军骑兵就纵马经过了遍地死尸。然后他们猛然左转，沿着河奔驰，河岸上的清真寺和宫殿在晨曦中闪闪发光。英军骑兵在抵达在进城的两座桥（一座是铁桥，由英国人建造；另一座是石桥）时勒住缰绳，炮击开始了。一连四天，乌特勒姆的大炮轰向勒克瑙的所有恢宏建筑：王妃府邸、皇帝花园、伞宫①、两座什叶派会堂、马奇巴万要塞。纳瓦布建筑的所有精彩代表作都遭到了无情的持续轰击。

常驻代表府也遭到了炮击。罗伯特·洛所在的部队正在竭尽全力地摧毁曾是他童年家园的地方。他有资格像《故园风雨后》②的叙述者一样说："我来过这里。"乌特勒姆部队的最后一次行动，就是3月16日猛攻常驻代表府。现在攻守的角色颠倒了。英军是进攻一方，印度人是守军。马勒森上校③的记述充满了喜悦之情："差别很明显。英国人在防守的时候孤立无援地坚持了八十四天；而到亚洲人防守的时候，这里不到半个小时就被攻破了。乌特勒姆部队的一次冲锋就让敌人从这座古典庄园抱头鼠窜，让他们惊慌失措、气喘吁吁。"[131] 这座充

---

① 伞宫（Chattar Manzil）是奥德统治者及其妻妾的一座宫殿，位于戈默蒂河畔，原有一大一小两座宫殿，今天只剩大的那座。得名自亭台的伞形穹顶。1857 年印度兵变期间，伞宫是叛军的据点之一。

② 《故园风雨后》为英国作家伊夫林·沃的小说，从两位少年的友谊入手，描写了伦敦近郊布赖兹赫德庄园一个贵族家庭的生活和命运，对没落的英国贵族社会充满怀旧，探讨了天主教、同性恋等问题。

③ 乔治·布鲁斯·马勒森上校（1825～1898），在印度的英国军官和作家，参加过第二次英缅战争，最后一个职务是迈索尔大君的监护人。他著作颇多，包括续写和修改了约翰·凯爵士未完成的《印度兵变史》，还著有《法属印度史》和《印度的决定性战役》等。

满魅力的庞大别墅是阿萨夫·道拉为英国常驻代表建造的，宗旨是巩固他们之间的"友谊与完美联盟"，如今却遭到了敌对两军的无情炮击。现在它化为废墟，证明了人类的耐力和愚蠢。

在河的另一边，坎贝尔的工兵必须在运河远端的 30 英尺高的新河堤当中开辟一条道路。阿瑟·兰、爱德华·萨克雷和他们的旁遮普工兵在 3 月 11 日挖掘了整整一夜，然后在运河上修建了一条堤道，为大炮开辟了一条方便的道路。"爬行骆驼"的规矩是，除非工兵告诉他，大炮和工兵已经联合开辟了可以通行的道路，否则绝不拿步兵冒险。这一次，他们不会从靠近河岸的地方逼近常驻代表府，而是从城市东端穿过，但要避开街巷，因为那里的每一扇窗户后面都有狙击手，巷尾还有严阵以待的大炮。他们的计划是沿着哈兹拉特甘吉街（当时和今天一样，哈兹拉特甘吉街都是勒克瑙的主要街道）的南端，先用大炮轰击，然后工兵用铁锹和撬棍开路。此时就像德里围城战的最初几个小时一样，完全属于工兵。

"想象一下走进公园径①的一座房屋，"爱德华在给兄弟的信中写道，"但这里房屋的尺寸是公园径的两倍，有花园和庭院。想象一下用 68 磅炮在隔壁墙上轰出一个洞，然后把大炮推上前，再在隔壁墙上开洞，然后冲进去，不断重复。叛军不明白我们在做什么，他们在大街上准备了炮台、枪眼等，而我们从房屋内部开辟道路，从一间屋子攻入另一间。"[132]

太后的宅邸首先遭到攻击，它也是最难啃的一块骨头：此处的白刃战中有 600 个叛乱者死亡，但英军阵亡人数不多，不

---

① 公园径是伦敦中部威斯敏斯特市的一条主要道路，南北走向，沿着海德公园的东部边界，从海德公园角到大理石拱门，全长约 1.2 公里。

过包括英勇无畏的威廉·霍德森。他踢开一扇门，说"不知这屋里有没有人"，这时敌人的一发子弹击穿了他的肝脏。阿奇代尔·威尔逊对妻子说："霍德森不应当在太后府邸。他理应带着他的骑兵在 5 英里之外。"与尼科尔森和尼尔一样，霍德森死在了自己不应当去的地方，因为他坚持身先士卒。

"发动攻击的时候我没有任务，"爱德华报告称，"但晚上我必须去路上建一个炮台，就在太后宅邸的一侧。多么骇人的景象。想象一下，一座辉煌的大宅，花园里张灯结彩，房间广阔，配有极大的镜子，遍地是印度兵的尸体。我之前也没见过引擎室里那种场面，那里的机器之间都横七竖八地躺着死人。有一半房间起火了。夜间勒克瑙的很大一部分似乎都在熊熊燃烧，四面八方都是大火和地雷爆炸，我们的炮弹仍然不断射入城市。"

"在这里执行任务远远不及德里那么艰苦，也没有那么危险。我宁愿经历四五个勒克瑙，也不愿再经历一个德里。"[133]

随后抢劫开始了，并且规模极大，英国军事史上也许有能与之相提并论的抢劫，但应当没有超过它的。

"有些团抢到的战利品实在令人难以置信，"爱德华写道，"有些列兵抢到了价值数百英镑的钻石手镯和珠宝，有时用几个卢比的价钱就卖出去了。"[134]"金银财宝一直堆到我膝盖这么高，"阿瑟·兰写道，"但我的运气还是没有改善。有个人看见我没有自己去抢东西，就举起一整袋首饰，那口袋足有他的脑袋那么大。他对我说：'长官，分一份吧。拿吧。'我真是傻瓜，慷慨大方地什么都不要！我拿了一些漂亮的弯刀，别在腰带上。我隔壁帐篷的一名军官抢到了价值超过 50 万卢比的钻石、珍珠和红宝石！我从未见过这样的宝石。"[135]

　　此役结束后，坎贝尔受到广泛批评，因为他没有去拦截从城市另一端败退、跨过戈默蒂河逃走的成千上万的叛军。他曾指示乌特勒姆，如果要损失哪怕一名己方士兵的生命，就不要追击敌人。在军事专家看来，这种道德顾虑是错误的。他没有"宜将剩勇追穷寇"，这意味着后来会有数千叛军骚扰英国人好几个月。但印度国内原本就已经有成千上万的叛军逍遥法外了。无论如何，按照埃里克·斯托克斯①的说法，"英国人在勒克瑙的攻击有点像猛击一个枕头的中央部分。它会被锤扁，但枕头四周却可能爆开。这也是难免的"。[136]坎贝尔的当务之急是收拾局面、结束收复勒克瑙城的作战，然后他才能正儿八经地开始平定这个省份。

　　坎贝尔没有耽搁时间。一周后，他派詹姆斯·霍普·格兰特准将（他是皇家艺术研究院院长弗朗西斯·格兰特的弟弟，说话简洁干脆。弗朗西斯为詹姆斯画了一幅冷酷却又精妙的肖像）率领第 2 旁遮普骑兵团去攻击聚集在库尔西（勒克瑙以北 25 英里处的一座小镇）的四千叛军。霍普·格兰特发现敌人之后立刻派遣第 2 旁遮普骑兵团的两个连（由萨姆·布朗上尉带领）发起冲锋。

　　萨姆·布朗时年三十三岁，已经因为在旁遮普的赫赫战功而成为传奇。亨利·劳伦斯曾挑选他指挥旁遮普边防军，于是他组建了第 2 旁遮普非正规骑兵团，这个单位后来改称萨姆·布朗骑兵团。萨姆的姐姐费利西泰比他大十六岁，就是爱吹毛

---

① 埃里克·斯托克斯（1924～1981），剑桥大学历史学教授，专攻南亚（尤其是现代早期和殖民时代的印度）和大英帝国历史，著有《农民与英属印度》《武装的农民：1857 年印度叛乱》等。

求疵的托马斯·梅特卡夫爵士的妻子。所以萨姆是西奥的舅舅，尽管他俩年纪差不多。很难说得清他俩谁更好斗。罗伯特·洛现在被调到了第 2 旁遮普骑兵团，他的新长官萨姆·布朗可能是英印军队中唯一能与罗伯特的前任长官约翰·尼科尔森在凶悍方面相提并论的人。

布朗这一次也没有让人失望。霍普·格兰特在日记中写道："布朗上尉指挥了此次作战，他看见一些大炮撤走，于是极其勇猛地向叛军冲锋。他五次从敌群中冲杀而过，杀敌约 200 人，缴获了 13 门炮和 1 门臼炮。"[137] 在第五次冲杀敌军的时候，他们的马蹄一定在因鲜血而变得泥泞的地面上踏出了一道道沟槽。

罗伯特随后奉命加入几乎无处不在的肖沃斯准将的部队，这一次是去镇压塔特亚·托普和印度中部的马拉塔叛军。这是与之前完全不同的军事体验，不过很奇怪的是，与他父亲四十年前的经历类似。几个月里，塔特亚·托普和当年的佩什瓦一样在这个地区神出鬼没，在荒野上不断来回穿梭，有时身边只有少量追随者，有时拥有相当强大的军队。有很多次他眼看就无法逃出天罗地网了。1859 年 1 月，肖沃斯从西北方堵住了塔特亚·托普，东北方有内皮尔挡住他的去路，东面是萨默塞特，西南面是史密斯，南面有本森和米歇尔拦截，西面是霍纳。但他不知怎的仍然溜走了。他的部分亲信乔装打扮为朝圣者逃进北方山区，但塔特亚·托普始终不曾放弃斗争。最后他被自己的长期盟友曼·辛格出卖，在睡梦中被抓获。1859 年 4 月 18 日，他被处以绞刑，罪名是反叛英国人，不过即便是英国历史学家也都质疑这项裁决，因为他原本是佩什瓦的仆人，而佩什瓦这个可疑人物当时（名义上）统治着印度西部的很大一片地区，所以塔特亚·托普并没有对英国人效忠的义务。[138]和詹西女王一样，他长存在印度人民的心中。

罗伯特·洛在短暂的军事生涯中已经参加了两次大围攻战役，并对抗过两种截然不同的游击战士：不肯逃跑的桑塔人和除了逃跑几乎什么也没做的塔特亚·托普。这不是罗伯特最后一次面对足智多谋的叛军。等到他在英印军队结束服役的时候，他完全有资格写一本关于镇压叛乱的手册。但他没有写，因为在整个大家族里罗伯特是唯一很少提笔写字的人，除非是写军事报告。不过，他的人生足以印证约翰·凯爵士的断言："印度是用剑赢得的，也必须用剑维持。"

马尔科姆在乡村

坎普尔的恐怖屠杀、德里的戏剧性战事和勒克瑙的一系列苦难吸引了公众的注意力。但在北印度的其他所有地方，在那几个可怕的夏季月份里，所有英国人都屏住呼吸，或者在拼死战斗。在乡村（这里指的是英属印度的三个管辖区之外的偏僻地区），很多英国民政专员身边只有少量忠诚的土著警察，仍在勉力坚守。他们得到增援的希望很渺茫，前来增援的都是可疑的土著步兵和骑兵，他们完全可能倒戈到叛军阵营，而不是镇压叛军。

马尔科姆·洛是约翰和奥古斯塔的几个儿子当中唯一的文官。他年纪比罗伯特大三岁，也更擅长读书。约翰和奥古斯塔把他送到黑利伯里的东印度公司学院深造，与此同时觉得让罗伯特去上布里克斯顿山的戴先生学校就足够了。两个男孩走上了父母为他们安排的不同道路：罗伯特成为骑兵，驻在孟加拉，他所在的土著骑兵团注定会解体；而马尔科姆考入了属于精英的印度高等文官系统。成为印度高等文官是每一个望子成龙的英印母亲都渴望自己儿子拥有的好前程，但这种生活远远谈不上高贵。

他们在旁遮普的上司约翰·劳伦斯认为："理想的民政专员应当是穿着靴子和马裤的勤奋刻苦、积极活跃的人，几乎以马背为家，整个白天和几乎整夜都工作无休，饮食没有固定的时间地点，没有家庭的拖累；他的全部家当就是一张行军床、一张桌子、一把椅子和一小箱衣服，这些家当能够全部放到一峰骆驼的背上运走。"民政专员骑着马，在村庄入口或者围墙外的树下审案，给出裁决。他没有时间享受高雅生活。有一个著名的例子是，一名官员带着自己的钢琴去了旁遮普，约翰爵士宣称"我要帮他砸碎钢琴"，并将这个可怜的家伙在两年内调动了四次，钢琴的运费就要不少钱。[139]

才华横溢的乔治·奥托·特里维廉比马尔科姆晚几年去印度。他宣称，在印度乡村的年轻税官的生活，比伦敦初级律师无聊而艰苦的工作，或者伊顿公学和威斯敏斯特公学的古典学教师的生活舒服得多：

他黎明起床，立刻上马。他纵马疾驰，冲过还点缀着露珠的原野，去查看最近一桩抢劫案的犯罪现场；或者去亲自观察拖欠税款的柴明达尔的庄稼是否真的歉收；或者带着父亲式的慈爱观看他心爱的河堤的施工进度。也许他会和兵站的喧嚣狗群一起驰骋兜风，其中有一条老迈的猎狐犬、四条小猎兔狗、一条可作医生的寻回犬的灵缇犬和属于助理行政长官的一条斯凯㹴……狗群可能惊动了一只豺狗，它让狗群穷追猛打了十分钟，然后躲进一片甘蔗地……回来之后，大家都去会员制的游泳池，仆人已经端着衣服、剃刀和刷子恭候了。游了几圈，享用了茶和面包的"小早餐"，读了日报，分享了关于专员大人的流言，税官就返回自己的平房，开始处理当天的公务。他坐在露台的风扇之下，逐一处理各个公文箱的内容……中午时分他已经准备好享用午餐，吃的是乡村最受欢迎的菜肴，有很多菜品：炸鱼、咖喱禽肉、烤小山羊和薄荷酱汁，以及杜果甜点。在这么多道菜之间几乎找不到茶盘了。然后，他搭乘自己的轻便马车去法院，下午听取和裁定关于土地及税收的诸多问题。如果案子不多或容易处置，他也许有时间去新球场（灰泥墙壁白得发亮）玩几局壁网球。这个球场是一个土著富翁建造的，部分是为了投机，部分是为了讨好英国老爷。如果不玩壁网球，他就携夫人乘车去赛马场，或者与警察局长一起打台球……之后是晚餐，过后再读一个小时书或者听音乐。晚上10点他已经就寝了，小孩子睡在小床上，小床和大人的床被罩在同一套蚊帐里。[140]

很奇怪的是，这种高度活跃的生活既责任重大，又无忧无虑。马尔科姆很适合这种生活。他于1855年12月从黑利伯里学校毕业，到1857年5月时已经是密拉特的助理税务专员。洛家的人似乎都能在叛乱发生的时候巧妙地避开现场。密拉特叛乱开始、印度兵开始杀害军官的时候，他请了病假，正在台拉登。他得知消息后，立刻申请取消自己的假期，奔赴一线。

当他来到平原地带的第一座城镇萨哈兰普尔（台拉登以南40英里处的莫卧儿古城）时，当地的主要行政长官罗伯特·斯潘基（令人敬畏、脾气暴躁、嗜酒如命）立刻给了他一头大象，命令他将国库公款送到台拉登城外不远处的穆索里，马尔科姆的父母就是那个山麓小镇结婚的。现在只有这样的交通不便的英国飞地似乎还算安全。此时，从德里到山区之间的六七个城镇里已经有成群结队的印度兵在游荡，土匪和地头蛇掳掠了国库。

密拉特以北 40 英里处的大城镇比杰诺尔的国库受到威胁时，当地的行政长官亚历山大·莎士比亚（马尔科姆不计其数的亲戚之一）从办公室取走现金，将其藏在水井内，直到休·高夫率领 25 名骑兵从密拉特赶来，将其转移到更安全的地点："我们快速征用了当地王公的一些大象，花了不少力气才把一千卢比一袋的财物从水井里捞出来。我们往大象背上搬运了尽可能多的钱袋之后，我就准备回去了。动身之前，我非常诚挚地恳求莎士比亚先生带着他的妻子和年轻的帕尔默跟我一起回密拉特。但这个勇敢的人无论如何也不肯离开自己的岗位，他的妻子也不肯离他而去。"[141]莎士比亚一家最终逃到了另一个山区避暑地奈尼塔尔，再从那里赶往穆索里。

并不是所有人都对亚历山大的行为肃然起敬。在穆扎法尔纳加尔，罗德里克·爱德华兹汗流浃背地度过了叛乱期间的酷热季节。他说亚历山大·莎士比亚是"傻瓜"，在当地还没有真正出现危险时就逃跑了。爱德华兹觉得，"大家普遍的印象是，莎士比亚将妻子和其他女士送到安全地点之后……应当立即返回自己的岗位"。爱德华兹也不能原谅莎士比亚给爱德华兹太太灌输了很多耸人听闻的谣言。[142]事实上，亚历山大最后确实返回了比杰诺尔，并恢复了那里的秩序。坎宁勋爵赞扬了他的"活力与稳健的判断力"。[143]

休·高夫带着满载财宝的大象返回密拉特，一路经历了千难万险。到处是叛军，"这对我手下的土著兵来说是极大的诱惑。他们对我没有任何个人感情，他们几乎不知道我姓甚名谁，他们的战友都已经叛变并且在距离我们很近的地方行军。他们手边就是金银财宝，所以抢劫的诱惑几乎难以抵制。他们只要杀死一个年轻的英国人，也就是他们的长官，我本人，然后就可以带着金银财宝不受阻挠地前往德里，与他们的朋友会合。但没有一个土著兵的忠诚发生动摇，也没有一个人发出一句怨言"。[144]恰恰相反，他们帮他搞牛奶喝，给他做无酵饼，还帮他梳刷战马。

他们抵达密拉特之后，受到了他的朋友的热情欢迎，因为他们都不曾指望还能再见到他。然而，高夫患上了严重的热病。他痊愈之后恼怒地发现，他麾下的土著兵最终还是叛变了，投奔了敌人，甚至没有等到领取拖欠的军饷再走。高夫感到有点好笑，也不明白他们为什么没有趁着有机会的时候抢走那 25 万卢比并杀死他。这个事件和其他很多事件一样，说明很多印度兵对自己的出路思考了相当长的时间，最后才冲动地做出决定。他们的叛变不是预先安排、互相之间有配合的计划。

马尔科姆从穆索里回来之后，斯潘基先生派他在当地收税。说这个地区不安定，有点过于轻描淡写了。为了执行任务，他得到了一队旁遮普非正规骑兵的护送。他似乎是成功地收回了税款，因为斯潘基后来给他写了一封信，向他祝贺并提了建议：

> 我对你的工作和你表现出的审慎非常满意……我一定会高度信任你的决断。我相信，只要好言相劝，而不是激怒土著，并且同时保持勇敢的姿态，你就能完成任务。但要记住，不要向土著承诺既往不咎；只考虑他们有没有表

　　现出悔改之意。你是个好人，先生。

R. 斯潘基[145]

　　换句话说，英国人要想获得至关重要的税金，只能依靠虚张声势和连哄带骗。有经验的英国官员常常渴望恢复土著自己的税收制度。1821 年的德里专员托马斯·福蒂斯丘见证了改革城市税制的笨拙举措之后，对旧制度评价道："简而言之，土著的旧制度非常精细和先进，且操作简便，不会造成烦恼与不满。此外这种制度收上来的钱多得惊人。"[146]即便在和平时期，收税的任务也十分棘手。而在全国叛乱期间，英国人对设防城镇与村庄的控制，无论在军事上还是经济上都很弱。一方面，必须尽快转移政府办公室内的巨额现金，以免落入叛乱的印度兵手中。另一方面，当局还需要给忠诚的部队和警察支付军饷，并继续从乖戾的农民那里收缴常规的土地税。斯潘基已经将自己的国库公款藏在了山区，所以手头缺少现金来支付日常费用，于是不得不派遣他的代表萨德尔·阿明去城里找放债人，贷款 1.4 万卢比。萨德尔·阿明将贷款的事情公之于众，这令斯潘基勃然大怒。[147]如果土著看到英国老爷有了麻烦，就可能造反。身陷绝境的英国人依赖于土著银行家，也依赖于土著警察。

　　税官处于第一线，也在最早被叛军杀害的人之列。哈恩西的税官汤普森先生被他自己的信使谋杀了。埃里克·斯托克斯在《武装的农民》中指出："值得注意的是，密拉特和穆扎法尔纳加尔西部最严重的反英动乱，不是发生在印度兵哗变之际，而是两三个月后税官去农村收税的时候。"[148]与英国内战、美国独立战争和法国大革命一样，1857 年印度兵变也有抗税的成分。毕竟 C. A. 贝利告诉我们："历史上的绝大多数叛乱都与税收问题有关。"[149]

马尔科姆给在加尔各答的父亲写信，"表达对最亲爱的妈妈和您的真诚问候"，并附上一份备忘录。他说这是"直言不讳、不加掩饰的事实陈述，没有经过修改，仅供您一人看"。他生动地描述了自己亲眼看到的景象：英国人手忙脚乱、应接不暇地镇压一个又一个城镇的叛乱。有时他要面对从德里来的印度兵，有时是满腹怨恨的当地地主（此人在科弗利·杰克逊的改革中失去了自己的一半村庄）手下的佃户，有时是情绪难以预测的农村暴民。

在大城市，叛乱的主体可能是心怀不满的印度兵。但在农村，叛乱开始吸引到形形色色的群体。曾经的第 93 团（后来成为阿盖尔与萨瑟兰高地团）的军士长威廉·福布斯－米切尔记载道，在奥德，"衔级最低的英国兵也一清二楚，如今我们处于敌国……沿途的村庄全都无人居住，那里唯一的生命迹象就是几条流浪狗……无须多么厉害的观察力就能明白，奥德的全体人民都反对我们"。[150]另一位民政专员邓达斯·罗伯逊在再次到访自己很熟悉的德奥班德以东的村庄时，不禁大吃一惊："军队或许会哗变，但我怎么也想不到安宁的村民也会发生这么迅速的变化……柴明达尔与底层阶级联手……叛乱，而不仅仅是抢劫，让广大群众激动起来。"[151]罗德里克·爱德华兹现在是穆扎法尔纳加尔的行政长官，他也注意到了人民的动向："这个地区全都揭竿而起了，恶棍们不再像动乱之初那样互相厮杀，而是暂时搁置私人恩怨，共同对抗政府、公职人员和所有帮助与庇护公职人员的人。"[152]

有些现代历史学家更愿意集中精力研究城市，所以提出农村没有发生大规模叛乱。[153]需要亲身面对农村骚乱的人肯定不会这么想。9月中旬，爱德华兹哀叹道："叛乱几乎每个钟头都在蔓延。我们刚把一个地方的叛军镇压下去，大约20英里之外又发生了新的叛乱。这让我想起野禽听到枪响就潜入水中，然后几乎立刻在另一个地方浮出水面。"坎宁勋爵威胁要没收所有参加叛乱的地主的土地，但乌特勒姆抗议，并说奥德的几乎所有地主都以这样或那样的方式帮助过叛军，完全清白的地主可能连一打也找不到。[154]鲁德朗休·慕克吉①的细致分析能支持这种观点。慕克吉发现，在126个塔卢克达尔地主当中，有82人参加了叛军或者给过叛军援助。[155]

印度人加入叛乱的动机五花八门。穆斯林感到自己的信仰受到了英国人的威胁，印度教徒觉得自己的种姓面临危险。在很多村庄，放债人害得农民破产，夺走了农民的土地。也许最糟糕的一点是，印度的土地所有制极其复杂和多样，令格宾斯及其官员如堕五里雾中；尽管他们用意良好，征税的税率还是太重。四十年前，精明敏锐的芒斯图尔特·埃尔芬斯通在马拉塔地区犯过类似的错误，而格宾斯远远没有埃尔芬斯通的才干。就连英国人的善行也会适得其反，比如在恒河运河沿岸的某些地区，英国人修高了河堤，却导致周边地区变成咸水沼泽，成了疟疾的温床。

农民没有穿任何可辨识的制服，马尔科姆也没有穿制服。他仅仅是一个手提利剑的民政专员。[156]

9月5日，星期六，他骑马来到穆扎法尔纳加尔，与爱德

---

① 鲁德朗休·慕克吉是印度历史学家，在牛津大学获得博士学位，有多本关于1857年印度兵变的著作。

华兹会面。爱德华兹刚刚被调到那里担任主要行政长官，他的任务是恢复秩序。[157] 整个地区乱成糨糊。在西方，古尔贾①土匪正在疯狂掳掠。更严重的是，南方有"大群狂热的穆斯林，在数量相当多的印度兵协助下……正在集结，不是为了抢劫，而是为了彻底消灭英国政府和当地的所有英国人"。东方的很多有城墙环绕的大城市大多属于德里国王，现在处于当地军阀"卡纳库姆的哈奇"的控制之下。他的孙子刚刚因为谋杀可怜的萨姆·费希尔（第 15 非正规骑兵团的一位年轻军官）而被绞死。

按照斯潘基先生的建议，马尔科姆通过好言相劝而不是激怒土著，把奥德北部的税金收上来了。但南方陷入了动乱。行政长官之一格兰特先生带领第 3 轻骑兵团的忠诚官兵待在斯哈姆利。他没有等待爱德华兹批准，就匆匆去附近一个叫帕拉骚利的村庄镇压叛乱，希望在那里抓住当地军阀之一海拉蒂·汗。此人是个胆大妄为的马拉塔老土匪，身患麻风病，也是这个村庄的地主之一。格兰特的决定是个严重错误。帕拉骚利到处是武装叛军，于是格兰特赶紧撤退。几个钟头之后，英国人狼狈逃走的消息就传开了。

爱德华兹得知格兰特擅自出击，不禁勃然大怒。他赶紧带着马尔科姆和第 1 旁遮普骑兵团的一个整连开赴斯哈姆利。他从畏畏缩缩的斯哈姆利市民手里收缴到 27.5 万卢比并上交给密拉特的总部。这个数字还算令人满意。斯哈姆利风平浪静，当地值得信赖的警察局局长易卜拉欣·汗控制住了局面。[158]

---

① 古尔贾人（Gurjar）是印度、巴基斯坦和阿富汗的一个民族，有自己的语言，信印度教、伊斯兰教、锡克教等。

但这时他们又得知，北面一个叫胡尔哈尔的村庄被一伙偷牛贼占领了，他们抢劫了 40 辆满载物资（糖、树胶、药用树皮和染料）的大车，这些物资原本是要送往斯哈姆利的。这伙盗贼现在向过路客人收买路钱，并杀害那些不肯交钱的人。

马尔科姆和爱德华兹先生率领他们这一小队骑兵纵马赶往胡尔哈尔。"村内闹哄哄的，但村民没有开枪。他们此时已经看见一个连的廓尔喀兵向他们推进，一定觉得抵抗是无意义的。我们的士兵进了村，开始掳掠，发现了大量政府物资。匪首被处死，其他很多人被拴在大车上受鞭刑。"

一个上午就这么忙活过去了（没人说要正式审判），马尔科姆坐在一棵树下用午餐。一名来自塔纳巴万的土著警察骑马赶来，打断了他的午餐。塔纳巴万的王公公开反叛了，拥有8000 人的兵力。"这不太让人满意，"马尔科姆用典型的英国式风格轻描淡写道，"但我还有一些事情要说。"塔纳巴万王公的人马在前往马尔科姆所在地点的途中伏击了一支运送弹药的队伍，于是叛军多了 2000 发子弹，英军少了 2000 发。

敌众我寡，直接进攻塔纳巴万显然是发疯，于是他们决定返回斯哈姆利。次日早晨，警报响起，他们翻身上马，但惊喜地发现，烟尘滚滚一路奔来的并非王公的叛军，而是史密斯上尉。他曾属于第 24 土著步兵团（这个团反叛了），正在从白沙瓦去密拉特的路上，身边带着一个连的精锐阿富汗骑兵和50 名装备弯刀的锡克兵。史密斯上尉是否愿意留下指挥这支混合部队？没有时间去请示上级了。和叛军一样，英国人也必须随机应变。

于是他们出发了，去攻打布尔哈纳和焦拉这两座属于反叛王公的城镇，现在控制它们的是性情凶悍的老麻风病人海拉蒂·汗。英军在斯哈姆利只留下一支小小的警察卫队，由易卜拉欣·汗指挥。他坚持说自己不需要更多人手也能守住斯哈姆利。事实证明这又是个错误的估计。

破晓之际，他们来到了焦拉城外。他们听见城里的鼓点，然后看见成群结队的武装人员从城里冲出，向他们奔来。史密斯上尉命令纵队停止前进。马尔科姆骑马从队伍末尾走到前方接受命令。史密斯指示他待在队伍末尾守卫辎重。看来上尉不愿意在即将投入战斗的时候受到区区一名文官的拖累。马尔科姆坚持要参加战斗，说他和他的旁遮普骑兵很可能比第 3 轻骑兵团（最早的一批叛军）残部可靠得多。史密斯让步了，允许马尔科姆向敌人右翼冲锋，而他本人则带领阿富汗骑兵攻击敌军左翼。

"于是我们发起冲锋，这场面真是壮观。叛军步兵站着不动，但叛军阵营中几乎所有的骑兵都逃走了。他们被打得落花流水，作鸟兽散，在战场上丢下了超过 100 具尸体。而我们有 9 人死伤，2 匹战马死亡，7 匹马负伤，我自己的马被剑砍得挂彩，伤势不轻。"

灰心丧气的叛军逃往深谷，但很多叛军又被马尔科姆的骑兵砍倒。"城里所有权贵均被俘虏和绞死，"他兴高采烈地报告道，"然后我们把能烧的东西都一把火烧了。与早晨相比，焦拉大大变样了。在这个地区，我们给了叛军惨痛的教训（在焦拉共有超过 400 人被杀），这样的结果特别有益。"

随后他们顶着炎炎赤日奔向布尔哈纳，大约于下午 2 点 30 分抵达这座要塞。透过望远镜，他们看见城墙上有武装人员在奔跑。很难揣测要塞内人们的心绪。马尔科姆主动报名骑马去城里，用他掌握的最好的印地语与当地一些头人交流。在他骑马慢跑进城后，"大家深深鞠躬欢迎他，但脸上带着明白无误的不信任的神情"。他费了不少周折才说服一个头人走过来与他交谈。看来，老麻风病人之前带着50个叛乱印度兵待在城里：

> 但是，老爷，谁抵挡得住你们不可战胜的好运气呢？他现在逃到另一边去了。

马尔科姆骑马跑回部队，把这令人安心的消息与大家分享。他们炸毁了城门，没有受到抵抗。叛军已经逃跑，丢下了辎重和炊具。爱德华兹先生向这座城镇征收高额罚款，以惩罚城里的人不积极帮助英国人。他们连续骑马奔波了二十一个小时，粒米未进，现在终于可以酣睡一场了。老麻风病人再也没有在这个地区露过面，后来被抓获，在密拉特被绞死。

> 他拔腿逃跑的时候，叛军的希望也破灭了。我们在斯哈姆利一露面就得胜，在焦拉也很顺利。海拉蒂·汗在布尔哈纳最终彻底失败；当地人民看到英国雄狮已经觉醒并高度警觉，于是穆兹富尔纳古尔南部的叛乱就结束了。

但这些小胜并不意味着故事结束了。塔纳巴万王公得知英军已经南下，于是利用这个机会把3000个士兵和一些火炮派去斯哈姆利。此时防守斯哈姆利的只有勇敢的税官易卜拉欣·汗①和他的60名警察。英国人在一个地方镇压了叛乱，很快另一个地方又揭竿而起。

---

① 前文说他是警察局局长。

易卜拉欣·汗措手不及，只得将他的小小队伍聚集在办公室内，封锁了大门，宣布自己绝不投降。但敌人的兵力是他的数十倍。在全部 73 名守军①中，"只有一个身负重伤的骑兵和少数几个警察幸存，得以讲述这个故事……我相信，在本次兵变的史册里，很难找到比斯哈姆利大屠杀更恐怖的悲剧了"。

马尔科姆迅速返回斯哈姆利，为这起屠杀复仇。但等他赶到的时候，叛军已经离开了斯哈姆利，撤回家乡塔纳巴万，那里比马尔科姆等人此前攻打过的任何地点都更难对付：当地有坚固的城墙，上面到处是枪眼，每个枪眼都有火枪伸出来；城门紧闭，固若金汤；城镇周围的乔木和灌木极其茂密，所以无法将大炮送到前沿。

史密斯上尉（马尔科姆对他的印象已经很坏）对塔纳巴万炮轰一个钟头之后，命令部队以散兵线前进。

> 虽然我不是军人，但我忍不住发表自己的意见：这是大错特错。因为我们顶多只能看见城墙顶端几个敌人炮兵的脑袋，而敌人能透过枪眼向我们开枪，我们的士兵死得很惨……实心弹从我头顶上呼啸掠过的那种怪异感觉，我短期之内不会忘记。我听见某种爆裂的声音，转过头去，看见一发 3 磅炮弹射入一匹战马的前胸。我们现在处于小规模炮击之下，第一轮炮击结束后我镇定自若，并且对周边伤亡的惨重无动于衷；我们的散兵此时已经伤亡二十多人，约翰斯通身负重伤、血如泉涌，被抬到后方。

---

① 前文说有 60 名警察。

刚愎自用的史密斯现在命令强攻城市，英军短暂地控制住了敌人的两门大炮，"但呜呼哀哉，我们的步兵起初就只有200人，现在兵力锐减，无法与如此庞大的敌军对抗。经受严重损失之后，史密斯不得不得出结论，说我们这么少的步兵不可能继续进攻了；于是凯勒奉命撤退，但那座堡垒里已经留下了约70具敌人的尸体和15具我军的尸体，足以证明这是多么激烈的一场战斗"。

史密斯上尉现在认识到自己的进攻是多么的愚蠢，于是命令遍体鳞伤的士兵们到城镇后方500码远的地方集结。"他话音刚落，我看见他举起了双手；我冲过去想救他，但看见他的胳膊已经被炮弹炸断。我们费了不少力气将他扶到一台轿子上；现在弗雷泽接管指挥权；他决定撤往穆兹富尔纳古尔，于是我们踏上了撤退的路。"

但他们的苦难还没有结束。走了4英里之后，他们遭到从塔纳巴万追来的1500个骑兵与步兵的袭击。马尔科姆告诉我们，在野外的开阔地上，叛军不是他指挥的纪律严明的骑兵的对手。敌军被击溃和打散，英军一直追杀到罗哈利城墙脚下。罗哈利是离塔纳巴万最近的一个城镇。"我的士兵表现极佳，所以尽管我只有40人，但敌人冲锋的地域留下了他们的60具尸体。敌军一共损失了超过150人，包括有权有势的人，其中有罗哈利的权贵艾哈迈德·阿里·汗，他是个有名的叛军首领。"

现在马尔科姆一行人已经连续二十个小时骑马奔波了。人和马都精疲力竭，但马尔科姆和他的战马都还有足够的力气，可以承受最后一段奔驰。

"我亲爱的阿拉伯战马（是在加尔各答用我父亲给的钱买

的）体力还很充沛，尽管它在塔纳巴万中了一弹。所以在我抵达的时候，我的部下没有一个跟了上来。"

他追逐叛军里的一个非正规骑兵，一口气冲进了罗哈利。"我还没来得及抓住他，他就割断了我的缰绳。我的处境非常危险，因为我没办法调转马头；我的高贵战马被军刀砍伤两处，一处伤在头上，一处在肩膀，但它傲然挺立，坚如磐石，让我在它背上继续战斗，仿佛坐在椅子上。长话短说，我身上负了三处重伤，一处是刺伤，有什么刺入了我的木髓遮阳盔，穿透了耳朵，几乎将它砍掉，并略微刺入头部；第二处在左臂，戳到了骨头；最后一处，也是最轻的一处伤是在左大腿上。最后我终于将这个敌人砍倒；同时我的部下也赶到了，有的负了伤，有的下了马……我现在费了一番周折才慢慢加入部队，找人处理我的伤口，随后我被抬上了爱德华兹先生的轻便马车。"

回家的旅途缓慢而痛苦，大家心里五味杂陈：他们耻辱地从塔纳巴万败退，但随后在罗哈利城下来了一次激动人心的反冲锋。他们有 33 人阵亡，更多人负伤。虽然叛军损失更多，但英军对塔纳巴万的进攻失败了。其实，塔纳巴万的敌人兵力非常充足，据守的又是一座固若金汤的要塞，英军根本不应当进攻才是。马勒森上校说塔纳巴万战役"处置失当，颇为奇怪"，这其实已经是客气话了。[159]

他们蹒跚返回穆扎法尔纳加尔之后，听到了喜讯：英军终于收复了德里。整个战局立刻扭转，叛军的情绪也发生了变化。几天后，一支较强的英军奉命去收复塔纳巴万。指挥这支部队的是已经有传奇色彩的罗伯特·华莱士·邓洛普。他发现敌人已经放弃了塔纳巴万。邓洛普那著名的"卡其骑兵队"是志愿骑兵，没有任何军事经验，在穿上卡其色的军服之前唯一的开枪经验就是打猎。但这支临时拼凑的部队很快就赢得了足以与正规军媲美的赫赫威名。在伊斯兰村庄巴索德，他们枪决或砍死了全部180个男性村民；邓洛普解释说："必须严惩叛贼，以儆效尤。这种情况下若是多愁善感、胆小怕事，就会让叛乱的烈火燃遍整个地区。"[160] 他们还血洗了阿卡尔普拉村，因为此地英俊的年轻酋长尼尔普特·辛格曾拒绝交税。难怪塔纳巴万王公听说"卡其骑兵队"要来，就逃之夭夭了。

马尔科姆的自信与勇气同样令人称奇。他手执利剑也只是几周的事情，但他毫不犹豫地批评史密斯上尉的战术。但这位助理税务专员见证的事情如果发生在今天，一定会吸引战犯法庭的注意：在三场战役中杀死数千人；他和爱德华兹没有给斯哈姆利留下充足的守备，导致忠诚的土著被屠杀；还有两场大规模处决，分别发生在胡尔哈尔和焦拉。

行政长官罗德里克·爱德华兹不愿意为这些事情承担责任。首先，爱德华兹责怪他在穆扎法尔纳加尔的前任博福德先生。[161] 马勒森上校表示同意。博福德听说密拉特发生叛乱之后，立刻"以十分不像话、十分罕见的迅速"关闭了城内的所有政府办公室，躲进一座小房子，把监狱警卫调来保护他自己。这导致了大规模越狱事件发生，使国库遭到掳掠。[162] 博福德的身体也垮了。他可耻地搭乘一辆土著牛车逃跑，希望自己在前往萨哈兰普尔的路上如果遇见叛军，会被当作土著。他的继任者爱德华兹无法原谅他，说："他那模样真是可怜兮兮。"[163] 爱德华兹同样不肯承担没有给斯哈姆利留下充足防御力量的责任，而是将守军被屠杀怪罪到易卜拉欣·汗头上。爱德华兹说自己给斯哈姆利留下了足够多的驻军和500发子弹。如果易卜拉欣没有把所有人都聚集到政府办公室，"结果会大不相同"。[164]说到塔纳巴万的惨败，爱德华兹怪罪史密斯上尉："兵力是否足够攻城，应当由军人做判断。"爱德华兹自己仅仅是在执行"立刻去镇压叛军"的命令而已。直到他们从塔纳巴万撤退之时，他才收到"专员的一封信，告诉我绝不要进攻塔纳巴万，因为那里的敌人太强，而我们太弱"。所以，专员大人对失败也有责任。所有人都有罪，除了罗德里克·麦肯齐·爱德华兹。[165]

在北印度各地，英国人都在心急火燎地推卸责任。马尔科姆和爱德华兹先生肩并肩参加了上述行动，但马尔科姆的叙述和爱德华兹的两份正式报告之间有奇怪的差别。爱德华兹提到在胡尔哈尔发现了叛军掳掠的财物，但他没说处死匪首，也没说"其他很多人被拴在大车上受鞭刑"。爱德华兹描述了焦拉的激烈的小规模战斗，英军在那里"杀死大量叛军，有 150人"，"并端着刺刀进了村"，但他没说英军纵火烧村，也没有像马尔科姆那样说"城里所有权贵均被俘虏和绞死"。换句话说，爱德华兹只字不提非正当的行动。他对自己的报告做了删减和"粉饰"，就像五十年前罗洛·吉莱斯皮"粉饰"了自己镇压韦洛尔叛乱的报告。爱德华兹这么做不是因为他个人拘谨怕事。他在日记里毫不避讳地记录自己绞死六七个土匪的"可怕工作"。他也不是会省略细节的人，我们读到他曾详细描述了一名过路的下级军官的口吃，以及他自己的孩子在山区咳嗽和感冒。所以，只有通过马尔科姆毫无顾忌的记述，我们才了解到了英军在胡尔哈尔和焦拉两地屠杀俘虏的事情。也就是他的记述，被厄休拉·洛翻出来，在 150 年之后令访问印度的戴维·卡梅伦大为尴尬。马尔科姆年纪比爱德华兹小，也更冲动，还没有懂得谨慎的必要性（如果要在公务员体系里升职的话，谨慎至关重要）。我很想知道将"直言不讳、不加掩饰的事实陈述"发给约翰和奥古斯塔这件事有没有让他后悔。

谈到他自己时，马尔科姆告诉父亲："我担心自己左手的两三个手指永久残废了，至少医生是这么说的。割伤就在手腕上方不远处，切断了所有肌腱，深入骨头。但我还能拉缰绳，并且要感谢上帝，幸亏是左手。"

英军最终收复勒克瑙之后，坎贝尔放走了成千上万逃离城市的叛军，他们在乡间为非作歹，给乡村的叛乱增添了力量。《泰晤士报》的 W. H. 罗素强调，战争还远远没有结束。他在 1858 年 4 月 3 日的日记中写道："目前整个奥德都可以算作敌境，因为绝大多数酋长都还在死守，并挑战英国政府。我军收复勒克瑙，将叛军驱散到了全国各地，这加强了王公和柴明达尔们在自己要塞周围集结的军力……我们的全部政府机器都毁了，被消灭了。叛军收走了税金。我们的警察销声匿迹。"[166]

叛军现在明确采用了游击战术。罗赫尔康德①的军阀汗·巴哈杜尔·汗推荐此种策略，并在巴雷利设立了自己的政府："不要试图与异教徒的正规军交战，因为他们的纪律和火力都比你们强，并且他们有大炮；你们应当观察异教徒的运动，守卫河上的所有渡口，拦截他们的交通，阻止他们的补给，切断他们的通信，迫使他们长时间待在营地；不给他们休息的机会。"[167]

---

① 罗赫尔康德是今天印度北方邦的一个地区，得名自源于阿富汗的普什图族罗赫拉人。就是罗赫拉人对奥德的威胁，使得奥德开始接受东印度公司的保护。

到1858年的炎热季节时，马尔科姆已经伤愈，驻扎在靠近尼泊尔边境的皮利比特，也就是处在汗·巴哈杜尔·汗声称代表德里皇帝统治的地区之内。二十三岁的洛先生已经是该地区的主要文官。他的驻地受到一支相当强大的叛军的威胁，这支叛军的领导者是臭名昭著的酋长纳济姆·阿里·汗和阿里·汗·梅瓦迪。自立朝廷的伪总督汗·巴哈杜尔·汗和其他一些当地纳瓦布也很快支持这股叛军。他们一共能投入1.2万人的兵力，并且他们距离马尔科姆的驻地只有约12英里，就在离努里亚村3英里的丛林边缘。

1858年8月28日，马尔科姆率领一支衣衫褴褛的队伍出发了。他的队伍中包括200个当地警察和修路工人，这些工人是忠心耿耿的当地公路总监召集来的。马尔科姆坦然承认，他没有办法劝服当地地主给他提供哪怕仅仅10个人。他的想法是巩固努里亚警察局的防御，并重新开设那个警察局。他们整天劳作，一直干到夜间10点，这时他们的警戒哨兵跑来报告，说敌人已经从邻村希尔普拉出动了。当时正值季风时节，除了公路之外，所有地区都被水淹了，骑兵无法通行。他们没有办法出去与叛军交战，顶多只能牵制敌人，等待援军从皮利比特赶来。随后发生的是一场毫无意义但仍然造成了流血伤亡的小规模冲突，1857年印度兵变的历史中经常发生这样的战斗：跌跌撞撞地爬过杧果林，从水花四溅的水稻田跑过；30个敌人丧命，叛军撤退，过后又来厮杀。

指挥援军的不是别人，正是萨姆·布朗上尉。这是他第二次与洛兄弟之一并肩作战。萨姆刚刚抵达就表示同意马尔科姆的意见，称"机不可失时不再来"。英国间谍于夜间11点返回，带来消息：敌人正在希尔普拉掘壕据守，没有要离开的迹象。

希尔普拉是一个荒村，位于一座干燥坚硬的土丘之上，周围几乎全是沼泽地。在这个季节，沼泽地就是一望无垠的水面，只有一小块 100 码宽的陆地露出来，一直延伸到茂密的丛林里。马尔科姆（马勒森上校称他为"精力充沛的行政长官"）[168] 找到了一个老妇人和一个小男孩（他们可能是当地仅有的两个愿意与异教徒讲话的村民）作为向导。这两个对比鲜明的向导在午夜带领他们绕路穿过丛林，绕了大约 8 英里。"30 日凌晨 3 点，纵队静悄悄地开始行军。我们穿过丛林和水域，这是一次漫长而辛苦的行军，早晨 7 点从丛林里出来，距离叛军营地只有 800 码。"

起初他们在高高的湿漉漉的杂草丛中匍匐前进，没有被敌人发现。但这时一支火枪意外走火，敌人迅速将火炮从荒村的正面转移到北面，向英军射击。萨姆·布朗记述道：

> 在马尔科姆·洛先生、我的两名勤务兵和洛先生麾下骑警的陪同下，我骑马沿着道路冲向散兵右侧的土丘。在距离土丘还有大约 100 码的时候，我看见路边一门 9 磅炮正在轰击克雷吉指挥的我军右翼。我派一名勤务兵去命令他们向前推进，然后我转向左侧，冲向敌人的炮兵阵地。这门 9 磅炮用葡萄弹向我们射击，第一发炮弹打倒了我们背后路上的 5 个人。
>
> 随后我带着勤务兵冲向那门炮，敌人正在填弹。我与敌人炮兵展开白刃战。他们的首领先放了一枪，没有打中，于是挥舞弯刀攻击我。他在我左侧，挡在我和炮之间。我砍了他脑袋左侧一下，但他的头巾布垂下来，起到

一定的保护作用，我的剑只给他造成一点轻伤。随后他连续砍了我三四刀，都被我挡住了。但其中一击从我的剑上滑落，砍到了我的膝盖顶端，割伤了那里。其他炮兵又向我开枪，打中了我的马，但我相信它伤得很轻。我策动战马转向右边，把我的第一个对手留在我的左后方，他匆忙冲来。我还没来得及避开他的劈砍，他就砍中了我的左肩。我策马转向，战马腾立起来，压到我身上。恰好在这时，我们团的土著副官和我的勤务兵赶到了我所在的地方，他们之前和大部队从右翼冲击敌人去了。土著副官被弯刀砍成重伤，但敌人的所有炮兵都死了。

与此同时，我军步兵已经冲了上来，肃清了敌人。残敌遁入丛林，遭到骑兵追击。我们杀敌约 300 人，占领了他们的营地，缴获了他们的大象和 4 门炮。

我爬起来之后从一名士兵那里搞到一条腹带，将它缠在我肩头，然后去见我的医生 T. 麦克斯韦。我还没走出几步，就头晕目眩，躺倒在一辆大车底下。这时麦克斯韦也到了。等我苏醒之后，发现自己躺在一顶轿子内，少了一条胳膊。[169]

这简直像是《荷马史诗》里的那种肉搏战。马勒森上校写道："本次战争期间很少有比这更英勇的壮举了。"[170]萨姆·布朗因此荣获维多利亚十字勋章。马尔科姆·洛是文官，没有资格获得这样的表彰，不过维多利亚女王正式对他的服务表达了感谢。陆军将领萨姆·布朗爵士于 1901 年去世后，马尔科姆还得到了一项赞扬，不过是一种不太恰当的赞扬。《泰晤士报》的讣告里写道："布朗上尉倒下时喊道：'那混账郡

长！'（指的是他那摇晃的战马。）在这个瞬间，洛先生杀死了
那名印度兵。幸亏洛先生口袋里有止血带，立即给布朗上尉负
伤的胳膊包扎好，这无疑救了布朗的性命，否则他会因失血过
多而死。"[171]这是军事神话的一个很好例证。1901 年 3 月 19
日，马尔科姆从肯辛顿罗兰花园街 22 号写信，否认自己曾与
攻击萨姆的那个印度兵搏斗，更不要说杀死了此人；他还更加
坚决地否认自己曾用止血带给萨姆提供急救，因为止血带是麦
克斯韦医生拿来的，医生就跟在他们后面不远处。

此事件名垂青史还有另一个原因。继纳尔逊之后，萨姆·
布朗是军事史上最有名的独臂军人。他一心要继续从军，所以
为自己设计了一种特别的皮腰带，上面有一根额外的皮带从右
肩呈对角线连接下来，以防止剑鞘晃荡，并确保手枪枪袋稳
定，以避免枪偶然击发的危险。这些设计对肢体健全的军官来
说也非常有用。即便 20 世纪初期军官在战场上已经不再佩剑，
萨姆·布朗武装带仍然非常有助于保持当时笨重的手枪的稳定
性。等到布尔战争时期，它已经变成标准装具，后来风行全世
界。希特勒、墨索里尼和其他历史人物都经常使用萨姆·布朗
武装带。它的发明者对其设计细节保持着浓厚兴趣。萨姆·布
朗去世后，人们在他的文件中找到一条关于腰带具体规格的记
录，里面写道："皮卡迪利街 200 号的马具匠 R. 加登先生
（他于 1891 年退休）是唯一能把我的腰带做好的人。"[172]

马尔科姆·洛风餐露宿、鞍马劳顿两年之后，重返文职生
活。当初他是突然被迫开始打仗的，此后再也没有举起过军
刀。他很少对自己的女儿们谈起兵变岁月，更从来没有讲过自
己在前线作战时的经历。他说，这方面的很多记忆太让人痛苦
了。[173]不过，他保存了对那个恐怖 9 月的血腥事迹的记录。

像他一样不肯提起这段往事的人有很多。就连西奥·梅特卡夫有时也不愿意回忆自己在兵变期间做过的事情。多年后，在他的妹妹琪琪与西奥及其第二任妻子凯特一起待在苏格兰的时候，琪琪说服他将自己的冒险经历付诸笔端。"然而，对那些恐怖日子的回忆，对他见证过的悲惨景象的回忆，以及他遭遇过的那些魔鬼，都激起了他剧烈的情绪波动，凯特舅妈不准他再说下去，免得他中风。"[174]

"感谢上帝，都结束了，"爱德华·萨克雷在德里围城战之后写道，"我厌烦了流血冲突和看人被杀。看多了这种事情，人很自然会变得麻木不仁，但我非常高兴战争结束了。欧洲人丧命的事件中最让我动感情的一次，是我看见英王第 61 团的一名可怜列兵被杀。我和他一起在一座军火库的炮塔内，在沙袋上凿枪眼。印度兵从四周的房屋开枪，他用步枪向他们还击，让我也打一枪。我端起他的步枪，瞄准一个敌人。我的战友透过枪眼观察，这时一发子弹呼啸而来，把他当场打死。他就这么死在我身旁。"[175]

让阿瑟·兰触动最深的，是他最好的朋友艾略特·布朗罗的死亡。布朗罗也是工兵，在勒克瑙的战斗结束后在一场愚蠢的事故中被炸死。当时一群工兵排成人链，取出贾玛清真寺内发现的大量装在铁皮罐子内的火药，将它们扔进一口水井。其中一个罐子撞击在井壁上，爆炸了，整个人链的 32 人全部死亡。"艾略特浑身被烧得焦黑，我简直认不出他来。他面孔漆黑，我觉得他已经瞎了，但他说有一只眼睛还看得见。他说知道自己要死了，已经做好了准备，所以不怕……愿上帝让我死的时候能像他一样满怀希望。他在午夜前后合上了眼。"[176]

从那以后，对他来说，子弹的音乐就不再具有魅力。"我亲爱的朋友艾略特的死，在我眼里给整个战役投下了阴影，让我对作战十分厌恶，毁了战争、胜利和勒克瑙带给我的乐趣。"[177] 兰请求调到公共工程部门。在那里，他在余下的军人生涯中都在修建公路和兵站，他竭尽全力地逃避去前线作战。兵变之后，他娶了"明艳照人"的萨拉·布瓦洛，一共生了八个儿女。

注释

西奥在德里

[1] 这个故事的另一个版本说，警报信被交给弗雷泽的时间要早得多，是在克什米尔门旁圣雅各教堂的晚间礼拜结束之后，所以他有充足的时间去封锁全城。See Dalrymple, *The Last Mughal*, pp. 132 – 3, and Tytler, *An Englishwoman in India*, p. 114. For Theo's escape, see C. T. Metcalfe, *Two Native Narratives*, pp. 43 – 57, Lady Bayley's Account, Photo Eur 031B, pp. 292 – 302, and Mss Eur D610/8. Also Wilberforce, pp. 57 – 61.

[2] Hibbert, p. 73.

[3] Edwards, Diary, May 17, 1857, Mss Eur C148. 乔治·奥托·特里维廉爵士在 1863 年回顾时宣称，没有发生任何变化："那样一个地雷埋在我们脚边，我们却全然没有察觉。它的爆炸已经过去七年了，但今天我们仍然不敢说我们懂得印度人民的情感与个性。他们的内心生活于我们而言仍然是一本紧紧合着的书。" (Trevelyan, *Competition Wallah*, p. 441.)

[4] Wilkinson, *Memoirs of the Gemini Generals*, p. 30.

[5] Metcalfe, pp. 39 – 41.

[6] Rawlins, p. 152.

[7] Ireland, p. 23.

[8] Arthur Lang, pp. 30 – 1.

[9] Lang, pp. 31 – 2.

[10] Kaye, *Mutiny*, ii, p. 360.

[11] Ireland, p. 19.

[12] Wilberforce, p. 25.

[13] Allen, *Soldier Sahibs*, p. 280.

[14] Kaye, *Mutiny*, ii, p. 369.

[15] Hibbert, p. 77.

[16] Gough, p. 15.

[17] Edwards, Diary, July 16, 1857. 休伊特将军绝不是唯一在兵变期间彻底精神崩溃的英国高官。最臭名昭著的案例是地位仅次于总督的二号大员约翰·罗素·科尔文，西北诸省的副总督。科尔文是导致第一次英国 – 阿富汗战争的灾难性决策的发起人之一。他始终是最重要的现代化派人士之一，急于赶走老地主并颁布新的理性的赋税制度。对于导致乡村爆发叛乱的不满情绪，他个人要负多少责任固然是可以商榷的问题，但毫无疑问他在阿格拉（他的总部设在那里）应对挑战的手段非常糟糕。阿格拉全城的基督徒都聚集在红堡，为了优先权和生活空间而争吵，而昏庸无能的军事指挥官与副总督似乎越来越脱离实际。行政长官马克·桑希尔拜访科尔文的时候，后者仅仅从书卷前抬起头，显得疲惫而恍惚。科尔文向加尔各答发去一封又一封用希腊文、希伯来文和密码写的信，恳求援救，但援救始终没有来。他的儿子奥克兰·科尔文爵士后来为他立传，说科尔文当时完全掌控了局面。但在那些火烧眉毛的日子里见过他的人都看得出来，他的精气神已经"不可挽回地丧失殆尽"（这是罗德里克·爱德华兹的说法）。科尔文死在要塞里，死时没有得任何明确的疾病。他或许是伤心而死，因为他的现代化梦想似乎破灭了（Thornhill, pp. 33, 84 – 5, 97 – 99, 130 – 3; Coopland, pp. 141, 148; Colvin, pp. 192 – 6）。要塞被叛军围得水泄不通，大家只能将约翰·科尔文埋葬在院子里。时至今日，他的维多利亚哥特式墓地仍然能给周围莫卧儿风格的辉煌建筑带来一种格格不入的南肯辛顿情调。

[18] Kaye, *Mutiny*, i, p. 439.

[19] Canning to Elgin, May 8, 1857, Kaye, *Mutiny*, i, pp. 444 – 5.

[20] Minute, May 10, 1857, Command 2252, *Mutiny of Native Regiments*.

［21］ Kaye, *Mutiny*, ii, p. 90.

［22］ Canning to Hewitt, May 16, 1857,

［23］ Metcalfe, pp. 43 – 5.

［24］ Lady Bayley's account, Photo Eur O31B, pp. 292 – 302. Also Wilberforce, pp. 57 – 61.

［25］ Metcalfe, p. 43.

［26］ Ibid. , p. 45.

［27］ Lady Bayley, ibid.

［28］ Dalrymple, p. 214.

［29］ Thornhill, p. 4.

［30］ Ibid. , p. 5.

［31］ Ibid. , p. 137.

［32］ Stokes, *The Peasant Armed*, p. 146.

［33］ Vishnu Bhatt, pp. 46 – 7

［34］ Thornhill, p. 55.

［35］ Ibid. , p. 56.

［36］ Metcalfe to G. B. Thornhill, May 24, 1857, Eur Mss D610.

［37］ Barter, p. 9. 白人小孩被砍断的脚仍然穿着鞋的故事载于《拉合尔记事报》，激怒了整个印度的读者，包括萨哈兰普尔的行政长官之一罗德里克·爱德华兹。他正确地预言："我们的士兵攻入德里之后，一定会发起一场血腥屠杀。"（Edwards, *Mutiny Diary*, June 19, 1857.)

［38］ Kaye, *Mutiny*, ii, p. 351.

爱德华：一名坑道工兵的战争

［39］ Edward Thackeray, *Subaltern*, i, p. 15.

［40］ *Ladies of Lucknow*, p. 205.

［41］ Edward Thackeray, *Two Indian Campaigns*, p. 8.

［42］ Thackeray, *Subaltern*, i, pp. 10 – 11.

［43］ Dalrymple, p. 230.

［44］ David, *Indian Mutiny*, p. 158.

［45］ Barter, pp. 12 – 14.

［46］ Edward Thackeray to Henrietta Shakespear, June 20 and July 2, 1857, *Subaltern*, i, p. 12, ii, p. 5.

罗伯特和桑塔人

[47] Low, p. 35.

[48] Augusta to John Low, May 9, 1855, Mss Eur D1082.

[49] Dalhousie to John Low, Kotagiri, June 28, 1855, ibid.

[50] Datta, p. 39.

[51] Ibid., p. 24.

[52] Dalhousie to John Low, August 25, 1855, ibid.

[53] Datta, p. 47.

[54] O'Malley, *Santal Parganas*, p. 53.

[55] Chakraborti, pp. 28 – 30, 40 – 42.

[56] Kaye, *Mutiny*, ii, pp. 478 – 85.

[57] Trotter, p. 249.

山岭与围城

[58] Rotton, *The Chaplain's Narrative*, pp. 61 – 2.

[59] Lang, pp. 56, 60. 霍德森骑兵团是最早穿卡其色（源自印地语 khaki，意思是"尘土色"）军服的团之一。

[60] Lang, p. 33.

[61] Ibid., p. 117.

[62] July 2, 1857, *Subaltern*, ii, p. 5.

[63] Ibid., p. 4.

[64] Alicia Cameron, i, p. 205.

[65] Lang, p. 62.

[66] June 20, 1857, Campbell-Metcalfe Papers, Box 6.

[67] Hibbert, p. 282.

[68] Thackeray, *Two Indian Campaigns*, p. 29.

[69] *On the Prevention and Cure of Cholera*, 1832. 但理查德·巴特医生是个年轻的爱尔兰庸医，没有拿得出手的行医资质，所以没人理睬他。二十五年后，当1857年兵变发展到最严重的关头时，另一位先驱式医生约翰·斯诺试图让《柳叶刀》期刊知道，伦敦索霍区的霍乱暴发是因为布劳德大街水泵的水源被污染，而不是因为空气不好。然而即便到那时，《柳叶刀》也仍然不肯相信他。公共卫生方面的显赫人物，如埃德文·查德威克和弗洛伦斯·南丁格尔，

一直到死都相信"瘴气"理论，所以成千上万的军民毫无必要地白白死去。

[70] Edwards, Mutiny Diary, June 21, 1857.

[71] Stokes, *The Peasant Armed*, p. 94.

[72] Trotter, p. 281.

[73] Ibid. , pp. 263 – 7. Kaye, *Mutiny*, ii, pp. 490 – 3.

[74] Lang, p. 94.

[75] Kaye, ibid. , iv, p. 5.

[76] Lang, p. 82.

[77] Barter, p. 48.

[78] Ibid. , p. 52. 今天的库德西娅花园和那个硝烟滚滚的黎明时的它一样美丽。

[79] Ibid. , p. 50.

[80] Medley in Kaye, ibid. , iv, pp. 23 – 4.

[81] Lang, p. 90.

[82] Thackeray, *Two Indian Campaigns*, pp. 44 – 5. Metcalfe, p. 70. Photo Eur 31B, pp. 306, 333 – 5. Dalrymple, *The Last Mughal*, p. 325.

[83] Kaye, ibid. , iv, p. 40.

[84] Roberts, p. 330.

[85] Lang, p. 92.

[86] Thackeray, *Subaltern*, iii, p. 11.

[87] Lang, p. 97.

[88] Stokes, ibid. , pp. 123 – 4.

[89] *Subaltern*, iv, p. 5.

[90] 其实，和其他很多当地权贵一样，他在兵变期间曾试图骑墙观望。在围城战的最后日子里，德里皇帝给他发去一封可怜兮兮的信，恳求他前来援救皇帝与宗亲，将他们护送到梅赫劳利著名的苏菲派圣地，然后再穿过西北部把他们送到麦加和麦地那的圣地。这位纳瓦布说他感到遗憾，但世事太艰难（Dalrymple, pp. 276 – 7）。在审判纳瓦布的时候，法庭出具了皇帝的这封信，它也能证明巴哈杜尔·沙二世是一位多么不称职的战争领袖。但这封信被公布时太晚，没有来得及挽救纳瓦布的性命。

坚忍不拔的库普兰太太告诉我们："英国人特意于圣诞节前处

死他，以显示我们对敢于在那一天发动叛乱的土著的蔑视。"加斯通上尉去观看了行刑，说纳瓦布死得很慢。当天负责行刑的宪兵主管说，自围城战以来被处决的人有 400~500 人，他现在考虑辞职。英国士兵们看惯了恐怖场面，并且对印度兵恨之入骨，据说贿赂了刽子手，让他们尽可能拖长绞刑的时间，因为他们喜欢看罪犯"跳叛军之舞"，即在绞索上垂死挣扎（Coopland, p. 190）。

[91] Coopland, pp. 192 – 3.

[92] *Delhi Gazetteer*, 1883 – 4, p. 30.

[93] Dalrymple, ibid. , pp. 395 – 6.

[94] Saunders to Lawrence, Agra, December 12, 1857, Mss Eur F186, No. 25.

[95] Dalrymple, ibid. , pp. 396 – 7.

[96] March 12, 1858, Mss Eur F90, f 12.

罗伯特和爱德华在勒克瑙

[97] Kaye, *Mutiny*, i, p. 7.

[98] Lawrence, *Essays*, p. 51；Kaye, ibid. , i, p. 332.

[99] *Calcutta Gazette*, 1843；Innes, p. 147.

[100] Kaye, ibid. , iii, p. 239.

[101] Edwards, Mutiny Diary, May 25, 185

[102] Kaye, ibid. , iii, p. 246.

[103] *Ladies of Lucknow*, p. 117.

[104] Ibid.

[105] Ibid. , p. 127.

[106] Kaye, ibid. , iii, p. 293.

[107] *Ladies of Lucknow*, p. 48.

[108] 大约 4 英镑 10 先令。*Ladies of Lucknow*, pp. 170, 72.

[109] Mukherjee, *Awadh*, p. 94.

[110] *Ladies of Lucknow*, p. 192.

[111] Ibid. , p. 140.

[112] Ibid. , p. 151.

[113] Kaye, ibid. , iv, p. 113.

[114] Ibid. , iii, p. 334.

［115］Ibid. , iii, p. 337n.

［116］Ibid.

［117］David, *Indian Mutiny*, p. 310.

［118］Ibid. , p. 312.

［119］*Ladies of Lucknow*, p. 179.

［120］Ibid. , p. 182.

［121］Ibid. , p. 65.

［122］Lang, p. 139.

［123］Ibid.

［124］Forbes-Mitchell, pp. 57 – 81.

［125］*Ladies of Lucknow*, p. 206.

［126］Hibbert, p. 347.

［127］*Ladies of Lucknow*, p. 82.

［128］Forbes-Mitchell, p. 106.

［129］Kaye, ibid. , iv, p. 251n.

［130］Majendie, p. 196.

［131］Kaye, ibid. , p. 279.

［132］*Subaltern*, March 24, 1858

［133］Ibid.

［134］Ibid.

［135］Lang, pp. 165 – 6.《泰晤士报》记者威廉·霍华德·罗素来到印度报道，赶上了坎贝尔最后的猛攻。罗素对皇帝花园的场面做了严厉的批评：

士兵们闯入好几个仓库，将里面的财物搬到院子里。那里满地都是箱子、刺绣织物、金银线锦缎、银餐具、兵器、旗帜、鼓、披肩、围巾、乐器、镜子、图画、书籍、账簿、药瓶、美丽的军旗、盾牌、长矛和一大堆东西。如果详细记述，这页纸就会像是拍卖会的目录。士兵们在这些东西当中东奔西跑，欣喜若狂，'沉醉于大肆抢劫'。我经常听到这种说法，但还是第一次亲眼看到这种场面。他们把捕鸟猎枪和手枪砸得粉碎，偷取上面镶嵌的黄金和枪托上的宝石。他们在院子中央点燃篝火，把锦缎、刺绣披肩丢进去，以便取走上面的金银。大量瓷器、玻璃和玉石被他们砸得粉碎；他们撕毁图画或者将其丢入大火；家具的命运也一样。

罗素觉得更糟糕的是，还有一大群随军人员黑压压地聚集在大街上，等待士兵们抢够了之后再进去扫荡残余物品（Quoted Kaye, *Mutiny*, v, pp. 275 - 6. ）。

[136] Stokes, *The Peasant Armed*, p. 41.

[137] Kaye, ibid. , iv, p. 287.

[138] Kaye, ibid. , v, pp. 264 - 5.

马尔科姆在乡村

[139] Hutchins, p. 44.

[140] Trevelyan, p. 139.

[141] Gough, p. 34.

[142] Edwards, Mutiny Diary, June 19, 1857.

[143] Kaye, *Mutiny*, vi, p. 115. 亚历山大是奥古斯塔的堂兄弟，是亨利·达文波特·莎士比亚的儿子。亨利则是约翰·塔尔伯特·莎士比亚的弟弟。奥古斯塔刚到加尔各答的时候，就是亨利叔叔借给她一匹马。亚历山大的孙女多萝西嫁给了埃兹拉·庞德。而他们的孩子奥马尔·莎士比亚·庞德的中间名来自亲戚，而不是文豪莎士比亚。

莎士比亚家的姻亲莫当特·里基茨是东部的斯哈赫贾汉普尔的行政长官，他就没有这么幸运。里基茨是约翰·洛在勒克瑙的那位腐败前任的儿子。里基茨在给一位朋友的信中写道："我无法向你描述，自己随时可能被残忍杀害的那种感觉是多么的恐怖。"（Low, p. 373. ）5 月 31 日，第 28 土著步兵团的印度兵攻击了正在做礼拜的英国教堂，在门廊上杀害了里基茨。他的妻子和亚历山大的妻子是姐妹。而她俩的另一个姐妹嫁给了詹姆斯·霍普·格兰特将军，此人曾是罗伯特·洛在勒克瑙的上级。就是这些亲戚组成的网络和少量忠诚的土著兵在偏僻乡村维护了英国的统治。

[144] Gough, ibid.

[145] Low, pp. 373 - 4.

［146］ Bayly, *Rulers*, *Townsmen*, p. 329.

［147］ Edwards, Mutiny Diary, June 18, 1857.

［148］ Stokes, *The Peasant Armed*, p. 216.

［149］ Bayly, ibid. , p. 328.

［150］ Forbes-Mitchell, p. 26.

［151］ H. D. Robertson, *District Duties*, p. 43.

［152］ Edwards, ibid. , July 20 1857.

［153］ Pemble, p. 238；David, *Indian Mutiny*, ch. 19.

［154］ Kaye, *Mutiny*, v, pp. 175 – 6.

［155］ Mukherjee, *Awadh*, pp. 157 – 8 and 189 – 203；Chaudhuri, *Civil Rebellion*, pp. 309 ff.

［156］ 这名下级文官在 1857 年 9 月那三个星期的经历记载于克拉托文件，但其中相当大部分内容的摘要见 Low, pp. 375 – 83。

［157］ 罗德里克·麦肯齐·爱德华兹还撰写并发表了一份关于这些事件的记述，以及他的《兵变时期日记》和两封涉及此时段的半官方的书信（Mss Eur C 148 1 and 2 and C183 respectively）。

［158］ 如斯托克斯所说："英国人对其下级［土著］军官的依赖现在表现出来了。"（Stokes, p. 180. ）

［159］ Kaye, *Mutiny*, vi, p. 124.

［160］ Dunlop, p. 79.

［161］ Mss Eur C183.

［162］ Kaye, ibid. , iii, p. 201 – 2.

［163］ Kaye, ibid. , vi, p. 123.

［164］ Edwards, *Narrative*, p. 14.

［165］ 爱德华兹的日记里写满了同袍的怯懦丑行。第 5 土著步兵团在萨哈兰普尔反叛之后，工兵部队的古斯里上校"表现得不太好……他精神状态很差，一口气跑进自己的房子，吹灭了所有灯，结果让我们的一些官兵找不到自己的武器，有些人找不到弹药"。科来奇先生在 5 月 11 日得知密拉特叛乱的消息之后魂飞魄散，嚷嚷着要枪杀他的妻子和家人然后自杀。鲁尔基的帕尔默少校举枪自杀，不过没有把自己打死。他说自己这么做是因为听说妻子已经遇害。爱德华兹鄙夷地说："这都是扯淡，是听起来有道理但完全虚假的借口。"

　　在北方的穆索里，躲避于此的欧洲人比加尔各答以北的任何地方都多。爱德华兹对这些"磨磨蹭蹭的家伙"和他们传播的疯狂谣言也没什么好印象，因为此时在穆索里以南仅 30 ~ 40 英里远的平原还有很多工作要做。传教士麦克利兰先生躲到这里，也受到了爱德华兹的鄙视。麦克利兰胆战心惊，害怕夜间遭到袭击，甚至不敢脱衣服和脱鞋睡觉。"最优秀的人，那些口口声声说对未来充满信心的人，却总是最怕死的人，这真是奇怪。"（Mutiny Diary, August 5, 1857.）

[166] Russell, *My Indian Mutiny Diary*, i, p. 86.

[167] Ibid. , p. 73.

[168] Kaye, ibid. , v, p. 193.

[169] Browne, pp. 68 – 9.

[170] Kaye, ibid. , p. 194n.

[171] *The Times*, March 15, 1901.

[172] Browne, pp. 79 – 80.

[173] Low, p. 374.

[174] Mss Eur D610/9，"这是埃米莉·安妮·贝利用打字机记录的她那显赫的亲属在兵变期间的回忆录"。这份记录是为她女儿写的，所以把凯特称为舅妈。

[175] *Subaltern*, iii, p. 12.

[176] Lang, p. 167.

[177] Lang, p. 168.

18 盖棺论定

　　大兵变是如何爆发的？最直接的原因是什么？罪人是谁？说到底，它究竟是为了什么？兵变的噩耗刚刚传开，英国公众，无论在印度还是英国本土，就为这些问题而震惊和恐惧。此后很多年里，同样的问题都困扰着他们。即便今天，这些问题还没有定论。

　　1857 年 5 月 10 日密拉特的叛军不是第一批，也肯定不是最后一批反叛者。凯和马勒森列举了从 5 月到 11 月底 12 月初（到这时，最后一轮叛乱蔓延到了今天孟加拉国的吉大港和达卡这样遥远的城市）爆发的 80 多起单独的叛乱事件。凯和马勒森的数字还没有包括在农村爆发的种种不满和反抗，这些事件可能根本没有印度兵参与，而是一些心怀不满的地主与不堪忍受苛捐杂税的农民用棍棒和斧子发动的叛乱。马尔科姆·洛风餐露宿两年，镇压这些起义农民，直到 1859 年初。[1]还有一些重要的中心地点，印度兵刚开始反叛，或者至少表现出了不满情绪，但还没来得及兴风作浪，就旋即被警惕的英国军官与文职专员缴械。在北方的旁遮普，亨利·劳伦斯的兄弟约翰在冷酷无情的赫伯特·爱德华兹与约翰·尼科尔森的协助下，将哗变土著兵缴械，使得英国部队得以有空去援救德里。英军的攻城大炮和弹药也是从旁遮普的工厂来的。同样关键的是，在庞大的邦国海德拉巴，常驻代表卡思伯特·戴维森少校（上一次讲到他时，他在威胁尼查姆说，如果尼查姆不签署约翰·洛的条约，英国军队就将出动）让他的大炮严阵以待，用暴风骤雨般的葡萄弹镇压了反叛。[2] 他得到了亲英的首席大臣萨拉尔·忠格和新任尼查姆（他在风云变幻中于 1857 年 5 月 18 日继承了父亲的位置）的热情支持。类似地，在印度中部具有战略意义的那格浦尔（也是一座大都市，当地人民有很强的不满情绪），英国专员乔治·普劳登和坎伯利奇上校仅用一个连的欧洲炮兵就顺利地将土著官兵缴械，没有流血。[3] 动乱平息之后，普劳登甚至还完成了一项微妙而危险的工作：将武器归还给土著部队。

在审视 1857 年兵变的真正地图时，我们需要考虑上述被挫败的暴乱。在更完整的地图上，叛乱从西部的白沙瓦向东一直蔓延到达卡，最南到了那格浦尔和海德拉巴。孟买也发生了严重动荡，原因之一是总督埃尔芬斯通勋爵（芒斯图尔特的侄子）无私地将当地驻军派去帮助镇压他自己所辖省之外的叛乱，导致他自己手头兵力不足。挽救孟买城于大规模暴力冲突的，是警察局局长小个子弗杰特先生的努力。他几乎无所不在，总是能先发制人。为了查明印度兵的谈话内容，他甚至乔装打扮成一个害相思病的土著。[4]

只有次大陆的南部总体安定，没有出事（锡兰也是如此）。也许那里的人们还记得吉莱斯皮五十年前是如何处置韦洛尔的反叛印度兵的。即便如此，南方远至马德拉斯的地方仍然有零星骚乱，所有主要兵站的政府机构一方面对自己辖区平安无事感到满意，另一方面又焦急地希望叛乱被遏制在北方，在讷巴达河一线以北。[5] 没有一位理智的英国官员能够自信地认为，他手下的印度兵与反叛者接触之后不会受

"传染"。

我们还不应当忘记，有成百上千的小规模动乱很少被写到历史书里，例如哈恩西的动乱。哈恩西是一座倾颓的古城，位于西奥试图在亚历克·斯金纳处寻求庇护的那片沙漠的边缘。1857 年 5 月 29 日上午 11 点，驻扎在哈恩西的哈里亚纳轻步兵团和第 14 非正规骑兵团都反叛了。附近的希萨尔的指挥官斯塔福德少校事先得到一名土著军官的警报，得以逃脱，但其他欧洲人惨遭屠杀，包括行政长官兼税官韦德伯恩先生，他们的平房也被烧毁。哈恩西城监狱中的囚犯被释放，一些英国妇女儿童被土著仆人杀害，也有的被反叛的土著骑兵杀死。一共有23 个欧洲人和基督徒分别在两个地点遇害。战斗一直打到 6 月，直到哈里亚纳野战军终于恢复了秩序。和常见的情况一样，英军血腥报复的受害者比土著叛乱中的欧洲受害者多得多。该地区共有 133 个男子被绞死。当地的很多叛军原属于驻在其他地方的土著团，部队被解散后他们就回到了自己的村庄。这提醒我们，解散土著部队并非十全十美的解决办法。这是一座中等规模城镇的小型叛乱，与坎普尔、勒克瑙和德里的情况相比死者不算多。但即便是哈恩西的叛乱，也表现出了印度各地叛乱的大部分典型特征。

这些恐怖事件撼动了大英帝国。这是英国的帝国殖民史上最严重的一次叛乱。英国人对其的第一个反应是寻找密谋。英国人相信，肯定有一个居于中央的密谋集团筹划和指挥了这些反叛行动，幕后肯定有一只邪恶黑手。有一种流行的解释是，乔治·卡迈克尔－史密斯的错误导致这个全国性阴谋提前爆发。孟加拉公务员之妻玛丽·阿梅莉亚·范西塔特提出了在印度和英国都很流行的一种说法：

自从英国吞并奥德之后，就有人开始筹划此次叛乱。他们的计划是，5 月 20 日这天，全国各地的兵站都将反叛，杀害所有欧洲人，夺取要塞、军火库和金库。但在密拉特，英国人将第 3 骑兵团的 80 个土著骑兵羁押，并让他们自己的战友看管他们，这促使他们的阴谋提前十天爆发。[6]

其他人，如罗德里克·爱德华兹，认为兵变的原定起事时间是实际时间的一两周之后，也就是 5 月底或 6 月的第一周。但所有英国人都窘迫地意识到："如果人民集体起身反抗我们，就没有一个白人能活下来。"[7]

马勒森上校续写约翰·凯爵士关于兵变的伟大著作时，也提起了全国性大密谋的理论："奥德心怀不满，酋长们和地区性利益集团在怀疑和战栗，印度兵受到疏远因而满腹狐疑，所以只需要一个火星就会引发叛乱。国家、军队和新吞并的省份都已经有了成熟的叛乱条件，只等着密谋者的诡计。"[8]

那么密谋者究竟是谁？我们肯定能确定密谋集团内层圈子的至少部分成员，也就是这场反对异教徒的宏大战争的总参谋部吧？但马勒森上校说找不到。"这些密谋者的身份，或许永远也查不清了。他们大多死去了，没有留下蛛丝马迹。"

如果他们没有留下蛛丝马迹，我们怎么能确信真的存在这些密谋者？马勒森只提到了一个名字：艾哈迈杜拉。此人是法扎巴德的毛拉，一位云游圣人，被废黜的奥德王室的朋友和谋士。这个身材魁梧、眉毛浓密蓬松、下巴突出、魅力十足的毛拉，肯定是一位优秀的军事领袖："除了他，没有一个人有资格吹嘘自己在战场上两次打败科林·坎贝尔爵士。"他曾在奥德境内游荡，于 1857 年春散播了煽动性的小册子，因此被审判和处以死刑（行刑日子之前，兵变爆发）。[9] 但马勒森拿不出证据说艾哈迈杜拉或者其他人协调组织了一个全国性阴谋。

约翰·凯爵士在其著作的第一卷提出了幕后主谋的另一个可能人选：那那大人，被废黜的佩什瓦巴吉·拉奥二世的养子。据说那那大人因为达尔豪西勋爵拒绝继续发放他义父的年金而恼怒，所以那那大人是兵变的罪魁祸首。一连几个月，甚至一连几年，他和他的穆斯林顾问阿齐穆拉·汗"静悄悄地将他们的阴谋大网拓展到全国。从一个土著朝廷到另一个，从印度大陆的一端到另一端，那那大人的代表谨慎地（甚至用了神秘文字）向不同种族、不同宗教的王公酋长，特别是马拉塔人的王公酋长，送去提议和邀请"。[10]

但是，仍然没有确凿证据表明那那大人就是全国性叛乱的筹划者。除了 1857 年春季到过一次勒克瑙之外，那那大人似乎一直在比托奥尔的英格兰风格乡间别墅（拥有恢宏优雅的园林和动物园）消磨时光，与他的欧洲客人一起打台球，并故意放水让他们赢。除了台球技术高超之外，没人觉得他有什么过人的才华。英国间谍查不到任何对他不利的情报，英国人拆毁那那大人的宫殿时查抄的文件里也没有可疑之处。我们最靠谱的推测是，和其他加入叛乱的对英国人心怀不满的统治者一样，他也是被动的一方，而不是积极主动的一方。也就是说，"我是他们的领袖，我只能跟着他们走"。关于他加入叛军的记述颇有争议，但即便是这份记述也说明他受到了强迫。有一个版本说，叛军代表告诉他："大君，如果你跟我们干，你就会得到一个王国。如果你不跟我们干，你就死路一条。"那那立刻回答："我和英国人有什么关系呢？我完全属于你们。"于是他把双手放在他们头顶上，宣誓加入他们。[11]

历史文献很多，英语的和土著语言的都有。每一位常驻代表或专员都经营着秘密情报工作，运用土著间谍在兵站和集市上搜集信息。很多土著军官的内心有矛盾，说不准自己应当忠于哪一方，所以他们至少会把全民阴谋的传闻告诉自己的欧洲人上级。当本地的叛乱迫在眉睫时，土著军官往往会向英国人报告，比如报告给密拉特游廊上的休·高夫或者哈恩西的斯塔福德少校。但是，没有任何证据表明存在更大规模的阴谋。

研究英印军队的历史学家菲利普·梅森在研究了所有刺激了印度兵的冤情之后得出的结论是："似乎没有必要推测存在什么阴谋。即便对阴谋论坚信不疑的人也承认，阴谋即便有，也失败了。"[12]

在一线的英国观察者不能同意这一点。詹姆斯·克拉克拉夫特·威尔逊是一名法官，在兵变之后被任命为特别专员，去调查罪人并奖掖有功人士。他坚信："1857 年 5 月 31 日星期日是预定在孟加拉军团中发动叛乱的日子，每个团有大约三个人组成的委员会负责组织叛乱；大部分印度兵事先不知道反叛的计划。"[13]

但另一位特别专员 G. W. 威廉姆斯少校声称，直到密拉特哗变之后，"才有一个又一个团感染了叛乱的毒素。土著兵听到密拉特叛军吹嘘自己消灭了当地所有欧洲人并推翻了英国的统治，而这种吹嘘又没有得到反驳，于是各团都受到了刺激和鼓舞"。[14]

但如果确实存在蓄谋已久的阴谋，并且它过早地爆发了，那么叛乱难道不应当更为集中吗？叛军占领德里显然鼓舞了三周之后坎普尔和勒克瑙等地的叛乱。然而，等了一个月之后，瓜廖尔的印度兵才揭竿而起；将近两个月之后，阿格拉才反叛；六个月之后，东孟加拉才出了乱子。

所以，这一切看上去更像是"传染"，而不是预先有计划并协调配合；更像是一种疫病或传教运动的蔓延，而不是有预谋的全国性策略。四处漫游的毛拉可能鼓励了这种传播，正如卫斯理①和怀特菲尔德②的露天大会将循道宗传播到英格兰的偏远城镇乡村。鲁德朗休·慕克吉提出，叛乱在整个5月沿着恒河流域传播，于5月底"开枝散叶"到勒克瑙，然后南下到了阿格拉和詹西。这是自然扩散，而非受到中央指挥。

叛乱由一系列陆续发生的冲突构成，而不是在许多地点同时爆发，这对英国人有利，否则英国人极其稀薄的兵力根本没有希望取胜。我们可以看到，在兵变的几乎所有主要战役中，都有同一群下级军官参与：罗伯特·洛参加了巴德利萨莱战役、纳杰夫加运河战役、攻打德里、肖沃斯向西方的扫荡、收复勒克瑙、肖沃斯去印度中部追击塔特亚·托普的行动。西奥·梅特卡夫、爱德华·萨克雷、理查德·巴特和阿瑟·兰在这几个手忙脚乱的月份里走的路几乎同样多。英军也是一支各单位轮番登台的军队，若干小股部队焦急地不断上场又退场。阿瑟·兰吹嘘（他有一定的资格这样吹嘘）道："在我们挽救

---

① 约翰·卫斯理（1703~1791），18世纪的英国国教（圣公会）神职人员和基督教神学家，为卫理宗（或者叫循道宗）的创始人之一。18世纪末到19世纪末的社会政治环境其实对教会很不利，但这一百年是教会有史以来扩张最快的时期。卫理宗在约翰·卫斯里的带领之下，成为许多当时社会政治乱象的出路，包括监狱工作、劳工失业问题等。卫斯理是位实践神学家，他将神学理念化成实际可行的社会运动。

② 乔治·怀特菲尔德（1714~1770），基督教大觉醒运动中的重要人物之一，循道宗的创始人之一，他曾在北美传道并呼吁废奴。

印度的大业完成之前，从英格兰来的援兵都还来不及抵达。我们不要援助也能平定叛乱。"[15]如果叛乱是预先筹划和协调好的，如果得到了有力的统一指挥，结果会是什么样的？如约翰·劳伦斯在兵变结束后所说："叛军的事业似乎受到了诅咒。他们当中若是出现一位有才干的领袖，他们若是采取了与现实中不同的策略，我们必然会一败涂地、无力回天。"[16]

那么兵变的原因呢？那些深度参与了事件的人，却不愿意过于深入地研究原因。约翰·劳伦斯在详尽的研究之后得出的结论是，兵变的起因是涂有动物油脂的子弹，仅此而已。[17]詹姆斯·乌特勒姆爵士语无伦次地说："人们在印度和英国听到了多么令人惊异的声明与观点啊。居然有人说叛乱的起因是英国吞并奥德，或者这纯粹是军队哗变。还有比这更荒谬的吗？"[18]英国人不愿意承认是自己的行为触发了英国历史上最恐怖的叛乱，但要说叛乱与吞并奥德没有任何关系，同样令人惊异。

英国公众想听到的是，整件事情是一次虽然吓人但突如其来的爆发，是被英国人的操作失误和印度人的背信弃义所激起的。没有人愿意面对下面这样的想法：这或许是一场全民起义，根源是印度人民对英国统治的憎恨。缩小打击面的最有说服力的办法，就是主张这仅仅是印度兵的哗变。印度兵蒙受了很多冤屈：军饷比欧洲官兵低很多（印度兵的 7 卢比月薪已经半个世纪没有提高过了），1856 年的"普遍服役命令"之后印度兵可能被送往海外服役，大批傲慢的年轻英国下级军官涌入导致印度兵的上升空间急剧压缩，动物油脂子弹对印度兵种姓的威胁，等等。这些冤屈都是真实的，它们足够严重，足以激起叛乱，并且土著的兵力是欧洲人的九倍，所以叛乱的成功概率很大。

这种解释至今仍有拥护者，比如近期研究 1857 年兵变的英国历史学家索尔·戴维令人肃然起敬的著作。按照这种分析，宗教层面的冤情，特别是子弹的事情，只不过是密谋者煽动印度兵的借口而已。真正底层的动机是纯粹物质方面的，即寻找更慷慨的雇主，从而提高军饷。印度的军事市场一直是这个样子的。现在英国人垄断了这个市场，印度兵改善自己命运的唯一办法就是团结起来，努力把英国人赶出去。[19]

叛军领袖和他们招募的印度兵肯定希望这样，但这就是他们的全部期许吗？单单物质动机就足以解释兵变的凶残、漫长和特殊性质吗？我们需要更仔细地查看具体的事件。如鲁德朗休·慕克吉指出，印度兵蒙受的诸多冤屈已经被一一列举出来了，"但很少有人研究，叛乱是否遵循了某种特定的行动模式，以及其从一个兵站到另一个兵站的传播是否有特定模式"。[20]如果我们单纯研读许多支离破碎的关于狂野和恐怖暴行的叙述，那么我们很可能得出结论认为，这是一场随机的暴乱，虽然吓人却没有目的性。

不过，的确存在一种规律。它有明确无误的特点：叛军的行动，叛军领袖的宣言，同样的事件在哈恩西这样的小城镇和勒克瑙、德里或安拉阿巴德这样的主要区域中心不断重复。叛军究竟做了什么？他们在做的时候，他们的领袖又说了什么？这都是我们必须问的简单问题。

首先，他们杀了什么人？在所有发生叛乱的地点，他们最先杀害的都是英国军官和他们抓得到的每一个英国政权的代表：税官、行政长官、狱警和专员。在哈恩西和希萨尔，他们杀害了地区税官戴维·汤普森、行政长官韦德伯恩先生和军事指挥官巴维尔中尉。

然后,他们去控制对叛乱能否维持至关重要的两个地点:国库和军火库。没有枪和钱,就不可能维持叛乱。在有些地方,英国文武官员先发制人,把守好军火库,并将国库转移到更安全的地方,如韦德伯恩先生遇害前就在努力转移哈恩西的国库。在北方各地区,警惕的税官会将国库现金装载到他们能找到的任何牲畜背上,将其搬运到最近的山区避暑地。马尔科姆·洛用大象和矮种马将萨哈兰普尔的国库搬运到了穆索里。但在詹西,叛军抢先一步,控制了包含军火库和国库(内有近 470 万卢比)的星形要塞。[21]有的时候,英国当局严重渎职。在坎普尔,惠勒准将不仅没有控制军火库(那是驻军自卫的最佳地点),还撤到了一条无法防守的堑壕里。据说惠勒准将根本懒得去检查军火库,所以误以为军火库是空的。守军在堑壕处英勇地坚守了三周,伤亡惨重。勒克瑙的牧师太太后来被带去看这条堑壕,一时间惊呆了:"把这条堑壕当作防御工事真是可笑。它很窄,还没有膝盖那么深,只有一道矮矮的土墙将他们与敌人分隔。我们轻松地跨过了土墙。然而那些懦夫始终不敢冲过来。"[22]

叛军的上述所有行动都有军事合理性,也符合"这仅仅是一场军人哗变"的理论。但是,叛军的其他行动就不符合这种理论了。

在哈恩西、密拉特、阿格拉、詹西、安拉阿巴德、德里和其他十几个地方,叛军打开了监狱,释放了犯人。当然,有的时候印度兵释放的是之前被冤枉和囚禁的其他印度兵,但更多时候他们释放的是流氓恶棍,目的是制造混乱、威吓普通市民。这不是印度兵通常会做的事情,因为他们当中的很多人是宪兵。我们很难绕开这样的信念，即解放囚犯的行动更具象征意义：英国司法的严厉规则不再有效，从今往后印度人将为自己立法。

每一座肮脏的地区性监狱都是一座小小的巴士底狱，它的陷落象征着新的黎明。很快乡村就随处可见四下游荡的成群囚犯。马克·桑希尔描述了自己夜间骑马前往阿格拉，希望在那里找到安全避难所的经历，他的记述令人毛骨悚然。他们听见了一种沉闷的撞击声："我们骑马走了大约四分之一英里，这时又听到了同样的声响。这一次不会错了。从路边传来清晰的、低沉的铁链碰撞声，就像恐怖故事中和鬼同时出现的那种鬼屋里的声音。我们停下马，转向传出声音的路边。那里的树木略微稀疏一些，从树丛中射出一线黯淡的光。我们看见一排黑影在大路的阴影中缓步前行。他们排成一路纵队行进，一个紧跟着另一个。地面松软，他们的脚步没有声音，但每一个动作都发出铁链的碰撞声。电光火石之间我们明白了：阿格拉的监狱陷落了，这些人是逃犯。"[23]

哈恩西的叛军和其他地方的叛军一样，起事之后就立刻去谋杀他们能抓到的所有基督徒。这并非偶然，因为显然绝大多数欧洲人都是基督徒。杀基督徒是叛军使命的一部分。倒霉而倦怠的西蒙·弗雷泽在叛乱爆发次日早晨最终读到的那封信不仅发出了警报，说密拉特的印度兵打算于那天反叛，还说他们打算屠杀所有基督徒。叛变的第3骑兵团抵达德里时，的确砍杀了他们能找到的每一个基督徒，包括所有皈依基督教的印度人，不管他们原本是印度教徒还是穆斯林。但是，皈依伊斯兰教的英国男女都得到了饶恕。英印基督徒奥德维尔太太懂得"清真言"，即伊斯兰教宣示信仰的言辞，所以保住了自己的性命。抓捕她的叛军告诉她，如果他们杀穆斯林，"他们就和异教徒一样恶劣了；但他们决心杀死所有基督徒"[24]。

基督教教堂也遭到打砸抢。阿格拉的宗座代牧①珀西科大人说仅在他的辖区，叛军就摧毁了1座主教座堂、25座教堂和5座神学院。当然这只是以牙还牙。英军经常抢劫清真寺和印度教神庙，事后将其改为军火库或兵营。韦洛尔要塞美丽的贾拉坎德斯瓦拉神庙五十年前就被用作军火库（并且英国人还在它旁边建了一座壁手球场，可谓额外的羞辱）。爱德华·坎贝尔从德里写信给在西姆拉的正怀有身孕的琪琪，说梅特卡夫宅邸已经化为废墟，但顾特卜塔还完整无缺，没有遭到抢劫，仆人也都还在："这是不是很奇怪？"他没有想到的是，叛军不大可能摧毁包含一座神圣的莫卧儿帝国陵墓的房子。[25]

一个土著团写给另一个团的求援信包含着深切的宗教情感。占领德里的叛军通知他们驻扎在拉合尔的战友："印度教徒和穆斯林士兵丝毫不考虑世俗的利益，而是为自己的宗教而战，消灭暴君和信仰之敌，并准备永远捍卫印度教徒和穆斯林的宗教。愿神驱逐暴君！"[26]一封从德里发往詹西的类似的信也写道，整个孟加拉军团发起了反叛，如果詹西的人不来加入他们，将被视为贱民和异教徒。[27]另一封信是以德里国王巴哈杜尔·沙二世的名义发出的，可能是他儿子——精力充沛且野心勃勃的米尔扎·莫卧儿写的。这封信向印度所有君主和王公发出呼吁，说英国人的目的是颠覆印度的所有宗教，所以英国

① 宗座代牧区是天主教会的一种教务管辖机构，设立于尚不满足可成立教区资格的传教地区。其本质上是临时性的，尽管有可能持续一个世纪甚至更久。它的最主要目的是培养足够数量的天主教徒，以便成立一个正式的教区。宗座代牧区的领导者称为"宗座代牧"（vicar apostolic）。

人是印度教徒和穆斯林的共同敌人，"我们应当团结起来杀戮他们……因为只有这样才能挽救印度教徒和穆斯林的生命与信仰"。[28]

印度教徒和穆斯林确实联合起来了。印度教徒叛兵也呼喊着穆斯林的古老战斗口号"Din! Din!"叛军突破詹西（信仰印度教的马拉塔城市）时呐喊"Din ka jai!"，即"胜利属于信徒"。英国人曾想利用两种宗教之间的矛盾，但这种希望在兵变期间多次被打破。[29]

维多利亚女王在1858年11月1日的著名宣言（起草人是德比勋爵①，维多利亚女王和阿尔伯特亲王亦有贡献）中说：

> 我们坚定地信赖基督教的真理，并心存感激地认可宗教的慰藉，但我们没有权利，也没有意愿将我们的宗教信仰强加于我们的任何一位臣民。

不得以宗教信仰的理由对任何人加以提携、侵害或骚扰。女王陛下权威之下的公职人员不得以任何形式干预宗教信仰或宗教崇拜。

另一位女君，奥德的太后，曾经的交际花和"仙女"哈兹拉特·玛哈尔以一篇气度恢宏的宣言加以反驳：

> ［维多利亚女王的］宣言中写道，基督教是真理，但其他信仰都不会受到压迫，法律面前各种宗教都是平等

---

① 这里指的是爱德华·史密斯－斯坦利，第十四代德比伯爵（1799～1869），他三次担任首相，不过每次时间都不久，总共只当了不到四年。他是领导保守党时间最长的党魁。

的。司法机关同宗教的真理或虚妄有什么关系？只承认一个神的宗教就是真理。如果某种宗教有三个神，那么无论是穆斯林还是印度教徒，甚至犹太教徒、太阳崇拜者或拜火教徒，都不能相信它是真理。

奥德太后这样批驳了三位一体教义之后，谈到了英国人近期在印度的表现：

> 吃猪肉，喝酒，咬涂过动物油脂的子弹，把猪油混入面粉和甜食，以修路为借口摧毁印度教神庙和伊斯兰教的清真寺，建造教堂，派遣教士上街宣讲基督教，开办英国学校，用每月津贴吸引人们去学习英国科学，而印度教徒和穆斯林的宗教崇拜场所至今被完全荒弃。面对这一切，人民如何能相信英国人不会干预他们的宗教？叛乱是从宗教开始的，为此死了数百万人。[30]

我们不能否认，英国文化的确在侵蚀印度，部分是通过推行西式教育，部分是通过镇压英国人憎恶的某些印度习俗，但也有部分是通过直接传教。在兵变之前的所有事件中最令人窘迫的，是第34土著步兵团团长斯蒂文·惠勒上校在董事会对3月29日巴拉克普尔暴力事件的调查中给出的证词。当时一个名叫曼加勒·潘迪的印度兵吸食印度大麻和鸦片，在操练场上发了疯，煽动其他印度兵反叛，最终开枪自杀，于是"青史留名"，因为后来所有的反叛印度兵都被称为"潘迪"。惠勒上校在此事中扮演的角色很不光彩。他没有逮捕曼加勒·潘迪，而是随后离开了操练场。

他给董事会调查组提供的证词更为恶劣。他说自己可以光明磊落地承认，他会尽力促成印度人皈依基督教："我的打算一直就是遵照《圣经》的路线……把所有人都视为上帝面前的罪人……我清楚地告诉他们，他们全都是迷失的羔羊和被毁掉的罪人……你们如果问，我有没有寻求让印度兵和其他人皈依基督教，我会谦卑地回答，这就是我的目标。我相信，传播上帝的福音是每一个基督教的目标和目的。上帝让每一个基督徒成为他的工具，去教导邻人信上帝，换句话说，救赎邻人、逃避永恒之毁灭。"[31]

约翰·洛读到该证词之后宣称："有鉴于惠勒上校习惯性地、长期坚持地努力让军中的印度教徒和穆斯林皈依基督教，我坚决要求免去该军官的第 34 团团长职务，并阻止他在由印度土著组成的其他任何团里担任指挥职务。"[32]

坎宁勋爵的意见完全一致。但仅仅否认在印度的基督徒在努力传教，无济于事。土著能听见兵站里传出的基督教赞美诗。法泰赫普尔的塔克法官在大路两边竖立了巨大的石柱，上面用印地语、乌尔都语、英语和波斯语铭刻了摩西十诫。

东印度公司的新任主席罗斯·曼格斯先生是狂热的传教者。他因基督教传教事业在印度进展缓慢而感到挫折，早在1834 年就提议在加尔各答开办一所精英的神学院，培养印度教士。迪斯雷利在下议院讥笑他，说"他的使命是将全体印度人变成基督徒"。[33]曼格斯答道，并非如此，他没有这么说过，他的原话是"英印政府应当小心翼翼地避免干预宗教。但补充说，他［曼格斯］认为上帝把印度给了我们，就是让我们为上帝服务，最终将基督教传播给生活在印度的千百万人"。[34]这听起来和迪斯雷利对他的指责差不多。所以，印度人怀疑英国人在大力推行基督教化，并非迫害妄想狂，也不是非理性的臆测。

世俗方面的冤情也很真实：印度兵的军饷被拖欠太久、太多，他们的地位受到威胁；印度王公和地主的领地被吞并，村庄被没收；农民无法忍受英国人严苛而毫无弹性的新税制。但让印度各阶层和各信仰的人们联合起来的，是他们都相信自己的社会存在的核心受到了威胁。只有充分理解了印度人在宗教方面的恐惧，我们才能解释兵变的系统性残暴。英国和印度历史学家（其中很多人有世俗化倾向）都回避了这种恐惧。另外，军事历史学家倾向于只在军事方面找答案，也是自然而然的。

英国和印度历史学家都同样没有迅速把握住，叛军其实有系统化的目标和实践。英国方面的史料很丰富，英国人的行为得到了非常细致的研究：一名青年中尉的勇猛果敢，一名肥胖上校的踌躇不决，一名警觉的常驻代表的迅捷敏锐。相比之下，土著语言的档案都被存放在积满灰尘的地方档案馆里，无人阅读，也没有得到翻译。

直到最近，才有历史学家认识到印度兵单位如何在发动叛乱之后维持自己的部队和指挥链条；他们如何向同一团的其他单位发出指示和求援，或者向曾与他们一同作战或驻扎在同一地点的其他团求援。马哈茂德·法鲁基①在德里国家档案馆的辛勤工作[35]已经证明了莫卧儿皇帝，或者说他的两个最活跃

---

① 马哈茂德·法鲁基为印度作家和导演。他的翻译作品《被围攻者：1857年德里的声音》从德里城居民的视角讲述了德里围城战的故事。他协助了威廉·达尔林普尔的研究工作。他还复兴了一种古代的乌尔都语口头文学。2015年他因强奸罪被判七年徒刑，2017年他被改判无罪并释放。

的儿子米尔扎·莫卧儿和赫兹尔·苏丹如何对蜂拥而来的大批叛军加以某种形式的控制，如何安排他们的宿营和补给，如何恢复秩序和逮捕抢劫犯。叛乱爆发两周后，皇室铸币厂就重新开始运作，并发行了带有皇帝头像的钱币。就算新政权始终无法解决内在的问题——他们无法直接控制土地税收，也没有持续的弹药补给——但他们已经做了很多工作，足够证明若是在和平年代，皇室可以统治得相当好。

在詹西，印度兵将权力赋予一个大臣议事会，同时保留自己在必要之时的干预权力。拉克希米·白任命的很多官员也就是英国人三年前吞并詹西后用过的同一批人：相同的狱长、行政长官和税官。从 1857 年 7 月到 1858 年 3 月，这个政权治理詹西，直到休·罗斯爵士攻打并占领了这座城市。女王骑马逃跑，据说跳过了城墙，在瓜廖尔城墙外壮烈牺牲。

在勒克瑙，叛乱爆发的时候，当地没有国王。整个叛乱期间，瓦季德·阿里·沙被囚禁在威廉堡。但他那位强有力的妻子哈兹拉特·玛哈尔领导着一支庞大的军队，在 1857 年 12 月时据估计拥有 5.3 万人。这支军队中超过 60% 的人不是职业军人，而是由广大农民和地主组成的本土民兵。勒克瑙和其他地方一样，随着叛乱的发展，成千上万的平民也参与进来。

和詹西一样，勒克瑙城也受一个执行委员会统治，该委员会的成员是有名的官僚和宫廷官员。另外还有独立的军事指挥部，由印度军官和警察局局长组成。王公杰拉尔·辛格在 6 月叛乱开始时被选为印度兵的发言人，他是执行委员会和军事指挥部这两个机构的关键人物，直接向太后汇报。太后似乎是一个半仪式性的国家元首，代表她的儿子比尔吉斯·卡迪尔行事。杰拉尔·辛格坚持为比尔吉斯·卡迪尔加冕。整个统治结构很像现代西方君主立宪制国家的战时形态。

事实上，真正掌权的是印度兵的首领们。他们同意为比尔吉斯·卡迪尔加冕，但有若干条件，即德里来的命令（也就是说德里的叛军首领的命令）优先于新国王的命令；在选择新首相的时候，军队有决定权；印度兵的军饷要翻倍；他们可以自由处置英国人的走狗。[36]

叛军的政权造成了很多混乱、抢劫和恶政，但都有相对严密且组织有序的性质。我强调这一点，不仅仅是为了表明他们有能力在困难条件下统治（证据确实表明了这一点），还想要请大家注意，绝大多数历史学家都忽视了故事的这个侧面。

1957 年是 1857 年兵变的一百周年，如何庆祝这个周年的问题让印度人也颇感不安。是的，这被认为是一次民族起义，但它同时也令人尴尬地颇为"反动"。珀西瓦尔·斯皮尔①说叛乱的领导人是"开历史倒车的人，他们的目标自相矛盾"，他们的追随者"完全不懂得创造新东西"。[37]克里斯托弗·希伯特②说兵变是"老印度的天鹅之歌"。[38]令人遗憾的是，印度历史学家大多同意这些观点。R. C. 马宗达③对 1857 年兵变的批评尤为严厉："1857 ~ 1858 年的苦难与流血，不是印度自由运动诞生的阵痛，而是落伍的贵族与中世纪的离心封建主义

---

① 托马斯·乔治·珀西瓦尔·斯皮尔（1901 ~ 1982），英国历史学家，大部分时间在印度研究和教学，专攻印度现代史，曾在剑桥大学任教。他的著作包括《孟加拉的主人：克莱武和他的印度》。

② 克里斯托弗·希伯特（1924 ~ 2008），英国作家、历史学家和传记家，英国皇家文学学会和皇家地理学会成员，著作颇丰，包括《美第奇家族的兴衰》《大兵变：印度，1857》等。

③ R. C. 马宗达（1888 ~ 1980），著名的印度历史学家，曾因对 1857 年兵变的立场与印度政府发生冲突。他认为，印度自由斗争的起源不是 1857 年兵变，而是受英式教育的印度中产阶级和 1905 年的孟加拉分治。

垂死挣扎的呻吟。"[39]塔拉·昌德①在关于印度自由运动的史书中，对1857年兵变同样抱有轻蔑的态度，说此次叛乱只不过是"中世纪秩序阻止自己解体、妄图恢复昔日地位的最后一次尝试"。[40]

更近期的历史学家，如达布蒂·罗伊、马哈茂德·法鲁基和鲁德朗休·慕克吉，对兵变的评价没有那么负面。在他们看来，1857年事件更像是一次民族起义和军事哗变；它以自发的、并非预先谋划的方式试图建立一个与英属印度（只有在1857年之后，人们才广泛使用这个称呼）分庭抗礼的新政权。C. A. 贝利认为，"在过去一代人的时间里，孟加拉军方的观点，即1857年兵变的性质主要是人民起义，已经得到了细致研究的支持"。[41]在叛乱持续了一年甚至更久的地方，比如奥德和罗赫尔康德的部分地区，各种信仰的农民都和他们的地主一起加入叛军，暂时搁置各部落之间的嫌隙，一同反对英国人。

在所有地方，叛乱都是从印度兵开始的。这是理性算计的结果。只有斧子、棍棒和少数喇叭枪的农民，要主动去攻击装备步枪大炮的英国人，那简直就是发疯了。对农民来说，加入叛乱的时机是英国人狼狈逃跑的时候。美国学者托马斯·梅特卡夫主张，若没有印度兵蒙冤，群众永远不会揭竿而起。"但印度兵反叛之后，兵变的真正力量源泉是民众的支持。印度兵的哗变其实仅仅是火星，它点燃了原本就一点可着的大量可燃物。"[42]

---

① 塔拉·昌德（1888～1973），印度考古学家和历史学家，专攻印度古代史和文化，曾任安拉阿巴德大学校长、印度驻伊朗大使和印度政府的教育顾问，著有《印度自由运动史》。

　　在大多数主要叛乱的爆发之初，叛军都请求获得旧统治者的支持，这更像是在寻求民众支持的合法性，而不是渴望按照原样恢复旧政权。

　　在这里，我们必须注意两个毋庸置疑的事实。首先，旧统治者们即便受到谄媚或威胁，也不愿意领导叛乱。他们绝大多数人更愿意躲到英国人的保护伞之下，即便英国人已经剥夺了他们的权力和地位。马拉塔诸王国的继承人们，印多尔的哈尔卡尔王朝、瓜廖尔的辛迪亚王朝，都躲躲闪闪，踟蹰不前，不肯与叛军合流。辛迪亚国王忠心耿耿地站在英国人那边，以至于最后他不得不从自己的人民手下逃走，躲进英国军营。在詹西（最北的一个马拉塔邦国），迟至1858年1月和2月，女王还在恳求英国人允许她代表英国统治这个省份。直到英国人攻击了她心爱的城市，她才成为马背上的女英雄。

　　至于德里国王，第3轻骑兵团的土著骑兵从密拉特第一次来到他宫殿的墙下时，巴哈杜尔·沙二世立刻通知了道格拉斯上尉。叛军士兵闯入觐见厅的时候，巴哈杜尔·沙二世告诉他们："我没有召唤你们。你们的行为非常恶劣。"他可能是在争取时间，因为当叛军推举他当皇帝时，他当场就接受了。但没有证据表明他本人（与他的廷臣相反）与有预谋的叛乱有任何关系。事实证明，他是个焦虑沮丧的战争领袖，经常以退位并去麦加朝觐相威胁。英国人眼里的头号叛徒那那大人似乎在受到叛军威胁之前，态度一直模棱两可。他很可能也在静观其变，然后才公开加入了叛乱。

　　其次，即便复辟之后，这些不情愿的或者说三心二意的统治者也并不享有说一不二的权力。在坎普尔的作战会议上，那那大人的朝廷不得不与印度兵委员会分享权力。在德里，印度兵对皇帝本人没有多少尊重，对他推推搡搡，用亲昵放肆的口吻和他讲话。皇帝陛下的命令常常被无视或违逆。

这些印度兵委员会很像现代国家里攫取政权的年轻军官所组成的军政府。民族起义往往就是这种模样。起义由军人领导，而不是由最近从伦敦政治经济学院或伦敦律师学院学成归国的进步知识分子领导，但这不能说明起义没有现代性的种子在里面。我们不能将兵变的意义一笔抹杀，说它仅仅是针对现代世界的愤怒咆哮。

1857年大兵变有一个特点表明，从性质与规模上讲，它是民族起义。但很少有历史学家愿意直面这个特点：残酷无情地、系统性地屠杀欧洲妇女儿童。我的上述观点听起来可能有点奇怪。历史书籍，更不要说报纸，无论是同时期的还是后来的追忆，都写满了无辜者被害的血淋淋的故事。英军士兵将冰冷的刀剑戳入印度人身体的时候难道不是高呼着"勿忘坎普尔！"的复仇口号吗？我们怎么可以说历史学家忽略了这个最恐怖的方面呢？

但是，在知识层面的确存在这种忽略。印度历史学家忽略了这方面，因为羞耻感促使他们倾向于对恐怖暴行轻描淡写；英国历史学家忽略了这方面，因为他们将屠杀描述为狂热的印度兵在那那大人这样的恶魔的驱使下犯下的邪恶罪行。换句话说，印度和英国的历史学家都将其理解为集体疯狂的极端表现，而没有去探究屠杀背后是否有目的。[43]

如果我们研究真正的事实，就会发现屠杀不仅有延续性，甚至还有一种恐怖的逻辑性。我们再看看哈恩西及其邻近的希萨尔这两座小城镇。1857年5月29日上午11点叛乱爆发的最初几个钟头之内，未能逃走的所有欧洲妇孺均被谋杀：养牛场的巴维尔太太和韦德伯恩太太，在各自家中的杰弗里斯太太和史密斯太太与她们的儿女。巴维尔和韦德伯恩一家被印度兵杀害，但杰弗里斯和史密斯家是被他们自己的土著仆人杀害的。税官汤普森被他的私人经理杀死。屠杀者不仅不考虑年龄或性别，而且不仅是印度兵，任何印度人都觉得自己有权参加杀戮。在每一座城市的每一场叛乱中，都一再出现了这种情况。有时妇女儿童被屠杀在他们自己的平房内，死在游廊上或卧室内。妇女儿童因为印度人对其的喜爱或忠诚而得到饶恕的例子极少，兵变之初的密拉特有几例（当时屠杀的模式还没有确立），后来在瓜廖尔有几例，但除此之外就不多了。

有时所有欧洲人被聚集到一起，表面上是为了保障他们的安全。德里的 52 个欧洲人被关押起来，得到皇帝本人的保护。但他们后来还是被捆成一串，带到院子里，虽然皇帝为他们求情，但印度兵还是将他们全部屠杀，先是用枪齐射，然后用剑结果性命。[44]

在詹西，印度兵谋杀了几名企图逃离要塞求援或寻求女王（她的宫殿在城内）支持的军官之后，同意了斯基恩上尉的意见，允许剩余的欧洲人离开，并将其护送到别的兵站，条件是英国人把要塞交给女王。但 56 个欧洲人走出要塞之后，叛军立刻猛扑上去，将他们五花大绑，带到一处叫乔肯园的果园。在一片树丛附近，他们被排成三行，仿佛要拍集体照，儿童在最前面，妇女在中间，男人在后排。然后监狱警卫队长宣布："土著军士长的命令是，把他们全部处死。"接着他举起剑，一剑砍死了斯基恩上尉。后来他还为此自吹自擂。这是一个讯号，其他欧洲人随即也被谋杀了。

英国的插图报纸上流行了这些恐怖事件的一个更为浪漫的

版本。在圆塔内，斯基恩上尉夫妇与两个女儿被一大群大肆叫嚷的狂徒包围，斯基恩用手枪打死了妻子，免得她受辱，然后举枪自杀。克里斯蒂娜·罗塞蒂[①]写了一首名叫《在詹西的圆塔》的诗，它这样描述当时的情景：

叛军人数是他们的一百倍，一千倍；即便如此；
他们没有一丝生存的希望。
蜂拥而来的号叫的暴徒
在下方越聚越多。

斯基恩看了一眼面色苍白的年轻妻子：
"时候到了吗?"——"时候到了!"——
年轻，健壮，生机勃勃，
痛苦却让他们哑口无言。

他揽她入怀，
面颊紧贴她的面颊，
将手枪对准她的前额，
愿上帝宽恕他们！

"会疼吗?"——"不，亲爱的，
我希望我能为咱俩承担痛苦。"
"我希望我能独自承担痛苦，

---

① 克里斯蒂娜·罗塞蒂（1830～1894），英国诗人，创作了大量浪漫主义、宗教和儿童题材的诗歌。她的哥哥但丁·罗塞蒂也是著名诗人。

鼓起勇气吧，亲爱的，我不是不愿意。"

> 亲吻啊，亲吻："这样亲吻
> 而死，不算痛苦。
> 再亲一次。"——"再亲一次。"——
> "永别了。"——"永别了。"[45]

的确有一些万般绝望的英国官员选择了杀死亲人然后自杀。1857年5月11日晚上，萨哈兰普尔的助理行政长官科来奇先生冲进他的上司罗德里克·爱德华兹的办公室，带来了密拉特叛乱的消息："他［科来奇］的惊恐和激动令人看了心碎。他似乎相信一切都完了……说要枪杀他的妻子和家人，然后自杀，以免他们落入印度兵手中。"[46]但斯基恩夫妇的结局并非如此（科来奇也不是，因为爱德华兹安慰他，让他镇定了下来）。他们没有机会订立自杀契约，他们甚至根本不在圆塔内，因为他们在城墙外的果园里。

人们对詹西大屠杀的具体情形不甚了了，以至于查尔斯·鲍尔在叛乱平息之后匆匆写就的史书（1859～1860年出版）记录了两个版本，并包含了这两个版本的戏剧性极强的钢板雕刻画。罗伯特·蒙哥马利·马丁①在他的《印度帝国史》（大约在同一时间出版）中也讲了两个版本的故事。[47]这似乎表明了一种不负责任的，或者说简直是后现代的对真相的态度，但更可能反映了当时的消息传播仍然非常缓慢和不可靠。

---

① 罗伯特·蒙哥马利·马丁（约1801～1868），英国－爱尔兰作家和公务员，曾任香港的财务长官。他著有《英国殖民地史》。

浪漫化的版本有一套潜台词：斯基恩上尉杀死妻子是为了救她，免得她遭遇比死亡更糟糕的命运。土著对白人女性的性暴力是英国人的噩梦，但最详尽的研究也没能给出任何证据，证明此次屠杀或 1857 年的其他屠杀期间出现了强奸事件。威廉·缪尔爵士为坎宁勋爵撰写的报告在这方面的立场斩钉截铁："我没有发现任何证据能支持目前我们报界刊载的任何一个强奸故事。"[48] 叛军的目的似乎非常纯洁（尽管是一种丑恶的纯洁），而不是盲目施暴和放纵长期压抑的兽欲，甚至也没有恣意践踏女性的想法。威廉·缪尔爵士后来成为印度最卓越的伊斯兰学者，闻名遐迩。他肯定同意："我相信，叛军的目的不是玷污我们的名誉，而是消灭欧洲人的一切踪迹，消灭一切与外族统治有关联的东西……这是冷酷的、无情的嗜血，和肉欲没关系。"[49]

约翰·凯爵士这样描述詹西大屠杀："有人怀疑詹西女王未必是这起残暴事件的共谋者……但她是此次屠杀的受益者。她希望除掉英国人，以便自己夺取这个邦国，她认为它理应属于自己。她对除掉英国人的具体手段无所谓。她在屠杀之后的行为揭示了她灵魂深处的激情。"[50] 但女王自称当时她还是印度兵的无助俘虏，她与屠杀没有任何关系，她自己还深深为屠杀而哀叹。我们或许永远不能知道确凿的真相，但即便官方叙述（编写者是印多尔的英国代表罗伯特·汉密尔顿爵士）也说，屠杀的命令是以骑兵指挥官法伊兹·阿里军士长而不是詹西女王的名义发出的。的确，她有很多理由不喜欢斯基恩上尉，因为后者在执行任务时过于严苛。

在詹西执行屠杀的印度兵试图为专门的行刑队设立枪决或炮决的正式规程。与其他臭名昭著的大屠杀一样，此次屠杀也是在户外开阔地，当着围观群众的面进行的，假装是在执行法庭的命令。在坎普尔，那那大人坐在一个特别搭建的平台上观看屠杀，他的副将陪在旁边，包括他的儿时玩伴塔特亚·托普（战争最后阶段里神出鬼没的红花侠①）。当着一大群民众（估计有 1 万～1.2 万人）的面，侍从为那那大人的前额点了吉祥符号。那那大人的谋臣组成的议事会决定屠杀欧洲人，毛拉利雅卡特·阿里和当地法官瓦齐乌丁都认可该决定的合法性与正当性。[51]坎普尔城张灯结彩，庆祝战胜并消灭了英国驻军。叛军政权发布了宣言，宣布所有臣民都有义务服从现政府，就像他们曾经服从旧政府，并且"所有地区的所有农民和地主都有义务欢庆基督徒已经被赶进地狱"。叛军政权做了很多努力去证明他们的行动是合法权力的合法表达。

坎普尔的第一起屠杀是非常公开化的。英国俘虏曾得到承诺，说他们可以从恒河上安全离开，但他们在手忙脚乱地上船时遭到屠杀，并且就在那那大人及其随从的眼皮底下。在第一起屠杀中幸存的 120 个妇女儿童在第二起屠杀中遇害。这就是所谓的后宫屠杀，比第一起屠杀甚至更为恐怖，是秘密进行的。当时英军解围部队已经接近，也没有人群来观看屠杀。第二起屠杀也是遵照那那大人的命令执行的，这没有任何疑问，但印度兵拒绝服从他的命令，所以执行的人都是专业的刽子手。合法性的平衡又一次逆转了。杀死手无寸铁的妇孺并将其尸体扔进水井，已经不再被印度兵认为是神圣的举动了。[52]

并非所有屠杀都像詹西、德里和坎普尔的屠杀那样正式和

---

① 神出鬼没的红花侠是匈牙利裔英国作家艾玛·奥希兹的系列小说《红花侠》的主人公。红花侠是英国贵族，在法国大革命时以蒙面侠客的身份营救了许多法国贵族。这个故事后来被拍成多部影视剧。

公开。但它们仍然是系统性的、彻底的，得到了上级授权，比如在安拉阿巴德、印多尔和瓜廖尔（有一两个妇女被允许逃跑，坚忍不拔的库普兰太太得以幸存并讲述她的故事）。[53]

这些恐怖的杀戮不是虐待狂性质的附带事件。消灭下一代欧洲人是屠杀的核心目标。英国太太及其孩子们来到印度，恰好与英国人加紧控制印度的文化与宗教发生在同一时期。除非消灭英国妇孺，否则印度永远不能自由。索尔·戴维提出，叛军预先下了决心要杀死所有欧洲人，包括妇孺，这样做唯一目的是把全团所有人都捆绑在一起。对造反不是那么有兴趣的印度兵手上也沾了妇孺的鲜血，于是他们不得不加入叛乱，因为他们已经走投无路。[54]但这种强制性的"染血"也完全可能是为了震慑那些三心二意的人，除非这种丑恶罪行有着更强有力的、更压倒一切的动机。

屠杀的目的肯定是种族灭绝，尽管"种族灭绝"这个词当时还没有发明。种族清洗是兵变的内在宗旨的一部分。这次种族清洗的受害者数量成百上千而不是有数百万，因为在印度的欧洲人相对来讲还不多。不过这仍然算得上是种族灭绝。假装事实不是这样，是没有意义的。

清醒而镇定的战争观察者威廉·霍华德·罗素对此没有疑问："这……是一场宗教战争、种族战争和复仇战争，是希望和民族起义的战争，为的是摆脱异族统治的桎梏，恢复土著酋长的全部权力和土著宗教的全部影响力……不管兵变和叛乱的起因是什么，我们都能清楚地看到，土著领袖似乎凭借共同的本能，都下定决心，达成他们目标的手段之一就是消灭落入他们手中的每一个白人男人、女人和小孩。"[55]

为了报复，英国人也犯下了我们今天所说的战争罪行，制造了成千上万的受害者。否认这一点也没意义。

　　仅举一例。在阿姆利则附近的阿杰纳拉，第 26 土著步兵团的 282 个曾在拉合尔反叛的印度兵向当地副专员弗雷德里克·库珀投降，相信自己会得到公正的审判。不料，库珀（一位骄傲的基督徒）将第一批 200 多人分成 10 人一组，从税务局把他们带出来，让他的锡克教徒士兵枪决这些叛兵。150 人被杀后，一个刽子手晕倒，于是行刑者休息了一会儿，然后又枪杀了 87 人。与此同时，其余叛兵被锁在一座堡垒内。堡垒大门打开后，用库珀在他的著作《旁遮普危机》中的兴高采烈的话说："看呀！他们差不多死光了！英国人无意中重演了霍尔维尔的黑洞［指'加尔各答的黑洞'①，英国医生约翰·泽弗奈亚·霍尔维尔从中幸存，他的讲述令英国公众勃然大怒］……45 人死于惊吓、衰竭、疲劳、炎热和窒息，尸体被拖了出去。"[56]这些尸体被丢进一口枯井，底下已经堆了他们被处决的战友的尸体。T. 赖斯·霍姆斯②在他的《印度兵变史》中评论道："库珀勇敢地承担起责任……因此遭到一大群无知的人道主义者的粗俗咒骂。"[57]罗伯特·蒙哥马利（旁遮普的司法专员，笃信宗教，陆军元帅蒙哥马利的祖父）在给库珀先生的信中写道："你做的事情十分光荣，值得称颂。

---

① "加尔各答的黑洞"是加尔各答威廉堡的一座小地牢。1756 年 6 月，孟加拉纳瓦布的军队占领加尔各答，将若干英军战俘和印度平民囚禁在这里。由于空间狭小，146 名俘房中有 123 人死于窒息。这个故事主要是幸存者约翰·泽弗奈亚·霍尔维尔讲述的。他是东印度公司的雇员和军医。1757 年 6 月的帕拉西战役中，罗伯特·克莱武率领英军决定性地打败孟加拉纳瓦布的军队。"加尔各答的黑洞"后来被用作仓库。为了纪念死难者，英国人在附近树立了一座方尖碑。

② 托马斯·赖斯·霍姆斯（1855～1933），古典学者，主要研究恺撒及其《高卢战记》。

你做得完全正确……只要你还在世，此事都将是你的荣耀。"[58]马尔科姆·洛的上级罗德里克·爱德华兹认为"北印度的每一个欧洲人都要感谢他［库珀］，因为他没有逃避可怕的责任"。[59]

今天的我们可能更倾向于同意 W. W. 爱尔兰医生的立场，他认为库珀"讲述自己故事的方式如此轻浮无礼、没心没肺……没有人能比他更彻底地自毁名誉"。[60]"阿杰纳拉的黑洞"的受害者被丢进枯井的时间，是英国妇孺被丢进坎普尔水井的两周之后。库珀写自己的叙述时，也没有忘记忽略这个可怕的关联："坎普尔有一口井。但阿杰纳拉也有一口！"[61]

在瓦拉纳西和安拉阿巴德，6 月初，在那那大人的坎普尔大屠杀之前，詹姆斯·尼尔上校就在毫无犯罪证据的情况下绞死了数百名土著。"每天都绞死十个或者二十个黑鬼。他们的死尸三三两两地挂在全城的树上和路标上……一连三个月，八辆收尸大车每天从早忙到晚，从十字路口和市集搬走污染城市空气的尸体，然后将这些可憎的货物扔进恒河。"[62]根据尼尔的命令，雷诺少校率领一队马德拉斯燧发枪兵和锡克士兵从坎普尔出发，沿途留下一长串焦黑的尸体挂在树上，尸体的下半部分已经被村里的猪吃掉。有罪的村庄被烧毁，村民被杀得一干二净。尼尔和弗雷德里克·库珀一样，也坚信上帝在自己这边："愿上帝保佑我公正行事。我知道我做事手段严酷，但在这样的情况下，我相信我会得到上帝宽恕。"[63]他抵达坎普尔后发现后宫的惨剧，于是强迫杀人犯将地板上的血迹舔干净，然后将他们绞死。

我们已经看到，罗伯特·邓洛普和他的卡其骑兵队的扫荡行动绝没有"多愁善感、胆小怕事"。在更广泛甚至更恐怖的层面，休·罗斯爵士攻破詹西城之后下令屠城三天，消灭了当地全部男性人口，死者多达 5000 人。[64]孟买工兵部队的托马斯·洛医生骄傲地说："詹西破城之后，我们没有伤感地怜悯他们。"[65]复仇者并没有因为自己的残酷而说不出话来。他们在当时就大肆宣扬自己的举动，后来又书写和出版回忆录，对英国人的血腥报复毫不避讳。

英国人残忍报复的叙述很快传到了总督耳边。7 月底之前，坎宁勋爵在准备那份决议（不是宣言），也就是后来为他赢得讽刺性绰号"仁慈坎宁"（这个绰号是《泰晤士报》和《潘趣》取的）的决议。这其实是一份相当客观公正的文件，坚持要求以恰当方式惩罚罪犯，同时又坚决反对"毫无必要地采取极端严酷的措施，或者用过激手段处置，或者在处置并非哗变士兵的人员时不加区分"，还反对"纵火烧村"，因为那样可能导致饥荒。但公众此时对客观公正没有兴趣。公众要的是以眼还眼以牙还牙，并且事实也基本上就是这样。在关于坎宁勋爵"仁慈宣言"的所有争议中，人们常常忘记，它对英军士兵的行为影响甚微。如我们所见，次年勒克瑙的大屠杀和大规模烧村（比如肖沃斯纵队的报复行动）都符合 1857 年6 月和 7 月时尼尔与尼科尔森的标准。

"民族起义"是一个描述性的术语。它未必是体面的。事实上，民族主义事业中的激情越是深切，人们能做出的行为就越是丑陋。土耳其对希腊人和亚美尼亚人的屠杀，纳粹对犹太人和吉卜赛人的屠杀，无疑都是民族情感的表达。1857 年的诸多屠杀也是这样。

时至今日，1857 年兵变仍然有一个奇怪的，或许是独一无二的方面：没人说得清究竟有多少人死亡。当时另外两场大规模杀戮——克里米亚战争和美国内战——中的双方死亡人数，都有相当可靠的估计数字。但没有一位研究 1857 年兵变的严肃历史学家曾尝试给出从 1857 年 5 月到 1859 年 4 月的整个时期的死亡人数。I. T. 塔文德的《印度兵变中的死亡人数》（1983）给出了死于敌手的英国士兵的数量：约 2875 人，其中超过 350 人被叛军冷酷无情地屠杀。死于霍乱、疟疾和中暑的英军人数是死于敌手人数的 3 倍，这个比例与克里米亚战争中的情况差不多。另有 1000 ~ 1500 个欧洲平民被谋杀。所以大约有 13000 个欧洲人在这场冲突中丧生，不管死亡原因是什么。但印度人的数字呢？没人知道，或者说大家懒得知道。或许是欧洲人死亡数字的 100 倍，甚至更多。

对兵变期间的某些具体的军事行动，有比较准确的估算。呈送给勒克瑙常驻代表的印度考古学勘测局①报告称，在 1857 ~ 1858 年的"自由斗争"中，勒克瑙有 20265 名烈士。[66]

但这些数字的基础，是勒克瑙叛军那边的各团与社区给出的可疑的约整数。就连得胜英军清点尸体得出的数字也很不靠谱。比如，在詹西被屠杀的印度人是有 5000 个（凯和马勒森的数字）[67]，还是按照记载休·罗斯爵士的胜利的其他史料的说法，有 3000 个或 4000 个？在焦拉的小规模战斗中，死亡的印度人是 150 人或 200 人（罗德里克·爱德华兹在几篇给自己贴金的叙述中给出的数字），还是马尔科姆·洛告诉我们的 400 人？马图拉行政长官马克·桑希尔是个特别稳健冷静的目击证人，他目睹了敌人在阿格拉城外草地上的溃败。根据他的

---

① 印度考古学勘测局是印度文化部下属的机构，负责国内的考古研究和古迹保护，于 1861 年建立。

说法，英国官方对此役中叛军损失人数的估计是超过 1000 人。但他和一位朋友于战斗次日上午出城去清点尸体（还留在战场上）时，发现尸体一共只有 56 具。[68] 英国人对己方死亡数字的计算没有包括大量为他们作战的锡克教徒、廓尔喀人、普什图人和俾路支人。他们也没有计算在萨姆·布朗和肖沃斯准将等人对乡村开展的惩罚性征讨中被砍死的成千上万的印度人，更不要说在德里和勒克瑙的废墟中死于饥饿与疾病的无名人群了。只有死者们信仰的神才知道他们究竟有多少人。

印度的消息通过电报和陆路，只花了一个月多一点就传到了英格兰。《泰晤士报》6 月 9 日那一期最早刊登了兵变的消息。该报驻孟买记者在 5 月 11 日电讯的开头用安抚人心的笔调写道："我目前没有重要新闻可以传达……炎热季节里典型的令人昏昏欲睡的宁静正笼罩着印度。"但写着写着，他笔锋一转："我正在发报时，从西北诸省的密拉特或阿格拉传来一条电报，其中所载的消息打破了我刚才说的笼罩全印度的宁静。该电文如下：'第 3（孟加拉）骑兵团公开反叛。他们烧毁了电报线和军官宿舍，造成多名军官和士兵死伤。'"

从这以后，大灾祸的噩耗开始逐渐涌入各大报纸的专栏。但因为时间滞后的缘故，报纸上仍然继续出现让人放心的电文和社论，很多指的是先前的巴拉克普尔事件①。6 月 15 日，《泰晤士报》驻加尔各答记者写道："孟加拉军团近期发生哗变的消息在英国可能引起了不必要的恐慌……印度兵部队并没

---

① 即前文讲到的曼加勒·潘迪事件。

有反叛；他们甚至没有不满的迹象……哗变不是由宗教感情激起的。"按照该记者的说法，印度发生兵变的原因永远是克扣军饷或关于种姓偏见的某种骇人事件；这些容易轻信、幼稚如孩童的亚洲人绝不可能发动民族起义："他们没有爱国主义，在六百年里也没有自己的国家。"

屠杀的消息得到确认之后，英国公众得知很多妇女儿童和男人一起被活活砍死，当即勃然大怒、悲痛不已。在英国历史上所有得知噩耗的时刻里，英国公众对复仇的渴望最为炽烈的要属此时。无可否认，这种特别的复仇精神受到了一种特别的愤怒的驱动，而这种愤怒本质上是种族主义的：黑皮肤的野蛮人竟敢攻击他们的白人主子，竟敢对白人女性犯下"不可言说"的暴行。这样的噩梦始终困扰着英国人。事实甚至比噩梦更糟糕。

这一切都得到了后殖民历史学家的证实。但历史学家较少描述的是，英国人复仇时的恐怖暴行被多么迅速而详尽地传回英国，以及这些消息对悲痛的英国人的心灵产生了什么影响。早在1858年1月，当战斗还在进行的时候，《泰晤士报》的读者就得知，西奥·梅特卡夫已经发了疯，"每天都在审判和绞死他能抓到的所有土著"。几个月后库普兰太太在她的回忆录里，罗伯特·蒙哥马利·马丁在他的《印度帝国史》里都证实了这个故事。马丁在书中抱怨称："这个人〔西奥·梅特卡夫〕竟然被允许按照他自己的想法来报复，在他被毁豪宅的房梁和角落里绞死尽可能多的受害者。这违背了英国的司法精神。"[69]

弗雷德里克·库珀也在自毁名誉，因为他在1858年发表了自己兴高采烈地让数百个印度兵窒息而死，然后把他们扔进阿杰纳拉枯井的故事。马丁从库珀的叙述里引用了很多文字，让读者自己得出可怕的结论。威廉·霍德森谋杀被他俘虏的三位手无寸铁的德里皇子，也受到了马丁的谴责，被斥责为毫无骑士风度的强盗行为。

查尔斯·鲍尔在他的两卷本兵变史（可能是在 1859 年出版的）中不仅谴责了英国人报复时的残忍，还和马丁一样，严厉批评了兵变之前英国人的贪婪和对土著的压迫：达尔豪西勋爵对詹西和奥德的强取豪夺和吞并，过于粗暴的土地改革和过于严苛的税收要求，炮决。鲍尔甚至在书里配了一幅精美的钢雕版画，来搭配他记载的由一位孟买医官转述的炮决场面："在当时只能看见一团云，就像沙尘暴，它是由衣服碎片、燃烧的肌肉和烧焦的头发构成的，还有一团团凝固的污血。不时有一个胃或一片肝脏在臭烘烘的阵雨中落下。"[70] 鲍尔描写英军烧村、抢劫和鞭打土著的篇幅，和记述攻城战与野战的篇幅差不多。

威廉·霍华德·罗素在他对英军疯狂掳掠勒克瑙的目击报告中，还添加了他观察到的在印度的英国人犯下的若干漫不经心且野蛮的种族主义恶行："将所有土著称为黑鬼的习惯现在非常流行了。"[71] 乔治·奥托·特里维廉因为过分渲染爱国主义、过于戏剧性地描述坎普尔屠杀的著作而常受批评，但他也提醒读者注意，新一代英国军官对他们的土著兵表现出轻蔑："就这样……印度兵被称为黑鬼……这个可憎的词，如今常挂在所有在印度的英国人嘴边……它第一次在体面的场合出现，是在兵变期间的几年里。"[72] 现代人有一个错误观念是，直到 20 世纪后半叶，正派体面的人才开始拒绝使用这个词。

与此同时，这些在事件发生不久之后就修史的历史学家费尽力气去驳斥一些特别耸人听闻的暴行故事，尤其是关于强奸和残害女性的故事。所以，到19世纪60年代，比较机敏的英国读者都会得出这样的结论：在道德层面，双方都不是纯洁无辜的；不应当为反叛者辩护，但他们的反叛也并非完全没有正当理由。精英社会的读者，上至女王和迪斯雷利，都持有这种立场。鲍尔大篇幅引用了1857年9月30日，也就是兵变的第一批消息传到英国的仅仅几个月后，迪斯雷利在艾尔斯伯里①发表的演讲："我抗议以暴制暴的行为。我最近听到的一些话，以及我最近读到的一些文字，让我几乎要相信，英国人民的宗教观念发生了突然的变化；他们不再向耶稣之名鞠躬，而是准备恢复对摩洛②的崇拜。"[73]

与后来的神话相反，对实际战斗过程的记述也并非充满亢奋的过激爱国主义。有很多故事讲述了令人难以置信的英雄主义、自我牺牲和重压之下的优雅，但也有毫不留情地描摹肉搏战之恐怖的叙述。英国公众不是通过佛兰德战壕里的故事，而是通过勒克瑙和德里的故事，第一次真正了解到战争究竟是什么样子的。一个显著的例子就是维维安·马金迪中尉1859年出版的《在印度叛兵当中》：

> 看那个士兵用刺刀戳他脚边的什么东西，看呐，他举
> 起刺刀准备再次戳去的时候，刺刀是不是都红了？从马镫

---

① 艾尔斯伯里是英格兰白金汉郡的首府。

② 摩洛（Moloch）是一位上古近东神明的名号，与火祭儿童有关；摩洛崇拜盛行于上古时期地中海东南岸地区。迦南人、亚扪人、希伯来人、腓尼基人乃至黎凡特和北非的其他很多民族都知道这位神明。近现代英文中常用"摩洛"象征造成极大牺牲的人或事。

上站起身来吧，往下看，看那活生生的东西，明晃晃的刺刀正在无情地向它刺去。那是条狗吗，还是什么有毒的、可憎的爬行动物？不，是个人。躺在士兵脚下的是个人，一个浑身是伤和尘土、痛苦地垂死挣扎的人，他唇间血如泉涌，发出了一半的诅咒在他舌头上打转，他就在那里奄奄一息。士兵匆匆在草地上擦了擦滴血的刺刀。杀手继续前进，在他的胜利的疯狂喜悦中，去饮尽战争之神今日摆在他面前的满杯的鲜血。他看见那鲜血在自己眼前冒着泡沫，快要溢出杯子。呸！说得再好听，这也是恐怖的事情。[74]

这些叙述颠三倒四，自相矛盾，混杂着爱国主义和厌恶、战争带来的自豪和战争带来的内疚，表达了一种长期的惴惴不安。（克里斯托弗·赫伯特①对此做了精彩的探讨。）这就是为什么大兵变仍然是维多利亚时代历史中最惨痛的事件，尽管英国在此事件中动用的兵力和蒙受的伤亡没有克里米亚战争或布尔战争那么多。大兵变之后，英国人再也不能自认为是完全清白无辜的。他们同样再也不能认为自己的帝国霸业是或多或少自然生长而成的，再也不能相信帝国在可预见的未来一定会延续下去，也有资格延续下去。

当局竭尽全力地加强公众的自信。即便在英国全民认识到灾祸的严重程度之后，控制理事会主席弗农·史密斯先生的第一个本能仍然是告诉下议院："没有任何症状表明此次哗变是一场全民族起义。"[75]

政府发言人说此次叛乱是"突然的冲动事件，受迷信刺

---

① 原文如此，估计应为克里斯托弗·希伯特。

激而发生";它"仅仅是一场军事哗变"。而为了镇压它,必须采取严厉措施:从全球各地,从欧洲、南非、波斯、海上(额尔金勋爵讨伐中国的行动被叫停)调集更多部队。弗农·史密斯先生不得不承认,这是"我们历史上发生的最糟糕事件之一"。但与此同时,它不会对英国人主宰印度构成挑战。

在恐慌的表象之下,有着自鸣得意的基石。而迪斯雷利7月27日在下议院的伟大演讲,就是要戳破这种自鸣得意的泡沫。问题是:"这是一场军事哗变,还是民族起义?"[76]我们必须研究其底层的根源。"帝国的衰亡不是涂油子弹造成的。"[77]

英印帝国曾经的基础是"尊重各民族"。英国征服了印度,"仅仅是奥兰治的威廉①征服英格兰那种意义上的征服"。这种类比是胡说八道,因为威廉不需要像英国人在印度一路血战那样,从兰兹角②一路厮杀到约翰奥格罗茨。迪斯雷利指出:"我们在占领任何国家之前都有庄严的宣言,事后都有神圣的条约。在条约中,我们承诺尊重和维护我们即将管理的人民的权益与特权、法律与习俗、财产与宗教。"[78]大英帝国建立在不干预土著内部事务的基础上。

但在近期,尤其是过去的八年里,"我们在印度的政府疏远了或者惊扰了印度的几乎每一个有影响力的阶层"。[79]英国

---

① 即英国国王威廉三世(1650~1702),他原为奥兰治亲王和荷兰共和国执政者,于1688年的光荣革命期间在英国新教徒支持下推翻他的岳父、信奉天主教的英国国王詹姆斯二世。随后威廉三世和妻子玛丽二世共治不列颠群岛。他一生致力于抵抗当时的天主教霸权,即路易十四统治下的法国。

② 兰兹角位于英格兰康沃尔郡西南端,为英格兰主岛的最西端,与苏格兰东北端的约翰奥格罗茨(传统认为是大不列颠岛的东北端)相距约1400公里。兰兹角是英国一处重要的旅游景点。

人没收了传统地主的财产，吞并了一个又一个国家，并且最糟糕的是，"在新体制下，印度的立法委员会不断蚕食土著的宗教体系"。[80] 于是，不同宗教、种族和阶层之间的互相猜疑消失了；"之前从来没有交流过的阶层开始彼此交流。"这不仅仅是一起军事哗变；"孟加拉军团反叛我们权威的行为，不是为了给军人蒙受的冤屈复仇，而是为了表达普遍的不满。"[81]

这是对试图改良和干预印度的人士（本廷克勋爵、詹姆斯·密尔和麦考莱①等辉格党人）发出的激动人心又强悍有力的一次回击。迪斯雷利在印度特别委员会投入大量时间和精力；他阅读蓝皮书和公文。尽管在 7 月 27 日那个夜晚，他履行反对党领袖的首要职责，攻击政府的公信力，但他也是在申明，或者说重申传统的极简主义的帝国原则：只有小心翼翼地尊重土著文化，而不是用征服者的贪婪或宗教偏见去毁坏和剥夺土著文化，一个种族对另一个种族的主宰才是值得容忍的。伯克在沃伦·黑斯廷斯和奥德太后事件②中曾阐释这种原则，使其获得不朽。迪斯雷利现在看到的是一个新的黑斯廷斯（很快还会看到一个新的奥德太后，即哈兹拉特·玛哈尔）。

新的黑斯廷斯当然就是达尔豪西勋爵。迪斯雷利冷嘲热讽

---

① 指第一代麦考莱男爵，托马斯·巴宾顿·麦考莱（1800~1859），英国历史学家和辉格党政治家，著述颇丰。他撰写的英国历史被公认为杰作。主要功绩是他开始努力将英国与西方的思想引入印度的教育，以英语取代波斯语成为印度的官方语言和教学语言，并培训说英语的印度人为教师。

② 奥德统治者阿萨夫·道拉（1748~1797）继位后，他的母亲，即奥德太后，获得了丈夫的 200 万英镑遗产。沃伦·黑斯廷斯催促阿萨夫·道拉归还欠东印度公司的钱，于是阿萨夫·道拉向母亲借钱，用土地偿还。后来黑斯廷斯以奥德太后支持反英叛乱为理由，没收了这些土地。这就是所谓的奥德太后事件。

地挑出达尔豪西勋爵告别演讲中最令人憎恶的吹嘘之词："印度土著兵的地位早就是目前这种状况，所以不需要改良"；[82]旁遮普的末代统治者杜里普·辛格①大君已经皈依基督教；达尔豪西勋爵当政期间，维多利亚女王的领土大幅度扩张。

如果达尔豪西勋爵是迪斯雷利眼中的恶棍，那么这段故事里也有一位英雄。在印度有一个正派人，他看得清政府做错了什么，并且有勇气直抒胸臆。他的名字是约翰·洛。

迪斯雷利对达尔豪西勋爵以及英印政府和英国本土政府的主要攻击，依赖于洛将军的证词。

> 我与洛将军没有私人交情；我对他的看法，都是来自公开的报告，来自阅读他在议事会的发言记录。这些文字展现出了此人的才干与正直。我可以说，他始终位居我们最优秀的印度政治家之列。他凭借自己的精力与功绩攀升到高位。五十多年来，他在印度各个朝廷——穆斯林苏丹、印度教王公和马拉塔统治者的朝廷担任英印政府的代表。据说，他比同时代的其他印度政治家都更熟悉印度的需求和印度的生活。[83]

在做了这番详细的介绍之后，迪斯雷利请读者聆听洛将军的话语："因为大家都同意，一位成熟、经验丰富、学识渊博

---

① 杜里普·辛格（1838～1893），锡克帝国的最后一位大君，他是兰吉特·辛格最小的儿子。他的四位前任大君均被刺杀，他于五岁登基，由母亲摄政。第一次英国-锡克战争期间，他的母亲被英国人囚禁，母子十几年没有相见。杜里普·辛格十五岁时被送到英国，维多利亚女王很喜欢他，对他很友善。他对印度只有两次短暂的访问，最后在巴黎去世。

的印度政治家自信地发表的意见是价值无量的。那么洛将军说了什么？"随后，一生从未到过印度的迪斯雷利宣读了在印度待过五十年的洛将军的发言。他朗读的是约翰·洛反对达尔豪西勋爵吞并那格浦尔的备忘录中的很大部分内容。

隔了这么久，今天的我们很难揣测，在下议院那个焦躁不安、充满怒火和斥责的深夜，约翰·洛轻松自如、聊家常一般的风格对听众产生了怎样的影响。但我忍不住要相信，迪斯雷利引用洛将军的一些印度老友（洛将军年轻的时候，他们就认识了他）提出的悲哀问题"前任王公究竟犯了什么罪，让他的国家被东印度公司吞并？"时，一定给大家留下了某种印象。[84]

值得注意的是，迪斯雷利极其敏锐，把握住了约翰·洛是个什么样的人："下议院诸君万不可揣测洛将军是个对自己的立场过于自负的人，他也不是听到别人的不同意见就不耐烦的人。恰恰相反。从这些备忘录的口吻来看，如果他有错的话，那就是太容易放弃自己的信念，太容易屈从于当时的主流观点。这些备忘录是充分的证据，表明他感到万般痛苦，并且诚心渴望能逃避这麻烦的职责。但他还是觉得自己必须站出来反对达尔豪西勋爵的政策。备忘录中随处可见洛将军对总督的仰慕和忠诚。但随着局势发展，洛将军不可避免地陷入绝望，最后放弃了抗争。"[85]

迪斯雷利敏锐地抓住了约翰过于和善的弱点。但他没有继续指出，这种和善的弱点最终把约翰带到了什么境地（因为如果指出的话，会破坏迪斯雷利自己的论点）：妥协，同意达尔豪西勋爵最后的狂傲之举，即吞并奥德。

这是一个饶有趣味的时刻。在约翰·洛职业生涯的末尾，在他理应带着尊严退休的好几年之后，他被赞誉为真正懂得大英帝国应当是什么样（并且曾经是那种模样）的人。并且，如此认可他的那位英国政治家，后来成为帝国的伟大缔造者，为维多利亚女王的王冠添加宝石的首饰匠。迪斯雷利很少这样赞美别人。他的赞美之词最终传到身在加尔各答的洛耳中时，洛一定百感交集。因为到最后他成了达尔豪西勋爵的同谋，如果达尔豪西勋爵应当对 1857 年兵变的灾祸负责，那么他也有责任。

还有更糟糕的命运在等待洛将军。

注释

[1] 英国历史学家，如索尔·戴维和克里斯托弗·希伯特，倾向于称其为"1857 年印度兵变"或"1857 年印度叛乱"，意思是这是一次短暂而集中的爆发。印度作家，如 S. B. 乔杜里，常说"1857～1859 年印度兵变（或叛乱）"，意思是印度人对英国统治的抵抗要更长久，也更分散。

[2] Kaye, *Mutiny*, v, p. 82.

[3] Ibid. , pp. 77 – 79.

[4] Ibid. , pp. 30 – 36

[5] 英国人可能急于对南方的事件（报道较少）一笔带过，以便说服自己，这不是一次真正的全民起义。

[6] Vansittart Diaries, Mss Eur B 167.

[7] Edwards, Diary, June 19 and August 29, 1857.

[8] Kaye, ibid. , pp. 291 – 2.

[9] Kaye, ibid. , iv, p. 379.

[10] Kaye, ibid. , i, p. 425.

[11] Mukherjee, *Spectre*, p. 60.

[12] Mason, p. 268. 最能让人信服的总结是印度历史学家 R. C. 马宗达得出的：“不同兵站的印度兵领导人之间可能确实存在秘密的谈判，但我们无法确定这些谈判的具体性质。这些谈判的目的可能是组织一场普遍的兵变，但我们对此没有十足的证据。”（Majumdar, pp. 207, 218.）

[13] David, *The Devils Wind*, ch. 7.

[14] Ibid.

[15] Lang, p. 126.

[16] Minute, 21 April 1858, *Punjab Government Records*, Lahore 1911, VII, Part 2, p. 391; Metcalf, *The Aftermath of Revolt*, p. 55.

[17] Kaye, v, pp. 279 – 80.

[18] Outram to Ross Mangles, January 1858, Kaye, ibid., ii, p. 27n.

[19] David, *Indian Mutiny*, esp. Appendices 1 – 3, and *The Devils Wind*, passim.

[20] Mukherjee, *Awadh*, p. 64.

[21] Tapti Roy, p. 29.

[22] G. Harris, *Ladies of Lucknow*, p. 90.

[23] Thornhill, p. 70.

[24] Dalrymple, p. 143.

[25] Chaudhuri, *Civil Rebellion*, p. 260; Dalrymple, pp. 254 – 5.

[26] Tapti Roy, p. 51.

[27] Ibid., pp. 50 – 53.

[28] Dalrymple, p. 204.

[29] 德里的另一位皇子菲罗兹·沙主要在勒克瑙作战，他在 1858 年 2 月的宣言中主张：“最近几年里，英国人继续压迫印度人民……并继续消灭印度教和伊斯兰教，以便让所有人都接受基督教。”（Mukherjee, *Awadh*, p. 149.）印度人感到自己的宗教信仰受到了严重威胁，并且这威胁还在不断增长。

[30] Mukherjee, *Awadh*, pp. 151 – 2.

[31] April 15, 1857, Command 2252, *Mutiny of Native Regiments*.

[32] Minute, May 11, 1857, ibid.

[33] July 27, 1857, col. 537.

[34] Ibid., col. 541.

[35] See *Besieged: Voices from Delhi*, 1857.

[36] David, *The Devil's Wind*, ch. 8.

[37] Spear, p. 269.

[38] Hibbert, p. 393.

[39] Majumdar, *Sepoy Mutiny*, p. 58.

[40] Tarachand, p. 11.

[41] Bayly, *Indian Society*, p. 188.

[42] Metcalf, *Aftermath*, p. 61.

[43] 我应当补充，整个印度兵变主题里有很广泛的忽视，这只是其中一项。按照 Mukherjeee 的说法，2002 年的这个领域和 20 世纪七八十年代一样，都没有得到研究（*Awadh*, p. vii）。但在近期，法鲁基说他在大学里从来没有遇见一个专门研究 1857 年的人（*Besieged*, p. x）。看来 1857 年兵变对印度民族主义者来说代表着失望，就像它对英国帝国主义者来说是个耻辱一样。

[44] Dalrymple, pp. 207 – 8.

[45] 罗塞蒂在读到 1857 年 9 月 5 日《伦敦新闻画报》上的绘声绘色描述的两天之后就写了这首诗。她发现细节有错之后，在该诗后来发表时添加了脚注："我保留这首诗，尽管它在史实方面不准确，但我写作的时候还没有得知与诗中内容相悖的史实。"当然错的不只是第一节诗，而是整个故事。

[46] Edwards, Mutiny Diary, May 11, 1857.

[47] Ball, I, pp. 270 – 5, II, pp. 294 – 6. Martin, II, pp. 305 – 6.

[48] Home Misc 725, 'Memorandum containing the Result of Enquiries made by Desire of the Governor General into the Rumours of European Females having been dishonoured during the Late Mutinies'; see also Mukherjee, *Spectre*, pp. 156 – 9.

[49] Muir, ibid.

[50] Kaye, *Mutiny*, iii, p. 126.

[51] Mukherjee, *Spectre*, pp. 67 – 78.

[52] Ibid. , pp. 75 – 77.

[53] Kaye, ibid. , pp. 115 – 6.

[54] David, *The Devil's Wind*, ch. 8.

[55] Russell, *Diary*, ed. Edwardes, 970, pp. 29 – 30.

[56] Frederic Cooper, *Crisis in the Punjab*, pp. 154 – 6.

[57] Holmes, p. 373.

[58] Cooper, pp. 162 – 3.

[59] Edwards, Mutiny Diary, August 5, 1857.

[60] Ireland, p. 218.

[61] Cooper, p. 167.

[62] Hibbert, p. 202.

[63] Ibid.

[64] Kaye, ibid. , v, p. 119.

[65] Lowe, p. 261.

[66] Archaeological Survey of India, The Residency, Lucknow, 2003.

[67] Kaye, ibid.

[68] Thornhill, p. 148.

[69] Martin, II, p. 451

[70] Ball, I, pp. 412 – 13.

[71] 'The Sahib and the Nigger', *Times*, October 20, 1858.

[72] Trevelyan, *Cawnpore*, p. 36. 实际上，这个可恶的词在几十年前就流行了。见埃米莉·伊登对年老体衰的埃尔芬斯通将军的描写。

[73] Ball, II, p. 420.

[74] Majendie, pp. 179 – 80

[75] Hansard, July 27 1857, col. 482.

[76] Ibid. , col. 442.

[77] Ibid. , col. 475.

[78] Ibid. , col. 446.

[79] Ibid. , col. 444.

[80] Ibid. , col. 463.

[81] Ibid. , col. 444.

[82] Ibid. , col. 445.

[83] Ibid. , cols. 453 – 4.

[84] Ibid. , col. 455.

[85] Ibid.

19　回家

约翰·洛最终于 1858 年 4 月中旬蹒跚回国。"蹒跚"这个词再恰当不过了。他写信给坎宁勋爵，感谢总督温暖人心的道别信："我收到来函的时候，正是我的感情特别需要慰藉的时候，因为我刚刚来到花园区，登上'孟加拉'号轮船，找到了自己的舱室，心情沮丧，身体因患病而孱弱，没有人搀扶的话我连三步都走不了。"[1]坎宁勋爵在信中说，他"听到你在印度的最后几周里生了病，非常难过"。[2]但事实是，约翰已经生病很长时间了。他熬过了在最高议事会的最后五年，在此期间挣了 50 万卢比（相当于当时的 5 万英镑，今天的 300 万~400 万英镑）。但他也为此付出了惨重代价，而且不仅仅是健康方面的代价。

1857 年盛夏，更多噩耗传到了英国，公众的斥责也更加尖刻，更加倾向于人身攻击。将所有罪责都推到达尔豪西勋爵一个人身上是不行的，因为他也是个病人，拖着肿胀的腿从一个疗养地赶到另一个，并且他已经出局了。公众需要一个仍然在职的替罪羊。反对党想要一个新的攻击角度，而最凶狠、最肆无忌惮和最才华横溢的议会反对党领袖迪斯雷利很快就确定了最合适的攻击目标。

迪斯雷利刚刚把约翰·洛的智慧捧上天，但不到三周之后，迪斯雷利又开始猛烈抨击他。8 月 11 日，在关于派遣更

多部队去印度的下议院辩论中，托利党领袖迪斯雷利将注意力
转向现任总督。要攻击坎宁勋爵本人很困难："他对印度的经
验极少，并且对印度今天的状况也没有多少责任。"并且，坎
宁勋爵如今在精力充沛地积极应对严重的局势，理应得到赞扬
和下议院的支持。"但任何人都不能否认，坎宁勋爵在打盹的
时候被抓了个措手不及，并且他的最早一批措施表现出了一种
犹豫不决和优柔寡断。"这是谁的错呢？

"他身边的人造就了今天的灾难局面；这些人，就是过去
十年里的主要谋士，正是这些人的傲慢自负给印度帝国造成了
危险。虽然我们信任坎宁勋爵，但我们不能高枕无忧，因为印
度议事会的成员是主要罪犯，他们应当为今天的局势
负责。"[3]

而在这个议事会上，还有谁比军事顾问洛将军更有罪呢？
毕竟在印度的英军是如此的兵力欠缺，如此的准备失当，并且
驻扎在错误地点，这些都是严重的问题。

对洛将军犯了什么错误，大家也没有疑问。1857 年还没
有过完，伦敦著名的约翰·默里出版社就匆匆推出了一本论战
小册子《印度兵叛乱：前因与后果》。在这本小册子里，《印
度之友》杂志那位言辞激烈的编辑亨利·米德宣称：

> 至于洛将军，我们都知道他在印度服役了五十三年。
> 全印度都知道他是个心地善良的正派人，他关于土著性格
> 的知识非常渊博，对亚洲各王朝也友好……他的心留在对
> 往昔的回忆，他的头脑过于虚弱，无法承担国家政策造成
> 的焦虑。若是他的能力跟得上他的意志力，就能避免很多
> 恶事发生。[4]

米德的意思是，约翰·洛即便不是医学意义上的老年痴呆，也是老朽昏聩了，他多年前就应当退休。约翰绝望之下写信给东印度公司主席罗斯·曼格斯先生，恳求曼格斯向他保证，董事会并不认为他在理应退休的时候还恋栈。曼格斯自己也有麻烦：迪斯雷利指控他企图让整个印度皈依基督教；并且前不久在阿迪斯库姆学校检阅军官学员时，曼格斯还批评了欧洲军官对土著同袍的态度[5]，这在全国危机的时刻对士气不利。曼格斯先生不想摊上更多麻烦，于是从印度事务部回信给约翰称："向你保证，你无须费力向我或董事会其他成员证明，你在患病而无力处置公务的时候绝不会留恋高位。"恰恰相反，董事会"很高兴看到……在你自愿退休和离开岗位之前，没有人将你从这位置赶下去"。[6]这是不是曼格斯的内心实话，值得怀疑。洛将军走得越早越好。

对洛将军的攻击愈演愈烈。下一轮炮火来自下议院另一派的查尔斯·伍德爵士。这对洛的伤害特别大，因为品格高尚的伍德前不久还担任过控制理事会主席，当时洛和其他人已经进入了印度的最高议事会，所以伍德可能会自称了解他们的表现究竟如何。伍德说自己仰慕坎宁勋爵，会继续信任他一段时间，因为只有坎宁勋爵一个人仍然有判断力，并且坚定而审慎地行事，"尽管他身边围着叛乱士兵，而他的谋士除了摇摆不定和怯懦什么都没有"。[7]

"摇摆不定"，又是这个词，这是约翰·洛在军人身上最讨厌的品质之一。而如今，该指控之外又加上了"怯懦"，这更糟糕了。他曾与吉布斯和吉莱斯皮一起在科内利斯要塞的城墙下拼杀；曾阻止佩什瓦逃跑；曾与约翰·马尔科姆一起在马希德普尔冲锋；曾迅速地反应，颠覆了奥德王座上的孩童篡位者；曾毫不犹豫地调动大炮来强迫尼查姆签约；而在当前的危机中，他是坎宁勋爵议事会中第一个建议将巴拉克普尔的印度兵缴械的人，也是第一个（即便不是唯一一个）主张立刻出兵收复德里的人（会议记录可以证明这些）。怎么能指责这样一个人"摇摆不定"和"怯懦"呢？然而，有人一而再再而三地向他发出这样的指控。

查尔斯·伍德爵士的指控引发了很多人的怒火。议事会最容易激动也最健谈的成员约翰·彼得·格兰特先生向四面八方发出一连串书信。受到刺激之后，查尔斯·伍德爵士写了一封信，发表在《泰晤士报》上[8]，承认"我之前的话会让人误解为我指的对象是'印度议事会成员'"，但他指的不是他们，而是"加尔各答和其他地方的某些人士，坎宁勋爵一定和这些人多多少少有些联系"。伍德的辩解模糊暧昧，谁都愚弄不了。

坎宁勋爵本人写了一封公开信给董事会，宣称下议院有人多次无端指责印度议事会成员未能给他提供坚决有效的支持，这让他深感遗憾和痛苦。他希望在记录里正式确立的一点是，他坚决否认这些指控。他的同僚都很优秀、兢兢业业，努力支持他并且思维独立。尤其重要的是，不应当诋毁多林先生和刚刚退休回英国的洛将军过去做的宝贵贡献。[9]

但是，洛将军的名誉已经被抹黑了。此时篇幅较长的关于兵变的史书已经陆续出版。在较早的一部史书中，罗伯特·蒙哥马利·马丁告诉我们："洛将军对土著性格的了解程度之深是全印度第一。"那么，洛将军为什么没有好好运用自己这方面的经验，以及他同样丰富的军事经验呢？例如，身为总督议事会的军事顾问，他为什么没有坚持要求将一个强大的欧洲团部署在德里，以威慑叛军，使其远离他们的皇帝呢？马丁哀叹："洛将军的精力若是跟得上他的判断力与正直品格，那么或许他早就会选择更明智的路线。但他在印度已经服役五十七年［实际上是五十二年］，很难期待这样的老人还能有清晰表达自己观点的体力，很难期待他还能有精力去坚持自己的成熟信念，去反驳较年轻同僚的偏见。"[10]

1860 年 8 月，坎宁勋爵还在为受到公开羞辱的洛辩护。坎宁勋爵说，和所有印度公务员，"即便是最卓越的人士"一样，洛将军也对报界和党派的攻击过于敏感。洛不应当对迪斯雷利先生的演讲如此介意。在议会辩论中，为了提出鲜明观点而发泄"轻浮言论"也是常有的事。政治家会对这种"小小的放肆行为"不予理睬。至于亨利·米德的书，坎宁勋爵还没有读过，但如果他没有记错的话，"米德恶毒攻击的对象不是只有你一个人"。肯定还有别人。米德对坎宁勋爵的评价是："他在上议院待了二十多年，从来没有表现出一丝一毫治理帝国家业的能力。和他打过交道的人对他的印象是，他是个悲哀的白痴。"[11]坎宁勋爵相信，世人并不像约翰想象的那样经常阅读并引用米德的书。被米德攻击"顶多是被虱子咬了一口"。[12]

坎宁勋爵不像约翰那样，人生在印度开始，又在印度落幕。坎宁勋爵是一位久经沙场的政治家，而不是心态严肃甚至脑筋刻板的公务员。坎宁勋爵可以忘却自己受到的攻击，继续生活，但约翰·洛做不到。

达尔豪西勋爵也做不到。他第一次得知印度叛乱的消息时，就告诉他交往最久的一位朋友："印度的消息让我寝食难安。我在印度的八年里，任何困难、职责或危险都没有我失眠，而如今的消息却骚扰了我的睡眠。我知道，即便我身体健康，我也没有办法阻止或弥补这些惨事，但让我非常抑郁的是，我感到自己在逐渐朽坏，很可能会继续朽烂，因为我无事可做，对别人也毫无用处。"[13]

不过，他不承认自己有错。他在受到攻击时会勃然大怒。他说，欧洲部队被调走不是他的错。他曾多次告诉伦敦，他需要更多欧洲部队。他曾要求说仅在孟加拉就应部署20个欧洲营。至于说他没有预见到兵变，"所有人都可以和《泰晤士报》一样说，我没有预见到兵变。嗯，诚实地说，我的确没有预见到兵变。但我敢大胆地说，当时没有一个人预见到了"。[14]

达尔豪西勋爵虽然陷入绝望，但一直硬气到了最后。他吹嘘自己到阿姆利则神庙时没有脱掉靴子。[15]他还为自己拒绝拜访德里国王而骄傲，因为他觉得那样是自轻自贱，而他粉碎了莫卧儿帝国威严的最后一丝假象。[16]在讨论哈夫洛克为勒克瑙解围的战术时，他顺带着承认："我从来没有去过奥德，对地形不了解。"[17]在达尔豪西勋爵凄惨的退休生涯中，我们才能真正看清，他在印度的辉煌八年其实被无知与傲慢的浓雾笼罩了。

他在马耳他岛度过了1857年的那个冬天。约翰·洛于回国途中在瓦莱塔停留，但达尔豪西勋爵在几周前已经离开了。在苏格兰，他俩也多次擦肩而过。第一次是1856年洛回国休四个月病假的时候。当时达尔豪西勋爵从西海岸的艾洛赫写信来，让他的老朋友不要"明天去南方白跑一趟"，因为达尔豪西城堡正在翻修，而他在西部疗养。这是说得过去的理由，但让人忍不住想，他俩并没有作为"福斯湾两岸的两位苏格兰绅士"一同过退休生活和追忆往昔，而是在互相逃避。他们继续通信，语气仍然热情，但我找不到记录能表明他俩在1860年12月19日达尔豪西勋爵死于布赖特氏病之前见过面。[18]他俩虽然互相非常客气，但考虑到后来的事件，他俩共同经历的那段历史实在太沧桑，回忆起来令人不快。

兵变最终被镇压下去之后，帕默斯顿勋爵的政府迅速同意对印度的治理做一些改革。东印度公司被解散，不过我们有理由相信，导致兵变灾难的主要因素并非东印度公司的失误，而是英国政府与英国公众在经济和帝国主义方面对印度施加的压力。印度将由英国王室直接治理。维多利亚成为印度女皇是1877年的事情，富有戏剧天才的迪斯雷利在这一年的德里杜尔巴①期间宣布她为女皇。

帕默斯顿勋爵将印度置于英国王室的直接治理之下，从而巩固了印度政府的财政地位。此后在印度发行货币的是一个主权国家，而不是缺乏稳定性的东印度公司，所以印度能够安然挺过战争与经济萧条的冲击。更重要的是印度政府的国内财政得以重建。与任命一位贵族为总督同样重要的是，1859年末，詹姆斯·威尔逊先生来到了加尔各答。他是个活力四射的苏格兰人，创办了《经济学人》，不久前还担任过英国财政部的财务次官。威尔逊看了一眼账簿，就知道印度正在奔向灾难：1857～1858年的财政赤字高达近800万英镑；而镇压兵变的开销极大，下一个财年的赤字将飙升至1300万英镑。在整个兵变期间，伦敦和印度的全部债务从5900万英镑增加到9800

---

① 德里杜尔巴是英属印度各邦贵族和社会名流公开对大英帝国表达效忠的高规格宫廷社交盛会。在大英帝国国力达到巅峰时于1877年、1903年和1911年三度举办，三次均加冕英王为印度皇帝。"杜尔巴"源于莫卧儿帝国时期的波斯语借词，原指波斯统治者的宫廷。

万英镑，年度债务的利息从 250 万英镑升至 450 万英镑。这种状态不可能维持下去。

身为优秀的财政专家，威尔逊明白，真正的问题在于，印度是全世界税务负担最轻的国家。政府的财政收入实际上大部分来自地租。印度政府要想恢复收支平衡，就需要吸纳印度商人与银行家的财富。印度政府需要征收大额收入税，再加上若干其他税种，如关税和商人的营业执照税。如果采取这些措施，印度没过多久就能恢复收支平衡。的确如此。

威尔逊在印度待了不到一年，于 1860 年 8 月死于痢疾。他的最后遗言据说是："照顾好我的收入税。"他的葬礼据说是加尔各答举行过的最盛大的葬礼。凭借发明一种新税而闻名的人得到如此殊荣，这种情况一定是独一无二。但詹姆斯·威尔逊有资格享有这样的荣耀，因为他和尼科尔森或哈夫洛克一样，是英属印度的救星。

财政恢复了元气。乔治·奥托·特里维廉于 1863 年写了一首戏仿古老苏格兰歌谣的胜利诗篇：

> 约翰公司，我的乔，约翰，
> 我们最早认识的时候，
> 你借起钱来像美国佬，
> 利率 8% 到 10%。
> 我们终于站稳脚跟，约翰，
> 我们的现金需求很低……
> 紧缩的日子已经过去，
> 英国预算系统
> 终于有了盈余。[19]

由于这新出现的财政盈余，英国得以重新平衡印度军队的构成。到 1863 年该军队的重组工作完成之时，有 6.2 万英国官兵和 12.5 万土著官兵，比例大约是一比二，而 1856 年时的比例还是一比九。[20]印度的几乎所有炮兵都是欧洲人。英国的统治再也不需要单纯依赖于土著兵的忠诚。印度军队此后再也不会受到叛乱的威胁，顶多只有小规模的不满情绪爆发。英国人再也不会假装凭借善意来统治。从此，他们用厚颜无耻和不可战胜的武力来压制印度。

（至少理论上）最残暴的是坎宁勋爵的 1858 年 3 月宣言，他没收了整个奥德省的土地所有权。奥德的地主若是想收回自己的土地，不仅要向英国专员缴械并投降，还要证明"他的手不曾沾染英国人的血"。有人向坎宁勋爵指出，实际上奥德的几乎每一个塔卢克达尔地主都或多或少参与了叛乱，于是这份宣言被静悄悄地搁置。大量英国士兵如潮水般涌入，再加上他们的强健胃口和鼓鼓囊囊的钱袋，填补了消费的缺口。自从旧时的土著军队被解散以来，这样的缺口就困扰着印度的大部分地区。

英国人不再直接吞并印度土著邦国。剩余的土著统治者明确享有收养继承人的权利。英国人一丝不苟地尊重宗教自由。各阶层的印度人只要老老实实地交税并安分守己，就可以自由地过自己的生活，虽然没有政治自由，但不会受骚扰。至少这些安排还是符合约翰·洛毕生信仰的原则。（他在自己职业生涯的末期，在专横跋扈、说一不二的达尔豪西勋爵的领导下，才背弃了自己的信念。）

洛将军的政治遗产可能比较暧昧，但他肯定给印度留下了一份个人遗产。他跌跌撞撞地从"孟加拉"号的跳板走下时，留下了多达四个儿子为英印帝国效力。

　　我们很容易想象，奥古斯塔在搀扶和支撑蹒跚的丈夫时的心情是怎样的。在整个兵变期间，对儿子马尔科姆、罗伯特、约翰·阿尔韦斯和欧文的安危，她都只能得到只言片语的消息。坎宁勋爵发来消息，说马尔科姆很安全。坎宁勋爵在缪尔先生从阿格拉写来的信的相关段落旁用红笔做了一个小标记。[21]很快，缪尔先生又收到了新的问询："加尔各答的洛夫人焦急地希望知道她的儿子［罗伯特］的消息，即威尔逊将军的副官，并写信向弗雷泽上校询问。你能帮助我们吗？"[22]洛将军的夫人至少能顺利发出消息。但如今她要把全部四个儿子留在这个变得如此黑暗而充满敌意的庞大国家。她还能再见到他们当中的任何一个吗？

　　洛家的第三子约翰·阿尔韦斯在十八岁生日的几天之后来到安拉阿巴德的总督营地。坎宁勋爵在一封长信（写的是他给全国的宣言）中向约翰·洛报告了约翰·阿尔韦斯的消息："我正在写信的时候……你儿子被带进来；我立刻去见他。他看上去精神抖擞，很开心，非常英国化。在每天出现于我面前的那些干枯、写满忧愁的面孔当中，他几乎称得上格格不入。他听到自己肯定有机会赶上勒克瑙战役，非常高兴。我招待他的晚饭不会很好吃，但我这里的晚饭都不好吃。"[23]

　　但非常悲哀和具有讽刺意义的是，这个精神抖擞、很高兴参加勒克瑙战役的少年，在印度的大部分时间都因为患病而无法行动，最终因中暑而被迫离职。后来他的身体恢复了，但一直没有完全恢复元气，尽管他活到了九十二岁高龄。他的弟弟欧文遭遇了不同类型的噩运。他后来成为奥德的副专员，但三十九岁时在勒克瑙死于痢疾，留下妻子和四个孩子。约翰·阿尔韦斯和欧文属于英国与印度气候造成的水土不服的无数牺牲品之列。在对抗气候的战争中，英国人似乎素来屈居下风。勒克瑙让约翰·洛飞黄腾达，却毁了他的两个儿子。

随后，虽然不是一夜之间，但也是在相当短的时间里，一切都发生了变化。因为兵变而气势汹汹地斥责别人的精神消失了。英国人民和他们的领导人一下子收获了美妙的成果，而他们之前几乎不敢期望这样的成果，并且好几个月里他们差点就绝望了。他们赢了；在距离家乡 1 万英里的地方，在炎热与尘土当中，在几乎令人无法忍受的季风时节，他们胜利了，而且还是以少胜多。他们为敌人犯下的可怕暴行报仇雪恨。坎普尔的悲剧得到铭记，英国人的牺牲得到了纪念和复仇。

这是一场光辉的胜利。"世界上没有任何其他国家能表现出我们在保卫勒克瑙时展现的那种坚定果敢，并同时取得了那样好的结果，"[24] 马勒森上校写道，"大不列颠的健儿们在建设他们庞大而辉煌的帝国的过程中，创造了许多奇迹。而他们创造的奇迹当中最伟大的，就是以少胜多地收复了从他们手中滑落的伟大遗产……在这场敌众我寡的斗争中，他们没有一秒钟的动摇。他们顽强坚守，他们至死不渝，他们勇往直前，他们拖垮了敌人，他们赢得了胜利。这是世上有过的最伟大成就。"[25]

这场胜利是如何取得的？法泰赫普尔战役之后，哈夫洛克将军在 1857 年 7 月 13 日的野战军命令中感谢了他的士兵们："昨日的艰辛努力让他们在四个钟头内将强大的叛军从巩固的阵地驱赶出去，缴获 11 门大炮，将叛军打得四下溃散，却没有损失一名英国士兵。这种魔术般的战绩要归功于什么？要感谢英国炮兵的火力，其迅猛和精确程度超过了本将军在不短的军事生涯中目睹过的一切战例；要感谢英国士兵手中的恩菲尔德步枪；要感谢英国士兵的勇气。"[26]

训练有素、技术优势和勇气，这是不可战胜的组合。这些技能与品质不是在伊顿公学的操场上磨砺出来的，因为胜利者中的很多人并不是贵族；而是在黑利伯里学校、阿迪斯库姆学校和伍利奇的中产阶级学校培养出来的。忐忑不安的英国人一次又一次感到诧异：印度兵为什么不从只有膝盖那么高的土墙上翻越过来？为什么不跳过英军可怜兮兮的战壕？马勒森认为，亚洲人的道德品质低劣，他们不由自主地逃避与防御工事后的欧洲人接触，这抵消了印度兵的数量优势。领导力是关键："值得注意的是，兵变期间叛军当中没有出现真正的将领，没有人懂得战争中时间、机遇和勇猛的重要性。"[27]

约翰·雅各布将军是兵变之后的岁月里最有影响力的军事思想家，在印度的英国军队能够重组大部分要感谢他。他对根本的事实没有任何疑问："我们控制得住印度，是因为我们无论从名义上还是实质上都是比亚洲人更优越的种族；如果我们没有这种天生的优越性，我们就不可能控制这个国家哪怕一星期……那么就摈弃种族平等的观念吧，让我们接受我们的真正位置：一个主宰种族。"[28]

不仅仅是将军和历史学家在提醒英国人，他们是多么优越；诗人，从 19 世纪 60 年代的克里斯蒂娜·罗塞蒂到 90 年代的亨利·纽博尔特爵士，也歌颂着英国种族的举世无双。高唱赞歌的嗓门最响的是我们的桂冠诗人。《保卫勒克瑙》这首诗讴歌了勒克瑙围城战期间米字旗在常驻代表府上空飘扬的景象：

> 旗杆和升降索都被子弹打穿，但我们仍然将你升起，
> 在最高的房顶，我们的英格兰旗帜始终飘扬。

　　这可能是丁尼生所有爱国诗歌中最不知羞耻的一首。值得注意的是，这首诗与《轻骑兵冲锋》①之类不同，不是丁尼生在读了报纸之后即兴创作的，而是在事件发生二十多年后，采访了幸存者并研读了勒克瑙围城战的书面材料之后字斟句酌地写出的。所以，这首诗包含了很多真实细节，包括坑道作战、土著兵的忠诚、臭气熏天的死尸、令人绝望的截肢手术和事件过程：

> 我们也许能守住，也许十五天，顶多二十天。
>
> "绝不投降，我命令你们，每个人都要死在自己的岗位上！"
>
> 这是我们爱戴的死者的声音，我们的第一勇士劳伦斯：
>
> 我们亲吻他的时候，他的前额已经冰凉，我们
>
> 当夜将他下葬。

　　历史学家们指出，社会达尔文主义的兴起促使维多利亚时代晚期的英国出现了上述种族优越感。但说到印度时，无须任何科学理论的支撑，英国人也会有种族优越感。这是一种在战场上赢得、在战火中展现出来的道德真理。精明而务实的詹姆斯·费茨詹姆斯·斯蒂芬（1869~1872 年的印度副王议事会法律顾问）说，英国征服印度，是"一场公正考试的结果，

---

① 1854 年 10 月 25 日，克里米亚战争的巴拉克拉瓦战役打得最激烈的时候，由于指挥链条的错误，英军轻骑兵冲向严阵以待的俄军炮兵阵地，伤亡惨重。英国大诗人阿尔弗雷德·丁尼生勋爵的名诗《轻骑兵冲锋》（The Charge of the Light Brigade）说的就是这场战役。

这场考试持续了一百年，第一张试卷是在帕拉西战场，最后一张试卷是在德里和勒克瑙城墙下"。[29] 这种与考试相关的比喻出现在一封给《泰晤士报》的信中，结合了维多利亚时代晚期英国对两个方面，即考试和殖民战争的热情。

于是有了一个不可避免的结论。既然英国人展现出了自己的优越性，那么他们的职责就是在可预见的未来留在印度。借用伊拉克战争之后科林·鲍威尔将军的"陶器店"比喻①：我们打碎了它，所以现在我们拥有它。如弗朗西斯·哈钦斯在其精彩文章《永恒的假象》中指出的，英国此时"从心理上吞并"了印度。斯蒂芬主张，"若不是焦躁不安、心怀不满和好管闲事的英国理论家们的干预，目前的状况没有理由不会无限期延续下去"。[30]

上一代殖民地高官，如芒斯图尔特·埃尔芬斯通等人的认识，即大英帝国和其他帝国一样也会衰亡和消失，有朝一日印度人会自己处理自己的事务，一去不复返了。查尔斯·内皮尔等将军的悲观预测——"这个体制不可能维持五十年。这些勇敢而能干的土著在懂得团结的那一瞬间，就会同时向我们扑来，然后我们就全完了"[31]——也一去不复返了。叛乱爆发了，叛乱又被镇压下去。社会改革家哈丽雅特·马蒂诺②告诉她的读者："印度属于我们。"

---

① 它是指在零售商店里，顾客若打坏展示的商品，就有义务将其买下。也就是说，如果某人非主观故意地造成了问题，那么他有义务提供资源来解决这个问题。

② 哈丽雅特·马蒂诺（1802～1876），英国社会理论家和辉格党作家，常被誉为第一位女性社会学学者。她是维多利亚时代罕见的能完全靠写作维持生计的女性，维多利亚女王很喜欢她的作品，邀请马蒂诺参加自己的加冕礼。

大兵变还有另一个后果。它留下了一种有毒的余味，一种种族之间的不信任，而这种不信任是彬彬有礼的宣言和辉煌的宫廷都无法抹去的。乔治·奥托·特里维廉爵士见证了这种变化："此种经历产生的不信任和不喜欢，已经根深蒂固，是任何行为都无法清除的。"[32] 在 19 世纪三四十年代，约翰·洛一直在警示他的上级，不要误以为"土著实际上喜欢我们"。恰恰相反，一般的印度人天生不喜欢征服者，而英国人必须理解和应对这种不喜欢。

但现在这种情感来了个翻转。征服者变得发自内心地不喜欢被他们征服的人。在过去，英国人对印度人的情感既有纡尊降贵，也有畏惧，但偶尔也有喜爱。如今，英国人对印度人只有蔑视，甚至更糟糕："不喜欢和鄙夷一同发生……到大兵变时期，厌恶感被强化为不共戴天的憎恨。有一段时间，我们全体英国人都有这种憎恨感。平民和殖民者都同样凶狠地辱骂背信弃义、嗜血的穆斯林，都同样尖酸地挖苦'温和的印度教徒'。"[33] 英属印度（大兵变之后采用了这个新名字）的外表或许比摇摇欲坠的老东印度公司光鲜得多，但没有多少爱意。

詹姆斯·费茨詹姆斯·斯蒂芬最直言不讳地描述了这种新状态。他对梅奥勋爵①（唯一被刺杀的印度副王）葬礼的描写令人难忘：

> 梅奥勋爵被刺死的时候，我觉得每个英国人都感到仿

---

① 理查德·伯克，第六代梅奥伯爵（1822～1872），出身都柏林的英国保守党政治家，1869～1872 年担任印度副王。在印度，他巩固了边疆，重整财政，大力推动灌溉、铁路和其他公共事业。他在视察流放犯聚集地时被一名犯人刺死。

佛自己被刺了一刀……一路上都有一种死寂……只听得见
炮车的轮子滚动、马蹄的践踏和要塞与舰船隔一分钟发出
一次的哀悼礼炮声……在英格兰，部队、大炮和炮车显得
格格不入……但在印度完全不一样，那里的一切都依赖于
军事力量……梅奥勋爵不会长眠在印度，这让人感到愉
快，因为在印度这个国家，我们可以统治，可以工作、挣
钱、艰难度日；但没有一个英国人对这个国家会产生一丝
一毫温情或亲切的感情。这里的事业很伟大，很神奇；但
这个国家令人憎恶。[34]

在印度服役是一种职责，是一个光荣的行当，但英国人再
也不会假装这很有乐趣。新一代文武官员对土著文化也不再有
多少尊重。土著的宗教、节庆和宫廷，在英国人眼里都显得野
蛮而愚昧。老一代"东方学家"，如威廉·琼斯爵士①，对印
度思想和艺术的悠久历史抱有真诚的尊重，并且理解伯克所谓
的"我们昨日才从昆虫的状态发展起来"②。而如今新一代英
国人崛起了，他们对印度的态度是屈尊俯就而不是尊重，"原
始"这个词似乎总是挂在他们嘴边。

幸运的是，在印度的英国人越来越多，所以他们与印度人
的交往越来越少，他们不会去集市闲逛，不会去看印度歌舞表
演，也不会在盛大节日期间戴着金盏花花环嬉戏。对英国人来

---

① 威廉·琼斯爵士（1746~1794），英国语言学家、孟加拉最高法庭的法官
和研究古印度文化的学者。他最早提出，印度语言（梵文等）与欧洲语
言（拉丁文、希腊文等）之间存在关联，可能同源。琼斯是语言天才，
是孟加拉亚洲学会的创始人之一。

② 埃德蒙·伯克这句话的意思是，印度文明比英国/欧洲文明古老得多。

说，在印度的生活不再丰富多彩，而是锐减为俱乐部、马球场和晚祷。

英国当局不再继续努力推动印度社会的现代化，觉得现在有必要支持土著王公，并重视印度军队中的种姓区分。老地主们颇感意外地从英国人手里收回了自己的土地，并且英国官方正式认可他们的土地所有权。英国人不再把奥德的塔卢克达尔、孟加拉的柴明达尔和中央省的士绅视为应当驱逐的懒惰寄生虫。从今往后，他们是英国统治的坚强壁垒。印度不再是社会主义试验（英国人绝对不会幻想在自己的国家内开展这样的试验）的场所。查尔斯·伍德爵士是维多利亚时代中期的一位典型的自由派人士，他在给巴特尔·弗里尔爵士的信中写道："我们的军官和印度人民之间没有居中的缓冲，这很不寻常。"[35] 为了太平与安宁，印度需要的是一个繁荣的土著贵族阶级，就像英国自己的贵族阶级。

英国在动荡中逐渐走向民主化的同时，印度却被静悄悄地、刻意地往回推。英印政府倾向于支持地主的利益。1867年，迪斯雷利的改革法案将英国推向成年男性普选的方向，而南亚次大陆没有这样的政治举措。恰恰相反，新任副王约翰·劳伦斯（人们或许会期待他对土著的权益比较同情）缩减而不是扩大了印度人的上升渠道。

然而没过多久，就在十几年之后，发生了又一次动荡。这是印度政治的一次静悄悄的动荡，没有人预见到它，当时也很少有人理解它。1885 年 12 月，印度国民大会的第一届会议在孟买召开。与会的只有 72 名代表，其中很多人还是受够了纠缠烦扰才不情愿地前来的。但对后世来讲，比参会者人数更重要的，是当时的副王达弗林勋爵对印度国民大会提出的动议的同情。这些动议包括：选举立法会议成员，商讨预算及其他一些思想。这一切的远景目标显然是议会制的自治。这些要求代表了大兵变以来印度人从卑躬屈膝到觉醒自强的惊人转变。从其潜在意义来讲，它们比印度人之前的怨恨情绪（正是这种怨恨触发了大兵变的灾祸）更为条理分明。但达弗林勋爵说印度国民大会的计划"既不是很危险，也不是很浮夸"，并说他倾向于"尽快地、欣然地同意那些可以办到或者值得去办的事情"。[36]第二届印度国民大会在加尔各答召开，达弗林勋爵在政府大楼为它举办了一次花园派对。

理论上，英国对印度的统治要永远延续，但实际上高层代表人物已经在为逐步撤离印度做准备。达弗林勋爵和他在伦敦的同僚断然否认这种打算。明托勋爵①和二十年后的约翰·莫利②也是这样。当时他俩分别是印度副王和印度事务大臣，他们将撤退的进程又往前推了一步。伯克认为，不流血的光荣革命表现了英国人的天才，他们能一边发动革命，一边假装没有发生任何变化。一连多位英国副王（大多是温和善良的贵族，如里彭侯爵、兰斯多恩侯爵、明托勋爵、切尔姆斯福德勋爵、雷丁勋爵、欧文勋爵）继续静悄悄地安排英国人从印度殖民地撤退。只有寇松一个人违抗这种大潮："我们决不打算放弃我们在印度的领地……我们的后代也极不可能有此种意

---

① 吉尔伯特·约翰·艾略特 - 默里 - 基宁蒙德，第四代明托伯爵（1845～1914），英国贵族和政治家，曾任加拿大总督和印度副王。他参加过第二次英国 - 阿富汗战争，险些丧命。在印度期间，他与约翰·莫利联合推行改革。

② 约翰·莫利，第一代布莱克伯恩的莫利子爵（1838～1923），英国自由派政治家、作家和报纸编辑，曾任印度事务大臣，还为他的偶像威廉·格莱斯顿首相写过传记。莫利被誉为 19 世纪英国最后一位伟大的自由派。

愿。"[37]但不到二十年后，在第一次世界大战的最后几个月里，切尔姆斯福德勋爵和埃德温·蒙泰古①就公开放弃了在印度专政的原则，宣布他们的政策现在是"引导印度的前进步伐，待时机成熟，印度将在帝国的框架内获得完全自治"。[38]

第一次世界大战中有超过100万印度人志愿参战。印度在战争中赢得了自治的权利。历史不能开倒车了。随后几十年里会有镇压和新闻审查，双方都会犯下暴行。甘地和尼赫鲁家族的人多次入狱和出狱，但印度总的前进方向没有变。众所周知，第一次世界大战掀翻了欧洲大陆的三位皇帝。它在南亚次大陆还推翻了第四位皇帝。

急性子的人批评英国政府拖延了几十年才让印度最终独立。这种令人痛苦的拖延，难道不是让穆斯林与印度教徒之间的鸿沟越来越大，双方的敌意越来越深，并最终导致了印巴分治时期旁遮普的丑恶大屠杀吗？也许是这样。但这个漫长的酝酿期也让军队有时间训练了1.5万名印度军官，让警察和公务员系统彻底印度化，并让各个省级议事会获得了丰富的治理经验。很少有获得解放的殖民地像印度这样准备充分。芒斯图尔特·埃尔芬斯通一个世纪之前的长期愿景多少算是达成了。寇松和丘吉尔顽固的抵抗或许拖慢了这个进程，但这种拖延或许不是坏事。

这仍然是一个奇怪的故事。英国的殖民地高官为什么要在帝国鼎盛时期启动最终导致帝国灭亡的进程？伦敦的政治家为什么不顾公众强烈的支持殖民帝国的情绪，而默许此事呢

① 埃德温·蒙泰古（1879～1924），英国自由派政治家，1917～1922年任印度事务大臣。

（尽管常常是非常不情愿的默许）？印度公务员系统里最才华横溢的人物彭德雷尔·穆恩爵士花了一辈子时间观察和推动这一系列值得大书特书的事件。他得出的结论是，这是因为"没有人想得出来或者提得出其他的清晰路线"。[39]

议会民主是英国人说的唯一语言。当19世纪90年代他们受到压力，不得不缓和他们对印度的善意暴政时，他们唯一能做的就是培育英国本土机构的复制品的萌芽。如果说他们并不总是清楚自己在做什么，那么我们可以说，他们当初也是这样获得的印度。借用著名历史学家约翰·西利爵士的话，英国人"无意中"征服了自己的海外帝国，也"无意中"任凭它流失了。

在19世纪末的辩论的深层有一种失望情绪。英国人对印度寄予厚望，但印度的巨大潜力没有被开发出来。除了阿萨姆的茶叶和咖啡种植园，英国定居者很少。欧洲人在印度开办的棉花种植园失败了。印度似乎缺少白人统治者那种顽强不屈的开拓精神。虽然西式教育不断普及，印度人自己却仍然是异邦人，他们的商业生活仍然让英国人摸不着头脑，仍然与英国人理解的资本主义几乎没有什么相似点。

英国人对印度的统治常常是残暴的、贪婪的，但他们很少积极地去深入理解印度文化。在这个层面，"不干预"的确是英国人的原则，他们在英属印度时断时续地遵守这个原则。现代的反殖民学者，如拉纳吉特·古哈，描述英国的统治为"没有霸权的主宰"，实际上指的就是英国人自己也很清楚的一种东西，并且他们还常常为之自豪。如果西方资本主义、西方理性主义和西方宗教要深入印度人的心灵与思想，那么必须是通过自然生长，而不是强行移植。只有对那些在英国人眼里最不能忍受的恶习，如寡妇自焚殉夫，英国人才会正当地加以干预。

19世纪三四十年代充满乐观的英国自由派，也就是本廷克勋爵、麦考莱勋爵和特里维廉那样的人，的确期望看到印度教及其令人无法忍受的迷信逐渐衰败，然后基督教逐渐传播。但这样的事情并没有发生。恰恰相反，复苏的印度教似乎是羽翼初生的印度民族主义的一个核心部分。问题在于，印度从来就不是无主之地（只有少数游牧部落的空荡荡的土地）。印度人生活在这片土地上，并且人口极多，多达2亿。他们的古老文明曾让西方学者兴致盎然，如今却是"好好开发"这个国家的不可逾越的障碍。早在1813年，印度民族主义者就抱怨"财富从印度流向英国"。[40]现在英国的一些怀疑者却开始考虑，财富的流向是否恰恰相反。英国商品在印度拥有庞大的市场，但同时印度军队和官僚机构的开销也极大。谁说得准财富是从哪里流向哪里呢？

大英帝国从印度缓慢地、偷偷地撤退，这一过程的确有值得尊重的传统和道德逻辑。詹姆斯·威尔逊的女婿沃尔特·白芝浩接替他担任《经济学人》的总编辑，此人也是精英阶层的意见领袖，非常清楚撤离印度的整个历史："我们拥有的几乎每一位英印政治家几乎异口同声地宣称，我们在印度的统治不是，也绝不应当是政治上的占有，而应当仅仅是对托管领地的管理。'让我们回忆一下，'他们万众一心地说，'我们是土著的托管人。如果我们在控制印度的时候不能始终促进土著进步，那么我们根本就不应当控制印度。'"[41]托马斯·门罗、本廷克勋爵和查尔斯·梅特卡夫等人多次提出这样的主张。这就是为什么"这个群体的政治家都坚持不懈地将土著越来越多地引入印度政府，以便让他们最终成为印度的真正治理者。那时，培训他们的人，也就是我们，就完成了自己的历史使命"。[42]

无论如何，英国人对印度生活的影响并不是他们所希望的那样。"英国人在印度的经验表明，高度文明的种族未必能对一个欠文明的种族快速产生影响，因为前者太善良，与后者的差别也太大。"[43]也就是说，英国人试图改良印度，却在这项无望的事业里耗尽了自己的国家资源，牺牲了最优秀的年轻人。白芝浩私下里得出了符合逻辑的结论。1877年白芝浩去世后，他的朋友、《旁观者》的编辑R. H. 哈顿①在悼词中说："若能找到一个公道的理由去放弃印度，让殖民地依赖自己的资源，并劝说英国人接受欧洲四流或五流国家的地位，他［白芝浩］一定会高兴。在他看来，这不是玩世不恭或不爱国的愿望，而是恰恰相反，因为他认为，这样的路线会普遍提升英国人思想、良心与品位的层次。"[44]这样的异端思想当时还不能在报纸上表达，但精英阶层的脑子里已经开始酝酿它们了。

但是，从约翰·洛的视角看，19世纪六七十年代的精神有好的一面：公众不再纠结于兵变应当怪罪谁之后，把印度打造成当时模样的人们得到了越来越多的尊敬。在1857年和兵变之后几年的论战中，达尔豪西勋爵被谴责为自负而莽撞的恶棍。但到该世纪末时，他的传记作者描写的就是一个洁白无瑕、拥有远见卓识和智慧的人物了。如果帝国要作为一项值得赞扬的事业生存下去，就必须彻底修整它的形象。"新帝国主义"需要各层次的英雄人物。[45]约翰·洛这样熬过了大兵变的

---

① 理查德·霍尔特·哈顿（1826~1897），英国记者，专注于文学和宗教题材，在当时非常有名。他与白芝浩是好友。

人不再被认为是软蛋，而被赞誉为帝国的脊梁。

他于 1862 年获得骑士勋位。五年后，他被晋升为陆军上将。1873 年，他获得总司令级别的印度之星骑士勋位。这是一个崭新的勋位，在大兵变之后设立，以嘉奖和巩固土著大国君主们的忠诚。维多利亚女王常常出人意料地表现出敏感和体贴，她指出，如果土著王公知道英国权贵也佩戴印度之星勋章的话，他们会更自豪地将其戴在自己胸前。所以 1861 年印度之星勋章第一批获得者的名单公布时，上面不仅有海德拉巴的尼查姆、辛迪亚国王、哈尔卡尔国王和尼泊尔与克什米尔的大君，还有威尔士亲王、坎宁勋爵、克莱德勋爵（"爬行骆驼"爵士的新头衔）、约翰·劳伦斯爵士、詹姆斯·乌特勒姆爵士和休·罗斯爵士。八十五岁高龄的约翰·洛得以跻身于这个精英团体。

一切都既往不咎，并且至少在公开场合都被遗忘了。就连西奥菲勒斯·梅特卡夫爵士也于 1864 年凭借在德里围城战中的功绩获得三等巴斯勋章。而对他在德里围城战之后的作为，大家都闭口不提。西奥会带小查理去克拉托拜访，受到欢迎。小查理是约翰和奥古斯塔特别喜爱的第一个孙辈，也是联系他们与夏洛特的唯一纽带。他们从来不说起夏洛特，但始终思念她。

查理是个讨人喜欢的男孩，后来特别擅长模仿别人。马尔科姆的妻子艾达记得在她以新娘子的身份第一次去克拉托的时候，一天早上查理走下楼，看见让大家祈祷的椅子摆好了，于是轮流在每一张椅子上坐下，模仿家里每个人的姿态和面部表情。

这个聪明伶俐的少年将来要做什么呢？他从哈罗公学毕

业，即将去牛津大学的大学学院时，全家人在克拉托的餐厅里开会商量。西奥像平素一样夸张，半开玩笑地说，查理这么有魅力，即便没有职业也能混得不错，且如果运气好的话，查理也许能娶到一个富人家的女继承人。听到这话，坐在桌前的孱弱的老将军艰难地站起身来，用苏格兰低地老族长的严厉语气说："我女儿的儿子不能当懒汉。"[46]

他的确没有当懒汉。查理·梅特卡夫成为真正意义上的帝国建设者。他是杰出的工程师，参与修建了罗得西亚①的所有铁路线。从好望角到刚果的大部分铁路都是他修的。万基②的煤炭、加丹加高原③的铜、布罗肯山④矿区的锡和铅，都通过这条查理参与勘探和建造的铁路来运输。他曾在南部非洲的草原和丛林中徒步走过很远的距离。他比塞西尔·罗兹⑤年轻两个月。在牛津大学的时候他俩在毗邻的两所学院，他们成了一辈子的伙伴。罗兹被安葬在马托博山⑥的时候，查理是站在他坟前的两三位朋友之一。和西奥一样，查理也擅长讲故事，并且讨女人喜欢。不过，他始终没有娶到富人家的女继承人。但西奥娶到了一位女继承人⑦，这很好，因为他晚年在巴黎的生活和他年轻时在德里一样奢侈（曾令他父亲感到绝望）。

---

① 罗得西亚是南部非洲的一个历史地区，得名自英国殖民者塞西尔·罗兹，今天分别属于赞比亚和津巴布韦。
② 在今天的津巴布韦。
③ 在今天的刚果民主共和国。
④ 在今天的赞比亚，今称卡布韦。
⑤ 塞西尔·罗兹（1853~1902）是主要在南非活动的英国巨商和政治家，是大英帝国的建设者。他建立的罗得西亚殖民地即以他的名字命名。罗兹奖学金也是他设立的。
⑥ 在津巴布韦南部，今天为国家公园。
⑦ 凯瑟琳·霍金斯，即前文提到的凯特。

小说家萨克雷家的姑娘明妮和安妮也会去克拉托拜访，并常常写信给她们的亲戚奥古斯塔。明妮给她的姐姐写了很多满是家长里短的长信，描述了她 1863 年第一次拜访克拉托的经历：

> 我亲爱的姑娘。我刚刚走进一间空荡荡的大卧室，好偷一点纸写信给你。要是你的话，才不肯在黑咕隆咚的地方找纸写信给我。我很久没收到你的信了，但星期天这里没有邮车来，我也不应当期待收到信。我昨天早上刚到这里。罗伯特人很好，陪我一起渡过了福斯湾。途中下起了苏格兰雾。我原以为苏格兰雾就是雾，不料其实是很大的雨。不过，罗伯特说他有一次连续三周浑身都被雨淋湿。我很高兴他来了，因为他帮我找到了地方躺下休息。我晕过船，这艘船就像是脏兮兮的伦敦市长大人画舫，晕船的人也没有舒坦一点的地方能待。[47]

明妮一到克拉托，就对这个地方和她的洛家亲戚产生了好感：

> 克拉托是个很美妙和漂亮的地方，坐落在一座山顶。这座山上有梯田，种着很多黄色大丽菊。从山顶眺望的景色很美，视线可以穿越田野和草地，一直望到珀斯山。向一侧望去还可以看到一点大海。这座房子上有很多可爱的小塔楼，几乎所有卧室都有这样的小塔楼，里面摆着一个圆形浴缸。[48]

约翰·洛在炎热的孟加拉梦想过的卫浴设施如今运转良好。到了晚年，他终于实现了在印度发财的富豪关于所有现代生活的便利的梦想。除了罗伯特休假在家之外，约翰和奥古斯塔身边还有两个女儿，十九岁的小奥古斯塔和比她小一岁的塞利娜。但这还只是洛家的人。令人生畏的乔治娜姑妈和约翰的另外四个姐妹现在都已经失去了比她们年纪大很多的丈夫，她们都住在爱丁堡。她们都渡过福斯湾到克拉托避暑，一住就是几个月而不仅是几周。其中最引人注目的是凯瑟琳，她始终是注意力的焦点。很多年里她一直戴一顶沉重的黑色假发，如今她突然不再戴假发，大家发现她是一位美丽的银发老太太。她每隔一段时间就宣布自己要死了，将约翰唤到自己榻前，但她每一次都能恢复健康，即便有一次她坚持要求订购自己的棺材和大量绉绸，准备给亲人做丧服。[49]

我忘了说了，还有两位苏格兰老姑妈，其中一个是位可爱的笑眯眯的老太太，腿脚很不好，过来的时候依赖一种木制支架，它给她造成很多疼痛，但她走动起来的时候总是和气地微笑点头，所以大家看不出她其实很疼。另一个老太太我不是很喜欢，但她其实也不坏。只不过她年轻时是个大美人，而第一个老太太不是，这让她俩之间的差别非常大。年老的美人今天让我不开心了。她问我，我爸爸帅不帅。我说我不知道，她觉得我很蠢，于是我尽量向她描述爸爸的模样，然后她看着我，最后说，他若不是长着那样的鼻子，就称得上算帅。[50]

小说家萨克雷此时身患重病，命不久矣。（他于次年去世。）他不喜欢自己的两个女儿离开他身边。不过，他经常在伦敦见到洛将军和洛夫人。他其实没有抱怨的理由，因为明妮的明亮眼睛和她父亲一模一样，她也和他一样有一种温暖人心的好奇。她的信值得期待。克拉托的生活包含许多教堂礼拜活动，而她甚至挤出时间来搞体育锻炼。

> 圣安德鲁斯是一座非常漂亮的古镇，那里大教堂的废墟比邪恶的苏格兰人拆毁的圣保罗大教堂还要大。将军赶着他的小马车送我去教堂，我们听了一个爱尔兰人的布道，他用的是苏格兰口音，讲的是财主和拉撒路①，很精彩。[51]

约翰爵士更喜欢圣安德鲁斯的没那么拘谨的圣公会礼拜仪式，但明妮也被要求参加凯姆贝克当地教堂的更为肃穆的仪式：

> 我和奥古斯塔走了很长一段蜿蜒曲折的路，来到一座小小的苏格兰教堂，它坐落在一座美丽的山谷内。那是一座漂亮的德意志风格的牧师住宅，有蜀葵花和全套的墓地。礼拜开始之前，所有苏格兰会众聚集成一小群，谈了很长时间。一个老人的帽子后部有非常大的绉绸蝴蝶结。教堂的两位头面人物看上去不是很活泼的人，长椅之间有小桌子。礼拜不算差，我觉得不比圣安德鲁斯的圣公会礼拜差，但一段长篇布道刚结束，同一个讲道者又开始了另一段。在我看来，这些乡下人的表情普遍

---

① 典出《新约·路加福音》，16：19～31。

像恐怖屋①里的模型，都带有一种顽固的狡黠。我背后有一个小男孩，整个礼拜期间都在吐痰，让我很不舒服。但这可怜的孩子在两段长篇布道期间煎熬时有这么一点小小的娱乐，大家也不能剥夺他的乐趣。[52]

做礼拜还不算完。"他们星期天晚上五点半用晚餐，随后的夜晚十分漫长（在苏格兰，对星期天的礼节要求是除了读布道文或者在无钢琴伴奏的情况下唱赞美诗之外什么事都不能做），于是我们套上很多件斗篷，散步走了很远，直到天色相当暗……我和姑娘们单独待在一起时我觉得自己就像蛇。她们说她们在星期天不敢去小霍兰府那样的地方玩槌球。我不敢把自己邪恶的念头灌输给她们，因为她们就像小乳猪一样纯真。"[53]

圣安德鲁斯的另一种宗教就是高尔夫球，明妮不熟悉这种运动：

我很高兴带来了厚靴子和冬装，因为我们昨天去了一座遍布沼泽的山上打高尔夫球。那里很冷，风很猛，就像在瑞吉峰②顶端。我很开心，尤其是我们走进那里的房子时，里面已经点燃了炉火，屋子就像一个舒服温暖的火

---

① 恐怖屋是杜莎夫人蜡像馆伦敦馆的一个展厅，里面有法国大革命的牺牲者和新制的各种杀手及罪犯的形象，设立于1802年，2016年因遭到带小孩的家长投诉而关闭。

② 瑞吉峰是瑞士中部的一座山峰，属于阿尔卑斯山脉前麓，最高点海拔1797.5米。瑞吉峰北侧为平坦的中部高地，南侧是连绵的阿尔卑斯山脉，自18世纪起成为欧洲著名的观光景点，歌德、威廉·透纳、维多利亚女王、马克·吐温、巴伐利亚国王路德维希二世、朱自清等各界名人陆续来访。

炉。高尔夫球游戏是这样的：地上有很多小洞，之间的距离可能远至四英里半；大家用棍子把球打进小洞；如果找不到球了，就让被称为球童的小男孩去找。洛将军不能步行这么远，所以他骑着一匹黄色矮种马。他是唯一被允许在球场骑马的人，不过他在这一带非常受尊重。[54]

在球场骑马的特权在皇家古老高尔夫俱乐部的历史上是独一无二的存在。一年一度的高尔夫球赛（这是明妮拜访克拉托的高潮）的开幕演讲中提到了这项特权：

> 球赛真的很好玩，有很多上了年纪的绅士在跳舞嬉戏，因为这个地区非常缺年轻男子。我现在开始感到，我们家里的年轻男子多得不寻常。所有的高尔夫球队队长都穿着红色上衣，将军穿着燕尾服，晚宴时的演讲里谈到了他。我和两个姑娘与三位老上校一起赴晚宴。有一种规矩我之前不知道，就是女士要和带她从晚宴回来的男人跳苏格兰乡村舞。你可以想象，我和我那位老上校一起飞舞和旋转的时候，我有多么惊慌。[55]

这一年的舞会很特殊，因为高尔夫俱乐部的新任队长是威尔士亲王，即后来的爱德华七世，他刚刚娶了丹麦公主亚历山德拉。市政厅被装饰一新，饰有交叉的高尔夫球棍、威尔士亲王的羽饰和丹麦星①。宴席承办人是圣安德鲁斯的亨特先生，

---

① 丹麦星是一种折纸的圣诞装饰，有十六个尖角，起源于德意志。英国人称之为德意志星、丹麦星、北欧星等。

他创造了奇迹，饭菜极佳；乐队是爱丁堡著名的华莱士四组舞乐队；参加晚宴的俱乐部成员、女眷和宾客非常多，以至于需要办两处宴席。唯一令人遗憾的是，队长威尔士亲王无法到场。既然他不在，那么当晚的明星就是俱乐部里最年长的成员，陆军上将约翰·洛爵士。用俱乐部主席梅尔维尔先生的话说，洛将军"虽然不良于行，但大家每天都能看见他在球场上兴致勃勃地活动，并且不是每一个人都被允许骑着矮种马在球场上跑，不过他们允许自己信任的朋友这么做……勇敢的将军感谢了这番赞扬"。[56]

两年后，约翰接替威尔士亲王，成为皇家古老高尔夫俱乐部的队长。他的父亲也曾享有这项荣誉。他仿佛从来没有离开过法夫一般。自半个多世纪前他第一次离家以来，克拉托的生活变化甚微。现在他回到了自己的老乡当中，他们既爱跳舞又爱高尔夫。不过，军人的生活里总是会有很多跳舞的机会，英属印度尤其如此。每一位总督和常驻代表都要举办不计其数的舞会。每一个兵站都有自己的定期舞会。有才华的年轻军官要掌握沙蒂希步①、轻骑兵舞步和四组舞的其他所有变体。舞会当然是年轻男女邂逅和结识的好机会。刚从英国到印度的姑娘们组成的"渔船队"②的第一个停靠港就是舞会。

但在印度，舞会也是英国人团结精神的公开表达。此外，这也是非常有英国风格的场合，体现的更多是男性气概，而不

---

① 沙蒂希步（Schottische）是源自波希米亚的民俗双人舞蹈，在维多利亚时代很流行。Schottische 就是德语中"苏格兰的"一词。
② 19 世纪末，在英属印度处于巅峰期的时候，大批英国青年作为军人、殖民地官员和商人来到印度。很多英国女子也追随他们来到印度，寻找合适的伴侣。她们被戏称为"渔船队"。

是色情意味。跳完波尔卡舞和加洛普舞①之后，身穿紧身制服的尉官会明显地汗如雨下，而穿紧身收腰裙的少女也会出汗。华尔兹逐渐流行，使得一对一的单独交流成为可能，但即便在跳华尔兹的时候，男女双方也隔着一臂的距离，且在场监督的年长妇人和指挥官能迅速发现谁越轨了。

约翰在印度的五十年里见证过许多舞会。萨克雷家族和莎士比亚家族在公园街和阿里普尔曾举办奢华的化装舞会，客人打扮成潘趣和朱迪、皇帝和侏儒、水手和婴孩。明托勋爵在马六甲为他的远征舰队举办了一次特殊舞会，以纪念疯王乔治三世的生辰。在这次舞会上，下级军官们与"倾国倾城的褐肤"马来亚－荷兰混血女人跳舞。这是舞厅很少见的种族混杂现象。芒斯图尔特·埃尔芬斯通在孟买举办"莺莺燕燕"的娱乐活动时，会偷偷溜走，蜷缩起来阅读埃斯库罗斯或阿那克里翁的作品。西姆拉也有无穷无尽的舞会，达尔豪西勋爵对此抱怨连连，同时达尔豪西夫人越来越苍白消瘦。但这些记忆对约翰来说太痛苦，不能多想，因为这是约翰对夏洛特的最后记忆。那时的她是多么的青春靓丽，多么的幸福，与西奥订婚不久，正与他翩翩起舞。在拉合尔，在印度兵被缴械的前一晚有一场令人胆寒的舞会，女士们都战战兢兢。但舞会必须按计划进行，否则叛军会发现英国人起了疑心。两周后，坎宁勋爵坚持要求按原计划在政府大楼举办庆祝女王生辰的盛大舞会，不过那时兵变已经爆发了。约翰·洛参加了那次舞会，在舞厅蹒

---

① 加洛普（gallop）是一种快速的德意志舞，名称源于马的奔跑，为2/4拍子，舞蹈动作以跳跃为主，18世纪初被引进巴黎的上流社会，并迅速在欧洲风行。"圆舞曲之王"施特劳斯、李斯特、肖斯塔科维奇等都创作过加洛普舞曲。

珊而行，不过他脑子里想的更多是英军沿着恒河推进的行动，而不是四组舞。英国的老爷太太们必须表现出毫不畏惧的气魄，不管要为此付出多少代价。

这些盛大的交际晚会不可能完全排除女性的气息。沙龙舞（Cotillion）毕竟得名自姑娘飞舞时露出的衬裙的法语词。但这些舞会有着很本质的"男性气概"，这个词是维多利亚时代的英国人常挂在嘴边的。英国人有时暗示，有时明说，把他们自己的舞蹈与土著喜爱的舞蹈对比。土著的舞蹈是柔美的、色情的、挑逗的，并且是女人气的。最让约翰·洛震惊的事情，就是他那位"傻乎乎的国王"纳西尔·丁·海德尔和德鲁塞特先生一起跳舞。很难说得清最令人哀叹的是哪个方面：国王与理发师跳舞，印度人与欧洲人跳舞，还是男人和男人跳舞。瓦季德·阿里·沙受到的主要指控之一是他经常与"仙女"们跳舞，她们大部分按照西方标准还是未成年人。纳瓦布的支持者抗议说，他其实并没有跳舞。恰恰相反，他遵守了最严格的体面规矩：姑娘们在屏风的一侧跳舞，而瓦季德·阿里·沙在屏风的另一侧弹锡塔琴。英国人对印度舞蹈中的宗教元素也没有多少好感。历届英国常驻代表都小心翼翼地对待穆哈兰姆月的仪式，从不干预，因为害怕引发暴力冲突。但纳西尔·丁在游行活动中添加的怪异仪式让约翰·洛受不了。他和绝大多数英国官员一样，憎恶将肉欲与宗教交织的习俗。

而印度舞女提供的较为世俗化的娱乐表演只会让英国人觉得无聊。英国人和土著军官一起去看晚间歌舞表演的时代早已过去了。威尔士亲王于1875年冬季周游印度期间，被迫观看了一场又一场歌舞。报道亲王此次旅行的一位记者写道："亲王殿下抵达马德拉斯的很久以前，就似乎和旅行队伍中的其他所有人一样，对这种愚蠢的景观厌烦透顶。"[57]英国人对印度舞女表演的普遍态度与埃米莉·伊登相同，她曾记载勒克瑙为迎接他们而举办的烟火表演之后那不可避免的歌舞表演："前方的船上载着舞女，她们一直在跳舞，不管有没有人观赏。"仅仅六个月前，在红色御座厅，这些舞女曾无视呼啸的子弹和打碎的枝形吊灯，不停跳舞，而洛中校率领军队废黜了孩童国王。洛将军观看明妮和他的两个女儿在圣安德鲁斯市政厅与老上校们一起飞旋起舞的时候，不知他有没有想到，他肯定是在场唯一曾命令士兵向满是舞女的大厅开枪的军官。

威尔士亲王或许没有参加此次舞会，但几年后，根据印度传说，他临时拜访了一个更出人意料的场所。迪斯雷利之所以让伯蒂①在1875～1876年广泛游历印度，是为了让土著习惯女王兼女皇②这个概念。所有土著王公——仅举几例，有辛迪亚国王、哈尔卡尔国王、瓦拉纳西王公、伯蒂亚拉王公、焦特布尔王公、克什米尔王公、博帕尔的小女王——都来到加尔各答，向威尔士亲王致敬请安。但该如何处置唯一住在加尔各答本地的君主奥德国王呢？在马提亚布尔吉，瓦季德·阿里·沙可以听见威廉堡鸣响礼炮，那说明亲王的游艇"塞拉比斯"号从胡格利河上驶过，经过了他的河坛。瓦季德·阿里·沙的印度传记作者告诉我们，威尔士亲王殿下很想见他，于是给他发了邀请函，请他去参加辉煌的觐见会。但瓦季德·阿里·沙谢绝了，并顾影自怜（土著王公经常有这样的表现）地说："如果你觉得我是一位国王，那么我主动去见你就失了我的身

---

① 即威尔士亲王，后来的英王爱德华七世。
② 即维多利亚，她既是英国女王，又是印度女皇。

份。但如果你把我当作一个无家可归的穷要饭的，那么我怎么敢见你呢?"

威尔士亲王是个不拘小节、轻松随和的人，经常能巧妙地化解尴尬的局面。他决定亲自去马提亚布尔吉。这两位肥胖的权贵都痴迷于女人和舞台，尤其是舞台上的女人，都和蔼可亲，都对感官享受持宽容、喜欢的态度。其中一位因为这些品质而从王位上被推翻，另一位因为同样的品质受到母亲的鄙视但得到人民的喜爱。他俩的会面非常有意思。伯蒂告辞时，瓦季德·阿里·沙虽然自称一贫如洗，还是送给他一根镶满钻石与珍珠的手杖。

遗憾的是，对这次有趣的会面究竟有没有发生，我们没有可靠的史料。这或许仅仅是那些渴望看到瓦季德·阿里·沙恢复曾经的尊严的人在痴心妄想。首先，英国当局不大可能以亲王的名义发送邀请函给一位被他们废黜的君主，因为那样会加强后者那不切实际的幻想。[58]

10月初，明妮离开了克拉托，南下回到患病的父亲身边。他的新家在肯辛顿的王宫绿地街。洛家族也离开了克拉托，他们每年秋季都会离开那里。据明妮说，他们一家打包运走了所有餐具和家当，姑娘们很难过。这已经成了洛家族每年的仪式：南下途中在爱丁堡住一夜酒店，然后租一栋房子，也许在南肯辛顿，也许在瑟洛广场①。在某些年份的冬季，他们会去法国南部，长时间逗留在巴黎，去看望西奥和查理。

这么多年来，克拉托一直是约翰的希望与雄心的焦点。它

---

① 瑟洛广场是伦敦南部肯辛顿一个传统的花园广场。广场中心是供当地居民使用的私人花园。

也是他欠下巨额债务的主要原因。现在它仅仅是一座度假房屋。很快，他的步履愈发蹒跚，肺病越来越严重，即便夏天也不能在克拉托居住了。他和奥古斯塔定居在布里克斯顿山，就在罗伯特曾经的学校隔壁。他们住在一栋叫作斯特拉瑟兰的宅子里，他于 1880 年 1 月 10 日在那里去世，享年九十一岁。奥古斯塔活到 1893 年（毕竟她比约翰年轻二十岁），在托基去世。他俩长眠在凯姆贝克林木葱郁的小山谷的教堂墙下，但和很多"老印度人"一样，退休期间他们本质上也在漫游，常到南海岸的滨海大道散步，向他们的同类问候致敬。

约翰·洛受到哀悼，他被认为是老一派人中的最后一位，是比任何其他在印度的英国军官都更理解土著及其君主的殖民地大员。《伦敦新闻画报》上配有版画的讣闻将他描述为卡尔·马克思和以利亚①的混合体，充满火一般的活力和自信。

然而，尽管他在冲突时刻能够迅速反应并做到坚决果敢，他一直到死都对英国统治印度的终极目的与合理性抱有怀疑。他始终本能地愿意承认自己可能是错的，他也始终害怕大英帝国走的也许是通往灾难的方向。他的强悍外貌也很具有误导性。尽管他经历了风雨沉浮，人们却很容易注意到他有一种天生的温情，尤其是对他奉命去统治的那些受到践踏、充满困惑的人民抱有一种温情。

爱德华·萨克雷也回家了。他的父母早已去世，于是他进

---

① 以利亚是《圣经》人物之一，是一位先知。以利亚名字的意义为"耶和华是神"。以利亚出生于公元前 9 世纪，当时以色列王国进入南北分裂时期，分为以色列王国和犹大王国。《圣经》记载，以利亚按照神的旨意，警告以色列国王亚哈，如果继续崇拜偶像，神将审判以色列，让以色列经历旱灾。

入了堂兄威廉·梅克皮斯·萨克雷的家庭圈子。小说家萨克雷
对爱德华非常亲热。他俩年龄差距比较大，所以对爱德华来说
堂兄一直"更像是值得尊重的父亲，而不是堂兄"。小说家萨
克雷的女儿们和爱德华年龄相仿，对这个身材细长且沉默寡言
的工兵上尉抱有较强的怀疑态度。爱德华的目光很快被萨克雷
家的另一个成员吸引过去，即埃米·克罗。她是萨克雷的贫穷
听差艾尔·克罗的妹妹，给他的女儿们当美术教师。萨克雷非
常善良，收留了无家可归的埃米，对她也很喜爱。他会带全家
人出游，去格林尼治的老船酒店吃鸭子和豌豆，或者去里士满
的星辰与嘉德酒店。在乘马车回肯辛顿的月光下的宜人旅程
中，爱德华对埃米的好感越来越深。

安妮在日记中用她通常的简洁风格描述了这段恋情的
结局：

> 24 日。回家，爸爸生病；埃米说，她拒绝了爱德华。
>
> 25 日。非常焦急，发电报让爱德华回来。"我们希望
> 你回来，尽管我们知道这可能性不大。"
>
> 28 日。爱德华回来了，一切都好。他照料埃米已经
> 一年了。[59]

这并不是说安妮对爱德华与埃米订婚一事感到毫无保留的
喜悦。她按照自己一贯的坦率风格写信给埃米："我听到你的
事进展顺利，其实有点吃惊。但不要让你妹妹尤金妮取笑他。
他一点都不聪明，也不好玩。但如果我们要像他一样建造防御
工事或者设计弹药库，我们也会变得沉闷无聊。"[60]

萨克雷全心全意地仰慕爱德华的勇气，并向女儿们朗读了

贝尔德－史密斯上校为帮助爱德华获得维多利亚十字勋章而写的推荐信。"史密斯上校说他［爱德华］是最勇敢的工兵之一。毕竟爸爸也说过，勇气是世界上最美妙的东西，比聪明、睿智、学识或衔级等更能让所有人友好和热情。所以难怪我们都很高兴有一位维多利亚十字勋章获得者来到我们家。"[61]

由于贝尔德－史密斯的不懈努力，爱德华获得维多利亚十字勋章的消息于 1862 年 4 月在报纸上宣布，此时已这是他实际立功的四年半之后了。这是战功与荣誉相隔时间最久的纪录。

但不管怎么说，患病而且没有妻子陪伴的萨克雷不愿意失去埃米。他送给爱德华和埃米一套精美的十八件餐具，在王宫绿地街举行的婚礼早餐上使用了这套餐具，并发表了一次简短而风趣的演讲祝贺他们。但随后萨克雷就去了朋友约翰·埃弗里特·米莱①位于南肯辛顿的单间公寓，下午的大部分时间都躺在米莱的沙发上流泪。安妮为爱德华和埃米送行："我记得大雾中她钻进出租马车的背影。我祝他们一帆风顺。我敲了爸爸的门，他不肯让我进去。"[62]

萨克雷一家再也没有见过埃米。她和爱德华去了印度，她在那里很快连续生了三个女儿，在生第三个女儿的时候难产而死（婴儿也死了）。小说家萨克雷在他心爱的埃米去世几个月后也与世长辞，所以他一直不知道她的结局。不到三年后，爱德华带着存世的婴儿玛琪和小安妮回国了。萨克雷姐妹和她们的父亲一样是刀子嘴豆腐心，收留了这两个女孩，将她们抚养长大。这两个孩子是亨利·詹姆斯所谓的"将尘土碾压成一

---

① 约翰·埃弗里特·米莱，第一代从男爵（1829 ~ 1896），英国画家与插图画家，也是前拉斐尔派的创始人之一。他在 1885 年被封为从男爵，是第一个获得世袭头衔的画家。

百万个英年早逝者之坟的巨轮"下的牺牲品。萨克雷去世后，他的家仍然是无家可归的印度英侨的避难所，正如里奇姨妈和玛丽安娜·欧文的家曾庇护更早的一代人。

爱德华再婚了，这次生了四个儿子，但在伦敦的他显得孤独凄凉，与女儿们在一起的时候感到很不自在，只能对安妮·萨克雷敞开心扉。"爱德华昨夜刚刚开始谈了一点点，起初说到爸爸，然后说到孩子们。他很难过，因为她们在他面前从来不肯说话。他说自己的生活非常怪异，他的孩子们在英格兰，对他来讲几乎是陌生人；他的妻子在山区；而他整天在一个小小的办公室里工作。"[63]

和其他许多长年在印度生活的英国人一样，爱德华最终也觉得在国外定居更好。他在博尔迪盖拉①度过了自己漫长一生的最后三十年，在那里成为颇受尊重的公民。他于1927年去世后，当地法西斯党的一个卫队在他墓前鸣枪敬礼。

马尔科姆于1874年因病回国后，也不愿意始终待在克拉托。他的第二职业是采矿投资者，很成功，所以他有钱当地主。不过他最终定居在南肯辛顿的肯辛顿罗兰花园街22号，曾短暂地担任下议院议员，代表格兰瑟姆。只有在夏天的时候，他才会带两个女儿回苏格兰。马尔科姆于1923年他去世的一周前将克拉托庄园出手。它被出租了四十年，而在它得到重建之后的八十年里，洛家族真正生活在那里的时间只有十几年。在印度发家致富的梦想始终没有真正实现。现在这梦想最终烟消云散了。

回顾这些极其丰富的经历，令人感触极深的一点是，对为

---

① 博尔迪盖拉为意大利西北部滨海城镇，离法国边境很近。

印度奉献生命的英国军人的灵魂来说，这一切的影响是多么的微乎其微。在印度的英国人的内心生活似乎被密封起来，被完整无缺地保存好，所以在他们最终回到"家"里的时候，他们表现得仿佛从来没有离开过这里。他们刚刚断奶（或者至迟到六岁）就被浸润在英国文化中，他们本能地觉得自己的英国特质是一种宝贵的、得来不易的东西，是一种内在的财富，必须用他们生命的每一分守护。

只有罗伯特留在印度。他在那里继续从军，一直到 20 世纪。他的使命与父亲大不相同。约翰·洛花了五十年时间巩固英国人对印度帝国领土的掌控。这不是他当初出发时的目标。他的本能始终是，努力帮助古老的印度尽可能人道地、不受骚扰地存续。但他多次参与了推翻旧政权的行动，并且在这过程中发挥了重要作用。"每个人都会杀死自己心爱的东西。"我不会想象约翰·洛和奥斯卡·王尔德惺惺相惜，但不可否认的是，约翰·洛的职业生涯浸透了土著王公的眼泪，而这些王公以为他是他们最好的朋友。

与之形成对比的是，罗伯特·洛把他的五十年用于保卫印度的边疆，此时印度国内已经被英国人控制得十分稳固。一年又一年，他奉命去打那些如今已被遗忘的边境战役，与那些如今已被遗忘的敌人交锋：1863 年的优素福宰远征①，1879 年讨伐巴扎尔山谷的阿夫里迪部族②，1880 年攻打扎瓦高地的宰

---

① 优素福宰部族是普什图人的一个分支，生活在今天的印度、巴基斯坦和阿富汗部分地区，16 世纪时曾为莫卧儿帝国开国皇帝巴布尔效力。
② 巴扎尔山谷在英属印度西北边疆的白沙瓦地带，阿夫里迪部族是普什图人的一个分支。

木合特人①，后来在俄国人占领喀布尔之后追随罗伯茨勋爵②从喀布尔打到坎大哈（即第二次英国－阿富汗战争），1887～1889 年在上缅甸打了两年艰苦的游击战。最后在 1895 年，他指挥了攻打马拉康德山口③、救援奇特拉尔（位于兴都库什山脉高耸的山麓地带）的远征。

奇特拉尔解围作战是 19 世纪最后一次大规模的救援远征，几乎是大博弈期间的最后一次救援行动。（当然，后来在我们的时代发生了新的类似救援行动。）当时俄国人从帕米尔高原南下，向英属印度以北无人主张的山区挺进。英国人素来害怕印度会遭受从北方来的入侵。今天的我们见证过苏联征服阿富汗的企图，所以会觉得通过兴都库什山脉的分水岭（那里的山峰高达 2 万英尺，甚至更高）入侵印度的想法很荒唐。但迫害妄想症是帝国主义的一种附带症状，即便是最令人生畏的自然屏障也会被视为小菜一碟。此外，有 5 名英国军官和 343 名士兵（大多为锡克教徒）被困在奇特拉尔这座小小的由泥土和石头建成的要塞里，它的面积仅有 60 平方码。于是，一支多达 1.5 万人的解围部队在陆军少将罗伯特·洛爵士指挥下从白沙瓦出发了。此外还有 2 万随军人员和同样数量的役畜。这样一支大军去援救区区 300 多人，这样做的目的显然是向俄国人以及兴都库什山脉诸部落展示英国的强大实力与明确意图。

---

① 宰木合特人是普什图人的一个分支，分布在今天巴基斯坦的西北边疆地带。

② 弗雷德里克·斯雷·罗伯茨，第一代罗伯茨伯爵（1832～1914），19 世纪英国最杰出和功勋卓著的军事家之一，最终军衔陆军元帅，参加过 1857 年印度平叛作战、远征阿比西尼亚、第二次英国－阿富汗战争、第二次布尔战争等。他还担任过英国陆军总司令。

③ 马拉康德山口在今天巴基斯坦的开伯尔－普赫图赫瓦省。

此次远征激发了英国公众的想象力，当时羽翼初生的大众传媒也焦急地追踪着它的进展。军方已经懂得喂饱各大报纸有多么重要。远征军中有孟加拉工兵部队的摄影单位，由梅奥中士指挥。[64]罗伯特身边还有荣赫鹏上尉，他曾是吉尔吉特①的民政代表，如今为《泰晤士报》报道此次战事；著名的体育运动家罗迪·欧文少校也随军行动，为勒克瑙的《先驱报》写报道。在罗伯特从南方出征并沿着险峻的河谷北上的同时，另一个纵队从吉尔吉特出发，从东面援救奇特拉尔，走上了甚至更为艰险的山区道路。这支规模小得多的纵队的指挥官是 J. G. 凯利上校，他身边带着荣赫鹏的哥哥乔治·扬哈斯本上尉（经常有人混淆这兄弟俩），他也为《泰晤士报》写报道。这是媒体全方位报道的一个早期经典例证。

在十几本关于奇特拉尔援救行动的著作之一里，荣赫鹏和乔治·扬哈斯本兄弟（他们自己也将在西北边疆成为传奇人物）写道："自从罗伯茨勋爵发动著名的从喀布尔到坎大哈的进军以来，印度军队可能还没有执行过比援救奇特拉尔受困驻军更迅速、更精彩也更成功的军事行动。"英国公众"屏住呼吸观看这场激烈斗争，军队翻越高山，穿过隘道，踏过雪原，渡过又深又宽、由于降雨和融雪而暴涨的河流，并和生来与剑为伍的勇猛的山区部族武士交锋"。[65]

自第一次英国-阿富汗战争以来，山区围城战和解围战的恐怖程度就没有发生多少变化。普什图人仍然会从高地呼啸而至，大炮仍然会陷入烂泥，被包围的守军和解围

---

① 吉尔吉特是今天巴基斯坦东北部城市。

纵队的兵力都因为逃兵、痢疾和霍乱而锐减。在高山隘道，炮兵患上了雪盲症。最宝贵的东西就是墨镜，而凯利纵队非常缺乏墨镜。

英军的两个纵队都跌跌撞撞地前进，不断受到来自四面八方的骚扰，最终抵达了奇特拉尔。他们发现谢尔·阿富祖尔①的军队已经放弃了这座要塞，他们听说罗伯特·洛的军队有多么庞大之后就逃之夭夭。洛麾下最早进入奇特拉尔的人是荣赫鹏和罗迪·欧文，他们骑马在大部队前方快速前进，为后世的记者（福克兰群岛战争中的马克斯·黑斯廷斯②和在喀布尔身穿蒙头罩袍的约翰·辛普森③）立下了榜样。欧文和荣赫鹏刻意没有请求洛批准，因为他们知道请求一定会被拒绝。[66]不过凯利纵队已经早到了一个星期，发现五名英国军人都奇迹般幸存，尽管他们"形容枯槁，如同行走的骷髅"，并且只剩下最后一瓶白兰地。

高水平的训练、技术和勇气又一次赢得胜利。技术尤其重要，因为这是马克沁机枪第一次在印度山地大显神威（它第

---

① 谢尔·阿富祖尔是争夺奇特拉尔统治权的当地酋长之一。

② 马克斯·黑斯廷斯爵士（1945～），英国著名记者，曾是BBC、《每日电讯报》等媒体的驻外记者，他还写了很多书，主要关于国防和历史，并获得了若干奖项。1982年福克兰群岛战争（又叫马岛战争）期间，他是第一个到当地报道的记者。他是英国皇家文学会和皇家历史学会成员。

③ 约翰·辛普森（1944～），英国著名记者和BBC国际新闻编辑。他的整个职业生涯都为BBC工作，曾到很多战区报道，采访过很多国家领导人。1989年他曾在北京采访，同年在布加勒斯特报道了齐奥塞斯库政权垮台。他报道了1991年海湾战争、1999年科索沃战争。2001年阿富汗战争期间，他是第一个到阿富汗的外国记者，在战区采访时靠身穿蒙头罩袍乔装为女人。2003年伊拉克战争期间，他的采访队伍遭到美国空军误击，这让他的一只耳朵受伤致聋。

一次投入实战是在一年前的马特贝尔战争①中）。这种便携的速射武器在兴都库什山脉已经成为传奇。在孟达要塞，洛部队发现了孟买的一家苏格兰公司写给谢尔·阿富祖尔的盟友乌姆拉·汗的信，为马克沁机枪开价每挺 3700 卢比。[67] 这些部落族民非常清楚希莱尔·贝洛克②于三年后在《现代旅人》中阐述的那种真理：

> 不管怎么样，我们有
>
> 马克沁机枪，而他们没有。[68]

罗伯特四十年前第一次参战时，他所在的部队用恩菲尔德步枪对付桑塔人的弓箭。现在他们用机枪对付敌人的恩菲尔德步枪。英国人总是在技术的战争中领先一步。

与英国人向喀布尔和莫斯科炫耀武力同等重要的是国内的宣传工作。荣赫鹏兄弟宣称："所以，短短三周后，电报就传来了捷报，奇特拉尔已经得到援救，英国代表及其卫队得到拯救，逃脱了可怕的噩运。此时大英帝国的每一个角落都在为他

---

① 指的是第一次马特贝尔战争，时间为 1893～1894 年，地点在今天的津巴布韦境内。英国南非公司与当地的马特贝尔王国交战，英军投入 750 人和 1000 人的土著盟军，马特贝尔王国拥有 8 万人的长矛兵和 2 万人的步枪兵。最后结果是英军取得决定性胜利，马特贝尔王国解体。此役中马克沁机枪被首次用于实战，虽然发挥的战术作用并不大，但在心理上给了敌人极大压力，令南非各土著部落相信英国人战无不胜。例如在一次战斗中，50 名英军用 4 挺马克沁机枪打退了 5000 个马特贝尔战士。

② 希莱尔·贝洛克（1870～1954），英国/法国作家、历史学家、诗人、政治家和外交官。他出生于法国，父亲是法国人，母亲是英国人，后来他拥有英法两国国籍。他是虔诚的天主教徒，对伊斯兰教和犹太教都持敌视态度。

们坚忍不拔的领袖和勇敢的士兵而自豪，因为这些领袖和士兵出色地捍卫了英国人足智多谋、勇敢坚韧的声誉。"[69]全球新闻的时代已经到来，援救奇特拉尔的行动完全符合科珀勋爵的要求，即英国的胜利应当是决定性的、英雄主义的，并且最重要的是，必须速战速决。

梅奥中士在整个战役期间都在辛勤工作。他拍摄的"R.洛爵士及其幕僚在詹巴泰隘口"的照片，让我们了解到即便是上了年纪的指挥官也必须承受高海拔野外行军。部队抵达奇特拉尔时，梅奥中士让罗伯特和主医官罗伯逊（奇特拉尔驻军的沉着冷静的指挥官）站在一起合影。从照片中很难看出营救者和被营救者究竟谁更憔悴。梅奥还找来了战败的谢尔·阿富祖尔及其追随者，他们在自己家乡的环境里显得更为自如。这些合影颇像体育运动总决赛之后的合影。对大博弈的双方来说，或许这的确就是一场总决赛。

还有一幅完成于奇特拉尔援救行动不久之后的罗伯特肖像留存至今，此时他的名望进入了短暂的巅峰时刻。在这张久经沙场而显得沧桑和沉痛的面孔上，已经很难找到当年拿着猎枪的那个逍遥自在的青葱少年的影子了。四十年的从军生涯，四十年在重压之下展现勇气的艰苦生活，已经留下了印迹。

奇特拉尔得到了救援，但这真的值得吗？剑桥公爵①和罗

---

① 乔治王子，第二代剑桥公爵（1819~1904），英王乔治三世的孙子，维多利亚女王的堂兄。他是职业军人，1856~1895年任英国陆军总司令，最终军衔陆军元帅。他关心军人福利，但观念保守，拒绝接受新理念（如设立总参谋部），并且主张根据出身而不是才干和成绩来提拔军人。英国陆军在他的领导下渐渐落后于法德等国。

伯茨勋爵那样的大人物坚信此地具有极大的战略意义。但传奇的前线军人内维尔·鲍尔斯·张伯伦爵士①在给《泰晤士报》的信中写道，俄国人取道奇特拉尔进攻印度"是可能性极小的事情，如果说不是完全不切实际的话"，因为那些山谷中没有粮草。花花公子和外交官勒佩尔·格里芬爵士②认为，"一小队俄军也许能占领奇特拉尔，但大英帝国不会因为数百个哥萨克愚蠢地将自己困在一个死亡陷阱中而崩溃"。[70]索尔兹伯里勋爵③确实决定，派兵驻防奇特拉尔，直到1947年奇特拉尔成为巴基斯坦的一部分，那里都有军队驻防。对英国在印度的势力来说，它是最北端的前哨阵地。但对奇特拉尔的重要性最为不屑的，是奇特拉尔救援行动的英雄，从外科医生变成驻军指挥官的乔治·罗伯逊。他给自己的叙述取的副标题是"一场小规模围城战的故事"。

乔治·斯科特·罗伯逊爵士（这是他后来的名号）今天的名望主要在于，他是研究奇特拉尔卡拉什部落的第一位人类学家。他的开创性专著《兴都库什山脉的卡菲尔》在奇特拉尔围城战的仅仅一年之后出版。是罗伯逊给卡拉什人灌输了这样的信念：他们是亚历山大大帝的军队的后代。也是罗伯逊的

---

① 内维尔·鲍尔斯·张伯伦爵士（1820~1902），英属印度军官，最终军衔陆军元帅，参加过第一次英国－阿富汗战争、第二次英国－锡克战争等。1857年兵变期间他在德里围城战中身负重伤，后来担任过马德拉斯军团总司令。1877年他出使阿富汗，但阿富汗统治者不准他入境，这是第二次英国－阿富汗战争的导火索。

② 勒佩尔·格里芬爵士（1838~1908），英属印度的官员和外交官，也是作家。他是有名的花花公子，并且牙尖嘴利，吸引了上流社会的注意。

③ 罗伯特·加斯科因－塞西尔，第三代索尔兹伯里侯爵（1830~1903），英国保守党政治家，三次出任首相，任期总计超过十三年。他还担任过印度事务大臣、外交大臣。

战友从奇特拉尔带回了死者的雕刻像，它如今是大英博物馆最重要的藏品之一。民族学研究跟随着攻城大炮，这在殖民帝国的历史上也不是第一次了。

罗伯特·洛于1905年退役，当时已经是陆军上将和孟买军团总司令。我找得到的洛家族成员在印度的最后一张照片，就是罗伯特于1903年在浦那的政府大楼主持一场化装舞会。总司令洛打扮成律师，他的女儿们化装成严肃的牧羊女。持续一个世纪的这类化装舞会，其尾声是如此令人忧伤。四年后，他被任命为王室珠宝管理官。在伦敦塔待了仅仅两年后，他在家中（多切斯特的康沃尔路20号）去世。他被安葬在多切斯特。对他来讲，苏格兰也变得像印度一样遥远。

他在自己最后一个职位上看管过的冠冕当中，有亚历山德拉王后的冠冕。这顶形状比较方正的小冠冕是为她的加冕礼而新做的，中央部分是"光之山"钻石，它比它的管理者经历了更多风风雨雨。这块钻石最早在南印度开采出来，地点可能是安得拉邦的某地，时间也许早至13世纪。几百年后，它被镶嵌在阿格拉的孔雀宝座上，后来和宝座一起被波斯君主掳走，再后来落入阿富汗统治者手中。流亡的沙·舒贾将"光之山"赠给兰吉特·辛格，以换取他支持沙·舒贾复辟。埃米莉·伊登曾看见兰吉特·辛格（那个长胡须的老耗子）胸前戴着这块钻石，并画了图。英国人征服旁遮普之后，达尔豪西勋爵强迫兰吉特交出了这块钻石。随后它被送往温莎，维多利亚女王曾把它当作胸针佩戴。今天，它成为伊丽莎白二世女王王冠的一部分。"光之山"在被开采出来后的漫长岁月里经历了多次切割，但始终是征服的终极象征。如今它作为往昔荣耀的遗留，被存放在伦敦塔。"英国王冠上最明亮的宝石"① 仍然在英国人手里的部分，就只剩下王冠上的这块钻石了。不过，印度人想把它要回去。[71]

有时，在古老文明的遗迹当中漫步，我们会不经意地想，生活在一种文明的末期会是什么感觉。现在我们自己身临其境了。

注释

[1] Low to Canning, from Malta where he was recuperating, June 19, 1858, Mss Eur D1082.

[2] Canning to Low, from Camp. at Allahabad, April 6, 1858, ibid.

[3] House of Commons, August 11, 1857, cols. 1432 – 3.

[4] Mead, p. 14.

[5] *The Times*, June 13, 1857.

[6] Mangles to Low, November 10, 1857, D1082

[7] Wood's speech in the House of Commons, May 17, 1858, as reported in Calcutta, see J. P. Grant's letter to Canning, 28 June 1858, Mss Eur F127/35. 按照 Hansard 的说法，伍德怪罪的对象范围更大，说到了"他的谋士们摇摆不定，他身边的英国人怯懦"（col. 750）。这样虽然好一些，但也好不了多少。

[8] November 4, 1858.

[9] Canning to Court, July 6, 1858.

[10] Martin, II, p. 141.

[11] Mead, p. 13.

[12] Canning to Low, August 13, 1860, D1082.

[13] September 1, 1857, Baird, p. 385.

————————

① 指印度。

[14] February 24, 1858, Baird, p. 406.

[15] Malta, January 28, 1858, Baird, p. 398.

[16] Malta, December 2, 1857, Baird, p. 390.

[17] Edinburgh, September 22, 1857, Baird, p. 386.

[18] 今天更常见的说法是慢性肾炎。理查德·布莱特医生早在 1827 年就描述过肾病，而达尔豪西勋爵的症状（肿胀、发烧等）是肾炎的典型症状，但我们不知道他的医生有没有给出准确的诊断。

[19] Trevelyan, *The Competition Wallah*, p. 197.

[20] Mason, p. 319.

[21] Canning to Low, October 13, 1857, Low, p. 370.

[22] Muir to Saunders, Agra, November 4, 1857, Mss Eur F/186.

[23] Canning to Low, Camp, Allahabad, February 15, 1858, D1082.

[24] Kaye, *Mutiny*, iii, p. 369.

[25] Ibid. , iv, pp. xi – xii.

[26] Marshman, *Havelock*, p. 293.

[27] Kaye, ibid. , iii, p. 290.

[28] *Views and Opinions of Brig-Gen John Jacob*, Lewis Pelly, ed. , 1858, p. 2.

[29] Letter to *the Times*, January 4, 1878.

[30] 'Foundations of the Government of India,' *The Nineteenth Century*, vol LXXX, October 1883, p. 563.

[31] Hutchins, p. 3.

[32] Trevelyan, pp. 128 – 9.

[33] Ibid. , pp. 304 – 5.

[34] Leslie Stephen, *The Life of Sir James Fitzjames Stephen*, pp. 293 – 5.

[35] August 1, 1862, Metcalf, *Aftermath*, p. 170.

[36] Moon, p. 886.

[37] Ibid. , p. 912.

[38] bid. , p. 985.

[39] Ibid. , p. 984.

[40] Bayly, *Rulers*, *Townsmen*, p. 321.

[41] *Economist*, October 13, 1860; Bagehot, *Works*, ed. Norman St John Stevas, xiv, p. 234.

[42] Ibid.

[43] Bagehot, *Physics and Politics*, p. 129.

[44] Bagehot, *Works*, xv, p. 119.

[45] 第一种写法见 Lucas, Bird and Arnold, 第二种见 Lee-Warner and Hunter。Hunter 为达尔豪西勋爵写的简短传记于 19 世纪末发表在"印度统治者"系列中，Hunter 也是该系列的编辑。到那时，每一位殖民地高官都被赞颂为超人。

[46] Low, p. 414.

[47] *The Correspondence and Journals of the Thackeray Family*, ed. John Aplin, ii, p. 346.

[48] Ibid.

[49] Low, pp. 404 – 5.

[50] Aplin, ibid. , pp. 347 – 8.

[51] Ibid.

[52] Ibid. , pp. 350 – 1.

[53] Ibid. , pp. 347, 349. 洛家的虔诚不仅仅体现在遵守社会风俗。他们也喜欢神学辩论。"洛夫人请我为他们朗读莫里诺的布道文。我告诉她，我并不信这些布道文。但奥古斯特给我读了一些节选部分，企图让我成为莫里诺的信徒。他的布道文里的确有很多颠三倒四的重复，非常扎眼，但我必须说，他们允许我尽情地抨击他。我要求的也就这么点。"（Ibid. , p. 351.）昂斯洛广场的卡佩尔·莫里诺牧师的大斋节布道文于 1860 年出版。

[54] Ibid. , p. 347.

[55] Ibid. , p. 351.

[56] Behrend, p. 171.

[57] George Wheeler, *The Visit of the Prince of Wales to India in 1875 – 6*, 1876, p. 177. 乔治·奥托·特里维廉爵士在他的讽刺作品 *The Competition Wallah* 中哀叹："我不相信还有如印度歌舞这样沉闷无聊的娱乐活动。"（pp. 54 – 5）

[58] Mirza Ali Azhar, ii, p. 417, based on Garcin de Tassy, *Lectures*, ii, p. 215. Rosie Llewelyn-Jones（*Last King*, pp. 296 – 7）在亲王此次旅行的正式日志里找不到这样一次拜访的记录，威尔士亲王获赠的礼物清单里也没有镶宝石的手杖（有的说法是镶宝石的剑）。

[59] Aplin, II, p. 31.

[60] *Anne Thackeray Ritchie*, *Letters and Journals*, ed. A. Bloom and J. Maynard, 1994, p. 84.

[61] *Anne Thackeray Ritchie*, ed. Hester Ritchie, 1924, p. 111.

[62] Millais, I, p. 276. Aplin, II, p. 31.

[63] Annie to her husband, July 1875, Aplin, IV, C544.

[64] John Harris, *Much Sounding of Bugles*, p. 127.

[65] Younghusbands, pp. 53 - 4.

[66] Hopkirk, p. 497.

[67] Harris, pp. 205 - 6.

[68] Belloc, *The Modern Traveller*, p. 41.

[69] Younghusbands, pp. 53 - 4.

[70] Harris, pp. 230 - 1.

[71] 晚近至 2013 年 2 月，戴维·卡梅伦拒绝了一次印度的归还请求。

谱系图

1.梅特卡夫家族

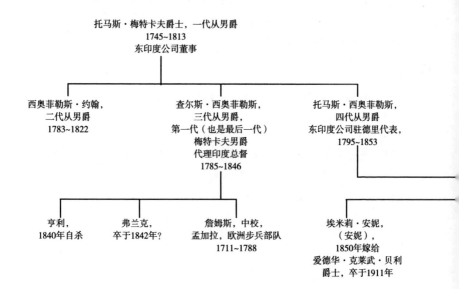

托马斯·梅特卡夫爵士，一代从男爵
1745~1813
东印度公司董事

西奥菲勒斯·约翰，
二代从男爵
1783~1822

查尔斯·西奥菲勒斯，
三代从男爵，
第一代（也是最后一代）
梅特卡夫男爵
代理印度总督
1785~1846

托马斯·西奥菲勒斯，
四代从男爵
东印度公司驻德里代表，
1795~1853

亨利，
1840年自杀

弗兰克，
卒于1842年？

詹姆斯，中校，
孟加拉，欧洲步兵部队
1711~1788

埃米莉·安妮，
（安妮），
1850年嫁给
爱德华·克莱武·贝利
爵士，卒于1911年

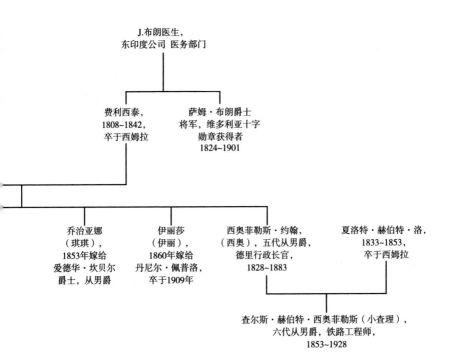

2.洛家族

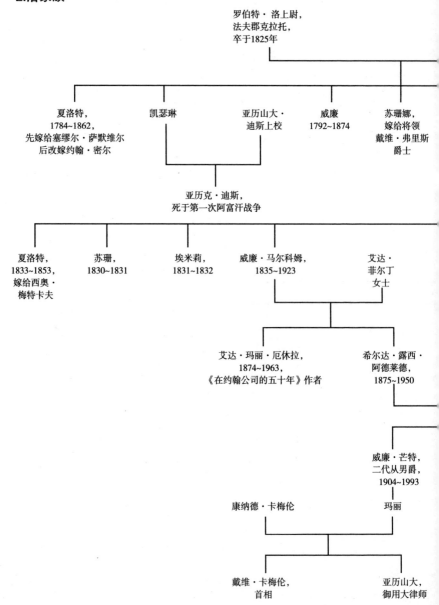

罗伯特·洛上尉，
法夫郡克拉托，
卒于1825年

夏洛特，
1784~1862，
先嫁给塞缪尔·萨默维尔
后改嫁约翰·密尔

凯瑟琳

亚历山大·
迪斯上校

威廉
1792~1874

苏珊娜，
嫁给将领
戴维·弗里斯
爵士

亚历克·迪斯，
死于第一次阿富汗战争

夏洛特，
1833~1853，
嫁给西奥·
梅特卡夫

苏珊，
1830~1831

埃米莉，
1831~1832

威廉·马尔科姆，
1835~1923

艾达·
菲尔丁
女士

艾达·玛丽·厄休拉，
1874~1963，
《在约翰公司的五十年》作者

希尔达·露西·
阿德莱德，
1875~1950

威廉·芒特，
二代从男爵，
1904~1993

康纳德·卡梅伦

玛丽

戴维·卡梅伦，
首相

亚历山大，
御用大律师

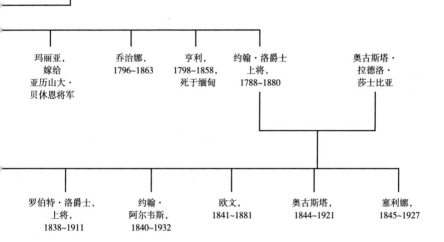

苏珊·伊丽莎白·麦克科姆
（或马尔科姆），
1768~1843

玛丽亚，
嫁给
亚历山大·
贝休恩将军

乔治娜，
1796~1863

亨利，
1798~1858，
死于缅甸

约翰·洛爵士
上将，
1788~1880

奥古斯塔·
拉德洛·
莎士比亚

罗伯特·洛爵士，
上将，
1838~1911

约翰·
阿尔韦斯，
1840~1932

欧文，
1841~1881

奥古斯塔，
1844~1921

塞利娜，
1845~1927

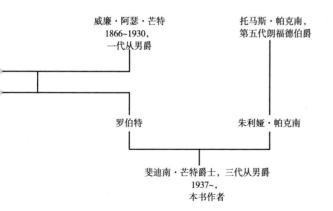

威廉·阿瑟·芒特
1866~1930，
一代从男爵

托马斯·帕克南，
第五代朗福德伯爵

罗伯特

朱利娅·帕克南

斐迪南·芒特爵士，三代从男爵
1937~，
本书作者

3.莎士比亚家族与萨克雷家族

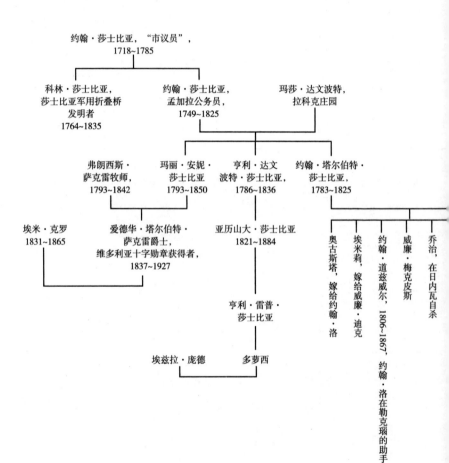

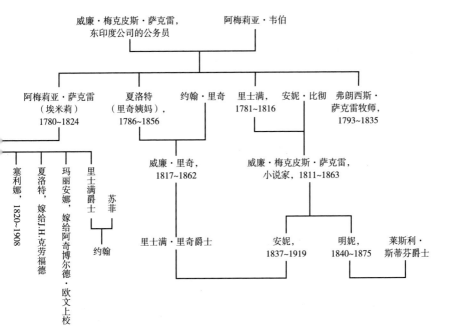

鸣 谢

我首先要感谢玛丽·芒特和潘卡吉·米什拉。他们带我去了印度，耐心地指引我去参观我需要看的所有地方，以及一些我之前一无所知的地方。

研究大兵变的伟大历史学家鲁德朗休·慕克吉指导了我的研究，并始终客气地为我排除疑难，不过本书若是写得不好，责任完全在我。

在德里，我对威廉·达尔林普尔感激不尽。在我抵达德里的第一天，他就带我们参观了梅赫劳利，并带我们去看了那座非同寻常的莫卧儿帝国陵墓，梅特卡夫家族把它当作他们周末休闲的场所。我当时还不知道，夏洛特和西奥共同度过的最后一个圣诞节就是在此地。但这对我的印度冒险来说，是一个令人难忘而吉利的开端。读者会注意到，我对梅特卡夫家族的记述很大程度上依赖于威廉的杰作《最后的莫卧儿》，而我对里士满在阿富汗期间活动的记述则参考了他的最新著作《王的归程》。在德里，我们还非常开心地见到了潘卡吉的父母 Ajit 和 Saroj，以及他的两个迷人的姐妹 Punam 和 Ritu。在勒克瑙，他的伯父和伯母在穆罕默德花园俱乐部招待了我们。在加尔各答，阿米特·乔杜里及其家人盛情款待了我们。是阿米特带我们去了孟加拉俱乐部，它是英属印度的终极回响。

在英格兰，我的堂姐玛丽·卡梅伦对我帮助很大。是她找出了厄休拉·洛（我和玛丽的姨婆）留给她的克拉托文件，还给我看了同一批遗产中的肖像和细密画。她和她的儿子亚历山大·卡梅伦（御用大律师）按照一贯的慷慨大方，把这些文件借给我，还允许我对画像拍照。这些资料，再加上厄休拉·洛那本已经被遗忘的著作，成为本书的主要史料来源。我还要感谢我的表亲 Cylla Dugdale 和她的儿子 Joshua 帮我寻找洛家族的遗物。

在苏格兰，我要感谢 Ken Fraser 和他的夫人 Pat，他们曾是克拉托庄园的主人，前不久还居住在克拉托。Ken 开车带我在法夫郡转悠，带我去看凯姆贝克的各家教堂，并把我介绍给了皇家古老高尔夫俱乐部，那里的管理员 Laurie Rae 热情洋溢地向我展示了约翰·洛爵士的肖像和遗物。博物馆馆长 Angela Howe 对我也特别有帮助。在克拉托庄园，我受到了它目前的主人 Joe 和 Ann Headon 的热烈欢迎，老约翰爵士一定会赞赏这种热情。Joe 和 Ann Headon 带我四下参观，并把房屋在约翰爵士的贵族风格改建工程之后的照片展示给我。在库珀，图书馆员 Janice Wightman 尽心帮我搜寻克拉托的洛家族的遗物。

在全世界的所有研究型图书馆当中，很少有能与大英图书馆亚洲与太平洋阅览室的"旧印度事务部档案"相提并论的。那里专业而友好的工作人员始终尽心帮助研究者解决疑难。我也和平素一样，感谢伦敦图书馆，那里关于英属印度的藏品特别优秀。我还要感谢剑桥大学南亚中心图书馆和诺丁汉大学手稿部，这两家机构都热忱欢迎访客。在图片方面，国家陆军博物馆、维多利亚与阿尔伯特博物馆和国家肖像馆都拥有价值无量、编目清晰的资源。

我的文学经纪人 David Miller 对本书的编辑和其他方面工

作的关注甚至超过了他惯常的高标准，他热心地帮助我修正了不恰当的和前后不一致的细节。我在 Simon and Schuster 出版社的编辑 Mike Jones 温和而准确到位地做了最后一轮编校。我的校对编辑 Jo Roberts-Miller 用敏锐和警觉的目光完成了工作。对上述所有人士，以及所有阅读和评论过手稿的朋友，我都非常感激。

参考文献

主要手稿

British Library (India Office Records)
MSS Eur F148 Raffles-Minto Collection
MSS Eur F439 Pollock Collection (Richmond Shakespear)
MSS Eur F87–89 Elphinstone letters (John Low, Richmond Shakespear)
OIOC Photo Eur 031 1B, Hardcastle papers (Charlotte Low and Theo Metcalfe)
MSS Eur D610 Indian Mutiny papers (Theo Metcalfe)
IOR L/PS/6/455 and /493 Indian Mutiny papers (Malcolm Low)
IOR/L/MIL/17/2/492 Narratives of Events regarding the Mutiny in India of 1857–8 and the Restoration of Authority (Malcolm Low)
MSS Eur C148 and C183 Diary and letters of Roderick Edwards (Malcolm Low)
MSS Eur F108 Papers of Sir George White (Robert Low)
MSS Eur C961 Sir John Low letters
MSS Eur D1082 (formerly Home Misc 828) John Low letters
Home Misc vol 738 Charles Metcalfe letters (John Low)
Home Misc vol 733 John Malcolm letters (John Low)

National Library of Scotland
Minto papers (inc. letters and journal of Captain William Taylor)
Dalhousie papers (John Low)

Nottingham University Library
Bentinck papers (John Low)

St Andrews University Library
Cleghorn papers

Cambridge, South Asian Studies Library
Campbell-Metcalfe Letters (Charlotte Low and Theo Metcalfe)

议会文件

Nos 300, 310–320 of 1810: Papers relating to East India Affairs (Madras Army)

No 369 of 1818: Hostilities with the Peishwah
No 660 of 1837–38: Succession to the Throne of Oude
No 96 of 1839: Further Correspondence Respecting the Succession to the Throne of Oude
No 131 of 1839: Afghanistan
No 9 of 1840: War in Afghanistan
No 30 of 1843: Gates of Somnath
No 31 of 1843: Afghanistan
No 416 of 1854: Rajah of Berar
No 418 of 1854: Hyderabad: Papers Relative to Territory Ceded by the Nizam
No 125 of 1857–58: The King of Oude
No 265 of 1857–58: (Oude) Proclamation
No 431 of 1855: Annexation of Jhansi
Command Paper 2086 of 1856: Oude, Papers Relating to
No 245 of 1856: Marquis of Dalhousie Minute, dated February 28, 1856
Command Papers 2252,2254, 2264, 2265, 2266, 2277 of 1857: Mutiny of Native Regiments
No 26 of 1857–8: Mutiny of Native Regiments (Proclamation and Punishment)
No 70 of 1857–8: Army: Additional Troops

A

Abbott, J., *Narrative of a Journey from Herat to Khiva*, 2 vols, 1843
Ahmad, Safi, *British Residents at the Court of Avadh, 1764–1856*, Lucknow, 1968
Ahmad, Safi, *Two Kings of Awadh: Muhammad Ali Shah and Amjad Ali Shah, 1837–1847*, Aligarh, 1971
Ali, Mrs Meer Hassan, *Observations on the Mussulmauns of India*, ed. W. Crooke, 1917
Allen, Charles, *Soldier Sahibs: The Men Who Made the Northwest Frontier*, 2000
Aplin, John, ed., *The Correspondence and Journals of the Thackeray Family*, 5 vols, 2011
Archaeological Survey of India, *The Residency, Lucknow*, 2003
Archer, Major E.C, *Tours in Upper India*, 1831
Arnold, Edwin, *Dalhousie's Administration of India*, 2 vols, 1865
Atkinson, G.F., *The Campaign in India 1857–8*, 1859
Atkinson, G.F., *Curry and Rice*, 1859
Azhar, Mirza Ali, *King Wajid Ali Shah of Awadh*, 2 vols, Karachi, 1982

B

Baird, J.G.A., ed., *Private Letters of the Marquess of Dalhousie*, 1910

Ball, Charles, *The History of the Indian Mutiny*, 2 vols, 1858, 1859

Barnett, Richard B., *North India Between Empires: Awadh, the Mughals and the British 1720–1801*, 1980

Barter, Dr Richard, *On the Prevention and Cure of Cholera*, 1832

Barter, Richard, *The Siege of Delhi*, 1984

Bayly, C.A., *Indian Society and the Making of the British Empire*, 1988

Bayly, C.A., *Rulers, Townsmen and Bazaars: North Indian Society in the Age of British Expansion 1770–1870*, 1983

Bayly, C.A., *The Raj: India and the British 1600–1947*, 1990

Behrend, John, and Lewis, Peter N., *Challenges and Championships Vol I: The R&A Golf Club 1754–1883*, 1998

Bew, John, *Castlereagh*, 2011

Bhasin, Raja, *Simla: The Summer Capital of British India*, Delhi, 1992

Bhatt, Ravi, *The Life and Times of the Nawabs of Lucknow*, Delhi, 2006

Bhatt, Vishnu Godshe Versaikar, tr. Mrinal Pande, *1857: The Real Story of the Great Uprising*, Delhi, 2011

Bird, Major Robert Wilberforce, *The Spoliation of Oudh*, 1857

Blacker, Lt-Col Valentine; *Memoir of the Operation of the British Army in India 1817, 1818, 1819*, 3 vols, 1821

Blake, Robert, *Disraeli*, 1966

Blakiston, John, *Twelve Years Military Adventure in Three Quarters of the Globe*, 1829

Boulger, Demetrius C., *Lord William Bentinck*, Oxford, 1892

Broome, Capt. Arthur, *History of the Rise and Progress of the Bengal Army*, 1851

Browne, Sam, *The Journal of Sir Sam Browne*, ed. W. Blackwood, 1937

Buck, Edward J., *Simla Past and Present*, Bombay, 1925

Butler, William F., *Narrative of the Historical Events connected with the 69th Regiment*, 1870

C

Cameron, Alan D., The Vellore Mutiny, PhD Thesis, Edinburgh 1984

Cannon, Richard, *Historical Record of the 50th, or the West Essex Regiment of Foot*, 1844

Cardew, Alexander, *The White Mutiny*, 1929

Carstairs, Robert, *The Little World of an Indian District Officer*, 1912

Case, Adelaide, *Day by Day at Lucknow*, 1858, reprinted in *Ladies of Lucknow*, 2009

Chakraborti, Digambar, *History of the Santal Hool of 1855*, 1988

Chaudhuri, S.B., *Civil Rebellion in the Indian Mutinies, 1857–1859*, Calcutta, 1957

Chaudhuri, S.B., *Theories of the Indian Mutiny 1857–1859*, Calcutta, 1965

Chaurasia, R.S., *History of the Marathas*, Delhi 2004

Chirinian, Perumal, *The Vellore Mutiny, 1806*, 1982

Choksey, R.D., Ed, *The Last Phase, selection from the Deccan Commissioner's files*, Bombay, 1948

Choksey, R.D., *Mountstuart Elphinstone, The Indian Years, 1796–1827*, Bombay, 1971

Choksey, R.D., *A History of British Diplomacy at the Court of the Peshwas (1786–1818)*, Poona, 1951

Choksey, R.D., *The Aftermath (1818–1826)*, Bombay, 1950

Choksey, R.D., *Early British Administration (1817–1836)*, Poona, 1964

Clark, Aylwin, *An Enlightened Scot: Hugh Cleghorn (1752–1832)*, Duns, 1992

Colebrooke, T.E., *Life of the Honourable Mountstuart Elphinstone*, 1884

Colvin, Sir Auckland, *John Russell Colvin*, 1895

Compton, Herbert, *A Particular Account of the European Military Adventurers of Hindustan from 1784 to 1803*, 1892

Cooper, Frederic, *Crisis in the Punjab*, 1858

Cooper, Randolf, *The Anglo-Maratha Campaigns and the Contest for India*, 2003

Coopland, R.M., *A Lady's Escape from Gwalior*, 1859, reprinted as *The Memsahib and the Mutiny*, 2009

Corfield, J. and Skinner, C., *The British Invasion of Java in 1811*, 1999

Cotton, J.S., *Elphinstone*, 1892

Culshaw, W.J., *Tribal Heritage, a study of the Santals*, 1949

D

Dalrymple, William, *The Last Mughal*, 2006

Dalrymple, William, *Return of a King*, 2013

Dalrymple, William, *White Mughals*, 2002

Datta, K.K., *Anti-British Plots and Movements Before 1857*, 1970

Datta, K.K., *The Santal Insurrection of 1855–7*, Calcutta, 1940

David, Saul, *The Indian Mutiny 1857*, 2002

David, Saul, *The Devil's Wind*, 2012

Davies, Philip, *Splendours of the Raj*, 1985

Dunlop, Robert Henry Wallace, *Service and Adventure with the Khakee Ressalah*, 1858, repub. as *The Khakee Ressalah*, 2005

Duyker, Edward, *Tribal Guerrillas: the Santals of West Bengal*, 1987

E

Eden, Emily, *Up the Country*, 1866

Eden, Emily, *Letters from India*, 1872

Eden, Fanny, *Tigers, Durbars and Kings*, ed. Janet Dunbar, 1988

Edwardes, H.B. and Merivale, H., *The Life of Sir Henry Lawrence*, 2 vols, 1872

Edwardes, Michael, *The Orchid House: Splendours and Miseries of the Kingdom of Oudh 1827–57*, 1960

Edwardes, Michael, *Red Year: The Indian Rebellion of 1857*, 1972

Ellenborough, Edward Law, Lord, *A Political Diary, 1828–30*, ed. Lord Colchester, 2 vols, 1886

F

Farooqui, Amar, *Sindias and the Raj*, Delhi, 2011

Farooqui, Mahmood, *Besieged: Voices from Delhi 1857*, 2010

Fay, Eliza, *Original Letters from India*, Calcutta 1817, reprinted Hogarth Press, 1925

Fisher, Michael H., *A Clash of Cultures: Awadh, the British and the Mughals*, 1987

Fisher, Michael H., *Indirect Rule in India: Residents and the Residency System, 1764–1858*, 1991

Fisher, Michael H., 'The Resident in Court Ritual', *Modern Asian Studies, 24:3*, 1990, pp 419–58

Fisher, Michael H., 'The Imperial Coronation of 1819', *Modern Asian Studies, 19:2*, 1985, pp 239–77

Forbes-Mitchell, William, *Reminiscences of the Great Mutiny*, 1893

Fraser, Hastings, *Memoir and Correspondence of General James Stuart Fraser*, 1885

Fraser, Hastings, *Our Faithful Ally the Nizam*, 1865

Fregosi, Paul, *Dreams of Empire: Napoleon and the First World War 1792–1815*, 1989

Fortescue, Sir John, *A Gallant Company*, 1927

G

Glendinning, Victoria, *Raffles and the Golden Opportunity*, 1781–1826, 2013

Gough, Hugh, *Under Deadly Fire*, 2011, first published as *Old Memories of the Mutiny*, 1897

Graff, Violette, ed., *Lucknow: Memories of a City*, 1999

Guha, Ranajit, *Dominance without Hegemony: History and Power in Colonial India*, 1997

Guha, Ranajit, *Elementary Aspects of Peasant Insurgency in Colonial India*, Delhi, 1983

Gupta, N., *Delhi between two Empires, 1803–1931*, 1981

Gupta, P.C., *Nana Sahib and the Rising at Cawnpore*, Oxford, 1963

Gupta, P.C., *Baji Rao and the East India Company*, 1939

Gupta, P.C., *The Last Peshwa and the English Commissioners, 1818-1851*, Calcutta, 1944

H

Haigh, R.M. and Turner, P.W., Nickalsain: *The Life and Times of John Nicholson*, 1890

Hamilton, General Sir Ian, *Listening for the Drums*, 1944

Hamilton, Walter, *A Geographical, Statistical and Historical Description of Hindustan and Adjacent Countries*, 2 vols, 1820

Hannigan, Tim, *Raffles and the British Invasion of Java*, Singapore, 2012

Harris, G., *A Lady's Diary of the Siege of Lucknow*, 1858, reprinted in *Ladies of Lucknow*, 2009

Harris, John, *Much Sounding of Bugles: The Siege of Chitral, 1895*, 1975

Hathaway, Jane, ed., *Rebellion, Repression, Reinvention*, Westport, Conn, 2011

Hathaway, Jane, 'A Tale of Two Mutinies', csas.ed.ac.uk/mutiny/conf.papers

Hay, Sidney, *Historic Lucknow*, 1939

Herbert, Christopher, *War of No Pity: The Indian Mutiny and Victorian Trauma*, 2007

Hewitt, James, ed., *Eyewitnesses to the Indian Mutiny*, 1972

Hibbert, Christopher, *The Great Mutiny: India 1857*, 1978

Hill, S.C, *The Life of Claude Martin*, Calcutta, 1901

Holmes, T.R.E., *History of the Indian Mutiny*, 1882

Holmes, T.R., *Sir Charles Napier*, 1925

Hoover, James W., *Men without Hats: Dialogue, Discipline and Discontent in the Madras Army 1805–1807*, 2007

Hope, John, *The House of Scindea: a Sketch*, 1863

Hopkirk, Peter, *The Great Game*, 1990

Hough, William, *A Casebook of European and Native General Courts Martial Held from the Years 1801 to 1821*, 1821

Hunter, Sir William, *The Annals of Rural Bengal*, 1868

Hunter, Sir William, *The Marquess of Dalhousie*, 1895

Hunter, Sir William, *The Thackerays in India and some Calcutta Graves*, 1897

Hutchins, Francis G., *The Illusion of Permanence*, 1967

I

Innes, J.J. McLeod, *Sir Henry Lawrence The Pacificator*, 1898

Ireland, W.W., *History of the Siege of Delhi by an Officer Who Served There*, 1861

Irwin, H.C., *The Garden of India, or Chapters on Oudh History and Affairs*, 1880

K

Kanwar, Pamela, *Imperial Simla*, Delhi, 1990

Kaye, John William, *The Life and Correspondence of Sir John Malcolm*, 2 vols, 1856

Kaye, J.W. and Malleson, G.B., *History of the Indian Mutiny*, 6 vols, 1897
Kaye, Sir John, *The Life and Correspondence of Charles, Lord Metcalfe*, 1854
Kaye, Sir J.W., *History of the War in Afghanistan*, 3 vols, 1874
Kaye, Sir J.W., *Lives of Indian Officers*, 2 vols, 1843
Kaye, M.M., ed., *The Golden Calm: An English Lady's Life in Moghul Delhi*, 1980
Keay, John, *The Gilgit Game*, 1979
Keay, John, *The Great Arc*, 2010
Keay, John, *Last Post: the End of Empire in the Far East*, 1997
Keay, John, *Into India*, 1973
Keay, John, *The Honourable Company*, 1991
Keene, H.G., *Fifty-Seven*, 1883
Keene, H.G., *A Servant of John Company*, 1897
Knighton, William, *The Private Life of an Eastern King*, 1855

L
Lambrick, H.T., *Sir Charles Napier and Sind*, 1952
Lang, Arthur Moffatt, *From Lahore to Lucknow*, 1992
Lang, John, *Wanderings in India*, 1859
Lee-Warner, Sir William, *The Life of the Marquis of Dalhousie KT*, 2 vols, 1904
Llewelyn-Jones, Rosie, *A Fatal Friendship; The Nawabs, the British and the City of Lucknow*, 1985
Llewelyn-Jones, Rosie, *Engaging Scoundrels: True Tales of Old Lucknow*, 2000
Llewelyn-Jones, Rosie, *The Great Uprising in India*, 2007
Llewelyn-Jones, Rosie, ed., *Lucknow, City of Illusions*, 2011
Llewelyn-Jones, Rosie, *The Last King in India: Wajid Ali Shah*, 2014
Longford, Elizabeth, *Wellington: The Years of the Sword*, 1969
Low, C.R., *Life and Correspondence of Sir George Pollock*, 1873
Low, Ursula, *Fifty Years with John Company*, 1936
Lowe, Thomas, *Central India during the Rebellion of 1857 and 1858*, 1860
Lucas, Samuel, *Dacoitee in Excelsis*, 1857

M
Maclagan, Michael, *Clemency Canning*, 1962
Maclagan, Michael, *The White Mutiny*, 1964
Majendie, Vivian D., *Up Among the Pandies*, 1859
Majumdar, R.C., *The Sepoy Mutiny and the Revolt of 1857*, Calcutta, 1963
Malleson. G.B, *The Mutiny of the Bengal Army*, 'The Red Pamphlet', pub anon 1857
Malleson, G.B., *The Decisive Battles of India*, 1883
Man, E.G., *Sonthalia and the Sonthals*, 1867
Marshman, J.C., ed., *Memoirs of Major-General Sir Henry Havelock*, 1860

Markel, Stephen, and Tushara Bindu Gude, eds., *The Art of Courtly Lucknow*, 2011

Martin, Robert Montgomery, *History of the Indian Empire*, vol II, ?1858–? 1861

Mason, Philip (see also Philip Woodruff), *A Matter of Honour, An Account of The Indian Army, Its Officers and Men*, 1974

Masselos, Jim, and Gupta, Narayani, *Beato's Delhi 1858, 1997*, 2000

Massie, James William, *Continental India: Travelling Sketches and Historical Recollections*, 1840

Maude, F.C., *Memories of the Mutiny*, 2 vols, 1894

Mead, Henry, *The Sepoy Revolt*, 1857

Mecham, Clifford Henry, *Sketches and Incidents of the Siege of Lucknow*, 1858

Metcalfe, Charles Theophilus (tr): *Two Native Narratives of the Mutiny in Delhi*, 1898

Metcalf, Thomas R., *The Aftermath of Revolt, India 1857–70*, 1964

Metcalf, Thomas R., *Land, Landlords and the British Raj*, 1979

Millais, John Guille, *The Life and Letters of Sir John Everett Millais*, 1899

Minto, 1st Earl of, *Life and Letters of 1st Earl of Minto*, ed E.E.E. Elliot-Murray-Kynynmound, 3 vols, 1874

Minto 1st Earl of, *Lord Minto in India*, ed. E.E.E. Elliot-Murray-Kynynmound, 1880

Mishra, Pankaj, *From the Ruins of Empire*, 2012

Misra, Amaresh, *Lucknow: Fire of Grace*, Delhi, 1998

Misra, Amaresh, *War of Civilisations: India AD 1857, Vol I The Road to Delhi*, Delhi, 1998, *Vol II, The Long Revolution*, Delhi, 2008

Misra, Anand Sarup, *Nana Sahib Peshwa and the Fight for Freedom*, Lucknow, 1961

Moon, Penderel, *The British Conquest and Dominion of India*, 1989

Moorhouse, Geoffrey, *Calcutta*, 1971

Mukherjee, Rudrangshu, *Awadh in Revolt 1857–1858: A Study of Popular Resistance*, 2002

Mukherjee, Rudrangshu, *Spectre of Violence: the 1857 Kanpur Massacre*, 2003

Mukherjee, Rudrangshu, *Mangal Pandey: Brave Martyr or Accidental Hero?*, 2005

Mukherjee, Rudrangshu, *Dateline 1857: India's First War of Independence*, 2008

Mukherjee, Rudrangshu, *The Year of Blood*, Delhi, 2014

O

Oldenburg, Veena Talwar, *The Making of Colonial Lucknow, 1856–1877*, 1984

O'Malley, L.S.S., *Bengal District Gazetteer, Santal Parganas*, Calcutta, 1910

O'Malley, L.S.S., *The Indian Civil Service 1601–1930*, 1931

P

Parkes, Fanny, *Begums, Thugs and White Mughals*, ed. William Dalrymple, 2002

Pati, Biswamoy, ed., *Issues in Modern Indian History*, 2000

Paton, John, *The British Government and the Kingdom of Oudh, 1764–1835*, ed. Bisheshwar Parasad, Allahabad, 1944

Pearson, Hesketh, *Dizzy*, 1951

Pearson, Hesketh, *The Hero of Delhi: a Life of John Nicholson*, 1939

Peers, Douglas M., *Between Mars and Mammon: colonial armies and the garrison state in India, 1819–1835*, 1995

Pelly, Lewis, ed., *The Views and Opinions of Brigadier-General John Jacob*, 1858

Pemble, John, *The Raj, the Indian Mutiny and the Kingdom of Oudh, 1801–1859*, 1977

Pottinger, George, *The Afghan Connection: The Extraordinary Adventures of Major Eldred Pottinger*, 1983

Prasad, Bisheshwar, see Paton, John

Prynne, J.T. and Bayne, A., *Memorials of the Thackeray Family*, 1879

R

Rabit, Abdu'l-Ahad, *Tarikh Badshah Begum*, tr. by Muhammad Taqi Ahmad, Allahabad, 1938

Rawlins, J.S., *Autobiography of an Old Soldier*, 1896

Ray, Gordon N., *Thackeray, vol I The Uses of Adversity*, 1955; *vol II The Age of Wisdom*, 1958

Ray, Gordon N., *The Buried Life*, 1952

Ray, Tarapada, ed., *Santal Rebellion Documents*, Calcutta, 1983

Regani, Sarojini, *Nizam-British Relations 1724–1857*, Delhi 1963

Ritchie, Anne Thackeray, *Letters and Journals*, ed. A. Bloom and J. Maynard, 1994

Ritchie, Gerald, ed., *The Ritchies in India*, 1920

Ritchie Hester, ed., *Anne Thackeray Ritchie*, 1924

Roberts, Emma, *Sketches of Hindustan*, 1837

Roberts, Frederick, Earl of Kandahar, *Forty-One Years in India*, 1897

Robertson, Sir George, *Chitral – the Story of a Minor Siege*, 1898

Robertson, H.D., *District Duties during the Revolt in the North-West Provinces in 1857*, 1859

Rosselli, John, *Lord William Bentinck: the Making of a Liberal Imperialist 1774–1839*, 1974

Rothschild, Emma, *The Inner Life of Empires, An eighteenth-century History*, 2011

Roy, Tapti, *The Politics of a Popular Uprising: Bundelkhand in 1857*, 1999

Russell, William Howard, *My Diary in India in the Year 1857–58*, 2 vols, 1860

Ruswa, Mirza Muhammad Hadi, *Umrao Jan Ada (Courtesan of Lucknow)*, 1961

S

Sale, Lady, *A Journal of the Disasters in Afghanistan*, 1840

Salmon, J.B., *The Story of the R&A*, 1956

Sen, Surendra Nath, *Eighteen Fifty-Seven*, Delhi, 1958

Shakespear, John, *John Shakespear of Shadwell and His Descendants, 1619–1931*, Newcastle, 1931

Shakespear, Richmond, 'Personal Narrative of a Journey from Heraut to Ourenbourg', *Blackwood's Edinburgh Magazine*, June, 1842

Sharar, Abdul Halim, *Lucknow: The Last Phase of an Oriental Culture*, ed. Fakhir Hussain, 1975

Sleeman, W.H., *Rambles and Recollections of an Indian Official*, 1844

Sleeman, W.H., *A Journey Through the Kingdom of Oude 1849–50*, 2 vols, 1858

Sleeman, W.H., 'The Story of Bysa Bae', unpublished, photocopy in British Library

Soltykoff, Prince A., *Voyage dans l'Inde*, Paris, 1851

Spankie, Robert, *Narrative of Events attending the Outbreak of Disturbances and the Restoration of Authority in the District of Saharunpoor in 1857–8*, 1858

Stephen, Leslie, *The Life of Sir James Fitzjames Stephen*, 1895

Stevenson, David, *The Beggar's Benison: Sex Clubs in Enlightenment Scotland and their Rituals*, 2001

Stokes, Eric, *The Peasant and the Raj*, 1978

Stokes, Eric, *The Peasant Armed*, 1986

T

Tavender, I.T., *Casualty Roll for the Indian Mutiny*, 1983

Taylor, Alicia Cameron, *Life of General Sir Alex Taylor*, 1913

Taylor, D.J., *Thackeray*, 1999

Thackeray, Sir E.T., *Two Indian Campaigns in 1857–8*, 1896

Thackeray, Sir E.T., *Reminiscences of the Indian Mutiny*, 1916

Thackeray, Sir E.T., *A Subaltern in the Indian Mutiny*, ed. C.B. Thackeray, 1930–31

Thompson, Edward, *The Life of Charles, Lord Metcalfe*, 1937

Thompson, Edward, *The Other Side of the Medal*, 1926

Thorn, W., *Memoir of the Conquest of Java*, 1815

Thorn, W., *A Memoir of Major-General Sir Rollo Gillespie*, 1816

Thornhill, Mark, *The Personal Adventures and Experience of a Magistrate During the Rise, Progress and Suppression of the Indian Mutiny*, 1884

Trevelyan, G.O., *Cawnpore*, 1886

Trevelyan, G.O., *The Competition Wallah*, 1866

Trotter, L.J., *Auckland*, 1893

Trotter, L.J., *The Life of John Nicholson*, 1898

Tytler, Harriet, ed. Anthony Sattin, *An Englishwoman in India*, 1986

V

Vaidya, S.G., *Peshwa Bajirao and the Downfall of the Maratha Power*, 1975

W

Wakeham, Eric, *The Bravest Soldier*, 1937

Webster, Anthony, *Gentlemen Capitalists: British Imperialism in South-East Asia 1779–1890*, 1998

Webster, Anthony, *The Richest East India Merchant: The Life and Business of John Palmer of Calcutta 1767–1836*, 2007

Weller, Jac, *Wellington in India*, 1972

Welsch, Christina, 'Unhappy season of delusion and disorder', Princeton Colonialism and Imperialism Workshop, February 15, 2012, princetonciw@gmail.com

Wilberforce, Reginald W., *An Unrecorded Chapter of the Indian Mutiny, 1895*, reprinted as *With Them Goes Light Bobbee*, 2011

Wilkinson, Johnson and Osborn, *The Memoirs of the Gemini Generals*, 1896

Wilson, Colonel W.J., *History of the Madras Army*, 6 vols, Madras, 1882

Wood, Peter, 'Vassal State in the Shadow of Empire: Palmer's Hyderabad 1799–1867' PhD Thesis, University of Wisconsin-Madison, 1981

Woodruff, Philip (Philip Mason), *The Men Who Ruled India*: Vol I, *The Founders*, 1953; Vol II, *The Guardians*, 1954

Y

Yapp, M.E., *Strategies of British India: Britain, Iran and Afghanistan, 1798–1859*, 1980

Young, Keith, *Delhi – 1857*, 1902

Younghusband, G. and F., *The Relief of Chitral*, 1895

Yule, Henry, and Burnell, A.C., *Hobson-Jobson*, ed. William Crooke, 1902

译名对照表

生（行政长官）

Berhampur 布拉赫马普尔

Bharatpur 珀勒德布尔

BHP Billiton 必和必拓公司

Bhura Khan Mewati 布拉·汗·梅瓦迪

Bhurtpore 珀勒德布尔

Bibighar 后宫

Bihar 比哈尔

Bijnor 比杰诺尔

Bikaner, Raja of 比卡内尔王公

Billiton 勿里洞

bin Laden, Osama 奥萨马·本·拉登

Bird, Captain Robert 罗伯特·伯德上尉

Birjis Qadr 比尔吉斯·卡迪尔

Bitara/Batara 比塔拉/巴塔拉

Bithur 比托奥尔

Black Hole of Calcutta 加尔各答的黑洞

Blacker, Colonel Valentine 瓦伦丁·布莱克中校

Blakiston, Lieutenant John 约翰·布莱基斯顿中尉

Bligh, Captain 布莱海军上校

Blueberg, Battle of（1806）布劳乌堡战役

Boer War 布尔战争

Boigne, General Benoit de 伯努瓦·德·布瓦涅将军

Bolan Pass 波伦山口

Boles, Major Thomas 托马斯·伯尔斯少校

Bombay 孟买

The Border Minstrelsy（Sir Walter Scott）《边境游吟诗人诗集》（沃尔特·司各特爵士）

Bordighera 博尔迪盖拉

Bori 伯里

Borneo 婆罗洲

Borobudur 婆罗浮屠

Brady, Sergeant 布雷迪中士

Brandon, John Rose 约翰·罗斯·布兰登

Brewster, Sir David 戴维·布鲁斯特爵士

British Raj 英属印度

Broken Hill Proprietary 布罗肯山

Broughton, Commodore 布劳顿准将

Browne, General Sir Sam 萨姆·布朗爵士/将军

Brownlow, Elliot 艾略特·布朗罗

Brunton, Lieutenant-Colonel James 詹姆斯·布伦顿中校

Bryce & Burn 布莱斯与伯恩公司

Cullier-Perron, Pierre 皮埃尔·屈耶-佩龙

Cumberlege, Colonel 坎伯利奇上校

Cunningham, Sergeant Michael 迈克尔·坎宁安中士

Curzon, Lord 寇松勋爵

D

Dacca 达卡

dacoits 武装土匪

Dada Khasgiwala 达达·哈斯基瓦拉

Daendels, General 丹德尔斯将军

Dalai Lama 达赖喇嘛

Dalhousie, Lady 达尔豪西夫人

Dalhousie, Lord 达尔豪西勋爵

Dalhousie, Susan Georgina 苏珊·乔治娜·达尔豪西

Dalrymple, Lieutenant-Colonel 达尔林普尔中校

Dalrymple, William 威廉·达尔林普尔

Daly, Captain Henry 亨利·戴利上尉

Dargah of Hazrat Abbas, Lucknow 哈兹拉特·阿拔斯的圣龛，勒克瑙

Darshan Singh 达尔尚·辛格

Daulat Rao Sindia 道拉特·拉奥·辛迪亚

David, Saul 索尔·戴维

Davidson, Major Cuthbert 卡思伯特·戴维森少校

Davidson, T. R. T. R. 戴维森

Davis, Colonel Henry 亨利·戴维斯上校

Dawson, Captain 道森上尉

Dean, John 约翰·迪恩

Deas, Aleck 亚历克·迪斯

Deas, Catherine (née Low) 凯瑟琳·迪斯（娘家姓洛）

Deas, Colonel William 威廉·迪斯上校

Deccan 德干

Dehra Dun 台拉登

Delhi 德里

Delhi Durbar (1877) 德里杜尔巴

The Delhie Book《德里之书》

Deoband 德奥班德

Derby, Lord 德比勋爵

Derusett, George 乔治·德鲁塞特

Dewas 德瓦斯

Dharamsala 达兰萨拉

Dhowhul Sing 道胡尔·辛格

Dick, Emily (née Shakespear) 埃米莉·迪克（娘家姓莎士比亚）

E

科林·麦肯齐中校

McKerras, Colonel 麦凯勒斯中校

Mackintosh, Sir James 詹姆斯·麦
金托什爵士

Macleod, Colonel Alexander 亚历山
大·麦克劳德中校

Macnabb, Cornet John 约翰·麦克
纳布骑兵少尉

MacNabb, James Munro 詹姆斯·
门罗·麦克纳布

Macnaghten, Lady (Fanny) 麦克诺
顿夫人（范妮）

Macnaghten, Sir William Hay 威
廉·海伊·麦克诺顿爵士

Macpherson, Sergeant Alex 亚历克
斯·麦克弗森中士

Madan Pal Sing 马丹·帕尔·辛格

Maddock, Thomas Herbert 托马
斯·赫伯特·马多克

Madhavrao 马达夫拉奥二世

Madho, Havildar 马杜，土著中士

Madras 马德拉斯

Magness, Captain 马格尼斯上尉

Mah Laqa Bai Chanda 玛·拉卡·
白·昌达

Mahadji Sindia 马哈吉·辛迪亚

Mahanlee 马汉利

Maharajpur, Battle of (1843) 马哈
拉杰普尔战役

Mahmud, Sultan 马哈茂德，苏丹

Mahomed Shah Khan 穆罕默德·
沙·汗

'Maiden of the Gully' 溪谷少女

Mainodin Hassan Khan 麦诺丁·哈
桑·汗

Maitland, Lieutenant 梅特兰中尉

Majapahit Emperors 满者伯夷帝国

Majendie, Lieutenant Vivian 维维
安·马金迪中尉

Majumdar, R. C. R. C. 马宗达

Malabar Itch 马拉巴尔痒病

Malacca 马六甲

Malakand Pass 马拉康德山口

Malcolm, Sir John 约翰·马尔科姆
爵士

Malleson, Colonel 马勒森上校

Malwa 摩腊婆

Mama Sahib 玛玛大人

Man Singh 曼·辛格

Mangal Pande 曼加勒·潘迪

Mangalore 门格洛尔

Mangkudiningrat 芒库底宁格拉特

Mangles, Ross 罗斯·曼格斯先生

Mansel, Charles 查尔斯·曼塞尔

maquis 游击队员

Maratha confederacy 马拉塔邦联

雷德·璞鼎查中尉

Pottinger, Sir Henry 亨利·璞鼎查爵士

Pound, Ezra 埃兹拉·庞德

Powell, General Colin 科林·鲍威尔将军

Prambanan 普兰巴南

Prasati Sanggurah 普拉萨斯提桑古拉

Presidencies 管辖区

Private Life of an Eastern King《一位东方国王的私生活》

Punch 潘趣

Punjab 旁遮普

Pyramids 金字塔

Q

Qaisarbagh 皇帝花园

Qizilbash horsemen 奇兹尔巴什骑兵

Qudsia 库德西娅

Queen Alexandra's Crown 亚历山德拉王后的冠冕

Quetta 奎达

Quilon 奎隆

Qutb Minar, Delhi 顾特卜塔，德里

R

Raeburn, Sir Henry 亨利·雷伯恩

爵士

Raffles, Sir Thomas Stamford 托马斯·斯坦福·莱佛士

Raffles Hotel, Singapore 莱佛士酒店，新加坡

Raghoji Bhonsle 拉格霍吉·蓬斯尔

Raichore Doab 赖久尔河间地区

Raj Quartet（Paul Scott）"统治四部曲"（保罗·斯科特）

Rajahmundry 拉贾赫穆恩德尔伊

Rajputana 拉杰普塔纳

Raldung 拉尔东山

Ramchandra Pant 拉姆钱德拉·潘特

Raniganj 拉尼甘杰

Ranjit Singh 兰吉特·辛格

Raushan-ud-daula 劳珊·道拉

Rawlins, Captain 罗林斯上尉

Rawlinson, Major Henry 亨利·罗林森少校

Ray, Satyajit 萨蒂亚吉特·雷伊

Reading, Lord 雷丁勋爵

Red Fort, Agra 红堡，阿格拉

Red Fort, Delhi 红堡，德里

Reed, Major-General 里德少将

Renaud, Major 雷诺少校

Renny, Lieutenant 伦尼中尉

Residents 常驻代表

Spithead 斯比特海德

Stafford, Major 斯塔福德少校

Star of India 印度之星

Stephen, James Fitzjames 詹姆斯·费茨詹姆斯·斯蒂芬

Stevenson, Captain 史蒂文森上尉

Stevenson, David 戴维·史蒂文森

Stewart, Captain Josiah 乔赛亚·斯图尔特上尉

Stoddart, Charles 查尔斯·斯托达特

Stokes, Eric 埃里克·斯托克斯

Stopford, Rear-Admiral 斯托普福德，海军少将

Storey, Major Joseph 约瑟夫·斯托里少校

Stuart, Lieutenant-General 斯图尔特中校

Sturt, Alexandrina 亚历山德里娜·斯图尔特

subahdars 军士长（土著）

Suez Canal 苏伊士运河

Sultanpur 苏尔坦普尔

Sumatra 苏门答腊

Sunderbunds 苏达班

Surakarta 苏拉加达

Sushunan of Solo 梭罗的苏苏胡南

Sutherland, Colonel Hugh 休·萨瑟兰上校

Sutherland, Major 萨瑟兰少校

Sutlej, River 萨特莱杰河

Sydenham, Captain Thomas 托马斯·西德纳姆上尉

Syria 叙利亚

T

Tagore, Dwarkanath 德瓦尔卡纳特·泰戈尔

Tajmahul 泰姬玛胡尔

Taliban 塔利班

taluqdars 塔卢克达尔地主

Tanjore 坦贾武尔

Tantia Topi 塔特亚·托普

Tapti River 达布蒂河

Tar Wali Kothi 观星台

Tavender, I. T. I. T. 塔文德

Taylor, Captain Alex 亚历克斯·泰勒上尉

Taylor, Captain William 威廉·泰勒上尉

Tehran 德黑兰

Tennant, James 詹姆斯·坦南特

Tennyson, Alfred, Lord 阿尔弗雷德·丁尼生勋爵

Thackeray, Edward 爱德华·萨克雷

图书在版编目（CIP）数据

王公之泪：印度的兵变、金钱与婚姻：1805－1905 /
（英）斐迪南·芒特（Ferdinand Mount）著；陆大鹏，
刘晓晖译 . －－北京：社会科学文献出版社，2021. 4
书名原文：The Tears of the Rajas：Mutiny，
Money and Marriage in India 1805－1905
ISBN 978－7－5201－5437－6

Ⅰ.①王… Ⅱ.①斐… ②陆… ③刘… Ⅲ.①英国－
殖民统治－历史－研究－印度 Ⅳ.①K351.4

中国版本图书馆 CIP 数据核字（2019）第 184660 号

王公之泪
—— 印度的兵变、金钱与婚姻，1805—1905

著　　者 /　〔英〕斐迪南·芒特（Ferdinand Mount）
译　　者 /　陆大鹏　刘晓晖

出 版 人 /　王利民
组稿编辑 /　董风云　　　　　责任编辑 /　张金勇　廖涵缤

出　　版 /　社会科学文献出版社·甲骨文工作室（分社）（010）59366527
　　　　　　地址：北京市北三环中路甲 29 号院华龙大厦　邮编：100029
　　　　　　网址：www. ssap. com. cn
发　　行 /　市场营销中心（010）59367081　　59367083
印　　装 /　三河市东方印刷有限公司

规　　格 /　开本：889mm×1194mm　1/32
　　　　　　印张：28.875　插页：1.5　字数：655 千字
版　　次 /　2021 年 4 月第 1 版　2021 年 4 月第 1 次印刷
书　　号 /　ISBN 978－7－5201－5437－6
著作权合同
登 记 号 /　图字 01－2016－6878 号
定　　价 /　168.00 元